"十三五"国家重点出版物出版规划项目

中国当代法学家文库·吴汉东知识产权研究系列

知识产权前沿问题研究

吴汉东 著

中国人民大学出版社
·北京·

2019年7月摄于中央电视台《法治中国说》节目现场

总　序

我与知识产权四十年

从读书到从教，我与知识产权结伴同行已有近四十年。读书、教书、写书，一直秉持学者本色，自诩中国知识产权法学的研究者和传播者；学法、讲法、立法[①]，践行法治理想，是为中国知识产权事业的见证者和推动者（《光明日报》语）。我是“文化大革命”前的“老三届”毕业生（1967级初中毕业生），亦是恢复高考后的“新三级”学人（1977级本科生），自1982年年初从教以来，教研活动从罗马法到民法均有涉猎，而后转向专治知识产权。从我的第一本教材《知识产权法概论》（1986年编著，1987年出版）、第一篇文章《试论〈民法通则〉中的知识产权制度》（1986年）乃至新中国第一篇知识产权专题硕士学位论文（1986年）[②]开始，我的研究成果多集中于知识产权领域，时至今日已有十多本著作、百余篇论文、百余场讲座。

近四十年来，我致力于知识产权问题研究，专注于两个方面：一是知识产权法律科学的基础理论体系，二是知识产权制度建设的重大现实问题。坚持自由探索与问题导向、坚执学理探究与术用应对、坚守专业研究与学科融通，这是法学工作者应有的学者品格和学术素养。就理论联系实际而言，我认为，知

---

① 笔者曾被选任为湖北省人大常委会委员、湖北省人大法制委员会副主任委员，并作为诸多知识产权法案的咨询专家，参加了地方立法工作和国家立法活动。

② 参见杜学亮主编：《著作权研究文献目录汇编》，北京，中国政法大学出版社，1995。

识产权的学术研究，既不能坐而论道，也不能就事论事，而应是学理研究和应用研究两者的结合。著名教育家蔡元培先生将学术解析为“学理”和“术用”。他认为，“学必借术以应用，术必以学为基本”。我的理解是：知识产权学理研究必须以应用为目标，如果纯粹理论探究而失去应用目的，就没有常青的学术生命活力；知识产权术用研究又要以一定的学理为指引，倘若应用研究缺乏深厚的学理，就没有可持续发展的学术生命基础。因此，知识产权学者一定要把学理研究和应用研究紧密地结合起来，既要避免学理研究中的法学浪漫主义、唯美主义和空想主义，也要防止应用研究中的法律机械主义、教条主义和形式主义。

近四十年来践行此道，虽谓有果却未有大成。2010 年，承蒙中国人民大学出版社不弃，将我的著述列入“中国当代法学家文库”，经过两年的整理、加工，先后有六部著述陆续出版。时隔 5 年，已有出版著述即告售罄，同时新的著述有望成书。在中国人民大学出版社法律分社的精心安排下，我对新老作品进行重要修订和整理，重新结集出版，它们是《著作权合理使用制度研究》、《知识产权总论》、《无形财产权基本问题研究》、《知识产权基础问题研究》（论文集）、《知识产权前沿问题研究》（论文集）、《知识产权应用问题研究》（论文集）、《我为知识产权事业鼓与呼》（演讲、访谈集）。上述作品涉及知识产权基础理论研究和知识产权主要制度研究，同时包括民法乃至法治的相关问题；写作的时间跨度从 20 世纪 80 年代到 21 世纪当下之年，多为 20 世纪 90 年代中期以后的研究成果，反映了我从事知识产权教研工作以及相关法律实务的心路历程。

该系列的出版和再版，得益于各位同行、学生乃至许多读者的帮助和支持。感谢腾讯基金会为文集精装本的出版所给予的大力资助；感谢中国人民大学出版社各位编辑的精心专业指导和辛苦编辑工作；感谢我的学生熊琦博士、李瑞登博士、瞿昊晖博士、锁福涛博士、张颖博士、宋戈博士和博士生刘鑫、周澎、司马航、李安，研究生夏壮壮、万俊、张倩、魏宵林、高婧为文集初版、再版的打印、校对、查找资料所付出的艰辛劳动；感谢全国法学界特别是知识产权界同行、读者对本人著述给予的厚爱与关注。

近四十年来，我一直在知识产权园地教书、写作，但“教习”不为晋仕途，“学究”并非为稻粱谋。微博言：今天做了明天还想做的是事业，今天做了明天还得做的是职业。我以“学术为志业”（马克斯·韦伯语），有幸将自己所追求的事业与所喜欢的职业合为一体，因而是苦中有乐，乐之不疲。我的学术生涯还在继续，我虽已过耳顺之年，但常以“70后”自居。以书为伴，书伴人生；与法同行，法行天下；释放知识产权制度“正能量”，发出知识产权事业“好声音”，这就是我——一个中国知识产权学人的光荣与梦想。

吴汉东

2019年暑期于武昌寓所

代前言
知识产权研究谈

做研究，写文章，是学者的本分。从教三十多年来，我一直努力践行之。两百余篇文章，一百多万文字，有的忝列于权威学术刊物中（其中发表于《中国社会科学》《法学研究》《中国法学》三大刊物的共计27篇），也有的见诸重要新闻媒体（包括《人民日报》《光明日报》《中国知识产权报》《法制日报》等）。此次收入文库的论文集分别为《知识产权基础问题研究》《知识产权前沿问题研究》和《知识产权应用问题研究》三部，收录了我在学术刊物上发表的大部分论文，是为各个时期的代表性作品，但不包括各大报纸刊载的言论与访谈。这些文章绝大多数以知识产权为题，但也罗列了一些私法以至法治专题。写作的时间跨度从20世纪80年代到21世纪当下之年，多为20世纪90年代中期以后的研究成果，反映了我从事知识产权教研工作的心路历程。

近些年来，不少学生问及知识产权研究方法，讨教所谓的写作"秘籍"。由于职责所在，我只得"好为人师"，向我的研究生、博士生介绍研究知识产权的心得体会。课堂随口而言，录音整理成文，此次略作修改补充，聊作文集的前言。

研究知识产权，是一门学问。它不能偏离民法学的基本原理，但又不能拘泥于传统的民法学框架。它是一门法律学问，讲的是法言、法语，但又不能缺少必要的相关知识元素。因此，研究知识产权，首先要了解知识产权学问的基本特性。我以为，应注意以下三点。

一是以民法学理论为基础。

知识产权是一种新型的民事权利，是一种有别于财产所有权的无形财产所有权。民法所规定的基本原则和一般规范，应适用于各项私权制度，当然包括知识产权制度。离开了民事权利体系，知识产权就会成为无源之水、无本之木，无法找到其应有的法律归属。因此，知识产权学者亦应是民法学者，知识产权的研究须以民法学为理论基础。我国的一些知识产权学者对民法学表现出不应有的忽视甚至轻视。我们看到，有的知识产权著述离开了民法原理，使学者之间失去了话语沟通与交流的平台。例如，有些知识产权专家在侵权损害归责原则中，将“停止侵权”“消除危险”此类物权保护方法，解释为“无过错责任原则”的适用。而在德国学者拉伦茨、我国台湾地区学者王泽鉴看来，归责是指“负担行为之结果”，即损害赔偿，是为债权保护方法。又如，不少文章将知识产权的本质特征概括为无形性，认为独占性、时间性、地域性皆由此派生而来。其实，在罗马私法的理论语境中，客体存在有体物与无体物之分，无体物即拟制之物，即具有财产内容的权利。因此，知识产权与所有权的根本区别，不在于本体内容，而是由客体的非物质性所决定。在这一点上，台湾大学曾世雄先生与我在不同研究领域得出了相同结论。在研究中，强调知识产权质的差异性，并不能否认其归类于私权的质的规定性。知识产权的基本范畴，必须置于民法学的语境中，才能得到合理的、科学的解释。

二是以多学科知识为背景。

知识产权是近代商品经济和科学技术发展的产物，在诸多民事权利制度中，唯有知识产权制度最具科技含量，最多知识要素。知识产权制度在其并不太长的历史中，历经从工业革命到信息革命的不同时期，基于科技革命而生，由于科技革命而变，其制度史本身就是一个法律制度创新与科技创新相互作用、相互促进的过程。科学技术领域的革命带来知识产权制度的变革，研究现代化的知识产权，必须了解现代化的科学技术。诸如，与网络技术相联系的“网络版权”“网络商标”“网络不正当竞争”问题，以生物工程技术为基础的“基因专利”问题，以及基于现代种植技术所产生的植物新品种权、基于集成电路技术所产生的布图设计权等问题，这些已无法简单沿用传统的理论来诠释，也不宜套用传统的制度来解决。知识产权制度具有与时俱进的时代先进性。熟悉新的科学技术，探讨新的法律问题，是知识产权学者所应具备的科学精神。此外，还应看到，现代知识产权是一个庞大的制度体系：著作权发生在文化创作领域，与文化创新、文化产业息息相关；专利权产生于技术应用领域，与科技创新、科技产业紧密相连；商标权则运作于工商经营领域，涉及商品销售、市场贸易诸多问题。在知识经济的时代条件下，知识产权关系到一国的经济发展、科技进步、文化与教育的繁荣；而在经济全球化的国际背景中，知识产权保护又事关国际政治、国际经贸、国际文化与科技的交流和合作关系。在这种态势下，从法学理论出发研究知识产权，当是题中应有之意；而结合政治学、社会学、伦理学、经济学、管理学以及政策科学等理论，多视角、全方位来考察知识产权，也显得非常必要。

三是以基本理论问题和实践问题为对象。

知识产权是一种理论上有待系统化、成熟化的法律。由于这一制度历史不长，且变动频繁，其基本范畴、基本原理、基本问题无一不在探讨之中。有的学者讲，知识产权没有自己的理论，其意思一谓其太艰深，二谓其多歧见。笔者不以为然，正因为如此，知识产权研究才表现出有别于传统财产权研究的理论魅力，才向知识产权学者提出了理论创新与制度创新的学术要求。同时，知识产权也是一种实践性很强的法律。知识产权每一种制度、每一个条文，都有着深厚的社会生活基础，体现着创制者深刻的立法意图。歌德讲，“理论是灰色的，而生活之树常青”。我们可以说，知识产权法条是枯燥的，但知识财产世界是丰富多彩的。运用知识产权规范，解决知识的生产、传播、运用、保护等法律问题，是知识产权学者面临的学术任务和社会责任。基于上述考虑，我认为，作为研究对象的知识产权问题，包括三类：首先是理念层面，涉及知识产权法律价值、法律功能、法律原则等问题；其次是规范层面，包括知识产权法律制度、法律规则、法律技术等问题；最后是操作层面，关系到知识产权法律解释、法律适用、法律活动等问题。

三十多年来，我国的知识产权研究在与西方法学思潮的交流和碰撞中，已经从单纯的借鉴和移植走向自立和创新，初步形成具有中国特色的知识产权学说思想，为知识产权的制度建构、政策运行、战略实施提供了重要的思想基础。我国学者致力于知识产权的学理研究和应用研究，取得了长足的进步：对知识产权基础理论的建构，历经20世纪80年代的初探、20世纪90年代的反思至21世纪初的再认识，已渐趋成熟；对知识产权国际化趋势的关注，聚焦于TRIPs协议实施所引发的东西方利益失衡、知识产权与人权之冲突和传统资源保护带来的制度变革等问题，愈见主动；对知识产权现代化诉求的回应，直面网络技术和基因技术对现行知识产权制度的各种挑战，渐显及时；对知识产权战略化工程的推动，涉及战略制定与实施的各个环节，着力跟进；对中国知识产权制度完善和法律适用，有立法建议，也有学理解释，更是积极参与。

我国知识产权学者在关注外国先进法律理念，进行本土理论创新的同时，还努力探寻适合中国语境和文化背景的法律解释和政策适用方法，从而形成包括多种分析工具的方法论体系。“工欲善其事，必先利其器。”了解和掌握知识产权研究中的分析工具是非常重要的。根据本人的体会与他人的经验，在此我提出以下三对主要的分析方法。

一是历史分析的方法与逻辑分析的方法。

历史分析方法，就是运用科学的历史观，对法律制度的产生、发展与变革的一般规律进行纵向分析和动态考察。在历史分析中，我们主要探讨法律制度的历史类型、社会基础、时代背景，尽可能在这种历史分析中寻找一些规律性且趋势化的东西。知古通今，以史为鉴。在知识产权研究中，有些原理、规则的分析，往往追溯到古代罗马、涉猎近代英国和现代美国。这种历史分析是必要的，也是能够说明问题的。如前文所言，一些知识产权学者将侵权责任的“责”作广义理解，认为“禁止令”不以过错为条件，是为无过错原则。其实，损害赔偿之债才涉及过错与无过错的问题。从罗马阿奎利亚法到近代民法，奉行的都是过错责任原则。到了工业革命时期，为了填补不幸损害，才产生了无过错责任原则。如果知识产权学者的上述观点能够成立的话，那么民法史、侵权法史就得改写了。因此，历史分析的方法是一个有效的论证工具。

逻辑分析方法，是对法律规范进行概念的限制、区别、划分和排列，对法律现象进行发现、解释、论证和系统构造。逻辑分析是我们经常采用的分析工具，主要有以下几种：第一是定义。法条中、文章里的诸多概念，是我们研究的起点，是知识产权研究的起始范畴。第二是区别，包括对词语、事物、意义的区别。第三是划分，包括对词语、事物的划分，分析它们的相同点、不同点。第四是论证。也就是我们通常所说的大前提、小前提以及结论。第五是划归和归纳，例如对主要原因和次要原因的判断，进行问卷调查以及作出结论。逻辑分析是一种非常重要、经常运用的研究方法，它对于某个制度内部结构的解析，或者对某个制度体系的构造都是有帮助的。换言之，对知识产权的体系化构建，须以权利位阶性的认识为基础。以网络信息传播权的归类为例，即在位阶上可表现为：网络信息传播权—著作财产权—著作权—知识产权—财产权—民事权利。此外，历史分析方法与逻辑分析方法往往是融通的。例如，近代知识产权制度的产生，存在一条联结科技、经济、法律一体化发展的轨迹，即社会生产的科技化→科技成果的商品化→知识商品的产权化→权利制度的体系化，这些就是历史与逻辑的统一。

二是规范分析的方法和实证分析的方法。

规范分析方法，是依某些规范和理论对法律进行定性分析，研究法律活动应该是什么以及社会法律问题应该怎样解决。这是一种应然性分析。在规范分析中，首先要提出一定的价值判断作为基础，并把这种价值判断作为法律理论的前提和制定政策的依据。在这里，先要有一个价值判断，设定一个准则。例如，法律的价值目标，过去从法哲学意义上来说，首要是法律正义。然而法经济学认为，在正义目标之外，还有效益目标。如何实现法律效益，经济学家有很多标准，其中最有影响的是帕累托标准，即“在交易中，至少使一方受益，同时不使他人受损”。在交易中，当事人有三种选择：一为损人不利己，这是最笨的；二为损人利己，这是不可取的；三为最好的方法，即利己不损人，或者双方有利，这就是我们通常所说的“双赢”或者“多赢”。知识产权法奉行“保护创造者权利与促进知识传播”的立法宗旨，其实是正义与效益双重价值目标的体现。规范分析的方法不仅可以用于分析一种法律行为本身、法律活动过程，还可以用于分析法律制度的设计和构建。

实证分析方法，是运用某些技术、方法对法律进行定量分析。它的任务是描述法律现象以及社会法律问题实际上是如何解决的。这是一种实然性分析。在这种分析中，要用事实来检验理论和规则的合理性、正确性、科学性。实证分析不但要求有一个规范性的指导思想，更重要的是要求将具体问题量化，包括基本数据采集、数学模型分析等，使我们的分析精确可靠。在法律研究中，实证分析是一个非常薄弱的环节。朱苏力教授写的《送法下乡》，陈小君教授主编的《农村土地法律制度研究》，都体现了实证分析的魅力，根据调查数据所产生的研究结论有很强的说服力。在知识产权研究中，实证分析亟待加强。例如，发明专利实施的绩效分析、软件音像盗版的比率分析、侵权行为中法定成本与非法所得的比例分析等，都需要利用实证分析的工具。

三是比较分析的方法与注释分析的方法。

比较分析方法，是以不同国家、地区的法律制度为对象，对不同法律制度的类型、传统、理念、原则、原理、规范进行的比较研究，其中包括法律制度异同的分析，相关法律制度冲突以及解决途径的分析等。比较分析是学术研究中的常用方法。沈宗灵先生在《比较法总论》一书中谈到，在 19 世纪第一次民法典编纂高潮中，形成了比较研究的高潮。欧洲大陆的民法学者对不同国家的民事法律制度进行考察和比较，其研究成果推动了 1804 年《法国民法典》和 1896 年《德国民法典》的形成。当代知识产权制度出现了一体化、国际化的潮流，表明这一制度的基本原则和主要规则在全球范围内的普适性。但是一体化、国际化，并不等于知识产权在保护内容、保护标准、保护水平等方面的全球规范的统一化。而且应注意，知识产权制度在不同类型的国家有着不同的命运。其中不仅有制度选择所涉及的法律价值、法律形式、法律内容的科学性和合理性，而且有制度实施所涉及的社会发展水平、政策体系、文化环境的协调性和相适应性。对于这些问题的研究，比较分析也许是最有益的工具。

注释分析方法，是以法律文献作为研究对象，对法律精神、法律原则、法律规范的阐释、说明和分析。根据罗马法学家的分类，注释分析包括文义解释和论理解释。从历史上看，注释分析方法始于 12 世纪，当时的意大利学者最先对罗马法文献采取了注释研究的方法。早期的注释法学派，对罗马法进行逐章、逐段、逐句的解释，更多的是一种文义解释，难免陷入形式主义和机械主义。后期的注释法学派采取论理解释的方法，注重探讨法律制度、法律规范的真意。我想，这两种解释方法，在知识产权研究中都是有益的。

其实，法律研究的方法很多，在这里我仅列举了三对范畴共六种方法。从事知识产权研究，应具有严谨的治学态度，同时也要掌握高明的治学方法。对研究方法的研究，这里所涉的不过是一种探讨和体会。三十多年来，我心欲往，却未践行有果，写出来供各位同人参考。

目　录

第一编　多学科问题研究

第二编　现代化问题研究

第三编　国际化问题研究

第一编　多学科问题研究

财产的非物质化革命与革命的非物质财产法*

知识财产法律化带来了财产的“非物质化革命”，这是罗马法以来财产权领域的一场深刻的制度创新与变革。在现代科学技术和商品经济的推动下，非物质财富成为社会的重要财产类型，非物质财产的法律制度依然处于不断的发展变革之中。本文试图叙述从知识产权到无形财产权的法理基础、权利形态及立法体例，旨在为新财产的理念更新与制度安排提供若干有益的思想资料。

一、罗马财产权结构的设计：历史局限与理论贡献

在古罗马财产权体系中，罗马人以“物”作为客体范畴，在此基础上设计了以所有权形式为核心的“物权”制度，建立了以物权制度、债权制度为主要内容的“物法”体系。罗马财产法体系的构建，是以“物”为基础的，它主要是有形的物质客体（有体物），也包括无形的制度产物（无体物）。

罗马法的物与物权制度是一个物质化的财产结构。有体物即客观实在之物，自不待言；即便无体物，也具有强烈的“似物性”①。无体物本为人们主

---

* 原载《中国社会科学》，2003（4）。

① 所谓“似物性”，即“thing likeness”，意指与实体性和物质化财产的相似性，参见 Peter Drahos，A Philosophy of Intellectual Property，Dartmouth Publishing Company Limited，1990。

观拟制之物，但在罗马法的物化财产权体系中，这种抽象实体也采取了真实实体的解释与说明：第一，无体物是以实在之物为对象的财产权利。诸如地上权、用益权等类无体物，无一不是以土地、房屋、牲畜以至奴隶等实在之物为对象的财产权。据记载，罗马法上的第一个无体物是"praedial servitudes"①，即一种田野地役权，包括通行、畜牧、取水等权利，与土地这一有体物有直接联系。第二，无体物是与有体物密切相关的抽象物。在罗马法的历史上"物"（thing，res）的概念始于对有体物的抽象，而无体物（res incorporales）的说法也是基于与有体物的区分。查士丁尼作出一种强烈的暗示：无体物存在着有体的"对等物"（counterpart）②。另一关联性表现为，无体物与有体物一样，都能以金钱为评价，即两者都是一种财产利益。

罗马法上的财产权，其对象主要是体现为物质财富的有体物。实物形式是有体物存在的唯一形式，因此有体即意味着有形。在罗马法时期，"诸如瓦斯、电力这类物质并不为罗马人所知，至少罗马人不知道它们可以作为经济客体并因而可成为权利的标的"③。将有体物的客观实在性理解为实体性，显然是古罗马社会生产力和人们认识能力的局限。此外，作为"非物质财富"的无体物，说到底只是财产权利本身，它是作为分配资源的社会工具的一种制度产品，显然有别于近代社会基于智力劳动所创造的知识产品。从社会财富的角度来看，制度产品的价值是分配财富，而知识产品的价值则直接构成财富。因此，罗马法所构建的只是一个物质化财产权体系。

古罗马虽然没有保护精神产物的财产权制度，但是它所留下的私法原理和规则，为我们诠释知识财产法律化提供了重要的思想资料。

1. 无体物理论与知识产权的属性。"罗马法明确地将其财产法植根于形而上学的领域之中"，为财产的"非物质化"（dematerialized）"提供了一些关键

① Russ Versteeg，"The Roman Law Roots of Copyright"，Maryland Law Review，2000，USA.

② Peter Drahos，A Philosophy of Intellectual Property，Dartmouth Publishing Company Limited，1990.

③ ［意］彼德罗·彭梵得：《罗马法教科书》，185页，北京，中国政法大学出版社，1992。

的概念性工具”[1]。无体物或无形财产理论，为后世的人们拓展了财产形态的广阔空间，即将财产的范围延伸到有体物以外的知识领域，拥有土地、厂房固然是拥有财富，掌握知识、技术也意味着拥有财富，而且这两种财富存在着密切的联系。按照澳大利亚学者 Peter Drahos 的说法，无体物是获取对有体物控制的途径。一个专利（无体物）可以与无数个专利产品（有体物）联系在一起，法律对作为无体物的专利的承认，为权利人控制诸多有体物的专利产品提供了有效途径。这样，就使得发明家的无形资产可以转化为有形资产。[2] 需要说明的是，将财产区分为有形（体）、无形（体），并不是各类财产权性质的区别，而是某类财产权所指向的客体性质的区别。如曾世雄教授所言，房屋所有权，其权利本身并无有形无形之说，问题在于房屋系有体物；作为著作权，亦不产生有形无形问题，关键在于作品系智能产物，为非物质形态。[3] 正是在这个意义上，我们说知识产权是无形权利、无形财产权，以别于有形财产所有权。

2. 先占理论与知识产权的产生。罗马法上的“先占”（occupatio），是指以其所有的意思而占有可以作为财产的无主物，从而取得对该物所有权的行为。先占本为万民法所有权的取得方式，属于所有权原始取得的范畴。美国学者 Russ Versteeg 认为，通过占有获得无主物所有权，类似于通过占有获得创造物财产权。[4] 先占理论有其可取之处：第一，依先占取得所有权，意味着无主物的所有权人是该物件的最先占有人。在知识产权中，创造者即是占有者，成为第一个控制其智力成果的人，因而理应是该智力成果的权利人，即知识财产所有权人。第二，依先占取得所有权，并非基于先占人的意思表示，而是由

---

① Peter Drahos, A Philosophy of Intellectual Property, Dartmouth Publishing Company Limited, 1990, pp. 16 - 22.

② See Peter Drahos, A Philosophy of Intellectual Property, Dartmouth Publishing Company Limited, 1990, pp. 16 - 22.

③ 参见 Peter Drahos, A Philosophy of Intellectual Property, Dartmouth Publishing Company Limited, 1990；曾世雄：《民法总则之现在与未来》，台北，三民书局，1983。我国一些知识产权著述，将知识产权的本质特征概括为“无形性”，似有背离民法基本原理之处。

④ See Russ Versteeg, “The Roman Law Roots of Copyright”, Maryland Law Review, 2000, USA.

于法律赋予先占事实以取得所有权的效果。因此先占并非法律行为，应为事实行为。[①] 作为知识产权本源的创造性行为与先占行为有相同之处，都是一种不以意思表示为要素的事实行为。当然，这种分析也是有缺陷的。问题在于：作为先占所有权的无主物，实际上是自然界中的存在之物；而通过“先占”取得知识产权的创造物，是智力劳动者的精神产物，并非实质意义上的无主物。

3. 公共物理论与知识产权的公共领域。罗马法明确了为公共使用目的而划分的几类财产，凡公共物即是不可有物，意指不可作为个人财产所有权客体的物。具体说来有以下三类：一是共有物（res communes），即供人类共同享用的东西，如空气、阳光和海洋等；二是公有物（res publicae），即罗马全体市民共同享有的物，如河川、公路、牧场等；三是公用物（res universitatis），即市府团体的财产，如戏院、斗兽场等。[②] 盖尤士认为，上述物件不能被看作任何一个人的财产，它们为某一社会中的所有成员共同享有。[③] 罗马法上的公共物理论被看作知识产权“公共领域”赖以建立的思想基础。1709 年英国《安娜法令》最先设定了一个“文学艺术的公共领域”（the public domain for literature）[④]。1787 年美国宪法则提出了“促进知识”（the promotion of learning）、“公共秩序保留”（the preservation of the public domain）、“保护创造者”（the protection of the author）的知识产权“三 P”原则。[⑤] 公共领域的出现，使得知识、技术、信息分为专有知识产品与公共知识产品两大部分，后者包括不受知识产权保护而由公众自由使用的知识产品和因知识产权保护期满而进入公共领域的知识产品。

4. 买卖理论与知识产权的转让。所有权的转让在罗马法中有多种方式，如市民法所有权的转让，有要式买卖、拟诉弃权；万民法所有权的转让主要是

---

① 参见周枬：《罗马法原论》，339 页，北京，商务印书馆，1994。

② 参见［古罗马］查士丁尼：《法学总论——法学阶梯》，49 页，北京，商务印书馆，1989。

③ 参见周枬：《罗马法原论》，279～280 页，北京，商务印书馆，1994。

④ L. Ray Patterson，Stanley W. Lindberg，The Nature of Copyright：A Law of Users' Right，The University of Georgia Press，1991.

⑤ See L. Ray Patterson，Stanley W. Lindberg，The Nature of Copyright：A Law of Users' Right，The University of Georgia Press，1991.

交付。交付以物件授受、意思合致为要件，是私人财产买卖的最普遍方式，但以有体物为限。无论是动产的单纯交付，还是不动产的简易交付、长手交付、在手交付、易位交付，都是有体物的交付。无体物的买卖不能采用标的物交付的方法，为此罗马人创制了“拟诉弃权”（cessioin jure），即采用模拟确认所有权的诉讼而取得所有权的方式，又称“法庭让与”，其方式主要适用于无体物（如继承权、地役权等）的转让。[①] “拟诉弃权”作为所有权取得方式，其显著特点在于它的公开性与程序化，即通过模拟诉讼确认所有权转让，使得无体物的转让获得一种正式的公开程序，而这种程序的公开性使得财产转让更具有效力。美国学者认为，这一理念与现代法中知识产权转让的原则是相同的，即知识产权的出让须采取书面形式及其他法定形式，且应由主管机关进行登记或审核。[②] 可以说，罗马法将公开性与程序化作为无形财产转让的特别规制，对后世的知识产权贸易是有着借鉴意义的。

5. 无形侵害理论与知识产权的保护。罗马法规定四种形式的私犯，即盗窃、抢劫、损害、侵辱[③]，概为对财产的侵害与对人身的侵害。其中有关财产的侵害，最初仅指对有形财产即有体物的侵害。随着罗马法的发展，关于有形财产的侵害规则也逐渐适用于无形损害。据美国学者考证，罗马法学家 Thomas 对“窃取”（furtum）这种盗窃行为作了这样的解释：“窃取是对物的欺诈性侵犯，包括对物本身或对其使用权或所有权”。在罗马的共和时期，“窃取”的概念扩及“针对剥夺他人财产的所有行为”[④]。无形侵害不以非法占有标的物为特征，而以非法的“权利占有”（juris possessio）为要件。权利人在遭到无形侵害时，除请求占有令状（主要是禁止令）的救济外，还可以提起罚金之诉、损害之诉和混合之诉。这种无形侵害行为的特征描述与救济措施，对于知识产权保护制度的建立，无疑提供了有益的学理基础。

---

① 参见周枏：《罗马法原论》，318页，北京，商务印书馆，1989。

② See Russ Versteeg, “The Roman Law Roots of Copyright”, Maryland Law Review, 2000, USA.

③ 在罗马法中，盗窃是以获利为目的，欺诈地窃取他人的可动物或者经被窃人同意而持有物品的人非法使用或非法侵吞该物。罗马人将盗窃又具体分为窃取、窃用、侵吞。参见［意］彼德罗·彭梵得：《罗马法教科书》，北京，中国政法大学出版社，1992。

④ Russ Versteeg, “The Roman Law Roots of Copyright” Maryland Law Review, 2000, USA.

古代罗马法留给后世的最大财富是罗马人的私法观念与原则。其物化财产结构，缺乏包容非物质财富的权利形态和制度空间，具有不可避免的历史局限性。但罗马人创制的“无形财产”及其相关学说，提供了关键性的概念工具和思想资料，为近代的财产非物质化革命作了必要的理论准备。

二、知识产权制度的建构：知识的财产化与财产的非物质化

自17、18世纪以来，资产阶级在生产领域里开始广泛采用科学技术成果，从而在资本主义市场中产生了一个保障知识产品私有的法律问题。知识产品及其权利形态，无法进入罗马法以来所建构的物与物权的体系之中。近代德国法哲学家黑格尔曾对物（此处意指有体物，以下同——笔者注）与精神的关系做过精辟的分析。他认为，物是与精神相分离的外在的东西，属于客观的自然界的概念。为此，物就成了意志的定在的外部领域，从而也就是实现作为主体的权利的领域。除此之外，还有一种“通过精神的中介而变成的物”，诸如精神技能、科学知识、艺术以及发明等，都可以成为契约的对象，而与买卖中所承认的物同一视之，其理由是：这些固然是精神所特有的、精神内在的东西，但主体可以通过“表达”而给它们以外部的“定在”，这样就能把它们归在物的范畴之内了。[①] 但是，诸如技能、知识等是否都可以称为物，却使得黑格尔感到踌躇。他承认，此类智力成果虽然可以像物那样进行交易并缔结契约，但它又是内部的精神的东西，所以理智上对于它的法律性质感到“困惑”[②]。黑格尔的理论“困惑”给我们以下启示：第一，知识形态的精神产品是有别于物的另类客体，将其归类于物的范畴似有不当，这正是黑格尔的“踌躇之处”。但是知识产品同物一样可以成为交换的标的，即具有交换价值的财产，这也正是黑格尔理智之见。第二，精神产品是精神内在的东西，但可以通过一定形式的“表述”而取得外部的“定在”，即精神产品可以有“直接性”和“外在”的载体。在这里，黑格尔揭示了知识产品的非物质性与其表现形式的客观性，他已

① 参见［德］黑格尔：《法哲学原理》，第43节附译，北京，商务印书馆，1982。

② 吕世伦：《黑格尔法律思想研究》，32页，北京，中国人民公安大学出版社，1989。

经认识到知识产品与其物化载体两者之间的区别。

知识的财产化，表明知识产品与物一样，都是财产权利的客体，具有民事客体的一般特征；同时，知识产品是区别于物的另类客体，是财产化的精神产品，具有自身的本质属性。具而言之，表现在以下几个方面。

1. 客观性。客体是主体的对称，有主必有客；同时也是权利义务共同指向的对象，即为体现利益之标的。物的客观性表现为客观化的物质实体，知识产品的客观性则应理解为客观化的知识体系，即可认知性、可复制性。珀普将世界分为三部分：第一世界是物质世界；第二世界是意识经验的世界；第三世界是客观知识的世界。后者相当于书本、图书馆、电脑存储等。就珀普而言，客观知识表明关于世界的真理独立于人们的主观世界。到目前为止，知识财产被描绘成一种全球性的资源，是由人类的集体劳动在整个过去的时间内完成的。[①] 知识产品作为权利标的的客观性特征与其非物质性的本质属性并不是矛盾的。所谓非物质性，即知识产品的存在不具有一定的物质形态，不占有一定的空间，这是知识产品区别于物质产品（有体物）的根本特性。但是知识的财产化，要求知识产品在作为权利客体时，必须通过一定的客观形式表现出来，使智力创造者以外的人能够了解和认识，这种客观表现形式是法律对其实现知识产权保护的条件之一。

2. 有用性。客体应为主体所利用的物质利益或精神利益之事物。就财产权客体而言，无论其形态如何，都有一定的价值和使用价值。物即天然存在的和人工制造的物质财富，而知识产品则是智力劳动创造的非物质财富。在科学技术商品化的条件下，知识信息已成为社会中最为有用的资源之一，是社会财富的重要组成部分。知识产品能作用于人们的精神生活，满足人们精神生活的需要，产生一定的社会效益；也能投入生产领域转化为有形的物质产品，满足人们的物质生活的需要，产生一定的经济效益。其具体表现是：科学思想和科学理论可以通过技术转化为生产力，提高生产的产出率和减少生产成本；作品和设计等能够满足人们的生产和生活需要，代表人类的精神和文化财富；商标

① See K. R. Popper，Objective Knowledge，Oxford，1972，Chapter Ⅲ. 转引自曲三强：《传统财产权理论与知识产权观念》，载《知识产权研究》，126 页，西安，西安交通大学出版社，2001。

和服务标志的作用在于减少市场的搜寻成本。[①] 这就是说，知识产品作为非物质财富，其本身就是社会财富的重要形态；掌握和利用知识产品可以为社会创造更多的财富。换言之，知识产品的有用性是它成为财产的基本原因。

3. 稀缺性。财产权客体是可以为人们控制和利用的资源，这种资源无论是物质形态还是知识形态，都不是取之不尽、用之不竭的。资源有限与供给不足，是物或知识产品作为财产权客体的经济动因所在。尽管在罗马法的历史上，诸如阳光、空气、海洋等也曾被视为物，但这类物为万民共享之物，不具有私权客体的意义。除此之外，天然存在之物与人工制造之物都是有限的资源。知识产品与有体物一样，也存在着稀缺性的问题，但其表现形式不同。所谓稀缺性，首先表现为知识产品生产的长期性、复杂性和高成本化。整个生产过程需要社会以至个人的大量投入，并需要长时期的探索性、创造性、连续性的劳动才能实现。其次表现为知识产品创造者的数量稀缺和价值珍贵。创造性人才是知识的生命载体，他们以依靠前人积累的知识为劳动资料，以抽象的知识产品为劳动对象进行精神生产劳动。知识产品的生产过程对生产者的智力投入有特殊要求：一是生产者智商高于一般人，能胜任高智力投入的劳动；二是通过文献储存和大脑储存，有相当的知识储备，具备高智力投入的基本条件。[②] 对于社会而言，此类人才及其生产的知识产品常常存在不足，解决供给不足的有效办法，就是知识产品的有偿使用。知识产权法便是解决这一问题的制度安排。

知识的财产化，是罗马法以来私权领域中最具革命意义的制度创新。其革命性意义可从以下几个方面来说明。

第一，知识财产的出现改变了传统的单一物化财产权结构。法律对知识财产的确认，标志着财产观从具体到抽象的转变。人们不再将财产的范围局限于有体物，而扩大到为数众多的不具备外在形体的财产，这即是财产的抽象化与

---

① 参见高德步：《产权与增长：论法律制度的效率》，119 页，北京，中国人民大学出版社，1999。

② 关于知识生产与知识劳动价值的有关理论，可参见张和生：《知识经济学》，沈阳，辽宁人民出版社，1992；袁志刚：《论知识的生产与消费》，载《经济研究》，1999 (6)。

非物质化。罗马法“无体物”的新诠释与英国法“诉体物”[①] 的新创见，使得财产概念具有不确定性和灵活性，从而将各种形态的资源包容到财产权体系之中。美国学者肯尼斯·万德威尔德描述了财产非物质化的革命过程：在19世纪初，财产权被理想化地定义为对物的绝对的支配，但在许多案件中，法律所宣称的财产并不包含“物”。到19世纪中后期，法院的判决越来越倾向于把有价值的利益当作财产来看待，甚至在没有“物”的时候也是如此。这一做法极大地拓宽了财产适用的范围。到19世纪末，一种新的财产出现了，它是非物质的，不是由支配物的权利所组成，而是由有价值的权利所组成。[②] 另一美国学者格雷则列举了非物质化财产的各种形态，如公司中的股票份额、债券、各种形式的商业票据、银行账户、保险单等；更不说那些更为神秘而难以确定的财产权，如商标、专利、版权、特许权和商誉。他认为无形财产的产生，消除了财产与实物之间的联系。[③] 可以说，知识财产的出现，冲破了罗马法以来的单一财产权结构，非物质性财产与物质性财产共同构成了近现代社会财富的完整内容。

第二，知识财产的“权利束”组合不同于有形财产所有权的单一形式。在传统的私法理论中，所有权被描绘成私人对所有物绝对支配与排他独占的权利。这种权利的性质是单一的，是单纯的财产性权利。在动产或不动产上，概为一个有形财产所有权，没有复合性的权利形态存在；这种权利的设定也是单一的，即在一个物件上只能设定一个所有权。按照一物一权主义的原则，不允许有两个或两个以上内容相同的所有权存在。知识产权则是一种新型的民事权利。首先，它不是单一形式的权利，而是组合形式的“权利束”(a bundle of rights)。即是说，它不是单一的、整块的现象概念，而是一系列独立和特殊利

---

① 在英国法中，诉体物也被称为“诉讼中的动产”(choses in action)。其特点是：这种动产的存在范围，只有通过诉讼才能充分体现出来。知识产权由于其客体的非物质性，往往需要通过诉讼请求，才能划清“社会财产”与“我的财产”、“合法使用财产”与“非法使用财产”的界限；这种动产的价值不表现为记载知识产品的物化载体本身的价值，而取决于象征着请求支付有体动产的无体权利的价值。

② 参见［美］肯尼斯·万德威尔德：《19世纪的新财产：现代财产权概念的发展》，载《社会经济体制比较》，1995（1）。

③ 参见［美］托马斯·C. 格雷：《论财产权的解体》，载《社会经济体制比较》，1995（2）。

益的组合。[①] 在某项知识产权的概括名义下，各种权项相互独立，内容各异，该权利极具包容性而显见其丰富多彩。其次，它也不是单一设定的权利。由于知识产品的非物质性特征，一项知识产品可以在一定时空条件下为若干主体共同利用。在权项分割的情况下，若干主体可能对同一知识产品享有不同的权利；在不同地域的情况下，若干主体则可能在各自范围内对同一知识产品享有相同的权利。知识财产之上的多种权利形态与多重主体设定，使得传统的财产权理论与规则捉襟见肘，在私法领域中，知识财产理应建构与有形财产不同的理论基础和制度体系。

第三，知识财产的增长动摇了物化财产权的传统统治地位。罗马法以来的物与物权制度，是以保护有形财产为中心的。土地、牧场、机器、厂房是当时社会最重要的财富，物质财富的显赫身价决定了有形财产所有权制度在财产权体系里的中心地位。自进入工业经济时代以来，这一状况发生了变化。美国学者康芒斯在其名著《制度经济学》一书中叙述了这一演变过程："在封建和农业时代，财产是有形体的。在重商主义时代（在英国是 17 世纪），财产成为可以转让的债务那种无形体财产。在资本主义阶段最近的这 40 年中，财产又成为卖者或买者可以自己规定价格的自由那种无形的财产。"[②] 另一美国学者马克·第亚尼则描述了知识产品与知识社会的关系。他认为，"非物质性"是知识社会的典型特征。知识社会的"非物质性"，就是人们常说的数字化社会、信息社会或服务型社会，在这个社会中，信息工人比例大大增加。与原始社会和工业社会不同，后者的产品价值包含原材料价值和体力劳动的价值，而"非物质社会"的经济价值和社会价值主要以先进知识在消费产品和新型服务中体现出来。[③] 由于现代商品经济发展与社会财产形态的变化，财产的范围已延伸到一切可以利用的物质与非物质对象。与此同时，社会财富的比重结构也相应发生变化，有形财产的作用相对下降，无形财产的地位空前提高，知识财产已

---

① See Sigmund Timberg, A Modernized Fair Use Code for Visual Auditory, and Audiovisual Copyrights, Ablex Publishing Company, 1980.

② [美] 康芒斯：《制度经济学》上册，95 页，北京，商务印书馆，1962。

③ 参见 [法] 马克·第亚尼编著：《非物质社会——后工业世界的设计、文化与技术》，2 页，成都，四川人民出版社，1998。

构成现代社会最重要的财产类型。正如加拿大学者尼科·斯特尔所指出的那样："传统的财产实际上是与实物的所有相同一的思想开始被淡化，或者，与之相类似的是，传统意义上的财产的相对重要性开始大大地降低了。"[①] 在这里，知识财产化的革命性意义不仅在于打破了物化实体的传统财产观，而且极大地冲击了有形财产权的传统统治地位。

三、非物质性财产的体系化：类型扩张与制度嬗变

知识产权制度的建立是财产非物质化革命的结果，但不是无形财产权体系化的终结。这场自罗马法以来私权领域里发生的制度创新与变革，从来就没有停息过。随着新的科学技术与现代商品经济的发展，各种抽象化、非物质化的财产不断涌现。在很多情况下，法律保护的对象不是有形的物件，而是无形的利益，财产遂被定义为"对价值的权利而非对物的权利"[②]。

非物质性财产，主要是知识财产，但不限于知识财产。对此近现代学者都给予了充分的关注。早期资产阶级思想家、法学家洛克在其《政府论》一书中，曾在多种含义上表达了"财产"概念。在洛克那里，狭义的财产指的是个人所拥有的物质财产，一般用"possessions"、"estates"、"fortunes"和"goods"来表述；而广义的财产则为"property"，它不仅指物质财产，或者说一般意义上的财产和地产，也包括人的身心、生命和自由，甚至包括了人的劳动及行为规范。它是个人拥有的总和，包括身心和物质两个方面的内容以及有形和无形的两种形态。[③] 20世纪初，美国学者施瓦茨曾列举了"具有重大价值的新型财产"，"这些财产包括商业信誉、商标、商业秘密、著作权、经营利益、特许权以及公平的便利权"。阿切森也作出了自己的判断："在19世纪的法学概念中最核心的就是财产权，任何事物都被认为是财产，如名誉、隐私、

① ［加］尼科·斯特尔：《知识社会》，127页，上海，上海译文出版社，1998。

② ［美］肯尼斯·万德威尔德：《19世纪的新财产：现代财产权概念的发展》，载《社会经济体制比较》，1995（1）。

③ 参见梅雪芹：《关于约翰·洛克"财产"概念的一点看法》，载《世界历史》，1994（6）。

家庭关系等等。”[①] 另一美国学者弗里德曼认为，21 世纪已经出现了“新财产”（new property）的概念，因此应当将就业机会、养老金、政府特许作为新财产看待。[②] 与此同时，美国法院还将下列权利视为非物质化财产：使用邮政的权利，雇主自由地增减劳工的权利，雇佣者自由就业的权利，股东选举公司董事的权利，免税的权利，禁止他人出卖自己采制的新闻的权利，成为证券交易所会员的权利等。[③] 应该指出，将一切利益机会、资格等财产化、商品化，将政治权利、人身权利等同于私人财产权利，似有值得斟酌之处。过于宽泛的财产观，有可能动摇现代财产权概念的科学基础，也有悖于财产非物质化革命的本意。但是必须承认，继知识财产出现以后，新的非物质性财产不断产生，从而构成了一种新的无形财产体系。从私权的角度，笔者拟将非物质性财产分为以下几类。

一是知识类财产。该类财产主要由知识、技术、信息等无形财产利益所构成，可以进一步分为创造性成果与经营性标记两类形态，前者包括作品及其媒介和工业技术。作品及其传播媒介是文化领域中的创造性成果，与创造者的创作活动及传播活动有关，其客观表现形式有文字、符号、图形、形象、音像等。工业技术是指工业、农业、商业等产业领域中能够物化在物质载体上的创造性成果，它通常表现为工艺操作方法与技能，以及与这些方法和技能相适应的生产工具和其他物质设施。后者是指在生产流通领域中能够标示产品来源和厂家特定人格的区别标记，包括商标、商号、地理标记等。上述知识财产是现代社会中最重要的非物质财富。

二是资信类财产。该类财产是经营领域中诸如商誉、信用、形象等财产化的商业人格利益。从商业信誉、商业形象的构成来讲，其内在因素是主体的经营能力，包括经济状况、生产能力、产品质量、市场占有份额等[④]；其外在因

---

① 转引自［美］肯尼斯·万德威尔德：《19 世纪的新财产：现代财产权概念的发展》，载《社会经济体制比较》，1995（1）。

② 转引自马俊驹、梅夏英：《无形财产的理论与立法问题》，见中国民商法律网——法学前沿。

③ 参见［美］肯尼斯·万德威尔德：《19 世纪的新财产：现代财产权概念的发展》，载《社会经济体制比较》，1995（1）。

④ 参见杨立新：《人身权法论》，638 页，北京，中国检察出版社，1996。

素来自社会因受主体信誉、形象的影响而给予的评价和信赖。此类商业人格利益，包含有明显的财产利益的内容，但也有精神利益的因素。资信类财产的价值尚未完全为人们所认识，以至于我国台湾地区学者曾世雄将此类财产称为正在开发中的无形财产。①

三是特许类财产。该类财产由主管机关或社会组织所特别授予的资格、优惠、特权等法律利益构成。美国分析法学派代表人物霍菲尔德在权利形式分析理论的基础上，对财产概念作出新的阐释。他认为，权利、特权、权力和豁免可统称为“法律利益”（legal interest）。一个人拥有财产，就是说实际上此人拥有一系列的权利、特权、权力及豁免。② 财产是否都可以归结为由上述要素组合而成的“法律利益”，尚值得进一步探讨。但是，似可借用霍菲尔德的理论，在非物质性财产中单列一种由“法律利益”所构成的特许类财产。该类财产与前述知识类财产、资信类财产不同，它不是基于所有人自己的创造性行为或经营性资信所形成，而是由某一机关或组织的特别授权所产生。主体享有的某种特别资格、优惠或利益，可以形成特殊的经济能力或经济利益，从而构成主体的一项财产。

知识类财产、资信类财产与特许类财产构成了现代非物质性财产的完整体系。这一体系的形成，从其社会动因来说，是科学技术与商品经济发展的结果；从法律层面而言，则是制度嬗变与创新的产物。在历史上，非物质性财产的权利制度，经历了以下变迁过程。

第一，从特许权到一般财产权。知识财产的权利形态即知识产权。近代知识产权制度的诞生，经历了封建特许权制度近三百年的长期阵痛。封建特许权包括印刷专有权和产品专营权，它以敕令或令状的形式，授予印刷商以出版独占许可证或赋予经营者专门制造、销售某种产品的权利。尔后，由于封建王朝的衰落与私权观念的进化，市民阶级主张对印刷品、专营品应产生一种新的所有权，而不是行政庇护的特权，这便是“精神所有权”③。“精神所有权”理论

① 参见曾世雄：《民法总则之现在与未来》，137 页，台北，三民书局，1993。

② 参见［美］肯尼斯·万德威尔德：《19 世纪的新财产：现代财产权概念的发展》，载《社会经济体制比较》，1995（1）。

③ 吴汉东：《著作权合理使用制度研究》，4 页，北京，中国政法大学出版社，1996。

认为，创造者的思想以及基于思想所产生的物化产品都享有所有权。这种精神产品的权利也是所有权的一种。十分明显，“精神所有权”已具有近代知识产权的基本含义了。知识产权作为一种私人享有的无形财产权，是为法定之权而不是特许之权，直至资产阶级革命时期才得以实现。可以说，在历史上，知识产权是从特许权到一般财产权变迁的产物。

第二，从人格权到特别财产权。资信财产的权利形态，包括商誉权、信用权、商品化（形象）权等。在民事客体范畴中，诸如姓名、肖像、名誉、荣誉等精神利益，在传统上属于人格权的保护范围，一般认为不具有直接的财产内容。① 虽然上述精神利益与财产具有一定的联系，如主体行使相关权利可获得一定的经济利益，或主体因上述权利受到侵害而获得一定财产补偿；但这里的财产后果不是名誉权、肖像权等人格权利的内容本身。由于商品经济的发展，一般人格利益逐渐演变为商业人格利益，即在现代法的框架上，基于商业上的名誉、荣誉产生了商誉权与信用权，由于对姓名、肖像、形体的商业利用出现了（商品化）形象权。换言之，在人格利益的权利形态方面，传统的人格权依然存在，但同时又新出现了资信类的特别财产权。

第三，从行政权到私人财产权。特许类财产的权利形态主要是特许经营权。特许类财产本为一种“法律利益”，即某种资格、优惠或利益，它们是受到法律保护的利益，但并非都上升为法定的财产权利。特许经营权是该类财产所采取的唯一法权形式。从特许权的产生来看，它是一种行政权的延伸。在古代中国，即存在着政府特许的盐、铁专营；在中世纪英国，也有王室授权的土地专营。在这里，特许经营人获得的是一项行政特权，即主体具有一种特殊的身份、地位，并由此获取特殊的利益。到了近代社会，特许经营的对象有相当部分依然属于国家的行政特许，如特种行业的经营、许可证制度等。但随着商品经济的发展，出现了许多与行政权无关的特许经营业务，形成了企业之间发生的纯商业性的特许经营业务（如旅店业、零售业等）。② 政府特许经营与商业特许经营的并存，彰显特许经营方式的扩展，同时也表明特许经营权完成了

---

① 参见王利明等：《人格权法》，北京，法律出版社，1997。

② 参见陈仲主编：《无形资产评估导论》，227页，北京，经济科学出版社，1995。

从行政权到私人财产权的嬗变，这即是说，专营资格、优惠或利益可以来自政府特许或商业特许，其权利取得方式如何在所不问，它丝毫不会影响该项权利的基本属性。质言之，特许经营权是一项以专营资格为客体的非物质性财产权。

非物质性财产体系的形成，是一个由国家公权向私人财产权、由封建特许权向资本主义财产权、由人格权向特殊财产权转变的历史。这一历史变迁表明：非物质性财产法是一个开放的、动态的、不断发展的制度体系。

四、无形财产的立法保护：权利形态与制度模式

在立法文件的语境中，非物质性财产权被称为无形财产权。无形财产权的概念系由德国学者科拉于 1875 年率先提出。他批判了以往的学说将精神产物之权利说成是一种所有权的错误，而将其视为区别于有形财产所有权的另类权利，即“无形财产权”（Immaterial Giiterrecht）。此学说发表后即风靡于欧洲大陆。[①] 在一些西方国家，相关立法与学说曾以无形财产权来概括有关知识财产的专有权利。直至 20 世纪 60 年代，知识产权成为国际上通行的法律术语，仍有西方学者继续采用无形财产权的说法。这一法律术语颇具包容性，有其可取之处。在现代社会里，由于社会财富形态的变化，财产越来越多地变为无形的和非物质的，“我们有理由对传统上并不被认为是财产或财产权利的权利给予越来越多的关注和保护”[②]。我们看到，在非物质性财产体系中，确实存在着一类具有无形财产属性又不能归类于知识产权范畴的某些权利；并且随着社会生活的日益发展，还可能出现其他一些更新的无形权利形态。因此，笔者主张，以客体的非物质性作为权利形式分类标准，概括出与财产所有权有别的无形财产权；同时，根据国际上通行的立法例，将后者分为知识产权与其他无形财产权。下面试就无形财产的基本权利形态分述之。

1. 文学产权。文学产权是关于文学、艺术、科学作品的创作者和传播者

---

① 参见［日］吉藤幸朔：《专利法概论》，405 页，北京，专利文献出版社，1990。

② ［美］罗纳德·波斯顿：《美国财产法的当前发展趋势》，载《外国法译评》，1994（3）。

所享有的权利，它将具有原创性的作品及传播这种作品的媒介纳入其保护范围，从而在创造者“思想表达形式”的领域内构造了知识产权保护的独特领域。在立法文件中，文学产权指称著作权以及邻接权，广义的著作权包括邻接权。在作品及传播媒介的权利形态方面，值得重视的是数据库保护问题。出于对制作者在数据库上投资的保护目的，国际社会在适用数据库的版权保护、数据库的竞争法保护的同时，正在推进数据库的特殊权利保护。这是一种独立于著作权，又类似于著作权的专门保护制度。[①] 在这种情况下，在文学产权领域将会出现著作权以及与著作权有关的邻接权、数据库专有权等多种权利形式。

2. 工业产权。工业产权是指工业、商业、农业、林业和其他产业中具有实用经济意义的一种无形财产权。确切地说，工业产权应称为“产业产权”。根据《保护工业产权巴黎公约》及相关公约的规定，列于工业产权范畴的主要有专利权（含外观设计权）、商标权、商号权、地理标记权、反不正当竞争权。需要说明的是，反不正当竞争本为有关知识产权保护的补充，意在对单一法律制度的“真空地带”和相关法律制度的“交叉部分”给予“兜底保护”，而现在其则成为知识产权体系中的新成员。《保护工业产权巴黎公约》1967 年斯德哥尔摩文本将专利技术、经营标记与反不正当竞争列为工业产权的保护对象，同年签订的《建立世界知识产权组织公约》亦将反不正当竞争的权利纳入知识产权的范围。这样，作为知识产权保护“例外”的反不正当竞争，也成为一项工业产权。

3. 其他知识产权。该类权利是指在传统上既不属于文学产权，又不归类于工业产权的独立知识产权，一般采取“专有权”的形式。主要有以下三种：第一，植物新品种权。关于植物新品种的知识产权保护有三种模式：一是以专有权形式保护植物新品种，以德国法为代表；二是以专利权形式保护植物新品种，以意大利法为代表；三是兼用上述两种权利形式提供保护。尽管 1961 年《保护植物新品种国际公约》与 1994 年《与贸易有关的知识产权协定》（TRIPs，简称《知识产权协定》）允许采取上述任一模式来保护植物新品种，但多数成员国倾向于采取植物新品种专有权形式。第二，集成电路布图设计

① 参见薛虹：《网络时代的知识产权法》，93 页，北京，法律出版社，2000。

权。集成电路的布图设计，既不是著作权法上的图形作品，又不是专利法上的外观设计，因此国际社会采取“工业版权”的保护方法。[①] 以专有权形式出现的工业版权，吸收了著作权与工业产权的部分内容，形成了亦此亦彼的“交叉权利”。这种权利的主要特点有：受保护对象必须具有新颖性（专利法要求）和独创性（著作权法要求），实行注册保护制和较短保护期（专利法规则），专有权人主要享有复制权和发行权（著作权法规则）。第三，商业秘密权。商业秘密权与工业产权不同，它不具有严格意义上的独占性，也不受地域和时间的限制，其效力完全取决于商业秘密的保密程度，正是由于这一特点，商业秘密不包括在传统的知识产权体系之中。20 世纪 60 年代，国际商会率先赋予商业秘密以知识产权属性，世界知识产权组织在其成立公约中亦暗示商业秘密包括在知识产权之中；至 20 世纪 90 年代，《知识产权协定》专门规定“未公开信息”的保护问题，确认商业秘密属于知识产权范畴。

4. 商誉权。商誉（good will）即商业信誉与声誉，它是特定主体商业文化的一种特殊价值形态。在中国的法学著述中，商誉是一个内涵广泛、寓意中性的概念。[②] 而在经济学理论中，商誉是一种具有价值的褒义性概念。近代学者杨众先认为，商誉从英文“good will”的原意而言，“实为良好或亲善意志之谓”。就企业而言，乃是企业人事上所发生的良好关系；对社会而言，则是公众对企业的良好评价。[③] 国外法律界的表述与此相同。《牛津法律大辞典》将商誉解释为“某行业拥有的一种优良品质”[④]；英国法院在判例中将其称为“企业的良好名声、信誉和往来关系带来的惠益和优势”[⑤]。十分明显，中国法学界对商誉的解说有失精确。笔者认为，商誉是一种不依附物质实体而独立存在的财产，属于经营资信类财产的范畴。在非物质财产权利体系中，商誉权虽

---

① 工业版权的立法动因，始于纠正工业产品外观设计享有专利法和著作权法重叠保护的弊端。以后，一些国家为了填补某些工业产品无法保护的空白和弥补单一制度保护的不足，遂创制了工业版权制度。参见郑成思：《版权法》，北京，中国人民大学出版社，1990。

② 相关学说参见梁上上：《论商誉和商誉权》，载《法学研究》，1993（5）；朱姝等：《论商誉权的法律保护》，载《现代法学》，1996（1）。

③ 参见杨时展主编：《中华会计思想宝库》，第 1 辑，北京，中国财政经济出版社，1992。

④ ［英］戴维·M. 沃克主编：《牛津法律大辞典》，381 页，北京，光明日报出版社，1989。

⑤ 转引自关令华：《精神损害的认定与赔偿》，173 页，北京，人民法院出版社，1996。

受反不正当竞争法保护，但在立法例上，其权利类型的定位尚不明确，或者说在传统上并不属于知识产权范畴，因此，将其视为一种无形财产权较为适宜。

5. 信用权。在英国《牛津法律大辞典》和美国《布莱克法律辞典》中，信用（credit，trust）与赊购、信贷等交易活动有关，是当事人特殊经济能力（即偿付债务的能力）的表现，来源于社会对特定主体的评价。[①] 中国法学界对信用的解说与上述学说不同，概指称为主体的一般经济能力，并多将其看作人格利益。[②] 其实法律上的信用是指主体所具有的偿付债务的能力而获得的社会评价与信赖，这与商誉不同。此外，信用虽不具有物质形态，但其以信用证、资信文件为载体，且能够通过信用交换而获得交易利益，不同于一般人格利益。在权利基本范畴中，信用权不是知识产权，而是一种资信类的无形财产权。

6.（商品化）形象权。形象（publicity）是个人或社会组织所拥有的各种形象，包括真实人物的形象、表演形象、虚构角色形象、社会组织形象等，这些形象往往与主体自身的姓名（名称）、肖像（形象）、外表（标志）等一般人格因素有关，也与主体创造的角色、人物、作品或活动的名称、标题等特别人格因素相联系。[③] 这些人格因素的某些特征，具有“第二次开发利用”的价值。权利人利用自身或虚拟的形象，或他人以合理的对价受让或许可使用该形象，其目的并不局限于该形象的知名度与创造性本身，而在于该形象与特定商品的结合而对消费者带来的良好影响。这种影响能给形象所附载的商品带来广泛的认知度，能给形象的利用者带来一定的经营优势，所以说，这种权利不是人格意义上一般形象权，而是具有财产价值的（商品化）形象权。（商品化）形象权与知识产权关联性极大，但真实形象不是著作权法的保护对象，虚构形象并不符合专利法、商标法的保护条件，因此该项权利是一项独立的无形财产权。

---

① 参见［英］戴维·M. 沃克主编：《牛津法律大辞典》，381 页，北京，光明日报出版社，1989；Black's Law Dictionary（15 Edition），West Publishing Co，1979，p. 331。

② 相关理论参见王利明主编：《民法·侵权行为法》，299 页，北京，中国人民大学出版社，1993；张俊浩主编：《民法学原理》，158 页，北京，中国政法大学出版社，1991；杨立新：《人身权法论》，638 页，北京，中国检察出版社，1996。

③ 参见杜颖：《论商品化权》，载梁慧星主编：《民商法论丛》，第 13 卷，北京，法律出版社，2000；董炳和：《论形象权》，载《法律科学》，1998（4）。

7. 特许经营权。特许经营或专营（franchise）是主管机关或社会组织所授予的从事特种行业、生产或经销特定商品的资格。政府授予民事主体的特许经营权包括特种行业经营权、垄断经营权、资源开采经营权、资源专用权等；民事主体之间通过合同授予的特许经营权包括许可证经营权、商品或服务专营权、商品或服务连锁经营权等。[①] 在中外资产评估业界中，无形资产被指称为非实物的经济资源，即某种特殊权利和技术知识，具体表现为某种法定权利、知识产权、优先权、垄断权或者企业所具有的非凡盈利能力。[②] 在实践中，特许经营权与知识产权一起，列为无形资产的范围。所以说，特许经营权是有别于知识产权的一种无形财产权。

关于无形财产权的立法模式，主要是知识产权法与其他专门法。知识产权法是非物质性财产的主要制度模式，也是世界各国通行的法律制度。现代知识产权法是一个开放式、动态发展的制度规范体系。随着知识经济的发展，新的知识财产制度相继产生。立法者或采取“边缘保护法”，即采用不同知识产权的若干规则以创设一种新制度；或实行“单独保护法”，即设定类似某种知识产权的独立专门制度，以保护新的知识财产权利。可以预见，现代知识产权法将是一个十分庞大的非物质性财产的法律体系。

其他无形财产权的立法模式，目前国际上尚不一致。概括说来，主要有两种：一是间接保护方式，即虽不明确某种法益为权利，但通过规制某种侵权行为，对受侵害的无形财产利益提供法律保护。该类法律主要是反不正当竞争法、侵权法。二是直接保护方式，即通过民事立法直接规定非物质性财产的权利形态，并确认侵犯这一权利的民事责任，该类法律可以是民法典，亦可是民事特别法。总的说来，民事基本法概括性强，能最大限度地包容各种无形财产；而民事特别法较为灵活，可以成熟一个，制定一个。德国法采取两种模式相结合的方法，在其民法典“侵权法”一节与反不正当竞争法中分别规定了商誉权、信用权的保护，其立法例可资借鉴。

---

① 参见蔡吉祥：《无形资产》，15页，北京，海天出版社，1996。

② 参见吕劲松：《无形资产会计》，1～2页，北京，中国审计出版社，1998；何清政等：《国有资产评估》，北京，中国标准出版社，1993。

科技、经济、法律协调机制中的知识产权法*

新世纪的大门已经开启。以微机革命、网络革命和通信革命为主流的世界新技术革命，将人类社会从工业经济时代推向一个崭新的时代——知识经济时代。知识经济作为新的经济形态，有着它特有的经济基础结构与法律制度体系，这是围绕着知识的生产、传播与利用的智力劳动过程，服务于知识经济社会化、产业化、产权化的发展目标所建立起来的。在法律制度体系中，知识产权法与科技、经济有着特殊的联系：在工业经济时代，它是近代科学技术与商品经济的产物，为资产者提供了取得财产的新方式；在知识经济时代，它是现代科学技术进步与市场经济发展的推动器，成为“知本家”获取知识财产的保护神。本文试从科技、经济、法律一体化的视角，探讨知识产权制度的产生、发展与变革，对知识经济时代的知识产权制度的功能与利用作出新的认识。

一、科技、经济、法律相联结：知识产权制度产生的社会条件

在人类历史上，保护财产权利的法律制度，可以追溯到公元前遥远的年代。“言必称罗马”，传统民商法中的所有权、他物权、债权及继承权制度都可以从古代罗马法中找到其雏形。“知识产权制度则是近代法制史上的新页”①，

---

* 原载《法学研究》，2001（6）。

① 段瑞春：《关于知识产权的几点认识》，载《求是》，1993（4）。

是科学技术与商品经济发展到一定阶段的产物。一般认为，英国于 1623 年制定第一部专利法（《垄断法规》），1709 年制定第一部著作权法（《为鼓励知识创作而授予作者及购买者就其已印刷成册的图书在一定时期之权利法》，即《安娜法令》）。法国于 1857 年制定第一部商标法（《关于以使用原则和不审查原则为内容的制造・标记和商标的法律》），是具有近代意义的知识产权制度的开端。这些绝非历史的偶然。自 17 、18 世纪以来，资产阶级在生产领域中开始广泛采用科学技术成果，从而在资本主义市场中产生了一个保障知识产品私有的法律问题。资产阶级要求法律确认对知识产品的私人占有权，使知识产品同一般客体物（有形产品）成为自由交换的标的。他们寻求不同于以往财产法的新的法律制度，以作为获取财产权利的新方式：在与商品生产直接有关的科学技术发明领域出现了专利权；在文学艺术作品以商品形式进入市场的过程中出现了著作权；在商品交换活动中起着重要作用的商品标记范畴出现了商标权。这些法律形式最后又被概括为知识产权。

近代知识产权制度植根于当时的物质生活关系。从科技、经济、法律相联结的角度考察，知识产品要成为新型财产权利的标的，或说是知识财产制度的出现，有赖于以下几个条件：

第一，科学技术广泛应用于社会生产。在前资本主义时期，科学和技术一般是分离的和脱节的，科学技术应用于生产还只是偶然的和不自觉的行为。那时，技术由平民工匠掌握，技术的进步全凭经验摸索和传统技艺的提高及改进。科学知识则属于贵族哲学家，科学理论常常落在生产实践之后，只是概括和总结实践过程中积累的经济材料。① 从前资本主义末期到资本主义初期，正是自然经济向商品经济转化的时期，在这一过程中，劳动产品中占主导地位的体力因素逐渐让位于智力因素，新的生产方式第一次使得自然科学为直接的生产过程服务。资产阶级在它最初一百年的统治中创造了巨大的生产力，“机器的采用，化学在工业和农业中的应用，轮船的行驶，铁路的通行，电报的使用”②，使科学技术与社会生产紧密地联系在一起。这种有机联系具体表现为

① 参见赵震江主编：《科技法学》，北京，北京大学出版社，1998。

② 《马克思恩格斯选集》，3 版，第 1 卷，405 页，北京，人民出版社，2012。

科学发现——技术发明——社会生产的一体化。正如马克思主义经典作家所说的那样："生产过程成了**科学的应用**，而科学反过来成了生产过程的因素即所谓职能。每一项发现都成了新的发明或生产方法的新的改进的基础。"[①]

第二，科技成果成为自由交换的商品。在前资本主义时期，运用科学技术生产的物质产品可以作为商品，但是科技成果本身却不是商品。由于科学技术被长期封闭在一个个具体的狭隘行业和独立的家庭作坊中，主要靠自身的经验积累发展着，很难进入社会规模的应用和转移。在这种封闭性的社会经济格局里，科学技术缺乏系统性、继承性的发展，而仅具有分散性、经验性的特征。所谓"祖传秘方"，"父传子受"，是小生产者取得技术、掌握技术的主要手段。近代商品经济的发展和资本主义结构的建立，打破了自然经济中技术部门之间及技术与社会联系之间的壁关锁垒。商品经济需求的强烈冲击，迫使技术向社会发生大规模转移。资本把科技成果还原成一般等价物，并用纯粹的经济效益来衡量它们的价值，这就使得科学技术从一般技艺和狭隘分工中相对解放出来。资本的神奇力量在于它使得"工匠们成为雇佣劳动者，即把他们的技能和人体一起转化为商品"，并驱使其走向市场，卷入"一种没有良心的自由贸易之中"。根据马克思的劳动价值理论，智力劳动也是一种生产劳动。生产商品不仅是指物质生产中的实物形式的商品，还包括非物质生产中的无形商品，如服务、知识、信息、技术等。[②] 这就是说，在科学技术运用于社会生产的过程中，包括技术、知识、信息在内的知识产品本身（无形商品）与采用知识、信息、技术生产的物质产品（有形商品）都具有同等的商品意义。

第三，知识产品纳入新型财产权利的保护范围。在前资本主义时期，对有限的科学技术传播和交流，缺乏财产法和契约法的有力保障。商品贸易（包括知识产品和有形商品的交换）必须建立在确定的产权基础上和稳定的交易秩序中，而以重刑轻民、"神事重于人事"为特征的封建法律往往视科技成果的传播和应用为私人琐事，很少以国家的名义直接进行调控。尽管在封建社会的晚近时期，出现了印刷专有权或专营、专卖权，但这是一种封建特许权，而不是

---

① 《马克思恩格斯全集》，第47卷，570页，北京，人民出版社，1979。

② 参见李京文：《迎接知识经济新时代》，39页，上海，上海远东出版社，1999。

资本主义式的财产权。这种封建特许制度的受益者主要是印刷商、企业主以及颁发许可证的统治者，而不是从事智力创造活动的作者、发明者。在有的情况下，封建统治阶级还通过特许制度限制先进思想传播，迫害进步作者和发明者。[①] 因此这种封建特许权与近代意义上的知识产权有着性质上的差别。对于知识产品的保护，无法简单采用罗马法以来的传统财产权形式。德国法哲学家黑格尔认为，诸如精神技能、科学知识、艺术以及发明等，都可以成为契约的对象，而与买卖中所承认的物同一视之。此类占有虽然可以像物那样进行交易并缔结契约，但它又是内部的精神的东西。[②] 因此，知识产品是独立于传统意义上的物的另类客体；换言之，以知识产品作为保护对象的知识产权是与有形财产所有权相区别的崭新的法律制度。马克思在叙述经济与法律的关系时说道："每当工业和商业的发展创造出新的交往形式……法便不得不承认它们是获得财产的新方式。"[③] 毋庸讳言，正是在近代商品经济和科学技术不断发展的推动下，知识产权作为一种私人享有的无形财产权，才得以为资本主义国家所普遍认可和严格保护，并逐渐形成一种独立而严密的法律制度。

第四，以知识产权名义实现权利制度的体系化。从古代罗马法到近代民法，所设定的财产权利制度概以有体物为核心展开。在罗马私法体系中，罗马人以"物"作为客体范畴（主要是有形的物质客体——有体物，也包括无形的制度产物——无体物），在此基础上设计出以所有权形式为核心的"物权"制度，建立了以物权、债权为主要内容的"物法"体系。1804 年的《法国民法典》与 1896 年的《德国民法典》，或承认无体物，但专指具有财产内容的抽象权利；或以有体物为限，没有无体财产的概念。一句话，诸如著作权、专利权、商标权等新型民事权利制度未能进入传统民法典的体系范围。[④] 知识产权

---

① 参见［美］安守廉：《知识产权还是思想控制：对中国古代法的文化透视》，载梁治平：《法律的文化解释》，北京，生活·读书·新知三联书店，1994；吴汉东：《著作权合理使用制度研究》，北京，中国政法大学出版社，1996。

② 参见［德］黑格尔：《法哲学原理》，第 43 节附译，北京，商务印书馆，1982。

③ 《马克思恩格斯全集》，第 3 卷，72 页，北京，人民出版社，1960。

④ 上述情况在 20 世纪后半叶发生变化。一些大陆法系国家试图在民法典的框架内，整合一个包括知识产权在内的大一统的财产权制度。其代表性的立法例有 1992 年《荷兰民法典》、1995 年《俄罗斯民法典》、1995 年《越南民法典》。对此做法，学者不乏批评意见，立法者（如荷兰）亦有放弃原议之先例。

是人们基于自己的智力活动创造的成果和经济管理活动中的标记、信誉而依法享有的权利，是一个属于民法范畴但又相对独立的权利制度体系。将一切来自知识活动领域的权利概括为“知识产权”，最早见于17世纪中叶的法国学者卡普佐夫，后为著名比利时法学家皮卡第所发展。皮卡第认为，知识产权是一种特殊的权利范畴，它根本不同于对物的所有权。“所有权原则上是永恒的，随着物的产生与毁灭而产生与终止；但知识产权却有时间限制。一定对象的产权在每一瞬息时间只能属于一个人（或一定范围的人——共有财产），使用知识产品的权利则不限人数，因为它可以无限地再生。”① 知识产权学说以后在国际上广泛传播，得到世界上多数国家和众多国际组织的承认。

上述诸要素，是历史与逻辑的统一，其间既有着历史发展的客观规律，又有着内在逻辑的联结关系。回溯西方发达国家创建知识产权制度的历程，确乎存在着一条联结科学、经济、法律一体化发展的清晰轨迹：社会生产的科技化——科技成果的商品化——知识商品的产权化——权利制度的体系化。从推动社会进步的角度来说，这一基本线路就是科技发展——经济增长——法制进步的历史进程。

二、财产的“非物质化革命”与知识产权的制度安排

无体物、无形财产与知识财产诸概念是知识产权理论的基本范畴。知识产品财产化与知识财产法律化，带来了私法领域财产的非物质化革命。以法律的名义保护知识产权，需要有新的观念突破、新的理论建构、新的制度设计。这些无不蕴含着对传统财产权制度的冲击与挑战。

第一，知识产品财产化与传统物化财产结构的矛盾。自罗马法以来，人们基于财产的主要构成限于有体物的认识，设定了物质化的财产权利制度。在客体物构成中，有体物固然包括有形之动产与不动产，无体物亦指以实在之物为对象的财产权利，可以说传统的物与物权制度即是物质化的财产结构。随着商

① ［苏］B. A. 鲍加特赫等：《资本主义国家和发展中国家的专利法》，载《国外专利法介绍》，12页，北京，知识出版社，1980。

品经济的发展，在社会财产的构成中，出现了所谓抽象化、非物质化的财产类型，人们对财产与物的概念有了新的认识。美国学者写道：19 世纪时法院开始意识到，一些无形财产的价值并不一定能与商业场所或有形的商业附属物相联系。在多数案件中，保护当事人的无形财产比保护有体物更重要，换言之，在许多场合中，要保护的根本不是什么“物”而是价值。① 在资本主义市场中，主要是两类财产具有非物质化特点：一是实在之物抽象化，即债券、股票、保险单等。英国学者詹克斯认为这是一种与其最初形态完全不同的动产。这种动产的价值并不取决于它的自然性质，而是取决于它的法律性质。② 在现实交易中，有价证券的交付，即意味着一定数量的物件或货币的交付，即有形物品被抽象化了。二是精神之物“定在”化，即知识、技术、信息等。黑格尔认为，此类精神产品是精神内在的东西，但可以通过一定形式的“表达”而取得外部的“定在”，即精神产品可以有“直接性”和“外在”的载体。③ 在社会劳动产品类型中，知识产品与物质产品不同，它虽具有内在的价值和使用价值，但没有外在的形体。应该进一步指出，作为精神内在的知识，往往都有一定形式的外部“定在”（即载体），但它们两者有着不同的财产意义。智力劳动的创造物之所以称为“知识”财产，原因在于该项财产与各种信息有关，但并不体现在表达信息的有形载体之中。④

第二，知识财产的“权利束”组合与传统单一财产权利形式的反差。传统的民法学理论依权利的内容，将民事权利最概括地分为财产权与非财产权。⑤古代罗马法所创制的所有权及其他物权、家长权及其他身份权，近代德国民法、瑞士民法所规定的一般人格权无不归于上述两类范畴。所有权为最典型、最重要的财产权，其客体为有形之动产或不动产，不问客体物的内容、性能、用途、价值如何，所有权有对不同客体物所享有的占有、使用、收益和处分的

---

① 参见［美］肯尼斯·万德威尔德：《十九世纪的新财产：现代财产要领的发展》，载《社会经济体制比较》，1995（1）。

② 转引自王利明主编：《民商法研究》，第四辑，170 页，北京，法律出版社，1999。

③ 参见［德］黑格尔：《法哲学原理》，第 43 节附译，北京，商务印书馆，1982。

④ 参见世界知识产权组织编：《知识产权纵横谈》，4 页，北京，世界知识出版社，1992。

⑤ 参见谢怀栻：《论民事权利体系》，载《法学研究》，1996（2）。

基本权能是一样的。将所有权称为单一财产权利形式，有两层含义：一是该项权利之性质的单一性（单纯财产性权利），二是该权利之权能的类型化（占有、使用、收益、处分的基本权能）。知识产权是一种新型的民事权利，诸如著作权、商号权、商誉权等具有财产权与人身权的双重内容。因此，"简单地将这些权利归于财产权或非财产权都不妥当，于是就在财产权与非财产权之外，建立一类混合性的权利"[①]。现代意义上的知识产权是一个"权利束"（a bundle of rights）[②]，这即是说，它不是单一的、整块的现象概念，而是一系列独立和特殊利益的组合。[③] 在某项知识产权的概括名义下，各项权能相互独立、内容各异。这些丰富多彩的权能共同组成了具有最大包容性的某一知识产权。例如，著作权含有复制权、发行权、展览权、播放权、出租权、改编权、翻译权等多项权能，而制造权、使用权、销售权、进口权、转让权、许可权构成了专利权的完整内容。上述各项权能都是设定在同一知识产品之上的，它完全背离传统财产法的"一物一权主义"原则，使得同一知识产品拥有若干权利主体的情形普遍存在：（1）某类权利主体对其知识产品享有财产权利又享有人身权利时，发生继受取得的只能是其中的财产权利，而人身权利仍为原创造者享有；（2）某类知识产权仅是不完全转让的，继受主体只能在约定的财产权项上享有利益，从而发生多个主体共同使用某一知识产品的情况；（3）某类知识产权的转让在不同地域范围进行时，由于地域性的原因，若干受让人只能在各自受让的区域范围内行使权利。

第三，知识产权本质属性与传统财产所有权基本特征的差异。古典物权法理论将绝对性、排他性与永续性概括为财产所有权的三大基本特征，强调所有权在整个物权制度的中心地位。从罗马法到近代民法，都对所有权作出了绝对的保护：所有者对物的所有权不仅可以终其一生，而且还延伸到最后；所有者对其所有物得直接支配，并对抗一切人。可以说，在古典所有权理论及近代民

---

① 谢怀栻：《论民事权利体系》，载《法学研究》，1996（2）。

② Peter Drahos, A Philosophy of Intellectual Property, Dartmouth Publishing Company Limited, 1996, p. 10.

③ See Sigmund Timberg, A Modernized Fair Use Code for Visual Auditory, and Audiovisual Copyrights, Ablex Publishing Company, 1980.

事立法中，所有物所涉及的领域，是一个绝对化的私的领域。早期的知识产权保护理论，试图以传统的所有权框架来涵盖非物质形态的精神产品。18 世纪的欧洲大陆国家曾流行着保护知识、技术的“精神所有权”学说，这种权利被理解为一种排他的、可对抗一切人的权利，是所有权的一种。但从所有权的原来含义来讲，上述权利并非是真正的所有权。[①] 与罗马法以至近代民法关于私的所有权无限制保护原则不同，知识产权制度在其建立之初，即在保护创造者权利的基础上寻求个人私益与社会公益的某种平衡。1709 年的《安娜法令》强调对作者权利的保护，但对其他主体的利益以及公共利益也给予了必要的关怀。《安娜法令》设定了一个“文学艺术的公共领域”（the public domain for literature），它来自三个方面的规定：（1）创作是新作品取得著作权的必备条件（以保护现存作品不被出版商收回）；（2）对著作权保护有一定期限（以对抗出版商永久著作权主张，保证作品在一定期限后为社会自由使用）；（3）著作权所有人在印刷出版和出售方面享有有限的权利（即著作权穷竭）。[②]“公共领域”的规定，无疑是一道划分公共利益与个人利益各自范围的分水岭。1787 年美国宪法的制定者以根本法的形式规定了著名的知识产权保护“三 P”原则：（1）“促进知识”（the promotion of learning），即知识产权法的立法目标在于促进知识传播和文化发展；（2）“公共领域保留”（the preservation of the public domain），即知识产权被限制在一定时间和范围之内；（3）“保护创造者”（the protection of the author），即宪法赋予创造者对其智力成果以专有权。[③] 由上可见，知识产权是一种私的权利，但并不是绝对化的私权。与传统财产所有权的基本特征相比较而言，知识产权表现了有条件的独占性、有限制的排他性与有限定的时间性。

知识财产的法律制度或说是知识产权制度的建立，是罗马法以来财产权领域的一场深刻的制度创新与变革。但是这一制度创新并没有完全离开罗马人所

---

① 参见尹田：《法国物权法》，122 页，北京，法律出版社，1998。

② See L. Ray Patterson，Stanley W. Lindberg，The Nature of Copyright：A Law of Users' Right，The University of Georgia Press，1991.

③ See L. Ray Patterson，Stanley W. Lindberg，The Nature of Copyright：A Law of Users' Right，The University of Georgia Press，1991.

构建的私法基础，而制度变革在保留两大法系法律传统的同时表现了逐步趋同的时代潮流。

1. 知识产权的罗马法基础。古罗马没有一部现代意义上的知识产权法，但是所留下的私法原理与规则，为我们解释知识财产法律化提供了重要的思想资料。它主要表现在三个方面：一是无体物与无形财产理论。罗马法意义上的无体物，概为人们主观所拟制的某种利益，并以能用金钱评价为条件，是除所有权以外的具有财产内容的某种权利。"罗马法明确地将其财产法植根于形而上学的领域之中"，为财产的"非物质化"（dematerialized）"提供了一些关键的概念性工具"[①]。这就是说，具有财产意义的物件，可以是表现为物质形态的有体物，也可以是人们主观拟制的无体物。需要指出的是，罗马法上的无体物是一种作为社会工具的制度产品，而知识产权的客体则是一种作为社会资源的知识产品，两者具有非物质性的共同特征，但它们具有不同的性质。二是公共物理论。罗马法明确了为公共使用目的而划分的几类财产，它们分别是"公有物"（res publicae）和"共有物"（res communes）。盖尤斯认为，上述物件不能被看作任何一个人的财产，它们为社会中的所有人共同享有。[②] 罗马法上的公共物理论被看作知识产权"公共领域"赖以建立的思想基础。公共领域的出现，使得知识、技术、信息分为专有知识产品与公共知识产品两大部分，后者包括不受知识产权保护而由公众自由使用的知识产品和知识产权保护期届满而进入公共领域的知识产品。[③] 三是无体物的转让。无体物的转让不能采用"交付"（traditio）的方法，为此罗马人创制了"拟诉弃权"（cessio in jure），即采用模拟确认所有权的诉讼而取得所有权的方式，又称"法庭让与"，其方式主要适用于无体物（如继承权、地役权等）的转让。[④]"拟诉弃权"作为所有权取得方式，其显著特点在于它的公开性与程序化。这一理念与现代法中知

---

① Peter Drahos, A Philosophy of Intellectual Property, Dartmouth Publishing Company Limited, 1996, pp. 16 - 22.

② 参见周枏：《罗马法原论》上册，279 页以下，北京，商务印书馆，1994。

③ See Russ Versteeg, "The Roman Law Roots of Copyright", Maryland Law Review 2000, USA.

④ 参见周枏：《罗马法原论》上册，317 页以下，北京，商务印书馆，1994。

识产权转让的原则是相同的，即知识产权的出让须采取书面形式及其他法定形式，且应由主管机关进行登记或审核。[①] 因此，罗马法将公开性与程序化作为财产权转让的特别规制，对后来的知识产权贸易是有着借鉴意义的。

2. 大陆法系国家关于知识财产的立法思想。资产阶级革命后的大陆法系国家以法典为工具，实现了私权制度的体系化。法国民法继承并发展了罗马法的传统，将财产分为有形财产（有体物）与无形财产（无体物）[②]，同时扩展了无形财产的范围。其中，除了民法典所规定的债权、股东权外，还包括现实生活中普遍存在并时常更新的知识产权。在立法技术上，知识产权本归类为动产物，但随着知识财产的价值日益为人们所重视，这一新型财产权利又被划归到更具重要价值的不动产类别中。[③] 德国民法在继受罗马法传统方面，形成了不同于法国民法的德意志民族风格。其民法理论不承认无体物，所谓物仅涉及有体物的概念。但在学说中，知识产品是知识产权法所规范的“无体物”。依德国学者的意见，知识产品也可视为一种无体物，但它不能归类于物权法的物的范畴之中，而仅是知识产权法所规范的客体。同时，根据动产与不动产的分类，对权利也可以适用动产的有关规则，因此，作为标的的权利具有类似动产的属性。在立法者看来，“物的所有权”与“权利的所有权”具有同等意义。可以说，在法理上，知识产权本身可以作为客体物看待。[④]

3. 英美法系国家关于知识财产的立法思想。英美法关于财产及知识财产的理论，没有欧洲大陆国家那种严格的抽象概念体系，而是采取更加务实的态度去界定以至拓展财产法的调控范围。在英美法理论中，动产分为有形动产（tangible personal property）和无形动产（intangible personal property），前者系实物动产，如汽车、电器、马匹等；后者为非实物动产，如银行账号、有价证券、专利等。此外，动产还可以分为占有物与诉体物，前者是指能够通过

---

① See Russ Versteeg, “The Roman Law Roots of Copyright ”, Maryland Law Review 2000, USA.

② 参见［法］《拉鲁斯大百科全书》，第 3 卷，转引自《国外法学译丛（民法）》，168 页，北京，知识出版社，1981。

③ 参见尹田：《法国物权法》，71 页以下，北京，法律出版社，1998。

④ 参见孙宪忠：《德国当代物权法》，2 页，北京，法律出版社，1997。

占有而享有的物，后者则是通过诉讼而享有的物。诉体物最先用于债权，后来又扩展到无形财产权。诉体物也被称为“诉讼中的动产”（choses in action），其特点表现为：一是这种动产的存在范围，只有通过诉讼才能充分体现出来。由于客体的非物质性特点，该类财产往往需要通过诉讼请求，才能划清“社会财产”与“我的财产”、“合理使用财产”与“非法使用财产”之间的界限。二是这种动产的价值不表现为记载知识产品的物化载体本身的价值，而取决于象征请求交付有体动产的无形财产权的价值。根据英美财产法理论，举凡债权、商业证券及知识产权都可以作为无形财产看待，这是因为它们都是区别于实物动产的无体动产物、象征某种财产利益的抽象物以及只能通过诉讼而享有的诉体物。

综上所述，无形财产在各国所指对象有所不同。在法国，无形财产指知识产权本身，包括有关营业资产、顾客、营业所、作品、发明专利、工业设计、商标、商业名称以及商业信息等所享有的权利。① 在德国、日本，无形财产指各种新的知识形态产品（日文为“知识产物”），包括创作和标记两类。② 在英国，无形财产或为债权与知识产权等权利，或是债券、股票等特殊种类物，或指商誉等资信利益。摈弃上述异义不论，从总体趋势而言，知识财产作为无形财产，其革命性意义表现在以下几个方面：首先，知识财产是一种“新的财产”。它不是以往对物进行绝对支配的财产，而是“非物质化的和受到限制的财产”。“非物质化”的财产属性，其结果极大地拓宽了财产法适用的范围。在很多情况下，法律保护的对象不是有形的物，而是无形的财富，财产遂被定义为“对价值的权利而非对物的权利”。“受到限制”的财产效力，其意义在于对新财产权利的适当限制，目的是防止权利的过于垄断，以保证知识、技术、信息的正当传播。其次，以知识、技术、信息为对象，以知识产权为表现形式的无形财产在社会财富的构成中占有越来越重要的地位。从“知识就是力量”到“知识就是财富”，反映了人们对知识产品功能与价值的认知在不断地深化。知识是非物质性的精神内在的东西，其之所以产生推动社会前进的力量，成为重

① 参见尹田：《法国物权法》，51页以下，北京，法律出版社，1998。

② 参见［日］小岛庸和：《无形财产权》，2页，东京，创成社，1998。

要的社会财富，关键原因在于国家法律的特别保护，这个法律就是知识产权制度。最后，知识产权的出现是财产非物质化革命的结果，但不是无形财产权体系化的终结。早在20世纪初，美国学者施瓦茨曾叙述了“具有重大价值的新型财产”。“这些财产包括商业信誉、商标、商业秘密、著作权、经营利益、特许权以及公平的便利权。”[①] 上述权利主要是知识产权，但不限于知识产权。必须看到，以知识产权名义统领下的各项权利，并非都是来自知识领域，亦非都是基于智力成果而产生。从权利本源来看，主要发生于智力创造活动与工商经营活动；从权利对象来看，则由创造性知识及商业性标记、资信所构成。因此，我们有理由对传统上并不被认为是财产的非物质对象给予更多的关注。鉴于现代商品经济的发展状况与社会财富形态的变化，可以考虑建立一个大于知识产权传统范围的无形财产权体系，以涵盖一切非物质形态利益所产生的权利。它包括三类权利，即创造性成果权（如著作权、专利权）、经营性标记权（如商标权、商号权）以及经营性资信权（如商誉权、特许权）。[②]

三、知识劳动及价值与知识产权制度的合理性

建立在劳动价值论基础上的知识价值论，是我们分析知识产权制度经济品性的基本工具。智力劳动所创造的知识产品与物质产品一样，都是有价值和使用价值的商品，这是知识产品成为知识财产的经济学依据。关于知识产权制度的经济合理性，近现代的思想家们为之作出了各种各样的解释。

（一）洛克、斯密的“劳动价值论”

近代“劳动价值论”的创始人洛克基于自然权利的理论，阐述了劳动是获得私人财产的重要途径以及劳动使人们获得私人财产权的合理性。在洛克的“劳动—财产”的论述中，有两点值得注意：其一，明确宣称劳动归劳动者所有。这是洛克财产权劳动学说的基础。他基于“每人对他自己的人身享有一种

---

① ［美］肯尼斯·万德威尔德：《十九世纪的新财产：现代财产要领的发展》，载《社会经济体制比较》，1995（1）。

② 参见吴汉东：《关于无形财产权若干理论问题》，载《法学研究》，1997（4）。

所有权”的思想，提出每个人的身体所从事的劳动和他的双手所进行的工作，“是正当地属于他的。所以只要他使任何东西脱离自然所提供的和那个东西所处的状态，他就已经掺进他的劳动，在这上面参加他自己所有的某些东西，因而使它成为他的财产”。其二，将财产定义为一种“物化”的劳动。这是洛克分析财产的逻辑起点。他从原始树林的果子掉到地上开始分析，认为“谁把橡树下拾得的橡实或树林的树上摘下的苹果果腹时，谁就确已把它们拨归己用。劳动使它们同公共的东西有所区别，劳动在万物之母的自然所已完成的作业上面加些东西，这样它们就成为他的私有权利了”①。洛克劳动价值学说为知识财产找到了合法性基础（劳动属于劳动者个人），同时也使得知识产权具有了人权基础（创造物是自己人格的扩张）。② 尽管洛克在其著作中述及的仅是一般意义上的财产权，但他的学说为后世学者阐述智力劳动与知识产权的关系提供了有益的思想资料。

斯密作为资本主义“市场经济准则”的创制人，继受了洛克的劳动财产理论。他认为，人的才能是一种有用的才能，“对于他个人自然是财产的一部分”，这种有用的才能“可以和便利的劳动、节省劳动的机器和工具同样看作固定资本”。斯密的理论贡献在于他将财产定义为一种劳动的结果，“除了土地上天然生产的物品，一切年产物都是生产性劳动的结果”。这一观点用以说明知识产权制度的功用，即保护智力成果（即智力劳动的凝结）而不是智力劳动本身这一立法目标，是大有裨益的。斯密的理论也有明显的缺陷。他将劳动分为“生产性劳动”（如工人的劳动、农民的劳动）和“非生产性劳动”（如教师、医师、文人的劳动），前者能“加在物上，能增加物的价值”，而后者则不能生产出可以“固定的物品或者可卖的商品”③。这一观点后来遭到萨伊的批判。总之，古典劳动价值学说是基于“物品”与有形财产所有权的经济分析，但这一理论有助于我们认识智力劳动对知识产权的本源性意义。

---

① ［英］洛克：《政府论》下篇，叶企芳等译，19 页，北京，商务印书馆，1964。

② 参见易继明：《财产权及其哲学基础》，载《政法论坛》，2000（3）。

③ ［英］亚当·斯密：《国民财富的性质和原因的研究》上册，郭大力译，257 页以下，北京，商务印书馆，1972。

（二）萨伊的“无形产品”理论

19世纪法国政治经济学家萨伊是斯密理论的解释者、传播者和批判者。无形产品理论的基础是“劳动创造效用”与“效用产生财富”，他认为“创造具有任何效用的物品，就等于创造财富，这是因为物品的效用就是物品价值的基础，而物品的价值就是财富所构成的”①。在此基础之上，萨伊批判了斯密狭隘的财产观：人的劳动所创造的财产，不仅包括“只限于那些在创造后能和物混合起来的并且在长时间内能保持不坏的价值”——有形体的产品，而且还包括那些“没有永久性、一生产出来就立即归于毁灭的价值”——“无形产品”。被萨伊称为“无形产品”的东西，包括家仆的劳动、医生的劳动、律师的劳动、音乐家和演员的劳动等。这种产品与那些“有形体的产品”是性质相同的产品——都具有价值或者“效用”。斯密理论的错误在于“他把财富解释为具有可以保存的价值的东西，而不是把这名称推及一切具有交换价值的东西。因此，所有一产出便消费掉的东西，都不成为他所谓的财富”②。其实无形产品也是人类劳动成果，它满足了人们的某种需要，以至于“这些职业如果不存在，社会便不能存在”；同时，为了满足这种需要，人们得使用财富的有形产品来购买无形产品。“生产无形产品的人，通过多次的这种交换行为，可以发财致富”③。萨伊所称的“无形产品”，在现代社会生活中可以概括地分为两种情形：一是无形的商业性服务，二是无形的知识产品。同为无形产品，对于前者，人们购买的是劳动（包括智力劳动）本身；而对于后者，具有交换价值的则是智力劳动的成果。虽然，萨伊的理论并未描述同为无形产品的服务活动与精神产物之间的区别，而仅是初步述及“非物质属性”的财产，但他的学说丰富了劳动所创造的财产内容，揭示了“非生产性劳动”的价值所在，从而为我们构建“知识劳动”—“知识产品”—“知识产权”的理论框架奠定了思想基础。

---

① ［法］萨伊：《政治经济学概论》，陈福生等译，59页，北京，商务印书馆，1963。

② ［法］萨伊：《政治经济学概论》，陈福生等译，126页以下，北京，商务印书馆，1963。

③ ［英］亚当·斯密：《国民财富的性质和原因的研究》上册，郭大力译，257页以下，北京，商务印书馆，1972。

（三）麦克劳德、凡勃仑的“无形财产”理论

美国经济学家康芒斯在其著作《制度经济学》中评价了 19 世纪末 20 世纪初两位著名学者麦克劳德和凡勃仑的“无形财产”理论。麦克劳德在《经济学原理》一书中提出了“有形体的财产”与“无形体的财产”的区分。他认为，有一种财产或权利，完全和任何特殊的主体或者被占有的物品分离和分开。虽然产物本身只将在一个未来的时间存在，对那产物出生后的财产权却是现在的，可以买进卖出，和任何物质财产一样，因此它是财产。在罗马和英国法律中，它叫作无形体的财产，因为仅仅是一种抽象的权利，完全和任何特殊的实体分开。[①] 麦克劳德的理论有两个要点：其一，有形财产与无形财产之间存在某种联系。从其所列举的对应关系来说，过去的有形体的财产在未来收益上即表现为各类无形体的财产。例如，不动产土地、房屋是有形财产，但其永久性的每年收益则是无形财产；作为智力创造物化载体的书籍、机器是有形财产，但基于智力创造而获取的版权与专利权则是无形财产。其二，无形体的财产即是一种“债务的所有权”。在他看来，任何所有权都是一种可以交换的“商品”，物质的东西的所有权即是有形体的财产，债务（制度产品）的所有权即是无形的财产。无形体财产不是通过实物占有而享有的财产，而是通过给付实现交换价值的财产（如支付红利、租金、支付版权使用费等）。从麦克劳德的无形财产体系来说，其所指向的对象比较庞杂，既有债权、知识产权等权利本体，又有债券、股票等权利客体。麦克劳德的经济学观点与英美法系中关于“无形动产”“诉体物”的表述在实质意义上有相通之处，可以说，麦克劳德的无形财产学说为英美国家的无体财产权制度体系作了精辟的经济学分析。

凡勃仑的理论与麦克劳德的“债务的无形财产说”不同，他在经济学历史上“第一个在现代无形财产的概念基础上建立了他的学说”。其主要观点是：第一，无形财产是对“非物质设备”的资本化。有形财产是“有特殊用途的生产资产资料”，而无形资产是“非物质的财富，非物质的事实，根据由于占有它们而能获得的利益，加以估价和资本化”，“这种非物质设备存在于工程师和工人的技术能力中”。第二，无形财产是未来的买卖能力的现在价值。这种预

① 转引自［美］康芒斯：《制度经济学》下，229 页以下，北京，商务印书馆，1962。

期的获利能力的买进和卖出构成可卖资本的交易内容。无形的财产或资本比物质产品的交易规模大得多，并产生更大的利润。[①] 第三，无形财产是其所有人获取级差利益的手段。对于公司而言，获利能力不是工厂设备的成本而是该机构的商誉。现代意义上的商誉，包括“性质大不相同的各种项目”，但它们都是“非物质的财富”“无形的资产”，诸如“已经建立的惯例的业务关系、诚实不欺的名声、特权、商标、牌记、专利权、版权、法律保障的或者保密的特别方法的专用权、特殊原料来源的独家控制，这一切给它们的所有人一种造成级差利益的有利条件”。“它们是财富——级差财富”。凡勃伦的“无形财产”理论有其独到之处，他继承了自洛克以来的“劳动价值论”，将非物质财富的产生归结为“工程师和工人的技术能力”，这些人类的能力是“经历不知多少时代，通过教学、传统、经验、实验、研究，不断发展的结果”，从而进一步论证了智力劳动对无形财产的本源关系。他敏锐地观察到无形财产在社会财富中的重要意义：无形财产是一种“级差利益”或“级差财富”，对于企业来讲，“资本化的核心不是工厂设备的成本，而是那机构的所谓商誉”。但是，凡勃仑的理论也有偏颇之处，他认为包括各种无形资产在内的商誉“ 这种资产对社会没有用，只对所有人有好处”[②]。其理由是，无形财产的价值在于“他们的战略能力，‘劫持’社会，从而‘无中生有’，不劳而获”。这种分析在“泛无形财产论”的一些场合中也许是适宜的[③]，但就知识产权而言，其保护发明创造人与促进社会进步的制度功能是显而易见的。在这方面，现代经济学的“公共产品”理论作出了更为公允的说明。

（四）考特、尤伦的公共产品理论

在知识、信息（包括作品、发明、标记等在内的精神产品）这一非物质资源上界定产品，导源于经济学家关于公共产品与私人产品的理论。美国经济学家考特和尤伦在其经典著作《法和经济学》一书中系统地阐述了知识的公共产

① 转引自［美］康芒斯：《制度经济学》下，229 页以下，北京，商务印书馆，1962。

② 转引自［美］康芒斯：《制度经济学》下，229 页以下，北京，商务印书馆，1962。

③ 凡勃伦在《企业论》一书中，对企业以预期获利能力作为无形财产来获得现在价值的现象进行了批判性分析，具体案例参见［美］康芒斯：《制度经济学》下册，308 页以下，北京，商务印书馆，1962。

品问题：第一，知识产品的个人消费并不影响其他人的消费，无数个人可以共享某一公开的信息资源。如同一辆公共汽车，出资者与未出资者都在乘车，公共汽车公司必须为每个人提供便利。换言之，无形的知识产品以有形的载体形式公开，即可构成经济学意义上的"公用性"。第二，知识产品的生产是有代价的，但知识产品的传递费用相对较小，对于知识产品的生产者来说，难以通过出售知识产品来收回成本。一旦生产者将其知识产品出售给某个消费者，那个消费者就会变为原生产者的潜在竞争对手，或是其他消费者成为享用该知识产品的"搭便车者"（free rider）。后者在知识产权领域即是无偿仿制或复制他人知识产品的情形。第三，知识产品的生产者很难控制知识创新的成果。如果创造者将其知识产品隐藏起来，那么他的创新活动就不会被承认，从而失去社会意义。如果创造者将知识产品公之于众，他对知识这一无形资源事实上又难以有效控制。在这种情况下，私人市场提供的公共产品（包括知识产品）数量可能小于最优值，即出现信息"不足"现象。第四，鉴于消费者对知识产品的需要，政府有必要在市场上进行干预，即采取特殊的公共政策，以增加所生产的信息数量。信息市场的政府干预表现在两个方面：一是政府自己提供知识产品，二是政府对私人生产知识产品给予补贴。后者的重要举措就是通过知识产权制度授予知识产品的生产者以独占权。在这个意义上说，著作权就是"为了发给作者奖金而对读者征的税"。考特和尤伦的公共产品理论，从公共产品与私人产权相互关系的角度，阐述了知识产权制度的社会功用在于解决公共性资源的"搭便车"问题，以保障生产者收回对知识产品所付出的投资；建立知识产权制度的经济动因在于"对财产权的法律保护有其创造有效使用资源的诱因"[①]。正是农夫能够获得土地作物的财产权，才有诱因促使农夫支付并尽可能节约耕种土地所需要的成本；正是创造者能够取得无形财产的垄断权，才有诱因激励其在知识、信息的生产方面的投资。

以上几种理论，是近现代以来关于知识产权的主要学说。它们从不同的角度论述了知识产权的权源、功能和意义，表明了不同社会发展阶段所存在的无

① ［美］罗伯特·考特、托马斯·尤伦：《法和经济学》，张军等译，147页以下，上海，上海三联书店，1994。

形财产观念，这些理论为我们认识、评价现代知识产权制度提供了有益的思想资料。

第一，关于知识财产本源性的认识。从洛克、斯密到马克思都建立了自己的“劳动价值学说”，这就为我们解释知识产权的合理性提供了必要的理论基础。资产阶级思想家的财产权劳动学说，蕴含了近代市民社会的两个基本原则，即财产权私有原则和自由主义原则；而马克思主义经典作家的劳动价值论，则是剩余价值理论的基础。尽管他们的理论具有不同的社会意义，但都正确说明了劳动创造价值、劳动产品属于劳动者的重要意义。长期以来，我们对劳动价值学说的理解有相当片面性：“一是局限在直接生产劳动，甚至限定在简单劳动——体力劳动上；二是局限在有形商品价值上。”[①] 近代“劳动价值学说”，特别是马克思的劳动价值论，虽然是从生产劳动创造有形商品的分析中产生的，但在知识经济时代，其基本观点仍具有广泛适用的价值。可以说，我们今天所主张的知识价值论，是近代劳动价值论的新发展。“知识价值论”表明，社会劳动既包括体力劳动，又包括智力劳动；生产商品不仅是物质生产中的实物形式的商品，还包括非物质生产中的无形商品（如服务、知识、技术、价值等）；活劳动不仅创造物化商品价值，而且创造知识产品价值。根据上述理论，我们不难得出以下结论：知识产品是智力劳动的产物，智力劳动者应对其知识产品享有财产权。从经济学意义上认识知识财产的本源性是非常重要的。在传统的知识产权理论上，人们基于知识产品具有的非物质性特征，必须依靠国家法律特别保护这一情形，顺理成章地得出“知识产权须由国家授予”的结论。诚然，知识产权的原始取得，不能仅凭创造性活动的法律事实即可设定和取得，而需要由国家机关认可或核准。但这一情形并不能否定智力劳动对知识财产的本源性意义。正如美国学者所阐述的那样，智力创造是权利产生的“源泉”（source），而法律则是权利取得的“根据”（origin）[②]。

第二，关于知识产品财产性的认识。近代经济学理论将财产定义为劳动的

---

① 李京文：《迎接知识经济新时代》，39页，上海，上海远东出版社，1999。

② L. Ray Patterson，Stanley W. Lindberg，The Nature of Copyright：A Law of Users' Right，The University of Georgia Press，1991.

结果，智力劳动的结果即知识产品当然也是财产。知识产品之所以能够成为知识财产，其经济动因主要有两点：(1) 知识产品的有用性。知识信息是社会中最为有用的资源之一，是社会财富的重要组成部分。知识产品能作用于人们的精神生活，满足人们精神生活的需要，产生一定的社会效益；也能投入生产领域转化为有形的物质产品，满足人们物质生活的需要，产生一定的经济效益。在商品经济的条件下，知识产品同物质产品一样，既有使用价值，又有价值，是人类辛勤劳动的结果。(2) 知识产品的稀缺性。知识信息不是一种天然生成并取之不尽的资源，其稀缺性首先表现为知识产品生产的长期性、复杂性和高成本化。整个过程需要社会以至个人的大量投入，并需要长时期的探索性、创造性、连续性的劳动才能实现。其次表现为知识产品创造者的数量稀缺和价值珍贵。创造性人才是知识的生命载体，他们以依靠前人积累的知识为劳动资料，以抽象的知识产品为劳动对象进行精神生产劳动。知识产品的生产过程对生产者智力投入有特殊要求：一是生产者智商高于一般人，能胜任高智力投入的劳动；二是通过文献储存和大脑储存，有相当的知识储备，具备高智力投入的基本条件。对于社会需求而言，此类人才常常存在着供给不足。基于知识、技术、信息的有用性和稀缺性原因，社会有必要建立相应的知识财产权制度。

第三，关于知识产权价值目标的认识。知识产权制度以保护智力创造者权益为其核心立法原则。智力劳动者是知识产品赖以产生的源泉。不尊重智力创造活动，不维护智力劳动者合法权益，就会窒息智力劳动者的创造热情，使科技文化事业成为无源之水。同时，维护社会公共利益也是相关立法的基本动机。知识产权与思想、信息、知识的表述和传播有着密切的关系。在保障智力创造者权益的同时，必须考虑促进知识广泛传播和推动社会文明进步的公益目标。正如美国版权专家在评价美国版权法时所说的那样，著作权法涉及社会的、政治的、经济的、教育的和艺术的各个方面。它不能专注于作者权利的保护，而应顾及广大使用者的利益。[①] 概言之，保护私人权利、促进社会进步的二元立法原则是知识产权制度的价值目标所在。就知识产权领域而言，社会在

---

① See L. Ray Patterson，Stanley W. Lindberg，The Nature of Copyright：A Law of Users' Right，The University of Georgia Press，1991.

权利界定与分配方面实行“专有区域”（exclusive zones）与“自由区域”（free zones）的划分。[①]“专有区域”在权利资源中涵盖面极广，智力劳动者是这一领地的“独占者”。这一区域的设定，带来智力投资成本的回报，维系智力劳动者的创造激情，因而是有效益的。“自由区域”在权利资源中所占比例较小，使用者是这一范围的“自由人”，得在法律允许的情况下无偿、自由地或有条件地利用他人的知识产品。这一区域的构建，并不导致智力创造者的利益损害，却可以减少交易成本或防止价格垄断，促进信息畅通与文化传播，因而也是有效益的。[②]

四、科学技术的创新活动与知识产权的制度创新

知识产权制度是科技、经济和法律相结合的产物，它在实质上解决“知识”作为资源的归属问题，是一种激励和调节的利益机制。在这个意义上说，知识经济时代也同时意味着是一个知识产权的时代。知识经济是以科学技术为第一生产要素的智力经济。知识经济发展的动力在于科技创新活动，科技创新离不开产权制度创新。

美籍奥地利经济学家熊彼特最早把“创新”理论引入经济学研究领域。20世纪初，熊彼特在《经济发展理论》一书中首先提出了“创新理论”。在他看来，“创新”是在生产体系中引入生产要素和生产条件的新组合，包括：（1）引进新产品；（2）引用新技术；（3）开辟新市场；（4）控制原材料新供应来源；（5）实现新企业组织。[③] 20世纪50年代以来，后人在其“创新理论”的基础上发展了技术创新理论和制度创新理论两个分支。前者认为，科学技术对经济发展的作用主要是通过技术创新实现的；后者认为技术性因素和制度性因素构成了经济增长的两大要素，而创新的制度是激励技术创新活动、推动经济增长

① See Edward W. Ploman，L. Clark Hamilton，Copyright：Intellectual Property in the Information Age，Routledge and Kegan Paul Ltd.，1980.

② 参见［美］罗纳德·科斯：《社会成本问题》，载［美］科斯等：《财产权与制度变迁》，上海，上海三联书店，1994。

③ 参见［美］约瑟夫·熊彼特：《经济发展理论》，73页，北京，商务印书馆，1990。

的关键。[①]

所谓制度是某一社会全体成员应该遵守的行为及其相互交换的规则，这些规则往往通过法律加以确定和保障。也可以说，制度主要是指明确界定人们权利、义务归属关系的法律系统。[②] 制度与经济的关系，主要也是法律与经济的关系。舒尔茨在述及制度所具有的经济服务功能时说道，人的经济价值的提高产生对制度新的需求，一些政治和法律就是用来满足这些需求的。[③] 法律经济学的分析结果表明，经济基础对法律而言起着基本的、根源意义上的作用，法律本身就是经济问题最集中、最具体、最全面的反映。从某种意义上说，一切法律问题归根结底都是经济关系的反映与要求，任何法律无不体现经济方面的基本规律和原则。以此为目标，实施法律制度的构建与改革，就涉及创新理论中的制度创新问题。从经济学的角度来看，制度创新一般是指制度主体通过新的制度构建以获得追加利益的活动，它是关于产业制度、产权制度、企业制度、经济管理制度、市场运行制度等各种规则、规范的革新。制度创新有多种形式，但每种创新都会导致某个领域的制度变迁。在新制度经济学理论中，制度变迁被理解为用一种效益更高的制度替代另一种制度的过程。它包括两种：一是“诱致性制度变迁”，即制度构建的变更或替代，或者是新制度的创造，由个人或一群人自发倡导、组织或实行。二是“强制性制度变迁”，即由政府命令、法律以及各项政策的引入所实现的变迁。[④] 在创新体系中，制度创新居于基础和保证地位。科技创新立足于科技、经济一体化目标，是一种为促进经济发展而进行的新技术应用与商业化的活动，它离不开相应制度的保障、规范和约束。

知识产权是私权法律制度创新与变迁的结果，同时也是直接保护科技创新活动的基本法律制度。知识产权法从其兴起到现在只有三四百年的时间，但历经从工业革命到信息革命的不同时期，基于科技革命而生，由于科技革命而

---

① 参见林炳辉：《知识产权制度在国家创新体系中的地位和作用》，载《知识产权》，2001（3）。

② 参见李京文：《迎接知识经济新时代》，118页，上海，上海远东出版社，1999。

③ 参见［美］舒尔茨：《制度与人口经济价值的不断提高》，载［美］科斯等：《财产权利与制度变迁》，上海，上海三联书店，1994。

④ 参见［美］科斯等：《财产权利与制度变迁》，上海，上海三联书店，1994。

变，其制度史本身就是一个法律制度创新与科技创新相互作用、相互促进的过程。科学技术领域的革命带来知识产权法的产生和发展，也可以这样说，知识产权制度创新的历史也是科学技术进步的历史。科技进步的量变到质变再到量变的循环过程，使得技术革命呈现出螺旋上升和周期性的特点。自英国工业革命以来，大致发生了四次技术革命：第一次技术革命是指18世纪中叶至19世纪中叶始发于英国，以欧洲为中心，波及欧美的工业革命。第一次技术革命的标志是瓦特发明了蒸汽机。第二次技术革命发生于19世纪和20世纪的转交之际，发明和使用发电机和电动机是其技术革命和创新的典型代表。第三次技术革命始于20世纪50年代，以原子能工业、半导体工业、高分子合成工业、空间技术、计算机技术为标志。第四次技术革命发端于20世纪80年代，其创新标志是以计算机及网络为代表的信息技术革命和人类基因图谱破译所带来的生物学革命。① 上述四次技术革命的次第产生，是知识产权制度成长的基础；易言之，知识产权法的不断发展，又成为技术革命由低向高攀升的动力。

第一、二次技术革命时期，正是近代知识产权制度建立、健全的时期。在资本主义的发展史上，科技进步是近代社会经济发展的动力和源泉，知识产权制度的创立则为这个动力和源泉注入了“利益之油”和“生命之水”。传统的现代史理论认为，资本主义浪潮或工业革命所引发的现代经济增长，基本上归结为科学发现、技术创新、教育和资本积累。但有学者对此发出诘难：在14世纪中叶，时为世界头号强国的中华帝国无论在科技水平还是教育和资本积累方面都达到西欧工业革命前夕的程度，为什么工业革命不是出现在中国而是出现在欧洲呢?② 近年来经济史学家指出，中国在技术高度积累条件下未能出现工业革命的主要原因是缺乏一个企业家阶层。诺贝尔经济学奖获得者、美国学者诺斯进一步指出，在作为工业革命发生前提的充分条件中，恰好被古代中国所遗漏掉的是一种催生企业家阶层的产权制度创新。③ 一个缺乏产权保护制度的社会，是根本不可能产生企业家的。按照熊彼特的说法，企业家是创新意识

① 参见黄亚钧等：《知识经济论》，48页以下，太原，山西经济出版社，1998。

② 参见蒲勇健：《来自诺斯的解释》，载《知识经济》，2001（1）。

③ 参见《诺贝尔经济学奖得主演讲集》，呼和浩特，内蒙古人民出版社，1998。

的人格化。科技创新活动需要有创新意识的企业家，而创新意识企业家阶层的形成，需要有产权制度的创新。知识产权法的出现，就是财产权领域的一次制度创新。正是由于这种新型的产权制度的确立，大量的发明家才得以出现，并使得这些发明家转化为企业家，从而启动了工业革命并创造了经济增长的奇迹。这一制度创新始于英国，继而扩展到欧洲。英国是近代专利法（1623年）、著作权法（1709年）的发祥地，也是欧洲工业革命的发源地。由于英国较早建立了知识产权制度，大大推动了纺织、冶炼、采矿、机械加工、交通运输等产业的迅猛发展，在不到一百年的时间里，其创造的财富超过了以往历史年代的总和。在英国之后，法国、荷兰、德国、美国、日本等国也纷纷建立了自己的知识产权制度。世界著名的德国西门子公司、美国贝尔公司、英国邓禄普公司的创始人，都是得益于知识产权制度的发明家。可以说，如果没有近代知识产权制度，所谓“蒸汽和钢铁时代”的第一次技术革命就不可能到来；同样，作为“电气、化学和汽车工业时代”的第二次技术革命也不可能在没有知识产权保护的条件下迅速实现。在制度史上，近代知识产权法尚处于私法制度创新的初始阶段。第一，知识产权制度尚未体系化。著作权、专利权、商标权仅是三个传统的并单独存在的财产权制度，还没有整合在统一的知识产权的名义之下。在英美法系国家，上述权利被认为是抽象性的无体财产，并在传统财产法框架外以单独立法的方式予以确认；而在大陆法系国家，这些权利是有别于物权的无形财产权，属于民法典体系以外的单行法律制度。第二，著作权的保护范围相对狭小。在“印刷版权”时代，著作权法的物质技术基础是机械复制，其保护领域拘泥于书籍、地图，正是在这个意义上，有人将早期著作权法称为“印刷出版之子”①。至19世纪，各国才先后在著作权客体范畴中增加了戏剧作品、音乐作品、摄影作品等，延伸了“印刷作品”的含义。第三，专利权的种类开始定型。早期的专利制度，从1474年威尼斯共和国专利法到1623年英国《垄断法规》，其保护的专利都是表现为技术解决方案的发明。到19世纪，法国于1803年颁布了世界上第一部保护外观设计的地方性单行法规，英国于1843年制定《实用新型设计法》开始对实用新型予以保护。至1883年欧

---

① 段瑞林：《知识产权法概论》，第28页，北京，光明日报出版社，1988。

洲各国缔结《保护工业产权巴黎公约》，正式将专利权类型化，即将其规定为发明专利、实用新型专利和外观设计专利。第四，国际知识产权保护体系初步形成。19 世纪下半叶，欧洲大多数国家逐步走上资本主义发展道路，随着科学技术的日益进步和工业生产的迅速发展，在国际商业贸易不断扩大的同时，知识产权交易市场也开始形成。为了克服知识产权地域性与知识、技术国际性需求之间的矛盾，各主要欧洲国家寻求建立知识产权国际保护体系，先后签订了一系列的保护知识产权的国际公约。其中，最重要的是 1883 年的《保护工业产权巴黎公约》和 1886 年的《保护文学艺术作品伯尔尼公约》。

第三次技术革命时期，堪称为现代知识产权制度发展、变革的时期。自 20 世纪下半叶以来，以微电子技术、生物工程技术与新材料技术为代表的新技术革命对社会发展特别是经济成长带来巨大的影响。新技术革命的浪潮始于美国，后扩展到西欧、东欧和日本，在 20 世纪 60 年代达到高潮。这是人类历史上规模空前、影响深远的一次科学技术上的重大变革。[①] 世界各国为谋求发展高新技术，相继制订了有关发展战略或计划，如美国的“战略防御计划”（“星球大战”）、日本的“科技振兴基本政策”、欧洲共同体的“尤里卡计划”、中国的“新技术革命对策”等。各国的科技进步政策推动一大批高新技术群的崛起，引发了高技术含量的知识产品的大量涌现。面对新技术革命给知识产权领域带来的新的课题和任务，各国立法者不断探索对高新技术产品保护的法律途径：一是“边缘保护法”，即采用工业产权与著作权中的若干规则，创设一种新的制度即“工业版权”来保护新技术成果；二是“单独保护法”，即为信息产品设定“信息产权”，给予“准专利”或类似其他知识产权的保护；三是“传统保护法”，即沿用原有的著作权、专利权制度，但扩大保护范围，修改若干规则。这些做法必然给原有的知识产权法带来冲击与挑战。制度创新与变革具体说来表现在以下几个方面：第一，传统的知识产权保护范围不断扩大。著作权法从印刷“版权”时代进入“电子版权”时代。正如前英国版权法委员会主席沃尔所言：著作权法从其产生之日起，就一直不断地对录音、摄影术、电影摄影术以及广播诸领域的革新作出相应的反映。可以毫不夸张地说，著作权

① 参见李京文：《迎接知识经济新时代》，79 页，上海，上海远东出版社，1999。

本身即是现代传播技术的“副产品”[①]。所谓“电子作品”，主要指包括电影、电视、录像在内的“视听作品”以及“卫星广播节目”“电缆电视节目”与计算机软件。[②] 专利法摈却不同国家科技、经济发展水平的差异，大大缩小非专利对象的范围。保护化学物质和药品专利，增加微生物品种及方法专利，已成为现代各国专利立法的一种趋势。第二，新的财产权权项和新的财产权制度陆续出现。传统知识产权制度的权能不断增加，财产内容日益丰富多彩。著作权早已走出“出版之权”的狭隘权项樊篱，新增了各项“电子版权”，例如以传送广播与电视为技术内容的“播放权”，以机械、光学、电磁为技术特征的“机械复制权”，以摄影、录像、放映为技术表现形式的“制片权”等。专利权则在已有的独占性的制造权、使用权和销售权以外，增加了禁止他人非法从境外引入专利产品的进口权。与此同时，在传统知识产权法以外，出现了一些新的独立的知识财产专有权制度，例如与集成电路技术有关的布图设计专有权、与现代生物工程技术有关的新植物品种权等。第四，商业秘密保护与反不正当竞争纳入知识产权法体系。[③] 在传统上，商业秘密虽是一种无形的信息财产，但与专利技术不同，其产权不具有严格意义上的独占性，各国多将其作为知识产权保护的例外。而反不正当竞争法致力于对各类知识产权的空白领域或交叉地带予以“兜底保护”，因而被视为知识产权保护的补充。至 20 世纪 60 年代，由于《建立世界知识产权组织公约》与《保护工业产权巴黎公约》斯德哥尔摩文本的规定，上述两种制度已成为现代知识产权法律体系的新成员。与近代法所涵盖的著作权、专利权、商标权相比，现代知识产权已是一个十分庞大的法律体系，借用《建立世界知识产权组织公约》的规定来表述，它是一切在工业、科学、文学或艺术领域由于智力活动所产生的权利制度的总和。

第四次技术革命带来了席卷全球的“信息革命”和“知识革命”浪潮，至今方兴未艾。从第三次技术革命和第四次技术革命起，世界上一些发达国家在实现高度工业化后率先向第三代生产力过渡。第三代生产力由于刚崭露萌芽，

---

① ［英］R. F. 沃尔等：《版权与现代技术》，载《国外法学》，1984（6）。

② 参见吴汉东等：《西方诸国著作权制度研究》，18 页以下，北京，中国政法大学出版社，1998。

③ 参见段瑞春：《关于知识产权的几点认识》，载《求是》，1993（4）。

许多特点还未可知，有待进一步观察。[①] 但可以肯定的是，第三代生产力的形成，主要是依靠信息和技术。其中最有代表性、最具影响力的时代技术当属网络技术和基因技术。作为信息技术革命产物的因特网，其所组成的“虚拟空间”（cyberspace）是一个无中心的全球信息媒体，它不但改变了人类的生活方式，而且对现行的法律制度构成了挑战。就知识产权制度而言，主要有如下问题：一是“网络版权”。当代著作权制度必须解决的核心问题，就是如何让专有权利有效地“覆盖”作品在网络上的传播，具体而言，就是数字化作品的权利保护、保密技术措施的法律保护以及数据库的权利保护这三大问题。[②] 二是“网络标记”。经营标记以数字化的形式出现在网络空间，既涉及传统商标制度的变革（例如商标权地域性与因特网国际性的冲突，商标分类保护与网上商标权排他性效力的矛盾，网上商标侵权形式的变化与侵权责任的认定等），又涉及域名保护制度的创新（主要问题有域名登记与审查、域名权的性质与内容、域名权与其他在先权利的冲突、域名权的保护与域名纠纷的处理等）。三是“网络不正当竞争”。当代竞争法需要解决网络传播及电子商务出现的诸多问题，如屏幕显示和网站界面的商业包装、对网上商业秘密采取的保密措施、网上虚假宣传等。[③] 与网络技术相媲美，基因技术被认为是 21 世纪最伟大的技术之一，人类“可能正处在基因可以解释和决定一切的时代的开端”[④]。诸如“基因食物”“基因药品”“基因疗法”，以及对动植物基因乃至对人类基因的其他开发、利用，将会导致人类本身以及与人类生存环境相关的一系列变化。尽管对基因技术存在着民族习俗、社会道德以及宗教等方面的争议，但许多国家趋于对这一新兴技术给予专利与其他知识产权的保护。基因专利涉及两个问题，一是界定基因专利保护范围，包括基因方法、基因产品、转基因动植物新品种、转基因微生物以及“脱离人体或通过技术方法获得”的基因本身；二是明确基因专利的排除领域，特别是克隆人的方法、对胚胎商业利用的方法以及基因序列的简单发现等。

---

① 参见黄亚钧等：《知识经济论》，49 页，太原，山西经济出版社，1998。

② 参见薛虹：《网络时代的知识产权法》，8 页，北京，法律出版社，2000。

③ 参见张平：《网络知识产权及相关法律问题透析》，广州，广州出版社，2000。

④ 高建伟等：《论基因的专利法律保护》，载《政法论坛》，2000（4）。

当代知识产权制度不仅要对“网络技术”“基因技术”作出回应，即通过制度创新实现立法的现代化，而且要在全球范围内建立新的知识产权保护机制，即着手制度改革实现立法的一体化。在当今的国际经济发展中，知识产权国际化的发展与国际经济、贸易的发展有着密切的联系。值得注意的是，知识产权战略往往是西方国家贸易政策的重要内容，经济最发达、技术最先进的美国即是其代表者。在 20 世纪 90 年代中期以前，美国主要是凭借其国内的《综合贸易法》，把给予贸易对手的最惠国待遇与要求对方保护美国知识产权联系起来。其采取的手段是：说服发展中国家（尤其是新兴工业化经济实体）（1）重新估计实施知识产权制度带来的利益和代价；（2）采取行动从实质上改变现有的知识产权政策。如果发展中国家对这种建议不予接受，美国将采取贸易报复措施，减少该国目前所享有的进入美国市场的机会。① 但在 1994 年《知识产权协议》生效以后，美国则是通过世界贸易组织与上述公约的有效运作，使知识产权保护成为国际经贸体制的组成部分，即依赖成员国的国家强制力和世贸组织的国际强制力，将成员国所承诺的知识产权国际保护与无差别的最惠国待遇紧密挂钩。总之，在当今世界，知识产权保护已经成为国际间科技、经济、文化合作与交流的基本环境条件，这标志着知识产权制度进入一个统一标准的新阶段。

五、科技、经济、法律协调发展：知识产权制度的运行机制

纵观当今世界科技和经济的发展，人们不难发现这样一个事实：凡是科技发达与经济繁荣的国家，无一不是知识产权制度健全与完善的国家。这些国家所拥有的自主知识产权的数量与质量，与其科技、经济的发展程度一样，在世界上都是处于领先地位。研究国际竞争力的权威机构——瑞士洛桑国际管理开发研究院将科技竞争力分为 5 大要素，计 26 项指标，其中与知识产权有关的

---

① 参见陈昌柏编：《国际知识产权贸易》，14 页，南京，东南大学出版社，1994。

指标就有 5 项。[①] 美国作为世界头号科技与经济强国，既是世界级的专利大国，其每年的专利申请量约占世界总量的 1/ 3；同时也是世界级的品牌大国，全球 10 大驰名商标有 9 个名归其下，头三名的“可口可乐”“微软”“IBM”的商标市值分别达到 725 亿、702 亿、532 亿美元。拥有自主知识产权的高技术与名品牌，必然带来高产值、高利润。报载，在知识产权贸易中，人的肥胖基因的专利转让费达到 2 000 万美元。一个注册的功能基因所占有的产权将辐射到所有利用该基因开发出口的产品。一个有相同功效的国外药物常常是国产药物价格的 20～30 倍。有人预测，到 2025 年美国生物技术市场的贸易额将达到 25 200 亿美元，欧洲国家在 5 年内也将达到 3 360 亿美元。[②] 我国是一个发展中国家，尚处于经济转型期，还未形成一个竞争性的科技、经济体系与完备性的法律保障体系。在科技、经济一体化方面，存在着科技投入与经济投入的脱节，科技创新系统与经济增长系统的脱节，科技政策与产业政策的脱节等问题[③]；在知识产权保障方面，存在着法律与科技、经济不相适应、不相协调的诸多问题，例如，拥有创新科技成果，但没有及时产权化；拥有一些科技成果的产权，但在关键技术领域没有完全创立自主知识产权；拥有国内知识产权，但没有取得国外保护，不能形成国际竞争优势等。这些事实充分表明，科技、经济与经济产权之间有着密切的联系。从一定意义上讲，知识产权保护的水平，客观上反映了一个社会、一个国家科技和经济的发展水平。当前，各国知识产权知识水平的差异，实质上反映了各国科技、经济水平的差异。[④]

在发展理论中，科技进步的经济增长与法制保障应是一个相互作用、相互促动的协调机制。“现代经济增长是现代文明的推进器”。18 世纪末，亚当·斯密研究了“国民财富”的起源和积累。19 世纪中叶，马克思探讨了现代化大生产对现代社会的革命改造作用。20 世纪中叶，西蒙·库兹涅茨提出了可

---

① 具体指标包括：本国居民获本国专利数量，本国居民获本国专利数量增长率，本国居民获外国专利数量，每 10 万本国居民拥有的有效专利数量和知识产权保护程度。转引自林炳辉：《知识产权制度在国家创新体系中的地位与作用》，载《 知识产权》，2001（3）。

② 参见康乐：《加入 WTO 后的中国技术所面临的挑战与对策》，载《 科学新闻周刊》，2000（41）。

③ 参见隋映辉：《科技进步与制席创新》，载《科技日报》，2000－10－20。

④ 参见李顺德：《高新技术与知识产权保护》，载《知识产权》，2000 年增刊。

以计量化的“现代经济增长”的概念。[①] 上述理论家的分析表明，现代经济增长对现代社会的变革起着决定性的作用，它带来了社会物质财富的快速增长，引起了社会生活方式的巨大变化，造成了东西方发展差距的进一步扩大。因此，现代各国特别是发展中国家，都必须把发展现代生产力、提高经济增长率放在头等重要地位。在科技、经济、法律的协调发展体系中，经济处于中轴的地位，科技与法律为之进行曲线偏向摆动。其中，科技进步是经济增长的动力机制。在当今社会，经济发展越来越依赖于以科学技术为主要内容的知识，或者说，知识已成为生产力和经济增长的发动机。知识经济以知识劳动为源泉，以知识创新为动力，这即是“以知识为基础的经济”（knowledge-based economy）[②]。法制建设则是经济增长的保障机制。知识产权制度是“制度文明的典范”[③]，它激发人们发明创造的活力，推动科学的进步，从而促进社会经济的不断发展。可以说，新的世纪是知识经济的时代，也是知识产权的时代。

知识产权制度伴随工业文明而生。在知识经济的条件下，它不仅要适应科技与经济的发展的需要，而且要通过其设定的各种法律机制，推动科技进步和经济增长。这一过程就是科技、经济、法律协调发展的过程。知识产权制度的作用机制表现在以下几个方面。

第一，产权界定与创新激励机制。知识产权制度是一种对知识产品有效的产权制度安排。知识产品是关于科学、技术、文化等精神领域的创造性智力成果的总称，其类别具有多样性，因此不能采取单一的产权形式。在知识产品中，科学成果与某些技术成果采取的是非市场机制的产权形式，政府往往通过特别的法律手段，以支撑和激励创造者的精神生产活动。对上述科技成果所建立的是经济学家所称的“优先权（priority）报酬系统”，这是一种与优先权有关的各类报酬的奖励制度。[④] 这一制度首先是科学发现与技术发明的命名权，其次是发现、发明奖金的获得权。该制度的实质是赋予发现人、发明人取得“命名”与奖金报酬的权利，作为这种收益的对价支出，社会获得对该项科技

---

① 参见罗荣渠：《现代化新论续编》，5页，北京，北京大学出版社，1997。
② 经济合作与发展组织（OECD）：《1996年科学、技术和产业展望》。
③ 刘春田主编：《知识产权法》，19页，北京，高等教育出版社，2000。
④ 参见袁志刚：《论知识的生产与消费》，载《经济研究》，1999（6）。

成果的公有产权。这即是发现权、发明权制度。在广义上，发现权、发明权也归属于知识产权，但笔者认为，这不是私人专有财产的知识产权制度，而是一种科技奖励制度。就主要知识产品而言，应该采取私人产权的形式。界定私人产权的对价条件是：发明创造者将自己的智力成果公布出来，使公众看到、了解到其中的专门知识，而社会则承认其在一定时期有独占使用其知识产品的专门权利。[①] 知识产品是公开的（公共产品属性），但知识产权是垄断的（私人产权属性）。知识产权制度通过授予发明创造者以私人产权，无疑是“给天才之火添加利益之油”，为权利人提供了最经济、有效和持久的创新激励动力，保证了科技创新活动在新的高度上不断向前发展，从而促进了创新成果所蕴藏的先进生产力的快速增长。

第二，产权交易与资源配置机制。知识产权制度的首要的立法目的是界定相关产权，保护发明创造者的合法权益，同时又要规制产权交易，促进知识、技术的广泛传播与利用。依照经济学的供给与需求理论，智力创造活动也是一种生产活动。精神生产的目的同样是交换，只有经过交换，个人才能获得各类物品的最佳组合，达到效用或利益的最大化。就科技创新活动而言，新技术的商品化与市场化是一个关键环节，也是其根本目的。如果一项发明创造完成后不尽快付诸实施，就有可能被新的技术取代，从而变成无经济效益的技术。产权交易在相关法律上表现为知识产权利用，其主要制度就是授权使用、法定许可使用和合理使用。授权使用，亦称许可使用，即知识产权所有人授权他人以特定方式对其知识产品进行使用。在国际上，这一交易行为被称为许可证贸易。许可使用合同的经济功能是：总结人们的交易习惯，规定统一的交易规范和术语，避免当事人每每就交易问题订立烦琐的合同条款，从而减少交易成本，便于当事人达成合意。法定许可使用与强制许可使用都是一种非自愿许可使用。前者是指根据法律直接规定的方式有偿使用已公开的知识产品，国际上将这种交易方式称为“法定许可证”；后者是指根据国家主管机关特别授权方式有偿使用已公开的知识产品，国际上将该交易方式称为“强制许可证”。上

---

① 参见［苏］E. A. 鲍加特赫等：《资本主义国家与发展中国家的专利法》，载《国外专利法介绍》，第 1 册，12 页，北京，知识出版社，1981。

述两种交易实际上是国家安排下的“合作博弈”，其目的在于减少交易的信息成本（发现谁进行交易、进行什么交易和怎样进行交易）与谈判成本（讨价还价取得授权），使当事人合作成功进行交易的可能性大为增加。① 合理使用是知识产权利用的特殊情形，它是在法律规定的条件下，不必征得权利人同意，又无须向其支付报酬，基于正当目的而使用他人知识产品的制度。自由而无偿使用的范围，在信息资源中所占比例很小，概为知识利用与传播之必要。与前述几种许可使用不同，合理使用中使用者与创造者的权利交易不是“一对一”的对手交易，而是社会制度安排下的特定创造者与不特定的使用者之间就信息资源分配所进行的交换。总之，知识产权的交易制度，旨在调整信息生产者、传播者、使用者的权利配置关系，以实现科技进步和经济增长的最优效益。

第三，产权限制与利益平衡机制。知识产权的限制，是对权利人的专有权利行使的限制，其功能在于通过产权的适度限制，平衡权利人与社会公众之间的利益，确保社会公众接触和利用知识产品的机会。现代产权制度不能仅将其支撑点构筑于精神产品保护的静态归属之上，而要在确认创造者占有与支配知识财产的同时，促进精神财富的动态利用。经济学家曾对信息产权的设定提出一个悖论：信息产权的垄断性，一方面会刺激信息的生产者去开发新信息，另一面也会出现垄断信息的生产者索取高价使信息无法充分利用的情况。这一问题就是“没有合法的垄断就不会有足够的信息生产出来，但是有了合法的垄断又不会有太多的信息被使用”②。解决这一困境的法律途径，就是在保护知识产权的基础上对该项垄断权利实行必要限制。均衡原则作为知识产权制度的价值目标，为国际公约所肯定。《世界人权宣言》第 27 条宣布，保护自身创造的知识产品与分享社会文明的成果均属基本人权，二者不可偏废。《知识产权协议》序言指出，一方面，缔约方应承认“知识产权为私权”；另一方面，缔约方也要承认产权制度的公共利益目的，包括发展目的与技术目的。产权的保护与限制涉及不同主体的利益，其制度设计既要着眼于社会发展的总体目标，也

① 参见［美］罗伯特·考特、托马斯·尤伦：《法和经济学》，张军等译，185 页，上海，上海三联书店，1994。

② ［美］罗伯特·考特、托马斯·尤伦：《法和经济学》，张军等译，185 页，上海，上海三联书店，1994。

要正确判定利益选择的主次关系。当前有两个因素值得考虑：一是从国情出发。一般来说，发展中国家与发达国家在保护水平与产品利用方面存在着立场差距。发展中国家对知识产权采取何种限制以及限制的力度，应以国际公约所规定的最低保护标准为据，从本国的经济、科技发展现状出发，不宜简单照搬发达国家的现成规定。二是适应新技术发展的要求。由于新技术的出现，知识产品的利用方式发生很大变化，法律必须对社会利益的划分重新进行调整，注重对权利人利益的保护。这一情况即是对知识产权限制制度的本身的再限制。

第四，产权保护与市场规范机制。知识产权制度保护的是产权化的创造性智力成果。生产经营者拥有技术和品牌，仅是一种自然占有或事实占有，仅是表明其取得某种科技优势和经营优势；只有获得技术与品牌的知识产权（如专利技术与注册商标）才能受到法律的保护，从而形成法律意义上的独占性“占有”，才能把这种科技优势、经营优势转化和提升为市场竞争优势，以对抗一切假冒、仿制和剽窃的侵权行为。打击侵权行为，既是对产权所有人的利益保护，也是对市场竞争秩序的规范管制。侵犯知识产权的行为直接发生于精神产品的生产、传播、消费过程之中。在法律实施效益不高的情况下，该类侵权行为的滋生与蔓延会影响创造者生产、开发知识产品的积极性，从而导致整个社会福利水平的下降。对此，经济学观点是调节有关产权交易及保护的成本、收益关系，促使理性的经济人放弃侵权以及其他违法行为。[①] 就现阶段知识产权领域而言，法律制度直接决定侵权行为法定成本的高低，它设计并规范关于侵权行为的制裁与惩罚方案、措施、办法等。如果相关制度对某种侵权行为规定的惩罚偏轻，该行为的法定成本自然就偏低，从而就会弱化侵权的惩罚性功能，侵犯知识产权的行为就会屡禁不止。从现代各国的知识产权立法情况来看，加大对侵权行为惩处力度均为通行做法，例如，增加有关严惩侵权行为的刑事制裁条款，明确规定侵权行为的法定赔偿额，完善行政处罚措施等。这一立法趋势实际上是立法者对侵权行为成本与收益比例关系的调整，意在从制度安排上制止侵权行为泛滥，规范产权交易市场，维护竞争秩序。

第五，产权管理与政府引导机制。知识产权管理，是国家机关依法对知识

---

① 参见吕忠梅等：《经济法的法学与经济学分析》，369页，北京，中国检察出版社，1998。

产权的取得、利用等行为进行审查、监督、协调、服务等活动的总称。产权管理是知识产权制度区别于其他财产权制度的标志之一。此类管理活动的存在，既有着传统运行机制的历史影响，也是知识财产自身特性的反映，同时也体现国家对民事活动领域的适度介入。有关知识产权的各项管理活动，体现了国家相关立法的宗旨与目的，形成了政府在私权领域推动科技进步和经济增长的引导机制。具体说来主要表现在以下几个方面：一是政策目标机制。政府在知识领域产权保护与管理过程中，首先扮演的是政策制定者的角色。① 知识产权制度本身就是国家经济、科技、文化政策的一部分。对何种知识产品提供产权保护，或给予何种水平的保护，当然要依据国家总的政策目标。同时，国家制定的发展规划与具体政策，如科技发展规划、文化政策、产业政策、投资政策、外资政策等，都会不同程度地涉及知识产权问题。因此，政府的政策指引，有利于实现促进社会发展的知识产权立法目标。二是科学审查机制。除著作权自作品完成之日起自动取得外，多数知识产品需要由国家主管机关进行专门审查。实行审查制，可以将公共领域的技术、违反公序良俗的技术排除在专有权利保护的领域之外，从而提高知识产权授予的质量。此外，也可以对无形的知识财产进行产权过界确认，明确产权的范围与归属，从而实现智力成果的产权化。三是信息通报机制。在保护产权的前提下，要求权利人公开自己发明创造的内容，即专利文献制度。信息公开实际上是技术创新资源的配置方式。利用知识产权信息资源，可以避免重复投入，节约研究经费，提高技术创新起点，实现技术的跨越式发展。四是行为监督机制。知识产权的利用，一般包括权利人自己利用、许可他人利用、转让他人利用等多种情形。国家主管机关的管理活动旨在规范产权交易行为，维护市场秩序，保护当事人合法权益。五是行政救济机制。在知识产权领域，国家行政部门有权对严惩违法行为采取行政救济手段，或是对违法行政相对人给予处政处罚，或是责令侵权人赔偿受害人的利益损失。

---

① 参见陈传夫：《论知识产权制度的政府策略》，载《科技与法律》，2000 (1)。

知识产权法律构造与移植的文化解释*

2003年5月，世界知识产权组织（WIPO）在《2004—2005年计划和预算草案》中提出，要把创建知识产权文化作为WIPO工作的一项重点计划。总干事在《WIPO计划活动中的中期计划——WIPO构想与战略方向》中进一步指出，从现在到2009年间，创建知识产权文化的基本思路是促进和鼓励每个国家发展一种适合其需要的知识产权文化，包括各有侧重的国家知识产权战略、最适宜的国家知识产权制度，并在全国范围内提高对知识产权作为促进经济、社会和文化发展强有力手段的认识。[①] 为在中国培育和发展“崇尚创新精神，尊重知识产权”的基本理念，营造良好的舆论氛围和社会环境，国家知识产权局专门发文强调知识产权宣传工作，并将2007年定为“知识产权文化年”。

知识产权文化是一种有包容性、开放性和多维性的法律文化，是一种具有个人本位、自由精神、理性追求的私法文化。从法律文化中走出的知识产权文化有狭义与广义之分，前者由观念文化和制度文化组成，后者专指意识层面的文化。根据美国学者温博格等人的说法，法律文化是人们对待法律制度、法律

---

* 原载《中国法学》，2007（6）。

① See WIPO，Revised Proposal for Program and Budget 20042005；WIPO，Medium-Term Plan for WIPO Program Activities—Vision and Strategic Direction of WIPO. 转引自马维野：《知识产权文化建设的思考》，载《知识产权》，2005（5）。

机构的态度、信仰、评价、思想和期待。[①] 具言之，知识产权文化即是人们关于知识产权现象的观念和行为模式的总称。本文以此为概念工具，探讨西方知识产权法律制度的文化基础，分析中国知识产权法律的文化要求，并对当代知识产权文化的改造与重构提出自己的看法。

一、西方知识产权法律构造的文化基础

西方国家知识产权法的产生，经历了从中世纪末期“封建特许权”至资本主义初期“私人财产权”长达数百年的孕育。在社会转型的激烈变革中，政治、经济、科技、思想诸方面的发展与变化，构成了这一新兴法律制度赖以生存的社会条件。

文化与法律相伴而生。知识产权法律是知识产权文化的物化凝结，而知识产权文化则是知识产权法律的思想基础。从 14 世纪至 16 世纪，西欧资产阶级所发动的文艺复兴运动，以复兴古典学术和艺术为口号，反对蒙昧主义和宗教神学，继承、利用古希腊的科学文化，倡导以人文主义为中心的新思想。[②] 文艺复兴中提出的新的文化价值理念，为资产阶级一手将科学技术作为物质武器，一手将私权制度作为法律武器提供了必要的文化思想准备。从 17 世纪到 19 世纪，是西方国家知识产权法律相继建立和形成的时期。法律制度创新有赖于法律观念的进步。创造者对自己的智力成果享有私人权利，能够随意处分知识财产，是资产阶级革命时期形成的现代知识产权观念。审视这一时期知识产权制度的立法文件，字里行间无不浸透着自然法学派崇尚权利和个人自由、追求人的理性的价值观念。这即是知识产权法律构造的人文基础和精神主张。

1. 个人主义精神（individualism）

个人主义“这一概念包含着多种思想、观点和学说，它们的共同要素都是以‘个人’为中心。作为与‘集体’相对的‘个人’可以用多种方式表达”[③]。

---

① 参见刘作翔：《法律文化理论》，36 页，北京，商务印书馆，1999。

② 参见王哲：《西方政治法律学说史》，85～86 页，北京，北京大学出版社，1998。

③ ［英］戴维·米勒、韦农·波格丹诺主编：《布莱克维尔政治学百科全书》，邓正来译，“个人主义”条目，353～354 页，北京，中国政法大学出版社，1992。

从研究视角和概念规定出发，个人主义可以分为价值论的个人主义和方法论的个人主义。[①] 价值论意义上的个人主义，涉及有关个人权利的主张。具言之，强调个人的自由和权利，主张以个人为价值本位的思想体系，认为在个体与群体、个人与社会的关系上，个人或个体具有无可置疑的优先性，群体或社会只是保障个体自由和权利的手段或工具。个人主义的价值观即是社会和政治理论中的“原子论”。这种理论认为：“社会由个体组成，旨在实现主要是为个人的目标，对个人及其权利予以优先权，这种权利存在于任何一种特定形式的社会生活之前。”该观点起源于17世纪并且出现于霍布斯及洛克的“社会契约”理论及后来的功利主义学说。“原子论”不仅植根于哲学的传统，也具有经济学上的意义。“占有的个人主义”认为，它基于“这样一个概念，即个人本质上是他自身或其能力的所有者”[②]。方法论上的个人主义，则是“强调对作为社会存在的个人或个人行动的社会性质”进行研究的一种社会理论。[③] 具言之，这一理论以个人作为学科分析的基点和基本研究单位，通过对单个人行为的分析，展开该学科的一般原理以及规律性问题。方法论的个人主义是一种关于解释的学说。在社会科学或历史中，这种解释方法起着基础或基石的作用。关于个人的事实或其特征的表达，即他们的品格、目标、信仰和行为，必须能够经常或最终用“个人”的术语来解释。[④] 从洛克、休谟、斯密到哈耶克所主张的个人主义方法论，涉及哲学、政治学、经济学、法学等一系列领域。哈耶克认为，个人主义的本质特征，首先是一种社会理论，“它不仅构成了我们理解经济生活的基础，而且也为我们理解大多数其后的社会现象奠定了一个基础”。这是“古典政治经济学作出的一项伟大发现”[⑤]。

---

① 关于个人主义价值论与个人主义方法论的分类，可参见易军：《个人主义方法论与私法》，载《法学研究》，2006（1）。

② 刘作翔：《法律文化理论》，36页，北京，商务印书馆，1999。

③ 参见邓正来：《哈耶克方法论个人主义的研究》，载［英］冯·哈耶克：《个人主义与经济秩序》，邓正来译，24页，北京，生活·读书·新知三联书店，2003。

④ 参见［英国］戴维·米勒、韦农·波格丹诺主编：《布莱克维尔政治学百科全书》，邓正来译，“个人主义”条目，353～354页，北京，中国政法大学出版社，1992。

⑤ ［英］冯·哈耶克：《个人主义与经济秩序》，邓正来译，12页，北京，生活·读书·新知三联书店，2003。

价值论的个人主义和方法论的个人主义在社会理论的研究中尽管存在着概念与视角的差异，但其基本观点和主要内容是一致的。在私法领域中，近代个人主义的价值观，亦是近代民法的本位观。梅因在《古代法》一书中就古代法到近代法的转变提出过两个基本判断，一是从身份到契约，一是从家庭到个人。[①] 近代思想家将个人本位的确立，称为“人的发现”“人的解放”。而方法论意义上的个人主义或者说个体主义的分析范式，在私法中的运用直到今天仍具有现实意义。可以说，“私法对私人、私人利益、私权、私人自治、自己责任等的强调，都是方法论个人主义的直接要求”[②]。

个人主义的精神主张，是近代私法构造的文化基础。由此，我们可以概括出个人主义精神在近代社会私法关系中所表现的基本特点：第一，人是独立的、自由的。在近代社会，每个人都是独立的、神圣的，即使国家也是由个人所组成，法人亦是个人的集合体。因此，在私法领域，人与人之间没有隶属关系。根据这一特点产生了近代民法的第一个原则，即人格独立原则。第二，人与人是平等的。人与人之间享有平等的法律地位，任何个人不受其他人的支配。近代私法关系的基础，一是基于宗法家庭解体而形成的平等性的人身关系，二是基于自然经济式微而形成的互换性的商品关系。[③] 根据这一特点产生了近代民法的第二个原则，即权利平等原则。第三，人与人之间的私人关系是不受干预的。在近代社会，影响或支配私人关系的力量只有国家和法律。对于私人之间的关系，国家更多的是一种保护，尽量不加干预。对私法关系的尊重和保护产生了近代民法的第三个原则，即私法自治原则。

知识产权从本质上讲，属于私权范畴。近代西方国家在自由资本主义的土壤上，构造了自己保护知识财产的法律殿堂，这些无一不笼罩着个人主义精神的神圣光芒。首先，知识产权是一种私人财产权。知识产权不是君权神授的结果，而是基于作者、发明者创造性活动的本源。近代知识产权立法使这种权利从公法领域进入私法领域，由特许专有权转变为法律规定的可转让的知识财产

---

① 参见［英］梅因：《古代法》，96～97页，北京，商务印书馆，1984。

② 易军：《个人主义方法论与私法》，载《法学研究》，2006（1）。

③ 参见梁慧星：《从近代民法到现代民法》，载《中外法学》，1997（2）。

权，这是罗马法以来财产领域的一场非物质化革命。① 同时，知识产权也是私有的权利，这里的私有意指知识产权为特定的民事主体所享有，是特定人享有的私人权利，而不是一切人同享的公共权利。② 个体是市民社会的基本构造单位，是具有独立人格的权利享有者。在近代著作权立法中，尽管英国《安娜法令》规定保护作者与出版商，但出版商的权益是派生的而非本源性权利；法国著作权法则极力推崇作者的中心地位，对作者即自然人、作者即第一著作权人作出了完善的规定。

2. 自由主义精神（liberalism）

自由主义是近代西方国家和一些受欧洲文化影响的国家中流行最广、影响最大的思维方式。③ 自由精神可追溯至古希腊罗马的城邦生活。从西塞罗到亚里士多德都描述过古典意义上的市民社会，即“自由而平等的公民，在一个合法界定的法律体系下所结成的伦理政治共同体”④。自由主义是城邦生活的精神支柱，其基本特征是：城邦是自由人的共同体，以公民权利为基础，每个人都是自己的主人，而不是别人的奴隶；法律是城邦的生命，受到主体自由公民的自愿支持。城邦的使命即是最大限度地满足每个人自由的需要。应该指出的是，古希腊罗马自由精神的形成，奠基于自由公民的身份，而不是近代意义上的个性自由与解放。

在中世纪的漫长岁月里，自由精神在欧洲国家得以延续。在政治方面，人们坚信法律独立于政府并居于政府之上，这种“据法自由”或“法律下的自由”（freedom under the law）被视作一种自然法的观念。而在经济领域，在基督教哲学家的努力下，形成了自由主义的政策体系。⑤ 至 18、19 世纪，自由

---

① 参见吴汉东：《财产的非物质化革命与革命的非物质财产法》，载《中国社会科学》，2003（4）。

② 科研奖励制度意义上的发明权、发现权，并非私人产权，而是以非市场机制的奖励制度来换取社会对科学成果的公共产权。除 WIPO 公约对发明权、发现权有宣示性规定外，从近代到现代绝大多数国家立法例及国际公约都不将上述权利视为具有私权品性的知识产权。

③ 参见［英］戴维·米勒、韦农·波格丹诺主编：《布莱克维尔政治学百科全书》，邓正来译，“自由主义”条目，415～418 页，北京，中国政法大学出版社，1992。

④ Jean L. Cohen，Andrew Arato，Civil Society and Political Theory，Press of MIT，1992，p. 84. 转引自何增科：《市民社会概念的历史演变》，载《中国社会科学》，1994（5）。

⑤ 参见［英］冯·哈耶克：《哈耶克文集》，邓正来译，56～57 页，北京，首都经济贸易大学出版社，2001。

精神在西方国家发展到极致，形成了博大精深的自由主义思想和理论体系。自由主义的概念在不同的时间和地域表现为不同的形式，例如，世俗阶级的自由主义不同于宗教世界的自由主义，霍布斯、洛克的古典自由主义有别于格林、霍布豪斯的新社会自由主义。此外，自由精神还表现在不同的社会领域，包括思想自由、政治自由、经济自由等。[①]

自由主义思想在近代私法文化形成中的重要成果是“人的发现”，即个性自由、个人能力发展与个人主体地位的一系列主张。哈耶克在为意大利《新世纪百科全书》撰写的“自由主义”条目中，系统阐述了有关自由主义的法律观念：第一，自由主义与自然权利。私权的保障以自由主义宪政为前提，自由主义宪政思想以自然权利与权力分立的两个观念来表达，即主张个人享有不受剥夺的权利或自然权利（如自由权、财产权、安全权利等），强调权力分立并反对任何无限权力或主权性权力。第二，自由主义与法律正义。私法的合理性以一定的正义观为基础。自由主义只关注交换正义，而不关注所谓的分配正义。前者是一种自然分配正义，是基于自生自发秩序而形成的自然分配状态；而后者是一种唯社会论主张，是由某个权力机构发出单一的需求命令而形成的强制分配状态。第三，自由主义与平等。平等是主体参与私法关系的法律要求。自由主义的传统精神即是反对歧视性待遇，主张主体形式平等。这种平等，是一种参与私法关系的自由选择，是一种取得私人权利的“机会平等”，而不必是私法活动结果的相同即实质平等。第四，思想自由与物质自由。有关思想与物质的自由主张，是私法自治原则的精神内核。自由主义的一个核心信念，即是鼓励人与人之间的思想交流。由思想自由所保障的知识进步，以及人们认知能力的提高，是自由主义的精神目标。此外，经济领域的行动自由，即是保障人们行为目的实现所需的手段（或资源）之可获得性，与思想自由一样具有重要的意义。[②]

以个人自由为基石所构建的私法体系，彰显了私法自治或意思自治的精神

① 参见［英］戴维·米勒、韦农·波格丹诺主编：《布莱克维尔政治学百科全书》，邓正来译，“自由主义”条目，415～418页，北京，中国政法大学出版社，1992。

② 参见［英］冯·哈耶克：《哈耶克文集》，邓正来译，48～98页，北京，首都经济贸易大学出版社，2001。

主张。私法自治原则强调权利的主体即是意思的主体，实施一切民事行为皆取决于当事人自己的意思，不受国家和他人的干预。这一原则精神贯穿于各项民事权利制度，它具体表现为财产自主（所有权制度）、合同自由（合同制度）、婚姻自由（婚姻制度）、遗嘱自由（继承制度）、团体设立自由（法人制度）等。思想自由是自由主义精神的核心内容，也是近代知识产权法律构建的灵魂所在。思想自由本是一项政治性权利，其内容包括创作自由、学术自由、艺术自由、言论自由、出版自由等。思想自由较早出现在1789年法国《人权和公民权宣言》中。该宣言第11条规定："自由传达思想和意见是人类最宝贵的权利之一。因此，每个公民都有言论、著述和出版的自由。"美国宪法的制定者创建了"促进知识、公共领域保留、保护创造者"的三项知识产权政策。[①] 上述宪法文件的规定都深刻地体现了思想自由的精神主张，而封建特许权制度缺乏这种思想自由的精神内涵。以著作权制度为例：早期的出版特权与封建国家审查制有着紧密的联系。印刷业在欧洲的出现，不仅催生了特许出版权，也引发了政府对印刷出版物的控制和审查。当时的封建国家规定作品在发表前必须提交政府审查，经过审查的出版许可与出版特权得到巧妙的结合。尽管出版特权是一个私人权利概念，本身并非为政治需要所创设，但在封建专制主义的条件下却成为思想审查的工具。《安娜法令》的出现，摈弃了封建特许出版与封建图书审查制度，深刻地体现了促进作品传播、保障思想自由的法律价值。[②] 正是在这个交汇点上，具有财产意义的知识产权原则与显示政治意蕴的思想自由原则得以共存于近代西方国家的宪法文件之中。

3. 理性主义精神（rationalism）

理性主义是西方法律文化的重要内容和特征，它既是价值理性，又是工具理性。价值理性是社会正义的基本含义之一。"正义是社会制度的首要价值"[③]，人的本质是理性的动物。理性是世界里一种万能的力量，所有的人类

---

① See L. Ray Patterson，Stanley W. Linberg，The Nature Of Copyright：A Law of Users' Right，The University of Georgia Press，1991，pp. 49－55.

② 参见吴汉东：《著作权合理使用制度研究》，修订版，84～86页，北京，中国政法大学出版社，2005。

③ 沈宗灵：《法、价值、正义、利益》，载《中外法学》，1993（5）。

都受这种理性的力量的约束。合乎自然和理性的法，即是体现了正义价值的法。工具理性是人们评价社会制度正义性的一种重要依据。人类可以运用理性发现所有事物的本质，并能够以语言、词汇等工具将感知的本质固定下来。法学家对工具理性的掌握，才使其得以建立一套完整的、精细的、自以为合理的法律制度。

在社会理论研究中，“理性的”与“合理的”曾经可以互换使用，这两个术语都源出同一个拉丁词根“ratio”。理性作为人类信仰和行为的属性，不仅表现为人们坚持某一信念并为这一信念提供支持的理由，更重要的是“准备根据反对的主张对它加以重新估价，那么他就是理性地坚持这个信念”[①]。上述所言是一种实践理性，即根据人为目的的价值取向来识别、判断何为理性。另一种是不具功利主义色彩，超出一己私欲的理性追求，即是纯粹理性。在法律观念上，其判断标准表现为强调“理”的本来意蕴，称为“合乎道理”“合乎真理”“合乎规律”。我国学者一般认为，“理性”或“合理”包括两层意思：一是指合乎人类主体的必然性与规律。人在本质上是自然性和社会性的统一，因此人总是按照自身的内在规定性和本质行事，来寻求自身的需要和目的实现，它包括人在社会和自然中的主体地位，人的需要和利益，价值和目的，以及实现上述需求的条件。合理性的这些内涵即构成法律的本质内容。二是指合乎社会历史和自然世界之必然性和规律。前者合理性的内容表现为整个社会的发展与进步，后者的合理性内容表现为人与自然关系的秩序化、协调性。概言之，社会的进步与发展，人与自然的统一和谐，乃是蕴含于法律之中的理性目标。[②]

理性精神与自由精神并不是对立的。关于理性精神方面，近代社会理论研究有两种错误倾向：一种是完全无视理性的作用，即忽视理性作为一种批判工具的存在，将自由精神绝对化为自由放任主义；另一种是完全无视理性的限度，即把所有的人类制度都看作意识刻意创造的产物，将理性精神看作文明自

---

① ［英］戴维·米勒、韦农·波格丹诺主编：《布莱克维尔政治学百科全书》，邓正来主编（中译本），630～631页，“理性”条目，北京，中国政法大学出版社，1992。

② 参见乔克裕、黎晓平：《法律价值论》，31页，北京，中国政法大学出版社，1991；严存生：《公平、改革、法律》，载《法律科学》，1990（2）。

由的对立物。按照哈耶克的说法，一方面，自由主义理论并不是反理性的理论，它反对的只是那种宣称“理性”万能和建基于其上的“设计”社会发展的唯理主义欲求。另一方面，与唯理主义不同，真正的理性主义（从古典的理性主义到现代的批判理性主义）并不反对自由主义。在制度设计与安排方面，“理性本身是需要加以限制的”，即要警惕把某种合理模式强加于社会的危险，这样会扼杀作为社会逐步改进的自由。[①]

从亚里士多德、托马斯·阿奎那到孟德斯鸠都强调了理性在文明发展过程中所具有的作用。这种理性精神对罗马法私法到近代民法的形成和发展有着重要影响。在古希腊罗马，众多思想家、法学家皆极力倡导自然法精神，以追求一种合乎自然和理性的实在法。亚里士多德首先提出了自然法的概念，以后斯多葛学派进一步提出自然法体现人的理性的观点。罗马法法学家从实践理性精神出发，用以论证万民法与市民法的地位。彼德罗·彭梵得在《罗马法教科书》中写道：自然法是指“不是为体现立法者意志而产生的法律”，古罗马学者保罗称自然法“永远是公正和善良的”[②]。在罗马法体系中，万民法是各族共有的法律，市民法是一族的独殊法律，因此万民法合乎自然法的本性，其地位应高于市民法。中世纪经院哲学是理性主义的，其代表人物托马斯·阿奎那的理性主义思想为中世纪出现的研究罗马法高潮和罗马法复兴运动提供了方法论基础。他认为，人的理性是普遍的，但无论是纯粹理性还是实践理性都容许存在例外，因此受理性指导的自由也容许例外。[③] 从理性精神出发，自然法是不变的，无论何种法律都应具有理性的自然倾向；但自然法也容许例外，即具有一定程度的可变性，这是新的法律的合法性基础。理性主义在17、18、19世纪得到了充分的弘扬。近代思想家从格老秀斯、孟德斯鸠到卢梭等，在理性精神的指引下，提出了新的思想内容的自然法学说。这种学说的一般公式是：人类原是处于自然状态之中，由代表人类理性、正义的自然法所支配，享有各种自然权利，即天赋人权；为了更好地享有这种权利，他们通过社会契约，建

① 参见［英］冯·哈耶克：《哈耶克文集》，邓正来译，199～222页，北京，首都经济贸易大学出版社，2001。

② ［意］彼德罗·彭梵得：《罗马法教科书》，13～15页，北京，中国政法大学出版社，1992。

③ 参见严存生主编：《新编西方法律思想史》，74页，西安，陕西人民教育出版社，1999。

立了政府。近代理性主义强调法律的统一性，并把法律统一的基础归结为正义、平等、自由、尊严、幸福权利等。[①] 在这种情况下，法律不再屈从于人的意志的偶然性，而应体现长期稳定的规律性的东西，成为普遍适用的一般规则。概言之，法律的精神实质是主观性与客观性的统一，即法律不仅要体现立法者的主观意志，更要体现这种国家意志所追求的社会客观规律。我们看到：近代法学家和法律改革家们，正是通过这种理性的力量才得以发现一个理想的法律体系，并力图将各种各样的自然法规则和原则纳入一部法典之中。[②] 理性主义为近代法律的体系化、法典化提供了重要的思想基础。

知识产权是创造者维护知识财产私有的权利主张，亦是人们促进知识传播的理性追求。知识产权的私权化说明了它与所有权具有相同的属性。但是就法律价值目标而言，两者是有区别的。在传统私法理论中，所有权被描绘成私人对所有物绝对支配和排他独占的权利。尽管法律出于公共利益和社会秩序的考虑，对所有权的行使作出了某种限制，但在这种限制的范围内，所有权的时间效力、地域效力、权能效力是无限的。可以说，在古典所有权理论及近代立法文件中，所有物所涉及的领域是一个绝对化的私权领域。知识产权则不然，在其制度建立之初，就存在着知识产权保护与限制的问题，即是在保护创造者权利的基础上寻求个人利益与社会利益的平衡。1709 年《安娜法令》在规定保护作者权利的同时，又设定了一个“文学艺术的公共领域”（the public domain for literature）[③]。这表明知识产权并非绝对的财产私有权，它具有有条件的独占性、有限制的排他性和有期限的时间性的基本特征。以合理使用为核心的知识产权限制制度，被称为一项“理性的公平主义原则”，“该规则充满公平正义观念并具有弹性而无法定义”[④]。在近代西方国家，立法者围绕着保护创造者私权和促进知识传播的二元目标来规制知识产权，尽管因地、因时而有规范差

① 参见俞荣根：《自然法学说献疑》，载《台湾研究》，1990 (1)。

② 参见［美］E. 博登海默：《法理学——法哲学及其方法》，邓正来译，64 页，北京，中国政法大学出版社，1999。

③ L. Ray Patterson，Stanley W. Linberg，The Nature Of Copyright：A Law of Users' Right，The University of Georgia Press，1991，pp. 49 - 55.

④ William F. Party，The Fair Use Privilege in Copyright Law，The Bureau of National Affairs，Inc. Washington D. C.，1986，p. 4.

异，但关于知识产权保护、限制与反限制的法律调整一直都是立法活动的重要方面。

二、中国知识产权法律移植的文化要求

法律移植是近代各国进行立法活动所采用的一种重要方法。所谓法律移植是指“一个国家或地区，将其他国家或地区的法律吸纳到自己的法律体系之中，并予以贯彻实施的活动”[①]。从法律移入的角度来看，法律移植可以分为两种：一是主动的积极型法律移植。即表明法律移植的直接的或根本的动因来自社会内部，是法律移入国或地区自主选择和自觉移植外国法。中世纪欧洲法律的和平进化，得益于罗马法的传播，即是关于法律移植的主动选择。自 12 世纪起，欧洲开始了罗马法复兴的运动。马克思主义经典作家指出：“当工业和商业进一步发展了私有制（起初在意大利随后在其他国家）的时候，详细拟定的罗马私法便立即得到恢复并重新取得威信。”[②] 罗马法的复兴，主要表现为欧洲大陆各国先后兴起的研究罗马法的热潮和 15 世纪至 16 世纪欧洲各国普遍采用罗马法的运动。二是被迫的消极型法律移植。即表明法律移植的直接或根本动因来自社会外部的压力，法律移入国或地区很少有自主选择的余地。亚洲国家在近代成为西方文明的接受国，包括接受其法律规则，即是关于法律移植的被动接受。亚洲国家对西方法律的移植是从 19 世纪后半叶开始的，其政治背景是西方国家对亚洲的殖民化。“在宗主国眼里，把自己的法律移植到殖民地国家是天经地义的，是对殖民地国家的恩泽。而对殖民地国家来说，接受这样的法律移植则带有屈辱的成分。”[③]

在法律制度的历史上，知识产权是罗马法以来“财产非物质化革命”的制度创新成果，也是西方国家三百多年来不断发展成长的“制度文明典范”。发展中国家的知识产权法则是在特殊历史条件下建立的，在很大程度上是“逼我

① 王立君：《法律移植的界定》，载《法学论坛》，2004（2）。
② 《马克思恩格斯全集》，第 3 卷，71 页，北京，人民出版社，1960。
③ 信春鹰：《法律移植的理论与实践》，载《北方法学》，2007（3）。

所用”即外力强加的结果。一般认为，中国知识产权保护制度始于清朝末年。它虽是清政府实行新政，向西方学习的产物，但更多的是帝国主义列强施加压力的结果。1898年，清帝在变法改革运动中颁布了我国历史上第一部专利法规《振兴工艺给奖章程》，但不久由于“戊戌变法”的失败而夭折。此后，清政府根据1902年《中英续议通商行船条约》、1903年《中美通商行船续订条约》的知识产权条款，在外国人的帮助下制定了《商标注册试办章程》（1904年）、《大清著作权律》（1910年）。这些法律自清末适用至民国初年。以后的北洋政府、国民党政府直接取材于外国法，先后制定了著作权法、专利法和商标法等。

中国知识产权法的历史是一个从“逼我所用”到“为我所用”的制度变迁史，也是一个从被动接受到主动安排的法律移植史。一百年来，知识产权法作为“制度舶来品”引入中国，不仅存在一个“理性选择”的过程，更有一个“法律本土化”的过程，即外来制度如何在本土“扎根”与“内化”的过程。新中国成立以后，通过二十多年来的法律移植，我国已经迅速建立起比较先进的知识产权法律体系，但是这一制度似乎没有完全实现其预期的政策目标和法律效益，这即是学者所称的“知识产权法律移植中的递减效应”①。影响制度实施目标实现的，既有法律因素，如制度选择所涉及的法律理念、法律内容，以及法律形式等是否具有先进性、合理性以及科学性；也有非法律因素，即制度实施所涉及的经济技术发展状况、政府公共政策体系以及社会环境、文化条件等，是否具有一致性、协调性以及相适应性。法律的文化解释认为，“移植规则的深层含义在于移植文化，也即规则和制度的移植必须要有文化的支持”②。笔者以为，影响中国知识产权法律实施效益的文化动因主要有：

1. 中国传统文化影响的历史惰性

知识产权法的形成，是近代社会法律革命和制度变迁的结果。与西方国家不同，中国封建特许权制度的存在与近代知识产权法的产生缺乏历史的链接，中国未能完成这一历史性转变，其社会原因是多方面的，其中传统文化心态和

① 宋志国：《我国知识产权法律移植中的递减效应原因探析》，载《政治与法律》，2006（5）。

② 信春鹰：《法律移植的理论与实践》，载《北方法学》，2007（3）。

思维模式就是一个重要的障碍性因素。

个人主义的精神主张，是近代私法构造的文化基础。从本质上说，私法文化包括知识产权文化的发展，就是私法上人格与主体制度的发展。然而，中国的传统文化是以个体农业为基础，以宗法家庭为单位，以伦理纲常为核心的传统文化。在这种文化土壤中，人的主体性无法得到应有的肯定。个人既要依附于国家，还必须依附于家庭，也即所谓“亲亲”“尊尊”“亲亲父为首”。因此，个人是包融于外物之中的，人只有在整体性中（家族、集团或国家），才能昭示自己的存在和全部意义，个人的意志、情感也只有在群体关系中体现出来。总之，以儒家文化为核心的中国传统文化，主张的“不是以公民为基本单位的个人权利本位，而是以家庭为单位的人伦义务本位”①。质言之，一个没有独立人格的人，是无法主张自己的精神权利的。

自由主义的思想原则，是近代私法构造的精神内核。以文化意识和文化政策为存在形式的思想自由和经济自由，是知识创造活动和知识财产化赖以存在的一般条件。自由是一种权利，是一种受法律保护的权利。② 但是我们应该看到，首先，在中国传统社会里，既没有西方国家历史上的自由民阶层，也没有以自然法为基础的自由思想。礼作为人的日常生活的行为准则，其实质是否定个性的，是与个人的创造力、思索力和革新精神相背离的。因此，礼“不可能成为权利的保障，更不能成为自由的尺度”③。其次，“民可使由之，不可使知之”的愚民思想和“犹禁擅镌”的文化专制政策，将庶民置于受统治者绝对支配的地位，其结果是窒息了个人的思想自由。④ 再次，在传统文化看来，精神产品的创造，只是格物、致知、修身、养性的一种自我的修养过程。因此，人

---

① 俞荣根：《对中国古代法文化的反思》，载李楯编：《法律社会学》，168 页，北京，中国政法大学出版社，199。

② 孟德斯鸠认为，“自由是做法律所许可内一切事情的权利”。[法] 孟德斯鸠：《论法的精神》，154 页，北京，商务印书馆，1992。

③ 梁治平：《中国法的过去、现在与未来》，载李楯编：《法律社会学》，北京，中国政法大学出版社，1999。

④ 思想自由、科技应用、商品经济发展是近代知识产权法产生的社会条件。中国封建文化专制政策，通过特许权制度限制言论自由，具有强烈的反著作权思想色彩。参见宋元放等：《中国出版史》，233 页，北京，中国书籍出版社，1991。

们往往刻意淡化自己的权利意识。经国济世之作，有待于智者去阐扬，而不能将其据为私有。所谓“文章不为粮稻谋”，“君子不言利”等即是这一思想的反映。

理性主义的精神追求，是近代私法构造的价值目标选择。理性是自然法最基本的精神所在，而自然法就是人类理性本身。自然法与理性相通。此外，自然法也是一种以自然哲学和认识论为依据的知识理性，具有“求知”“求真”的传统。上述所言即形成这样一个公式：自然法＝理性＝知识。[①] 中国的传统文化也不乏理性精神，儒家也是理性主义的，但它与西方的理性精神相去甚远。儒家理性是一种人伦理性，不假外求，靠主体对宇宙、人生的体认得来，缺乏外向的“求知”“求真”传统，因而不具发展性；儒家理性以道德说教为基础，其倡导的和谐精神是从内在达至外在的过程，必须控制的是人的内在行为，因此道德说教是唯一手段；儒家理性的追求目标在于“修身、齐家、治国、平天下”，实现身、家、国、天下的融合，而不是凭借对工具理性的掌握，调整、评判主与客、灵与肉、人与自然、人与国家的紧张关系。在这种理性支配下，人们在自己的知识财产受到侵犯的时候，往往尚和谐、求无讼，不敢提出权利的主张。

法律文化是有惰性的。中国的传统文化遗产愈见深厚，其消极精神因素的沿袭就愈见顽固。建立在个人主义、自由主义、理性主义基础之上的西方知识产权法，移植于义务本位、专制主义、人伦理性的中国传统文化土壤之中，难免会产生“水土不服”的法律异化后果。

2. 社会认同法律移植的现实障碍

西方知识产权法是在西方社会和文化基础上发展起来的，是一个自然演化过程，它历经了文艺复兴（Renaissance）、宗教改革（Religion Reform）、罗马法复兴（Recovery of Rome Law）“三 R”运动和资产阶级革命几百年的文化准备。一般认为，英国于 1623 年制定世界第一部专利法即《垄断法规》、于 1709 年制定第一部著作权法即《安娜法令》、法国于 1857 年制定第一部商标

① 参见俞荣根：《对中国古代法文化的反思》，载李楯编：《法律社会学》，168 页，北京，中国政法大学出版社，1999。

法即《关于以使用原则和不审查原则为内容的制造标记和商标的法律》，是具有近代意义的知识产权法律的开端。在近代西方国家，对知识产权制度的接纳，大多是法律移植的结果。这种法律移植实质上是“法律变革和广义立法的一种表达方式”[①]。它具有两个基本特征：第一，知识产权法律移植是西方各国基于自身发展需要而主动接受的。对知识财产的保护，西方国家大抵经历了从封建特许权过渡到资本主义式财产权的转化过程。随着资本主义制度在西方社会的确立，各主要资本主义国家自18、19世纪以来先后开始了知识产权立法活动。其中最具代表性的有：美国1790年《联邦版权法》、法国1793年《作者权法》、德国1837年《保护科学和艺术作品的所有人反对复制或仿制法》；美国于1790年、法国于1791年、德国于1877年先后制定的专利法；美国于1870年、德国于1874年、英国于1875年先后颁布的商标法等。这些都是当时西方国家社会变革和法律制度变迁的自发性结果。第二，知识产权法律移植是在相同或相似法律文化的西方国家间完成的。无论是源出地，还是移植地，各西方国家都有着相同或相似的文化传统。英国著作权法奉行“商业著作权”学说，将相关立法构筑在“财产价值观”的基础之上。而法国和德国则将“人格价值观”作为其著作权立法的思想基础，从而建立了与英国“版权法体系”不同的作者权体系。[②] 西方国家在接受知识产权法律的过程中虽然立法风格各异，但崇尚自由、崇尚知识、崇尚个人权利的文化传统是相同的。

知识产权法律移植在中国有着完全不同的情景。近代中国引入知识产权制度，是一种“被迫性移植”。其间虽有实行新政的内在需求，但更多是外国势力强加所致，因而“制度舶来品”缺乏社会认同的文化基础。一般而言，“从异质化形态上移植外来法律，势必引起两种文化的碰撞和摩擦，本土法律文化必定会对外来法律产生顽强的抗力”[③]，从而造成法律与社会的脱节。近代日本出于“维新”的内在要求移植德国法律，其本土文化与源出地文化存有相当

---

① 刘星：《重新理解法律移植》，载《中国社会科学》，2004（5）。

② 参见［日］阿部浩二：《各国著作权法的异同及其原因》，载《法学译丛》，1992（1）。

③ 潘大松：《中国近代以来法律文化发展考察》，载李楯编：《法律社会学》，北京，中国政法大学出版社，1999。

大的差距，因而导致法律实施效果落后。有鉴于此，日本政府借助政治权威开始自上而下的法律文化改造活动[①]，力图达致新的社会认同，为法律移植构建应有的文化基础。必须看到，历史却没有给中国提供这样的机会。辛亥革命摧毁了封建政治统治，在思想文化领域却没能战胜封建势力而形成科学、民主、法治的新文化观。一句话，知识产权法律，在中国历史上既没有制度传承，也缺乏文化土壤。

现代中国对知识产权规则、原则的采纳，在一段时期则是一种“被动性移植”。我国在知识产权立法之初，尚属于主动的积极性的法律移植，即根据自身发展需要，对知识产权作出有选择性的制度安排。例如，基于本国经济科技发展现状的考虑，专利保护水平不是太高；由于国际文化交流不对等，因而未参加国际版权保护体系。但自 20 世纪 90 年代以来，由于新的国际贸易体制的形成，知识产权保护的国际环境发生了很大的变化。作为世界贸易组织成员的中国仅用了十多年的时间，其知识产权立法就完成了从本土化到国际化的过渡。由于“被动性移植”的原因，我国对新的知识产权国际保护制度的社会认同感不足。其原因有如下两个方面：一是对法律移植的差异性认识。本土社会成员对法律移植的接受，存在着不同的具体价值期待，或支持法律移植，或反对法律移植。[②] 我们承认，知识产权保护是现代国际贸易领域的游戏规则，WTO 各缔约方必须遵从，移植对象对比无选择余地。但同时也应看到，现今知识产权国际保护制度，过多地顾及和参照发达国家的要求和做法，确实存在着国家间的利益失衡。这一状况使得法律移植总是引起本土社会的不同意见，因而缺乏足够而普遍的社会认同基础。二是对法律移植的有限性需求。法律一般总是从发达国家向需要规则的欠发达国家移植而不是相反，法律移植被认为是促进接受国某一法律领域发展的最有效手段。但是，知识产权立法的基础是国情，发达国家对于知识产权保护都有一个从低水平到高水平的缓慢过渡期。而中国失去了这一必要过渡阶段，因而从政府到企业对制度建设准备不及，制

① 参见付静坤：《法律移植与法律文化——以民法修订为中心》，载《深圳大学学报（人文社会科学版）》，2003（6）。

② 参见刘星：《重新理解法律移植》，载《中国社会科学》，2004（5）。

度运用经验不足。这种本土社会内在需求和制度消化能力的欠缺，影响了法律移植的有效性。

3. 法律本土化过程中的文化缺失

本文所指的法律本土化，即是强调在法律移植时应让受移植的法律经过合理处理与嫁接，使其能渗入移植国国民的精神和理念之中，进而在本土被理解、消化和接受。法律本土化也就是法律移植本土运动的过程。①

知识产权是发展中国家迈向新型工业化道路的制度选择。对外国法制或国际法制的引进，存在一个“法律本土化”的问题，即外来的知识产权原则和规则如何在本国“扎根”与“内化”。本土化要求进行法律移植时，不能仅仅是对外来法律规则的形式再现，而是要在研究其法律理念的基础上实现文化再造。可以说，“法律精神在法的发展和改革中起着关键性作用，是移植国与被移植国法律之间配合、同构、兼容的思想尺度，也是外来法律本土化得以成功的先导”②。在构建知识产权法治秩序的过程中，物质的、技术的法律制度，即法治的“硬性”系统，相对而言是比较容易移植的，但它若要真正发挥其应有的作用和价值，则必须同时植入相适应的精神、意识和观念，即法治的“软件”系统予以奠基和支持。③ 总体而言，作为知识产权法律移植，我们引进了这一制度的外形，但在理性领域尚缺乏与之相应的文化基础，也许这是知识产权政策目标实现的障碍性因素。笔者以为，有两个问题值得重视：

一是本土化过程中的法律精神构造。知识产权法律本土化，不能原封不动地套用国际规则或是照抄照搬他国的经验和模式，而是要立足本国实际情况，能动转化国际规则为本国具体制度，或理性选择外来法律而移入本国法律创设过程之中。④ 这个过程既是对人类法律文明的理性追求过程，也是本土法律文化的自我构造过程。知识产权法律进入中国只有一百年的时间，进入社会大众

---

① 参见肖尧辉：《法律移植及其本土化现象的关联考察》，载何勤华主编：《法的移植与法的本土化》，115页，北京，法律出版社，2001。

② 宋志国：《我国知识产权法律移植中的递减效应原因探析》，载《政治与法律》，2006（5）。

③ 参见张洪峰：《法的世界化与本土化指正及其超越》，载《福建法学》，2005（1）。

④ 参见公丕祥：《全球化与中国法制现代化》，载《法学研究》，2000（6）。

生活只是最近一二十年的事情。知识产权法律建构，这一成就是举世瞩目的（前世界知识产权组织主席鲍格胥博士语）。笔者认为，与知识产权立法进程不同，知识产权文化的形成这一过程并不是一蹴而就的。知识产权的文化养成，意味着外来文化的转化以及对本土文化的改造。“崇尚创新精神、尊重知识产权”，作为法律移植及本土化的基本理念，其既有“以人为本、私权神圣”的西方文明的先进思想，也包含“利益均衡、和谐共赢”的本土传统的合理内核。必须看到，外来法律赖以依存的精神基础，未能随之移植而本土化；同时，本土的文化精神也未能加以改造而现代化，这些即是本土化过程中法律文化改造的缺失现象。

二是本土化过程中的公众意识同化。知识产权不仅是一种物化的法律规范，更应是公众的一种理念、精神和信仰，公众意识是知识产权法律的思想基础。卢梭曾经谈到公众法律信仰的重要性，认为这是一切法律之中最重要的一种，“这种法律不是铭刻在大理石上，也不是铭刻在铜表上，而是铭刻在公民的内心里，它形成了国家的真正宪法；它每天都在获得新的力量，当其他的法律衰落或消亡的时候，它可以复活那些法律或替代那些法律，它可以保持一个民族的创新精神”①。可以说，公众的法律信仰是存在于社会生活中的活的知识产权法律。中国知识产权法律移植时间不长，本土化过程刚刚开始，这些主要是凭借政府的公共力量推动和知识精英的思想先导活动进行的，大多数民众对法律移植的关注是松散的，且是基于对自身利益的关注来间接地对法律移植作出反应。根据《我国公民知识产权意识调查报告》，近年来，“我国在知识产权立法、司法和行政保护方面不断加强投入，社会整体对知识产权认识程度和自我保护意识也明显提升，但在公众尊重知识产权的行为规范的完善方面却未收到明显成效”②。具言之，即是公众普遍抱有对盗版、假冒等侵权行为的容忍态度以及大量存在着侵权复制品的消费群体。这说明，在本土化进程中，物化法律规范已经建立，但活的法律信仰尚未形成。

---

① ［法］卢梭：《社会契约论》，何兆武译，46页，北京，商务印书馆，2003。

② 刘华等：《我国公民知识产权意识调查报告》，载吴汉东主编：《中国知识产权蓝皮书》，北京，北京大学出版社，2007。

三、当代知识产权法律文化的改造与重构

法律文化是一个国家法制的内在逻辑，体现了法制的内在生命精神。[①] 在当代中国，知识产权法律移植的本土化过程，也是法制现代化的过程。法律制度的创新与变革，需要相应的法律文化改造与重构，即以新的法律认知取向、法律情感取向、法律评价取向，作为现代法制的文化底蕴。

知识产权的文化创新，以对人文主义精神的认同为特征。当代人文主义是古典自然法精神的发展，“是指以人权保障为最高理念，体现以人为本位、以权利为本位的价值观念”[②]。因此，近代思想家所倡导的个人精神、自由精神和理性精神，依然是现代私法文化的精神支柱。但是，在现代法制的条件下，上述精神主张应有新的解释和说明。一是关于个人主义与法律本位。近代个人主义的价值观，即是近代私法的本位观。从近代到现代，私法经历了旧个人本位到新个人本位的变化。近代私法的个人本位是个人主义思想下的个人本位，由个人组成的社会旨在实现个人的目标。而现代私法的新个人本位是社会观念中的个人本位，强调个人为独立主体的同时，亦应向社会负责，尊重作为社会成员的其他个人。在知识产权法律制度转换中，“私的本位是不变的理念”[③]，但其主体的内涵已有变化。知识产权是私的权利，但在现代法中已由单一权利主体发展到多重权利主体。私人即是处于平等地位的人，包括智力成果的创造者、传播者、使用者。在这个意义上说，知识产权法也是协调三者权利的平衡法。[④] 二是关于自由主义与权利协调机制。自由精神，是知识产权法的本质要求。一方面，思想自由是知识创造、知识权利产生的前提，知识产权法律即是以自由精神为基石构建的；另一方面，意思自治作为私法原则，以法律的名义彰显了自由主义的精神内核。从上述内容中我们可以认识到，知识产权保护是

---

① 参见公丕祥：《法制现代化的概念架构》，载《法律科学》，1998（4）。

② 屈茂辉：《中国民法典的基本理念》，载《求索》，2002（5）。

③ 易继明：《私法精神与制度选择》，178页，北京，中国政法大学出版社，2003。

④ See L. Ray Patterson，Stanley W. Linberg，The Nature of Copyright：A Law of Users' Right，The University of Georgia Press，1991，pp. 49－55.

思想自由（包括创造自由、言论自由等）得以实现的私法要求。依照美国学者的形象说法，知识产权与思想自由可以看作一枚硬币的正反面。前者涉及财产所有权问题，后者则具有社会政治权利属性。它们之所以联结在一起，原因在于两者都与知识的传播有关，不过一个注重利益，一个注重自由。① 现代私法在弘扬自由精神的同时，对思想自由的内涵作了进一步的扩充。思想自由不仅是创造者的自由，这种自由依赖知识产权的保护；同时也是广大使用者交流思想、传播信息资料的自由，这种自由表现为知识产权的限制。三是理性主义与立法目标。理性精神体现了对社会正义的追求，这一价值观亦是评价社会制度正义的一种重要依据。在知识产权领域，权衡私权与公益的关系是相关立法的基本考量，表现了对正义价值目标的理性追求。传播知识，促进文化与科技发展，是公共利益所要求的，符合法律正义；而以私权的形式为创造性活动提供补偿，满足了社会对智力成果的需求②，这也符合法律正义。问题在于，理性主义在知识产权制度的运行过程中没有得到应有的张扬。知识财产私权化的扩张，在国内法层面，使得知识财富的公有领域相对缩小，造成知识产品创造者与利用者之间的权利冲突；而在国际法领域，迫使发展中国家接受高水平保护的新体制，导致他们与发达国家的利益失衡。综上所述，个人主义、自由主义、理性主义，须以新人文主义精神为基础进行重构或强化，以此作为知识产权文化创新的重要内容。

知识产权文化的发展，是多元法律文化的互动过程。知识产权法作为“制度文明的典范”，是各国创建知识财产制度、促进经济科技发展的经验体现，具有高度的共通性和可移植性。知识产权制度的一体化、趋同化的发展趋势，就是美国学者弗里德曼所称的“现代法律文化正在征服世界”的现象。③ 从法律文化的元素构成来看，主要有三个方面：一是全球共同的法律文明成果。知识产权国际保护制度应是一个各主权国家相互接近、相互认同、相互联结的全

---

① See L. Ray Patterson，Stanley W. Linberg，The Nature of Copyright：A Law of Users' Right，The University of Georgia Press，1991，pp. 49－55.

② 参见［美］吉利思·达维斯：《权利集体管理中的公共利益》，载《版权参考资料》，1990（2）。

③ 参见［美］劳伦斯·弗里德曼：《法律制度》，李琼英等译，242页，北京，中国政法大学出版社，1994。

球法律机制和国际准则，这是不同国度的社会主体所创造的调整规则和所积累的调整经验之有机聚合，体现了人类法律实践的普遍性的历史定则，反映了人类的法律智慧和对理性的追求。[①] 这种法律文化，不应是西方中心主义的，当然也不可能是民族沙文主义的。知识产权原则、规则在全球范围的普适性，须以各国社会成员普遍而共同的法律信仰为思想基础。将人类共信的法律价值理念导入我们的精神家园，是中国知识产权文化发展中的重要任务。二是西方先进的法律文明经验。西方国家是知识产权的创制者，也是这一制度运行的最大受益者。他们的成功之处在于，以私法精神作为私法制度形成的基础，并在私法制度运行中贯穿私法精神的主张，从而达到私法精神与私法制度的契合。以个人精神、自由精神、理性精神为支柱的私法理念，可以简单地归结为“私的本位”或“私的精神”。从近代法到现代法，知识产权就一直生成在这种法律精神殿堂之中。移植与吸收西方先进的文化元素，是中国知识产权文化构建的突出问题。三是中国传统文化中的合理成分。中国传统文化总体上呈现出公法文化极端发达和私法文化极度落后的特征，有学者将其归结为价值上的团体本位、规范上的义务主导、人治精神和无讼倾向等。[②] 传统文化的历史惰性，对于中国知识产权文化养成有着消极的影响。但是，我国传统文化也存在其应有价值。正如学者所描述的那样：“那种富于人情味的和谐功能、那种防微杜渐的内省模式、那种因事制宜的情节理论，其实或多或少含有超越时代的意义。”[③] 也有学者对中国传统文化内容进行整理和概括，其中“注重整体精神”“向往理想人格”“勇于创造、革故鼎新”等[④]，与鼓励知识创新、提倡知识利益分享的知识产权文化理念也有一定的联系。传统文化作为一种固有的行为方式和观念模式，其影响无处不在、无时不有，不可能弃如敝屣。借助本土文化所提供的经验系统和概念系统，服务于法律文化建设有两个意义：首先，对传

---

① 参见公丕祥：《全球化与中国法制现代化》，载《法学研究》，2000（6）。

② 参见张中秋：《中西法律文化比较研究》，南京，南京大学出版社，1999。

③ 季卫东：《中国法文化的蜕变与内在矛盾》，载李楯编：《法律社会学》，北京，中国政法大学出版社，1999。

④ 参见李兴成：《传统文化与新时期传统文化》。转引自郭民生：《创新型国家与知识产权文化》，见 http：//www.sipo.gov.cn/dfzz/henan/tslm/xsll/200604/t20060421_86488.htm，访问日期：2007年8月10日。

统文化与现代制度的结构要素进行分析、鉴别，或是梳理、整合、选择传统文化的积极之处，以推动现代制度的有效运行；或是导入影响意识观念的现代制度，凭借功能机制促进传统文化转型。其次，对传统文化和外来文化进行分析、比较。即是在法律移植和本土化过程中，对西方法律文化的某些因素作出自己的理解、翻译和使用，使其或者在理论上被赋予新的意义，或者在实践中呈现出新的意义。[①] 总之，中国知识产权文化系统需要吸收人类共同的法律文明成果，移植西方先进的法律文化理念，整理中国传统文化的合理内核，在多元文化的相互作用、相互影响过程中实现改造和重构。

知识产权文化现代化转型，需要一般社会条件的综合作用。推动法律文化的变革与转型，其主要根源来自一定社会内部存在的处于变化状态中的经济和社会条件。通过这些条件的综合作用，形成法律文化再造的运动能量和运动方向。[②] 上述社会条件，既有内生动力，也有外生变量，具体说来，有以下几个方面的内容。

1. 知识经济市场的原动力。知识产权法是科学技术和商品经济发展的产物。在市场的作用下，科学技术与商品经济的结合，即是科学技术成果的商品化。根据马克思的劳动价值理论，智力劳动也是一种生产劳动。生产商品不仅是指物质生产中实物形式的商品，还包括非物质生产中的无形商品，如服务、知识、信息、技术等。[③] 这就是说，在科学技术被运用于社会生产的过程中，包括知识、技术、信息在内的知识产品本身（即无形商品），与采用知识、技术、信息生产的物质产品（即有形商品）具有同等的商品意义。基于市场经济的内生力量，必然产生以个人本位、自由精神、理性主义为特征的法律文化。从这个意义上说，“任何一个国家，只要经济上致力于发展现代市场经济，致力于推动其经济的现代化发展，致力于建构本国的市场经济体系，其法律文化

① 参见黄文艺：《多元法律文化互动的多元透视》，载《吉林大学社会科学学报》，2001 (1)。

② 参见李声炜：《中国传统法律文化现代化转型若干动因考察》，载张文显主编：《法学理论前沿论坛》，第二卷，北京，科学出版社，2003。

③ 参见李京文：《迎接知识经济新时代》，39 页，上海，上海远东出版社，1999。

就必然或快或慢地走向现代化”[①]。由此我们可以认为，从历史范畴讲，近代知识产权文化，也就是西方法律文化；但从社会范畴讲，现代知识产权文化，更是知识经济市场条件下的法律文化。知识产品的商品化、市场化、产业化，要求构建与之相适应的知识产权文化和知识产权法律。知识产权文化所倡导的“私的精神”，并非西方国家的“文化专利品”，而应是市场经济所要求的“文化精神产品”。从这点讲，中国知识产权文化的转型，是现代化而不是“西方化”。

2. 政策制度环境的保障力。知识产权法是一种社会政策工具，即政府以国家的名义，通过制度配置和政策安排对知识产权资源的创造、归属、利用以及管理等进行指导和规范。知识产权政策的基本功能，具有明确的目标取向。美国学者弗兰克·费希尔认为，无论公共政策通过何种途径形成，都要涉及实现的目标以及实现这些目标的手段。[②] 这告诉我们，任何公共政策的制定和实施总是与一定的政策目标相联系的。在公共政策体系中，与知识产权政策相关联的其他制度，如文化教育政策、产业经济政策、科学技术政策、对外贸易政策等，共同地服务于促进知识创新和知识财富增长的任务目标。这种政策制度环境的营造，对于良好法律文化的形成具有重要的作用。日本在近代对德国式民法的选择，在现代对美国式宪法的引入，无一不是凭借政治权威，包括相关政策制度的推行，以改造其原有的法律文化，从而极大地提升了日本法律文化的承载力。[③] 在中国，推行“尊重知识、崇尚创新、保护精神产权”的新价值观，在一定时期内其普遍性和有效性还存在着许多缺陷。借助制度的强制性和政策的保障力，使创造者感受到知识产权的价值和其利益受到保障，使其他社会成员利用智力成果的行为得到规范和约束，是一个非常重要的举措。这即是政策制度规制与文化理念倡导的结合。[④]

---

① 李声炜：《中国传统法律文化现代化转型若干动因考察》，载张文显主编：《法学理论前沿论坛》，第二卷，北京，科学出版社，2003。

② 参见［美］弗兰克·费希尔：《公共政策评估》，3页，北京，中国人民大学出版社，2003。

③ 参见付静坤：《法律移植与法律文化——以民法修订为中心》，载《深圳大学学报（人文社会科学版）》，2003（6）。

④ 参见刘华等：《我国公民知识产权意识调查报告》，载吴汉东主编：《中国知识产权蓝皮书》，北京，北京大学出版社，2007。

3. 文化宣传教育的引导力。法律文化教育与宣传，是实现知识产权法律现代化转型的重要任务。在全社会普及知识产权知识、培养公众的知识产权的权利观念和规则意识，必须采取强有力的推进措施和支撑手段。根据学者调查研究的结果，公众获取知识产权知识的途径，主要是工作中接触和学习、新闻媒体的宣传报道、学校教育、推广普及等。[①] 日本在此方面的做法可资借鉴：日本文部科学省要求涉及法学的大学学院及知识产权相关的专科学院培养知识产权专业人才；特许厅要求全面实施知识产权教育，为社会各阶层、中学和普通成人编写知识产权教材，召开讨论会，组织知识产权教育研究；经济产业省组织产学研联合开发知识产权课程（2003 年出版了 50 万套标准教材）；日本发明与创新协会自 1974 年以来为学龄儿童成立发明俱乐部，已经在全日本 47 个县建立起 159 个这样的俱乐部，并增进和当地政府部门、教育部门、学校以及公司企业的理解和合作；发明协会举办知识产权知识进修、发明表彰、发明创新展、发明竞赛和发明俱乐部等一系列活动，通过这一系列措施，努力营造了一个充分尊重和理解知识产权文化的社会环境。[②] 在我国的实践中，可以通过强化青少年的知识产权教育，在学校教育中创建各种知识产权教育模式以培养青少年的创新能力、创新思维和变革意识；通过加强知识产权宣传普及提高全民尤其是企业的知识产权意识和能力，进而完善知识产权市场环境和提升综合竞争力；通过加强知识产权研究，为丰富知识产权学术思想提供理论支持。[③]

---

① 参见刘华等：《我国公民知识产权意识调查报告》，载吴汉东主编：《中国知识产权蓝皮书》，北京，北京大学出版社，2007。

② 参见沈文庆：《科技发展与知识产权》，载《中国科学基金》，2005（3）。转引自孟奇勋、李昌钰：《知识产权文化建设探讨》，载《知识产权》，2006（3）。

③ 参见刘华、周莹：《我国知识产权建设的层次与目标》，载《知识产权》，2006（3）。

知识产权的制度风险与法律控制*

在风险社会的语境中，知识产权法是一种制度文明，也是一种可能存在的制度风险。诸如文化风险、生态风险、基因技术风险、网络风险等，主要是知识产权制度的“内生性”风险。如何克服现行知识产权法律制度和法律秩序的先天性缺陷和潜在危机，提高风险意识，增强风险识别能力，寻求风险治理机制，是国际知识产权界共同面临的时代问题。知识产权制度风险的法律治理必须秉持价值理性与工具理性统一、权利观念与责任观念统一、法律控制与技术规制统一等理念，并通过传统知识保护、公共领域保留、开放存取及知识共享协议、知识创新奖励等制度的替代和补充，形成一个应对风险社会的观念体系和制度系统。这是应对知识产权制度风险的法律举措，也是实现知识产权制度价值目标的法律变革路径。

一、风险社会理论中的知识产权问题

风险社会理论是当代哲学社会科学的重要理论构成。1986 年，德国学者乌尔里希·贝克在《风险社会》一书中首次在学理上提出了“风险社会”的概念。贝克认为，人类面临着威胁其生存的由社会所制造的风险。西方社会中主

---

* 原载《法学研究》，2012（4）。

导性的经济制度、法律制度和政治制度不仅卷入风险制造，而且参与了对风险真相的掩盖。现代化正在成为它自身的主题和问题，因此变得具有反思性。[①]该学说后来通过英国学者安东尼·吉登斯、斯科特·拉什等人的发展[②]，形成了一个影响深远的学术理论。由此，风险社会被引入了20世纪后期和21世纪社会科学界的新语义范畴，风险社会问题成为一个跨国家、跨世纪、跨学科研究的重要领域。在风险社会理论中，风险社会这一概念并不是社会发展类型的某一历史分期，也不是某个具体社会和国家的现实发展阶段，而是对当今人类时代问题的理论概括与形象描述。具体说来，现代风险具有以下特征：（1）风险的内生性。人为风险越过自然风险成为风险的主导内容。伴随着人类的决策和行为，诸如工业制度、法律制度、技术和应用科学的运用，产生了新类型风险，即制度化风险和技术性风险。[③]（2）风险的全球性。风险社会是一种“全球风险社会”，风险的空间影响超越了地理边界和社会文化的边界。风险的全球性伴生于全球化的浪潮。正如吉登斯所言：“在全球化的时代里，风险的影响被普遍化了。”[④] 贝克将风险的全球性归结为人类文明决策运用所导致的“全球性”后果。[⑤]（3）风险的多样性。作为人为风险，其孕育与发生受到人文、社会、经济、政治等多种因素的影响。可以说，“风险是多元的”[⑥]。基于社会理性与科学理性的“知识断裂”导致了现代性的诸多负面性，从这个角度出发，贝克提出知识经济就是“风险经济”，知识社会也就是“风险社会”，并将风险分为经济风险、政治风险、文化风险，在此基础上还提出了“信任风

---

① 参见［德］乌尔里希·贝克：《风险社会》，何博闻译，16页，南京，译林出版社，2004。

② 代表性著述有：［英］安东尼·吉登斯：《失控的世界：全球化如何重塑我们的生活》，周红云译，南昌，江西人民出版社，2000；［英］斯科特·拉什：《经济全球化时代的风险文化与风险社会》，载薛晓源等主编：《全球化与风险社会》，北京，社会科学文献出版社，2005。

③ 参见杨雪冬：《风险社会理论述评》，载《国家行政学院学报》，2005（1）。

④ ［英］安东尼·吉登斯、克里斯多弗·皮尔森：《现代性——吉登斯访谈录》，尹宏毅译，7页，北京，新华出版社，2001。

⑤ 参见［德］乌尔里希·贝克：《“911”事件后全球风险社会》，王武龙编译，载《马克思主义与现实》，2004（2）。

⑥ 张秀兰：《认识风险——社会科学的视角》，载［英］尼克·皮金等编著：《风险的社会放大》，北京，中国劳动社会保障出版社，2010。

险”[①]。

对风险社会问题的法学研究，其重点是法律制度与法律秩序。“法律制度的价值和意义就在于规范和追寻技术上的可以管理的哪怕是可能性很小或影响范围很小的风险和灾难的每一个细节。”[②] 而法律秩序则是法律制度实行和实现的效果，即社会生活基本方面的法律和制度化。现代社会是法治社会，制度风险及风险法律控制是风险社会法学研究理论的基本内涵。

知识产权是历经三百多年成长的制度文明典范。但在风险社会理论的语境中，这种制度文明可能成为一种制度风险。这种风险具有“人为的不确定性”，其原因来自人自身，即是由现代性的推进所引致、造就的人对自身的威胁。[③] 知识产权是激励和保护知识创新的法律，亦有现实或潜在的制度风险，它或是“技术—经济”或法律决策导致的风险，或是法律所保护的科技文明本身所带来的风险。[④] 质言之，知识问题是现代性风险的根本成因，制度选择的实质是基于风险的决策。如果说“风险就是知识中的风险”[⑤]，那么我们也可以认为，风险社会中的知识产权即可能存在风险。风险社会的知识产权问题研究，主要涉及以下几个方面：

1. 知识产权决策的制度化风险。风险社会中风险的含义依赖于这样的一个事实，即文明的决策可能触发全球化进程中的一系列问题和一连串的风险[⑥]，直言之，“风险以决策为先决条件”[⑦]。东西方国家对知识产权制度的选择有着不同的历史背景。发达国家的知识产权制度虽不乏法律移植的结果，但

---

① 薛晓源等：《全球风险世界：现在与未来——德国著名社会学家的风险社会理论创始人乌尔里希·贝克教授访谈录》，载《马克思主义与现实》，2005 (1)。

② ［德］乌尔里希·贝克：《从工业社会到风险社会——关于人类生存、社会结构和生态启蒙等问题的思考（上篇）》，王武龙编译，载《马克思主义与现实》，2003 (3)。

③ 参见［德］乌尔里希·贝克：《世界风险社会》，吴英姿译，137 页，南京，南京大学出版社，2004。

④ 参见成伯清：《“风险社会”视角下的社会问题》，载《南京大学学报（哲学社会科学版）》，2007 (2)。

⑤ ［德］乌尔里希·贝克：《风险社会》，何博闻译，64 页，南京，译林出版社，2004。

⑥ 参见［德］乌尔里希·贝克：《“911”事件后全球风险社会》，王武龙编译，载《马克思主义与现实》，2004 (2)。

⑦ ［德］乌尔里希·贝克：《世界风险社会》，吴英姿译，4 页，南京，南京大学出版社，2004。

实质上是“法律变革和广义立法的一种表达方式”[①]，既是基于自身发展的需要，又有相当基础的文化传统。而对于发展中国家而言，知识产权立法则没有制度传承，也缺乏文化土壤，外力强加的法律移植往往带来法律实施效益不足的“风险”。在当今国际贸易体制中，知识产权保护的国际环境发生了很大变化，所有国家包括发展中国家都必须按照国际公约规定高水平地保护知识产权。发展中国家缺乏发达国家所经历的知识产权保护逐步提升和缓慢过渡的成长期，因而政府对制度构建准备不及，其政策运用经验不足，同时社会缺乏规则意识，形成“对制度性的规则的制度化违背”[②]。这即是规则“运转失灵的风险”，其结果使得保护创新的风险“制度化”转变成“制度化”风险。[③]

2. 知识产权客体的技术性风险。风险社会是一个高度技术化的社会，科学技术的高度发展既是风险社会的特征，也是风险社会的成因。现代社会中的风险是“被制造出来的风险”，是由我们不断发展的知识对这个世界的影响所产生的风险。[④] 马克斯·韦伯形象地指出，人类在不久的将来注定会生活在“技术知识的囚室”[⑤]。知识产权制度具有鲜明的现代化特征，立法者总是意图通过法律制度的现代化去推动科学技术的现代化。现代知识产权法保护的网络技术和基因技术，是知识革命中最具有代表性和影响力的时代技术。对以私权形式存在的网络版权和基因专利给予尊重和保护是必要的。这种对知识体系和技术性知识的信任是人们在风险社会中获得和持有本体性安全的基础和保证。[⑥] 但是，风险与信任是交织在一起的，且两者都与现代性有关。从“反思的现代性”出发，对知识产权所保护的先进技术仅为信任是不够的。知识技术本身的有限性即是一种风险：一是权利边界冲突带来的风险。例如在网络版权

① 刘星：《重新理解法律移植》，载《中国社会科学》，2004（5）。

② ［美］罗伯特·默顿：《社会研究和社会政策》，林蒙仁译，86页，北京，生活·读书·新知三联书店，2011。

③ 参见杨雪冬：《风险社会理论述评》，载《国家行政学院学报》，2005（1）。

④ 参见［英］安东尼·吉登斯：《失控的世界：全球化如何重塑我们的生活》，周红云译，24页，南昌，江西人民出版社，2000。

⑤ 转引自［英］安东尼·吉登斯、斯科特·拉什：《自反性现代化》，赵文书译，74页，北京，商务印书馆，2001。

⑥ 参见许斗斗：《技术知识与风险社会》，载《中共福建省委党校学报》，2005（9）。

领域，专有权利与公共领域的界定、数字内容与传播技术的关系、智力成果与传统文化资源的联系等，都是网络技术带来的法律问题或者说社会风险。二是技术独占使用带来的风险。例如在基因专利领域，对基因食物、基因药品以及动植物基因乃至人类技术基因的开发、利用，都会导致人类本身以及人类生存环境的变化。这种变化主要是改善和进步，但也寓含着负面效应。

3. 知识产权运作的全球性风险。经济全球化、科技全球化、信息全球化乃至治理机制的全球化，不可避免地带来风险的全球性。反全球化主义者认为，全球化正在催生另一种形态的帝国体制：互联网是“信息帝国主义”，世界贸易组织是“市场帝国主义”，国际货币基金组织是“金融帝国主义”，而联合国是“政治外交的帝国主义”[①]。贝克对此作出了自己的判断：全世界面临着社会认同解体、价值利益冲突、主体组织对立、国家立场对峙、生态环境破坏等不确定因素，这些危机与发展遍布全球，形成对人类生存的新威胁。[②] 知识产权制度的国际化亦是全球化的伴生物，它实现了知识产权保护规则的普适性，也导致了制度风险的全球性：一是东西方国家知识产权利益的失衡。这是一种明显向发达国家倾斜的国际知识产权体制，其结果是发展中国家的智力产品被搁在了公共领域，而发达世界的智力产品被紧紧掌握在私人公司手中。[③] 二是知识产权与国际人权冲突。联合国人权促进小组委员会发表文件，宣称“由于 TRIPs 协定的颁行没有充分反映所有人权的基本性质和整体性”，“所以知识产权制度与国际人权法存在着明显的冲突”[④]。TRIPs 协定在其制定及推行过程中显见种种不足，国际社会不乏质疑、争议的声音，其焦点即是协定的合理性、妥当性问题。诚然，当代知识产权国际保护制度具有正向性的作用，但是也有现实或潜在负效应因素。在风险社会中，“运用我们的文明的决策，

---

① 薛晓源等：《全球风险世界：现在与未来——德国著名社会学家的风险社会理论创始人乌尔里希·贝克教授访谈录》，载《马克思主义与现实》，2005 (1)。

② 参见薛晓源等：《全球风险世界：现在与未来——德国著名社会学家的风险社会理论创始人乌尔里希·贝克教授访谈录》，载《马克思主义与现实》，2005 (1)。

③ See Anupam Chander and Madhavi Sunder, “The Romance of the Public Domain”, 92 Calif. L. Rev. pp. 1348－1353.

④ UN Commission in Human Rights，Intellectual Property and Human Rights，2000，E/CN1. 4/Sub. 2/2000/7.

我们可以导致全球性后果”①。

二、知识产权的制度化风险和技术性风险

知识经济的发展和网络、基因技术的应用，深刻地改变了知识产权的生存环境。这一判断依赖于以下两点事实：第一，知识产权所保护的最新技术，在造福人类的同时也加大了人类危害自身的可能性，“从技术—经济‘进步’的力量中增加的财富，日益为风险生产的阴影所笼罩”②。这即是技术的负面性与风险的不确定性的联系。第二，传统社会治理体系（包括知识产权制度）无力解决工业社会过度发展而产生的社会问题。“我们所体验到的那种无能为力并不是个人失败的标志，而是反映出我们的制度无能为力。我们需要重构我们曾经有过的这些制度，或者建立新的制度。”③ 这即是法律的确定性与风险的不确定性的背离。可以说，现行知识产权的法律制度和法律秩序存在着先天缺陷和潜在危机。

1. 文化风险与文化多样性

文化全球化是经济全球化的伴生物。“文化全球化不仅意味着文化的全球整合，也孕育着文化的冲突”④。国家文化安全与世界文化多样性问题是社会风险在文化领域的表现形式。在文化全球化和文化产业全球化的今天，我们面临着一个“风险文化的时代”。斯科特·拉什为此警告说：“始料不及的风险和危险将不再是由工业社会的物质化生产过程中所产生的风险和危险，而是从信息领域、从生物技术领域、从通信和软件领域产生出的新的风险和危险。”⑤ 当今时代的“文化风险”表现为民族国家文化主权的弱化和传统文化边缘化。

---

① ［德］乌尔里希·贝克：《“911”事件后全球风险社会》，王武龙编译，载《马克思主义与现实》，2004 (2)。

② ［德］乌尔里希·贝克：《风险社会》，何博闻译，6 页，南京，译林出版社，2004。

③ ［英］安东尼·吉登斯：《失控的世界：全球化如何重塑我们的生活》，周红云译，15 页，南昌，江西人民出版社，2000。

④ 肖庆：《“风险社会”理论视角下的国家文化安全问题》，载《文化艺术研究》，2011 (4)。

⑤ ［英］斯科特·拉什：《风险社会与风险文化》，王武龙编译，载《马克思主义与现实》，2002 (4)。

在全球范围内，许多民族、部落的传统文化与所谓的主流文化、强势文化一直存在着某种紧张状态，这一情况不仅存在于东西方文化之间，而且也表现在欧美文化内部。[①]

与经济全球化相伴而生的文化全球化，并不能消解文化的民族性和多样性面临的困境。当今世界的情况是，一万多个不同的社会群体生活在二百多个国家之中。对一国内部而言，许多国家都是多文化、多民族的，维护文化的多样性主要在于对少数人群体权利的尊重；但对国际社会而言，文化的多样性意味着语言、宗教以及生活方式的差异性。承认这种文化多样性就是承认不同国家文化主权的独立性和自主性。“尊重不同文化的平等地位，尊重不同文化的多样性和它们丰富的活力，尊重完成发展的不同路径”[②]，是实现文化多样性的伦理基础[③]，也是国家文化主权原则的法律要求。

以 TRIPs 协定为核心的知识产权国际保护体系的制度缺陷在于，它极力保护的是文化表现形式的独创性、新颖性，而忽视了文化表现形式的多样性。我们看到，现代欧美文化类型以其“现代性”为特征称雄于世界。从文化的角度看，欧美文化对各地原住民文化、传统文化的同化，日益蚕食着世界文化的多样性；从法律的角度看，西方国家主张的法律精神及其制度准则，已经成为国际社会生活的指南。[④] 在知识产权领域，欧美文化类型在知识产品的现代化生产中，以各种“智力创新”的形式得到欧美国家主导的国际知识产权制度的周延保护。与此相反，知识产权制度对不同的文化类型即“智力源泉”却缺乏必要的法律涵养，这一制度“只能保护知识财产上的财产利益而难以保护其同

---

① 参见薛晓源：《全球化与文化产业研究》，载林拓主编：《世界文化产业发展前沿报告（2003—2004）》，9 页，北京，社会科学文献出版社，2004。

② 前联合国秘书长、世界文化与发展委员会主席佩雷斯·德奎利亚尔语。转引自联合国教科文组织、世界文化与发展委员会：《文化多样性与人类全面发展》，3 页，广州，广东人民出版社，2006。

③ 世界文化与发展委员会认为，多元化（pluralism）是全球伦理的基本原则，其意思是指：“文化多元化是人类社会的基本特征，而且无处不在，无时不在。民族认同是对抗全球化压力的一个正常的健康有益的反应。”联合国教科文组织、世界文化与发展委员会：《文化多样性与人类全面发展》，3 页，广州，广东人民出版社，2006。

④ 参见严永和：《论传统知识的知识产权保护》，61 页，北京，法律出版社，2006。

时存在的文化利益”[①]。

在现行知识产权制度框架下，以危及文化多样性为表现形式的文化风险主要表现在以下两个方面：一是凭借科技、资本等优势，少数国家以知识产权名义进行的文化创作、生产、传播行为，对其他类型的文化表达和知识形式等进行不当占有和利用，损害文化的多样性特别是非主流文化、传统部族文化、少数人群体文化的存在和发展。例如，对他种类型的文化赋予不同的意义而并入另一种类型中，损害特定文化生存的独立性；以文学、艺术作品形式失真地编排他种类型的文化生活，损害传统部落文化表现形式的真实性；对他种类型的文化表现形式如歌曲、舞蹈、戏剧、医药等进行占有和利用，既不标示来源，又不支付报酬，损害传统文化资源的合法权益；利用电视、电影、网络、音像、广播、出版等技术控制文化传播手段，扩展单一文化的传播空间和时间，损害弱势文化得以平等表达的机会等。二是通过国际文化市场，少数国家以知识产权名义不断扩大本国文化影响力和文化出口贸易额，形成了合法形式的文化垄断，使得许多国家的多样性文化在生存和发展方面遭遇前所未有的困境。以电视节目和卫星电视为例，西方国家几乎完全垄断了电视节目市场。在许多第三世界国家，60%～80%的电视节目来自美国，几乎成为美国电视的转播站，而非洲国家的外来电视节目更占节目总播出的90%。目前亚太地区上空拥有两百多个卫星电视频道，其中大部分是西方三大电视集团对亚洲开办的专门频道。[②] 可以说，以知识产权为后盾的文化全球化和文化产业的全球化正挤压着多样性文化的生存空间，从而构成风险社会中的文化风险。

2. 生态风险与生物多样性

生物多样性蕴含着生态、遗传、社会、经济、文化等价值，保护生物多样性是全人类共同关切的问题。生物多样性的危机或说是物种资源的破坏，其根

---

① 有学者认为，知识产权不能充分保护文化多样性。在文化类型之间占有和利用中引起的财产损害，知识产权法作出了回应；而所造成的文化损害，知识产权法则没有相应补偿机制。See Rebecca Tsosie, “Reclaiming Native Story: An Essay on Cultural Appropriation and Cultural Rights”, Spring, 2002, 34, Ariz. St. L. J. 299.

② 参见张正焉等编著：《WTO与中国文化产业政策》，19页，北京，中共中央党校出版社，2001。

源主要不是自然灾害，而是人为的不确定性，即“制度化风险”。

在现行知识产权体系中，授予专利的条件仅规定为创造性、新颖性和实用性，材料来源不是可专利性的要件，即生物技术专利的获取可以不考虑生物技术的基因来源。当代生物技术产生的特点之一，即是对资源的依赖性与资源的信息化。在生物技术时代，谁掌握了地球上有限的遗传资源，谁就能在生物经济的发展中取得主动，从而成为新的财富拥有者。①

现实状况表明，发达国家与发展中国家分别处于生物技术与资源的两端，全世界80%的生物资源都在发展中国家，而95%的生物技术专利为发达国家控制。② 长期以来，在生物资源“国家主权”缺失的情况下，在现行知识产权的制度框架里，东西方国家生态权益出现重大失衡：发展中国家的生物资源优势不能在专利申请中得到体现，也不能获得使用专利的优势。相反，高水平的专利权保护，提高了发展中国家输入的成本。③

国际生态环境的愿景目标是：“保护生物多样性、可持续地利用生物多样性，公平合理地分享使用多样性资源的利益”④。1992年《生物多样性公约》确定的以生态和环境保护、遗传资源保存和开发为一体的发展主旨，并没有在世界贸易组织及TRIPs协定的框架内得到协调与回应。少数国家甚至推行双边主义，专门就生物技术的高水平保护签订协议，以达到其预定的“TRIPs-Plus”目的。⑤ 人们有理由担心，上述制度或政策的缺陷使得“全世界面临着生态破坏危机的巨大风险与高度的不稳定性”⑥。

3. 基因技术风险与人类社会安全

科学技术的高度发展既是风险社会的特征，也是风险社会的成果。所谓技

---

① 参见朱雪忠等：《基于遗传资源所产生的知识产权利益分享机制与中国的选择》，载《科技与法律》，2003，(3)。

② 参见冯飞：《我国与发达国家生物产业化差距超15年》，见http：//news.163.com/10/0623/08/69RNIN7F000146BC.html，访问日期：2012年2月14日。

③ 参见孙法洎：《论生物技术国际知识产权保护》，载《政法论丛》，2007（6）。

④ 《生物多样性公约》序言。

⑤ See Grain，TRIPs-Plus through the Back Door：How Bilateral Treaties Impose Much Stronger Rules for IPRS on Life than the WTO，Grain Publications，July 2001.

⑥ 薛晓源等：《全球风险世界：现在与未来——德国著名社会学家的风险社会理论创始人乌尔里希·贝克教授访谈录》，载《马克思主义与现实》，2005（1）。

术风险，是指人类在利用技术时违背技术自身规律而产生的社会风险。[①] 违背技术自身规律的行为，有时是由于人类认识能力的局限，有时则出于某种利益的考量。例如，基于政治需要或经济效益的目的，明知利用某一技术会带来不良后果，仍然作出技术行为选择。

风险社会中的基因技术风险，是由于基因技术利用而造成社会损失、危及社会安全的一种潜在的可能性状态，主要表现在以下几个方面：一是人类生态环境风险。在现实社会中，人为环境风险超过自然环境风险而成为风险的主要内容。环保主义者认为，在基因产生的巨大商业利益面前，人类对基因技术有可能失控或滥用，其结果是物种的灭绝或性状改变、生态平衡遭到破坏，从而引发生物安全问题。二是人类社会秩序风险。随着人类基因图谱的破译，人类遗传资源密码得以揭示。当技术发展到能够阅读个人基因组时，可被用于对人的健康、智力及潜在素质的测试。倘若人类基因信息被不适当地利用，就会产生“基因歧视”，甚至有可能危及人类自身安全。三是转基因食品风险。转基因技术已经孕育出优质、高产、抗病虫害的农作物，转基因食品正在影响着人们的饮食消费。与此同时，世界舆论也在关注转基因作物过量地制造某种外源的蛋白质，有可能危及人类健康。

知识产权制度理直气壮地对基因技术授予专利，却对基因技术风险束手无策。通过法律规范阻止基因技术滥用行为是必要的，但其作用是有限的。我们必须正视现行知识产权的制度缺失，建立一整套社会治理体系，才可能走出基因时代的技术风险。

4. 网络风险与信息社会安全

信息全球化是建立在网络社会化的基础之上的。网络构成了我们这个时代新的社会结构、形态与模式。“作为一种历史趋势，信息时代的支配性功能与过程日益以网络组织起来。网络建构了我们社会的新社会形态”[②]。网络社会在本质上是一个风险社会。网络技术的发展对社会、文化、政治、经济、法律

---

① 参见王学忠：《技术社会风险的法律控制》，载《科技与法律》，2008 (4)。

② ［美］曼纽尔·卡斯特：《网络社会的崛起》，夏铸九等译，569 页，北京，社会科学文献出版社，2003。

等有着潜在的影响，其结果所产生的不确定性已变得难以控制。可以认为，“网络社会所蕴含的数字化不仅引起一场产业革命，同时也引发社会革命”①。

网络风险是来自网络技术与网络著作权本身的“内生性”风险，主要有三大问题：一是制度信任的风险。“风险社会不仅仅是一种事实概念，更是一种文化概念”②。网络环境秩序的治理，有赖于权力机构以正式方式建立并保证实施的正式制度，这主要是法律制度，同时也借助于诸如习俗、惯例、道德伦理等具有社会规范形式的非正式制度。我们看到，对于日益泛滥的网络侵权和人数众多的侵权群体，正式建立的法律制度显得无能为力。在网络环境中，每一个网民的每一次鼠标点击都可能构成侵权，但法律却很难加以制裁。其结果是对著作权的“制度化违背”成为常态，代之而起的是“非正式制度（潜规则）”的生成，“正式的规则或制度名存实亡”③。在这种情况下，法律与其他社会规范不但背离，而且产生了冲突。可以认为，著作权文化认同缺乏是一个法治信仰问题，而在风险社会理论中则是一种制度信任危机。二是技术保护措施的风险。在网络环境下，信息的传播便捷且广泛，数字技术的出现弱化了著作权人对其作品的控制力。为应对数字作品的非法传播而强化权利人控制其作品网络传播的能力，技术保护措施被纳入著作权制度。有学者认为，如果技术保护措施被普遍应用，可能会限制网络信息传播的巨大能量，也可能潜在地摧毁公众与私人之间存在的利益平衡。在数字版权管理或者技术保护措施取代销售许可合同的情况下，还可能妨碍公众对信息的接触或获取。④ 三是“数字鸿沟”的风险。在全球范围内，数字技术的运用及其程度有很大差异，这种网络发展的不均衡性即是“数字鸿沟”问题。网络时代数字鸿沟的存在及其扩展必将招致众多的风险和危机，涉及各个社会领域。在版权产业界，诸如影视、音乐、广播、游戏、动漫、出版等数字内容产业占据主流和支配地位，而生产数字内容产品的许多核心乃至技术标准，多为发达国家和他们的跨国公司所掌

---

① 刘挺：《网络社会的法律控制》，载《宁夏大学学报（人文社会科学版）》，2008（5）。

② 薛晓源等：《全球风险世界：现在与未来——德国著名社会学家的风险社会理论创始人乌尔里希·贝克教授访谈录》，载《马克思主义与现实》，2005（1）。

③ 王锡锌：《中国行政执法困境的个案解读》，载《法学研究》，2005（3）。

④ 参见高富平：《寻求数字时代的版权法生存法则》，载《知识产权》，2011（2）。

握。根据《聚焦“第四差别”——中欧数字鸿沟比较研究》提供的数据，2007年中欧数字鸿沟的综合指数为0.69，这意味着中国的信息化总体发展水平和应用水平比欧盟落后69%。“网络时代的数字鸿沟扩大了社会的不平等现象”①，不仅表明了东西方国家拥有著作权的利益失衡，而且意味着这些国家的民众接触和获取信息的能力差距。

三、知识产权法制建设中的风险意识

知识产权制度的风险研究，从其识别、评价到治理，每一过程的理论思维都应是客观事实分析与主观价值判断的综合。知识产权制度发展路径的选择，其实是基于风险的政策抉择。在知识产权法律制度与法律秩序的建构中，提高风险意识、增强风险认识能力是非常重要的。

中国知识产权制度是在特殊历史条件下建立的，在很大程度上是“逼我所用”，即外力强加的结果。但是根据自身发展的需要，这一制度现已变成“为我所用”的政策工具，即作为建设创新型国家的制度选择。对外国法制或者国际法制的引进是一个理性选择的过程，更是一个法律本土化的过程，即外来制度如何在本国“扎根”与“内化”的过程。② 问题在于，知识产权制度在发展中国家未能完全实现其预期的政策目标。影响制度效益目标实现的，既有法律因素，如制度选择所涉及的法律理念、法律内容以及法律形式等是否具有先进性、合理性和科学性；也有非法律因素，即制度实施所涉及的经济技术发展状态、政府公共政策体系以及社会环境、文化条件等是否具备一致性、协调性和相适应性。上述不确定因素，即是风险社会的知识产权风险。“通过法律化解风险，通过法律吸纳风险”，“将风险社会置于法治社会的背景之中”③，我们有必要对风险社会中的知识产权制度进行合理的建构和更新。对于中国而言，在接受知识产权这一制度文明的同时，必须克服知识产权可能带来的制度风

① 庄及刚：《网络时代与风险社会》，载《淮阴师范学院学报》，2004（4）。

② 参见张洪峰：《法的世界化与本土化之争及其超越》，载《福建法学》，2005（1）。

③ 杨春福：《风险社会的法理解度》，载《法制与社会发展》，2011（6）。

险，在知识产权国际化潮流中强调本土性，在知识产权现代化过程中注重阶段性。具体而言，我们应当持有如下风险法律理念。

1. 价值理性与工具理性的统一

价值理性与工具理性是哲学中两个相对的概念，其最直接、最重要的渊源是德国社会学家马克斯·韦伯所提出的“合理性”理论。韦伯将合理性分为两种，即价值（合）理性和工具（合）理性。前者是指“主观相信行动具有无条件排他的价值，而不顾后果如何、条件怎样都要完成的行动”①，关注的是属于目的和结果的价值；后者是指“以能够计算和预测后果为条件来实现目的的行动”②，其核心是追求功利的动机所驱使的效率。在韦伯的理论中，工具理性是启蒙精神、科学技术和理性自身演变和发展的结果。然而随着工具理性的极大膨胀，在追求效率和实施技术的控制中，理性由解放的工具退化为统治自然和人的工具。③ 这是一种技术理性和价值理性的冲突。在资本主义社会，技术的提高是技术理性高扬的结果，而人的异化则是把人作为目的的价值理性走向衰落的表现。风险社会理论对此有着相似的看法。贝克认为，传统现代性的重要知识原则就是“科学理性”，正是这种表面“全知全能”实则“片面垄断”的工具理性，造就了现代社会的全面问题。社会成为经济社会，国家成为“技术国家”，“工业理性和技术的蚕食耗尽了日益现代化的本质”，“使人类的充满生机的关系成为工具理性”④。可以说，科学理性在宣称自身价值中立的同时，也将其与体现更广泛社会价值的“社会理性”对立起来。⑤

在法学研究中，价值理性与工具理性的关系表现为实质正义与形式正义、法律目标与法律手段之间的关系。一些法律制度的设计和安排，将作为手段的工具理性当作目的，将作为目的的价值理性当作手段，带来诸多的社会问题。现代知识产权的制度风险，在一定程度上就源自“工具理性的越位”和“价值

① 陈志刚：《马克思的工具理性批判思想》，载《科学技术与辩证法》，2001（6）。

② 陈志刚：《马克思的工具理性批判思想》，载《科学技术与辩证法》，2001（6）。

③ 参见［德］马克斯·韦伯：《新教伦理与资本主义精神》，于晓、陈维纲等译，141页，北京，生活·读书·新知三联书店，1987。

④ ［德］乌尔里希·贝克：《世界风险社会》，吴英姿译，103页以下，南京，南京大学出版社，2004。

⑤ 参见许志晋等：《论风险社会的科学技术发展》，载《中国科技论坛》，2007（2）。

理性的缺位”[①]。国际知识产权保护的制度安排，较多反映了强势主体高水平保护知识产权的利益诉求，使得形式公平的知识产权规则掩盖着东西方国家利益失衡的实质不公平。知识产权既是私人产权，又是公共政策。基于知识产权两种属性的关系，英国知识产权委员会作了很好的诠释：无论怎样称呼知识产权，我们最好将它视为公共政策的一种手段，授予个人或者机构一些经济特权，以实现更大的公共利益，而这些特权只是一种目标实现的手段，其本身并非目标。[②] 可以认为，寻求全球知识产权风险治理机制，改革现行知识产权保护制度，其基本思路应是工具理性与价值理性的统一。这里的价值理性，包括知识产权创造和利用中的各方利益平衡，知识贸易中的东西方国家利益调整以及知识传播中的公共利益的实现。

2. 权利（力）观念与责任观念的统一

知识产权是知识类财产的权利形态，包括义务功能要求在内的权利观，是当代法理念的核心范畴，知识产权制度的构建和运行是以这一核心范畴为基础的。风险社会的法律应对有两个重要概念，一是“法律的确定性”，二是“风险的不确定性”。在风险社会中，法律所授予的权利（力）旨在最大限度地抵消由风险带来的冲击和侵害，或者说偏重于对确定性价值的追求和确认。[③] 知识产权立法的本来目的，在于合理界定权利与义务的范围，明确本权或他权的构成，通过权利行使而实现其确定性的利益。但在当代新技术的影响下，传统法律体系下的权利确定性边界变得模糊不清，从而带来种种不确定性的风险。对知识产权正当性及其边界的质疑，成为知识产权制度遭遇时代挑战的突出问题。[④] 这里的权利边界，涉及智力成果“专有领域”与“公共领域”的划分，创造者权利与传播者权利的划分，创造者、传播者权利与使用者权利的划分。其不确定性的风险可能来自权利的扩张或滥用，也可能来自权利的侵害或冲

① 高明亮：《论比较法学中的价值理性》，载《比较法研究》，2006（5）。

② 参见英国知识产权委员会：《知识产权与发展政策相结合委员会关于知识产权的报告》，6页，见 http：//www.iprcommission.org/graphic/ chinese _ intro.htm，访问日期：2007年7月20日。

③ 参见杨春福：《风险社会的法理解读》，载《法制与社会发展》，2011（6）。

④ 参见熊文聪：《后现代主义视角下版权正当性及其边界——从个体权利到基于商谈的共识》，载《政治与法律》，2010（6）。

突。在风险社会理论视野中，知识产权法的权利观应该包括如下内容：权利应该有确定性范围，权利应该受到尊重和保护，权利应该被谨慎和正当地行使。

在知识产权领域，举凡权利的滥用与义务的违反，都会涉及责任的承担。在法学理论中，由于侵犯法定权利或违反法定义务而引起的，由专门国家机关认定并归结于有责主体的带有直接强制性的义务，是为法律责任，又称为“第二性义务”①。与上述学说不同，风险社会理论中的责任有两个特点：第一，有责主体是广义的，它包括技术产品创造者（对禁止研发的技术产品承担产品责任）、技术产品评估者（对技术产品负面效应或副作用的评价承担专家责任）、技术政策的制定者（对技术产品的社会风险承担决策责任）。多重责任主体制度旨在防止贝克所批判的“有组织不负责任”的情形出现。第二，权利个体的责任是宽泛的。诸如技术滥用、技术误用以及利益博弈下的技术选择使用等，都是引起技术社会风险的行为，其中有构成权利滥用和义务违反的法律责任，有的则可能是一种“公众批判”的道义责任。

在风险社会中，知识产权制度主张的法律理念应是权利（力）观与责任观的统一。诚然，这是对权利者即知识产权所有人的要求，即主体在享有权利、承担义务的同时，应履行其责任，并将责任理念贯穿于知识的创造、传播与利用过程中。进而言之，这更是对权力者即知识产权管理人的要求。政府在风险社会的角色定位表明，决策即风险，决策者即责任者。因此，在知识产权风险治理机制中，政府应当秉持权力与责任相统一的理念，并将责任理念贯穿于权力运作的始终。

3. 法律控制与技术规制的统一

现代社会的风险防范与治理，需要人类构造新的价值理念与新的知识体系。对知识产权的制度化风险与技术性风险，可采取法律控制与技术规制的综合治理机制。

法律控制是风险治理机制的重要手段。知识产权法律具有激励知识创新的制度功能，其私权的扩充与保护即是激励机制的法律表现。但是从风险理论出发，立法者必须重视控制风险功能的法制化。具言之，知识产权法律要强化权

① 张文显主编：《马克思主义法理学》，377页，北京，高等教育出版社，2004。

利客体排除、禁止权利滥用、限制权利行使等制度；相关法律对技术的研究、使用和传播应建立限制机制、禁止机制以及惩戒机制，以作为上述知识产权法律的补充。

技术规制是风险治理机制的重要措施。技术规制表现为法律规范、政策规定和伦理规则等。风险社会理论指引下的技术规则有以下特点：风险规避的主要路径，是事先预防而不是事后补救（即从技术研究开始规制，以预防技术产生的负面效应或副作用）；风险规避的基础范式，是从技术研发到应用过程的责任制度（包括社会道义责任、科学伦理责任和法律责任）；风险规避的重要措施，是奉行技术民主原则（包括技术信息适度公开和公众参与、公众决策）。①

法律控制与技术规制的风险观告诉我们，防范知识产权的制度化风险和技术性风险，不仅涉及传统知识产权的制度改造，而且要求构建以规避风险为指引，以知识产权为导向的公共政策体系，同时形成以全面理性（包括社会理性与科学理性）为基本内涵的科技伦理规范。

四、面对风险社会的知识产权制度

面对风险社会，现行知识产权制度的“先天缺陷”日益凸显，陷入了一场前所未有的危机与挑战。人们对知识产权制度产生了“信任风险”，质疑其正当性与合理性，甚至出现了“专利废除论”“著作权死亡论”等极端观点。②笔者认为，知识产权制度不会走向消亡，但是必须进行法律变革；知识产权制度可以继续存在，但是需要相关制度补充。

知识产权制度应对知识革命作出回应，重点解决网络技术、基因技术带来的诸多问题，避免规则缺失所带来的“不确定性”。问题一：新的知识形式对传统知识产权客体的挑战。这主要表现为知识产品形式的变化和知识产权客体

① 关于以技术批判理论为基础的技术规制，参见刘铁光：《风险社会中技术规制基础的范式转换》，载《现代法学》，2011 (4)。

② 参见王太平在《知识产权制度的未来》一文中的评述，载《法学研究》，2011 (3)。

范围的扩大。著作权客体经历了传统的印刷作品到现代模拟作品、电子作品再到当代的数字作品与网络作品的不断演进；专利权客体从以往的微生物、动植物品种发展到今天的基因技术；域名作为数字化经营标记，则成为商业标记领域的最新保护对象。问题二：新的知识财产对传统知识产权范围的突破。这既表现在原来权项内容的拓展，如著作权领域出现的信息网络传播权、数据库作者权；也表现在新的财产权利的增加，如介乎著作权与工业产权之间的集成电路布图设计权，具有准专利性质的植物新品种权。问题三：新的知识利用方式对传统知识产权规则的改变。新技术不仅带来知识产品利用的新途径，同时也要求法律制定相应的新规则。在网络版权领域，对保密技术措施的正当性、合理性考量，对网络作品传播者、消费者的责任界定，无一不是法律难题。而在网络商标领域，法律则面临商标权地域性与因特网国际性的冲突、商标分类保护与网上商标权排他效力的矛盾。问题四：新的知识权利观念对传统知识产权制度的动摇。生物技术的出现，使发现与发明的界限变得模糊，“专利只能授予发明而不能授予发现”的传统理论遭到了质疑。[①] “传统资源权”概念的出现，使得人们在关注现有智力成果权利的同时，也要考虑传统智力资源的保护。应该指出的是，上述问题并不是知识产权制度变革的全部内容，但也许可以视为法律再造的重点和难点。

知识产权制度变革的重心，在于相关制度的补充和替代。这些制度或是弥补知识产权的制度缺陷，或是植入知识产权制度体系，或是替代知识产权发挥制度功能，以此形成一个应对风险社会的制度系统。相关补充和替代制度主要如下。

（1）传统知识产权保护制度。按照世界知识产权组织的说法，传统知识是指基于传统产生的文学、艺术或科学作品，表演，发明，科学发现，外观设计，标记、名称及符号，未公开的信息，以及一切来自产业、科学、文学艺术

---

① See Joseph M. Reisman，“Physicians and Surgeons as Inventors：Reconciling Medical Process Patent and Medical Ethics”，Berkeley Technology Law，California University.

领域内的智力活动所产生的基于传统的创新和创造。[①] 传统知识是现代语境下的概念，以此说明与现代知识相区别的知识类型。“现代知识是一种世界性的知识，建立在西方的科学、哲学和社会经济制度之上，是当今世界占据主流地位的知识类型；而传统知识则是一种地方性知识，是特定的人群为应对特定社会生态环境而发展起来的知识类型，相对于现代知识的普遍性，传统知识则表现出强烈的多样性。”[②] 传统知识的保有和传承使得地球的生物多样性和文化多样性得以延续，是人类社会可持续发展的重要基础。现行知识产权制度的保护对象限于最新知识即智力创造成果本身，而不能涵盖传统知识即智力创造源泉，这种保护机制忽视了对文化与知识多样性保护的原则，导致一些国家或地区、一些民族或种族应有权利的丧失。近年来，国际社会十分重视传统知识的保护问题，并对这种制度安排进行了有益的探讨：一是采用现行制度保护。知识产权现有形式下的保护方式包括：著作权及邻接权（以民间文学艺术表达为主的传统知识为保护对象）、专利权（以遗传资源的利用、开发有关的产品和方法为保护对象）、植物品种权（以改进原生状态物种的新植物品种为保护对象）、外观设计权（以传统的手工艺产品为保护对象）、商标权（以含有传统知识的商品或服务所采用的个体或团体标记为保护对象）、地理标记权（以各类天然、传统和工艺品所采用的社区标记为保护对象）、反不正当竞争（以未公开的传统知识为保护对象）。[③] 二是采用专门制度保护。一些学者和非政府组织强烈建议的方法是建立一种专门制度，即为适应传统知识的本质和特点而创设独立法律制度。关于专门制度的法律属性，即是否属于知识产权保护机制的范畴，国际上有不同的认识。有的认为这是一种“专门的知识产权制度”，尽管它的学理基础、规范方法与典型的知识产权制度有较大的差异。也有的认为，这种制度“处于现行知识产权体系的保护之外，它实际上归属于国际社会

① See WIPO, Intellectual Property Needs Expectations of Traditional Knowledge and Holders, WIPO Report on Fact-Finding Missions on Intellectual Property and Traditional Knowledge (1998—1999), Geneva, April 2001, p. 25.

② 李发耀：《多维视野下的传统知识保护机制实证研究》，自序XIX页，北京，知识产权出版社，2008。

③ 参见 Carlos Correa：《传统知识与知识产权》，国家知识产权局译，见 www. biodivip. gov. cn。

正在讨论的一个更为宽泛的权利系统——传统资源权”；“如果说现行知识产权制度是对智力创新的激励，那么传统资源权就是对智力源泉的涵养”[①]。对传统知识的保护事关国际协调机制的运作，目前尚存有许多争议，是风险世界的不确定性因素之一。其结果不仅反映一种新的利益格局的形成，同时也昭示未来知识产权国际保护制度的发展方向。

（2）公共领域保留制度。公共领域是典型的“知识共有物”，即知识产品的非专有领域。公共领域制度在知识产权法中的适用，最早可追溯到英国1623年《垄断法规》和1709年《安娜法令》。根据规定，专利权和著作权的保护期限届满后，原来受保护的知识产品即进入公共领域。后来的美国宪法在著名的知识产权三项政策中专门规定了“公共领域保留”（the preservation of the public domain），将知识产权限制在一定期间和范围之内。[②] 公共领域保留的制度设计，无疑是一道界分公共利益与私人利益各自范围的“分水线”。知识产权本质上为私权，但法律对知识产权的保护并不是最终目的，它还承担着实现公共利益的价值目标。可以说，知识产权立法的二元宗旨构成公共领域保留制度的现实基础。学者大抵认为，国内法框架下的公共领域主要包括三个部分：一是保护期届满的知识产品；二是不具备实质要件的知识产品；三是人类共有的知识，包括不受保护的“思想”以及有关科学、数学等理论知识。在国际公约体系中的公共领域，主要包括可以自由复制的表达形式、可以自由使用的科学技术、暗含在市场中可以自由使用的标记和符号、可以自由应用于产品的具有功能性和审美性的设计以及思想和即时性新闻等。[③] 但是，我们看到，在现代知识产权制度发展过程中，私人知识财产权得以扩张，知识财富的公共领域却不断缩小，从而造成了权利拥有者的个人利益与知识利用者的公众利益之间的冲突。有学者指出，知识产权成为一种将循环使用的公共信息变成私有

---

① 龙文：《论传统知识产权权利的实现形式》，载国家知识产权局条法司编：《专利法研究》（2004），北京，知识产权出版社，2004。

② See L. Ray Patterson, Stanley W. Lindberg, The Nature of Copyright: A Law of Users' Right, The University of Georgia Press, 1991, pp. 49 - 55.

③ 参见张艳梅：《国际知识产权条约体系下的国际公共领域研究》，载《当代法学》，2011（4）。

垄断信息的工具。[①] 这种制度化风险，“可能是源于近些年来立法者和政府偏向于对著作权的保护以牺牲公共领域为代价，对受保护领域的强调导致对公共领域的忽视”[②]。面对风险社会的知识产权法必须重塑这一制度。公共领域保留不仅体现了法律对涉及知识产权的各种利益重新认识并加以协调，其实也是法律对专有权扩张的风险进行识别并加以控制。

（3）开放存取运动与知识共享许可协议。解决权利扩张与利益失衡，是风险社会知识产权制度完善的一个难题。美国学者认为，知识的过分产权化如同对自然资源的过多掠夺，会使已有生态系统遭到破坏。因此要遏制知识不断私有的趋势，通过知识共有以维持知识生态系统的良性运转。[③] 为维系知识共有空间，国际社会的一些团体或个人采取了“亚政治”运动[④]，其中最有代表性的即开放存取与知识共享。开放存取（open access）是国际学术界、出版界、图书情报界为了推动科研成果利用互联网自由传播而采取的运动。按照 2001 年“布达佩斯开放存取协议”的说法，“对某文献的‘开放存取’，即意味着它在 Internet 公共领域里可以免费获取，并允许任何用户阅读、下载、复制、传递、打印、搜索、超链接该文献，也允许用户将其通览并为之建立索引，用作软件载入数据或其他任何合法用途”[⑤]。在开放存取运动中，文献作者或著作权人授权用户免费使用的是学术文献，且以教学、研究、学习为目的。该运动在互联网空间搭建了一个“知识共有”的平台，促进了学术文献的交流和传播，是有别于传统著作权制度的知识利用模式。“知识共享许可”（creative commons license）也是针对现行著作权制度而创制的，是以“反版权”为思想基础的开源软件许可证由软件产业向其他文化产业的延伸。由“知识共享组

① 参见［澳］彼得·达沃豪斯、约翰·布雷斯韦特：《信息封建主义》，刘雪涛译，192 页，北京，知识产权出版社，2005。

② 冯晓青：《著作权法中的公共领域理论》，载《湘潭大学学报（哲学社会科学版）》，2006（1）。

③ See Henry C. Mitchell，The Intellectual Commons：Toward an Ecology of Intellectual Property，Maryland Lexington Books 2005，pp. 67 - 173.

④ 在贝克风险社会理论中，以“社会理性拥护者”为基础的全球“亚政治”，是指“外在于并超越国家—政府政治体制的代表性制度的政治”，是应对风险社会的“知识行动”。参见［德］乌尔里希·贝克：《世界风险社会》，吴英姿译，50 页，南京，南京大学出版社，2004。

⑤ 刘海霞等：《开放存取研究进度述评》，载《图书与情报》，2006（1）。

织”于2001年成立的这种著作权许可方式，其对象包括所有著作权法所保护的作品，著作权人可选择某一许可方式授权他人使用其作品，被许可人必须接受该许可方式所设定的限制条件。可以认为，开放存取运动与知识共享协议“是对传统的著作权授权许可方式的革新，它为作品的自由、广泛传播以及作品的再创作提供了一个崭新的机制”①。

(4) 知识创新奖励制度。专利制度的弊端是风险社会知识产权“制度化风险”的典型表现。针对“专利质量降低、专利诉讼爆炸、专利灌木丛、专利竞赛”等制度缺陷，人们也在寻求制度补充的风险治理机制。对知识创新的激励与保护，专利法是主要但并非唯一的法律形式，其辅助机制即创新奖励机制有两种类型可作选择：一是与专利制度相衔接的“专利奖赏制度”。在专利奖赏制度下，由国家向专利人支付相当于社会价值的金钱补偿后，其发明专利归国家所有，进入公有领域。② 这一制度主要适用于独占权保护有可能产生重大社会影响的技术领域，如事关公共健康的制药领域、专利过于密集以致影响技术创新的特殊领域等。二是与专利制度相并行的“发明奖励制度”。发明奖励制度即是通过对科技成果的社会效益或经济效益进行评价，由国家给予精神和物质上的奖励，其发明成果所有权名义上属于国家，但实际上任何人可以无偿使用。这种非市场机制的奖励制度也是对专利制度的补充。

知识产权的法律之光，当为保护私人知识财产的智慧之光，更是维护社会知识进步的理性之光。探讨知识产权制度的修订与完善、补充与替代，是国际知识产权界共同面临的时代问题。这不仅是应对知识产权制度危机的风险控制举措，也是实现知识产权制度价值目标的法律变革路径。

---

① 杨红军：《版权许可制度论》，中南财经政法大学2007年博士学位论文。

② 参见刘友华：《专利制度的未来模式：替代、革新抑或全球化》，载《华南师范大学学报（社会科学版）》，2011 (4)。

法哲学家对知识产权法的哲学解读*

从知识财富到知识产权，不仅是一个制度设计与规范适用的法律问题，而且是一个具有深刻理论内涵的学理问题。诸如知识成为财产权对象的依据、知识财富占有状态与权利形式、知识产权制度的社会功用及目标等，无一不是知识产权法哲学理论研究的对象。在这一领域，近现代的思想家们都提出了自己的财产权理论，为知识产权制度构建了相应的学理基础。笔者曾对经济学家关于知识产权制度的经济学分析作出评介，包括洛克、斯密的“劳动价值”理论，萨伊的“无形产品”理论，麦克劳德、凡勃伦的“无形财产”理论，以及考特、尤伦的“知识产品”理论等。[①] 本文论及的主要是法哲学家对知识产权的哲学分析，希冀为我们研究知识产权制度一般性问题提供一种新的解读方式。

一

（一）卢梭的“社会公意”理论

卢梭是18世纪法国卓越的启蒙思想家。《社会契约论》作为世界思想史上的重要经典文献，在政治上，为法国资产阶级民主革命提供了理论纲领；在私

---

* 原载《法商研究》，2003（5）。

① 参见吴汉东：《科技、经济、法律协调机制中的知识产权法》，载《法学研究》，2001（6）。

法上，则为新兴资本主义的财产权制度构筑了哲学基础。

卢梭的财产观不同于以往的“财产自然权利”学说。以洛克为代表的传统财产权理论可以分解为“先占、需求和劳动”三个要素：“首先，这块土地还不曾有人居住；其次，人们只能占有为维持自己的生存所必需的数量；第三，人们之占有这块土地不能凭一种空洞的仪式，而是要凭劳动与耕耘，这是在缺乏法理根据时，所有权能受到别人尊重的唯一标志。”① 卢梭对这种财产权理论进行了批评，在他看来，三要素的满足只是占有事实的成立，而不足以表明财产权的成立。在这种批判的基础上，卢梭提出了以社会契约为基础、以社会公意为依据的新的财产观。按照自然法的原则，人们要在完全平等的基础上自愿结合，通过社会契约建立国家，制定法律以便保护每个人的天赋权利，包括自由、生命与财产。他具体描述了人类形成社会契约进入国家状态后的财产制度：“人类由于社会契约而丧失的，乃是他的天然的自由以及对于他所企图的和所能得到的一切东西的那种无限权利；而他所获得的，乃是社会的自由以及对于他所享有的一切东西的所有权。”② 在这里，卢梭对自然状态下的自由和权利与社会契约下的自由和权利作了严格的区分。在卢梭的理论视野中，前者仅作为一种事实状况而存在，后者才是一种受到保护的法律利益。概言之，自然状态下对物的控制、支配的事实，是无“权利”可言的。卢梭的财产观的核心是“社会公意”理论。他首先对“公意”与“众意”作出区分：“公意只着眼于公共的利益，而众意则着眼于私人的利益，众意只是个别意志的总和。但是，除掉这些个别意志间正负相抵消的部分而外，则剩下的总和仍然是公意。”③ 按照他的说法，公意就是公民多数的意思，因为他们为了自身的利益，总要考虑到社会多数人的利益。关于公意与法律的关系，卢梭提出了自己的见解：法律是由国家主权者制定的，由于主权属于人民，因而法律乃是公意的行为，是主权者的行为和“我们自己意志的记录”④。简言之，法律体现的主权者（人民）意志就是公意。在这里，卢梭将财产权的依据归结为社会公意。他

① ［法］卢梭：《社会契约论》，何兆武译，32 页，北京，商务印书馆，1982。
② ［法］卢梭：《社会契约论》，何兆武译，30 页，北京，商务印书馆，1982。
③ ［法］卢梭：《社会契约论》，何兆武译，39 页，北京，商务印书馆，1982。
④ ［法］卢梭：《社会契约论》，何兆武译，51 页，北京，商务印书馆，1982。

说："我们必须很好地区别仅仅以个人的力量为其界限的自然的自由，与被公意所约束着的社会的自由；并区别仅仅是由于强力的结果或者是最先占有权而形成的享有权，与只能是根据正式的权利而奠定的所有权。"[①] 十分明显，财产的自然占有状况，只是享有权，它以个人强力或先占为依据。只是在进入国家状态之后，由于体现社会公意的法律所作用的结果，才使得对物的占有事实成为正式的财产权利即所有权。由此可见，关于财产权成立的依据，卢梭的解释较之于他的前人更进了一步。

卢梭的理论贡献还在于他关于财产权的正义理念。这主要体现在三个方面：(1) 财产权利义务的对等。卢梭主张正义和财产权的概念同时产生，把正义和财产权联结在一起，其意义在于创立一种规范，即在社会的范围尊重他人财产权的习俗。在他看来，所有权一经确定，就使财产成为真正的权利，也同时产生对个人的限制。每个人都天然有权取得为自己所必需的一切。"他的那份一经确定，他就应该以此为限，并且对集体不能再有任何更多的权利。"[②] "人们尊重这种权利的，更多的倒是并不属于自己所有的东西，而是属于别人所有的东西。"[③] 在卢梭的哲学观念中，财产权受到尊重与保护的社会秩序是符合正义法则的，这种正义的法则需由人人遵守，"需要有约定和法律把权利义务结合在一起，并使正义能符合于它的目的"[④]。(2) 财产权利的平等。在卢梭的财产理论中，平等这个名词绝不是指财富的程度应该绝对相等。他并非要绝对破除现有的个人所有制，因为那是不可能的，而是试图将它限制在最狭隘的界限之内，给它一种措施、一种规矩、一种羁绊，并使它始终服从于公共的幸福。[⑤] 卢梭进一步指出，财产权制度是以社会契约为基础的，"它是公平约定，因为它对一切人都是共同的……社会契约在公民之间确立了这样的一种平等，以致他们大家全都遵守同样的条件并且全部应该享有同样的权利。于是由于公约的性质，主权的一切行为——也就是说，一切真正属于公意的行

① ［法］卢梭：《社会契约论》，何兆武译，30页，北京，商务印书馆，1982。
② ［法］卢梭：《社会契约论》，何兆武译，31页，北京，商务印书馆，1982。
③ ［法］卢梭：《社会契约论》，何兆武译，32页，北京，商务印书馆，1982。
④ ［法］卢梭：《社会契约论》，何兆武译，49页，北京，商务印书馆，1982。
⑤ 参见［法］卢梭：《社会契约论》，何兆武译，60～70页，北京，商务印书馆，1982。

为——就都同等地约束着或照顾着全体公民”[①]。在这里，财产权的平等应理解为财产者地位的平等、财产权保护的平等。（3）财产权制度的目标。“共同利益”“公共幸福”，是卢梭在他的财产“社会公意”理论中反复强调的一个思想。财产权的依据来自公意，人民的意志得以公意化与其说是投票表决的结果，倒不如说是“人的结合在一起的共同利益”，“因为在这一制度中，都必然地要服从他所加之于别人的条件”[②]。卢梭由此得出结论：“公意必须从全体出发，才能对全体都适用；并且，当它倾向于某种个别的、特定的目标时，它就会丧失它的天然的公正性。”[③]“实际上由社会公约而得出的第一条法律，也是唯一真正根本的法律，就是每个人在一切事物上都应该以全体的最大幸福为依归。”[④]

综上所述，卢梭在《社会契约论》一书中所阐发的财产权思想虽多是以土地为例，但亦可用作说明知识产权制度。卢梭关于财产权基础的社会契约论，对近代社会的“专利契约”理论有很大的影响。西方学者将信息公开与权利专有的现象解释为契约对价关系，其思想观点导源于此。卢梭关于财产权依据的社会公意观，分析了公意、法律与财产之间的关系，对财产权制度的说明较之前人有更多的合理性。这有助于我们理解知识占有的自然状态与知识权利的法律状态之间的区别。卢梭关于财产权的正义观，更是不乏真理的见解。诸如知识产权的保护与限制、知识信息的传播与权利利用、知识产权制度的公共利益原则等，都可以从这里寻求哲学上的理论支持。

（二）康德的“自由意志”理论

18 世纪德国著名哲学家、自由主义法学思想的代表人物康德，从人及人性出发，探讨人的自由意志与天赋权利，并在此基础上论述了权利的意志内容与权利的效力依据。

康德在《法的形而上学原理》一书中阐述了他的财产“自由意志”理论：（1）所有权概念与占有事实。康德将占有分为两种形态，“即作为感性的占有

---

① ［法］卢梭：《社会契约论》，何兆武译，44 页，北京，商务印书馆，1982。

② ［法］卢梭：《社会契约论》，何兆武译，43 页，北京，商务印书馆，1982。

③ ［法］卢梭：《社会契约论》，何兆武译，42 页，北京，商务印书馆，1982。

④ ［法］卢梭：《社会契约论》，何兆武译，43 页，北京，商务印书馆，1982。

（可以由感官领悟的占有）和理性的占有（可以由理智来领悟的占有）。同一个事物，对于前者，可以理解为实物的占有；对于后者，则可以理解为对同一对象的纯粹法律的占有”①。在他看来，单纯是感官的占有，尚不足以称为所有权意义上的“我的”。只有在不以肢体或个人力量来实现对物的占有，而是在观念上将某物视为“我的”情况下，并且在物与人的事实分离也亦不能改变人与物的关系的情况下，才能称为所有权。（2）所有权目的与自由意志。康德认为，为了所有权的目的，主体必须将某物作为一个对象来占有，即将该物视为己有，这个属于所有人意志选择的外在对象，“其本身在客观上必须是没有一位主人的（作为无主物）”②。“我通过正式的表示，宣布我占有某个对象，并用我自由意志的行动，去阻止任何人把它当作他自己的东西来使用。”③ 可以认为，某物要成为权利上“我的”所有物，主体须在主观意志上有将该物作为自己独占物的要求；同时，某物要作为“我的”财产而不受他人侵犯时，主体须是该物真正的占有者或所有者。（3）所有权内容与共同意志。康德提出“外在获得”（所有权取得）的原则：“无论是什么东西，只要我根据外在自由法则把该物置于我的强力之下，并把它作为我自由意志活动的对象，我有能力依照实践理论的公设去使用它，而且，我依照可能联合起来的共同意志的观念，决意把一物变成我的，那么，此物就是我的。”④ 由此，康德得出结论：所有权包含着双重意志内容——个人意志的占有和共同意志的占有。当一个人并不直接占有、控制某物却还能够反对他人对该物的占有、控制的时候，这是由于共同意志在发挥作用。所有权的真正奥秘不在于物主对物的自由支配，而是物主在自由支配物时所具有的不可侵犯性。共同意志即是全体社会成员对物主占有、控制某物的行为所持的共识、共认的观念，依康德的说法，“占为己用，

① [德] 康德：《法的形而上学原理——权利的科学》，沈叔平译，54～55页，北京，商务印书馆，1991。

② [德] 康德：《法的形而上学原理——权利的科学》，沈叔平译，55页，北京，商务印书馆，1991。

③ [德] 康德：《法的形而上学原理——权利的科学》，沈叔平译，57页，北京，商务印书馆，1991。

④ [德] 康德：《法的形而上学原理——权利的科学》，沈叔平译，72页，北京，商务印书馆，1991。

在观念上，作为一种外在立法的共同意志的行为，根据这种行为，所有的人都有责任尊重我的意志并在行动上和我意志的行为相协调”[1]。（4）所有权效力与体现共同意志的普遍法则。康德分析了物主存在的两种意志内容：一是通过言行宣布某种外在的东西是“我的”，其他人有责任不得动用物主对其行使了意志的特定对象；二是包含着物主作出承诺即不侵犯其他人占有的外在的属于他人的对象。这种互不侵犯属于他人的东西的保证，是从体现共同意志的普遍法则中产生出来的。“所以，只有那种公共的、集体的和权威的意志才能约束每一个人，因为它能够为所有人提供安全的保证。当人们生活在一种普遍的外在的以及公共立法状态之下，而且还存在权威和武力，这样的状态便称为文明状态。”[2] 可见，所有权只有在法律状态或文明社会中才有可能。

康德的财产“自由意志”理论，是以有形物与所有权为研究对象的，但其关于自由意志与财产权利的学说，为现代知识财产及其权利制度的确立提供了有力的哲学理论依据。据此，我们不难得出以下结论：由于知识产品的非物质性特征，知识产权客体本身不可自然占有，但并不妨碍主体对这一客体“纯粹法律的占有”；知识产品是创造者意志选择的“外在对象”，创造者是这一客体的占有者或所有者，有权将其作为“我的”财产而不受他人干扰；知识产品成为知识财产，并非取决于创造者对其自由支配，而在于全体社会成员对这种知识财产状态予以承认的“共同意志”；知识作为财产权对象，是经济发展与社会进步的结果。由于知识产品容易逸出创造者的控制，因而知识产权有赖于国家法律的特别保护。

（三）黑格尔的“财产人格”理论

黑格尔是继康德之后又一位伟大的哲学家与唯心主义法学的代表。在《法哲学原理》一书中，黑格尔将他的私法思想，构筑在“意志—人格—财产”的基本范畴上，并包装在一种十分复杂的哲学语言之中。

黑格尔认为，法的本质是意志自由和权利，而意志自由的直接定在和权利

---

① ［德］康德：《法的形而上学原理——权利的科学》，沈叔平译，72 页，北京，商务印书馆，1991。

② ［德］康德：《法的形而上学原理——权利的科学》，沈叔平译，68 页，北京，商务印书馆，1991。

的直接内容是作为自然界的物。按照黑格尔的说法，构成法的意志，一开始仅仅是抽象的或一般的意志，当它自己发展成为实在意志时，“意志就成为单一的意志——人（person）”①。这里指的是各个具体的人。人与人的关系实质上是意志与意志的关系。黑格尔进一步指出，人的本质是人格，而人格就是意志的自由。他强调意志自由的重要性，即“人可以丧失他的生命，但是不能丧失他的自由”②；同时也指出意志自由的限定性，即人格的意义在于每个特定的人都要受到法的规定和限制。③ 在“意志—人格”的理论基础上，黑格尔提出具有工具主义特性的财产观，以此作为实现自由意志的定在和抽象人格具有客观性的基本形式。所有权理论是黑格尔财产观的精粹所在。关于所有权的概念，他作了两点说明：其一，所有权是自由意志的体现。根据黑格尔的标准说法：“人把他的意志体现于物内，这就是所有权的概念。”④ 从这一理论出发，人就是自由意志，而自由意志是无限的，对于一切事物（即客体）来说是绝对的。因此，所有的物都可以变成为人所有。每一个人都有权将其意志变成物，或者将物变成他的意志。按照黑格尔的理论，我们可以认为，诸如技能、知识、艺术发明等精神产品，在创造者自由意志的支配下，也可以扬弃而成为私人财产。在自由意志的作用下，不仅是实在物，而且包括非物质性的精神产品，都可以变为属于自己的东西。这就为“精神所有权”制度提供了哲学依据。其二，所有权是单个人格的发展。黑格尔在表述所有权的合理性时说道：“所有权所以合乎理性不在于满足需要，而在于扬弃人格的纯粹主观性。人唯有在所有权中才是作为理性而存在的。”⑤ 在黑格尔的哲学世界里，意志的任务是要取得绝对自由。最初阶段的意志是作为人格的自身意识，并寻求置自身于外部世界，即人格需要在世界上获得某些具体的存在形式。因此，所有权的设定，首要的不是满足个人的需要和欲望，而是归结为人格的存在和发展。从一定意义上说，人格就是财产的人格，或者说具象的财产就是抽象的人格；人

① ［德］黑格尔：《法哲学原理》，范扬、张企泰译，45页，北京，商务印书馆，1961。
② ［德］黑格尔：《法哲学原理》，范扬、张企泰译，203页，北京，商务印书馆，1961。
③ 参见［德］黑格尔：《法哲学原理》，范扬、张企泰译，45页，北京，商务印书馆，1961。
④ ［德］黑格尔：《法哲学原理》，范扬、张企泰译，59页，北京，商务印书馆，1961。
⑤ ［德］黑格尔：《法哲学原理》，范扬、张企泰译，50页，北京，商务印书馆，1961。

的人格、理性，只有在财产中才能体现。根据这一理论，我们可以进而言之，精神产品是人类智力劳动的创造物，与特定主体的人格相联系。“精神所有权”使得创造者的人格在知识财产的实现过程中得以存在和发展。十分明显，黑格尔的哲学思想包含有对知识产权合理性的解释。

黑格尔从“财产人格”理论出发，在所有权的框架内，还具体阐述了精神所有权转让及保护的有关问题：(1) 精神所有权转让的条件。虽然人身和人的精神不可转让，但与其密切相关的某些东西可以转让。黑格尔对此设置了转让条件，即限于精神能力及其产品的部分转让。黑格尔强调一个人可以把身体和精神的特殊技能以及活动能力的个别产品转让给他人，也可以把这种能力通过一定时间的使用转让给他人。在这种情况下，转让的是精神能力的有限定的一部分，它同人的整体性和普遍性保持着外在联系，从而不是对人的实体性即整个人格、理智的转让。① 在这里，黑格尔的本意是分析奴隶与雇佣劳动者的区别，不过，在蕴含人格的财产可以自由让渡的情况下，他强调主体保留独立的人格即人的普遍性是有积极意义的。推而广之，这一理论也是适用于精神财产转让的。知识产权制度允许某一精神产品的全部权利转让，但并不主张其全部知识产品（包括未来创造的产品）的全部权利转让，其立法规定不仅具有保护创造者的财产利益的目的，而且具有维系其人格独立的功能。(2) 精神所有权转让的对象。财产是意志的产物，可以通过一定的意志行为放弃或让渡，但这种东西必须是可以外化的。黑格尔指出：“精神产品的独特性，依其表现的方式和方法，可以直接转变为物的外在性。”② 在这里，黑格尔的哲学理论已注意到精神产品的非物质性与可再现性的基本特征，并涉及精神产品本身及其物化载体的问题。黑格尔在不同场合所强调的“外部的定在”“物的外在性”等，无一不是精神产品可再现性及物化载体的哲学语言表述。按照黑格尔的说法，精神产品分为以下主要类别：一是艺术作品，即把外界材料制成描绘思想的形式。二是著作品，就其成为外在物的形式而言，与技术装置的发明一样，属于一种机械方法（书写、印刷、装订等）。三是发明技术装置，即采取机械装置

① 参见［德］黑格尔：《法哲学原理》，范扬、张企泰译，75页，北京，商务印书馆，1961。
② ［德］黑格尔：《法哲学原理》，范扬、张企泰译，76页，北京，商务印书馆，1961。

的方式来表达发明技术的思想。四是处于艺术作品或工匠产品这两极之间的各种不同阶段的精神产品，如工业品外观设计等。[①]（3）精神所有权受让者的权利。受让者享有的权利依各类精神产品的特性不同，特别是与转让者的意志相关。黑格尔将其分为两种情况：一是受让者成为控制精神产品的新所有人，即可以“将其中所展示的思想和包含的技术上的发明变成自己的东西”，同时“占有了就这样表达自己和复制该物的普遍方式和方法”[②]。二是精神产品的创造者“坚持自己仍是复制这种作品或物品的普遍方式和方法的所有人”。在这种情况下，受让者只是这个单一物的完全、自由的所有人，有权将取得物作为样品来完全地使用其价值，但不能侵犯原所有人依法所保留的特有权利。[③]（4）精神所有权的保护。黑格尔认为“促进科学和艺术的纯粹消极但又是首要的方法，是保证从事此业的人免遭盗窃，并对他们的所有权加以保护”[④]。黑格尔继而就著作权作品描述了复述与剽窃的界限。他认为：“精神产品旨在使人得到理解，并掌握它而化为己有”[⑤]。通常，科学、知识的传播，大抵是复述既存的思想。这种复述所采取的形式达到何种程度，可以变成一种可转让的物品，即变成他的所有权？或是这种复述的形式达到何种程度可以认定为一种剽窃？黑格尔感到对这些问题很难作出精确的规定。但是，黑格尔认为，对他人创作物仅在形式上作某些变更或者作点无关紧要的修改，不过是“对他人的所有物打上了多少表面上是自己的东西的印记”[⑥]。

（四）扎霍斯（Peter Drahos）的“抽象物”理论

澳大利亚学者扎霍斯所著的《知识产权哲学》是当代知识产权学界的一部重要著作。作者运用分析哲学的工具，以财产制度的产生、发展及相关理论为线索，重点考察知识财产作为“抽象物”（abstract objects）的特点及在抽象物上设立知识产权的一般情况，从而提出了有别于传统财产观点的特殊的知识

① 参见［德］黑格尔：《法哲学原理》，范扬、张企泰译，76页，北京，商务印书馆，1961。
② ［德］黑格尔：《法哲学原理》，范扬、张企泰译，76页，北京，商务印书馆，1961。
③ 参见［德］黑格尔：《法哲学原理》，范扬、张企泰译，76页，北京，商务印书馆，1961。
④ ［德］黑格尔：《法哲学原理》，范扬、张企泰译，76页，北京，商务印书馆，1961。
⑤ ［德］黑格尔：《法哲学原理》，范扬、张企泰译，77页，北京，商务印书馆，1961。
⑥ ［德］黑格尔：《法哲学原理》，范扬、张企泰译，78页，北京，商务印书馆，1961。

产权理论，为我们在该学科外部认识知识产权法的规律与规则提供了一种新的哲学思路。

扎霍斯的“抽象物”理论主要包括以下内容：（1）“抽象物”与罗马法上的“无体物”。抽象物是扎霍斯在知识产权哲学研究中经常使用的一个基本范畴。它“依赖于人类精神生活而存在，是由人类思想添附于有形世界之上而产生的物”。它不具有真实形体而是抽象存在的物。[①] 从形而上学的观点来看，抽象物是一个存在的假设范畴。但社会现实需要承认抽象物的存在，当财产扩展至抽象物之时，基于该物产生了人与人之间的利益关系。“就知识产权而论，所论及之物乃是抽象物。如我们所知，抽象物并不存在，或者我们可以宣称它不存在。知识产权中的抽象物采取了一种法律虚拟的形式”[②]。按照扎霍斯的说法，财产的有形与无形之分，这种区别不是缘于权利的本身，而是由于权利所指向之客体的性质不同而产生。知识产权被归类于无形财产权。“法律假定在某些抽象物中存在着权利。盘尼西林的分子式和化学结构即是抽象物的例证，许多人需要、使用并依赖于这些物”，由此产生了基于抽象物而形成一种新的财产权利形式。[③]这即是与传统财产所有权有别的知识产权。根据扎霍斯的考证，抽象物的说法导源于罗马法上的“无体物”（incorporeal things），也即是“不可触及的物体”（intangible objects）。在古典哲学思想中，无体物的概念范畴可以追溯到斯多噶学派。[④]同为人的精神的拟制物，罗马法上的无体物专指作为制度产品的财产权利（除所有权以外），而扎霍斯的抽象物乃是作为知识产品的精神构思，即是中介知识产权关系的材料。[⑤]（2）抽象物与有体物（有形财产）的关系。在罗马法中，无体物本为人们主观拟制之物，但在其

① See Peter Drahos，A Philosophy of Intellectual Property，Dartmouth Publishing Company Limited，1996，p. 17.

② Peter Drahos，A Philosophy of Intellectual Property，Dartmouth Publishing Company Limited，1996，p. 16.

③ See Peter Drahos，A Philosophy of Intellectual Property，Dartmouth Publishing Company Limited，1996，p. 1.

④ See Peter Drahos，A Philosophy of Intellectual Property，Dartmouth Publishing Company Limited，1996，pp. 16 – 17.

⑤ See Peter Drahos，A Philosophy of Intellectual Property，Dartmouth Publishing Company Limited，1996，pp. 17 – 25.

物质化财产体系中，这种抽象实体也采取了真实实体的解释与说明，即无体物是以实在之物为对象的财产权，无体物是与有体物相关的抽象物。扎霍斯将这一现象称为“似物性”（thing likeness），即无体物与实体物和物质化财产的相似性和关联性。作为知识产品的抽象物也与有形财产物具有紧密联系，扎霍斯作了两点分析：第一，抽象物并不存在于有形世界，但通过表达而获得其有形性。这是抽象物的形而上的重要特征。扎霍斯说道，在一个人主张其享有某一知识产权时，须对权利的客体作具体的说明。说明的方法可以是正式手续（如专利登记），也可以是非正式的（如商业秘密）。这种说明的结果是，通过实际表达形式，产生了一个有着外在形式的实体。“一个可被表达之物乃是抽象之物”，实际表达之物乃是有体之物。[①] 第二，抽象物通过相关有体物的控制而具有财产意义。非物质性的抽象物须有客观表现形式，这不仅是该物获得法律保护的条件，也是智力劳动者实现抽象物之财产利益的途径。扎霍斯认为，艺术家、作家和发明家为了生存须将这种无形财产转化为有形财产。“一旦无体物之中的财产权利被法律所承认，在有体物世界里规制物化财产关系的意义将更为重要。”[②] 其意义表现在：抽象物是获取无限种类和数量的有体物之源泉，这些均可以为财产所有人所享有；抽象物是控制再现其本身之有体物的途径，专有权利的授予即可实现这种控制。（3）抽象物与知识产权制度。知识产权是基于抽象物而产生的一种具有独占性质的财产权。扎霍斯通过对近代英国法的分析，阐述了知识产权制度存在的正当性理由。他写道，个人须通过劳动方能生存。发明者、作者与其他人一样并有权获得报酬。但这种报酬仅仅是一个暂时的特许权，超出这一范围的利益即构成对他人劳动的侵犯并违反这个国家的基本法律。换言之，一个发明者或一个作者只能期待某种高于其他人的暂时优势，这一优势的性质乃是一种特许权。

扎霍斯提出，绝不能超越这一特许权。因为它可能产生如下后果：一是危及他人自由。允许私人在抽象物上设定独占权利，会形成特定社会中一种“人

---

① See Peter Drahos，A Philosophy of Intellectual Property，Dartmouth Publishing Company Limited，1996，p. 17.

② Peter Drahos，A Philosophy of Intellectual Property，Dartmouth Publishing Company Limited，1996，p. 22.

的依赖关系”（person-dependent relationship）[①]。扎霍斯分析说，当个人独占力量增长时，便会影响他人的消极性自由，即不受干预的权利面临危险。他举例说，农夫需要种子来种植稻谷，倘若这些种子系为获得专利权或植物品种权的抽象物，农夫欲采用这种种子就得事先征得该抽象物所有人的同意。这样就在物质依赖关系之上添加了一层人身依赖关系。为此，扎霍斯对在抽象物与财产权之间所建立的法律机制感到忧虑。倘若市民社会对独占权利进行无限制的追逐，抽象物利用中所隐含的人身依赖关系就会产生一种危险，即这种财产权制度在社会共同体中不是促进自由，而是限制自由。在这个意义上，扎霍斯得出结论：“知识产权是一种有碍自由的特许权。”[②] 二是威胁分配正义。知识产权的独占性，不仅使得抽象物所有人控制无数个重现同一抽象物的有体物成为可能，而且促使抽象物的所有人去控制更多的抽象物成为可能，这两种情况可能导致少数人会利用抽象物的财产权机制去获得那些被社会所普遍依赖的资源。扎霍斯认为，从分配正义的观点看，独占权利的范围应予以限制。[③] 关于权利扩张造成社会分配的不均衡，是扎霍斯基于现代社会经济分析而得出的一个经验性结论。在他看来，在一些科技领域，拥有某些抽象物需要有高水平的科技能力和大规模的资金投入。当这些抽象物是为社会所普遍依赖的重要资源时，该类抽象物所有人即意味着拥有巨大的“威胁权力”（threat power）。建立在抽象物独占基础上的“威胁权力”，是一种有着法律后盾的权力形式。当社会在抽象物上创制了财产权利，即可能面临这样一种情景：大量的“威胁权力”集中在少数人手中。[④]扎霍斯的基本看法是，抽象物上的独占权利增强了个人力量的派别倾向和危险程度，因此有理由对这些权利的范围加以严格限

---

① Peter Drahos，A Philosophy of Intellectual Property，Dartmouth Publishing Company Limited，1996，pp. 32 - 33.

② Peter Drahos，A Philosophy of Intellectual Property，Dartmouth Publishing Company Limited，1996，p. 5.

③ See Peter Drahos，A Philosophy of Intellectual Property，Dartmouth Publishing Company Limited，1996，p. 5

④ See Peter Drahos，A Philosophy of Intellectual Property，Dartmouth Publishing Company Limited，1996，pp. 161 - 163.

制，或者将其中的一些加以废除。①

综上所述，扎霍斯关于"抽象物"的哲学理论，为我们认识知识产权客体的基本属性、分析无形财产与有形财产的关联性、探讨知识产权制度的社会功用，提供了新的视角。正如他本人所言，在该书中"不存在为私人财产寻求正当理由的努力"，而是强调知识产权可能产生"威胁权力"、造成分配不均衡的"危险"②。当然，这些并不能作为否认知识产权制度存在的理由，扎霍斯无意于此。但是，通过上述分析，我们有必要对知识产权保护现状进行反思，进而确立知识产权法的平衡精神与公益目标。这无疑是扎霍斯的哲学思想带来的有益启示。

二

近现代的思想家们将知识产权制度构筑在形而上学的哲学世界里。形而上学作为一种哲学分析工具，是以超出经验、感觉范围以外的事物本质、来源问题为研究对象的。与经济学家关于"成本—效益"的实证研究不同，哲学家以抽象思辨的方法回答了知识产权制度的一般性问题。

第一，关于知识财产的无形性特征。法律对知识财产的确认，标志着财产观从具体到抽象的转变。人们不再将财产的范围局限于有体物，而是扩大到为数众多的不具备外在形体的财产，这即是财产的抽象化与非物质化。关于财产的非物质化，早在洛克时期就受到了充分的关注。洛克在其《政府论》一书中，曾在多种含义上表达"财产"的概念：狭义的财产指个人所拥有的物质财产，一般用"possessions"、"estates"、"fortunes"和"goods"来表达；而广义的财产则称为"property"，它不仅指物质财产，也包括人的身心、生命和自由，甚至包括人的劳动及行为规范。它是个人拥有的总和，包括身心和物质

---

① See Peter Drahos, A Philosophy of Intellectual Property, Dartmouth Publishing Company Limited, 1996, p. 5.

② Peter Drahos, A Philosophy of Intellectual Property, Dartmouth Publishing Company Limited, 1996, pp. 75 - 82.

两个方面的内容以及有形和无形的两种形态。[①] 而在康德与黑格尔两位德国哲学家那里，财产权与意志、人格有关，物的占有不过是自由意志外化的结果。这一说法极为接近知识财产即抽象财产的认识。康德关于知识产权的简短论述主要涉及著作权作品。他强调作品是作者的思想和人格的表现，保护知识财产的权利也就是保护作者人格的权利。[②] 从某种程度上讲，作品不是任意的一种商品，而是一个人即作者的延伸，作品是人格的反映。[③] 在这里，康德将体现作者人格的智力成果与传统的有形财产作出了区分。黑格尔注意到物化载体与知识产品的差别，将后者称为"通过精神的中介而变成的物"，包括精神技能、科学知识、艺术以及发明等。[④] 此类精神产物需要给予它们外部的"定在"，才能为其他人所认识并成为交易的对象。所以它们不是自始就是直接的东西，只是通过精神的中介把内在的东西降格为直接性和外在物，才成为直接的东西。诚然，现代学者扎霍斯关于"抽象物"的理论概括更具有现代法气息。抽象物是一个存在的假设范畴，或者说是人们主观拟制之物。这一基本范畴导源于罗马法上的无体物，但扎霍斯赋予其有别于制度产品的新的含义，即抽象物是知识产品，是"中介知识产权关系的材料"。哲学家们注意到财产形态的变化，并将财产的范围延伸到一切可以利用的物质与非物质对象。但是应该指出，将一切利益、机会、资格等财产化、商品化，将社会权利、人身权等同于财产权利，是不合适的，过于宽泛的财产观有可能动摇非物质性财产权制度的科学基础。总之，我们可以将知识财产理解为非物质性财产，但对非物质性财产的范围应有严格的界定。

第二，关于知识产权的合理性。知识产权制度的建立，从其社会动因来说，是科学技术与商品经济发展的结果；从制度构建来说，是法律革命与创新的产物。关于知识产权制度的合理性，思想家们作出了不同的解释。在经济学范畴里，从洛克、斯密到马克思都建立了自己的"劳动价值学说"。虽然在他

---

① 参见梅雪芹：《关于约翰·洛克"财产"概念的一点看法》，载，《世界历史》，1994（6）。

② 参见曲三强：《传统财产理论与知识产权观念》，载中国高校知识产权研究会编：《知识产权研究》，103页，西安，西安交通大学出版社，2002。

③ 参见刘春田、刘波林：《著作权的若干理论问题》，载《法律学习与研究》，1987（2）。

④ 参见［德］黑格尔：《法哲学原理》，范扬、张企泰译，51页，北京，商务印书馆，1961。

们的著述里，研究对象涉及的主要是物质生产与有形商品，但这一学说在论证知识产权的本源性与合理性方面却有着特别的理论魅力。而在法哲学领域里，“社会公意”理论与“财产人格”理论则为我们探讨知识产权制度的合理性展现了另外的视角。卢梭将财产权的依据归结为体现主权者（人民）意志的公意。法律是社会公意的记录，正义是财产权利的法则。从卢梭的“社会公意”理论，我们可以找到知识产权制度合理性的一种说法，即实现了权利垄断与知识公开的契约对价关系。按照西方国家一些学者的说法，知识产权制度产生的社会条件是：知识产权所有人将自己的作品、发明公布出来，使公众了解到其中的专门知识；而公众则承认知识产品的所有人在一定时期内享有其中的专门知识。这就是以国家面貌出现的社会与知识产品所有人之间签订的一项特殊契约。① 只有这样，每个人才能享受到更多的财富和更大的安全。哲学家把经过协商最终达成的合意称为“社会契约”，因为它建立起社会生活的基本条款。② 黑格尔的“财产人格”理论则与洛克的“劳动价值”理论相映成趣。这是因为，知识产权的合理性无论从“人格”方面还是“劳动”方面解说，在道德上都是可以接受的。在哲学基本范畴中，人格喻义为“自我”“唯一的存在”。人格就是人的资格，人的资格应该是人的个体实践自己意志的资格。法律上的主体之所以为主体，是因为有人格，但说到底是因为有意志。从法哲学的理论意义上说，人格其实是意志的法律身份，其本质在于它是意志的存在资格。③ 黑格尔正是在这种“意志—人格”（人格就是意志的自由）的形而上学体系中，描述了他的财产观。扎霍斯在他的《知识产权哲学》一书中写道：黑格尔强调自由意志主要是通过私人财产所有权来表现的。“实现绝对自由是意志的任务……意志的任务需要好几个阶段才能完成……最初的阶段意志即以人格的形式出现……人格须在世上取得某种更为具体的存在形式……这个具体的形式通过物的使用而产生了”，“物的范畴中包括智力上的资源、学识和艺术技巧”，

① 参见［苏］E. A. 鲍加特赫等：《资本主义国家和发展中国家的专利法》，载中国科学技术情报所专利馆编：《国外专利法介绍》，第1册，12页，北京，知识出版社，1986。

② 参见［美］罗伯特·考特、托马斯·尤伦：《法和经济学》，张军等译，132页，上海，上海三联书店，1994。

③ 参见李锡鹤：《民法哲学论稿》，22页，上海，复旦大学出版社，2000。

上述智力构思“一旦外化，便成为可在法律上占有的物”[1]。黑格尔的上述说法被认为是支持财产权（包括知识产权）存在的观点。在上述复杂的哲学语言中，黑格尔表达了一个简单的含义：财产权对个人的生存是必不可少的。进而言之，在知识产品中分清“你的”和“我的”这一财产权，不仅是人格为了在世上作为意志自由的个人实体或特性而需作出的一种区分，而且也是个人为了在世界上生存而需要的一种制度形式。黑格尔的人格理论不仅是佐证精神所有权合理性的一种学说观点，而且对近代欧洲大陆知识产权制度的创立产生了直接的思想影响。[2]

第三，关于知识产权法的公益性原则。“公共利益”这个概念源于罗马，用古罗马思想家西塞罗的话说，即“人民的利益是最高的法律”。在知识产权制度中设定公共利益原则，并非否认知识财产的私权性，而是强调个人独占权利与社会公共利益之间的平衡。对此，哲学家们作出了不同的解释。卢梭将正义理念寓含于他的财产观之中。在他看来，所有权的确立，在于构建财产受到尊重与保护的社会秩序，这是符合正义法则的；财产权制度是一种公平的约定，它对一切人都是共同的；为了保持财产权制度的天然的公正性，法律应以全体成员的共同利益为依归。黑格尔从精神生产与知识传播的角度阐述了他的知识产权理念。他认为，“独有于”我们的精神产物一经外化即可能为他人重制，这不是一个问题，而是一件好事。因为通过占有外化的知识产品，可以产生更多的新的知识产品。知识产品生产的目的在于其为他人所认可，并成为他人学习的基础。在知识的社会传承过程中，“普遍认可的思想”被改造并被赋予新的个人形式。某一知识形式被不同时代的个人所利用、传播，会对其他人的利益有所增进。正如扎霍斯在其著述中所描述的那样，在人类知识的发展过程中，个人如何对其中的知识形式主张权利，没有“普遍的确定性原则”。黑格尔认为，依经验而言，他主张在知识系统中划定法律界线，设定某种知识共

---

① Peter Drahos, A Philosophy of Intellectual Property, Dartmouth Publishing Company Limited, 1996, pp. 75 - 82.

② 近代大陆法系国家将“人格价值观”作为其著作权立法的哲学基础，并建立了与英国“版权法”体系不同的“作者权”体系。参见［日］阿部浩二：《各国著作权法的异同及其原因》，朱根全译，载《法学译丛》，1992（1）。

有物（即“公共领域”）有利于保证他人或后代学习的需要。① 应该指出，黑格尔强调促进科学、艺术发展的最好办法是防止科学家、艺术家的知识产品被窃取，但又同时主张应当重视作为共同体的知识共有物。可见，黑格尔的知识产权理念明显包含有公共利益的思想。扎霍斯在其著述中并未直接叙述知识产权法的公共利益原则，但他描述了在抽象物上设立知识产权的后果。他承认知识产权存在的合理性，但又担心在不完美社会中建立这种制度会导致不利的后果，即个人独占权利的增长，会在产生物的依赖关系的同时出现人的依赖关系；权利的范围如不加以限制，则有可能造成分配的不均衡。扎霍斯的警示，无疑隐含着在知识产权制度中确立平衡精神与公益原则的主张。关于公共利益原则与法律制度的关系，当代美国法哲学家埃德加·博登海默有过更为精辟的论述。他认为，“共同福利”这一术语是一个无处不用的概念工具，它是用来标明外部界限的，而在分配和行使个人权利时绝不可以超越这一界限，以免全体国民遭受严重损害。他主张个人权利与社会福利之间应创设一种适当的平衡。个人权利的实现固然深深植根于人格的需要与倾向，但对权利进行某种限制同样正是公共利益的需要。② 上述观点虽是就公益性原则与一般法律正义而言，但对于我们理解知识产权制度的价值目标与功能作用不无启迪意义。

---

① See Peter Drahos, A Philosophy of Intellectual Property, Dartmouth Publishing Company Limited, 1996, p. 17.

② 参见［美］埃德加·博登海默：《法理学——法哲学及其方法》，邓正来、姬敬武译，296～297页，北京，华夏出版社，1987。

知识产权法价值的中国语境解读*

知识产权法的价值分析，主要述及相关法价值的评价主体、基本构成以及实现途径。知识产权法既具有一般法价值的构成要素，也有着其特别法的价值内容，是价值理性与工具理性的统一体，包括正义（伦理理性）、效率（经济理性）和创新（科学理性）。在发展中国家里，知识产权法价值的实现，存在着文化缺失、观念冲突以及利益失衡等诸多障碍，从而产生制度风险与法治失灵问题。知识产权制度的国际变革与时代构建，应确立人本主义与和谐发展的价值观，这是对知识产权法律精神的挖掘和升华，也是对正义、效率和创新诸传统价值的超越和发展。

一、主体、构成与实现：知识产权法价值理论的研究内容

人们对法价值的研究，源于法律理想与现实、应然与实然的对立。可以认为，法价值即是人类法律理想的价值化选择，是价值这一哲学范畴的法律化表现。法价值是历史性、阶段性和选择性的。对于不同的历史时期和客观实际，法价值反映出不同的倾向和选择。法的价值研究，既是立法活动的需要，也是法律实施的需要。从严格意义上说，立法活动是在一定法价值观指导下的国家

---

* 原载《中国法学》，2013（4）。

行为，为了使法律理想的目标与实现的目标无限接近，有必要对法价值理论进行探讨；同时，法价值还是执法活动的指引，同一法律规定在不同法价值指导下具有不同的执法后果；法价值也是守法的思想条件，法律仅靠强制是不可能维持长久的。由于法律理想价值总是高于法律现实价值，因而它还是法律演进的持续动力。目前法价值的多元化趋势，必然引起法价值间的冲突，这就需要我们通过立法和司法活动来解决，即进行法价值的协调、判断和选择。

关于法价值的概念尽管众说纷纭，但诸多学说有一个共同的基点，即法价值反映着人与法的关系，必须在人与法的关系中认识法的价值。具言之，法价值概念包含有“法律与主体的关系”“法律对主体的效应”“主体对法律效应的评价”三个元素，有学者将其概括为：“法价值是标志着法律与人关系的一个范畴，这种关系就是法律对人的意义、作用或效用与人对这种效用的评价。”[①] 还有学者进一步将法价值含义作出了层次化的表述：一是法律促进哪些价值；二是法律本身具备哪些价值；三是各种价值发生矛盾时，法律根据什么标准对它们进行评价。[②]

法价值的研究有两个方面的任务：一方面是观察现实法律价值的实践表现，即法律价值化；另一方面则是研究如何在法律中设定主体价值，使法律真正成为“价值体”，即价值法律化。[③] 从法价值概念的内涵界定出发，我们可以基本厘清知识产权法价值的主要研究内容：

1. 知识产权法价值的评价主体

法的价值评价，是由评价者运用自己的价值观念和准则，针对客观的法价值状况作出的。制约法价值评价的因素主要有两个：一是法律现象本身的价值状况，二是评价者自身的价值认识能力和水平。[④] 前者可以概括为法价值的客观性，后者可以称为法价值的主体性。评价主体是价值判断的核心，没有主体的价值关系是毫无意义的，而在不同主体的立场上，价值评价也会大相径庭。在这里，我们必须秉持主观性与客观性的辩证统一，即法价值既需要借助主体

① 严存生：《法律的价值》，28页，西安，陕西人民出版社，1991。
② 参见沈宗灵：《法、正义、利益》，载《中外法学》，1993 (5)。
③ 参见谢晖：《价值法律化与法律价值化》，载《法律科学》，1993 (4)。
④ 参见卓泽渊：《法的价值论》，79页，北京，法律出版社，2006。

的评价而形成相对稳定的价值目标和主客体关系的描述，同时也需要一种超越主体绝对指向，将评价主体相对剥离而塑造的客观性价值目标。在知识产权法的产生、发展与变革过程中，评价主体总是根据不同的历史时期和社会背景参与法价值的寻找、认识和选择，以自己的价值认识去构建知识产权法的体系、结构、内容和形式。从时间维度而言，有早期出于控制市场而追求的秩序优先，也有当今全球化条件下所强调的正义优先，这些法价值成为不同历史时期知识产权法赖以建构和变化的思想基础。从国际范围来看，发达国家强势地将秩序优先的制度规则打造成国际主流范式的基本内容，以维护知识产权国际保护的现行秩序；而发展中国家力图改变现有知识产权秩序中不尽公平、合理的状况，以正义价值为主流评价思想，推动国际知识产权制度的变革。无论各国评价立场如何，国际社会总是要将私权保护与利益平衡这些普适的法价值转化为知识产权法的思想基础。当今各国知识产权立法，多受制于世界贸易组织的《知识产权协定》（TRIPs 协定）。可以认为："TRIPs 协定为各国知识产权保护提供了共同规则，但不同发展程度的国家都有自己对知识产权理解和诠释的自主话语权。从某种意义上说，这也是一个国家和民族知识产权制度安排的话语权力。"[①] 应该看到，近现代知识产权国际公约，都是在西方国家主导下订立的，其无疑是西方中心主义的范式。进入后 TRIPs 时代以来，东西方国家基于各自的立场，对知识产权利益协调与分享提出了新的要求。在这种发展变革的态势下，从国际正义和人本主义的价值理念出发，对国际知识产权秩序进行批判性、对策性的解读，是当代中国进行知识产权法律再造的重要价值取向。

2. 知识产权法价值的构成体系

法的价值体系是由社会一般认可的价值所构成的。"法的价值体系，可以蕴含在法律制度之中。"[②] 法律促进哪些价值，实际上就是法律的本质与目的的问题；法律本身有什么价值，实际上是指法律不仅作为一般目的的手段，同时其本身也有特定的价值；法律所促进的各类价值之间或同类价值之间必然会

---

① 编者按：《知识产权的共同规则与自主话语》，载《中国社会科学》，2011（5）。

② 卓泽渊：《法的价值论》，125 页，北京，法律出版社，2006。

产生各种矛盾，因而就有对它们进行评价、协调、选择的问题。古今中外的思想家提出过各种各样的法价值，但归纳起来，主要有正义、自由、平等、安全、秩序、效率等。在知识产权法价值的构成体系中，既有作为一般法的普适价值，也有作为部门法的特别价值，这主要是正义、效率和创新。知识产权法价值的精神实质是主观性与客观性的统一，即法律不仅要体现立法者的价值目标追求，更要反映价值构成中所蕴含的社会客观规律。我们看到：法学家和法律改革家们，正是通过这种理性的力量去发现一个理想的法律体系，并力图将各种各样的自然法规则和原则纳入一部法典之中。近代知识产权法是以个人主义、自由主义、理性主义作为其人文基础和精神主张的。① 理性主义强调法律的统一性，并将法律统一的基础归结为正义、平等、自由、尊严、幸福权利等。② 在这种情况下，法律不是随意服从人的意志的偶然性，而应表现为长期稳定的规律性，成为普遍适用的一般规则。在理性主义精神的指引下，知识产权法应是价值理性与工具理性相统一的产物。其中，正义是伦理理性，即知识产权法的正义观念和体现正义的法律规范，都是以其相应的道德观念为基础的；效率是经济理性，即效率是知识产权法产生的起始动因，其产权保护、利用及限制的三大制度安排，是以信息资源的优化配置为目标；创新是科学理性，即创新是知识产权法的价值灵魂，通过产权制度创新实现以技术创新和文化创新为核心内容的知识创新。应该指出的是，当今世界正处于一个急剧变革的历史时期，学者们采用了诸如全球化时代、知识经济时代、后工业社会、风险社会等各种用语来描绘我们所处的时代。③ 应对时代之变，我们有必要重新诠释法的价值构成，构建新的法律认知取向和评价立场，这是当代中国知识产权法价值实践的理性选择。

3. 知识产权法价值的实现途径

法的价值实现，是法价值目标的现实化，是价值选择、价值评价等过程与

① 笔者认为，个人主义精神（individualism）、自由主义精神（liberalism）、理性主义精神（rationalism）是近代西方国家知识产权构造的文化基础。参见吴汉东：《知识产权法律构造与移植的文化解释》，载《中国法学》，2007（6）。

② 参见俞荣根：《自然法学说献疑》，载《台湾研究》，1990（1）。

③ 参见黄文艺：《科学发展观的法律价值论解读》，载《苏州大学学报》，2005（5）。

结果的总称，是法价值活动的目的得以现实化的过程与结果。[①] 与价值构成相关的价值实现，是法价值研究的重要内容。首先，价值实现是连接法的价值构成与法治体系构建的纽带。这即是说，法价值的实现，离不开法律的社会实践活动，包括基于国家的立法、执法、司法以及政府、社会、公民的守法等而形成的法治体系。其次，价值实现是价值目标和价值构成体系践行的过程和结果。在法价值理论中，价值目标和与之相适应的价值体系，构成了法的目的性价值和手段性价值的统一。价值实践活动有助于将法律价值准则转化为法治进步的现实力量，促使“法实践主体改造法世界，实现法价值目标”[②]。考察知识产权法价值的实现，重点在于研究知识产权法实施的条件和路径、实施的状况和效果。应该看到，知识产权法在发展中国家并没有完全释放其应有的功能。影响法价值目标实现的，既有法律因素，即制度选择所涉及的法律理念、法律内容以及法律形式是否具有科学性和合理性；也有非法律因素，即制度实施所涉及的经济科技发展水平、政府公共政策以及社会环境、文化基础等是否具有协调性和相适应性。[③] 其间即包含着知识产权法价值实现的诸多障碍，这些障碍性因素存在于观念意识层面、制度设计层面以及社会运作层面。发展中国家知识产权的制度失灵即是法的价值实现不能。以维护知识权利的正义秩序、发挥知识传播的效益功能、激励知识成果的创新活动为宗旨，探讨知识产权政策目标的实现条件和路径，是当代中国践行知识产权法价值目标的基本使命。

二、正义、效率与创新：知识产权法价值体系的基本构成

知识产权法既具有一般法价值的构成要素，又有着其特殊法的价值内容，从而形成自身的法价值体系。按照价值主体被满足的程度，知识产权法价值可以分为终极价值和基础价值。前者即是被法律化的主体最高价值追求，主要是

① 参见卓泽渊：《法的价值论》，483～484 页，北京，法律出版社，2006。
② 杨震：《法价值实践观的理性选择》，载《苏州大学学报》，2005（5）。
③ 参见吴汉东：《中国知识产权法制建设的评价与反思》，载《中国法学》，2009（1）。

正义、效率和创新；后者即是派生于最高价值之下的一般性价值，包括自由、公平、秩序等。知识产权法的基础价值是其终极价值追求在具体制度上的间接表达。现分述如下：

（一）正义价值

"正义是社会制度的首要价值"①，实现正义即是创设知识产权的第一目标。在西方法律思想史上，正义观念与自然法理论相伴共存。在近代立法中，知识产权被描述为一种自然法上的权利。它基于创造者的智力活动而自然产生，摆脱封建特许束缚而法定存在，因而是符合正义的。反之，无视创造者权利的存在，他们的智力活动投入就无法得到补偿，精神生产领域将陷入无序状态，整个社会也就无正义可言。正义价值的阐释，描述了知识产权法的正当性基础，进而言之，知识产权法的产生、变革和发展，都要经受正义理论的历史审视和现实评判。从一般法律品性而言，知识产权法蕴含着以下正义价值。

（1）平等主体的人格正义。法律人格，即作为主体享有权利和承受义务的资格。平等性是主体地位界定中的法律正义。恩格斯认为，"平等是正义的表现，是完善的政治制度或社会制度的原则"②。知识产权法的平等精神，既在本质上同于私法平等原则，又有着自身的价值内涵。首先，知识产权的平等，是一种从事知识创造活动的自由选择，表现为取得创造者权利的机会均等。任何人只要通过创造活动取得智力成果，即可依法享有相应的知识产权。其次，知识产权的平等，是一种当事人权利义务关系的对等，意味着各利益主体都处于独立地位，在正义的范围内实现知识产权利益结构的有序化。在知识产权法的权利体系中，各主体对知识产品分别享有专有使用、授权使用、法定许可使用以及合理使用等不同利益。各项法律制度将分配原则具体化为法律上的权利义务，从而对知识资源进行权威性的公正分配。再次，知识产权的平等，意味着对外国人的平等保护。依国民待遇原则，著作权法奉行"作者国籍"或"作品国籍"，工业产权法奉行"居所原则"或"国籍原则"，或是在互惠基础上给予外国人以权利保护。知识产权法的国民待遇原则，是国际法上"法律面前人

---

① 沈宗灵：《法、正义、利益》，载《中外法学》，1993（5）。

② 《马克思恩格斯全集》，2版，第26卷，357页，北京，人民出版社，2014。

人平等”思想的体现，它将本国人与外国人同化为国民，使后者在其选择保护的国家享有与该国国民同等的权利。

（2）利益均衡的分配正义。利益分配，在法律上意味着权利的配置和安排。公平性是知识财富分享中的法律正义。公平是一种主观的评价，判断公平与否，一般是从正义的角度，以人们公认的价值观、是非观作为标准的，包括人们公认的经济利益上的“公正”“合理”[①]。在知识产权领域，公平原则是知识财富分配正义的体现，在制度设计上即是对创造者、传播者、使用者三者利益的协调，这种法律平衡与协调主要表现在以下两个方面：第一，知识资源的专有领域与非专有领域。知识产权的保护对象是知识产品，但并非所有的知识形态都是知识财产的权利客体。立法者在知识资源范畴中划分了两类区域：一是专有领域，创造者对此享有独占使用与获得利益的权利；二是非专有领域，包括知识产品的“公有领域”与权利客体的排除领域，所有人对此类知识资源可以自由使用。第二，知识产权的独占性与有限性。知识产权是一种独占性权利，具有绝对性、排他性的特点；同时，该权利又是一种限制性权利，受到地域、时间及权能的限制。知识产权法的权利配置，实质上是一种对知识资源的利益分享，以至于美国学者将这一法律描述为协调创造者、传播者、使用者权利的平衡法。[②]

（3）权利安排的秩序正义。法律秩序，是指法律必须具有一定的稳定性、连续性以及法律规范之间的相互妥协性。[③] 有序性或者说妥当性是秩序正义的价值要求。知识产品即知识产权客体具有非物质性特点，其本身不可能被自然占有和有形控制，因此需要法律对知识财产状态作出“纯粹法律的占有”[④] 的制度安排，给予逸出创造者控制的知识财产以特别的保护，这就是知识产权法以权利安排为中心所建立的知识产品创造、流转和使用的法律秩序。知识产权

① 张新宝：《民事活动的基本原则》，22页，北京，法律出版社，1986。

② See L. Ray Patterson，Stanley W. Lindberg，The Nature of Copyright：A Law of Users' Right，The University of Georgia Press，1991，p. 2.

③ 参见李龙主编：《良法论》，95页，武汉，武汉大学出版社，2001。

④ ［德］康德：《法的形而上学原理——权利的科学》，沈叔平译，58页，北京，商务印书馆，1991。

法追求的正义秩序，主要包括以下内容：一是权利的界定秩序，即在无形的知识资源之上确定明确的产权边界，以体现国家统一法则来维系知识财产的稳定状态；二是权利的交易秩序，即通过知识产权利用制度，规范产权交易活动秩序，促进知识技术的传播和利用；三是权利的保护秩序，即以督促义务人履行义务、追究侵权人承担责任等措施，保障权利人充分行使自己的权利。权利保护是秩序正义内涵中最为重要的内容。

（二）效率价值

对法律的经济分析，为我们认识、评价知识产权的制度功能提供了新的思维方式。法律经济学的核心思想是"效率"。它认为，"法律所创造的规则对不同种类的行为产生隐含的费用，因此这些规则的后果可当作对这些隐含费用的反应加以分析"[①]。法律经济分析的结果表明，植根于经济生活之中的法律不仅应具备维系社会正义的职能，还应担负起实现权利资源有效配置、促进社会财富增加的使命。从某种意义上说，一切法律问题归根结底都是经济关系的反映与要求，任何法律无不体现经济方面的基本规律和原则。从立法要求来说，只有反映客观规律性的东西才是正确的，还市场经济法律以其客观自身规律的本性，这是市场经济规律的第一要义。[②] 但是，判断某一法律制度是否准确表现社会的经济生活的条件，是否胜任促进社会经济发展的功能，还有待于一种效率评价，即对法律制度的经济分析。这即是说，应从经济的角度探讨法律制度的基本精神，并以效益最大化为目标来推动法律制度的改革。

（1）效益价值与知识产权制度基础。效率是知识产权法产生的思想基础，也是知识产权法追求的价值目标。诸多知识产权制度的建立以及实施，都可以从效率原则中得到解释：专利权的效率基础与财产权的动态原理一样，"对财产权的法律保护有其创造有效使用资源的诱因的经济功能"[③]。具言之，没有专利权，信息产品"不足"的现象将十分严重，专利权的授予发挥了激励作用；但是，如果专利授权门槛过低，则会产生无效益的垃圾专利。对技术成果

---

① ［美］罗伯特·考特、托马斯·尤伦：《法和经济学》，张军等译，13页，上海，上海三联书店，1994。

② 参见江平：《罗马法精神与当代中国立法》，载《中国法学》，1995（1）。

③ Richard A. Posner，Economic Analysis of Law，Little Brown Company，1986，p. 13.

授予专利并为专利授权设定必要的门槛条件，有助于激励技术创新并提高专利技术的利用价值，从而保持专利制度的效率。著作权的效率功能，体现在创作—传播—使用的法律链环中，立法者从产生私人产权与促进知识传播的二元立法宗旨出发，通过著作权保护、利用、限制等三大制度安排，以实现信息资源优化配置的效率目标。商标权的制度收益，在于“通过给定统一质量的保证而节约消费者的寻找成本”①。寻找成本实质上是一种交易成本，是消费者在作出购买产品决策之前对产品质量进行调研而支出的成本。商标具有商品来源标志和商品声誉体现的基本功能，对其进行权利配置必须考虑收益与成本的关系。在“先使用制”国家，商标权的取得以“使用”为前提，并且是“充分的使用”而非“象征的使用”②，这是效率原则的要求；而在“先注册制”国家，商标权的取得以注册为条件。一个未使用而受到保护的注册商标，虽未在使用中实现收益，但“先注册制”的审查及管理成本低于“先使用制”，因而“先注册制”也是符合效率价值目标的。

（2）效率价值与知识产权制度设计。知识产权法的效率价值追求，在制度设计方面体现为合理与有效的权利配置，即是使各方主体在权利体系中达致一种均衡状态。在微观经济学那里，均衡是指每一方都同时达到最大目标而趋于持久存在的相互作用形式。③ 均衡是知识产权法效率目标对制度安排的基本要求，其意在于知识产权的保护与限制中寻求均衡，消除知识产品的创造者、传播者、使用者之间的利益冲突。在均衡状态的权利配置中，创造者的权利是第一位的权利，是本源性权利。法律授予创造者以私人产权，为权利人提供了最经济、有效和持久的创新激励动力。传播者的权利是知识传播过程中的次生权利，是相关性权利。传播者是创造者与使用者之间的桥梁，他们的智力或物力的投入，是提高知识资源使用效率之必要。使用者的权益在制度安排中也应有合理的位置。在精神生产活动中，使用者是已有知识产品的消费者，但也可能是未来智力成果的创造者。赋予使用者在一定范围内自由使用他人知识产品的

---

① 程啸：《知识产权法若干基本问题之反思》，载《中国人民大学学报》，2001（1）。

② 李明德：《美国知识产权法》，288页，北京，法律出版社，2003。

③ 参见［美］罗伯特·考特、托马斯·尤伦：《法和经济学》，张军等译，22页，上海，上海三联书店，1994。

权益，既保证了社会公众接触和利用知识产品的机会，也会促进精神财富的不断增长。总之，创造者权利、传播者权利、使用者权利的相继产生与完善，即是立法者寻求最大化满足各方面利益需求，进行知识资源分配和相应权利配置的均衡的结果。

（三）创新价值

知识产权是科技、经济和法律相结合的产物，它从实质上解决“知识”作为资源的归属问题，是一种激励和调节的利益机制。知识产权法本身即是私法领域制度创新的结果，同时，知识产权法的价值目标当以创新为主导。

（1）创新理论是知识产权制度创新的思想基础。美籍奥地利经济学家熊彼特最早把“创新理论”引入经济学研究领域。20 世纪初，熊彼特在《经济发展理论》一书中首先提出了“创新理论”。在他看来，“创新”是在生产体系中引入生产要素和生产条件的新组合。20 世纪 50 年代以来，后人在其“创新理论”的基础上发展了技术创新理论和制度创新理论两个分支。前者认为，科学技术对经济发展的作用主要是通过技术创新实现的。后者认为，技术性因素和制度性因素构成了经济增长的两大要素，而创新的制度是激励技术创新活动、推动经济增长的关键。[①] 制度创新一般是指制度主体通过新的制度构建以获得追加利益的活动，它是关于产业制度、产权制度、企业制度、经济管理制度、市场运行制度等各种规则、规范的革新。在创新体系中，制度创新居于基础和保证地位。知识创新（包括科技创新和文化创新）立足于科技、文化、经济一体化目标，是一种为促进经济发展而进行的新技术应用与商业化的活动，它离不开相应制度的保障、规范和约束。知识产权是私权法律制度创新与变迁的结果，同时也是直接保护知识创新活动的基本法律制度。

（2）创新价值是知识产权法的价值灵魂。法价值观随着法律制度的不同以及发展阶段的不同而异。在特定的时代背景下，特定的法律制度会包含若干不同的价值项，而且其各自的价值侧重点也有所不同，例如刑事立法体现了秩序、正义，民法直接规定了平等、诚信，而经济法侧重体现了“效率”；而在

① 参见林炳辉：《知识产权制度在国家创新体系中的地位和作用》，载《知识产权》，2001（3）。

知识经济时代，知识产权法存在着独立的主导性价值，即创新价值。[①] 这是因为，当代经济的发展着重依靠知识和信息的生产、分配和使用，“创新”业已成为知识经济时代的主要特征，从而得到了前所未有的重视和发展。任何主体要在以高技术为依托的竞争中立于不败之地，首先要善于运用“创新”，因此创新已成为人类行为选择的标准之一。创新不仅反映了人与自然的关系，而且反映了人与人的关系、个人与社会的关系，业已成为一个具有普遍意义的关系范畴。同时，“创新”作为一个“历史观”意义上的概念，还凝结着人类的理想追求。历史观要回答和解决历史发展过程中的根本动力、机制和规律问题，创新发展存在于广阔的社会实践领域与久远的历史运动过程之中。总之，“创新”这一概念是对知识经济全面而精要的解释，可以视为知识产权法的基本价值范畴。

（3）创新价值体现在知识产权政策制定与立法活动之中。国家通过其政策导向，包括知识产权制度设计，将创新这一行为上升为“规划理性”的法律价值[②]，体现了作为法律价值主体的人在法律价值发现中的能动性干预和控制。必须看到，知识产权法以基于创新所产生的社会关系为主要调整对象，体现了尊重创新、保护私权的主旨。例如，专利权制度保护的是新技术发明的第一次商业应用并获得经济效率，即保护的是“技术商品化”的创新成果；著作权制度保护各类作品的第一次出版并获得相关收益，可以视为保护的是“作品商品化”的创新结果；商标权制度保护的是以商业标志为载体、以商品声誉为内容的财产利益，商标标志本身可能不具有创新性，但其实际上保护的是这种标志作为商标的第一次运用以及第一个获得商标权的主体利益，以及由此涉及的由于消费者对这种“第一次”的认同所获得的利益。我们还要看到，知识产权法在界定私人产权的同时，创建了“知识产品公开”“在先权利保护”等制度，既促进与保护权利人的个人创新行为，又同时考虑到社会创新发展的连续性和创新成本支出的合理性。此外，知识产权法还通过“保护期限制”“权利穷竭

① 参见陈谊、汪天亮：《试论知识产权法的价值定位——创新》，载《行政与法》，2004（9）。

② 在法哲学理论中，人的理性可以分为“实践理性”和“规划理性”。前者是接受性理性，表现为道德经过长期教化而为人们自然接受为价值；后者是能动性理性，即在特定情况下人为地设计出符合规律的价值。

制度”等规范，对权利人的专有权利予以必要的限制，使得私人独占的知识产品适时地进入公有领域，以激励人们不断进行新的创造活动。

综上所述，创新是知识产权法创制的原因和追求的目标，同时在这一法价值的实现过程中，其法律本身也实现了制度创新与变革。因此，创新价值是知识产权法在知识经济时代背景下所体现和追求的主导价值。

三、制度风险与法治失灵：知识产权法价值目标的实现障碍

一般而言，知识产权法价值的实现，需要一定社会条件的综合作用，其实现途径涉及政治、经济、文化、教育等多个方面以及立法、执法、守法等法治体系本身。这里既有内在动力，也有外生变量，诸如知识经济市场的发育、知识创新政策环境的孕育、知识权利文化氛围的培育，无一不是知识产权法价值实现的重要条件。

在法律制度的历史上，知识产权是罗马法以来“财产非物质化革命”的制度创新成果，也是西方国家三百多年来不断发展成长的“制度文明典范”。在风险社会理论的语境中，这种制度创新成果和制度文明典范有可能成为一种“制度风险”。制度风险是一种内生性风险，即伴随着人类的决策和行为，包括政治制度、经济制度、法律制度等所带来的新类型风险。这种风险具有“人为的不确定性”，其原因来自人的自身，即是由现代性的推进所引致、造就的人对自身的威胁。[①] 制度本身的潜在和现实危机，是现代知识产权法治失灵的根本原因所在。就当今中国而言，知识产权法价值实现的障碍主要表现在以下几个方面。

（1）知识产权法律本土化过程中的文化缺失。本文所指的法律本土化，即是强调在法律移植时应让受移植的法律经过合理处理与嫁接，使其能渗入移植国国民的精神和理念之中，进而在本土被理解、消化和接受。法律本土化也就

---

① 参见［德］乌尔里希·贝克：《世界风险社会》，吴英姿译，137页，南京，南京大学出版社，2004。

是法律移植本土运动的过程。[①]

知识产权是发展中国家迈向新型工业化道路的制度选择。对外国法制或国际法制的引进，存在一个“法律本土化”的问题，即外来的知识产权原则和规则如何在本国“扎根”与“内化”。本土化要求进行法律移植时，不能仅仅是对外来法律规则的形式再现，而且要在研究其法律理念的基础上实现文化再造。可以说，“法律精神在法的发展和改革中起着关键性作用，是移植国与被移植国法律之间配合、同构、兼容的思想尺度，也是外来法律本土化得以成功的先导”[②]。在构建知识产权法治秩序的过程中，物质的、技术的法律制度，即法治的“硬性”系统，相对而言是比较容易移植的，但它若要真正发挥其应有的作用和价值，则必须同时植入相适应的精神、意识和观念，即法治的“软件”系统予以奠基和支持。[③] 总体而言，作为知识产权法律移植，我们引进了这一制度的外形，但在理性领域尚缺乏与之相应的文化基础，这是知识产权法价值目标实现的障碍性因素。根据《我国公民知识产权意识调查报告》，近年来，“我国在知识产权立法、司法和行政保护方面不断加强投入，社会整体对知识产权认识程度和自我保护意识也明显提升，但在公众尊重知识产权的行为规范的完善方面却未收到明显成效”[④]。具言之，即是公众普遍抱有对盗版、假冒等侵权行为的容忍态度，以及大量存在着侵权复制品的消费群体。知识产权意识的淡漠，使得人们对知识产权法律的正义性认同受到消极影响。笔者以为，有两个问题值得重视，就其文化动因而言，其主要表现在以下几个方面：一是中国传统文化影响的历史惰性。中国的传统文化，是以个体农业为基础，以宗法家庭为单位，以伦理纲常为核心的传统文化。法律文化是有惰性的。中国的传统文化遗产愈见深厚，其消极精神因素的沿袭就愈见顽固。近代知识产权法建立在个人主义、自由主义、理性主义的思想基础之上，将这一制度移植

---

① 参见肖尧辉：《法律移植及其本土化现象的关联考察》，载何勤华主编：《法的移植与法的本土化》，115页，北京，法律出版社，2001。

② 宋志国：《我国知识产权法律移植中的递减效应原因探析》，载《政治与法律》，2006（5）。

③ 参见张洪峰：《法的世界化与本土化之争及其超越》，载《福建法学》，2005（1）。

④ 刘华等：《我国公民知识产权意识调查报告》，载吴汉东主编：《中国知识产权蓝皮书》，417页，北京，北京大学出版社，2007。

于义务本位、专制主义、人伦理性的中国传统文化土壤之中，如果没有自上而下的法律文化改造活动，没有形成与移植法律相适应的新文化基础，就会使得知识产权这一制度“舶来品”产生“水土不服”的法律异化后果。二是社会认同法律的现实障碍。近代中国引入知识产权制度，是一种“被迫性移植”，其间虽有清政府实行新政的需求，但更多的是外国势力强加所致；现代中国对知识产权规则的接纳，在一段时期是一种“被动性移植”，即是在国际贸易体制的框架内来考虑本国立法。我国公众对知识产权法律的社会认同感不足。一般而言，法律总是从发达国家向需要规则的欠发达国家移植而不是相反。当知识产权的某些制度或规则，超越发展中国家发展阶段时，本土社会内在需求的不足和制度消化能力的欠缺，就会影响法律移植的有效性。知识产权文化认同缺乏，是一个法治信仰问题，而在风险社会理论中则是一种制度信任危机。制度信任的关键，是社会组织成员对制度和规则所达成的共识，依赖于成员对制度和规则认同、内化的程度。① 由于法律文化的缺失，可能导致对知识产权的“制度化违背”成为常态，代之而起的是“非正式制度（潜规则）的生成”，“正式的规则或制度名存实亡”②。在这种情况下，知识产权法价值目标与社会成员的行为模式就产生了背离。

（2）知识产权政策化运作中的价值冲突。公共政策是政策科学领域里经常使用的术语，它是指“以政府为主的公共机构，在一定时期为实现特定的目标，通过政策成本与政策效果的比较，对社会的公私行为所作出的有选择性的约束和指引，它通常表现为一系列的法令、条例、规定、规划、计划、措施、项目等”③。从这一定义出发，知识产权亦是一种社会政策工具，即政府以国家的名义，通过制度配置和政策安排对知识财产的创造、归属、利用以及管理等进行指引和规范。一国的知识产权法律建构，是以基本国情为基础，以国家利益为立场的。首先，知识产权保护水平应与本国的经济社会发展水平相适应。根据 2005 年联合国报告所援引的千年项目专家意见，在遵守国际公约最

---

① See March J. G., Olsen J. P., Rediscovering Institutions: The Organizational Basis of Politics, New York Free Press, 1989, p. 227.

② 王锡锌：《中国行政执法困境的个案解读》，载《法学研究》，2005（3）。

③ 吴鸣：《公共政策的经济学分析》，4 页，长沙，湖南人民出版社，2004。

低保护标准的基础上，发展中国家可以根据自己的不同阶段，选择不同保护水平的知识产权制度。[①] 笔者认为，高水平的知识产权保护并不利于那些发展水平较低的国家，因为在这种制度框架下，他们难以获得所需要的知识、技术。但是，发展中国家“有不同社会、经济环境和科技能力”，不能一概而论。因此，对于进入工业化阶段的发展中国家来说，加强知识产权保护，对于激励科技创新、促进文化繁荣、实现经济发展是有益的；同时，知识产权保护水平应有助于实现本国经济社会发展的总目标。知识产权制度的合理性，并不在于为私权保护而保护，而在于实现知识创新、社会进步的政策目标。对此，英国知识产权委员会认为：“从长远的观点来看，在发展中国家，如果能使文化产业成果的其他条件得到满足，更强的私权保护将有助于当地的文化产业。”[②] 这说明，传统的发展中国家要走上新兴的工业化、现代化发展道路，应该通过知识产权保护为本国经济、社会发展提供持久动力，在国际竞争中争取主动。对于发展中国家而言，知识产权政策立场的选择和政策目标的实现，存在有许多现实障碍。知识产权保护的国际环境变化，使得发展中国家政策选择空间狭小；而知识产权运行的国内社会条件欠缺，又使得发展中国家政策实施效益有限。

当下中国正面临着社会转型和知识产权制度转换，“尊重知识、崇尚创新、保护精神产权”的法价值观念尚未形成，不同主体之间较多存在着法律价值冲突，从而影响知识产权政策的有效实施，这主要表现在以下两个方面：一是本土社会对知识产权国际保护制度的差异认识。本土社会成员对外来法律的接受，往往抱有不同的具体价值期待，或支持，或反对。[③] 我们承认，知识产权保护是现代国际贸易领域的游戏规则，世界贸易组织各缔约方必须遵从而无选择余地。同时也应看到，现今知识产权国际保护制度，过多地顾及和参照发达

---

① See Calestous Juma, Lee Yee-Cheong, Innovation: Applying Knowledge in Development, Earthscan Press, 2005, p. 112.

② 英国知识产权委员会的报告：《知识产权与发展政策相结合》，见 http//www. iprcommission. org/papers/pdfs/Multi _ Lingual _ Documents/Multi _ Lingual _ Main _ Report/DFID _ Main _ Report _ Chinese _ RR. pdf，访问日期：2013 年 1 月 26 日。

③ 参见刘星：《重新理解法律移植》，载《中国社会科学》，2004 (5)。

国家的要求和做法，这一状况使得国际法律总是引起本土社会的不同意见，因而在中国缺乏足够而普遍的社会认识基础。不同国家之间，在国际法上的认识差异，或是基于各自利益诉求考量，但在一定程度上也受制于法价值观的分歧。[①] 二是多元主体对知识产权法律价值的差异选择。在知识产权制度转换中，"私的本位是不变的理念"[②]，但其主体内涵已发生变化。具言之，知识产权虽为私的权利，但在现代法中已由单一主体发展到多重权利主体，包括智力成果的创造者、传播者、使用者等。多元主体在知识产权法律中地位有别，因而对法价值的实现有着不同的需求：知识创造活动要求保障自由、效率价值的实现；知识经济市场要求保障秩序、安全价值的实现；知识传播与利用则要求文明、公共福利价值的实现。知识产权的法治目标，其首要任务在于合理界定权利和义务的范围，明确本权（即创造者权利）与他权（包括传播者权、使用者权以及社会公众的权利）的构成，通过权利行使而实现其确定性利益。在风险社会中，法律所授予的权利旨在最大限度地抵消由于风险带来的冲击和侵害，或者说偏重于对确定性价值的追求和确认。[③] 但是，在多元主体的法价值实践中，存在着种种不确定性的风险，或是来自权利的扩张或滥用，或是由于权利的侵害或冲突。这种"风险不确定性"会影响"法律确定性"，即产生知识产权法治失灵的问题。

（3）知识产权制度全球化运动中的南北对峙。"全球化"的概念是 1983 年由美国经济学家提奥多尔·拉维特（Theodore Levitt）在《市场的全球化》一文中率先提出的[④]，其原意是指经济全球化，后来逐步扩展到其他方面。所谓全球化，可以理解为以经济全球化为核心，涉及政治、法律、科技、文化、社会生活等各个领域的全球化。经济全球化的出现和新的国际贸易体制的形成，是 20 世纪下半叶世界经济发展的重要潮流，这一潮流深刻地影响到 21 世纪的格局。在推动经济全球化的进程中，世界贸易组织及其《知识产权协定》将知

① 参见卓泽渊：《法的价值论》，592 页，北京，法律出版社，2006。

② 易继明：《私法精神与制度选择》，178 页，北京，中国政法大学出版社，2003。

③ 参见杨春福：《风险社会的法理解读》，载《法制与社会发展》，2011（6）。

④ See Theodore Levitt, "The Globalization of Markets", Harvard Business Review, May/June, 1983.

识产权保护纳入国际贸易体制之中，使得知识产权制度的一体化、国际化呈现新的发展态势。经济全球化、科技全球化、信息全球化乃至治理机制的全球化，不可避免地带来风险的全球性。反全球化主义者认为，全球化正在催生另一种形态的帝国体制：互联网是“信息帝国主义”，世界贸易组织是“市场帝国主义”，国际货币基金组织是“金融帝国主义”，而联合国是“政治外交的帝国主义”[①]。贝克对此作出了自己的判断：全世界面临着社会认同解体、价值利益冲突、主体组织对立、国家立场对峙、生态环境破坏等不确定因素，这些危机与发展遍布全球，形成对人类生存的新威胁。[②] 知识产权制度的国际化亦是全球化的伴生物，它实现了知识产权保护规则的普适性，也导致了制度风险的全球性：一是《知识产权协定》在各缔约方普遍实施而引起的利益失衡。该协定作为世界贸易组织的基本法律文件，对知识产权国际保护作了新的制度安排，是迄今为止知识产权保护范围最广、保护标准最高的国际公约，堪称“知识产权保护的法典”[③]。但是《知识产权协定》作为当代知识产权国际保护的核心法律制度，在其制定及推行过程中显见种种不足，争议的焦点即是《知识产权协定》的合理性和适当性问题。在世界贸易组织协商中，拥有较大市场份额的国家享有对决策的重要影响，实质上他们可被称为决策制定者，而那些市场份额较小的国家只是决策接受者。[④] 因此，在《知识产权协定》的谈判及签署中，发达国家的绝对主导地位是非常明显的，而由此形成的规则显然不是平等的。正如有学者所指出的那样，《知识产权协定》是一种明显向发达国家倾斜的国际知识产权体制，其结果是发展中世界智力产品搁在了公共领域，而发达世界的智力产品被紧紧地掌握在私人公司手中。[⑤] 而在《知识产权协定》的

---

① 薛晓源等：《全球风险世界：现在与未来——德国著名社会学家的风险社会理论创始人乌尔里希·贝克教授访谈录》，载《马克思主义与现实》，2005（1）。

② 参见薛晓源等：《全球风险世界：现在与未来——德国著名社会学家的风险社会理论创始人乌尔里希·贝克教授访谈录》，载《马克思主义与现实》，2005（1）。

③ 曹建明等：《世界贸易组织》，312页，北京，法律出版社，1999。

④ 参见［美］戴维·赫尔德、安东尼·麦克格鲁：《治理全球化：权力、权威与全球治理》，曹荣湘等译，12页，北京，社会科学文献出版社，2004。

⑤ See Anupam Chander, Madhavi Sunder, “The Romance of the Public Domain”, 92, Calif. L. Rev. 1348 - 1353.

实施过程中，发展中国家也存在诸多困难。2002 年，总部设在英国的知识产权委员会发布的研究报告，对协定不考虑不同国家经济环境和发展水平的差异而一概要求所有缔约方采用相同的知识产权保护标准提出了尖锐的批评。报告指出，适合于发达国家的知识产权保护标准可能给发展中国家带来的成本大大超过可能获得的利益，因为这些国家严重依赖含有其他国家知识产权的技术、知识产品来满足自身基本需求和发展需要。[①] 二是《知识产权协定》在实施过程中与国际人权的对抗冲突。自协定生效以来，国际社会十分关注知识产权与基本人权的关系问题，从多哈会议通过的关于《知识产权协定与公共健康的宣言》，到坎昆会议前夕达成的关于该宣言第 6 段的实施决定，表明《知识产权协定》的法律框架在不断发展和完善，其推动力主要是知识产权与人权的冲突及其平衡。联合国人权促进小组委员会发表了关于"知识产权与人权"的协议，宣称："由于《知识产权协定》的履行没有充分反映所有人权的基本性质和整体性，包括人人享有获得科学进步及其产生利益的权利、享受卫生保健的权利、享受食物的权利和自我决策的权利，所以《知识产权协定》中的知识产权制度作为一方与另一方的国际人权法之间存在着明显的冲突。"[②] 联合国经社理事会促进和保护人权大会作出专题报告，指出知识产权与人权之间有着"现实存在的或可能存在的冲突"，"TRIPs 所包含的知识产权措施与国际人权是冲突的"[③]。我们看到，在知识产权制度全球化过程中，不同类型的国家表现了不同的权利诉求和法价值追求：发达国家多强调秩序优先，以维护和强化现有知识产权国际保护体制；发展中国家多注重正义在前，以推动知识产权国际保护体制的调整和改革。无论如何，我们必须充分认识知识产权制度全球化所引发的风险问题，通过理念更新和制度创新，寻求知识产权全球治理路径的合理性和妥当性。

---

① 参见刘筝：《知识产权国际造法新趋势》，载《法学研究》，2006（3）。

② UN Commission in Human Rights，Intellectual Property and Human Rights，2000，E/CN1. 4/Sub. 2/2000/7.

③ Sub-Commission on the Promotion and Protection of Human Rights，Intellectual Property Rights，Fifty-Second Session，agenda item4. E/CN. 4/Sub. 2/2000. 7.

四、人本主义与和谐发展：知识产权法价值取向的时代构建

法的价值取向是人类法律理想的价值化选择，即评价主体对法价值的主观判断、情感体现、意志保证及其综合，“既包括对法治体系的现实认知和评价，也包括对法治体系的未来愿望和选择”①。明确法的价值取向，对知识产权法治建设具有重要意义，它以法律理想的目标追求，为知识产权制度建设奠定科学的发展方向，为知识产权政策运作提供统一的思想基础。

知识产权法作为“制度文明的典范”，是各国创建知识财产制度、促进经济社会发展的经验体验，具有高度的共通性和可移植性。知识产权制度一体化、趋同化的发展趋势，就是美国学者弗里德曼所称的“现代法律文化正在征服世界”的现象。② 在经济全球化的国际背景和知识革命的时代情景之下，知识产权不仅是一种法律制度，更是一种政策方略。发达国家之间在推进国际知识产权立法和执法水平问题上的战略合谋，发达国家与发展中国家之间在知识产权保护问题上的利益冲突，以及发展中国家自身在寻求符合本国经济社会发展路径问题上的知识产权政策选择，彰显出各国知识产权制度所蕴含的利益需求和价值取向。在当下法价值目标的设计与实践中，各国知识产权法价值体系构成，既有世界普适价值的采用，也有本土特殊价值的考量。作为价值主体的立法者，由于处于不同的社会背景和国家发展阶段，在对业已形成的知识产权法价值进行主体性的评价和选择时，往往将其价值认知结果植入制度建设之中。从国际上看，处于相对弱势的发展中国家与处于优势地位的发达国家所秉持的基本法律观，构成了现代知识产权法价值的主要冲突，这主要反映在对于发展伦理、分配伦理的不同法律主张上：发展中国家希望通过知识产权保护融入国际社会的经济法律秩序之中，并充分享受由于世界文明和科技发展带来的收益，反对在《知识产权协定》的实施过程中由于过度保护和“合法”垄断所

---

① 冯心明：《论知识产权保护的价值取向》，载《华南师范大学学报（社会科学版）》，2004（4）。

② 参见［美］劳伦斯·弗里德曼：《法律制度》，李琼英等译，242页，北京，中国政法大学出版社，1994。

带来的技术壁垒和“数字鸿沟”[①]，主张知识产权法应当从维护人权立场出发更好地促进人类社会发展，更为合理地分配知识产权资源；发达国家基于对现有优势地位的维护，更多时候是利用现有的知识产权规则体系，将其技术文化优势通过知识产权演绎为国际市场的竞争优势，因此多从私权神圣的角度强调知识产权创造理论和财产理论的正当性和优先性。可以说，发展中国家对于知识产权人权意义的关注与发达国家对于知识产权私权属性的倚重形成了相对鲜明的价值取向差异。

中国知识产权法价值体系的时代构建，应立足于对传统法价值构成的批判改造，着眼于当代法价值移植取向的科学选择。从知识产权法价值观的文化来源来看，主要表现在两个方面：一是合理吸收世界法律文明的基本要求。知识产权制度应是一个各主权国家相互接近、相互认同、相互连结的全球法律机制和国际准则，这是不同国度的社会主体所创造的调整规则和所积累的调整经验之有机聚合，体现了人类法律实践的普遍性的历史定则，反映了人类的法律智慧和对理性的追求。[②] 这种法律文化，不应是西方中心主义的，当然也不可能是民族沙文主义的。知识产权原则、规则在全球范围的普适性，须以各国社会成员普遍而共同的法律信仰为思想基础。将人类共信的法价值理念导入我们的精神家园，是中国知识产权法治建设中的重要任务。二是充分展现中国法治文化的特殊元素。从本土资源来说，知识产权法律构造的思想基础，首先来自法治发展理念的创新。在以往的知识产权法研究中，法学家所秉持的价值理念往往是公平与正义，而经济学家通常追求的功能目标是利益与效率。在中国，科学发展观作为当代社会发展规律的理论概括，作为当代社会发展理论的观念形态，对“包括法价值观在内的整个中国社会的价值观的变革具有重要推动作

① 在全球范围内，数字技术的运用及其程度有很大差异，这种网络发展的不均衡性，即是“数字鸿沟”问题。在版权产业界，诸如影视、音乐、广播、游戏、动漫、出版等数字内容产业占据主流和支配地位，而生产数字内容产品的许多核心乃至技术标准，多为发达国家和他们的跨国公司所掌握。根据《聚焦“第四差别”——中欧数字鸿沟比较研究》提供的数据，2007 年中欧数字鸿沟的综合指数为0.69，这意味着中国的信息化总体发展水平和应用水平比欧盟落后69%。参见张新红等：《聚焦“第四差别”——中欧数字鸿沟比较研究》，82 页，北京，商务印书馆，2010。

② 参见公丕祥：《全球化与中国法制现代化》，载《法学研究》，2000 (6)。

用”[①]。科学发展观强调以人为本、全面协调的可持续发展的理念，具有法律价值论意义，以此作为知识产权制度构建的指导思想和实施效果的判断标准，使得知识产权理论研究出现了一种新的价值取向，丰富了原有的知识产权制度评价体系。其次来自传统文化的改造。中国传统文化的历史惰性，对于现代知识产权法治建设有着消极影响，但也存在着一定的利用价值。正如学者所描述的那样，“那种富于人情味的和谐功能、那种防微杜渐的内省模式、那种因事制宜的情节理论，其实或多或少含有超越时代的意义”[②]。也有学者对中国传统文化内容进行整理和概括，其中“注重整体精神”“向往理想人格”“勇于创造、革故鼎新”等[③]，与鼓励知识创新、提倡知识利益分享的知识产权文化理念也有一定的联系。传统文化作为一种固有的行为方式和观念模式，其影响无处不在，无时不有，不可能弃如敝屣。我们有必要对传统文化与现代制度的结构要素进行分析、鉴别，或是梳理、整合、选择传统文化的积极之处，以推动现代制度的有效运行；或是导入影响意识观念的现代制度，凭借功能机制促进传统文化转型。

中国知识产权法价值体系目标的构建，关键在于理念更新与构成调整。现就人本主义和和谐发展的新价值观分述如下。

（1）人本主义是知识产权法的最高价值。所谓人本主义即是21世纪的人文主义，是以人权保障为最高理念，体现以人为本位、以权利为本位的价值观念。[④] 科学发展观的核心理念，是坚持以人为本，维护人的主体地位、调动人的积极性、保护人的正当利益，以促进人全面发展。可以认为，人本主义的要义是实现人的全面发展，即“每个人和一切人都在客观和主观上的各个方面得到最大限度的自由发展”[⑤]。在知识产权法价值体系中，人本主义即人的全面发展处于统领地位，在这一最高目标之下，诸法律价值得以形成一个有机联系

① 黄文艺：《科学发展观的法律价值论解读》，载《苏州大学学报》，2005（5）。

② 季卫东：《中国法文化的蜕变与内在矛盾》，载李楯主编：《法律社会学》，229页，北京，中国政法大学出版社，1999。

③ 参见李兴成：《传统文化与新时期传统文化》，见 http：//www.edu.cn/20011121/3011083.shtml，访问日期：2013年1月28日。

④ 参见屈茂辉：《中国民法典的基本理念》，载《求索》，2002（5）。

⑤ 卓泽渊：《法的价值论》，463页，北京，法律出版社，2006。

的整体：知识创造的自由价值实现是人的全面发展的前提，知识市场的秩序价值实现是人的全面发展的保障，主体人格的平等价值实现是人的全面发展的基础，而是否有利于人的全面发展则是知识分享的正义价值实现的重要判断标准。在知识产权法价值目标中，人的全面发展首先是每个人的全面发展，它是一切人全面发展的构成部分；同时，人的全面发展最终在于实现一切人的全面发展，它是个人全面发展的结果和目的。这一法价值理念在制度设计中被概括为保护私人权利与促进知识传播的二元立法原则，表现为创造者、传播者、使用者的多元权利结构。上述立法宗旨和权利结构，应达至国际人权公约的要求，即创造者的权利应与公众“参加文化生活”的权利和“享受科学进步利益的权利”保持一致，这一人权要求应高于“知识产权法的简单经济运作”①。换言之，知识产权法通过对个体、群体以及社会公众的权益保护，以促进每个人和一切人的全面发展。正如有的学者所强调的那样，这一制度的最高目的是“发展”，即“个人的发展、社会的发展、国家的发展以及全球人类社会的共同发展”②。

（2）和谐发展是知识产权法的终极价值。所谓和谐发展，是一种配合适当、协调有序的理想动态，这是一种涵盖周延的目标系统，包括人的和谐、社会的和谐、自然的和谐，以及人与社会、自然的和平共存与进步。和谐发展是法的发展的终极理想，是法的正义、秩序、自由、效率等价值的有机统一体。③ 科学发展观的第一要义是发展，其基本要求是全面、协调、可持续，根本方法是统筹兼顾。这种和谐发展的理念，既是中国构建“和谐社会”的时代发展要求，也是我们改造法价值体系的新的理论资源。和谐发展是现代知识产权法应当追求的重要的形式价值，其价值实现的理想状态即是知识产权制度的良性、健康运行：在知识产权保护、利用与限制方面，应统筹个人利益和集体利益、局部利益和整体利益、当前利益和长远利益的关系；在知识产权政策实施方面，应兼顾创造、运用、保护和管理的关系；在知识产权治理系统方面，

① ［美］奥德丽·R. 查普曼：《将知识产权视为人权：与第15条第1款第3项有关的义务》，刘跃伟译，载《版权公报》，2001（3）。

② 吴峰：《知识产权、人权、发展》，载《上海理工大学学报（社会科学版）》，2005（3）。

③ 参见张德芬：《知识产权法之和谐价值的正当性及其实现》，载《法学评论》，2007（4）。

应关注制度本身改革和相关制度替代、补充的关系[①]；在知识产权实施效果方面，应妥当处理社会发展与环境、生态和谐共存的关系。在多元的法价值体系中，和谐发展观具有独特的作用：一是统筹性功能。如果说正义、自由、效率代表着真与善，秩序代表着美，那么和谐则代表着真善美的统一。[②] 和谐发展观作为众多个体价值不断融合的状态组成，应是知识产权法运行全过程的基本理念。二是引导性功能。在诸法律价值的实现过程中，和谐发展观起着指导和引领的作用。它作为一种关系良好的状态，“能够促成效率价值的实现”；它表达了人类与自然界万物共处的基本生存法则，是“正义精神的升华”；它作为人的终极价值追求，“引导着法的秩序价值实现”[③]。三是判断性功能。和谐发展观是一种“人对法的绝对超越指向”[④]，可以作为衡量诸价值实现效果的准则和标准，以调和原有法价值之间的冲突。

确立人本主义与和谐发展的价值观，是对知识产权法律精神的挖掘和升华，是对正义、效率、创新诸传统价值的超越和发展。笔者认为，以综合治理应对制度失灵，化解现代知识产权运行中的政策风险；以知识共享弥补权利垄断，促进中国知识产权事业中每个人和一切人的全面发展；以国际合作代替南北对抗，建构知识产权保护体系中的“和谐世界”，这是中国乃至国际知识产权界共同面临的时代问题，也是人类社会实现知识产权法治理想的价值目标。

---

① 知识产权法治系统的变革，不仅在于其保护、限制、利用制度的完善，更在于相关制度的补充和替代，如传统知识保护制度、知识共享制度、知识创新奖励制度等，以弥补现行知识产权体系的制度缺陷。参见吴汉东：《知识产权的制度风险与法律控制》，载《法学研究》，2012（4）。

② 参见王岩云：《作为法价值的“和谐”涵义初探》，载《法制与社会发展》，2006（4）。

③ 张德芬：《知识产权法之和谐价值的正当性及其实现》，载《法学评论》，2007（4）。

④ 贾少学：《论和谐作为法价值的表现》，载《法制与社会发展》，2006（4）。

关于知识产权基本制度的经济学思考*

法律的经济分析结果表明，植根于经济生活中的法律不仅应具备维系社会正义的职能，还应负担起实现资源有效配置、促进社会财富增加的使命。质言之，正义与效益构成了当代法律的双重价值目标。本文试以经济学的理论和方法研究知识产权制度的创设、结构和效益等问题，以揭示这一法律制度的经济本质，从而为我们认识、评价知识产权的功能提供新的思维方式。

一、产权界定与知识产权的制度选择

财产法的经济目标在于最合理地利用有限资源和最大限度地扩大产出，即实现效益的最大化。这里最关键的问题是产权的界定，产权描述的是一个人对某一资源可以做些什么，不可以做些什么，包括“占有、使用、改变、馈赠、转让或阻止他人侵犯其财产”的权利。①

在知识、信息（包括作品、发明、标记等在内的精神产品）这一无形资源上界定产权，导源于经济学家关于公共产品与私人产品的理论。经济学家对产品的分类是依据其消费形态和使用状况进行的。最早对私人产品和公共产品的

---

* 原载《法学》，2000（4）。

① 参见［美］罗伯特·考特、托马斯·尤伦：《法和经济学》，张军等译，166页，上海，上海三联书店，1994。

区别作出明确说明的是保罗·A. 萨缪尔森（1955 年）。他以苹果（私人产品）和路灯（公共产品）为例描述了两者的经济含义。所谓私人产品是指在使用和消费上具有个人排他性的物品。该类物品在特定的时空条件下只能为某一特定的主体所使用，正如学者所比喻的那样，“一条裤子在某个时间只能为一个人穿着”，“一辆汽车不能同时朝两个不同的方向行驶”。这说明，“在私人产品的消费上具有对抗性”①。所谓公共产品是指在使用和消费上不具有个人排他性的物品，该类物品“一旦生产出来，生产者就无法决定谁得到它”②。公共产品可以在某一时空条件下为不同的主体同时使用，例如公共汽车为每个乘客提供服务、路灯为不同的人提供便利，即说明公共产品在消费上无对抗性。

信息经济学理论认为，知识、信息是一种特殊商品，具有公共产品的某种属性。早在 1959 年尼尔逊（Nelson）就讨论了知识的公共产品性质，而阿罗（Arrow）在 1962 年论及信息经济时也谈到知识的公共问题。综合起来说，知识产品作为公共产品具有以下基本特征：第一，知识产品的生产者很难控制知识创新的成果。如果创造者将其知识产品隐藏起来，那么他的创新活动就不会被承认，从而失去社会意义。如果创造者将知识产品公之于众，他对信息这一无形资源事实上又难以有效控制。第二，知识产品的个人消费并不影响他个人的消费，无数个人可以共享某一公开的信息资源。无形的知识产品以有形的载体形式公开，即可构成经济学意义上的“公用性”。第三，知识产品是一种易逝性资产。信息的生产是有代价的，而信息的传递费用相对较小。一旦生产者将其信息出售给某一消费者，那个消费者就会变为原生产者的潜在竞争对手，或是其他消费者成为该信息的“搭便车者”。后者在知识产权领域中即是无偿仿制或复制他人知识产品的情形。第四，知识产品的消费与其他公共产品不同，它的使用不仅不会产生有形损耗，从而使知识产品减少，反而可能扩张社会的无形类资源总量。但是，由于“外部性”原因，生产者提供的信息往往被消费者自由使用，其结果虽然是知识产品带来的社会效益大大高于创造者个人

① ［美］罗伯特·考特、托马斯·尤伦：《法和经济学》，张军等译，147 页，上海，上海三联书店，1994。

② D. Friedman，Price Theory，South－Western Publishing Co. 1986. 转引自谭忠东等：《知识产权保护的经济学分析》，载《知识产权》，1999（4）。

取得的效益，但同时导致知识产品生产者难以通过出售信息来收回成本。[①]

知识产品在经济学上是资源，在法律上则可视为一种财产。知识产品之所以能够成为知识财产，成为财产法的保护对象，从经济动因来说主要有两点：(1) 知识产品的有用性。知识信息是社会中最为有用的资源之一，是社会财富的重要组成部分。首先，知识产品能作用于人们的精神生活，满足人们精神生活的需要，产生一定的社会效益；也能投入生产领域转化为有形的物质产品，满足人们物质生活的需要，产生一定的经济效益。在商品经济的条件下，知识产品具备了商品的基本属性，或者说是商品化了。它们同物质产品一样，既有使用价值，又有价值，是人类辛勤劳动的结果，所不同的是，它的智力消耗大于体力消耗，并作为人类的抽象劳动凝结在知识产品之中。(2) 知识产品的稀缺性。资源作为财产的另一原因是它的稀缺性。知识信息不是一种天然生成并取之不尽的资源，其稀缺性首先表现为知识产品生产的长期性、复杂性和高成本化。知识经济学理论认为，知识信息的生产过程包括知识输入、知识加工、知识产品输出三大环节：知识输入是指知识教育和培训、信息的收集等过程；知识加工是指通过智力投入而进行创造性的劳动，从而生产出新的智力成果的过程；知识产品输出是指信息、技术、艺术产品等知识劳动成果应用的过程。整个过程需要社会以至个人的大量投入，并需要长时期的探索性、创造性、连续性劳动才能实现。其次表现为知识产品创造者的数量稀缺和价值珍贵。创造性人才是知识的生命载体，他们的劳动与物质性生产那种重复性劳动不同，它是以依靠前人积累的知识为劳动资料，以抽象的知识产品为劳动对象的精神生产劳动。知识产品的生产过程对生产者的智力投入有特殊要求：一是生产者智商高于一般人，能胜任高智力投入的劳动；二是通过文献储存和大脑储存，有相当的知识储备，具备高智力投入的基本条件。对于社会需求而言，此类人才常常存在着供给不足。[②] 基于知识、信息的有用性和稀缺性原因，社会有必要建立相应的无形财产制度，调整知识产品生产的成本与收益关系，防止知识产

① 关于知识信息的经济学特征的描述，还可参见刘茂林：《知识产权法的经济分析》，北京，法律出版社，1996；袁志刚：《论知识、生产与消费》，载《经济研究》，1999 (6)。

② 关于知识劳动、知识劳动价值的有关理论，可参见张和生：《知识经济学》，沈阳，辽宁人民出版社，1992。

品的无偿使用或消费的情形发生。

知识产品要成为知识财产，其产权界定就成为必须解决的问题，产权界定的实质是回答知识财产应为私有还是公有。在经济学家看来，选择何种产权，必须考虑公共性资源的外部性和“搭便车”问题，并以效益最优为原则。外部性是一种外部的影响或效应。它可以是正外部效应，如某人植树，使他人免费享受环境；也可能是负外部效应，如某单位排污，使他人受到环境损害。在精神领域，外部性问题将导致消费者的效用最大化和生产者的利润最大化行为的无效益。信息的生产者拥有天然优良资源（创造能力），在精神产品紧缺的条件下，可能运用精神产权的垄断性而获取各种“经济学租金”（economic rent，即垄断利润）。他们力图使自己的私人利益达到最大化，却可能忽视整个社会文化繁荣和科技进步的需求；而信息的消费者基于使用与消费信息的需求，可能利用信息的公共产品属性，去追逐效用的最大化，从而损害信息生产者的利益。总之，外部负效应采用损害他人利益的方法来增加自己的利益，是不符合经济学的效益原则的。对外部性问题采取什么对策，这是知识产品产权界定所要回答的问题。“搭便车”（free rider）是指不支付任何成本而从他人或社会获得利益的行为。例如，公共汽车公司必须为每个人提供便利，出资者与未出资者都在乘车，那些没有为公共产品消费而出资的人，即是经济学家所称的“搭便车者”。搭便车现象的普遍存在将会导致社会生活的低效率。就精神领域而言，知识产品一旦公开，则信息生产者很难对付不付费的“揩油者”。后者对信息生产者提供的产品享受利益但不向其支付费用，结果信息生产者不能通过市场交易得到足够的收益，以补偿他们投入的成本。在这种情况下，私人市场提供的知识产品的数量可能小于最优值，从而形成信息经济学所称的“不足”（non-appropriablity）问题，鉴于消费者对信息量的需要，社会有必要明确知识财产的权利归属，以建立知识创造的激励机制。

对知识财产进行产权界定是必要的。但是，知识产品是人们在科学、技术、文化等精神领域的创造性产品的总称，其类别具有多样性，因此不宜简单采取整齐划一的产权形式。在知识产品中，科学成果与某些技术成果采取的是非市场机制的产权形式。科学成果是对人类实践经验的概括和总结，是关于自然、社会和思维的各种理论知识和研究成果。在现代科学阶段，科学活动内部的分工越来越细，人文科学和社会科学从自然科学中分离出去，在这个意义上，科学一词往往指的是自然科学。自然科学活动的目的在于发表科学发现。从一般意义上来说，发现是指“经过研究、探索等，看到或找到前人没有看到的事物或规律”[①]，例如对新星球、数学定理、物理理论、地震规律等方面新的发现，科学史记载的哥白尼的“地动说”、牛顿的“万有引力定律”、门捷列夫的元素周期表、爱因斯坦的相对论等，都是认识“前人未知”的自然界及其客观规律的科学发现。关于科学发现的经济分析证明，对此类知识产品采取私有产权的形式是无效益的。第一，科学发现的内容只能是阐明科学事实或者客观规律的基础科学研究成果，这些属于人类的新思想、新理论、新观念，具有认识的“前所未有性”、“唯一性”以及“真理性”特征。因此，不宜为发现人所垄断或专有，也就是说，发现人不能阻止他人运用他的科学发现。正如《科学发现国际登记的日内瓦条约》所指出的那样，它的目的是促进科学发展，鼓励人们使用已经发现的自然法则，而不是限制这种使用。第二，科学发现需要投入大量的财力、人力，但是其本身是没有商品价值的，或者说是无价之宝而不能计算其价值量。这是因为，对于科学事实和客观规律，科学发现者的活动是发现他们、认识他们，而不是创造他们、改造他们。这就是说，人类的抽象劳动并未凝结在这些科学事实和客观规律之中。[②] 上述情况表明：基础科学研究成果是社会需求的重要信息，其投入成本很高，私人生产将面临着成本与收益的不对称。而且该类成果无直接的商品价值，生产者与消费者实际上无法就使用费进行谈判；同时，该类成果具有典型的公共产品属性，不宜由生产者个人垄断，换言之，采取私人的产权的形式将会造成社会科学发展状况的低效率。解决这一问题的基本思路是，既要满足社会对信息的需要，避免产品在市场消失而影响所有消费者的福利；又要设置特殊的制度，让消费者间接支付成本，以支撑和激励生产者的精神生产活动。其主要办法有两点：一是从税收中提供生产成本，让大学、科研机构得以生产基础科学成果类的公共产品；二是建立科学奖励制度，以非市场机制的报酬系统来换取社会对科学成果的公有

---

① 《现代汉语词典》，294页，北京，商务印书馆，1987。

② 参见刘春茂主编：《知识产权》，北京，中国人民公安大学出版社，1997。

产权。

关于科学成果的非市场机制的报酬系统，在经济学家那里被称为优先权（priority）报酬系统。[①] 这是一种与优先权有关的各类报酬的奖励制度：首先是科学发现的命名权，即在某项科学成果上以完成该项科学发现的科学家来命名；其次是科学奖金的获得权，即从政府或其他社会组织那里领取奖励科学发明的科学奖金。优先权报酬系统的实质是确立科学发现者拿走的只是“命名”与奖金的报酬，作为这种收益的对价支出，社会获得了对该项科学成果的公有产权。正是在这个意义上，笔者以及一些学者曾认为，发现权制度不是私人专有财产的知识产权制度，而是一种科技奖励制度。

与科学成果相类似，某些技术成果也往往适用非市场机制的产权形式，这即是发明奖励制度。发明是一种重大的科学技术成就，具体而言，它是一种“前所未有的”“先进的”“经过实践证明可以应用的”改造客观世界的科学技术成就。发明奖励制度通过对发明创造所产生的经济效益和社会效益进行评价，由国家给予奖励，即颁发发明荣誉证书、奖章和奖金。与此相对应的是，发明成果的所有权名义上属于国家，但任何人可以无偿使用。总体而言，关于技术成果的产权界定有三类情形：（1）单一制的发明专利制度，即技术成果产权私有；（2）单一制的奖励制度，即技术成果产权公有；（3）双轨制的发明专利—奖励制度，即对技术成果产权采取私有与公有两种形式。这里涉及制度选择问题。选择何种制度更为经济，我们可以将其置于一个成本、收益模式中进行考察：制度（1）实行产权私有，使得生产者得以控制信息的外溢效应并得到成本补偿，刺激私人生产知识产品的积极性。但是，获得私有产权的知识产品须具有一定的条件，在单一制度条件下，就会使得某些技术成果产权归属不明，最终会导致该类技术成果从市场上消失；制度（2）实行产权公有，使信息充分公开并广为使用，在一定时期内使社会支出极小的成本而取得收益。但是，将知识产品当作纯粹的公共产品而由公众自由使用，就会使私人失去生产信息的积极性，最终造成信息供给不足；制度（3）以技术成果产权私有为主，兼采以奖励为对价的公有产权形式，较好地弥补前两者的不足，因此机会成本

① 参见袁志刚：《论知识的生产与消费》，载《经济研究》，1999（6）。

较小，符合“相对优势定律”的一般原则。[①] 同上述的发现权制度一样，狭义的发明权制度，也不宜归属于具有专有权性质的知识产权体系之中。

就主要知识产权而言，概以采取私人产权的形式，即知识产权制度。一般认为，知识产权制度赖以产生的条件是：知识产品所有人将自己的作品、发明创造等公布出来，使公众能看到、了解到、得到其中的专门知识，而公众则承认作者、发明创造者在一定时期内有独占使用、制造其知识产品的专有权利。知识产品是公开的（公共产品属性），但知识产权是垄断的（私人产权属性）。西方法学家将这一现象解释为社会契约关系，即以国家面貌出现的社会同知识产品创造者之间签订的一项特殊契约。[②] 按照经济学家的表述是，财产占有人认识到在财产上存在着规模经济，各方即会就组建一个用于承认和保护其产权的政府进行谈判。“一旦他们达成了协商同意建立一个由武力为后盾的政府，每个人就能享受到更多的财富和更大的安全。哲学家把经过这些协商最终达成的谈判称为‘社会契约’，因为它建立起了社会生活的基本条款。”[③] 建立知识产权制度的经济动因，在于“对财产权的法律保护有其创造有效使用资源的诱因”[④]。正是农夫能够获得土地作物的财产权，才有诱因促使农夫支付并尽可能节约耕种土地所需要的成本；正是创造者能够取得无形财产的垄断权，才有诱因激励其在知识、信息的生产方面投资。

二、产权交易与知识产权的利用

依照微观经济学的供给与需求理论，智力创造是一种生产活动。与物质生产的过程一样，精神生产的目的同样是为了交换，只有经过交换，个人才能获得各类物品的最佳组合，达到效用或利益的最大化。在市场经济条件下，知识

---

① 机会成本是指把一定资源用于生产某种产品时放弃的生产另一种产品的价值，或说是利用一定的资源获得某种收入时所放弃的另一种收入。微观经济学认为，人们应该从事某机会成本低于其他所有事情的事情。

② 参见《国外专利法介绍》，第1册，12页，北京，知识出版社，1981。

③ ［美］波斯纳：《法律之经济分析》，22页，台北，台湾商务印书馆，1983。

④ ［美］罗伯特·考特、托马斯·尤伦：《法和经济学》，张军等译，185页，上海，上海三联书店，1991。

产品具有与物质产品同样的商品属性，成为自由交换的标的。这样交易活动应是高效益的价值实现和价值增殖的过程，市场经济中资源（包括知识、信息等资源）的有效配置，就是依靠交易来实现的。

交易的实质不是物品本身的交换而是产权的交换。马克思认为，商品交换本质上是不同于商品所有者的劳动的交换。在商品交换之前，商品所有者必须彼此承认对方是私有者。这种具有契约形式的法权关系是一种反映着经济关系的意志关系。① 马克思主义的政治经济学理论说明，交易或者说交换本质上是一种经济关系。这种经济关系的核心是所有者的权利。权利根据其交换性与否可以分为两类，即可交易的权利与非交易权利。产权具有经济上的价值，因而是可以交易的。知识产权之所以具有经济上的价值，其理由有两点：一是产权客体系人们智力创造性劳动的产物，它们虽无外在的物质形态，但有着内在的价值；二是产权本体具有潜在的经济上的利用价值，即给主体在权利的实现过程中带来经济利益。产权的可交易性特征告诉我们：要使资源得到有效的利用，就必须实现产权的流转，即在流转中产生效益。②

知识产权立法的首要目的是界定相关产权，保护信息生产者的合法权益。同时，又要规制产权交易，促进信息的广泛传播与使用。知识产权的这种双重立法目的是相辅相成的。法律经济学曾对信息产权的设定提出过一个悖论。它认为，在信息方面确立产权的每一种方法的显著经济特征，在于这些产权都是垄断权。一般来说，垄断性产业比竞争性产业缺乏效益。一方面，新信息生产者在一个不受管制的市场中收回其价值是困难的。通过给予信息的生产者以垄断权，该生产者就有一种强有力的刺激去发现新信息。另一方面，垄断者对产品索取高价将阻止该产品使用，消费者可能难以支持费用去充分使用信息，从而无法实现资源配置的最优效益。简而言之，这一问题的困惑在于，“没有合法的垄断就不会有足够的信息生产出来，但是有了合法的垄断又不会有太多的信息被使用”③。笔者认为，解决这一两难困境的法律途径是，在保护无形财

---

① 参见马克思：《资本论》，2版，第1卷，103～104页，北京，人民出版社，2004。

② 参见高德步：《产权与增长：论法律制度的效率》，132页，北京，中国人民大学出版社，1999。

③ ［美］罗伯特·考特、托马斯·尤伦：《法和经济学》，张军等译，185页，上海，上海三联书店，1991。

产权的基础上对这种垄断权利实行必要的限制，在保证生产者独占使用其信息的前提下规制他人以不同的条件利用该信息。上述情形在相关法律上表现为知识产权的利用，其主要制度是授权使用、法定许可使用、强制许可使用和合理使用。

知识产权的利用，实质上是不是主体之间的产权交易行为。在微观经济学那里，对知识产权的利用进行制度选择与安排，其经济目标就是实现效益的最大化。所谓效益，本意是指用最少的成本去获取最大的收益，以价值最大化的方式利用经济资源。科斯理论认为，在零交易成本的世界里，只要产权界定明确，产权可以自由交换，主体积极合作，则无论产权属于谁，权利的配置都会产生有效益的结果。但是，零交易成本只是一种假定，现实交易中存在着"实在交易成本"。这种交易成本包括获得市场信息所需的成本，讨价还价与签订合同所需的成本，监督合同履行和制裁违约行为所需的成本。[①] 在上述"实在交易成本"的情况下，有效益的结果就不可能在每个法律法规下发生，此时，合意的法律法规是使交换代价的效应减至最低的规则。为此，知识产权选用的诸项制度，应遵循交易成本最低化的原则，调整信息生产者、传播者、使用者的权利配置关系，以实现促进文化发展和推动社会进步的最优效益。下面，我们将以交易成本与交易效益为尺度，对知识产权利用诸制度逐一进行评价和分析。

授权使用，亦称许可使用，即知识产权所有人授权他人以特定方式对其知识产品进行使用。授权使用这一法律行为通常表现为许可使用合同，在国际上即被称为许可证贸易。经济学家认为，合同是当事人为达成交易，实现自己的私人目的而为的一种合意。产权界定在于进行交易，而任何交易都需要成本。许可使用合同制度经济的功能是：总结人们的交易习惯，规定统一的交易规范和术语，避免当事人每每就交易问题订立繁琐的合同条款，从而减少交易成本，便于当事人达成合意，促进产权交易。该项制度通过设定各种原则、规则，以预防和减少交易中的违约行为、意外事件等引起的成本，并提供有效的补救措施。上述理论是我们对授权使用制度进行经济分析的基础。这一制度能否实现精神财产效益的最大化，有三个问题值得研究：(1) 合同条款问题，合

---

① 参见［美］罗纳德·科斯：《社会成本问题》，载《财产权与度变迁》，上海，上海三联书店，1994。

同条款是当事人意思表示一致的结果，是意思自治原则的体现。但 21 世纪以来，随着市场经济的高度发展，知识产权贸易开始大量采用具有定型化特点的标准合同。这种格式合同由一方预先制定，条款内容不能修改，合同相对人要么接受，要么走开。制定合同的一方多为知识产品的传播者、使用者，如出版商、制片商、生产商等。格式合同的出现，简化了交易过程，节省了交易成本，提高了效率，当然有其经济上的合理性和必然性。但是，格式合同限制了合同相对人意思表达自由，容易给处于弱者地位的知识产品创造者带来利益损害。为了纠正格式合同带来的这一弊端，经济学家提出了两种解决途径：一是通过市场竞争解决（科斯、波斯纳等人持此观点），即消除垄断、保护竞争，促使格式合同的制定者出于竞争优势的考虑，提出有益于对方的条款，从而带动其他竞争者争相仿效，以致降低交易成本；二是通过政府解决（维克多等人持此观点），即国家制定管制格式合同的立法，或授权行政机关修改显示公平的格式合同，以保护相对人的利益，事实证明，在无形财产权贸易领域，由国家进行干预，或在相关立法中拟定合同指导性条款，或出面制定有关无形财产权交易的标准合同，这些做法都是适宜的、有效的。① （2）授权主体问题。从授权主体而言，许可使用合同有个人许可合同与集体许可合同两种。前者是以权利人自己的名义授权，为其本人利益而签订；后者则以受托人名义授权，其利益由权利人与权利管理组织分享。集体许可合同多见于著作权贸易。其运作方式是：著作权所有人将他们的权利转让给某一集体组织管理，该集体组织以自己的名义与著作权使用人签订年度使用许可证。这种集体管理制度的经济学意义在于，使著作权人面对成千上万的使用者时能减少行使权利的成本（包括收取使用费和制止侵权的各项支出），使使用人面对成千上万的创作者时能减少取得权利的成本（包括收集信息、讨价还价以及履行合同的各项支出）。因此，在著作权贸易中，应大力推行节约交易成本的集体管理制度。② （3）权项转移问题。授权使用涉及权利的移转，法律上的权利与产权有关，但又不等同

---

① 关于格式合同问题的解决方案，可参见彭汉英：《财产法的经济分析》，中国人民大学博士学位论文（1997）。

② 如何利用经济学原理设计集体管理制度，可参见刘茂林：《知识产权法的经济分析》，北京，法律出版社，1996。

于产权。产权经济学家一般认为，产权是“一揽（篮）子权利”（a bundle），简言之，它是“以财产的所有权为核心的财产权利的总称”[①]。产权的经济学含义对于知识产权交易来说有两点启示：一是所有权与使用权分离。权利人可以转让无形财产的所有权，也可以在保留所有权的基础上让渡其中的使用权。二是专有权的各个权项的分离。诸如著作权中的复制权、广播权、制片权、演绎权，专利权中的制造权、销售权、进口权等都可以单项出让给不同的使用人。知识产权利用制度应充分鼓励交易，保障各种权利为使用人充分使用，这不仅意味着知识产品有更多的利用价值，而且使得更多的资源流向有效率的使用者手中，从而带来更多的财产增值。

法定许可使用与强制许可使用，相对于授权使用而言，都是一种非自愿许可使用。前者是指根据法律的直接规定的方式使用已公开的知识产品，可以不经权利人许可，但应向其支付报酬的制度，国际上称这种交易方式为“法定许可证”。后者是指在特定的条件下，由国家主管机关根据情况，将对已公开的知识产品进行特殊使用的权利授予申请获得此项权利的使用人的制度。在国际上，这种交易方式被称为“强制许可证”。法定许可使用与强制许可使用都是一种准法律行为，即虽无严格意义的意思表示，但又有向相对人表意之行为，因而发生与法律行为相同后果的一种法律关系。就使用的授权而言，在法定许可使用中，法律推定权利人可能同意并应该同意将知识产品交他人使用，因而由法律直接许可；在强制许可使用中，政府认为使用人无法取得权利人授权并又有合法理由，因而由主管机关个别授予。依照经济学的基本理论，法定许可使用与强制许可使用实际上是国家安排下的“合作博弈”。考特和尤伦在《法和经济学》一书中以甲乙双方买卖汽车为例，阐述了合作产生效益的观点。申言之，在交易过程中，双方会讨价还价，这事实上是个“谈判博弈”的过程。只要谈判成功，即合作成交，双方都可能受益，从而使资源得到合理有效的利用，导致社会价值的增加。[②] 为促进合作成功，社会必须建立一种规则。霍布

① 唐丰义：《产权概念的发展与产权制度的变革》，载《学术界》，1991（6）。

② 参见［美］罗伯特·考特、托马斯·尤伦：《法和经济学》，张军等译，上海，上海三联书店，1994。

斯认为，即使在谈判中没有严重的障碍，人们也极少有理性在所得份额的问题上达成协议，因此要有一个强有力的第三方迫使他们同意。[①] 法定许可使用与强制许可使用制度的设定，不仅减少交易的信息成本（发现谁进行交易、进行什么交易和怎样进行交易），而且减少了谈判成本（讨价还价取得授权），使双方当事人合作成功进行交易的可能性大为增加，因此这一制度有助于实现精神财产效益的最大化目标。但是，上述制度的适用有两点应予以注意：第一，非自愿许可制度仅适用于已公开的部分产品的有限范围。如果推而广之，势必损害权利人的利益。依照帕累托标准，效益的提高必须是对各方都有利，以损害某一方利益为代价来改善他方利益的方法实质上是没有效益的。[②] 第二，非自愿许可制度仅仅是减少了部分交易成本，而不可能消灭全部交易成本。使用人虽在授权方面取得了法定的或政府意定的许可，但在支付报酬方面仍要与权利人进行谈判。相关法律的设计应能有效地减少私人在拟定协议时所产生的障碍。

合理使用是对知识产权利用的特殊情形，它是在法律规定的条件下，不必征得权利人同意，又无须向其支付报酬，基于正当目的而使用他人知识产品的合法的事实行为。合理使用广泛适用于知识产权领域，诸如著作权中的个人使用、新闻报道使用、转载或转播使用等，专利权中的先用权人的使用、非商业性目的的使用、临时过境的使用等，以及商号权、商标权中因公务、司法活动或社会公益目的的使用等，都属于此类情况。合理使用的本质特征是自由使用、无偿使用，仅由此而论，该制度是知识产品创造者对权益的让渡，其结果似乎是仅对使用者有利。按照帕累托标准来看，合理使用只有对创造者与使用者都有利时方属“合理”，否则将因“经济合理性”的欠缺而导致无效益。事实并非如此，合理使用制度起始于著作权领域，其初衷在于解决后来作者以创作新作品为目的而如何利用前任作者的作品的问题。我们知道，作品是作者创作的，它是作者个人的精神财富，同时又是社会财富的一部分，既体现了个人的创造精神，又吸取了前人的创作成果。人类的创作活动是一个流动的过程。如果对此作出动态分析的话，每一作者在合理使用中都有支出，同时又有“收

① 引自高德步：《产权与增长：论法律制度的效率》，101页，北京，中国人民大学出版社，1999。
② 参见［美］H. 范里安：《微观经济学：现代观点》，24页，上海，上海三联书店，1994。

益”。某一特定作者在创作过程中因利用前任作者的作品而取得“收益”。但其作品完成后又为后来作者提供了合理使用的材料而“支出”。就人类创作活动的总体而言，在合理使用基本规则界定的条件下，各方都取得效益，并不存在损害某一作者利益而增加另一作者利益的情形。[①] 上述“经济合理性”分析应能适用整个知识产权领域。与前述几种许可使用不同，合理使用中使用者与创造者的权利交易不同于一对一的对手交易，而是社会制度安排下的特定创造者与不特定的使用者之间就信息资源分配所进行的交换。

合理使用与前述几种许可使用，实质上是基于产权界定所形成的几种交易方式。就知识产权领域而言，社会在权利界定与分配上实行了“专有区域”（exclusive zones）与“自由区域”（free zones）的划分。[②]“专有区域”在信息资源中涵盖面极广，创造者是这一领域的“独占者”，他人使用其知识产品，既要征得创造者同意又要支付报酬（如授权许可使用），或虽依法不必经过许可但要支付报酬（如法定许可使用、强制许可使用）。这一区域的设定，带来创造成本的回报，维系创造者生产信息的激情，因而是有效益的。“自由区域”在信息资源中所占比例较小，使用者是这一范围的“自由人”，在法律规定的条件下，使用他的知识产品，既无须征得同意又无须支付报酬（即合理使用）。这一区域的构建，并不导致创造者的利益损害，反而有助于公众的创造活动，促进信息畅通与传播，因此也是有效益的。反之，任由“专有区域”独占全部信息资源，悉由创造者控制知识产品的传播与使用，将会造成过高的交换代价；或是消费者无力每每取得授权或支付垄断价格，从而拒绝使用信息（假定1）；或要付出诸如获得市场信息、进行谈判、实施交易、监督执行等各种成本（假定2）。显然，这是一种无效益的选择。无形财产权制度的当代使命不仅要保护“蛋糕”分享的公正性（合理分配社会成员的权利、义务、资源、收益），更需要促进人们努力增加“蛋糕”的总量（有效利用资源、增加社会精神财富）。不过，随着信息资源利用方式的拓展，加之知识产品的非物质性或者说

① 笔者曾就上述论点，描画有精神生产过程图表和以合理使用为线索的交易收益图表。详见吴汉东：《著作权合理使用制度的研究》，74页，北京，中国政法大学出版社，1996。

② See Edward Ploman，L. Clark Hamilton，“Copyright：Intellectual Property in the Information Age”，1980，p. 197.

是公共产品属性所在，当前有必要对合理使用进行适度的限制。这是因为，在对他人知识产品的利用中，不适当地扩张自由使用、无偿使用的范围，将会使得原有创造者的“收益”难以补偿，这结果是不合帕累托效益原则的。

三、产权保护与知识产权的法律救济

交易成本和社会成本理论是经济学家解释侵权法的主要工具。在知识产权利用制度中，除合理使用系事实行为外，其他利用形式概为合同与准合同关系。该项制度（主要是合同法）的目的是帮助人们缔结安全的私人关系，使人们得以确定承担损失的比例（即缔结法律上的权利义务关系）。侵权法作为对合同法的补充，“设计出按比例承担损失的原则：潜在的施害者和受害者形成合同关系的费用太高，从而无法定下这种比例。其结果是侵权法要求以最直接的方式依法干预私人行为”[①]。因此，侵权法的目标是在损害事实发生后，对私人之间因损害而发生的成本进行分配。

对于侵犯知识产权的行为，传统理论给予了充分的道德谴责和法律评价，但常常忽视这一行为发生原因的经济分析。行为人为什么放弃直接交易而选择侵权行为？我们可以从成本与收益的角度来考察侵权行为的经济动因：第一，交易成本过高。这是基于交易双方的角度而言的。在产权交易中，实现对双方都有利的合作博弈，即达到帕累托最优标准，事实上是难以每每奏效的。在无形财产权交易中，诸如当事人、标的物、价金、履行期限与办法、违约责任等问题，都需要双方进行足够的信息交流和行为合作。“这些工作常常是成本很高的，而任何一定比例的成本都可以使许多在无需成本的定价制度中可以进行的交易化为泡影。”[②] 经济学家证明，由于存在着信息的广泛需求，一旦无法进行谈判，或谈判不能成功，侵权使用就会代替授权使用或其他合法形式的使用。第二，外在成本增加。这是基于知识产品创造者的角度而言的。在现实生

① ［美］罗伯特·考特、托马斯·尤伦：《法和经济学》，张军等译，470页，上海，上海三联书店，1994。

② ［美］罗纳德·科斯：《社会成本问题》，载《财产权利与制度变迁》，上海，上海三联书店，1994。

活中，完全竞争的市场无从建立，市场垄断、外部效应、公共产品是造成“市场失灵”的主要原因。上述情况普遍存在于无形财产权交易市场之中。在“市场失灵”的情况下，交易的外在成本就会出现。与生产经营中所耗费的投入即私人成本不同，外在成本是外部强加于生产经营者的额外费用，经济学家认为，市场内部交换是自愿和互利的。而外在市场交换的经济效应则可能是非自愿和有害的。[①] 通常的事例是任意排放污染给他人带来净化水质的额外费用，而外部因素制造者不必为损害付出代价。而在知识产品的利用中也有“污染”的情形：使用者可能有意或无意超越合理的界限而使用了他人提供的信息（或因合理界限不明而行为失范，或是规避法律规定而行为非法），从而对权利者造成损害。第三，侵权行为的“收益”高于成本的预期。这是基于知识产品使用者的角度而言的。在经济学理论中，侵权行为是有成本的。其成本包括实施行为过程所作出的物质耗费、实施违法行为造成的社会后果，以及对于违法行为所承担的社会制裁。这个成本既有必然成本，又有法定成本，前者是指基于侵权行为本身而产生的资源耗费，是侵权人实施这一行为所作出的现实支出，如购置生产仿冒专利产品的机器、设备，投放运输盗版书籍的交通工具等；后者是指因实施侵权行为而依法承受的代价，包括侵权人以财产或其他经济利益给予受害者的补偿，如罚款、没收非法所得、赔偿损失等。[②] 侵权人投入一定的成本，实施特定的非法使用他人知识产品行为，是为了谋取收益，当然，上述“收益”不可能是合法收益，而是实施侵权行为所获得的必然收益。对于侵权人来说，会对上述成本与收益的大小进行比较与预期，即实施侵权行为所耗费的各种成本不能高于其期望的所得到的非法收入，在“产出”多于“投放”的情况下，该项行为才被视为有“效益”。因此，只要存在侵权行为成本过低的诸多因素，侵犯他人知识产权的行为就可能发生。

上述分析表明，侵权行为发生的原因与成本、收益之间的比值有密切关系。可以说，在一定范围内，成本越低，“收益”则越多，侵权行为发生的概

---

① 参见［美］H. 范里安：《微观经济学：现代观点》，702～713页，上海，上海三联书店，1994。

② 关于违法行为的成本分析，可参见吕忠梅、刘大洪：《经济法的法学与法经济学分析》，364页，北京，中国检察出版社，1998。

率也就越高。就现阶段知识产权领域而言，侵权行为的成本、收益的大小变化，受到诸多方面的影响。这些因素包括：（1）制度因素。法律制度直接决定侵权行为法定成本的高低，它设计并规范关于侵权行为的制裁与惩罚方案、措施、办法等。如果相关制度对某种侵权行为规定的惩罚偏轻，该行为的法定成本自然就偏低，从而就会弱化侵权法的惩治性功能，侵犯知识产权的行为就会屡禁不止。从现代各国的相关立法情况看，加大对侵权行为的惩处力度概为通行做法，例如增加有关严惩侵权行为的刑事制裁条款、明确规定侵权行为的法定赔偿额、完善行政处罚手段等。这一立法趋势实际上是立法者对侵权行为成本与收益比例关系的调整，意在从制度安排上改变侵权成本过低、侵权行为泛滥的现象。（2）执行因素。制度的贯彻与施行，实际上是一个执法水平问题。在经济生活中，倘若有法不依、执法不严、违法不究，侵权行为现象自然会滋生蔓延。这就是说，执法水平决定着侵权行为被追究率的高低。被追究率是指侵权行为受到法律惩罚的概率，它是影响侵权行为总成本的一个十分重要的变量。申言之，如果制度实施效果不好、执法水平不高，大量的侵权行为没有受到应有的惩罚，侵权行为的法定成本就会降低，从而对这一违法的总成本构成带来影响。可以这样认为，当前侵权行为的收益率与成功率居高，与制度难以有效执行无关系。（3）技术因素。侵犯知识产权行为多为新型的侵权行为。在现代信息社会中，这一侵权行为与具有智力创造性特征的知识产品的利用相联系，往往有相当的技术含量。一方面，由于新传播媒介、新信息技术的发展，使得非法复制、仿冒、盗窃他人的知识产品，变得十分迅捷、便宜；另一方面，涉及利用知识产品的行为，大多技术手段高明，使权利者无力有效防范，因此这类侵权行为较一般侵权行为具有更大的隐蔽性。上述技术因素不仅使得侵权主体违法行为能力得到增长，同时，也使得侵权行为耗费资源所形成的必然成本大为降低。（4）观念因素。意识形态与制度安排、制裁违法行为一起，被视为权利保护的重要途径。从诺思到贝尔等经济学家在其著述中都阐述了意识形态在经济制度和对法律制度进行经济分析的作用。[①] 意识形态的主要作用

---

① 详见［美］道格拉斯·C. 诺思：《经济史中的结构与变迁》，上海，上海三联书店，1994；［美］加里·S. 贝尔：《人类行为的经济分析》，上海，上海三联书店，1993。

是促进一些群体不再按照成本与收益的简单的享乐主义和个人的计算来行事。[①] 由于知识产权的保护尚未形成意识形态的主流，在知识产品的利用中就会刺激守法中机会主义行为的盛行，从而导致“法不责众”的群体违法效益。人们希望“搭便车”即可获益，而不愿支付必要成本而收益。

侵犯知识产权行为直接发生于社会精神产品的生产、消费过程之中。在法律实施效益不高的情况下，该类侵权行为的滋生与蔓延，会影响创造者生产、开发信息的积极性，从而导致整个社会福利水平的下降。对此，经济学的观点是调节有关产权交易及保护的成本与收益关系，促使理性的经济人放弃选择侵权以及其他违法行为。其具体思路如下。

第一，促进产权交易的合作博弈实现。产权交易有两个相互关联的效率目标，即最大化与均衡。最大化被看作每个经济个体的目标，即使效用达到最大，使利润达到最大；均衡是指每一方都同时达到最大目标而趋于持久存在的相互作用形式。[②] 均衡的具体表现是：每个人都想通过交易获得能提供最大满足欲望能力的物品组合，他们彼此之间就欲望的满足形成一定的价格，互相制约，逐步达到需求等于供给，从而出现价格不再变动而持久不变的情形。实现均衡的效益目标，关键在于采取产权交易的合作博弈。实证分析证明，如果谈判费用太高，双方不能缔结合同关系，就易发生侵权行为。正如前面所言，无形财产从产权界定到交易是一项复杂的经济活动，从而造成侵权行为认定和赔偿的难度。在知识产权市场不完善、机会主义盛行的情况下，产权纠纷诉诸法律往往带来过高的交易成本。张五常先生在谈到交易费用时说道，一个发明专利的买者，在算出该专利的收益现值后，他的律师很可能劝他把预算的收益减去 2/3 作为未来可能产生的官司费用。[③] 因此，解决知识产权纠纷的最佳途径是双方通过谈判达成协议来解决补偿问题。为此，国家应为相关产权交易的运

---

① 刘茂林博士在《知识产权法的经济分析》一书中，谈到有关知识产权的意识形态，一要解释经济制度的合理性，使人们认识到进行侵权行为在经济上是合算的；二要解释法律制度的合理性，使人们认识到关于专有权利的规定对于权利人与相对人都是合理的。

② 参见［美］罗伯特·考特、托马斯·尤伦：《法和经济学》，张军等译，22 页，上海，上海三联书店，1994。

③ 参见张五常：《卖桔者言》，成都，四川人民出版社，1988。

作提供有效的“游戏规则”，健全产权交易市场，以减少交易成本。这是防范和减少侵权行为发生的重要基础。

第二，科学设定侵权行为成本的结构及额度。侵权行为是一种具有社会危害性的违法行为。制止市场主体对侵权行为的个人选择，关键在于把握侵权行为的发生机制，抑制侵权行为“收益”大于成本的预期。侵权行为成本的设定应考虑三个方面的问题：一是削弱侵权人的违法行为能力，消除其从事违法行为的物质力量，从而提高侵权行为的必然成本，降低侵权行为可能带来的“收益”；二是科学估算侵权行为中必然成本、法定成本与非法利益之间的关系，即注意保持侵权行为的成本总和大于该行为所取得的“利益”，这是法定成本的最低限度；三是对某些特别严重的侵权行为，设定较高的法定成本，即以法律的形式加重对该类违法行为的惩罚，不让其有利可图。正如一些学者所指出的那样，设定侵权行为的成本，并非意味着要普遍提高对侵权行为的惩罚，走“重罚主义”的道路。[①] 实践证明，严刑峻罚并不能有效控制违法行为，反而会引发严重违法行为的发生。斯蒂格勒认为：“重刑罚的边际威慑是非常小的，甚至会适得其反。如果对犯有轻微伤害罪和谋杀罪的罪犯都处于死刑，那么刑罚对谋杀罪就没有边际威慑。如果对偷了 5 美元的小偷给予砍手之罚，他宁愿去偷 5 000 美元。”[②] 对于侵犯财产权行为的法定成本设定，其道理同样如此。

第三，强化侵权赔偿中举证责任的效率。侵权法的核心问题是侵权责任的界定。法学家认为，行为人是否承担责任，关键在于其是否尽到“合理注意”和“谨慎”义务。经济学家认为，遵循上述原则，就要求行为人以最合理的成本来预防损害，以保护权利人的利益，什么是合理的预防成本，美国联邦法院法官汉德（Learned Hand）在“合众国诉卡罗尔拖轮公司”一案中提出了著名的“汉德原则”[③]。该原则归纳为一个责任方程公式：B<PL。B 为预防事故

① 参见吕忠梅、刘大洪：《经济法的法学与法经济学分析》，369 页，北京，中国检察出版社，1998。

② ［美］乔治·J. 斯蒂格勒：《法律实施的最佳条件》，载《法学译丛》，1992（2）。

③ 详见［美］罗伯特·考特、托马斯·尤伦：《法和经济学》，张军等译，上海，上海三联书店，1994；张乃根：《经济学分析法学》，上海，上海三联书店，1995；彭汉英：《财产法的经济分析》，中国人民大学博士论文（1997 年）。

的成本，PL 为预期的事故成本，其中 P 为事故发生的概率，L 为事故所造成损失。当预防事故的成本小于预期的事故成本时（即 B<PL），行为人应承担侵权责任；当预防事故的成本大于预期的事故所造成的损害时（即 B>PL），潜在肇事者对发生的事故不承担责任。“汉德原则”是适用过失侵权案件的基本规则。其后，波斯纳发展了这一理论，认为在行为人需负严格责任时，同样应考虑 B<PL 的经济后果。所不同的是，当 B>PL 时，人们情愿赔偿可能发生的事故损失费，而不愿花费预防成本，否则行为人损失更大。[①] 在侵权行为中，选择何种责任标准才有效率呢？对此，考特和尤伦指出：“如果预防是双方面的，即当事人双方都采取预防行为，以减少事故的严重性和可能性，那么，过失责任规则形式是合格的责任标准；如果预防是单方面的，即只有施害方可望采取行动以减少事故的概率及其严重性，那么，严格责任规则是合适的责任标准。”[②] 在传统的侵权法理论中，知识财产的侵权责任适用的是过失责任原则。从经济学的角度来看，对于损害应由双方当事人采取预防，对于过失则根据“汉德原则”进行客观的量化，这在知识产权制度建立之初无疑是有效率的。但是，在现代信息化社会，某些侵权损害由行为人单方面预防可能更为有效，这是由于：（1）行为人无偿利用他人知识产品，其侵权产品的必然成本较低，因此在市场中处于优势地位；（2）行为人采取预防措施所费的成本比生产者少，后者在知识产品公开后，收集他人利用的信息、对他人使用的过错状况进行举证，往往要付相当的成本。为此，从效益原则出发，在侵犯知识产权领域，有必要对以往的责任原则进行修正，即补充适用过失推定责任或严格责任。具体而言，当某类严重的侵权损害发生后，应责令行为人首先举证，行为人通过抗辩事由说明 B>PL 时，即证明无过失，可免除责任；如果无抗辩事由或事由不能成立，则推定行为人有过失。补充适用过失责任原则或严格责任原则，可以调整双方当事人预防事故发生的成本比例，提高侵权行为的被追究率，从而使得侵权法的实施处于有效率的状态之中。

---

① 参见［美］波斯纳：《法律之经济分析》，台北，台湾商务印书馆，1987。

② ［美］罗伯特·考特、托马斯·尤伦：《法和经济学》，张军等译，596 页，上海，上海三联书店，1994。

文化多样性的主权、人权与私权问题分析*

2005 年 10 月 19 日，在法国巴黎举行的第 33 届联合国教科文组织大会以绝对多数票通过了《保护和促进文化表现形式多样性公约》（以下简称《文化多样性公约》）。联合国教科文组织认为，《文化多样性公约》与《世界遗产公约》、《保护非物质文化遗产公约》为国际社会保护文化多样性提供了一个有力的行动框架。[①] 在一年的时间内，美洲议会联盟、欧盟先后批准了这一公约，并呼吁其成员国支持该公约。在一些发展中国家的推动下，至 2006 年年底，该公约批准国家已达 35 个，我国于同年 12 月 29 日经全国人大常委会第二十五次会议批准加入该公约。2007 年 1 月 30 日，《文化多样性公约》正式生效。美国对该公约始终持反对态度，认为该公约会被一些国家滥用，以否定本国公民的人权和艺术自由，同时有可能阻碍文化产品和服务的自由贸易。[②]《文化多样性公约》涉及文化主权、文化权利以及知识产权等一系列重大问题，上述权利形态是何关系，应秉持何种原则、规则加以处理，美国等个别国家与大多数国家的立场差异说明什么，本文试对这些问题作出探讨。

---

* 原载《法学研究》，2007（6）。

① 参见联合国新闻服务中心：《保护文化多样性公约》，见 http：//www. un. org/chinese/News/fullstorynews. asp？ newsID=6987，访问日期：2006 年 12 月 21 日。

② 参见 UNESCO Convention could Limit Freedom of Cultural Expressions and Trade，见 http：//geneva. usmission. gov/Press2005/2010Oliver. htm，访问日期：2006 年 10 月 20 日。

一、文化多样性与国家文化主权

国家文化主权是《文化多样性公约》提出的一个重要法律问题，涉及各缔约国保护和促进文化表现形式多样性的政策目标和指导原则。《文化多样性公约》第一条“目标”第（八）款规定：“重申各国拥有在其领土上维持、采取和实施他们认为合适的保护和促进文化表现形式多样性的政策和措施的主权。”第二条“指导原则”第（二）款“主权原则”规定：“根据《联合国宪章》和国际法原则，各国拥有在其境内采取保护和促进文化表现形式多样性措施和政策的主权”。这里所讲的主权，即是各缔约国拥有的文化主权。

包括文化主权在内的主权原则，是国际社会共同接受的国际关系准则。从本源上讲，权力是与国家相伴而生的概念，有国家就会有相应的国家权力。主权虽为国家权力的一种表现形式，但并非生而有之，它是一个历史的概念。从古代社会到中世纪时期，国家与国家之间的关系奉行的是弱肉强食法则，国家主权没有产生的基础和条件。只有到了近代，随着民族国家的兴起，国家才逐渐形成主权的观念。从17—18世纪开始，主权原则首先在西欧确立起来，主权自此成为国家最高权力的体现。[①] 第二次世界大战以后，主权概念和原则从以往有限的地域逐步扩展到整个世界，成为各国建立联合国时的重要主张。1946年《联合国宪章》在关于联合国基本原则的规定中，第一条就明确宣布：“本组织基于各成员国主权平等之原则”。时至人类社会走向经济全球化的今天，国家主权仍然是维系当代国际关系的基本出发点。维护国家主权的基本宗旨在于实现主权平等，其要义是指各国应当相互尊重主权，各国有决定其政治、社会、经济和文化制度的权利。《文化多样性公约》提出“主权原则”(principle of sovereignty)，其内容即是文化主权原则。这说明，主权原则作为一项传统的国际法原则并没有过时，它依然是现代国际关系的法律基础。

文化主权与经济主权是现代国家主权原则的新的内涵。近代国家主权原则

---

① 参见刘杰：《秩序重构：经济全球化时代的国际机制》，190页，北京，高等教育出版社，1999。

自提出以来，不仅在地域适用范围上扩展到整个世界，而且在内容构成方面也有所变化，即从政治领域发展到了经济、文化和社会生活等领域。在主权构成方面，国家主权最初主要指政治和安全上的独立权和平等权。《联合国宪章》规定："各会员国在其国际关系上不得使用威胁或武力，或以与联合国宗旨不符之任何其他方法，侵害任何会员国或国家之领土完整与政治独立。"20 世纪 60 年代以后，发展中国家基于发展民族经济的需要，提出了维护经济主权的主张。1962 年联合国大会通过《关于天然资源之永久主权宣言》，宣布"各民族及各国家行使其对天然财富与资源之永久主权"。1966 年联合国大会通过《经济、社会及文化权利国际公约》，该公约规定："所有人民得为他们自己的目的自由处置他们的天然财富和资源。"这即是以天然资源永久主权为主要内容的经济主权原则。主权概念延伸到文化领域始自 20 世纪 90 年代，尽管这一时期尚无正式的国际文件对文化主权加以准确界定，然而它已在许多国家成为一个频繁使用的概念，用来指称国家维护本民族传统价值观和生活方式的至高无上的权力。① 联合国教科文组织在近 60 年的历程中一直致力于"保护和促进丰富多彩的文化多样性"和"制定必要之国际协定，以便于运用文字与图像促进思想之自由流通"②。2001 年该组织首先通过《世界文化多样性宣言》及其《行动纲领》。《世界文化多样性宣言》参照教科文组织颁布的国际文件中有关文化多样性和文化权利的条款，专章讨论了文化权利与人权的关系，但并未涉及文化主权问题。2005 年 10 月，联合国教科文组织正式通过《文化多样性公约》，基于保护和促进文化表现形式的立场，第一次以国际公约的形式确认了文化主权原则。③ 可以说，正是由于经济主权和文化主权的形成，使得主权

---

① 参见刘杰：《秩序重构：经济全球化时代的国际机制》，235 页，北京，高等教育出版社，1999。

② 转引自《总干事关于制定〈保护文化内容和艺术表现形式多样性公约草案〉所取得的进展情况的报告·附件三》，见 http：//unesdoc.unesco.org/images/0013/001388/138884C.pdf，访问日期：2006 年 3 月 1 日。

③ 2005 年 1 月 31 日至 2 月 11 日举行关于公约草案初稿的第二次政府间会议，会议在"国家层面的权利和义务"的这一条款中"增加了一项关于国家主权的新原则"。参见 2005 年 8 月 4 日《总干事关于应该制定一项规章的情况和该规章可能涉及的范围的初步报告，及一份保护文化内容和艺术表现形式多样性公约的草案初稿》，见 http：//www.sipo.gov.cn/sipo/ztxx/yczyhctzsbh/zlk/gjhywj/200510/P020060403598672034715.pdf，访问日期：2006 年 8 月 4 日。

观念发展成为涉及政治、安全、经济、社会生活、文化传统和价值观念等方面的原则规范体系。

文化传统保护与文化发展选择是文化主权原则的基本内容。一般而言，文化主权原则是指："一个国家的文化主权神圣不可侵犯，一个国家的文化传统和文化发展选择必须得到尊重，包括国家的文化立法权、文化管理权、文化制度和意识形态选择权、文化传播和文化交流的独立自主权等。"[①] 文化主权原则在《文化多样性公约》中表现为缔约国采取有关保护和促进文化表现形式多样性的政策和措施的主权。根据《文化多样性公约》的解释，"文化政策和措施"是指地方、国家、区域或国际层面上针对文化本身或对个人、群体或社会的文化表现形式产生直接影响的各项政策和措施，包括与创作、生产、传播、销售和享有文化生活、产品与服务相关的政策和措施。缔约国根据《文化多样性公约》第六条的规定，得以制定和实施文化政策、采取措施的主权行为有：(1) 为了保护和促进文化表现形式的多样性所采取的管理性措施；(2) 以适当方式在本国境内为创作、生产、传播和享有本国的文化活动、产品与服务提供机会的有关措施，包括其语言使用方面的规定；(3) 为国内独立的文化产业和非正规产业部门活动能有效获取生产、传播和销售文化活动、产品与服务的手段采取的措施；(4) 提供公共财政资助的措施；(5) 鼓励非营利组织以及公共和私人机构、艺术家及其他文化专业人员发展和促进思想、文化表现形式、文化活动、产品与服务的自由交流和流通，以及在这些活动中激励创新精神和积极进取精神的措施；(6) 建立并适当支持公共机构的措施；(7) 培育并支持参与文化表现形式创作活动的艺术家和其他人员的措施；(8) 旨在加强媒体多样性的措施，包括运用公共广播服务。上述措施涉及文化管理措施、文化设施建设措施、文化资助措施、文化激励措施、文化产业机构的建立和支持措施、文化人员的培养和支持措施等，这些政策措施可根据缔约国自身的特殊情况和需求在其境内作出，但应与《文化多样性公约》所规定的保护和促进文化表现形式多样性之目标相符。对此，加拿大政策文化顾问、加拿大文化多样性国际交流委员会主席 Garry Neil 评价说，条约关于缔约国权利和义务的规定，是《文

① 胡惠林：《文化产业学》，149 页，北京，高等教育出版社，2006。

化多样性公约》的核心内容。但是《文化多样性公约》第四章即“权力和义务”规定的重点放在权力而不是义务，最主要的一点是缔约国基于文化多样性保护和促进的目的可以在其境内采取适当的文化政策和措施。① 值得注意的是，《文化多样性公约》还规定了缔约国对“脆弱文化表现形式”得以确认和采取适当保护措施的权力。所谓“脆弱文化表现形式”，是指“文化表现形式属于面临消亡危险，受到严重威胁，或是需要紧急保护的特殊情况”。缔约国有权确认受紧急保护的特殊情况，但应向政府间委员会报告应对该类情况所采取的有关措施，后者可以对此提出合适的建议。

文化多样性的保护与发展实质上是一个国家特殊的文化主权形态。文化多样性与文化主权有着内在的联系。首先，对文化多样性的尊重，即是对国家文化主权的尊重。与经济全球化相伴而生的文化全球化，并不能消解文化的民族性和多样性。当今世界的情况是，一万多个不同的社会群体生活在二百多个国家之中。对一国内部而言，许多国家都是多文化、多民族的，维护文化的多样性，即主要在于对少数人群体权利的尊重；但对国际社会而言，文化的多样性意味着语言、宗教以及生活方式的差异性，承认这种文化多样性就是承认不同国家文化主权的独立性和自主性。“尊重不同文化的平等地位，尊重不同文化的多样性和它们丰富的活力，尊重完成发展的不同路径”②，是实现文化多样性的伦理基础③，也是国家文化主权原则的法律要求。其次，捍卫文化主权的独立性和自主性，才能有效地保护和发展文化的多样性。国家不分大小，民族不分强弱，都应有维护自己文化传统和选择文化发展路径的权力。必须看到，“传统的经典式的属于少数人的精英文化对话语权的垄断和对大众文化的一种霸权，在当代国际关系中，已经演变成一种少数文化产出国对其他国家的文化

---

① See Garry Neil，Assessing the Effectiveness of UNESCO's New Convention on Cultural Diversity，Global Media and Communication［1742—7665（2006）2：2］volume2（2）：257－262.

② 前联合国秘书长、世界文化与发展委员会主席佩雷斯·德奎利亚尔语。转引自联合国教科文组织、世界文化与发展委员会：《文化多样性与人类全面发展》，3页，广州，广东人民出版社，2006。

③ 世界文化与发展委员会认为，多元化（pluralism）是全球伦理的基本原则，其意思是指“文化多元化是人类社会的基本特征，而且无处不在，无时不在。民族认同是对抗全球化压力的一个正常的健康有益的反映”。参见联合国教科文组织、世界文化与发展委员会：《文化多样性与人类全面发展》，3页，广州，广东人民出版社，2006。

霸权”[①]。西方主流国家的强势文化对世界的影响力越来越大。美国文化的“全球化”被形象地概括为“三片”，即代表美国饮食文化的麦当劳“薯片”，代表美国电影文化的好莱坞“大片”，代表美国信息文化的硅谷“芯片”[②]。据资料显示，2000年美国控制了全球75%的电视节目生产和制作；美国影片数量只占全球电影产业的6.7%，却取得全球85%的票房收入。可以说，文化产业的全球化和文化霸权的形成，使得民族国家的文化主权不断弱化和传统文化走向边缘化。文化多样性和文化主权之间的关联性说明：一方面，保护和发展文化多样性，有助于形成民族的文化认同感和民族的精神凝聚力，从而维系国家的文化安全（国家文化主权）。在这个意义上说，保护和发展文化多样性就成为有效维护国家文化主权和文化安全的政策选择。另一方面，尊重国家文化主权平等，承认各国文化发展的独立性和自主性，才可能保持不同民族、种族文化的存在，在国际间实现文化生态平衡，化解经济全球化与世界文化多元化之间的矛盾和冲突。

保护和发展文化多样性的文化主权原则与世界贸易组织规则，从根本上来讲并不是矛盾和冲突的。《文化多样性公约》第二十条规定了该公约与其他条约之间的关系，即“相互支持、互为补充和不隶属”。《文化多样性公约》强调：“本公约的任何规定不得解释为变更缔约国在其为缔约国的其他条约中的权利和义务。”这说明，《文化多样性公约》与世界贸易体制在本质上应是一致的。美国对于《文化多样性公约》提出一个重要的反对意见，即是认为《文化多样性公约》对于已经建立的国际贸易体系具有潜在的破坏性。“美国政府担心，缔约国可能对《文化多样性公约》错误解读，将一部分贸易、服务和农产品与文化的表达方式相关联，对其进行保护从而形成新的贸易壁垒。”[③] 其实不然，根据《文化多样性公约》第四条“定义”，“文化活动、产品与服务是指从其具有的特殊属性、用途或目的考虑时，体现或传达文化表现形式的活动、

---

① 胡惠林：《文化产业学》，151页，北京，高等教育出版社，2006。

② 薛晓源：《全球化与文化产业研究》，载林拓主编：《世界文化产业发展前沿报告（2003—2004）》，3页，北京，社会科学文献出版社，2004。

③ “The Convention on the Protection and Promotion of the Diversity of Cultural Expressions”，见 http：//geneva. usmission. gov/Press2005/1011Unesco. htm，访问日期：2006年10月11日。

产品与服务，无论它们是否具有商业价值”。联合国教科文组织“独立专家会议”认为，《文化多样性公约》的保护对象是以文化活动、产品与服务为载体的文化表现形式，文化活动、产品与服务具有商品内涵和文化内涵的双重禀赋。① 这种解释是有意义的：在国际贸易协定（包括世界贸易组织《货物贸易协定》《服务贸易协定》《与贸易有关的知识产权协定》）中，文化活动、产品和服务的交易，涉及的是文化财产属性与知识产权问题；而《文化多样性公约》强调的是文化多样性的保护，国家采取有关保护的政策措施，是文化主权行为的表现。“独立专家会议”认为，这里的“保护”一词在任何情况下都不成为缔约国闭关自守的遁词。关于文化表现形式的交流，专家们既强调了市场的力量，也指出了市场的缺失。无限制的文化市场和绝对的文化贸易自由，有可能造成文化生态的失衡。在一些文化表现形式处于弱势的情况下，国家干预对保护文化多样性是必要的。② 从世界贸易组织相关政策文本的解读，我们也可以得出相同的结论。世贸组织所形成的诸多协定，广泛涉及文化的各个领域。它所确立的国际文化贸易原则，实质上是当今国际社会一种新的国际文化关系准则，成为处理国家与国家之间文化贸易关系和争端的规范。世贸组织在它的政策系统中不仅包括了“市场准入”、“透明度”、“非歧视”和“最惠国待遇”等原则，而且规定了“涉及保持传统文化的艺术品和文化”“允许例外和实施保障措施”“维护国家安全”等原则和规则。这就为世贸组织成员尤其是发展中国家行使文化主权、保护和发展文化多样性留下了必要的制度空间。这意味着，任何国家都可以在世贸组织框架内消解文化产品贸易壁垒、开展自己的对外文化贸易，同时也可以根据例外条款保护本国文化传统和文化利益。在这里，文化市场的对外开放，是贸易自由使然；同时，文化市场也应是双向开放，须以文化多样性的存在为基础。可以认为，世贸组织的文化产品贸易，应

---

① 参见 2005 年 3 月 31 日“总干事关于制定《保护文化内容和艺术表现形式多样性公约草案》所取得的进展情况报告”，附件三，见 http://unesdoc.unesco.org/images/0013/001388/138884c.pdf，访问日期：2006 年 12 月 9 日。

② 参见 2005 年 3 月 3 日“关于总干事的初步报告，其中附有两份《保护文化内容和艺术表现形式多样性公约》草案初稿”，见 http://portal.unesco.org/culture/fr/file_download.php/b1d0ee4fd7fb9be2157db6455d171836203_6_reportch.pdf，访问日期：2007 年 2 月 1 日。

是一个基于文化多样性平台而平等进行的国际文化贸易。正如有的学者指出的那样："世贸组织的原则是保护本国文化的个性化，支持各国文化的多样并存，维护世界文化的丰富性和多样性。"① 世界贸易组织所主张的文化贸易自由，并不应该是对保护文化多样性之文化主权的否认。

二、文化多样性与文化权利

人权和基本自由是《文化多样性公约》提出的一个核心法律问题，是关于保护文化表现形式多样性这一国际文件框架得以形成的基础。《文化多样性公约》在序言中指出了"颂扬文化多样性对充分实现《世界人权宣言》和其他公认的文书主张的人权和基本自由所具有的重要意义"。《文化多样性公约》第二条第（一）款规定了首要指导原则，即"尊重人权和基本自由原则"："只有确保人权，以及表达、信息和交流等基本自由，并确保个人可以选择文化表现形式，才能保护和促进文化多样性。"《文化多样性公约》强调了基本人权和文化多样性的本质联系。在这里，基本人权涉及的主要是文化权利。

基于文化多样性的文化权利是一项国际人权。关于人权的国际文件对文化权利并没有明确的定义说明，但是依据相关国际人权公约对该类权利的列举式规定，我们可以将文化权利解释为公众参加文化活动并从中享有利益的权利。在 20 世纪以前，人权问题均由一国权利宣言或宪法类文件加以确认。对文化自由与知识传播的权利问题，往往根据国家政治、经济、文化等制度的具体情况，以宪法性文件加以规定，是为国内人权。1789 年法国《人权宣言》宣称："文化交流思想和意思是最珍贵的人权之一"。美国宪法的制定者提出了著名的"3P"文化政策，其中含有"促进知识"（the promotion of learning）的政策。②加拿大《权利法案》有两条涉及文化权利的规定：一是每个人都拥有自由参加社会文化生活的权利，以享受艺术与分享科技进步的利益；二是每个作者都有

---

① 胡惠林：《文化产业学》，166 页，北京，高等教育出版社，2006。

② 其他两项政策是"公共领域保留"（the preservation of public domain）的政策、"保护作者"（the protection of the author）的政策，参见 L. Ray Patterson. Stanley W. Lindberg，The Nature of Copyright：A Law of Users' Right，The University of Georgia Press，1991，pp. 49 - 55。

权利维护其科学、文学及艺术作品所产生的精神利益和物质利益。[①] 进入 20 世纪以后，以《联合国宪章》为开端，产生了一系列的国际性、地区性的人权宪章，使人权成为国际法的调整对象之一，文化权利的相关问题因此具有了国际人权意义。1948 年《世界人权宣言》第 27 条宣布了两条权利：(1) 人人有权自由参加社会的文化生活，享受艺术，并分享科学进步及其产生的福利；(2) 人人以由于他所创作的任何科学、文学或美术作品而产生的精神的和物质的利益，有享受保护的权利。《世界人权宣言》宣示的"权利"，在 1966 年《经济、社会及文化权利国际公约》中得到进一步发展，该公约第十五条将文化权利确认为：(1) 参加社会文化生活的权利；(2) 享受科学进步及其产生的利益的权利；(3) 对自己的智力成果所产生的精神上的和物质上的利益享有被保护的权利。从上述人权文书中，我们可以看出：文化自由是文化多样性的必要条件，文化权利是文化多样性的法律保障。正如联合国教科文组织一份文件所指出的那样，"言论自由、传媒多元化、语言多元化，所有文化平等享有艺术表现形式和科学技术知识，所有文化都有利用表达和传播手段的机会等"，这些都是文化多样性的实现途径[②]，当然同时也是文化权利保障的法律要求。

文化多样性的权利和自由属于集体人权的范畴。现代人权主体观念的一个重要变化，便是由过去单纯的个人人权发展成为"以种族、民族为构成内容的集体人权"[③]。它是"集体的权利，即群体或人民的权利"[④]。民族（或人民的）的自决权是最早和最广泛地被接受的一项集体人权。作为不同的生活共同体，每个民族都有自由的相对稳定的生活地域，在历史发展中形成了自己独特的语言文字、宗教信仰、风俗文化。[⑤] 有基于此，这些特定的社会群体对内形成了

---

① See A. A. Reyes, Copyright and Fair Dealing in Canada, Fair Use and Free Inquiry, Ablex Publishing Co., 1980, p. 213.

② 引自 2003 年 3 月 12 日联合国教科文组织执行局："指定一份文化多样性准则性文件的可能性：对相关的技术与法律问题的初步研究"，见 http://unesdoc.unesco.org/images/0012/001297/129718c.pdf，访问日期：2006 年 3 月 1 日。

③ 徐显明：《人权主体之争引出的几个理论问题》，载《中国法学》，1992 (5)。

④ 英国国际法学者斯塔克语。转引自李泽锐：《国际人权法论》，载《人权论集》，318 页，北京，首都师范大学出版社，1992。

⑤ 参见曲相霏：《人权主体论》，载徐显明主编：《人权研究》，第一卷，31～32 页，济南，山东人民出版社，2001。

自己的文化认同和民族认同，对外则产生了争取社会理解和认可的政治法律诉求。1966 年《公民权利和政治权利国际公约》和《经济、社会及文化权利国际公约》用相同的措辞确认了民族自决权，即："所有人民都有自决权。他们凭这种权利自由决定他们的政治地位，并自由谋求他们的经济、社会和文化的发展。"民族自决权对保护文化多样性的权利实现，有着基础性的作用。1952 年联合国大会通过的《关于人民和民族自决权的决议》指出："人民和民族应是享有自决权，然后才能保证充分享受一切基本人权"。1955 年不结盟国家亚非会议发表的《万隆宣言》重申："自决是充分享受一切人权的先决条件。"上述国际人权文书表明，民族自决权首先是政治自决，但也包括经济、社会、文化发展的自决。文化多样性的问题，实质上涉及文化传承、文化发展的自由选择。这种文化权利的行使，当以自决权利的存在为前提。民族自决权是一项集体人权，隐含着文化生活方式自决的内容。其实，文化权利和自由如同发展权一样，既属于个人的人权，也属于集体的人权；但在文化多样性保护方面，文化权利和自由主要是集体人权。在这里，文化权利作为集体人权与该集体的个人人权并不是对立的：集体人权是为了保障个人人权而从其中推导出来的权利，而且集体人权和个人人权有着同样的道德价值。世界文化与发展委员会关于"文化多样性与人类全面发展"的报告，深刻地阐述了文化权利与自由的基本内涵：第一，"文化自由是一种集体自由，它指的是人类群体自由选择生活方式的权利"。第二，"真正的文化自由是整体自由的保证。它不仅保证集体的利益，也保护集体之中每个人的权利"。第三，"通过保护不同的生活方式，文化自由鼓励创造性、尝试和多样性"。"正是多文化社会所产生的多样性，以及多样性赖以生存的创造性，使这些社会更具有创新能力，更有活力，生存繁衍更加久远。"第四，"文化的核心是自由，特别是决定什么是有价值的东西，寻求我们所期望的那种生活方式的自由"①。可以说，文化多样性实质上是文化方式和文化发展自由选择的结果，这种文化自由乃是基于文化认同之群体的权利。

---

① 联合国教科文组织、世界文化与发展委员会：《文化多样性与人类全面发展》，5 页，广州，广东人民出版社，2006。

文化保护和人权保护具有“相似性”，“它们交织在一起，不可分离”[①]。美国学者所说的“相似性”，是指某些文化活动、文化行为，既是保护文化多样性的必要措施，也是保障文化权利的基本要求。《文化多样性公约》和有关人权公约用不同的措辞表述了相同的观点。国际人权文书提出了“参加文化生活的权利”、“享有科技进步利益的权利”和“作者权益保障的权利”，这是一般意义上的文化权利。在文化多样性领域，相关文化权利具体表现为以下几个方面：(1) 享有自身文化尊严和文化自由。2001 年《世界文化多样性宣言》认为，保护文化多样性与尊重人的尊严是密不可分的。“它要求人们必须尊重人权和基本自由，特别是尊重少数人群体和土著人民的各种权利。”尊重人的人权和基本自由，即要求尊重他人文化的尊严，尊重他人文化选择的自由。这是保护文化多样性的基本要求。在此不作赘述。此外，《文化多样性公约》特别强调了少数人群体（含土著人民）的权利问题。在国际上，该群体是指那些处于社会边缘、自身比较脆弱的群体，他们生活在多数人群体及其占统治地位文化意识形态的影响之中。[②] 根据《文化多样性与人类全面发展》报告的划分，少数人群体包括四类人群，即土著人民、地域型少数人群体、非地域型少数人群体或游牧民族、移民。[③] 1992 年联合国《属于民族、种族、宗教和语言少数人群体的权利宣言》，列举的权项有文化自由、宗教自由、语言自由和参与文化、宗教、社会、经济和公共生活的权利。这些权利和自由是必须和重要的。可以认为，提升少数人群体异质文化的地位，防止民族同化趋势出现，是文化多样性的可靠保证。(2) 参与文化生活的权利及其选择自由。《世界文化多样性宣言》规定：“每个人都应当能够用其选择的语言，特别是自己的母语来表达自己的思想，进行创作和传播自己的作品；每个人有权接受充分尊重其

---

① Eiream Brooks, “Cultural Imperialism vs. Cultural Protectionism: Hollywood's Response to UNESCO Efforts to Promote Cultural Diversity”, The Journal of International Business & Law, Spring, 2006.

② 根据人种学家的研究，在构成国际社会的 180 个主权国家中，生活着 3 000～5 000 个在人种、种族、宗教、语言或文化方面不同于所在国多数人的所谓少数人群体。参见［奥］曼弗雷德·诺瓦克：《民权公约评注》，毕小青等译，475 页，上海，上海三联书店，2003。

③ 参见联合国教科文组织、世界文化与发展委员会：《文化多样性与人类全面发展》，18 页，广州，广东人民出版社，2006。

文化特性的优质教育和培训；每个人都应当能够参加其选择的文化生活和从事自己所特有的文化活动。”这里列举的权利主要是语言多样性的权利、文化教育的权利以及文化活动选择与参加的自由。按宣言的说法，上述权利为文化多样性提供了有利条件。(3) 文化表达与传播的平等权利。文化多样性是所有人的文化多样性，也是人类社会所有文化的多样性。《世界文化多样性宣言》规定：“在保障思想通过文字和图像的自由交流的同时，务必使所有的文化都能表现自己和宣传自己的言论自由、传媒的多元化、语言多元化、平等享有各种艺术表现形式、科学和技术知识——包括数码知识——以及所有文化都有利用表达和传播手段的机会等。”《文化多样性公约》的任务，即是保障多样性的文化都有利用不同表达和传播手段的机会。不同文化平等享有这种权利，意味着文化多样性实现的可能。

以基本人权为基础的文化多样性，有助于实现人类的全面发展。文化多样性与经济、社会发展的关系，涉及文化权利和发展权利这两项基本人权之间的协调和互动。发展权原则是一个“有关新国际经济秩序的国际法原则”①，发展权是第三代人权的重要内容。1974 年《各国经济权利和义务宪章》对发展权作了明确阐释：发展权是普遍的权利，即“每个国家有权分享科学技术进步和发展的利益，以加速其经济和社会发展”。发展权对发展中国家尤为迫切和重要。该宪章要求：“所有国家应促进发展中国家取得现代科学和技术成果”，“帮助发展和改造发展中国家的经济”。这一诉求反映了第三世界民族主义的出现以及他们对权力、财富以及其他重要资源在全球范围内进行分配的愿望。②发展权的实现，有赖于一种社会秩序和国际秩序的建构。按照 1986 年《发展权利宣言》的说法，关于社会秩序，即要求各国在本国采取一切必要措施实现发展权利，确保所有人在获得基本资源、教育、保健服务、粮食、住房、就业、收入公平分配等方面的机会均等。关于国际秩序，即要求各国加强合作，以确保发展，清除发展的障碍；单独或共同采取措施，制定国际发展政策，以

---

① 杨泽伟：《新国际经济秩序研究》，65 页，武汉，武汉大学出版社，1998。

② 参见夏旭东等：《世界人权纵横》，16 页，北京，时事出版社，1993。

期充分实现发展权利。[①] 关于发展的基本内涵以及文化与发展的关系，上述国际人权文书并没有作出回答。世界文化与发展委员会认为："没有人文背景的发展，只是一种没有灵魂的经济增长而已，经济的繁荣本身就是人类文化发展的一部分。"他们所主张的发展观，是"人的全面发展"的思想。"与只注重经济增长的发展观不同，它是从文化条件来看待经济增长和社会进步的。"发展是为了消除贫困。但是，贫困不仅是物质生活贫乏，同时也意味着，在社会生活方面缺乏选择的权利，包括接受教育和获取知识的机会、政治和社会自由、参加文化活动的权利等。"人的全面发展"观，不仅强调"物质生活资料的丰富"，而且注重"人类不断增长的选择能力和选择范围"。该委员会的结论性意见是："文化是人类进步与创造力的源泉"，"必须把文化发展纳入发展概念的整体之中"[②]。文化与发展的关系告诉我们，在基本人权体系中，文化权利与发展权利不应是相互孤立，彼此隔绝的。一方面，保障文化权利，尊重文化生活方式选择的自由，促进文化多样性的发展，即是发展权实现"人的全面发展"目标的重要内容；另一方面，保障发展权，建构新的社会秩序和国际秩序，加速经济社会发展，可以为各国特别是发展中国家的文化发展提供重要物质基础和社会环境，从而实现文化多样性领域的人权目标。在当代世界，文化国力已经成为综合国力的重要指标体系之一。文化经济是硬实力，文化影响则是软实力。少数发达国家的发展战略之一，即是在全球范围内不断扩大其文化影响力和文化出口贸易额。以电视和卫星电视为例，西方国家几乎完全垄断了电视节目市场。在许多第三世界国家，60%～80%的电视节目来自美国，成为美国电视的转播站，而非洲国家的外来电视节目更占节目总播出的90%。亚太地区的人口几乎占世界人口的三分之一，被西方国家视为"最大也是最后一个市场"。目前亚太地区上空拥有二百多个卫星电视频道，其中大部分是西方

---

① 参见［挪］A. 艾德：《人权对社会和经济发展的要求》。转引自曲相霏：《人权主体论》，载徐显明主编：《人权研究》，第一卷，36页，济南，山东人民出版社，2001。

② 联合国教科文组织、世界文化与发展委员会：《文化多样性与人类全面发展》，1～4页，广州，广东人民出版社，2006。

三大电视集团对亚洲开办的专门频道。[①] 在这种以合法形式进行的文化垄断下，发展中国家的多样性文化在生存和发展方面遭遇着前所未有的困境。必须认识到，发展的实质在于发展中国家的发展，发展权核心是发展中国家促进“人的全面发展”的发展权。对于发展中国家而言，以文化权利和发展权利为法律武器，推进文化发展与经济发展，或者说文化与经济综合发展，有着特别重要的战略意义。

三、文化多样性与知识产权

《文化多样性公约》对知识产权并没有专门规定，仅在序言中确认：“知识产权对支持文化创造的参与者具有重要意义。”以文化主权和文化权利的形式来解决文化多样性的保护问题，是《文化多样性公约》采取的基本举措。但是《文化多样性公约》所述及的“文化表现形式”即“文化活动、产品与服务”，《世界文化多样性宣言》强调的作者和艺术家的权利等，无一不与知识产权有关。

文化表现形式以及体现或传达文化表现形式的活动、产品与服务，可以受到知识产权保护。文化多样性保护，强调的是文化表现形式的独特性、多元性的文化特征；知识产权保护，着眼于具有不同特性的文化表现形式的本身及其载体。《文化多样性公约》将“文化表现形式”解释为“个人、群体和社会创造的具有文化内容的表现形式”。有学者认为，文化多样性是人类在长期过程中形成的生活方式。其表现形式可以是有形的，如村落、庙堂、建筑、饮食、舞蹈、传统的加工活动（如烹调、编制、舂米、雕刻）、实物（如衣服、家具、农具、生活用具、民间工艺品等）、礼仪活动等；也可以是无形的，如语言、文字、音乐、戏剧、舞蹈、信仰意识等。[②] 上述表现形式，符合保护条件的，可以视为知识产权客体。此外，《文化多样性公约》规定多样性的文化表现形

---

① 参见张正焉等编著：《WTO与中国文化产业政策》，19页，北京，中共中央党校出版社，2001。

② 参见刘冬雪：《文化全球化与文化多样性》，载《社会科学季刊》，2003（1）。

式应能平等享有各种传播手段，其涉足的领域包括电影、电视、有线电视、广播、摄影、视觉艺术、网络、出版、通信、娱乐游戏等。这些传播手段都涉及知识产权保护问题。联合国教科文组织执行局认为，对上述文化表现形式，该国际组织已颁布两项著作权公约，即 1952 年《世界版权公约》和 1961 年《保护表演者、录音制品制作者和广播组织罗马公约》。此外，《文化多样性公约》的适用范围通过世界贸易组织批准的《知识产权协定》（1994 年）和世界知识产权组织通过的《因特网条约》（1996 年）而有了新近的更新。有基于此，联合国教科文组织认为在著作权方面没有必要考虑新的准则性行动。[①] 这说明，符合条件的文化表现形式，可以受到现代知识产权法的保护，但这种保护是有限的。

《文化多样性公约》强调采取包括知识产权在内的文化政策和措施，以鼓励和支持艺术家和参与创造活动的其他人员。《世界文化多样性宣言》率先对此作出了原则性宣示，即："应当特别注意创作意愿的多样性，公正地考虑作者和艺术家的权利。"《文化多样性公约》多个条款涉及上述问题，要求缔约国努力承认艺术家以及参与创作活动的其他人员在培育文化多样性方面的核心作用，采取文化政策与措施鼓励和支持他们"发展和促进思想文化表现形式或文化活动、产品、服务的自由交流和流通"[②]。联合国教科文组织执行局认为有关艺术家及参与创作活动的其他人员的权利，在联合国教科文组织、世界知识产权组织、世界贸易组织制定的一系列国际公约中已作出系统规定。在此情况下，教科文组织应该考虑保护与扶持艺术家的其他问题。这些问题涉及"对艺术的资助，对创造活动的补贴，艺术教育，艺术与新技术，艺术家的工作条件，艺术家的纳税与健康，集体谈判的权利和艺术家的流动"。1980 年联合国教科文组织《关于艺术家地位的建议》，对上述问题作出了原则性阐述，但这是一个非强制性文件，对缔约国的文化政策并无约束力。1997 年在巴黎召开的"关于艺术家地位的世界大会"，建议采取协调一致的措施并通过具有强制

① 参见联合国家教科文组织执行局"指定一份文化多样性准则性文件的可能性：对相关的技术与法律问题的初步研究"，见 http：//unesdoc. unesco. org/images/0012/001297/129718c. pdf，访问日期：2003 年 3 月 12 日。

② 《文化多样性公约》第六条第（五）款、第（七）款，第七条第（二）款。

性的国际文件。这就是说,《文化多样性公约》鼓励和支持艺术家的有效措施,尚有待其他国际文件的配合和补充。关于艺术家地位的规定,包括但不限于知识产权保护,其内容涉及一国的整个文化政策。在这里,艺术家及参与创作活动的其他人员的权利,不仅是作为人权的文化权利,同时也是作为私权的知识产权。世界文化与发展委员会的报告认为,在文化多样性方面,"保护艺术家的权利至关重要"。其原因有两个方面:一是新传播技术的出现。"技术发展为艺术家的创造活动拓展了新的领域,但同时又危害着他们的权利。"① 在数字压缩、虚拟映像和各种多媒体产品层出不穷的情况下,知识产权制度的任务应是更好地保护艺术家的权利,同时确保更多的人有机会接触艺术产品。二是新国际贸易体制的形成。知识产权国际保护成为当代国际经济、文化、科技贸易领域的重要法律秩序。以《知识产权协定》为核心的国际知识产权制度,使得版权保护朝着以贸易为中心而不是以作者为中心的方向变化。其后果不仅使得艺术家的精神利益得不到有效保护,造成作者权利的缺失,而且由于文化产品进出口贸易的不平衡,损害了发展中国家艺术家的创造积极性和这些国家文化产业的发展。在文化多样性的保护与发展过程中,鼓励多样性的文化创造活动,离不开知识产权保护;同时,文化自由与艺术创造之间的联系又超越了知识产权问题,绝不限于私权保护本身。有鉴于此,世界文化与发展委员会报告建议,探索建立一套新的知识产权法律体系,以确保艺术家的合法权益得到有效保障;而且应采取特殊的社会、法律、财政和制度性的措施来维护艺术家的特殊地位。②

传统文化表现形式或者说传统知识,是现代知识产权制度尚未解决的难点问题。《文化多样性公约》在序言中宣称:"承认作为非物质和物质财富来源的传统知识的重要性,特别是原住民知识体系的重要性";强调"文化表现形式,包括传统知识表现形式的多样性",在思想表达与信息分享方面的重要价值。尽管《文化多样性公约》在指导原则中"强调尊重少数民族和原住民的文化",

---

① 联合国教科文组织、世界文化与发展委员会:《文化多样性与人类全面发展》,165页,广州,广东人民出版社,2006。

② 参见联合国教科文组织、世界文化与发展委员会:《文化多样性与人类全面发展》,165页,广州,广东人民出版社,2006。

在“促进措施”中主张对“少数民族和原住民的特殊情况和要求给予应有的重视”，但《文化多样性公约》并没有提出一个有效施行的制度方案。从文化视角看，“传统知识是一种文化要素，即是文化多样性的有机组成部分”①。从法律角度看，传统知识是知识产权对象的智力创造源泉。传统知识是传统部族在千百年来的生产、生活实践中创造出来的知识、技术、经验的总称。按照世界知识产权组织的说法，传统知识是指基于传统所产生的文学、艺术或科学作品，表演，发明，科学发现，外观设计，标记，名称及符号，未公开的信息，以及一切来自产业、科学、文学艺术领域内的智力活动所产生的基于传统的创新或创造。② 传统知识的具体类型几乎囊括了《世界知识产权组织公约》所规定的一切知识财产形式，但它与现代知识产权客体有明显的区别，即传统知识这个概念深刻地表明了该类知识的本源性（基于传统产生而不是新的智力创造）和知识的文化性（附属于特定部族或地域而不是个人的智力成果）。长期以来，传统知识一直被简单地归属于共有领域，任由他人自由而无偿地获取、利用。近年来，国际社会十分重视传统知识的保护问题，并对这种制度安排进行了有益的探讨：（1）采用现行制度保护。根据世界知识产权组织对一些国家的调查，许多国家包括北美、西欧的一些发达国家认为现行知识产权制度原则上可适用于传统知识保护。③ 知识产权现有形式下的保护方式包括：著作权及相邻权（以民间文学艺术表达为主的传统知识为保护对象）④、专利权（以遗传资源的利用、开发有关的产品和方法为保护对象）、植物品种权（以改进原生状态物种的新植物品种为保护对象）、外观设计权（以传统的手工艺产品为保护对象）、商标权（以含有传统知识的商品或服务所采用的个体或团体标记

---

① 严永和：《论传统知识的知识产权保护》，49页，北京，法律出版社，2006。

② See WIPO Intergovernmental Committee On IP and GR，TK and F，Sixth Session（Geneva，March 15 to 19，2004），Revised Version of TK Policy and Legal Options，p. 6.

③ 参见朱雪忠：《传统知识的法律保护初探》，载《华中师范大学学报》，2004（3）。

④ 参见联合国教科文组织与世界知识产权组织合作，为非洲国家制定的《突尼斯著作权示范法》，其着力保护一些民间风俗和原始工艺品，而不考虑民间风俗是否能够被固定于有形物质之上。《突尼斯著作权示范法》在法律实践中对非洲一些国家如布隆迪、喀麦隆、加纳、几内亚、科特迪瓦、马里、刚果等产生了重大影响。See Eiream Brooks，“Cultural Imperialism vs. Cultural Protectionism：Hollywood's Response to UNESCO Efforts to Promote Cultural Diversity”，The Journal of International Business & Law，Spring，2006.

为保护对象)、地理标记权(以各类天然、传统和工艺品所采用的社区标记为保护对象)、反不正当竞争(以未公开的传统知识为保护对象)。[①] 必须看到,现行知识产权制度无法对所有形式的传统知识提供保护,且在实施过程中在主体确认、客体保护条件、权利保护期限、利益分配等方面存在着诸多困难,因此,适用现行制度保护,只能是应急之策,恐怕难为长远之计。(2)采用专门制度保护。一些学者和非政府组织强烈建议的方法是建立一种专门制度,即为适应传统知识的本质和特点而创设独立法律制度。制定专门法的途径,有两种制度选择:一是单一保护制度,即建立一种涵盖传统知识保护各个方面的综合性制度。一些国家和某些区域性的政府间组织和机构,尝试创设所谓的“社区权”“社区知识权”“传统资源权”制度,对土著文化社区的传统知识给予保护。例如,安第斯组织正在起草的“保护传统知识的共同制度”,太平洋岛国拟议中的“传统知识和文化表达的示范法”,以及菲律宾、厄瓜多尔、巴西、委内瑞拉等国的宪法和法律中关于“社区权”的相关制度。这种保护制度受到国际社会的关注,但其实际施行进展甚微。有鉴于此,一些发展中国家建议构建专门的“数据库保护制度”,即是将传统知识在整体上作为特殊的数据库加以保护。这种特殊数据库除获得一般数据库的作者权外,还包括对数据库实际记录的知识本身所享有的权利,对已经登记的知识表达形式复制和具体内容利用所享有的权利。[②] 这种保护制度是著作权与未公开信息保护制度相结合的产物,既保护了思想表达,又可保护思想内容,有其合理性。二是多种保护制度。考虑到单一保护制度要处理传统知识的不同主题(如作品、技术或标记等),较难对其制定共同规则,一些国际组织以及部分国家建议对传统知识中易限定的部分(特别是民间艺术创作、传统医药等),先行给予专门保护。例如,1996 年世界知识产权组织在其《表演与录音制品条约》中将民间文艺列入受保护的表演范畴;2000 年,欧洲委员会提出“关于知识产权法下民间文化表现形式的国际保护报告”以及泰国制定的《传统泰药知识法》、中国制定

① 参见 Carlos Correa:《传统知识与知识产权》,国家知识产权局译,见 www. biodivip. gov. cn,访问日期:2006 年 12 月 9 日。

② 参见宋红松:《传统知识与知识产权》,载《电子知识产权》,2003(3)。

的《传统工艺美术保护条例》等。这种制度保护对象明确，权利界定清楚，其立法有可资借鉴之处。关于专门制度的法律属性，即是否属于知识产权保护机制的范畴，国际上有不同的认识。有的认为这是一种“专门的知识产权制度”，尽管它的学理基础、规范方法与典型的知识产权制度有较大的差异；也有的认为，这种制度“处于现行知识产权体系的保护之外，它实际上归属于国际社会正在讨论的一个更为宽泛的权利系统——传统资源权”。“如果说现行知识产权制度是对智力创新的激励，那么传统资源权就是对智力源泉的涵养”[①]。可以认为，传统知识保护是当代知识产权国际保护制度发展过程中的新问题，也是文化多样性保护必须面对的重要法律问题。

以知识产权的形式对文化多样性进行保护是必要的，但当代国际知识产权制度在这一方面存在明显的不足。《知识产权协定》在序言中宣示“知识产权为私权”。在诸多知识产权公约中，《知识产权协定》第一次明确界定了知识产权的本质属性，即以私权名义强调知识财产私有的法律形式。在西方国家，私权神圣是一项基本的法律原则。承认知识产权为私权，意味着知识产权与其他财产权处于同样的私权地位，从而在理念和制度上可以为知识产权提供有力的法律保障。知识财产私权化在国内法和国际法领域的扩张造成的后果值得我们重视：一方面，知识财产私权化在国内法领域的拓展，导致原来人们所共有的生产、技术、市场知识和技能开始划归私人领域，知识财富的公有领域相对缩小，从而造成知识创造者的个人利益与知识利用者的公众利益之间的冲突。[②]另一方面，知识产权保护在国际法领域的加强，迫使经济、技术、文化处于落后地位的发展中国家不得不接受以扩大私权保护范围、提高私权保护水平为发展方向的国际知识产权保护新体制，这势必造成他们与发达国家之间在知识财产利益方面的不平衡。知识产权的理念与制度，张扬的是神圣的私权，这与作为普遍人权、集体人权的文化权利是不同的。与《文化多样性公约》的宗旨不同，以《知识产权协定》为核心的知识产权国际保护制度，极力保护的是文化

---

① 龙文：《论传统知识产权权利的实现形式》，载国家知识产权局条法司编：《专利法研究》(2004)，北京，知识产权出版社，2004。

② 参见袁泳：《知识产权法与技术文化创新》，载《北京大学学报（哲学社会科学版）》，1997(5)。

表现形式的独创性、新颖性，而忽视了文化表现形式的多样性。我们看到，现代欧美文化类型以其“现代性”为特征称雄于世界。从文化的角度看，欧美文化对各地原住民文化、传统文化的同化，日益蚕食着世界文化的多样性；从法律的角度看，西方国家主张的法律精神及其制度准则，已经成为国际社会生活的指南。[①] 在知识产权领域，欧美文化类型在知识产品的现代化生产中，以各种“智力创新”的形式得到欧美国家主导的国际知识产权制度的周延保护。与此相反，知识产权制度对不同的文化类型即“智力源泉”却缺乏必要的法律涵养，这一制度“只能保护知识财产上的财产利益而难以保护其同时存在的文化利益”[②]。在国际社会，以知识产权名义所进行的文化创作、生产、传播行为，对他种类型的文化表达和知识形式等进行不当占有和利用，往往损害了文化的多样性，特别是非主流文化、传统部族文化、少数人群体文化的存在和发展。其常见形式有：（1）对他种类型的文化赋予不同的意义而并入另一种类型中，损害特定文化生存的独立性；（2）以文学、艺术作品形式失真地编排他种类型的文化生活，损害传统部落文化表现形式的真实性；（3）对他种类型的文化表现形式如歌曲、舞蹈、戏剧、医药等进行占有和利用，既不标示来源，又不支付报酬，损害传统文化资源的合法权益；（4）利用电视、电影、网络、音像、广播、出版等技术控制文化传播手段，扩展单一文化的传播空间和时间，损害弱势文化得以平等表达的机会。我们看到，发展中国家经过千百年实践积累下来的传统知识、传统文化表达，正被一些发达国家无偿地利用，甚至成为这些国家的知识产权。迪士尼动画片《狮子王》在当年获得了极高的票房收入。其中一首“雄狮今夜沉睡”的配乐，其版权使用收入在2 000万美元左右。这首乐曲最初是由非洲祖鲁族歌唱家林达根据本民族歌曲改编的，而林达仅拿到象征性的1英镑。好莱坞根据中国传统故事“木兰从军”拍成的娱乐大片，在全球赚取了超过20亿美元的票房收入。而中国观众必须支付费用，才能观赏以

① 参见严永和：《论传统知识的知识产权保护》，61～62页，北京，法律出版社，2006。

② 有学者认为，知识产权不能充分保护文化多样性。在文化类型之间占有和利用中引起的财产损害，知识产权法作出了回应；而所造成的文化损害，知识产权法则没有相应补偿机制。See Rebecca Tsosie，“Reclaiming Native Story：An Essay on Cultural Appropriation and Cultural Rights”，Spring，2002，34，Ariz. St. L. J. 299.

西方现代艺术形式表现的本土民间传说。[①] 这一情形表明，以知识产权为后盾的西方主流文化在不断张扬，而以文化权利为表征的文化多样性却日趋弱化。《知识产权协定》立足于知识财产的私权属性，着力于与贸易有关的知识产权保护，未能顾及文化创作的源泉——文化多样性的问题，实质上是对文化权利这一基本人权的忽视。关于知识产权所保护的作品与文化多样性的关系，《世界文化多样性宣言》作出了明确的阐述。其第一条强调："文化多样性是交流、革新和创作的源泉，对人类来讲就像生物多样性对维持生态平衡那样必不可少。"第七条指出："每项创作都来源于有关的文化传统，但也在同其他文化传统的交流中得到充分的发展。因此，各种形式的文化遗产都应当作为人类的经历和期望的见证得到保护、开发利用和代代相传，以支持各种创作和建立各种文化之间的真正对话。"有鉴于此，《文化多样性公约》在序言中宣称："文化多样性是人类的共同遗产"，并在"指导原则"中赋予保护文化多样性以基本人权的意义。上述规定说明了文化传统对智力创作成果的本源意义，表述了文化多样性对创作意愿选择的存在价值。没有文化传统多样性的存在，文化创作就成为无源之水，文化创作自由也就无法实现。可以认为，在文化领域，《文化多样性公约》是对《知识产权协定》一个有益的补充，它着力于解决现行知识产权制度保护智力成果而忽视智力源泉的弊端，为实现文化权利与知识产权之间的平衡与协调提供了可能。

四、文化多样性的权利协调与制度安排

文化多样性领域的多元权利形态，发挥着各自的制度功能，服务于共同的缔约目标，它们并不是相互孤立和隔绝的，也不应是彼此冲突和对立的。多元权利形态如何实现缔约目标，多元权利形态之间关系应该如何处理，这涉及法律原则遵循和法律制度安排的诸多问题：

1. 文化主权的正当行使、自动限制与文化多样性的缔约目标。文化传统保护与文化发展选择，是《文化多样性公约》的缔约目标，也是国家文化主权

---

① 参见《民族传统资源保护需突破僵局》，载《光明日报》，2006－12－21，第5版。

的基本内容。在本国领土范围内采取措施保护文化多样性，应是国家享有的文化主权；同时，致力于文化多样性发展的双边、多边合作，则是国家应尽的国际义务。文化多样性缔约目标的实现，与文化主权的行使有着密切的联系。在这里，首要的问题是维护文化主权。在文化全球化和文化产业全球化的今天，我们面临着一个“风险文化的时代”。英国学者斯科特·拉什为此警告说：“始料不及的风险和危险将不再是由工业社会的物质化生产过程中所产生的风险和危险，而是从信息领域、从生物技术领域、从通信和软件领域产生出的新的风险和危险。”① 当今时代的“文化风险”，即表现为民族国家文化主权的弱化和传统文化边缘化。在全球范围内，许多民族、部落的传统文化与所谓的主流文化、强势文化一直存在着某种紧张状态，这一情况，不仅存在于东西方文化之间，而且表现在欧美文化内部。“法国对好莱坞电影在全球畅通无阻感到不妥和恐惧，为抑制美国娱乐业的入侵，法国在欧共体内寻求建立欧洲及国家定额管理制度。澳大利亚的文化产业委员会也感到不安，他们建议政府在遵守世界贸易组织规则的基础上，建立和创建‘文化防火墙’制度。加拿大在世界贸易组织裁决其对美国杂志采取的限制措施有悖自由贸易原则之后，采取了‘论坛应变’（form shifting）的措施，建立起多元文化网。”② 在《文化多样性公约》生效之后，民族国家根据该公约规定，采取必要并适当的文化管理措施、文化资助措施、文化鼓励和扶持措施等，应视为一种文化主权行为。这种文化主权是文化多样性存在和发展的法律基础。上述所言即是主权的正当行使。与此相关的另一个问题是文化主权的自动限制。文化产品贸易与文化服务贸易是世界贸易组织框架内国际贸易的重要内容。参与国际贸易体制本身不仅意味着国家不能完全按照自己的利益愿望制定经济、文化政策等，在对外经济、文化交往中会受到有关国际规则的制约；而且由于文化霸权在国际上的出现，许多国家

---

① ［英］斯科特·拉什：《风险社会与风险文化》，载《马克思主义与现实》，2002（4）。

② 薛晓源：《全球化与文化产业研究》，载林拓主编：《世界文化产业发展前沿报告（2003—2004）》，9～10页，北京，社会科学文献出版社，2004。

客观上保护和发展民族文化的主权能力下降。[①] 前者表现了国家以主权必要限制来换取国际经济利益的追求，后者则意味着文化霸权对他国文化主权的侵蚀。笔者认为，国家文化主权的自由限制来源于国际公约的约束力，而不应是个别国家的政治强权、经济强势和技术强力，这是对文化多样性保护进行国际协调的重要前提。当然，国家的文化主权行为应有着合理的边界，即应符合文化多样化的缔约目标，不得侵犯受到国际法保障的人权和基本自由，不得影响缔约国在其他公约中所承担的国际义务。上述所言即是主权的自动限制，其出发点都应是保护文化多样性的缔约目标。

2. 文化权利的基本内涵实现途径以及对文化主权的影响。《文化多样性公约》将“文化多样性”定义为“各群体和社会借以表现其文化的多种不同形式”。“文化表现形式”则是个人群体和社会创造的“源于文化特征或表现文化特征的象征意义、艺术特色和文化价值”等文化内容的表现形式。《文化多样性公约》的目标即是保护“文化表现形式”的多样性。这里的“保护”意指“保存”（preservation）、“维护”（safeguarding）和“加强”（enhancement）文化表现形式多样性而采取措施。根据相关国际公约和一些国家的做法，文化多样性的保护措施主要有：（1）有形文化财产的物理保护和无形文化财产的固化保护。国际公约确认国家、民族或部族对于文化遗产物（如古人类遗址物、墓葬物、神圣物等）及其他文化财产的物理表现形式的所有权，以及对非物质文化遗产（如民俗、民歌、民间舞蹈、口头传说）的管领和控制权。上述即是自身文化享有权。缔约国有义务资助“收集整理文化多样性的各种有形无形表现形式，并以适当的方式加以保存，从而满足将来可能发生的文化需求”[②]。（2）对

---

① 以政治、经济、科技优势为后盾所形成的“文化霸权主义”，已危及多样性文化的进程。有学者认为，信息交往首先需要双方都能够解码的信息代码。目前网络上通行的是英文，首先是 ASCII（American Standard Code for Information Interchange），即“美国信息交换标准代码”，它冠名“美国”但实际上是国际交换标准代码。这种以某种语言为主导的跨国信息交流有可能压抑他种语言形式从而限制文化的多样性发展。更为严重的是，信息的流向远非对等，多由发达国家流向发展中国家，随着经济、科技信息的流入，同时也会发生意识形态、价值观念、宗教信仰等文化的“整体移入”，以致使其他国家的原有文化受到压抑。参见乐黛云：《全球化时代的多元文化发展问题》。转引自中华孔子学会、云南民族学院编：《经济全球化与民族文化多元发展》，87 页，北京，社会科学文献出版社，2003。

② 严永和：《论传统知识的知识产权保护》，80～81 页，北京，法律出版社，2006。

文化身份认证权利的保护和对文化表达形式选择自由的保护。国际公约确认各民族、部族以及少数人群体有权维护自己的文化身份和文化尊严，表达和信奉其语言、宗教、传统、风俗（违反国家法律和国际标准的习俗除外）等。上述即是文化表达的选择权。缔约国有义务采取立法措施提供必要条件，以维护各民族、部族的文化特征。在这里，应特别注意创造条件使少数人群体学习其母语或以其母语接受教育，鼓励社会人群对少数人群体历史、语言和文化的了解。[①]（3）对传统文化生存和加强之权利的保护。国际公约确认不同民族、部族有权对其文化传统享有全部经济利益，平等享有文化的各种表现形式和利用各种传播手段，以维持自身文化存在，推进文化多样性，促进传统文化繁荣。上述即是文化生存和延续的发展权。缔约国有义务提供和创造适当的社会条件，推动民族文化产业发展；采取必要的政策和法律措施，保障文化主体充分实现其文化价值和获取经济利益，为文化多样性的存在、发展孕育所需的物质基础和经济资源。保护文化表现形式的多样性，是个人、群体或社会享有的文化权利，也是对国家正当行使文化主权的法律要求。文化主权与文化权利的关系，有一个不断发展与变化的过程，实际上表现为国际人权机制对国家主权行为的影响以至干预。“国际人权机制自第二次世界大战后形成并逐渐作用与实践，它的每一步都伴随着其超国家性的不断增强。”[②]《联合国宪章》在将人权纳入国际规范时，只是将联合国的人权责任界定为“鼓励、推动、作成建议”等非强制性权力；《世界人权宣言》仅是要求“努力通过教诲和教育促进对权利和自由的尊重”；但在《公民权利和政治权利国际公约》中，对缔约国的人权要求则有了提升，规定“每一缔约国尽最大能力采取步骤或经由国际援助和合作”，尤其包括用立法的方法来促进权利的实现。该公约还特别设立“人权事务委员会”，授权其“接受和审议一缔约国指控另一缔约国不履行它在本公约下的义务的通知”。《经济、社会及文化权利国际公约》则进一步规定，缔约国对于人权保护所采取的措施和取得进度，应向联合国秘书长提出报告，并由后者转交联合国经济和社会理事会进行审议，该委员会可以提请联合国其他机

---

① 参见1992年联合国大会《关于民族或种族、宗教和语言上属于少数的人的权利宣言》。

② 刘杰：《秩序重构：经济全球化时代的国际机制》，217页，北京，高等教育出版社，1999。

构（包括它们的辅助机构、专门机构）对有关人权事项予以注意，以在各自的权限内决定是否采取旨在有助于履行公约的国际措施。对于缔约国违反国际人权义务，应承担何种法律后果，相关人权公约未作具体规定。但据一些学者的研究，如果有关国家侵犯了受害人（包括个人或群体）的权利，“人权委员会”可为受害者提供“衡平救济”（equitable remedies）以及其他保护措施，例如侵害调查、赔偿或其他赔偿、终止侵害、阻止后续侵害、侵害国法律修订等。[①] 这些说明，由于国际人权机制的影响，缔约国的文化主权行为须以基本人权的实现为目标，并在文化权利方面自动限制其主权的排他性效力。

3. 知识产权与文化权利的价值目标取向及其权利之间冲突的协调。知识产权制度是以保护私人创作成果、促进信息自由传播为其立法宗旨的。对此，国际人权公约强调了保护文化多样性与上述目标的关联性。《世界文化多样性宣言》认为，“文化多样性是交流、革新和创作的源泉”，“每项创作都来源于有关的文化传统，但也在同其他文化传统的交流中得到充分的发展”。在这里，宣言描述了作品创作性与文化多样性的关系。可以说，文化多样性为作品创造性提供了必要的智力源泉和文化土壤；同时，作品的创作和传播也有助于多样性文化之间的交流和发展。《文化多样性公约》在“开放和平衡原则”中进一步指出：“在采取措施维护文化表现形式多样性时，各国应寻求以适当的方式促进向世界其他文化开放，并确保这些措施符合本公约的目标。”《文化多样性公约》重视“表达、信息和交流等基本自由，并确保个人可以选择文化表现形式”，并以此作为保护和促进文化多样性的人权基础。可以认为，文化多样性固然是对“文化霸权主义”的一种反抗，但并非意味着对“文化孤立主义”的承认。“文化孤立主义”或称“文化部落主义”，反对文化交往和沟通，在一个封闭的环境中虚构自己的“文化原貌”，固守排他性、封闭性的本土文化。[②] 这些并不是《文化多样性公约》所倡导的文化多样性保护。笔者认为，知识产

---

① See Lauren E. Godshall, “Making Space for Indigenous Intellectual Property Rights under Current International Environmental Law”, 2003, 15, Geo. Int'l Envtl. L. Rev., p. 497. 转引自严永和：《论传统知识的知识产权保护》，82 页，北京，法律出版社，2006。

② 参见乐黛云：《全球化时代的多元文化发展问题》。转引自中华孔子学会、云南民族学院编：《经济全球化与民族文化多元发展》，82～83 页，北京，社会科学文献出版社，2003。

权与文化权利在鼓励文化创造和交流方面有着相通和共融的地方，但是两种权利形态也是有区别的：知识产权是一项私权，着眼于保护私人智力创造。从国际范围来看，知识产权资源并不为一切人所实际享有，也并不由各个国家均衡掌控。在文化产业和版权业扩张的今天，这一权利多为发达国家具有文化传播实力的出版大亨、传媒巨头、影视公司老板所把持。而文化权利是一项集体人权，致力于维护文化多样性。发展中国家拥有丰富的传统知识和文化资源，但其民族、部族的文化权利难以有效地实现。以知识产权为后盾的文化全球化和全球化的文化产业正挤压着多样性文化的生存空间，这即是知识产权与基本人权的冲突。自进入后《知识产权协定》时代以来，国际社会十分关注知识产权与基本人权的关系问题。国际贸易领域的知识产权问题与国际政治领域的人权问题，被喻为当代国际关系的两大热点问题。2000 年，联合国人权促进保护小组委员会发表了“知识产权与人权”的报告，审查了《知识产权协定》对国际人权带来的影响，宣称：“由于《知识产权协定》的履行没有充分反映所有人权的基本性质和整体性，包括人人享有获得科学进步及其产生利益的权利、享受卫生保健的权利、享有食物的权利和自我决策的权利，所以，《知识产权协定》中的知识产权制度作为一方与另一方的国际人权之间存在着明显的冲突。”[①] 对此，前任 GATT/WTO 法律顾问 Patesmann 教授提出尖锐的批评：《知识产权协定》没有参照人权法，其根源在于“制定贸易政策的政治家宁愿选择避免人权对话，从而使得政治化的贸易关系不具有民主色彩”[②]。国际社会十分重视知识产权与文化权利的关系，并努力改革现有的国际知识产权制度，使之符合国际人权的标准。《文化多样性公约》的缔结即是一个良好的示范。根据国际公约的原则规定和国际人权的一般理论，我们可以得出处理知识产权与文化权利之间关系的一般性结论：一是关于权利的冲突，即奉行“法益优先保护”的原则。保护文化多样性的文化权利是国际公约承认的基本人权，

---

① UN Commission in Human Rights, Intellectual Property and Human Rights, 2000, E/CN1. 4/sub. 2/2000/7. 2006 年 12 月 9 日访问。

② E. U. Patesmann, “The WTO Constitution and Human Rights”, Journal of International Economic Law, Vol. 3, 2000. 转引自孙皓琛：《WTO 与 WIPO：TRIPs 协议框架中的冲突性因素与合作契机之探讨》，载《比较法研究》，2002 (2)。

上述权利是民族、部族或其他社会群体维护其文化身份和文化尊严所不可或缺的重要权利，也是个人、群体和社会选择文化表达的基本自由。相对于知识产权这一财产权利而言，上述权利应当具有优越地位，即应看作具有优先性的法价值。实行“法益优先保护”原则，意味着现代知识产权制度不仅要符合国际知识产权公约的规定，而且不应与国际人权标准相冲突。立法者在为知识产权提供法律保护时，应符合其必须遵守的国际人权义务。二是关于权利的协调，即实行“利益平衡”的原则。其实，知识产权与文化权利在本质上可以达到一致。包括知识产权在内的私人财产权是基本人权实现的基础。这是我们实现权利协调的一个重要条件。“利益平衡”是民法精神和社会公德的要求，也是“人权思想和公共利益原则”的反映。[①] 它要求当事人之间、权利与义务主体之间、个人与社会之家的利益应当符合公平的价值理念。知识产权法所强调的利益衡平，实际上是与一定形式的权利限制、权利利用制度相联系。也就是说，出于保护文化多样性这一公共利益目标，出于对文化权利等基本人权的尊重，在一定情况下应对知识产权进行必要限制。

---

① 参见［美］奥德丽·R. 查普曼：《将知识产权视为人权：与第 15 条第 1 款第 3 项有关的义务》，载《版权公报》，2001 (3)。

知识产权的私权与人权属性*

——以《知识产权协议》与《世界人权宣言》为对象

关于知识产权的基本属性问题，我国理论界一直未予足够的关注。20世纪80年代的教科书及相关著述，多将知识产权表述为一体两权，即认为知识产权具有财产权与人身权的双重属性；20世纪90年代的知识产权学说，一般从民事权利体系出发，将知识产权区别于财产所有权，对其作出无形财产权的定性分析。上述情形说明，我国学者关于知识产权性质的探讨在不断深化，并趋于理论上的成熟。但是，关于知识产权的这种认知仍是不完整的。本文试以《知识产权协议》与《世界人权宣言》为依据，以经典学说观点为参照，从历史考察与现状分析的角度，探讨知识产权的私权与人权属性，希冀为把握这一法律制度的价值理念和社会功能提供有益的思想资料。

一、知识产权的私权本质

世界贸易组织的《知识产权协议》在序言中宣示“知识产权为私权”。在诸多知识产权国际公约中《知识产权协议》第一次明确界定了知识产权的本质属性，即以私权名义强调知识财产私有的法律形式。这一规定不仅说明了知识产权在私法领域中的地位，而且厘清了知识产权与相关法律制度的差异。

---

* 原载《法学研究》，2003（3）。

"知识产权为私权"是近代社会法律革命与制度变迁的结果。知识产权制度的形成，经历了一个由封建特许权向资本主义财产权嬗变的历史过程。封建特许权包括印刷专有权和产品专营权，它以君主敕令或政府令状的形式，授予印刷商以出版独占许可证或赋予经营者进行制造、销售某种产品的权利。特许权的保护是一种"钦定"的行政庇护，而不是法定的权利保护。在中世纪欧洲的许多国家，特许权并没有制度化、法律化，换言之，特许令状仅限于个别保护、局部保护。17 世纪时期，由于封建诸侯分立割据，一些国家的王室所赋予的特许权在许多地方失去效力。这说明，特许权不是基于智力创造性行为，依靠国家法律而授予的一般意义上的私人财产权。而后，由于封建王朝的衰落与私权观念的进化，市民阶级主张对印刷品、专营品应产生一种新的权利，即"精神所有权"。在英国，出版商试图以自然法思想为基础，对自己的专有出版权赋予新的理论光环，即出版物的垄断性保护不应由国王授予特权才产生，而应基于作者精神所有权的转让而取得。"精神所有权"理论认为，作者与出版商对作品以及将该作品物化的书籍均享有所有权，因而将这种权利视为所有权的一种。① 在法国，所有权的绝对概念自 1789 年大革命时期得以确认后，其意义一直有扩大的趋势。这种概念扩张首先表现在知识产权领域，用以"适应其标的和其表现的法律关系及各种各样彼此间完全不同的大量的支配权类别"。在这里"精神所有权被理解为一种排他的、可对抗一切人的权利，是所有权的一种"②。对于私权制度构建而言，所有权广义论或是"精神所有权论"不是一种制度创新，而是一种简单的概念模仿，其理论存在明显的缺陷：第一，将所有权的概念应用在非物质财富的权利形态上，导致"使它远远超出在技术上对它作准确理解的内容的范围"③。尽管所有权与有关精神产品的权利具有某些共同特征，但后者具有不同的性质，即非物质化的财产权利遵从的应是有

---

① 参见 L. Ray Patterson，Stanley W. Lindberg，The Nature of Copyright：A Law of Users' Right，The University of Georgia Press，1991；［日］阿部浩二：《各国著作权法的异同及其原因》，载《法学译丛》，1992（1）。

② 尹田：《法国物权法》，122 页，北京，法律出版社，1998。

③ ［法］茹利欧·莫兰杰尔：《法国民法教程》，载《外国民法资料选编》，231 页，北京，法律出版社，1983。

别于所有权制度的其他法律规定。第二，从所有权的原来含义来讲，知识财产所有权并非传统意义上的所有权。它未设定于物之上，而是植根于创造性的知识产品，后者是非物质性的另类客体。因此，我们有必要“从单个人的简单物品所有权的财产权概念的束缚中解放出来”，“产生出与有形对象十分疏远的权利形式”[①]。这一权利形式就是知识产权。知识产权制度的确立，完成了非物质财产的权利形态从特许之权到法定之权的制度变革，变革的结果使得知识产权嬗变为一种新型的私人财产权。

“知识产权为私权”，是以智力劳动为“源泉”，以法律确认为“根据”。在近代思想家的著述中，从洛克、斯密到马克思都建立了自己的“劳动价值学说”，这就为我们解释知识产权的合理性提供了必要的理论基础。洛克基于自然权利的理论，阐述了劳动是获得私人财产权的重要途径以及劳动使人们获得私人财产权的合理性。[②] 正如有的学者所指出的那样，洛克财产权劳动学说的思想贡献表现在：其一，天赋权利的学说倡导一种权利本质，成为财产个人主义、所有权绝对思想的基石；其二，劳动价值学说为财产权找到合理性基础，并确立社会发展的核心价值；其三，扩张了人格权（创造物是自己人格的扩张），使财产权具有了人权基础。[③] 马克思的经典劳动价值论则进一步揭示了生产者运用生产资料在生产劳动中形成商品价值并导致资本增值的奥秘，即商品价值论包括物化劳动将生产资料转移到商品上的价值，也包括活劳动新创造的价值。马克思的劳动价值论，虽然是从生产劳动创造有形商品分析中产生的，但其基本观点有广泛的适用性。[④] 上述思想家的理论具有不同的社会意义，但都正确地说明了劳动创造价值、劳动产物属于劳动者的重要意义。应该说，今天所主张的知识价值论，是近代劳动价值学说的新发展。对这一学说我们可以作出如下新的阐释：社会劳动既包括体力劳动，又包括智力劳动；生产商品不仅是物质生产中的实物形态的商品，还包括精神生产中的非物质形态商

---

① ［美］格雷：《论财产权的解体》，载《经济社会体制比较》，1994（5）。

② 洛克关于“劳动—财产”的论述，包含有“劳动归劳动者所有”“财产是一种物化的劳动”的重要观点。参见［英］洛克：《政府论》下篇，叶企芳等译，19 页，北京，商务印书馆，1964。

③ 参见易继明：《评财产权劳动学说》，载《法学研究》，2000（3）。

④ 参见李京文：《迎接知识经济新时代》，39 页，上海，上海远东出版社，1999。

品（如知识产品）；活劳动不仅创造物化商品价值，而且创造知识产品价值。根据上述理论，我们不难得出以下结论：知识产品是智力劳动的产物，智力劳动者应对其知识产品享有财产权，即知识产权。强调知识财产的本源性，是对关于知识产权产生的传统理论的一种修正和补充。在 20 世纪 80 年代中国早期的知识产权著述中，许多学者（包括笔者本人）都把“国家授予性”或“法律确认性”作为知识产权的基本特征之一。这种说法是必要的，但却是有缺陷的。知识产权需要主管机关依法授予或确认而产生，缘于其客体的非物质性：第一，知识产品不具有传统财产的外部有形性特征“诸如申请、审查、登记等程序能够发挥公示作用，可以使得知识产品的权利形态取得公信力”，即智力劳动者对无形的精神产品在法律庇护下也能享有财产权利。第二，知识产品并不当然就是知识产权的客体，确权程序在于判断“知识产品是否为创造，而有别于纯粹自然状态的东西”[①]。换言之，只有具备法律保护条件的知识产品，才能成为知识产权的客体。第三，知识产品容易溢出智力劳动者的实际控制而为他人利用，在知识产品不能像有形物品那样进行管领的情况下，它有赖于国家法律的特别保护，即通过法定程序授予智力劳动者以独占性权利，排除其他人对知识产品的非法利用。在知识产权取得的过程中“ 国家授予”或“法律确认”是必要的，这是因为知识产权的独占性特征，靠智力劳动本身是无法产生的，这恰恰是法律制度设计的结果。但是，将“国家授予”或“法律确认”看作知识产权产生的直接原因是不科学的，它忽视了智力劳动对知识财产的本源性意义。为弥补这一理论疏漏，笔者近年来提出知识产权产生的法律事实构成理论，即知识产权的原始取得，包括智力劳动者的创造性行为（事实行为）与主管机关的确权行为（法律行为）。[②] 这一说法似可从国外学者的相关著述中得到印证。美国版权专家 Patterson 等人在阐述著作权的产生时，将智力创造称为权利产生的“源泉”（source），而将法律规定概括为权利取得的“根据”（origin）[③]。这种解释对于我们探讨知识产权作为私权的本源性与合理性

---

① 易继明：《评财产权劳动学说》，载《法学研究》，2000（3）。

② 参见吴汉东、胡开忠：《无形财产权制度研究》，北京，法律出版社，2001。

③ L. Ray Patterson，Stanley W. Lindberg，The Nature of Copyright：A Law of Users' Right，The University of Georgia Press，1991.

是大有裨益的。

“知识产权为私权”，在制度层面上为私人提供了获取财产的新方式，这一财产权即是无形财产权。从古代罗马法到近代民法典，所创设的财产权利制度概以物为中心展开。在罗马私法体系中，罗马人以物作为客体范畴（主要是有形的物质客体——有体物，也包括无形的制度产物——无体物），在此基础上设计出以所有权形式为核心的“物权”制度，建立了以物权、债权为主要内容的“物法”体系。1804 年的法国民法典与 1896 年的德国民法典，或承认无体物，但专指具有财产内容的抽象权利；或以有体物为限，没有无体财产的概念。上述物权制度都没有涉及以知识产品为对象的无形财产权。这就是说，知识产品及其权利形态，是无法进入罗马法以来所建构的物与物权的体系之中的。换言之，知识产品是独立于传统意义上的物的另类客体，以知识产品作为保护对象的知识产权是与有形财产所有权相区别的崭新财产法律制度。马克思在叙述经济与法律的关系时说道：“每当工业和商业的发展创造出新的交往形式…… 法便不得不承认它们是获得财产的新方式”[①]。无须讳言，正是由于商品经济和科学技术的发展与推动，才产生了一种与有形财产不同的新型财产形式。这一制度，最先为近代资本主义国家所承认，而后为现代各国普遍接受。我们说，知识产权是私权，这种私权实际上是一种无形财产权。将知识产权理解为无形财产权，对于我们准确把握知识产权的体系范围是有重要意义的，这主要涉及发现权、发明权的归属问题。有的学者主张将一切智力创造活动所产生的权利列入知识产权，包括发现权、发明权，其理由是《建立世界知识产权组织公约》已有规定，且我国《民法通则》明确对上述权利给予保护。[②]有的学者甚至认为，不应简单地将知识产权定义为无形财产权，它应该包括无形财产权的知识产权与精神权利的知识产权。发现权、发明权即属于后者。[③]也有学者持相反意见：有的认为，科学发现不宜作为知识产权的保护对象，世界上

---

① 《马克思恩格斯全集》，第 3 卷，72 页，北京，人民出版社，1960。

② 参见刘春茂主编：《中国民法学・知识产权》，2 页，北京，中国人民公安大学出版社，1997。

③ 参见郭庆存：《知识产权的属性、范围及有关问题的哲学思考》，载《北大知识产权评论》，第 1 卷，北京，经济出版社，2002。

绝大多数国家的法律及国际公约都没有对科学发现授予私权性质的财产权利。[①] 有的进而认为，诸如发现权、发明权以及其他科技成果权并非是对智力成果的专有使用权，而是一种取得荣誉及获取奖励的权利，该项制度应归类于科技法。[②] 笔者认为，私权是财产私有的法律形态，从知识产权的本义而言，应属于此类知识财产私有的权利。[③] 知识产品是人类在科学、技术、文化等精神领域的创造性产品的总称，并非采取整齐划一的私人产权形式。就科技成果与某些技术成果（即发现与发明）而言，它们概为非市场机制的产权形式。发现权、发明权制度即是通过对科学成果或某些技术成果所产生的社会效益或经济效益进行评价，由国家给予奖励，即颁发发现、发明荣誉证书、奖章和奖金。与此相对应的是发现、发明成果的所有权名义上属于国家，但实际上任何人可以无偿使用。这即是以非市场机制的奖励制度来换取社会对科学成果的公有产权，如果将发现权、发明权等公有产权纳入知识产权体系，那么知识产权的私权属性、知识产权的独占性特征、知识产权的无形财产意义等将不复存在，这一制度架构及其学理基础也就面目全非了。

《知识产权协议》宣称知识产权为私权，强化了发达国家对知识财产进行私权保护的主张，但同时又兼顾了发展中国家提出的知识产权的公共政策目标。在西方国家，私权神圣是一项基本的法律原则。承认知识产权为私权，意味着知识产权与其他有形财产所有权都处于同样的私权地位，从而在理念和制度上可以为知识产权提供可靠的法律保障。[④] 提高知识产权保护的标准和水平是知识经济条件下促进技术创新和文化创新的需要和必然结果，但以发达国家为主导的这种知识财产私权化在国内法与国际法领域的扩张也可能造成难以预料的后果。一方面，知识财产私权化在国内法领域的拓展，必然导致原来人们所共有的生产、技术、市场知识和技能开始划归私人领域，知识财富的公有领

---

① 参见刘春田主编：《知识产权法教程》，3 页，北京，中国人民大学出版社，1995。

② 参见吴汉东主编：《知识产权法学》，2 页，北京，北京大学出版社，2000。

③ 在“知识产权”的语义中，英文“Intellectual Property”，法文“Propriete Intellectuale”，德文“Gestiges Eigentum”等，如果不失原意翻译的话，应为“知识（财产）所有权”，即私人对知识财产享有的所有权。

④ 参见孔祥俊：《WTO 知识产权协定及其国内适用》，72 页，北京，法律出版社，2002。

域相对地缩小，从而造成知识创造者的个人利益与知识利用者的公众利益之间的冲突。[①] 另一方面，知识财产私权化在国际法领域的加强，迫使经济、技术、文化处于落后地位的发展中国家不得不接受以扩大私权保护范围、提高私权保护标准为发展方向的国际知识产权新体制，这势必造成他们与发达国家之间的不平衡。因此《知识产权协议》在强调“知识产权为私权”的同时，也“认识到各国知识产权保护制度的基本公共政策目标，包括发展目标和技术目标”；还“认识到最不发达国家成员在国内实施法律和管理方面特别需要最大的灵活性，以便他们能够创造一个良好的和可行的技术基础”[②]。但是，与高水平的知识产权私权保护相比，《知识产权协议》对于相关公共政策目标所给予的关注是不够的。国际人权组织认为，由于履行《知识产权协议》与实现经济、社会和文化权利之间存在的冲突，各国政府在进行相关立法时，应注意保护知识产权的社会作用符合其国际人权义务。

二、知识产权的人权定义

从《美洲人类权利和义务宣言》到《世界人权宣言》，主要国际人权公约都赋予了知识产权的人权意义。[③] 这种权利包括两个方面的内容，首先是创造者对自己的智力创造成果所享有的权利，其次是社会公众分享智力创造活动所带来利益的权利。这两项权利紧密联系在一起，都是国际社会承认的人权。这一规定揭示了知识产权制度的均衡保护思想，即知识财产独占权的保护与知识财产利益的合理分享，构成了现代知识产权法的完整内容。

近代启蒙思想家关于财产权与人权关系的阐述，是知识产权寓含人权蕴意的重要思想渊源。洛克在自然法的基础上，强调了财产权在天赋人权中的核心地位。他认为：财产作为人们生命和自由权的基础，既不是来源于君主的赋

---

① 参见袁泳：《知识产权法与技术文化创新》，载《北京大学学报（哲学社会科学版）》，1997（5）。

② 《知识产权协议》序言。

③ 参见［美］奥德丽·R. 查普曼：《将知识产权视为人权：与第15条第1款第3项有关的义务》，载《版权公报》，2001（3）。

予，也不是来源于人们的协议，而是在劳动基础上产生的；财产权是神圣不可侵犯的，政府的重大的和主要的目的就是保护他们的财产，政府未经人民的同意不得取去人民财产的任何部分。[①] 在洛克的理论世界里，财产权是一种与生俱来的天赋人权，政治社会及法律制度继续存在的理由在于保护这种权利。卢梭尽管反对私有制，但他根据社会契约的理论，提出了私有财产权的主张，他认为，按照自然法的原则，人们要在完全平等的基础上自愿结合，建立国家，制定法律，以便保护每个人的天赋权利——自由、生命和财产。在卢梭看来，"财产权的确是所有公民权中最神圣的权利，它在某些方面，甚至比自由还更重要"[②]。因为"财产是政治社会的真正基础，是公民订约的真正保障"[③]。启蒙思想家将财产权置入天赋人权的理论框架内，并赋予其独立、核心的重要地位。这一思想的主要特点是：第一，它是建立在抽象的人性论的基础之上的，是人的本质的体现，因而把人权看成是超时代、超社会的普遍权利，是永恒的、不可剥夺的权利。第二，它强调的是个人权利，把个人与社会、国家对立起来。因此，按照启蒙学者的理解，"人权，就是个人针对国家的权利"，或者说"天赋人权主要是用来对付国家的"[④]。第三，它将财产权视为天赋人权的核心内容，强调维护个人利益，"现实的人只有以**利己**的个体形式出现才可予以承认"和"有感性的、单个的、**直接**存在的人"[⑤]。一言以蔽之：天赋人权就是利己主义的权利，就是私有财产神圣不可侵犯的权利。[⑥]在历史上，这种天赋人权理论，对于诠释知识产权的基本属性是有意义的：首先，作为人权的知识产权是"天赋"的，即"与生俱来"的，它不应由国家特许而产生；其次，作为人权的知识产权是"普世"的，即为一种"普遍权利要求"，它不可能是个别或局部的行政保护。概言之，它是资本主义式的财产权，而不是封建特许权。但是，以天赋人权来解说知识产权也有明显的缺陷：知识产权的人权

---

① 参见［英］洛克：《政府论》下篇，叶企芳等译，19 页，北京，商务印书馆，1964。

② ［法］卢梭：《论政治经济学》，王运成译，25 页，北京，商务印书馆，1962。

③ ［法］卢梭：《社会契约论》，何兆武译，31 页，北京，商务印书馆，1962。

④ ［英］洛克：《政府论》下篇，叶企芳等译，19 页，北京，商务印书馆，1964。

⑤ 《马克思恩格斯全集》，2 版，第 3 卷，188 页，北京，人民出版社，2002。

⑥ 关于天赋人权理论的特征描述，可参见郑杭生等主编：《人权史话》，96 页，北京，北京出版社，1994。

意义，不仅在于知识财产的私人权利保护，而且应考虑知识财产利益的合理分享。仅仅强调前者是不完整的，这是因为，精神生产是以依靠前人积累的知识为劳动资料、以抽象的知识产品为劳动对象的生产活动，劳动者的知识拥有量与创造性思维在劳动过程中紧密结合。[①] 因此，知识产品既是创造者的个人财富，同时又是社会财富的一部分；换言之，知识财产只是在一定条件下、一定范围内才作为独占权利为个人所享有，受到法律限制的利益则是整个社会的共同财富。

不同历史时期的不同法律文件，以不同的立法取向对知识产权的人权蕴意作出了说明。在西方国家，宪法性文件所规定的公民基本权利和自由，即是以实定法的名义反映了自然权利[②]，从而使得知识产权制度本身具有了人权意义。1789 年法国《人权宣言》宣称："自由交流思想和意见是最珍贵的人权之一，因此所有公民除在法律规定的情况下对滥用自由应负责外，都可以自由地发表言论、写作和出版。"这无疑将著作权提高到基本人权的崇高位置。美国宪法的制定者创造了"促进知识、公共领域保留、保护创造者"三项知识产权政策[③]，其宪法修正案有两个重要条款：一方面规定国家不得制定有关法律以剥夺人民言论出版的自由以及其他自由权利，另一方面又授权国家制定法律对作者或发明人的专有权利赋予一定期限的保护。加拿大的《权利法案》作为议会通过的普通法案，最初仅具有政治宣言性质，而后最高法院赋予其准宪法地位，以此作为保护公民权利的最高法律依据。《权利法案》有两条涉及基本人权的规定：一是每个人都拥有自由参加社会文化生活的权利，以享受艺术与分享科学进步的利益；二是每个作者都有权维护其科学、文学及艺术作品所产生的精神利益和物质利益。[④] 在普遍人权的视野中，公民基本权利在知识财产范畴主要有两类，首先是创造者对其知识产品的专有权，即知识产权；其次是社

---

① 关于知识产品的社会属性，可参见张和生：《知识经济学》，沈阳，辽宁人民出版社，1992。

② 参见胡锦光、韩大元：《当代人权保障制度》，1 页，北京，中国政法大学出版社，1993。

③ 美国学者认为，上述三项政策中隐含有第四项政策，即"接触权"（the right of access）政策，即社会一般成员在一定条件下有权使用著作权作品。

④ See A. A. Reyes，Copyright and Fair Dealing in Canada，Fair Use and Free Inquiry，Ablex Publishing Co. 1980. p. 213.

会公众对他人知识产品的利用权，即公众对知识产权专用领域的“接触权”（美国宪法），分享社会精神财富的“参入权”（加拿大《权利法案》）。

在20世纪以前，人权问题均由一国权利宣言和宪法加以确定。知识财产保护与知识利益分享的问题，往往依据国家政治、经济、文化等制度的具体情形，以宪法性文件加以规定，是为国内人权。进入20世纪以后，以《联合国宪章》为开端，制定了一系国际性、地区性的人权宪章，使人权成为国际法的调整对象之一，知识产权的相关问题自此具有了国际人权意义。1948年通过的《世界人权宣言》和1976年生效的《经济、社会及文化权利国际公约》，秉承联合国建立的人权原则和标准，参照《美洲人类权利和义务宣言》，提出了知识产权意义上的三项人权，即参加社会文化生活的权利、享受科学进步及其产生的利益的权利、对自己的智力成果享有法律保护的权利。据外国学者对两大公约起草历史的回顾，“社会文化与科学进步”的人权条款被各国普遍接受，但对知识产权是否作为基本人权，则各国立场不一。后经一系列讨论和辩论，创造者权利条款才写进了两大人权公约。这一历史过程表明：知识产权的人权地位曾经受到质疑。主张者认为，联合国需要以道义和权威来保护各种形式的劳动成果，与有形财产一样，知识财产也需要得到保护；反对者则认为社会公众享受文化与科学进步的利益与个人对知识的垄断权利不能相提并论，这种权利有可能约束社会公众对智力成果利益的分享。知识产权条款最终为国际人权公约所接受，主要考虑其有助于实现其他人权，即创造者权利的保护是社会公众实现文化自由以及获得科学进步利益的基本前提。① 应该指出的是，国际人权公约关于知识产权的三个条款是紧密联系、不可分割的。知识产权制度必须保证创造者的知识产权得到保护，同时还要保证这种权利应该促进而不是约束社会公众参与文化生活与分享科学进步的利益。换言之，创造者的权利与社会公众的权利相互依存，并非相互排斥；尊重创造者的权利，将保证社会公众获得更为丰富的智力成果。国际人权公约对三者关系的描述是宣言性的、概括性的，并未对创造者的权利的范围和社会公众的利益分享作出具体规定，但就制

---

① 参见［美］奥德丽·R. 查普曼：《将知识产权视为人权：与第15条第1款第3项有关的义务》，载《版权公报》，2001（3）。

度层面而言，这一问题在相关立法中即表现为知识产权的保护与限制。

在人权社会的语境中，知识产权的概念与制度功能有着更为全面而崇高的解释。首先，知识产权被定位为一项特别的人权。这说明，知识产权不是中世纪的特许之权，而是文明社会的普世之权。平等精神即是知识产权制度人权属性的直接反映。知识产权法中的平等，是一种从事创造性活动的自由选择，是一种取得创造者权利的机会均等，社会有责任向人们提供同等的机会。法律形式上的平等，即是机会的平等，至于人们从事何种创造性活动，取得何种结果，那是由人们的天赋、才能、机遇去决定的事情，应该允许存在差别。[①] 知识产权作为普遍人权的社会要求是：在一国范围内，任何人都可以凭借创造性劳动而取得权利，一切知识产权主体平等地受到保护；在涉外知识财产关系中，根据共同参加的国际公约或按照对等原则，对外国人实行“国民待遇”的平等保护；在知识产权国际保护机制中，注重对一切民族、种族的智力成果给予平等保护，促进各国科学、技术与文化的发展。必须看到，在国际知识产权领域里，西方国家的现代技术与文化受到知识产权的严格保护，而发展中国家的传统文化则很少得到相关法律的承认。为此，1976 年联合国教科文组织和世界知识产权组织为发展中国家制定了《突尼斯样板版权法》，其中专门规定了关于“本国民间创作的作品”的保护条款；1993 年联合国专门会议通过的《土著居民权利宣言草案》呼吁“土著居民有权获得承认，他们完全拥有、控制和保护自己的文化权利和知识产权”。时至今日，采取知识产权保护传统文化的只有少数发展中国家。可以说，传统文化与现代科技文化是人类社会过去与现在的智慧结晶，国际社会如不给予一体保护，知识产权的人权意义将会黯然失色。其次，知识产权的保护对象是体现人类尊严和价值的智力成果。根据人权理论，诸如文学、艺术、科技等知识产品可以成为商品，但首先不是商品。[②] 知识产品是智力创造者从事精神生产的思想结晶，它体现了个人的创造

---

① 参见彭万林主编：《民法学》，34 页，北京，中国政法大学出版社，1994；L. Ray Patterson，Stanley W. Lindberg，The Nature of Copyright：A Law of Users' Right，The University of Georgia Press，1991。

② 参见［美］奥德丽·R. 查普曼：《将知识产权视为人权：与第 15 条第 1 款第 3 项有关的义务》，载《版权公报》，2001（3）。

精神，又吸取了前人已有的创造成果；知识产品作为某一领域的系统知识，是以一定形式表现出来的某种自然科学、社会科学的成就，在商品经济的条件下，大多还具有商品的一般属性。[①] 这表明，知识产品只是在一定的条件下才能成为知识产权客体，换言之，法律应限制知识产权的保护范围，有些知识产品应列入私权客体的排除领域。例如：违反社会公共利益与公序良俗的知识产品，不受知识产权保护；不具有商品基本属性，或是采用非市场机制保护的知识产品，不能作为私权意义上的知识财产；法定期间届满，享有专有权的知识产品即成为社会公共财富。关于知识产品获取保护的条件，各项知识产权制度的规定是具体的、可操作性的。以知识产品的创造性条件为例，著作权客体要求是独创性，专利权客体表述为首创性，商标权客体具象为可区别性。而人权公约则为知识产权客体构建了一种概括的、抽象的条件，要求受法律保护的知识产品，应符合人类尊严原则与社会公共利益原则，这即是知识产权客体的人权定位。最后，知识产权的保护模式和水准，应有助于其他人权的实现。就制度功能而言，人权公约要求创造者的权利与“参加文化生活”的权利和“享受科学进步及其产生的利益”的权利保持协调一致，这一人权因素应高于“操纵知识产权法的简单经济运作”[②]。从这一理念出发，知识产权法的价值应体现二元取向的要求。就立法目的来说，即是促进科技、文化事业发展与保护创造者利益并重；就专有权利来说，即是“保护”与“限制”两者不能偏废。笔者曾将平衡原则概括为现代知识产权法的基本精神。[③] 这种平衡包括知识产权所有人权利与义务之间的平衡，创造者、传播者、使用者三者之间关系的平衡，公共利益与个人利益的平衡。借用美国学者的相关论述，应在保护专有权利的基础上考虑社会精神财富的合理分享，一部现代知识产权法即是协调创造者、传播者、使用者三者权利的平衡法。[④]

---

① 参见张和生：《知识经济学》，294页，沈阳，辽宁人民出版社，1992。

② ［美］奥德丽·R. 查普曼：《将知识产权视为人权：与第15条第1款第3项有关的义务》，载《版权公报》，2001（3）。

③ 参见吴汉东：《著作权合理使用制度研究》，9页以下，北京，中国政法大学出版社，1996。

④ See L. Ray Patterson，Stanley W. Lindberg，The Nature of Copyright：A Law of Users' Right，The University of Georgia Press，1991.

三、私权与人权统一范畴中的知识产权

私权与人权在本质上是统一的。就人权体系而言，私人财产权即是人权的组成部分；就知识产权本身而言，它既具有私权属性，同时又直接构成人权的内容。在私权与人权的统一范畴中理性地把握与认识知识产权，有助于我们全面考察现代知识产权制度的价值理念和社会功能。基于此，笔者以为应当确立以下两个基本法律观。

一是私权神圣。私权是与公权即国家权力相对应的一个概念，指的是私人、个人（包括自然人与法人）所享有的各种民事权利。私权神圣，强调包括知识产权在内的各种私人权利受国家法律的特别尊重和充分保护。私权神圣是人权主义思想的必然反映。“所谓人权主义即是21世纪的人文主义，是指以人权保障为最高理念，体现以人为本位，以权利为本位的价值观念，将私人权利作为人权的基础权利”①。具言之，知识产权制度的建构是以下列思想原则为基础：第一，以私权领域为依归。知识产权是知识类无形财产的权利形态，其基本属性与财产所有权无异，都应归类于民事权利的范畴。人权保障的任务首先在于全面维系人的各项私权，私权保护是政治权利、社会权利等其他人权实现的基础。第二，以权利制度为体系。知识产权总会有若干程序法、公法的规定，但依然是以实体法为基础的私权制度。诸如权利取得程序、权利变动程序、权利管理程序、权利救济程序等，概以创造者权利为中心，从而形成私权领域中的独特的法律规范体系。第三，以权利中心为本位。所谓法律本位，是针对权利义务之关系而言的。就知识产权制度而言，在权利义务这个统一体内，是权利决定义务，而不是义务决定权利。质言之，知识产权制度是以权利为本位，在规范方法上是以授权性规范为主要内容，在立法重心上是以保护创造者权利为首要。

二是利益平衡。利益平衡是指当事人之间、权利与义务主体之间、个人与社会之间的利益应当符合公平的价值理念。“利益平衡是民法精神和社会公德

① 屈茂辉：《中国民法典的基本理念》，载《求索》，2002（5）。

的要求"[①]，也是"人权思想和公共利益原则的反映"[②]。权利的基本要素首先是利益，利益既是权利的基础和根本内容，又是权利的目标指向，是人们设定该项法律制度所要达到的目的（起始动机）之所在。因此，知识产权法所强调的利益平衡，实质上是同一定形态的权利限制、权利利用制度相联系。从人权主义的角度来说，知识产权制度所追求的利益平衡精神主要表现在以下两个方面：第一，本权与他权。创造者的权利即知识产权应为本权，是对知识财产依法进行全面支配的权利；传播者、利用者的权利则为他权，是根据法律规定或本权人的意思对他人知识财产进行有限支配的权利。根据利益平衡原则，本权与他权的关系表现为：主体之间公平相待，交换应该是有偿互利的，但合理使用除外；知识财产利益合理分享，在法定范围内应该兼顾各方当事人的利益，这具象为创造者权利、传播者权利、利用者权利三者之间的协调。第二，私益与公益。出于公共利益目标，对创造者的专有权利进行必要的限制，以保证社会公众对知识产品的合理利用。利用他人知识产品，或是基于表现自由的目的，或是基于公共教育的需求，或是基于社会公共卫生与生活的必要，这些都是正当的、合理的，其本身都是人权公约所要求的。按照国际知识产权组织的一位高级官员的解释是："公共利益这种良好愿望本身包含着这样一种含义，多数人的利益高于个人的利益，任何一个公民都应该为了全社会的共同利益而放弃个人私利。"[③]

对知识产权进行私权定性与人权定位，并将其建构在统一的法律价值体系中，不仅是理论上的偏好，更重要的是现实社会发展的需要。国际人权组织注意到：知识产权几乎成为一切经济生活领域的中心。这意味着，涉及知识产权的国际条约、国家法典和司法裁决，对保护和促进人权都有着重大的影响。人权公约所规定的经济、社会、文化权利更是如此。[④] 这种影响有时是负面的，

① 屈茂辉：《中国民法典的基本理念》，载《求索》，2002（5）。

② ［美］奥德丽·R. 查普曼：《将知识产权视为人权：与第 15 条第 1 款第 3 项有关的义务》，载《版权公报》，2001（3）。

③ ［美］杰利恩·达维斯：《权利集体管理中的公共利益》，载《版权参考资料》，1990（2）。

④ 参见［美］奥德丽·R. 查普曼：《将知识产权视为人权：与第 15 条第 1 款第 3 项有关的义务》，载《版权公报》，2001（3）。

即作为知识产权的人权与作为社会、经济权利的其他人权存在着实际或潜在的冲突。

冲突成因之一：新技术革命对人权的影响。1968 年国际人权会议发表了《德黑兰宣言》，专题讨论了现代科学技术对人权的影响。宣言指出："当近来的科学发现与技术进展为经济、社会和文化进一步打开广阔的前景时，这些发展却也可能危及个人权利和自由，并需要持续不断地对其予以关注"。德黑兰会议建议联合国组织研究下列问题：(1) 鉴于录音技术，对隐私的尊重。(2) 鉴于生物、医学和生物化学的进步，对人格及身心健康的保护。(3) 某些可能影响人们权利的电子产品的使用，及其在民主社会使用，应当设定的限制。(4) 更一般性的是在科学和技术发展与人类的智力、精神、文化和道德进步之间应建立的平衡。① 科学技术的发展，直接对人格尊严、表现自由、教育权、生命健康权、环境权等产生影响，这些都是国际社会广泛承认的人权，而录音技术、生物技术、电子产品等，又无一不是知识产权保护的对象。审查上述科学技术所带来的积极影响与消极影响，处理各项权利之间的冲突，也就成为人权主义者与各国立法者所共同关注的问题。

冲突成因之二：新国际贸易体制对人权的影响。1994 年世界贸易组织的成立和 1995 年《知识产权协议》的生效，进一步强化了全球性的知识产权保护机构。在世界贸易组织的制度框架下，各国立法者不得不按照《知识产权协议》的标准修改其本国法，知识产权保护融入新的国际贸易体制之中。2000 年联合国人权促进保护小组委员会发表了关于"知识产权与人权"的决议，审查了《知识产权协议》对国际人权带来的影响，宣称："由于《知识产权协议》的履行没有充分反映所有人权的基本性质和整体性，包括人人享有获得科学进步及其产生利益的权利、享受卫生保健的权利、享受食物的权利和自我决策的权利，所以《知识产权协议》中的知识产权制度作为一方与另一方的国际人权

---

① 参见联合国：《国际人权会议的最后行动》。转引自［斯里］C. G. 威拉曼特里编：《人权与科学技术发展》，2 页，北京，知识出版社，1997。

法之间存在着明显的冲突。”① 对于人权社会而言，创造者的权利应视为人权，不论他们是个人、群体还是社团；另一人权问题是，知识产权保护应与维护人类尊严和实现其他人权相一致。人权义务的位阶应高于一切经济政策与协议，具言之，国际知识产权公约的履行，应全面考虑国际人权公约所规定的义务；各国立法保护知识产权，其社会作用应符合国际人权义务。

依照国际人权标准，国际知识产权保护制度存在的主要问题如下。

1. 对创造者权利保护不完整

承认创造者通过智力劳动而获得精神利益和物质利益的权利，是将知识产权视为人权的重要考量标准。《知识产权协议》满足了美国版权制度的一贯主张，将作者的精神权利排除在协议之外。这意味着《知识产权协议》缔约方兼为《伯尔尼公约》成员国有义务保护精神权利，但非公约成员国而仅为《知识产权协议》缔约方却没有义务遵守这一条款。其后果是，违反该条规定并对精神权利造成损害时，不得提交世贸组织争端解决机制解决。

2. 对传统文化保护不重视

建立与本国文化传统的实践与复兴相一致的知识产权制度，是人权公约所主张的“参与文化生活权利”的重要实现途径。由于现行知识产权制度建立在独创性或首创性要求的基础之上，传统或土著居民的知识或艺术形式，包括考古遗址、古迹、手工艺品、传统设计、民族礼仪、民间传说及地方视听表演艺术等，无法采用著作权或专利权的保护方式。《知识产权协议》对此未予足够重视，这就忽视了对文化与知识多样性的保护，导致一些国家或地区、一些民族或种族群体应有权利的丧失。

3. 对公众利益保护不理想

保证社会成员享有生命健康的权利与适当生活标准的权利，是知识产权制度所必须考虑的人权问题之一。《知识产权协议》规定了公共利益原则，允许违约方在制定或修改其国内法时，可以采取必要措施：(1) 保护公共健康和营

---

① 联合国促进和保护人权小组委员会：《知识产权与人权》（第52次会议决议，2000年8月17日）。转引自［美］奥德丽·R. 查普曼：《将知识产权视为人权：与第15条第1款第3项有关的义务》，载《版权公报》，2001 (3)。

养；(2) 促进对其社会经济和技术发展至关重要的部门的公共利益。这一原则体现了基于公共利益所给予的人道主义关怀。但是，对于许多缺乏技术与生产能力的发展中国家和最不发达国家而言，在不能适用强制许可、合理使用等措施而获得急需的有专有权的产品时，《知识产权协议》并没有像制裁侵犯知识产权行为那样，为非权利人利用知识产品提供一个有效的措施。

4. 对发展中国家利益考量不充分

政治、经济、文化的自决权，经济与社会发展的权利，参与及分配人类共同遗产的权利以及要求健康与环境平衡的权利等，是第三代人权即集体人权的重要内容，反映了第三世界民族主义的出现以及他们对权力、财富以及其他重要资源在全球范围内分配的要求。① 乌拉圭回合谈判及《知识产权协议》给发展中国家与最不发达国家提供了协议遵守的过渡期，满足了这些国家的一些诉求，但协议对发达国家的好处是显而易见的。《知识产权协议》的形成，实现了发达国家在发起谈判时意图保护药品业、电影业、通信业的战略目标，在全球范围内建立了一个较高标准与有力保障体系的知识产权制度，从而使得发达国家在国际贸易中继续保持了技术优势——一个以知识产权为后盾的技术优势。据统计，在全球经济中，工业化国家当前拥有全部专利的 97%，另外 70%的版权和许可费收入为发达国家的跨国公司所获得。② 美国作为世界头号科技经济强国，既是世界的专利大国，其每年的专利申请量约占全世界总量的三分之一；同时也是世界级的品牌大国，全球 10 大驰名商标有 9 个名归其下。这意味着，在知识产权高水平保护的条件下，主要受益者将是外国的跨国公司，而不一定会刺激当地的研究和革新。此外，由于发展中国家往往缺乏利用先进技术的设施和力量，其无力充分地分享科学技术进步带来的利益，从而在社会发展问题上总是处于不利的地位。

上述问题涉及知识财产领域个人利益与社会利益的调整，就制度设计而言，直接关系着知识产权的保护与限制。知识产权法对专有权利的保护并对其

---

① 参见夏旭东等主编：《世界人权纵横》，116 页，北京，时事出版社，1993。

② 参见联合国开发计划署：《1999 年人类发展报告》。转引自［美］奥德丽·R. 查普曼：《将知识产权视为人权：与第 15 条第 1 款第 3 项有关的义务》，载《版权公报》，2001 (3)。

设定必要的限制，体现了法律对涉及知识产品的各种利益予以认识并加以协调，即是对社会关系的各种客观利益现象进行有目的、有方向的调控，以促进利益的形成和发展。① 这种制度的平衡、协调功能主要表现在以下几个方面。

第一，绝对性权利与再创造自由。知识产权所有人的权利不应成为社会公众从事智力创造活动的障碍。精神生产与智力活动是一个绵绵不断的历史过程，今人的创造动机受惠于前人智力成果的启示，现实的知识产品往往是对前人思想结晶的借鉴，这些使用的自由意味着对绝对性权利的必要限制。为此，各国立法者创造了多种制度来维系后人的再创造权。例如，著作权法允许后来作者对前人的著作权作品的适当引用，专利法承认为科学研究或实验目的而使用他人专利技术不构成侵权等。

第二，垄断权利与言论自由。知识产品创造者的权利垄断不应危及公民言论自由的宪法权利。从广义上讲，言论自由也是创造者的自由，它包括创作自由、学术自由、艺术自由以及出版自由等各项政治性权利。知识产权授予创造者以专有权利，使其愿意生产、传播知识产品，从而保障了这种自由的实现；同时，言论自由也意味着广大使用者交流思想、传播信息资料的自由，美国最高法院将这种权利与自由概括为“说”“读”“听”“印”②。知识产权限制的各项制度，在最大限度上保障了为公共利益而设立的言论自由。

第三，个人权利与公共教育政策。发展教育事业，为公民受教育提供必要的设施、途径和条件，是各国普遍推行的公共政策。受教育权是宪法规定的公民基本权利，因此知识产权不能妨碍基于教育目的而对知识产品的使用。如果对个人权利不加限制，则会产生创造者及其子孙后代的个人权利与社会公众获取人类文明权利之间的冲突。③ 各国立法明确规定，可以为教学目的而自由使用有专有权利的知识产品，但这种使用不得出于营利目的。

第四，专有权利与经济发展。利用新的科学技术以促进社会经济的发展，不仅是一国人民的共同愿望，也是国际人权中发展权的集中体现。为了推动经

① 参见孙国华等：《论法律上的利益选择》，载《法律科学》，1995（4）。

② ［美］托马斯·埃默森：《论当代社会人民的了解权》，载《法学译丛》，1979（2）。

③ 参见曹新明：《试论“均衡原理”对著作权法律制度的作用》，载《著作权》，1996（2）。

济成长，社会总希望能应用最新最先进的技术，而这些技术往往受到专有权的保护。为了解决这一冲突，各国立法一般规定了强制许可使用、合理使用、紧急状态下自由使用等制度，确保国家基于经济发展对科技成果的吸收和应用。

第五，独占权利与贸易自由。知识产权的独占性品质，使得权利人可以控制知识产品的应用，其控制范围的大小、控制力度的强弱，直接影响知识产品流通的环节与地域。为防止知识产权人滥用权利，阻滞知识产品的流通与传播，各国立法者采取了包括"权利穷竭"制度的各种措施。"权利穷竭"制度允许知识产权人仅在含有知识产品的商品首次销售时享有控制权，即权利人无权控制该商品以合法方式销售或分发出去后的自由流转，从而限制了独占权利的垄断，有利于贸易的自由往来。

在一国范围内，知识财产领域各方利益的平衡与协调，是通过知识产权的保护与限制制度来实现的。各国立法者基于本国的社会发展现状，从其经济、文化、教育、科技政策出发，某一时期注重于保护，或某一时期强调其限制，这些制度设计在不违反国际公约的前提下是不难做到的。问题在于，当今知识产权国际公约本身，是否充分考量知识的创造者与使用者之间的相互利益，是否有助于社会和经济以及权利与义务的平衡，则是值得思索的。必须看到，在国际贸易体系中，知识产权已经成为发达国家维护技术垄断地位、保护贸易利益、强化国家竞争优势的强大武器。① 世界贸易组织制度框架下的《知识产权协议》，更多地反映了发达国家的利益和要求，结果造成了发达国家与发展中国家之间权利义务的不平衡。

近年来，围绕着知识产权与公共健康问题上的争端，在第三世界力争下，世界贸易组织部长级会议于 2001 年 11 月在多哈通过了《关于知识产权协议与公众健康问题的宣言》（简称《多哈宣言》）。在多哈会议上，以南非为代表的发展中国家关于尊重人的生命权、健康权、维护公共利益的呼吁，得到发达国家在知识产权领域的善意回应。《多哈宣言》确认困扰许多发展中国家和最不发达国家遭受痛苦的公共健康问题的严重性；强调知识产权保护对于新药品开发的重要意义，也承认这种保护对价格的影响所产生的忧虑；同意《知识产权

---

① 参见高胜：《正义是社会制度的首要价值》，载《中国对外贸易》，2002（4）。

协议》不应成为成员国采取行动保护公众健康的障碍，这些行动包括每一成员国享有“强制许可”的权利，认定何种情况构成“国家处于紧急状态或其他极端紧急的情况”的权利，构建自己的“权利穷竭”制度的权利。

《多哈宣言》的诞生是国际知识产权领域发生的重大事件。首先，它是一个重要的标志，反映了发达国家与发展中国家之间的利益冲突与协调，使得公共健康这一基本人权在知识产权领域得到重视，在一定程度上促使知识产权国际保护更多地考虑经济技术落后国家的利益；同时，它也是一个良好的开端，昭示着发展中国家的立场、观点在现行的国际知识产权体系下作为主流意识加以体现，这就进一步引发出传统知识、生物多样性、地理标记等更为广泛的权利保护与利益协调的制度空间。

总之，在私权与人权的统一范畴内，进行一国知识产权的制度安排，以至构建整个国际知识产权保护体系，是非常重要而且必需的。我们有理由相信：私权与人权共融的知识产权法律之光，既是保障知识创造者利益、促进精神财富增长的智慧之光，也是维系社会公众利益、推动知识技术传播的理性之光。

知识产权损害赔偿的市场价值分析：理论、规则与方法*

制裁侵权行为，实现赔偿救济，是目前知识产权司法裁判最为重要也是最受困扰的问题。“要破解这一难题，必须重塑知识产权司法保护的价值理念，完善适应知识产权这一特殊财产权的性质和特点，符合市场规律和满足权利保护要求的损害赔偿计算机制和证据认定采信规则，使损害赔偿数额与知识产权的市场价值相契合。”[①] 本文试以市场价值学说为分析工具，探讨知识产权损害赔偿认定的价值理论基础、价值判断标准和价值计算方法，在制度创新与法律改革方面寻求司法定价的规则重构和功能调整。

一、损害赔偿客体的资产价值特征

知识产权损害赔偿范围的确定，系从权利人所受损害即不利益结果之证明开始。损害（damage）就其本质而言，是侵害行为所造成的一种后果，这一后果具有对权利人不利益的属性[②]，无损害即无赔偿责任。无论是侵犯所有权行为，还是侵犯知识产权行为，其损害赔偿责任均以损害为构成要件。

---

* 原载《法学评论》，2018（1）。

① 2016年4月时任中央政法委副秘书长姜伟在“知识产权司法保护”研讨会上的讲话：《着力破解知识产权司法保护难题》，载《法制时报》，2016-04-27，第9版。

② 参见张新宝：《中国侵权行为法》，92页，北京，中国社会科学出版社，1998。

损害的概念及其法律属性，在传统民法理论中得到了系统的阐述。一般认为，损害赔偿的客体，即表现为不利益的损害后果，具有以下特征：一是对民事权益的侵害性。侵权责任法提供救济的民事权益，“以权利为原则，以法益为例外”①。即首先是名义上指称的民事权利，同时也包括受到民法保护的人身、财产利益。我国《侵权责任法》第2条采取“例示主义＋兜底规定”的立法方法，在广泛列举各种民事权利的同时，对“人身、财产权益”作了开放性的描述。② 概言之，损害是侵害民事权益所产生的后果。二是损害事实的可确定性。侵权状况的发生和存在应当是真实的，且侵害后果的范围和程度应当是明确的。作为损害赔偿客体的不利益，必须“客观上确定或可得确定”③。民事权益是否受到侵害，其判断标准是客观标准，无论是已然发生的权益损害，还是事实推定中“可得”而未得的权益减损，都具有客观真实性。“可确定性，是酌定赔偿额的依据”④。三是损害后果的可补偿性。损害赔偿的客体，是法律所规定并予补偿的不利益后果。在这里，损害后果应当是法律上可能补救的事实。对于民事权益的救济有多种方法，包括确认之诉、物权之诉和债权之诉。⑤ 一般认为，未造成损害的，适用停止侵权、排除妨害等；造成损害后果的，则适用损害赔偿责任，包括恢复原状和赔偿损失。⑥ 在所有权侵权救济中，该项财产有物质上或价值上损坏事实的存在，损害之物件可以通过修复而恢复原状，并不以赔偿损失为必要。但在知识产权侵权救济中，精神产物不发生本身“损耗”之情形，亦不可能恢复侵权未始之原状，只能寻求法律提供赔偿损失的救济。

对知识产权的损害主要是一种财产损害，即可以用金钱的具体数额加以计算的实际物质财富的损失。这种实际损失不限于侵权行为完成时已发生的财产

---

① 曾世雄：《损害赔偿法原理》，39页，北京，中国政法大学出版社，2001。

② 《侵权责任法》第2条第2款规定：“本法所称民事权益，包括生命权、健康权、姓名权、名誉权、荣誉权、肖像权、隐私权、婚姻自主权、监护权、所有权、用益物权、担保物权、著作权、专利权、商标专用权、发现权、股权、继承权等人身、财产权益”。

③ 曾世雄：《损害赔偿法原理》，40页，北京，中国政法大学出版社，2001。

④ 刘士国：《现代侵权损害赔偿研究》，64页，北京，法律出版社，1998。

⑤ 参见魏振瀛主编：《民法》，47页，北京，北京大学出版社，2000。

⑥ 参见程啸：《侵权责任法》，215页，北京，法律出版社，2015。

损失，还包括未来的可得财产权益的损失。与动产及不动产所有权的损害不同，知识产权意义上的损害是一种对知识财产或无形资产的损害，其实质是对知识产权蕴含的资产价值的损害。知识产权在价值形态上表现为无形资产。在经济学那里，无形资产是关于企业拥有的智力资源的总称。《国际评估准则》(2001) 将无形资产称为“是以其经济特性而显示其存在的一种资产，无形资产不具有实物形态，但为其拥有者获取权益和物权，而且为其拥有者未来收益”。国家财政部颁布的《资产评估准则——无形资产》(2001)，将无形资产表述为“特定主体所控制的，不具有实物形态，对生产经营长期发挥作用且能带来经济利益的资源”。严格来讲，无形资产是会计管理中的定义，经济学理论通常将其称为“知识资产”或“智力资本”，泛指各种非物质形态的未来收益要求权。[①] 知识产权的资产价值，即市场上得以量化的价值，是知识产权价值评估与损害认定的基础。首先必须承认，知识产权是无形资产产生的前提。没有法律授予的知识产权，就不会有法定无形资产；但有了知识产权，并不当然形成有价值的无形资产。知识产权的产生，以国家主管机关授权为依据，这是一种法律上的认可，而知识产权转化为无形资产，是以具有商业价值为标准，这是一种市场上的认可。可以说，知识产权为权利人带来某种经济的可能性，要使这种预期收益的可能性成为产生收益的现实性，则要采取措施和创造条件，促使知识产权转化为无形资产。[②] 知识产权的价值实现，通常有以下三个路径：一是应用化，即知识产权所涉及的知识、技术应用于生产经营之中，体现或基本体现其使用价值；二是商品化，即通过知识产权许可使用或转让，在商品交换中实现其资产价值；三是资产化，即知识产权虽未及使用（包括权利人自己使用或转让他人使用），但经评估或合同确认其价值，且企业将这一价值计入“无形资产”账户。[③] 知识产权的价值形态、价值实现和价值变量，是我们考察知识产权损害的重要内容。概言之，价值分析是知识产权损害获取金钱救济的逻辑起点，其基本要点如下。

---

① 参见茅宁：《无形财产在企业价值创造中的作用和机理分析》，载《外国经济与管理》，2001 (7)。
② 参见刘玉平：《基于知识产权视角的无形资产评估问题研究》，载《中国资产评估》，2008 (2)。
③ 参见蔡吉祥：《无形资产学》，71 页，深圳，海天出版社，2002。

关于损害之对象——无形资产价值。知识产权损害赔偿，是为权利人不利益之后果。在价值分析理论中即是受到侵害的无形资产价值。知识产权为特定主体所控制，且具有知识形态的非实物资产特征。可以认为，侵权损害的对象，应是进入一定市场并获得或可能获得收益的法定无形资产，而不是记载或含有知识、技术、信息的载体或产品本身。在侵权行为类型中，对于财产所有权的侵害主要表现为侵占、妨害和毁损，这些行为往往直接作用于客体物本身（如将他人财物毁坏，对他人财物强占）；而对知识产权的侵害主要表现为剽窃、篡改和仿制，这些行为作用于智力成果的思想内容或思想表现形式，与智力成果的物化载体无关。在通常的情况下，侵权人对他人智力成果的非法使用，并不可能排斥权利人对其智力成果的合法使用。在一定时空条件下，会出现多个行为人同时使用同一智力成果的情形，而不论使用性质如何。这种行为之所以被认定为侵权损害，其要害之处是：在法律上构成对知识产权独占性的违反，在经济学上构成无偿利用他人智力成果的“搭便车者”①。在这里，不利益后果之损害，其对象就是独占性权利，即无形资产价值。诸如专利权在相关技术市场产生的支配地位和独占利益，著作权在文化产品传播中的影响效果及其带来的市场价值，商标权所承载的商誉及其形成的市场份额等，这些无形资产价值都应是知识产权侵权案件中进行损害考量的对象。

关于损害之范围——长期资产价值。在无形资产管理那里，知识产权是能够长期使用并且预期带来经济效益的非货币资产。知识产权是不具有实物形态的无形资产，依会计管理，可作为长期性资产。凡长期性资产可在一定经营周期中获取经济利益，因而有别于流动资产。但是，知识产权虽为长期性资产，但又区别于货币性资产。后者是指资产所有人拥有的现金、银行存款，以及将来可以固定或可确定金融收益的资产，如应收账款、长期投资等。② 与货币性资产不同的是，知识产权的资产价值实现虽是可以预期的，但不是固定或确定的。关于知识产权损害范围的认定，实质上是对长期资产价值的认定，必须在一个合理的期间

① ［美］罗伯特·考特、托马斯·尤伦：《法和经济学》，张军等译，147 页，上海，上海三联书店，1994。

② 参见吕劲松编著：《无形资产会计》，7 页，北京，中国审计出版社，1998。

范围内进行考量。资产价值的长期性，在时间维度上表现在两个方面：一是客体存在的自然周期。知识形态资源是一种信息产品，但不会发生有形损耗，也不会产生事实处分。但是，信息虽不被消灭，但也会出现衰竭。因此，在认定知识产权损害赔偿范围时，应考虑相关客体的自然周期，例如专利权中的技术生命周期、著作权中的作品影响周期、商标权中的商誉存续周期。一般而言，技术生命周期和作品影响周期会呈现出从高到低的盛衰过程；而商誉存续周期，则可能由于品牌维护和经营，表现出持续而不断高涨的态势。总之，长期资产价值的阶段性、成长性等，影响着损害范围的认定。二是权利保护的法定周期。知识产权时间性的特点表明，这种权利仅在法律规定的期限内受到保护，一旦超过法律规定的有效期限，这一权利就自行消灭，相关智力成果即成为整个社会的共同财富。在知识产权体系中，法律对著作权、专利权、商标权等都规定了长短不一的保护期。需要说明的是，商标权与其他知识产权不同，可以在有效期届满后进行续展，从而延长其实际有效期。在知识产权侵权案件中，法官通常是在权利法定保护期限内结合信息产品的寿命周期来认定损害范围的。

关于损害之事实——非确定性资产价值。损害作为侵权责任的构成要件，其重要特征在于其损害事实的客观真实性，即财产侵害后果（包括直接损失和间接损失）是可确定的，原告应当对损害的存在、损害的种类、损害的范围和程度承担举证责任。在知识产权侵权案件中，损害事实是确定的，但损害数额则难以认定，这是由知识产权价值变量的不确定性所引起的。在市场上可以有许多内容相同、功能相同、性质相同的有形固定资产，但不可能存在着内容、性质、价值相同的知识形态资产。知识产权客体是创造物而非种类物，这就决定了不同知识产权之间无法进行资产价值比较。同时，知识产权又是长期性非货币资产，虽能为权利人提供未来经济利益，但利益预期具有不确定性，有些知识产权的收益额及收益期会基于各种原因产生波动，有些知识产权则因缺乏商业价值而无法转化为有效益的无形资产。[①] 概言之，正是由于知识产权价值

---

① 知识产权在市场上所具有的竞争优势、应用价值和产业化前景，是识别知识产权商业价值的基本要素。专利商业价值缺少或商业价值不高，是知识产权运用的突出问题，有关报道参见 2015 年 11 月 30 日《解放日报》：《上海高校、科研院所的 300 件专利有商业价值的比例“不足 5%”》。

变量的不确定性，在企业资产负债表中产生了“正资产”、“零资产”或“负资产”的不同情形，并由此出现司法定价对侵权损害“不赔偿”、“少赔偿”或“多赔偿”的差异性。在知识产权损害赔偿的司法裁判中，损害事实的可确定性与价值变量的不确定性是两个不同的问题：前者涉及损害构成要件，没有确定的损害事实发生，就无法提起赔偿损失的法律救济；后者涉及损害数额认定，需要从无形资产价值变量中计算出合理的金钱数额，以填补权利人的不利益损害后果。法官对知识产权损害赔偿数额的认定，往往是基于合理的交易、惯例及公共政策所作出的一种裁判。著名经济学家康芒斯将“合理的交易、合理的惯例和相当于公共的社会效用”，即以“合理价值学说”作为无形资产损害赔偿裁判的思想基础。①

知识产权损害赔偿客体的资产价值特征，是关于知识产权市场价值观的基本认识。重塑知识产权的市场价值理念，对于推动知识产权法律制度改革，进行知识产权司法裁判规则重构，都具有十分重要的意义。我们必须看到，创新性与稀缺性同为知识形态资产的基本属性。与有形财产不同，智力成果不可能是现有知识的简单重复，需要经过探索性、创造性、连续性的智力劳动才能完成，创新性是其取得法律保护的条件。与有形财产相同的是，智力成果常常表现为资源有限与供给不足，这主要表现为智力成果数量稀缺和价值珍贵。稀缺性是其作为财产客体的经济动因所在。创新性与稀缺性构成了知识产权客体的基本属性，也形成了知识形态资产溢于一般资产的附加值。这是知识产权价值评估中必须注意的。有基于此，知识产权司法保护的价值体系，应包括创新价值与市场价值的完整认识。对于前者，学者以往关注较多。② 但对于后者，现有成果非常有限。应该看到，创新价值观是知识产权的价值灵魂。这一制度通过授予发明创造人以私人产权，为权利人提供了最经济、有效和持久的创新激励。但是，知识产权法不仅是激励机制，也是约束机制。规范市场主体行为，打击侵权行为，既是对权利人的利益保护，也是对市场竞争秩序的规范管制。

---

① 参见［美］康芒斯：《制度经济学》下册，310页，北京，商务印书馆，1962。

② 关于知识产权法创新价值的研究，可参见林炳辉：《知识产权制度在国家创新体系中的地位和作用》，载《知识产权》，2001（3）；陈谊、洪天亮：《试论知识产权法的价值定位——创新》，载《行政与法》，2004（9）；吴汉东：《知识产权法价值的中国语境解读》，载《中国法学》，2013（4）。

市场价值观的意义在于，充分认识知识产权的市场价值，评价其优势竞争地位和独占利益所形成的资产变量；科学估算侵权行为中必然成本、法定成本与非法利益的关系，抑制侵权“收益”大于“成本”的预期，促使理性的经济人放弃侵权以及其他违法行为。[①]

二、损害赔偿认定的价值判断标准与计算工具

知识产权损害赔偿问题的研究，其关键之点和困难之处在于损害赔偿的认定，这些涉及损害赔偿认定原理和损害赔偿数额计算方法两个方面的问题。

关于损害赔偿认定的理论是一种价值判断的工具。损害赔偿数额之确定，是一个从损害范围划分到金钱量化评价的过程。损害理论提供价值判断标准，以此作为损害赔偿认定的指引和基础。有关学说有以下几种。

1. 自然损害论。在传统民法理论中，损害赔偿认定以“差额说”为主旨，即通过比较受害人现在的财产状况和假设没有损害事件所应有的状况而得出的差额[②]，以此确定损害。“差额说”有如下几点要义：一是着眼被害人现实的、客观的财产利益变动的结果，即“以自然的或事实上的损害概念作为基础”[③]。在这个意义上，“差额说”又被称为“自然损害论”。二是观察“损害与被害人对该损害事故之利益关系”，即二者应为相等，无利益则无诉权。[④] 有基于此，“差额说”实为“利益说”。三是遵循“全面赔偿”的原则，即“对赔偿受到的损害而必须给予的赔偿金，应当按照损害（本身）的价值来计算”，“损失的范围决定了赔偿的范围”[⑤]。可以认为，“差额说”之优点在于符合“全面赔偿原则”。长期以来，“差额说”在损害赔偿规则体系与司法裁判活动中处于主导地位。依“差额”状况或“利害”关系而衡量损害是否存在。在一般侵权损害案

① 参见吕忠梅、刘大洪：《经济法的法学与法学的经济分析》，369页，北京，中国检察出版社，1998。

② 参见欧洲侵权法小组编：《欧洲侵权法原则：文本与评注》，于敏、谢鸿飞译，57页，北京，法律出版社，2009。

③ 叶金强：《论侵权损害赔偿范围的确定》，载《中外法学》，2012（1）。

④ 参见曾世雄：《损害赔偿法原理》，119页，北京，中国政法大学出版社，2001。

⑤ 程啸：《侵权责任法》，679页，北京，法律出版社，2015。

件中多不发生问题，但在“精神损害”“价值损害”“抽象损害”中，往往无法在事故发生之时即可辨别出实际发生的损害，特别是认定现有财产状况与无损害时应有财产状况之间的差额。在这种情况下，民法理论又提出与“自然损害理论”相对应的“规范损害论”。

2. 规范损害论。与“差额说”所强调的自然的或事实上的损害因素不同，“规范损害论”在损害认定时主张通过特殊的评价来确定损害赔偿的数额。该理论肇始于德国民法界早期对非财产损害的研究，并为法院判决所引用。“规范损害论”与自然主义的损害观相区别而存在，是关于损害赔偿认定相关学说的概称。对“差额说”理论的修正，在德国法有“组织说”“客观规范价值说”，在英美法系上有“抽象损害”“机会损害”的理论等。该学说的基本要点可以概括如下：一是强调损害判断中的规范因素，认为可赔偿性取决于相关权利的功能性保护内容①，包括与利益有关的能力、精神、机会等价值因素；二是聚焦相关权利之内容被侵害的特殊状态，即损害所涉及的利益并非现实取得的利益，换言之，不利益的损害不限于现实发生的损害，也不能视为受害人遭受的最终损害。“规范损害论”是对“自然损害论”的修正和补充，在“差额”计算不敷使用的情况下，有助于为侵权损害赔偿的认定提供新的理论路径。

3. 定额损害论。前述“自然损害论”和“规范损害论”，为实际损失、非法所得等“数量计算规则”的适用提供了重要理论基础。而“定额损害论”则强调定型性处理的法律原则立场，与“自由裁量规则”的法定赔偿是一致的。“定额损害论”最初为日本民法学者所提出，意在对某些特定损害实行分类定额赔偿。这一理论将法律家从“实费主义”的束缚中解放出来，采用分类定额的方法认定损害和确定赔偿额。② “定额损害论”在损害赔偿认定方面，具有自身的特殊意义：一是对特殊侵害损害领域的法律适用价值。“自然损害论”乃至“规范损害论”在一般损害赔偿认定方面具有普遍的指导意义，而分类定额赔偿多适用于交通事故、医疗事故、国家赔偿乃至精神损害等情形，且在法律有明确规定时方得适用；二是对“数量计算规则”的补充认定价值。从法理

---

① 参见叶金强：《论侵权损害赔偿范围的确定》，载《中外法学》，2012（1）。

② 参见刘士国：《现代侵权损害赔偿研究》，14 页，北京，法律出版社，1998。

上说，关于损害赔偿数额的认定，知识产权法上的实际损失、非法所得和许可使用倍数属于“数量计算规则”，在采取上述方法难以确定损害赔偿数额时，方得适用“自由裁量规则”的法定赔偿。总的来说，前述“自然损害论”和“规范损害论”强调如何计算损害赔偿的“数额”，而“定额损害论”则考虑确认损害赔偿的“定额”。

在一般民事侵权损害赔偿中，“自然损害论”即“差额说”处于中心地位。而知识产权损害赔偿认定所遵循的原理，应以“自然损害论”与“规范损害论”并重，同时辅之“定额损害论”为补充。我国知识产权法关于损害赔偿数额的认定，设置了四种方法，即权利人因被侵权所受到的损失（实际损失）、侵权人因侵权所获得的利润（侵权所得）、许可使用费的合理倍数（许可使用费）以及人民法院根据侵权情节判决的赔偿（法定赔偿）。不同的认定方法，是以不同的原理为指导的。在“自然损害论”的语境下，损害的发生与损害的计算互为表里，即损害存在的差额就是损害的赔偿数额。前述数量计算规则都受到差额损害概念的限定，在一般侵权案件中当以此为赔偿数额认定之基本原理。但在许多情况下，知识产权仅是一种机会利益，即市场交易机会，它是可期待的长期资产利益，也是难以确定的不利益损害。由此，“规范损害论”就为知识产权损害赔偿认定提供了新的理论基础，与市场份额的丧失（自然损害）所导致的“差额”不同，“规范损害论”着力考察的是知识产权保护的功能和价值，即市场交易机会的破坏（规范损害）。具言之，市场机会利益具有长期资产价值性质，不以侵权行为发生时的既得利益为限；市场交易机会损害，是以预期效果利益的机会降低为表现形式，其可赔偿性即规范损害，取决于知识产权所涵养的市场交易机会。在“自然损害论”和“规范损害论”之外，“定额损害论”的思想价值，在于为法定赔偿规则提供了必要的理论支撑。法定赔偿是一种特殊的金钱救济，是知识产权法专设的赔偿制度，其特点和优势在于减轻证明责任，提高诉讼效率，为权利人提供一种“替代性的救济渠道”①。以“定额损害论”为基础所设计的法定赔偿规则，是由法官在法律规

① 黄武双等：《美国商标案件金钱偿还数额的计算：原理与判例》，91页，北京，法律出版社，2014；王迁等：《知识产权侵权损害赔偿：问题和反思》，载《知识产权》，2016（5）。

定的最高限额内进行自由裁判，其赔偿数额不考量或难以考量具体的损害额，不以“足以弥补损失”的全面赔偿原则为主旨，因此在知识产权损害赔偿认定中，仅具有兜底使用的法价值。

关于损害赔偿数额的计算方法，是金钱量化评价的法技术。损害计算问题，归根结底为法律问题而非数学问题，但仍需遵循一定的数学规则。对于受害人实际遭受的损害，侵权人应该赔偿多少，最终是借助数额计算工具而作出的金钱量化评价。不同的损害计算方法选择，其认定的损害赔偿范围和数额会有所不同。在传统民法理论中，损害赔偿数额的计算有客观计算方法与主观计算方法之分，其区分标准以损害构成因素为基础。台湾地区学者认为，损害构成因素分为普通因素和特殊因素，前者为其存在不因被害人而异之因素，又可称为客观因素；后者乃因被害人而异之因素，又可称为主观因素，主要有被害人与第三人的关系、被害人之经济状况和社会地位、被害人智力和身体上的特征。计算损害时，仅斟酌普通因素时，是客观计算方法，兼而斟酌普通因素和特别因素者，则为主观计算方法。① 我国学者大抵认为，主观计算方法是一种“具体计算法”，在计算损害赔偿时必须考虑特定受害人的具体情形。客观计算方法也称“抽象计算法”或“类型化计算法”，该方法排除了那些对损害发生影响的受害人的个性化因素，依据一个固定标准计算赔偿金额。② 奥地利学者认为，客观计算方法的要义，在于根据权益的客观价值即相关权益对于任何一个人的通常价值，以此计算损害；而主观计算方法的关键，则是综合考量损害要件对被侵害财产的影响，由此进行差额计算。③

知识产权损害赔偿数额的认定，应以主观计算方法为原则，客观计算方法为补充。从损害赔偿范围的确定和消减，到损害赔偿数额的量化，在许多情况下会同时采用不同的计算方法。首先，确认损害赔偿范围，为主观计算，一般民事侵权所考量的“受害人的特殊关系”在知识产权领域则表现为特定权益的“特殊资产价值”。知识产权作为一种独占性的无形资产，其损害赔偿数额计算

① 参见曾世雄：《损害赔偿法原理》，161～169页，北京，中国政法大学出版社，2001。

② 参见程啸：《侵权责任法》，691页，北京，法律出版社，2015。

③ 转引自叶金强：《论侵权损害赔偿范围的确定》，载《中外法学》，2012（1）。

方法不同于物化形态的有形资产。[①] 在市场上不可能存在着内容、性质、价值相同的无形资产，诸如著作权、专利权、商标权等各类知识产权，在文化、科技、营销领域有着各自的价值存在；就同一知识产权而言，其市场占有份额、市场交易机会所形成的市场价值也会不尽相同。由于知识产权的客体为创造物而非种类物，这就决定了不同类型、不同价值的知识产权，难以按照通常价值即普通因素进行损害计算。其次，认定损害赔偿数额，也会借助客观计算。主观计算方法并不是绝对的、始终的。在具体赔偿数额认定方面，根据案件具体情况来适度消减主观因素所计算的损害，基本上是采用客观计算方法。例如，以市场占有份额、许可费价格、非法所得来进行损害赔偿的金钱评价时，通常归类于主观计算方法。但是，考量市场占有份额中的"替代产品"，非法所得的行为人自生之利益，为此进行损害赔偿数额的消减，则涉及客观计算的问题。概言之，不同案件的损害赔偿认定和损害赔偿认定的不同阶段，可能采用不同的计算方法。

在司法实践中，对知识产权损害赔偿的司法定价，往往是对损害构成要素（包括普通要素和特别要素）进行综合考量，由此拟定相应的计算公式。知识产权损害赔偿数额的计算，在实践中是以诉讼为目的的无形资产评估，目前我国通常采用重置成本法、现行市价法和收益现值法。从方法论的角度而言，重置成本法与现行市价法均属于演绎法。重置成本法是根据被评估资产本身的现在及过去的技术经济资料进行估算；现行市价法是以与被评估资产类似资产的现在的技术经济资料归纳而得出的评估价值。收益现值法属于分析法，即对被评估资产未来的使用情况进行分析来确定资产的评估价值。在知识产权损害赔偿数额认定中，当以收益现值法为主，这是因为分析法是以所涉知识产权固有的潜在价值（获利能力）为对象，对其在市场条件下的模拟交易价格进行金钱评价；在一定情况下，其他评估方法可作为补充适用。例如，对于未及实施的知识产权，难以估测其获益能力，此时当以重置成本法估算该项资产开发研制

---

① 民法学者认为，"赔偿所涉物的损害，以客观计算为原则，主观计算为例外。因物可归不同民事主体所有，一般非因人而异。但有特殊因素存在影响损害程度时，则应主观计算"。参见刘士国：《现代侵权损害赔偿研究》，15 页，北京，法律出版社，1998。

的成本，再结合收益现值法评价未来收益。再如，对于同一区域市场的相似知识产权，或在不同区域市场出现的同一类型知识产权，可选择已交易的现行市价作为参照物。无论如何，演绎法和分析法在损害赔偿认定中概为主观计算法，即在计算时需斟酌损害的普通因素和特殊因素，对特定知识产权的获利能力及其交易价格作出金钱评价。在我国实践中，上述无形资产评估的计算方法，尚未有效地转化为知识产权损害赔偿的裁判方法。因此，提出价值指标构成、构建分析框架，设计运算步骤、归纳计算公式，是完善损害赔偿司法定价体系的重要任务。

总之，知识产权损害赔偿认定，包括价值判断和金钱评价的全过程，其间涉及法理论分析与法技术运用。在个案裁判中，法官对已发生的损害事实进行价值判断，以确定法律上的损害范围，即应予赔偿的损害；继而采用一定的计算方法进行金钱量化，最后得出损害赔偿数额。上述分析框架可图示如下：

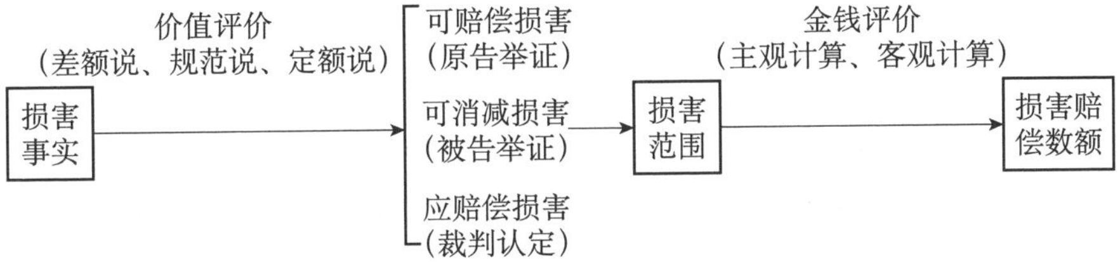

具体而论，在损害赔偿案件的裁判中，系从损害事实的证明开始：作为不利益结果的损害，是一种事实上的损害。权利人应就损害成立即权利人合理市场收益或侵权非法所得收入进行举证；侵权人应就损害消减即非侵权替代产品或非侵权获利的“合理扣除”进行举证。在此基础上，形成应当赔偿的损害即损害范围。作为裁判活动结果的损害范围，是进行可赔偿损害与不赔偿损害的消减所形成的法律上损害。经过价值评价之后，由法官运用一定计算方法，对损害因素进行考量，最终作出赔还是不赔、赔多还是赔少的金钱评价，即损害赔偿数额。以“自然损害论”和“规范损害论”并重的价值评价取向，以“主观计算”为主、主客观计算结合的金钱评价方法，不能停留在理论层面的概括与描述，而需在司法定价模式中具象为可操作性的裁判规则和方法。有关基本运作模式及其规则构成，留待下文予以论述。

三、损害赔偿司法定价的“三步观察法”

对知识产权损害赔偿的价值评价与金钱评价，是以知识产权的“合理价值”为基础，计算其收益能力（市场价值）在特定时间的市场条件下的货币表现（市场交易价格）。在知识产权损害赔偿案件中，如何采用收益现值法及其他评估方法进行司法定价，如何对实际损失、非法所得以及许可使用费进行金钱量化，应遵循一定的分析框架、运行步骤及相应的规则。在此，笔者试拟知识产权损害赔偿认定的“三步观察法”。

第一步是市场类型分析法。知识产权种类多样，内容丰富，涉及文化、科技、营销等不同领域。应根据各类知识产权的属性和特点，进行市场类型细分。在此基础上，找出不同的损害构成因素，以确定各自的损害范围，最后计算损害赔偿数额。

在著作权损害赔偿认定中，往往采用收益现值法。在一般情况下，作品类型（计 19 类）与权利种类（共 12 种）构成著作权价值评估的基本对象矩阵，而著作权收益的形成，包括效用价值、利用方式与范围、交易价格等则是量化著作权价值的影响因素。[①] 从作品在市场上的表现来估算著作权的价值，其评价涉及书籍销售码洋（印数乘定价）、电影票房收入（票价乘以购买人数）、艺术品交易价格等市场因素。以收益现值法计算著作权价值并非唯一，也不尽合理。在有的特殊情况下，著作权的价值与价格呈现明显的背离，例如学术著作的收益现值远低于通俗作品。在此应兼顾商业价值与社会价值，采用“成本—收益法”，即将创作作品成本（重置成本）置入评估价格之中。[②] 还有的学者借鉴国外的“综合商业指标排列法”，主张将与被害人有关的“补偿与形象”，作为著作权损害赔偿价格的考量因素。[③]

在商标权损害赔偿认定中，应以收益现值法为主要计算工具，综合考量商

① 参见袁煌、侯瀚宇：《版权价值评估对象及其价值影响因素探讨》，载《无形资产评估》，2011 (8)。

② 参见陈仲主编：《无形资产评估导论》，185 页，北京，经济科学出版社，1995。

③ 参见郑成思主编：《知识产权价值评估中法律问题》，139 页，北京，法律出版社，1994。

标价值的影响因素。商标侵权损害的构成因素，可以概分为商标自身的因素（法律因素）和商标所附载的商品的因素（市场因素）。这是因为，商标是一种依附性无形资产，商标与其附载的商品在市场中共同发挥作用才能产生商誉价值。前者主要是商标的市场认知度和信誉度，该因素反映了该商标在相关市场的获利能力，表现为相关产品的附加价值，即商标价值；后者主要是商品的自身定位（如质量、价格、类型等）和市场地位（如行业状况、供需关系、市场份额等），该因素对商标价值的增加或衰减具有直接的影响。[①] 总之，商标侵权损害因素是一个综合评价的因素构成，具体包括：（1）商标的创建开发、维护成本；（2）商标资产的有效期限；（3）商标产品的有效市场占有率；（4）商标依附的有形商品的生命周期；（5）该产品的行业平均利润与行业发展前景；（6）商标的知名度与声誉度。

在专利权损害赔偿认定中，是以专利技术的模拟成交价格为基础，通常采用收益现值法进行金钱评估，当某些专利技术的实际劳动价值与市场价格发生偏离时，亦可采用“成本—收益法”加以平衡。专利价值构成，主要是技术价值、市场价值和权利价值。技术价值是专利技术本身的性能带来的价值，如技术类型及发展水平、技术所处的生命周期、技术应用范围、技术替代程度等；市场价值是专利技术在市场应用中所产生的预期收益，如市场转化能力、市场需求程度、市场占有比率、市场竞争关系等；权利价值则是一种法律因素，是因法律赋权而产生的价值，如专有权状态专利保护范围、许可使用状况、权利存续期间等。[②]

知识产权损害赔偿的司法定价，是以诉讼为目的的知识产权价值评估，其结果为知识产权自身因素的潜在价值（即收益能力）在特定交易期间的市场条件下的货币表现（即模拟价格）。由于知识产权种类多样，其价值构成各自有别，因而评估价格也不尽相同。这些即是市场类型分析法的主要内容。

第二步是市场占有份额分析法。当市场上同时存在权利产品、替代产品和

---

① 参见王莲峰：《商标权评估若干问题研究》，载《中国工商管理研究》，2004（2）；谢丽娜：《商标价值评估之影响因素》，载《中华商标》，2011（2）。

② 参见万小丽、朱雪忠：《专利价值的评估指标体系及模糊综合评价》，载《科研管理》，2008（2）；李秀娟：《专利价值评估的影响因子》，载《电子知识产权》，2009（5）。

侵权产品的情况下，知识产权所有人即受害人可以根据其在相关市场的占有份额来主张赔偿数额。以市场份额为价值基础的分析方法，可作为实际损失和非法所得的计算工具。市场份额分析法的理论基础为“差额说”，着重考察被害人现实的客观的财产利益变动的结果，即以被害人权利产品的市场份额丧失（自然损害）作为“差额”，换言之，市场份额损失的范围决定了赔偿的范围。在我国，最高人民法院于 2001 年在司法解释中对专利侵权损害赔偿数额认定提出如下计算方法：（1）实际损失计算：专利产品减少销售量（或侵权产品销售量）×每件专利产品合理利润＝实际损失；（2）侵权所得计算：侵权产品销售量×每件侵权产品合理利润＝侵权所得。[①] 在美国，联邦法院于 1989 年提出“市场分配法”的专利损害赔偿数额计算规则，即“专利权人可以根据其产品在市场上的比例，推算如果没有侵权行为存在时其所得的利益总额”；“即使市场上有其他竞争者，专利权人也可以根据其产品原来占有市场上产品的比例，经扣除侵权行为人所占的比例而重新计算”[②]。中美两国法院的司法解释，似乎都采用了市场占有份额分析法，其结果：一是减轻了受害人的举证责任，即知识产权所有人可以根据其在市场上的占有份额而主张所失利益，而无须证明市场上侵权产品的状况；二是改变了传统侵权损害赔偿的“差额”计算方法，即在充分考量诸市场因素的基础上作出“合理扣除”，以相关产品份额作为自然损害的“差额”。

“差额”理论旨在填平和补偿权利人的损失，通常是通过比较受害人现有财产状况与假设没有损害发生所应有财产状况而计算出差额。在知识产权侵权诉讼中，特别是专利损害赔偿案件的权利人，必须证明如果没有侵权发生的情况下自己应有的财产状况，美国法将其概称为“but for the infringement”规则。侵权行为所涉及的相关产品，可能是单一市场，即只存在权利人与侵权人两个竞争者。在这种情况下，损害赔偿的计算公式为：利益损失＝侵权产品销售量×每件侵权产品合理利润或权利产品减少销售量×每件权利产品合理利润。

① 参见 2001 年最高人民法院《关于审理专利纠纷案件适用法律问题的若干规定》第 20 条，第 21 条。

② 李磊：《美国专利侵权损害赔偿数额的计算及借鉴意义》，载《宁夏社会科学》，2016 (5)。

无论如何，权利人在市场独占的情况下，能够得到侵权人全部非法所得作为利益损失。对于单一市场所发生的损害赔偿，受害人须证明“but for the infringement”情况下权利产品获利的可能。美国法院将其概括为“四要素法”（或称为DAMP原则）[①]，包括“产品需求”（demand），即市场上有产品需求；“替代产品”（alternative），即市场上没有非侵权替代产品；“市场能力”（marketing），即权利人有生产、销售能力；“应得利润”（profit），即权利人应得的利润数额。当权利人对其中任一情况无法举证时，原告只能请求合理的许可使用费。

在大多数情况下，相关市场存在着复杂的竞争关系，不仅有着前述权利人的权利产品和侵权人的侵权产品，而且存在第三人替代产品。进入相关市场的侵权产品，特别是专利侵权产品，在计算其非法所得时，应“考虑专利因素对产品整体市场价值的贡献率”[②]，将产品利润在涉案专利技术与其他技术之间合理分摊。这即是美国法院所主张的“技术分摊规则”，也与中国法院强调的“侵权产品合理利润”规则相符。经过此种“合理扣除”后，侵权产品方能作为损害赔偿计算的基数。此外，对相关市场的替代产品的分析，则是多边竞争关系中占有份额的合理性考量。替代产品须具备两个条件：一是市场标准，即在产品价格、性能等方面具有可比性；二是法律标准，即为合法生产的非侵权产品。根据“市场占有份额”分析法，应首先计算权利产品、替代产品、侵权产品在市场上的各自份额，然后将“技术分摊”后的侵权产品所得利润按比例分配给主张权利的受害人。质言之，权利人获取的赔偿数额只能依据其市场占有份额来确定，其计算公式是：利益损失＝侵权产品销售量×每件侵权产品合理利润×权利人市场占有比例。

市场份额分析法作为损害赔偿数额计算方式，并不是唯一和孤立的。在有的情况下，权利人不足以具备产品生产、销售的市场能力，如何确定“非确定资产”的损害？或是权利人在侵权行为发生时难以证明“差额”的存在，对“市场机会利益”丧失如何考量？因而有必要适用或补充适用其他分

---

① 雷刚：《美国专利侵权损害赔偿计算中的市场占有率法》，载《科技管理研究》，2014（12）。

② 张玲、张楠：《专利侵权损害赔偿额计算中的技术分摊规则》，载《天津法学》，2013（1）。

析方法。

第三步是市场交易机会分析法。在无形资产评估那里，知识产权是一种长期性资产，也是一种非确定性资产。前者表明知识产权能够长期使用且能带来预期效益，后者表明知识产权的利益预期会基于各种原因产生价值变量波动。因此，可以认为，知识产权具有“作为未来可以获利的交易的现在价值”[①]。换言之，知识产权只能在社会传播和市场利用的过程中实现其资产价值，它实质上为市场交易的机会利益。以市场机会为价值基础的分析方法，可作为许可使用费的主要计算工具和实际损失、非法所得的补充计算工具。市场交易机会分析法的理论基础是“规范说”，与市场占有份额丧失的“差额说”不同，“规范说”着力考察的是市场交易机会的破坏，不以侵权行为发生时的既得利益为限。

市场交易机会分析法，以未来预期收益为认定基础，以市场获利可能性的降低或丧失为判断依据。在侵权法理论中，作为损害赔偿客体的不利益须为客观真实的事实。[②] “交易机会”利益的损害，是事实推定中“可得而未得”的权益减损，并非已经发生的现实损害，也不是受害人遭受的最终损害。无论如何，这种机会利益的损害具有客观真实性。传统侵权法理论并不能解决市场交易机会的损害认定及其计算方法问题，在这里，市场价值学说也许提供了更好的理论工具和认定方法。在市场交易机会分析方法中，边际效用或者说市场效益是整个分析框架的核心概念。“知识产权利益主要表现为市场利益”[③]，其价值取决于边际效用，效用量是财产得以满足消费者的程度，有用性和稀缺性是决定财产价值的终极因素。效用价值理论以商品的交易价格为估值对象，即是将未来预期收益作为一个模拟交易进行估值，在这里有两种交易价格模式：一是侵权人与第三人之间就知识产权利用而发生的现实交易，二是假定侵权人与权利人之间就知识产权授权许可而发生的虚拟交易。在前者，侵权人非法实现了本属于权利人的交易机会，在与第三人交易中获得了市场对价；在后者，假

① [美] 康芒斯：《制度经济学》下册，308 页，北京，商务印书馆，1962。
② 参见张新宝：《侵权责任构成要件》，48 页，北京，法律出版社，2009。
③ 李琛：《知识产权法基本功能之重解》，载《知识产权》，2014 (7)。

定侵权人获得合法授权，在实现交易机会时应予支付许可使用价格。总之，市场交易机会分析法，将知识产权的未来预期收益，具象为以效用为核心的交易机会利益，并在损害赔偿认定方式上设计了现实交易价格与虚拟交易价格两种计算方式。

市场交易机会分析法，主要适用于许可使用费的计算。其中虚拟交易价格模式，甚至被称为“合理许可费”的赔偿数额认定方式。[①] 美国专利法规定，如果专利权人无法证明其所失利益，则只能主张合理的专利使用费。“合理许可费”并非对受害人给予全部的“差额”补偿，而是在其无法举证的情况下提出的合理赔偿。“合理许可费”计算的理论依据，即侵权人非法利用了权利人的交易机会所应支付的合理对价。在美国的司法实践中，“合理许可费”的计算，有“分析计算法”（以侵权人预期利益与一般市场所得利益的差额，作为合理的专利使用费）、“比例计算方法”（以侵权产品的毛利润或销售额的一定比例，作为专利使用费的合理标准）、“虚拟价格法”（假定受害人与侵权人之间存在授权合意，形成一定数额的合理使用费）。[②] 上述计算方法，有现实交易价格模式，也有虚拟交易价格模式。在我国，司法解释也有此类规定，即在受害人实际损失或侵权人非法所得难以确定的情况下，法官可以根据专利权的类别、侵权人侵权的性质和情节、专利许可费的数额、该专利许可的性质、范围、时间等因素，参照该专利许可费的 1 至 3 倍合理确定赔偿数额。[③]

市场交易机会分析法也可以作为市场占有份额分析法的补充。在存有竞争关系的多边市场中，权利人权利产品、被许可人的替代产品、侵权人的侵权产品分别具有相关市场的一定份额。在这种情况下，关于非法所得的赔偿主张，权利人首先应就其市场占有份额来确定“利益损害”的赔偿数额；然后可以就其交易机会的丧失主张赔偿，即由侵权人比照被许可人支付一定比例的“合理许可费”。在这里，损害赔偿的数额由“利益损失”（市场份额占有分析法）和

① 参见和育东：《美国专利侵权救济》，190 页，北京，法律出版社，2009。

② 参见李磊：《美国专利侵权损害赔偿额的计算及借鉴意义》，载《宁夏社会科学》，2016（3）。

③ 参见 2001 年最高人民法院《关于审理专利纠纷案件适用法律问题的若干规定》第 21 条。

"合理使用费"（市场交易机会分析法）所构成。[①]

综上所述，知识产权损害赔偿的司法定价，应基于权利种类差异，就其不同的损害构成因素进行市场类型分析；在此基础上，采取市场占有份额分析法和市场交易机会分析法计算出非法所得、实际损失或合理使用费的赔偿数额。该两种分析方法可以单独使用或合并使用，以实现损害赔偿的目的。

① 在美国 State Industries，Inc.，v. Mor-flo Industries，Inc. 948 F. 2d 1573（Fed. Cir. 1991）一案中，法院判定原告就其市场份额计算"实际损害"，即以被告侵权产品销售额的 40%作为利润损失计算；同时，基于原告许可他人使用其专利技术的事实，判定将被告余下的 60%销售额以 3%的许可费支付给原告。

经济新常态下知识产权的创新、驱动与发展*

当前，我国经济发展进入新常态，实施创新驱动发展战略成为时代主题。在国家创新政策体系中，知识产权为创新发展战略目标实现提供了重要的制度支撑和法律保障。从一定意义上讲，经济新常态下的创新驱动发展就是知识产权驱动发展。

一、经济发展中的创新现象与创新发展中的法律保障

创新是经济发展的基本现象。创新是指人们在生产力、生产关系和上层建筑全部领域中进行的创造性活动，既包括知识创新（含科技创新、文化创新、产业创新、产品创新），也包括制度创新（含法律创新、政策创新、体制与机制创新等）。在发展理论中，经济增长、知识创新与法治建设应是一个相互作用、相互促进的协调机制。经济增长对社会变革起着决定性作用，它带来了社会物质财富的快速增长，也引起了社会生活方式的巨大变化。在知识创新、经济发展、法治建设的协调体制中，经济处于中轴的地位，知识与法律为之进行曲线偏向摆动。其中，知识进步是经济增长的动力机制，法治建设则是经济增长的保障机制。对于新制度经济学派而言，技术进步和制度演变都是一种创新过程。

---

* 原载《法学》，2016（7）。

20世纪初，经济学家熊彼特在《经济发展理论》一书中首先提出了“创新理论”。在他看来，创新是在生产体系中引入生产要素和生产条件的新组合，包括引进新产品、采用新技术、开辟新市场、控制原材料新供应来源和实现新企业组织。熊彼特将创新作为其经济发展理论的核心，认为经济发展的基本现象是创新。① 20世纪50年代以来，诺思、科斯等学者在熊彼特创新理论的基础上，分析了制度创新的需求与供给，研究了知识创新与制度创新的关系、国家的制度创新职能以及制度创新在经济发展中的作用，从而构建了系统的制度创新学说。对于制度经济学而言，制度创新一般是指制度主题通过新的制度构建以获得追加利益的活动，它是关于产业制度、产权制度、企业制度、经济管理制度、市场运行制度等各种规则、规范的革新。② 可以认为，在新制度经济学派那里，“技术进步和制度演变都看成是一种创新过程”③。

知识产权制度作为财产非物质化革命的法律文明，表明了“制度创新”的本质属性。在近代法的发展过程中，知识产权制度与企业法人制度的建立，是“现代产权制度建立的标志”④。知识产权法作为制度创新的产物，在经济学意义上是一种激励和规制创新活动的新制度“供给”，而在法律层面被喻为私权领域的财产“非物质化革命”，其基本功能是：为创新活动进行产权界定并提供激励机制；为创意产业进行资源配置并提供交易机制；为创造性成果进行产权保护并提供市场规范机制。

知识产权制度是创新发展的基本保障，具有实现“知识创新”的法价值目标。知识产权制度在一个国家的法律体系中，起着激励和保护知识创新、促进和推动创意产业发展的重要功能，所以很多学者称之为“创新之法”“产业之法”。创新这一概念是对知识经济全面而精要的解释，可以视为知识产权制度的基本价值范畴。⑤ 创新价值体现在知识产权政策制定与立法活动之中。知识

① 参见［美］约瑟夫·熊彼特：《经济发展理论》，叶华译，85页，北京，中国社会科学出版社，2009。

② 参见［美］罗纳德·科斯等：《财产权利与制度变迁》，上海，上海三联书店，1994。

③ 汪丁丁：《制度创新的一般理论》，载《经济研究》，1992（5）。

④ 刘凤朝：《论技术创新与制度创新的互动》，载《科学技术与辩证法》，2000（2）。

⑤ 参见陈谊、汪天亮：《试论知识产权法的价值定位—创新》，载《行政与法》，2004（9）。

产权制度以基于创新所产生的社会关系为主要调整对象，体现了尊重创新、保护智力成果、规制知识经济市场秩序的主旨。创新价值目标的实现，在法律规范设计中主要表现在以下三个方面：一是知识产权保护与私人创新激励机制。知识产权制度是一种对知识产品有效的产权制度选择。这一制度通过授予发明创造者以私人产权，为权利人提供了最经济、有效和持久的创新激励，保证了创新活动在新的高度上不断向前发展，从而促进了创新成果所蕴藏的先进生产力的快速增长。二是知识产权限制与社会创新发展机制。知识产权的限制，是对权利人专有权利的行使限制，其功能在于通过对产权的适度限制，平衡权利人与社会公众之间的利益，确保社会公众接触和利用知识产品的机会。三是知识产权运用与创新成果交易机制。知识产权运用是连接知识产品创造者、传播者和使用者之间的法律纽带，旨在规制不同主体的产权交易行为，促进知识产品的动态运用和精神财富的流动增值，其主要制度就是授权使用、法定许可使用和合理使用。

对中国而言，我国经济发展开始进入新常态，从表面上看是经济增长减速换挡，但是本质上则是发展动力的转换和重塑，一个显著的变化就是要素的规模驱动力减弱，经济增长将会更多地依赖科学技术的进步。近年来，我国科研投入大幅提升，自主创新能力不断提高，科技进步对于经济发展的驱动作用也正在加强。2015 年我国研发经费投入 1.4 万亿元，占 GDP 的 2.1%，以知识产权为核心的创新指标得到较快发展：科技创造能力提升，跻身于发明专利申请大国，连续 4 年位居世界第一；品牌创建能力提高，商标注册申请量连续 14 年位居全球第一；文化创新能力增强，版权产业发展势头良好，对经济发展的贡献率已达到 7%左右。我国信息技术、生物医药、高端装备制造、新能源等新兴产业迅速崛起，在国际市场份额中逐渐提高。而同期中国 GDP 的增速一直保持在 7%左右，仍然处于中高速增长，我国经济总量从入世前的世界排名第 6 位跃升至第 2 位；2015 年我国国内生产总值为 67.67 万亿元。当下中国经济发展正处于“爬坡过坎”的关键阶段，已经进入经济发展的增速换档期、风险凸显期和升级机遇期。在这一转型发展阶段，打造中国经济升级版，实现从世界大国向世界强国的转变，关键在于改变经济发展动力、提高经济发展质量，其基本路径就是发挥知识产权激励和保障创新发展的制度功能。

二、科技创新、产业创新与知识产权产业发展

进入新世纪以来，世界经济结构发生深刻变革，第四次国际产业转移已经开始启动。[①] 在各国政府的积极推动下，新技术革命步伐加快，第三次工业革命初见端倪。[②] 习近平总书记在中央经济工作会议上对此作出了精辟分析："全球新一轮科技革命和产业变革与我国加快转变经济发展方式形成历史性交汇。"经济新常态的基本要求是，经济发展的动力应来源于创新驱动，经济发展的方式需进行结构性改革。经济新常态的出现，其动因是科技革命，其表现是产业创新。产业创新是以科技革命为引擎的。科技发展的智能化、数据化、网络化、绿色化以及科技中心多元化、科技生产一体化，成为新一轮全球科技革命的显著特点。我们看到，无论是美日欧等传统经济体，还是中俄印等新兴经济体，都在发动本国（地区）的科技革命，抢占全球创新的制高点，将信息网络、生物技术、清洁能源、新材料与先进制造等作为研发投入最集中的领域。科技专家预测，全球创新中心正由大西洋向太平洋扩散，由欧美走向亚太。未来的20～30年间，北美、东亚、欧洲三大世界科技中心将鼎足而立，主导全球创新格局。新一轮技术革命将带来世界各国的产业变革，这在科技领先型国家中将会表现得特别明显。

改革开放30多年以来，我国经济发展道路从传统的资源、资本驱动正走向创新驱动。迈克尔·波特的"地区经济发展阶段理论"认为，地区经济发展具有四个阶段：生产要素导向阶段、投资导向阶段、创新导向阶段和财富导向阶段。一国在经济欠发达时，其经济增长的动力主要依赖基本生产要素；在经济初等发达阶段，投资是驱动经济增长的主要动力；在创新导向阶段，也就是向中等发达国家和发达国家迈进的过程中，产权化的创新成为经济增长的主要驱动力。[③] 目前我国已进入工业化中后期，正处于寻找新的经济增长点的关键

---

① 参见中国国际经济交流中心课题组：《打造中国经济升级版》，6～7页，北京，人民出版社，2013。

② 参见［美］里夫金：《第三次工业革命》，张体伟等译，北京，中信出版社，2012。

③ 参见［美］迈克尔·波特：《国家竞争优势》，李明轩等译，533～547页，北京，华夏出版社，2002。

时刻。从经济发展新常态到供给侧经济结构性改革，表明我国宏观经济调控的思路发生了重大转变。就整个宏观经济来说，从生产到流通再到消费，是一个供给与需求各处一端的完整链条。在过去的30多年间，中国经济一直保持较高的增长率，且主要是依靠需求侧的拉动，即倚重“投资、消费、出口”这三驾马车。不断扩大的投资在拉动经济高速增长的同时，也带来供需之间的不平衡，产生了经济结构性矛盾，其重要问题就是一些行业的产能过剩。就国际制造业占比而言，中国生产、出口产品占据第一的有250种，其中化纤占41%、粗钢占44%、玻璃占50%、水泥占60%、电解铝占70%。生产如此规模数量的产品，造成了GDP指数的上扬，但没有足够的消费，从而导致产能过剩。行业产能过剩的表现是：产品价格指数下滑，企业盈利能力下降，行业供给超过需求。2008年前，我国行业产能过剩达20%左右，位于全球产业的平均值，而现在产业利用率不到70%，存在较严重的产能过剩。从实质上讲，产能过剩是低端产能过剩，其背后的要害问题是产业创新乏力。供给侧改革将聚焦生产要素的有效供给和利用，旨在通过创新驱动、解放生产力、提高效率来促进经济发展。

产业创新和变革的重要任务，就是调整产业间要素配置的结构，也就是通常说的产业结构调整和优化，要让资源更多地流向有需求、有前途、有效益的产业类型和经济型态。知识产权是产业创新和发展的核心制度。在全球范围内，各国政治家、企业家以及战略科学家一直密切关注新一代技术革命带来的发展机遇，充分挖掘知识产权对经济发展的引领作用，以适应新的产业革命并形成新的竞争优势。2011年世界知识产权组织发布《世界知识产权报告—创新面貌的变化》，明确指出：拥有知识产权已成为创新企业战略核心。依赖于知识产权的知识市场日益增长，全球知识产权交易额的增速已超过全球GDP的增长率。知识产权将企业的创新、研发、制造和营销等有效地连结起来，既可以引领创新创业发展，又能够推动传统产业转型升级。产业创新的过程和结果是知识产权密集型产业的发展。在发达国家，现代经济整体依赖于某种形式的知识产权，与专利、版权、商标相关联的知识产权密集型产业是本国经济的支柱。可以认为，知识产权本身就是一种产权化的创新，构成了经济增长的原动力。在某种意义上讲，创新驱动就是知识产权驱动，知识产权密集型产业是实现上述创新发展的内在要求和外在表现。

知识产权密集型产业是一种特殊的产业分类，在外延与范围上与高科技产业、创意产业、战略性新兴产业等有交叉重叠之处。从其产业本质特征而言，它以法定权利作为相关产业命名，突出了该类产业中的知识产权构成：一是知识产权要素的高密集性。该类产业是以专利、商标、版权等无形资产要素组合，依靠知识产权的专业服务和质量管理而发展。二是知识产权保护的高依赖性。该类产业是以权利的存在为基础，以权利的保护为后盾，依赖健康有序、公平开放的法治环境而生存。三是知识产权价值的高成长性。以知识产权为实质的创新与经济增长之间具有正相关性，知识产权本身成为知识经济时代财富创造的主体资源。知识产权密集型产业这一概念的提出，先是在美国（2012年），后是在欧盟（2013年）。我国2015年国务院发布的《国务院关于新形势下加快知识产权强国建设的若干意见》，以“培育知识产权密集型产业”为专项任务，提出了“规划指引”“市场投入”“政策扶持”“示范引导”“管理服务”等知识产权密集型产业发展的若干措施。各国发展态势表明，知识产权密集型产业已然成为拉动世界经济增长的主导力量。我国供给侧改革的要义，在于改变依赖资源和投资驱动的传统经济发展模式。知识产权强国建设的一个重要任务，就是以知识产权密集型产业作为经济结构性改革的新“供给”。具体而言，首先，要提升创新主体知识产权运用能力，引导和支持企业提高知识产权创造质量和运用效益，将知识产权优势转化为产业优势，促进产业转型升级，提升产业层次和企业竞争力。同时，要完善高校和科研院所知识产权管理规范，充分调动高校和科研单位人员转化运用知识产权的积极性，承接和盘活高校和科研院所知识产权资产，促进高校、科研院所知识产权转移转化。其次，要推进知识产权与产业的深度融合，充分发挥知识产权对于科技创新和产业发展的支撑、导航作用，不断推动全面创新，更多靠产业化的创新来培育和形成新的经济增长点，把创新落实到创造新的增长点上，把创新成果变成实实在在的产业活动。最后，要加快产业集聚区建设，努力建成一批产业链完善、创新能力强、特色鲜明的战略性新兴产业集聚区，通过知识、技术、资本和产业转移带动和引领周边区域知识产权密集型产业的发展。

三、知识产权事业发展新常态：目标与任务

经济新常态的形成，有赖于知识产权事业同步进入新常态。在新形势下，知识产权的有效转化和运用，对于提高经济发展质量、转变经济发展方式具有特别的意义和作用。知识产权作为激励和保障创新的制度产品，其本身只是一种独占性的法律授权。知识产权只有与市场经济相结合，进行转化和运用，才能成为企业和产业经营中的“正资产”[①]，产生经济社会发展的正能量。

知识产权转化和运用的基本方式有：（1）知识产权的“产业化”（industrialization）。知识产权的产业化，是指将知识产权所保护的知识、技术、信息等应用到生产经营活动之中，使之转化为有益的生产力，成为企业有价值的无形资产。产业创新须以科技创新为前提，科技创新是以产业创新为目的。知识产权的产业化，意味着科技创新成果与现实生产力的有机结合，这是实现创新驱动发展和建设知识产权强国的必然要求。知识产权的生命在于实施，知识产权的产业化是以知识、技术、信息的充分实施为基础。无论是研发者的自行实施，多个研发者以及研发者与投资者的共同实施，还是研发者将创造成果转让他人实施，都是实现知识产权产业化的重要途径。（2）知识产权的“商业化”（commercialization）。知识产权的商业化，则是指将知识产权作为商品转让给他人或者许可他人使用，是知识产权转化运用的一种间接方式，也是知识产权转化为经济效益的重要途径，其主要表现为知识产权转让和知识产权许可两种交易模式。在知识产权的商业化过程中，创造成果的交易价格往往由自身价值、买方情况、卖方情况和权利转让方式四大类因素所决定，其中创造成果的自身价值无疑是核心要素。（3）知识产权的“资本化”（capitalization）。知识产权的资本化，即知识产权投资和知识产权收购的运营问题，目前主要表现为专利运营。在专利技术资本化的过程中，专利不再仅仅是技术和权利的代名

---

① 在会计管理和资产评估那里，知识产权是一项期待收益的无形资产，依据知识产权的商业转化情形，企业资产负债表对知识产权的记载有正资产、零资产与负资产之分。参见刘玉平：《基于知识产权视角的无形资产评估问题研究》，载《中国资产评估》，2008（2）。

词，更是市场主体的一种竞争资本。近年来，随着企业间专利交易的不断发展，一种新的专利经营主体NPE（Non Practicing Entities，即“非专利实施实体”），在专利运营中扮演重要角色，该类实体本身不进行产品的生产或销售，而是投资创新和收购专利，专门从事专利技术的资本化运营活动。

我国知识产权的有效运用，受制于创新水平不高、创新成果商业价值较低以及知识市场发育不尽完善等诸多问题。就知识产权构成而言，具有大而不强、多而不优的特点，存在效益与贡献不足的弊端。现就数量、结构、质量、效益四大要素构成分析如下：（1）数量规模相当可观。2015年，发明专利申请量首次突破百万件，达110.2万件，占全球有效申请量的近三分之一。同年，受理商标注册申请280万件，商标累计有效注册量达到世界第一。（2）结构布局不尽合理。在世界知识产权组织划分的35个技术领域中，中国主体发明专利拥有量高于外国来华发明专利拥有量的有28个，但在光学、发动机、运输、半导体、基础通信、音像、医学等领域与国外存在差距；在包括电影、电视、音乐、图书的版权产业领域，本土市场的占有率尚可，但国际竞争力较弱。2010年，我国出口的版权产品在国际市场份额为4.66%，与美国（18.74%）、德国（10.69%）、法国（33.81%）和英国（13.38%）等存在较大差距；中国是商标注册大国，但出口产品90%左右是贴牌加工，有世界影响力的中国商标为数不多。（3）质量水平参差不一。中国在3D打印、纳米技术、机器人工程等少数尖端前沿领域表现强劲，但在大多数核心技术领域的创新总体偏少。2010—2013年中美日韩四国专利技术流动数据表明，中国仍是最大的技术输入国，其中95%的高档数控系统、80%的高档芯片、近100%的大型发动机依赖进口。（4）实施效益有待提升。具有商业价值（其要素包括市场竞争优势、技术应用价值和产业化前景）的专利总量不足，对产业发展贡献不力。据统计，2015年备案专利合同标的平均仅为50万元。综上所述，我们需要调整知识产权构成要素，强调以绩效为核心的知识产权政策导向。过去我们较多注重数量和规模，但现在更多要强调质量和水平，考虑结构和布局，着力实施和效益。这里有几项具体指标，似可作为知识产权制度产品的重点“供给”：核心技术专利的拥有量，发明专利的域外布局，专利技术的应用率、产业化率；版权产品在国际市场的占有率、版权产业对GDP的贡献率；商标的附加值构成、知名品牌的拥有量及其在国际市场的影响力；等等。总体来说，知识产权的“供给”，应致力于提升创新型国家的综合发展实力。

对于当下中国而言，知识产权制度建设的本身，就是一场以制度创新促进知识创新、以法治建设保障创新发展的伟大社会实践。在经济新常态下，知识产权制度被赋予推动国家创新发展的功能和使命。认识新常态，适应新常态，引领新常态，是当前和今后一个时期我们经济发展的大逻辑。因此，围绕着经济新常态，知识产权事业发展的各项工作，包括知识产权的制度建设和战略实施，都需要与时俱进，作出相应的调整和充实。质言之，知识产权事业新常态，是以法治化国家建设和创新型国家形成为目标，依靠知识产权的数量、质量、效益的综合提升和有效运用，不断提高国家科技创新力、文化软实力、经济发展力和国际核心竞争力。

专利技术转化与无形资产运营*

专利技术转化中的无形资产运营，是加强知识产权运用的重要举措，也是推动产业创新、实现经济发展新方式的题中之意。2015 年 12 月 22 日国务院印发的《国务院关于新形势下加快知识产权强国建设的若干意见》明确提出要“促进知识产权创造运用”①。而知识产权的创造运用，在专利制度中则突出表现为专利技术转化运用中的无形资产运营，即通过专利技术与市场竞争的融合，在生产力要素上，实现创新要素和资本要素的有机结合；在财产构成上，确保知识财产与金融财产的合理配置；在经济发展力上，推动知识力量与资本力量的协调共生。本文旨在分析专利技术转化的基本方式，研究专利资产运营中存在的主要问题，探究我国专利技术资本化运营的基本方略。

一、专利技术转化的基本方式

专利技术的转化和运用，是专利制度目标实现的关键，也是无形资产运营的前提。专利作为激励创新的制度工具，其本身只是一种独占性的法律授权。

---

* 原载《专利代理》，2016（2）。

① 《国务院关于新形势下加快知识产权强国建设的若干意见》国发〔2015〕71 号，中央人民政府网，http：//www. gov. cn/zhengce/content/2015 - 12/22/content _ 10468. htm，访问日期：2016 年 3 月 23 日。

专利技术只有同市场相结合，进行转化和运用，才能在无形资产的经营过程中成为正资产，产生经济社会发展的正能量。

（一）专利技术的“产业化”(Industrialization)

专利技术的产业化，是指将专利技术应用到生产经营活动之中，使之转化为有益的生产力，成为企业有价值的无形资产。产业创新须以科技创新为前提，科技创新是以产业创新为目的。专利技术的产业化，意味着科技创新成果与现实生产力的有机结合，这是实现创新驱动发展和建设知识产权强国的必然要求。著名经济学家熊彼特在其著作《经济发展理论》中最先提出“创新理论”，他认为“创新”是在生产体系中引入生产要素和生产条件的新组合。由此看来，创新不仅仅是技术的创新，更重要的是技术成果向生产力的转化，实现技术进步向经济收益的转换。因而，只有实现专利技术的产业化，才能说是专利技术创新进程的完成。专利法的生命在于实施，专利技术的产业化是以专利技术的充分实施为基础。无论是研发者的自行实施专利技术，多个研发者以及研发者与投资者的共同实施专利技术，还是研发者将专利技术转让他人实施，都是实现专利技术产业化的重要途径。根据汤森·路透《开发的未来：2015全球创新报告》的统计，韩国三星公司在电子设备、移动通信和半导体产业中名列第一大专利权人[①]，巨大的专利持有及合理的专利组合，也正是三星公司作为电子通信产业巨头的突出表现。在实践过程中，专利技术的产业化往往是一个复杂的过程，企业规模、研发能力、专利类型、知识产权组合运用等多重变量影响着专利技术的产业化进程。

（二）专利技术的“商业化”(Commercialization)

专利技术的商业化，则是指将专利技术作为商品转让给他人或者许可他人使用，是专利技术转化运用的一种间接方式，也是专利技术转化为经济效益的重要途径，其主要表现为专利技术转让和专利技术许可两种专利交易模式：专利技术转让是专利技术整体的商业化，即将专利技术整体作为商品进行交易；专利技术许可则是专利技术实施权的商业化，即将专利技术的实施权利作为商

---

① 参见汤森·路透：《开发的未来：2015全球创新报告》，中国科学院文献情报中心《科学观察》编辑部翻译。

品进行交易。在专利技术商业化过程中，专利交易价格由专利自身价值、买方情况、卖方情况和专利转让方式四大类因素所决定，专利自身价值无疑是其中的核心要素。一般而言，科技创新水平高的国家，其专利技术商品化程度也较高。在中国，每件专利平均交易额仅 2 万元人民币，而美国一件专利交易涉及金额则可达数百万美元。[①] 例如 2014 年联想公司从 Unwired Planet 公司收购了 21 项专利，总交易金额高达 1 亿美元，平均每一个专利 500 万美元。[②] 美国高通公司则靠专利许可费每年就可以获得约 70 亿美元的收益。[③] 概言之，专利技术的商业化水平，与该专利所具有的科技含量、运用价值以及产业化前景有着紧密的关联。

（三）专利技术的"资本化"（Capitalization）

专利技术的资本化，即专利投资和专利收购的运营问题。在专利技术资本化的过程中，专利不再仅仅是技术和权利的代名词，更是市场主体的一种竞争资本。近年来，随着企业间专利交易的不断发展，一种新的专利经营主体 NPE 登上市场舞台。具言之，NPE 是指本身不进行产品的生产或销售，而是从其他专利权人处购买专利，经过整合，以转让、许可、诉讼等手段，向其他生产型公司收取许可费或赔偿金的专利组织。NPE 的代表性实体首推美国的高智发明公司，它于 2000 年成立，囊括了苹果、微软、戴尔等 70 家企业的专利，从 2008 年到 2014 年，高智公司共盈利 36 亿美金，其中通过诉讼获取的只有 4 亿美金，更多的则是专利许可使用收费。为了区别大学及公共研究机构持有专利的情况，2013 年美国白宫发布的报告书中提出 PAE（Patent Assertion Entities，即"专利主张实体"）的概念，并将其与 NPE 等同。具言之，PAE 则是指那些通过各种方式聚集大量专利，专门起诉他人专利侵权的实体组织。它们往往以专利侵权诉讼为威胁，逼迫生产制造商接受其所订立的专利许可、转让协议，从而获取专利收益。无论是 NPE 还是 PAE，都是自身不进

---

① 参见《平均交易额每件 2 万元 中国专利价格低代表价值低?》，网易新闻，http://news.163.com/15/1027/11/B6U9MP19000146BE.html，访问日期：2016 年 3 月 23 日。

② 参见《联想购买 UP 公司 21 项专利及一系列专利组合使用授权》，汇桔网，http://www.wtoip.com/news/a/20140326/3714.html，访问日期：2016 年 3 月 23 日。

③ 参见白天亮：《高通为何被罚 60 亿》，载《人民日报》，2015-02-11。

行任何生产经营活动，而是投资创新、收购专利、从事专利技术的资本化运营的经营实体。

二、无形资产运营的中国问题

专利技术在资本形态上表现为无形资产。专利技术的转化运用即为无形资产运营的一种形式。然而，在当下中国，由于技术水准、资金数量及市场条件的限制，专利技术转化中的无形资产运营存在技术创新水平不足、专利商业价值较低及外部政策导向偏差等诸多问题。

（一）技术创新水平不足

在国家创新发展的战略驱动下，我国专利在数量和规模上都呈现出繁荣的景象，根据世界知识产权组织 2014 年发布的数据：中国 2014 年申请专利 82.5 万件，专利申请量占到全球总量的 32.1%，排在世界第一位。① 但是在巨大数量和规模背后，真正有科技含量、市场价值、产业前景的核心、关键技术专利不多。根据国家知识产权局发布的《2014 年中国有效专利年度报告》显示，我国科技含量及创造水平较高的发明专利所占比重相对较低，仅为 17.6%，实用新型和外观设计专利分别占到国内有效专利总量的 56.2%和 26.2%。② 全国人大常委会执法检查组发布的《关于检查〈中华人民共和国专利法〉实施情况的报告》也指出我国在关键产业和核心技术领域的专利占有比率低，在部分高新技术领域，我国专利创造能力与国外相比还有明显差距。③ 技术创新水平不足直接导致我国专利技术转化程度的低下，专利无形资产运营更是无从谈起。

（二）专利商业价值较低

目前，我国不仅缺乏高端的核心专利与关键技术，而且缺乏具有市场竞争

① 《WIPO：2014 年中国申请专利 82.5 万件 数量排世界第一》，参见 199IT 互联网数据资讯中心，http：//www.199it.com/archives/314628.html，访问日期：2016 年 3 月 24 日。

② 参见《2014 年中国有效专利年度报告》，http：//www.sipo.gov.cn/tjxx/yjcg/201512/P020151231619398115416.pdf，访问日期：2016 年 3 月 24 日。

③ 参见全国人民代表大会常务委员会执法检查组：《关于检查〈中华人民共和国专利法〉实施情况的报告》，载《中华人民共和国全国人民代表大会常务委员会公报》，2014（4）。

优势和商业应用价值的专利技术。2015 年 11 月 30 日《解放日报》报道，上海盛知华知识产权服务有限公司对高校、科研院所提交的约 300 件专利进行评估，发现有商业价值的比例不足 5%。[①] 此外，专利维持年限明显偏短的情形也从侧面反映出我国专利的商业价值较低，严重制约专利技术的转化运用，根据全国人大常委会执法检查组发布的《关于检查〈中华人民共和国专利法〉实施情况的报告》，2012 年我国国内发明专利平均维持年限为 5.7 年，外国在华专利平均维持年限是 8.9 年；有效专利中，国内维持 10 年以上的仅占 5.5%，而外国专利权人维持 10 年以上的则有 26.1%。[②]专利商业价值的低下导致了专利技术的市场竞争劣势，专利应用前景匮乏也造成了专利技术的转化运用困境，专利无形资产运营也因此陷入僵局。

（三）外部政策导向偏差

科技创新和产业创新，要依靠政府的战略指引和政策支持。国家及各级政府制定的产业政策、企业政策等相关外部政策对于企业创新环境的构建具有举足轻重的作用。具言之，鼓励研发和支持创新的外部政策，会对企业专利技术的转化运用产生巨大的激励效果，是开展无形资产运营的催化剂与助推器；而限制专利创造与转化的外部政策，则会严重抑制专利无形资产运营的进行。在过去几十年间，中国经济和产业的发展呈现出低端制造产能过剩、房地产投资过热、基础设施建设过度、货币发行量过大和政府及企业负债过多的情形，而科学技术在经济发展和社会进步中发挥的积极作用则相对不足。从长远来看，这种状况对于我国经济社会的持续健康发展是极其不利的。究其根本，这种状况的出现是由于我国外部政策导向偏差所致，使无形资产运营难以真正发挥效益。当前，创新驱动发展战略的实施与知识产权强国战略的推进，正是新形势下我国相关外部政策导向转变的重要体现，未来专利技术转化和无形资产运营必然会在经济发展和产业转型中彰显出巨大的创新活力。

---

① 参见俞陶然：《专利商业价值“不足 5%”背后》，载《解放日报》，2015－11－30。

② 参见全国人民代表大会常务委员会执法检查组：《关于检查〈中华人民共和国专利法〉实施情况的报告》，载《中华人民共和国全国人民代表大会常务委员会公报》，2014（4）。

三、专利技术资本化运营的基本方略

资本化运营是专利技术转化的一种重要途径，亦是我国目前金融投资界和知识产权业界共同关注的热点话题。笔者以为，专利资本化运营不可能一哄而上，而应蓄势择机而行，即在有足够的技术、足够的资金、足够的市场的条件下才能得以生存并有效运行。以下将就专利运营的基金模式、战略目标和运营机制三个方面提出若干建议构想。

（一）资本化的基金模式

基金运作是专利运营的基本方式。无论是美国的市场化运作模式，日韩的官民合作运作模式，还是法国的政府投资运作模式都少不了基金运作。建立资本化的基金模式，是开展专利运营的先决条件。在美国的市场化基金运作模式下，运营基金由专门的专利运营公司设立，相关龙头企业入股成为会员，政府只提供政策支持和公共服务；在日韩的官民合作基金运作模式下，运营基金由政府和民间组织合作设立，并由政府、相关龙头企业及个人共同出资；法国的政府投资基金运作模式则是由政府投资设立运营基金，支持技术创新、转化与运用。我国专利运营起步较晚，尚未形成有效的基金运作模式，因而在专利运营的基金运作过程中，需要政府的支持和引导。尤其是在一些重要而相对落后的领域，可以借鉴法国的政府投资基金运作模式，通过政府的政策支持和战略指引实现相关领域的专利积累和资产运营。与此同时，应将重点置于吸收社会资本，引导专门投资公司参与，龙头、骨干企业入股，参照日韩的官民合作基金运作模式，建立政府投资和民间融资相结合、政府推动和市场激励相协调的基金运作模式，并不断提高基金运作的市场化程度，减少政府干预，从而实现专利运营的有序高效进行。

（二）全球化的战略目标

全球战略是专利运营的必然选择。在当下经济全球化发展的潮流下，专利技术的开发、转化与运用不再局限于一国范围内，而是呈现出以国际合作与跨国交易为主要表现形式的专利运营全球化。诚然，就专利制度本身来看，地域性是其固有特征之一，但是，随着国际贸易和跨国公司的不断发展，以及

PCT专利机制的推动和《与贸易有关的知识产权协议》等知识产权国际条约的影响，专利国际化不断深入，专利立法一体化的趋势日益增强，专利运营的全球化诉求也日益强烈。专利运营的全球化战略，不仅意味着专利的全球化布局，更意味着专利交易、诉讼、融资的全球化发展。例如当今全球最大电信设备供应商华为公司，其从一个20多年前以两万元起家的民营企业发展到现在年销售额350亿美元的世界通信巨头，靠的就是全球化的专利运营。[①] 专利运营应该服务于产业全球化的竞争目标。在进行专利运营过程中，只有确立全球化的战略目标，才能获得国际化的竞争优势，实现国家经济的不断发展和企业利润持续增长。

（三）市场化的运营机制

市场规制是专利运营的发展方向。日本学者田村善之在论及知识产权的市场运行时，认为"知识产权领域中的各种市场诱因本身是具有自律性的"，即知识产权的创造、保护与运用可以充分运用市场机制来加以规范。专利运营作为专利技术转化运用的重要途径，也应该积极利用市场机制来激发创新活力与促进企业发展和产业升级。诚然，当前我国在很多领域存在缺乏核心专利技术的问题，仍需政府的政策支持和战略引导，难以实现完全市场化的运营机制，但是，这并不意味着专利运营的市场机制无法建立，即使是在完全的市场化的运营机制下，专利运营也需要政府"有形的手"提供指引和服务。专利运营的市场化，不仅是专利技术自由交易的需要，也是专利技术充分利用的保障。只有建立市场化的专利运营机制，才能实现关键技术的充分转化与高效运用，重点企业的持续盈利与健康发展，核心产业的平稳转型与高速升级。推行市场化运营机制，要求专利运营本身实现专业化管理。应该看到，专利运营所涉及的专利投资业务、专利孵化业务、专利合作业务、专利诉讼业务等，无不需要专门人才来进行专门化管理。这就是说，专利运营需要集聚技术、金融和法律的专门人才，融通各种专业知识经验，才能应对可能出现的技术、法律和市场风险。

---

① 参见《华为靠什么遍布全球》，中国财经首页，http：//finance. china. com. cn/roll/20130731/1684426. shtml，访问日期：2016年3月25日。

合理使用制度的经济学分析*

法律经济学自20世纪60年代问世于美国以来，引起了西方法学家和经济学家的极大关注，以至迅速传播到世界各国，它不仅带来法学研究方法的变革，而且成为一些国家创制法律规则的考量依据。[①] 就目前我国法学界而言，法律经济学这门学科还处于萌芽阶段，经济分析的方法多见于刑法、诉讼法、经济法等研究领域[②]，而在知识产权法方面尚无人涉及。即使是国外相关经典著作，对这一课题也着墨不多，更未深入著作权法中的合理使用问题。为此，笔者拟在本文中作些粗浅的探讨。

一、法律经济学与合理使用制度

一般认为，科斯定理因由美国芝加哥大学法学院教授科斯创立而得名，是法律经济学的基石。该理论通常表述为以下三个定律：科斯定理第一律认为，如果存在“零交易成本”（zero transaction cost），不管怎样选择法律规则，有效益的结果都会出现。换言之，当交换是无代价的，并且个人是合作行动时，

---

* 原载《法商研究》，1996（2）。

① 美国里根政府曾以12291号总统令，要求对所有新规定的规章进行成本与收益分析。

② 参见李贵方：《论刑罚的公正性》，张守文：《经济法学的法律经济学分析》，马贵翔：《公正、效率、效益——当代刑事诉讼的三个基本价值目标》等。

法律权利的任何分配都是有效益的。科斯定理第二律认为，如果存在着“实在交易成本”（positive transaction cost），有效益的结果就不可能在每个法律规则下发生，即不同的权利界定，会带来不同效益的资源配置。科斯定理第三律认为，产权的界定、安排和重新安排都存在交易成本，并且都有可能被过高的交易成本所妨碍。

科斯定理认为，在零交易成本的世界里，只要权利界定明确，权利可以自由交换，主体积极合作，则无论权利属于谁，权利的配置都会发生有效益的结果。但是零交易成本只是一种假定，现实交易中存在着“实在交易成本”，这种交易成本包括获得准确市场信息所需的成本，讨价还价与签订合同所需的成本，监督合同履行所需的成本。在上述实在交换代价的情况下，有效益的结果就不可能在每个法律规则下发生。此时，合意的法律规则是使交换代价的效应减至最低的规则。上述理论为我们提供了根据效益原理认识与评价合理使用制度的途径。一般来说，法律应在权利界定上使社会成本最低化，这就要求法律能选择一种成本较低的权利配置形式和实施程序。为此，著作权法及其合理使用制度，应遵循交易成本最低化的原则，调整创作者、传播者、使用者的权利配置关系，以实现促进文化发展和推动社会进步的最优效益。

依照微观经济学的供给与需求理论，文学艺术创作是一种生产活动。人类社会的发展，首先是一个生产劳动过程，在人类的生产劳动中，包含物质生产和精神生产两大组成部分，其所创造的物质财富和精神财富都是人类社会的宝贵财富。精神生产同样是为了交换，只有经过交换，个人才能获得各类物品的最佳组合，达到效用或利益的最大化。在市场经济条件下，文学艺术作品具有与物质产品同样的商品属性，成为自由交换的标的。这种交易活动应是高效益的价值实现和价值增值的过程。市场经济中资源的有效配置，就是依靠交易来实现的。

交易的实质不是物品本身的交换而是权利的交换。古代罗马法学家曾将抽象的权利（具有经济价值的权利）视为无形物，以区别于具有外在形体的有形物。[①] 近代西方学者往往将财产分为有形财产和无形财产。前者包括动产和不

① 参见周枏：《罗马法原论》，28页，北京，商务印书馆，1994。

动产，后者包括与物有关的权利（如用益权、债权）和与物无关的权利（如著作权、工业产权）。[①] 当代法律经济学家也都将权利作为财富的存在形式予以肯定。因此界定产权是为了交易，资源配置实质上是资源权利的配置。市场交换是川流不息的体系，也是不断发展的体系，新的交换形式的出现，必须要求受到法律的保护，即依靠建立一体遵循的强制性规范来界定交易各方的权利和义务，以实现交易各方的利益需求。这一历史过程，正如马克思所描述的那样："每当工业和商业的发展创造出新的交换形式……法便不得不承认它们是获得财产的新方式。"[②] 著作权即是这种基于知识产品私有，依法获取财产权利的新方式。一般认为，包括著作权在内的知识产权制度赖以产生的条件是：知识产品所有人把自己的作品、发明创造等公布出来，使公众能看到、了解到、得到其中的专门知识；而公众则承认作者、发明创造者在一定时期内有独占使用、制造其知识产品的专有权利。知识产品是公开的，但知识产权是垄断的。西方学者将这一现象解释为社会契约关系，即以国家的面貌出现的社会同知识产品创造者之间签订的一项特殊契约。[③] 按照法律经济学的表述是，财产占有人认识到在保护财产上存在着规模经济，各方即会就组建一个用于承认和保护其产权的政府进行谈判。"一旦他们达成了协议同意建立一个以武力为后盾的政府，每个人就都能享受到更多的财富和更大的安全。哲学家把经过这些协商最终达成的谈判称为'社会契约'，因为它建立起了社会生活的基本条款。"[④] 效益原理的分析结果表明，著作权的界定使得精神产品这一资源的使用实现了价值的最大化。对创作者来说，独占权利使得创作的费用得以补偿；对于社会而言，作品公开使得公众获取新的知识。换言之，全体消费者通过对所得商品和服务的自愿支付而实现了利益满足。

在著作权法中，合理使用制度涉及创作者、传播者、使用者的利益关系。

---

① 参见法国《拉鲁斯大百科全书》，载《国外法学知识译丛·民法》第 3 卷，168 页，北京，知识出版社，1981。

② 《马克思恩格斯全集》，第 3 卷，72 页，北京，人民出版社，1960。

③ 参见《国外专利法介绍》，第 1 册，12 页，北京，知识出版社，1981。

④ ［美］罗伯特·考特、托马斯·尤伦：《法和经济学》，张军等译，132 页，上海，上海三联书店，1994。

他们之间的交换，或者说对精神产品这一资源的有效使用，是通过市场体系进行的，市场体系的运转并非自动导致资源配置的优化。“福利经济学之父”、英国经济学家庇古认为，在出现“外部不经济”状态时，市场机制便会失灵。阻碍效益实现的市场失灵状态，根源在于产权不清，由此造成交易过程的摩擦和障碍。在精神产品的交易活动中，创作者与具有专属性、唯一性的出版者实质地位的不平等，创作者与利用其作品的消费者合理使用界限的不明确，都是产权未能明晰化的表现。因此，运用经济分析的方法，准确界定创作者、传播者、使用者各自权利范围，寻求作者个人利益与社会整体利益协调机制对合理使用制度的内在需求，检验合理使用制度是否蕴涵合理的经济理性，消除精神产权配置过程中的障碍，让知识产品这一资源配置流畅、有效地进行，是法律经济学的一个重要课题。

二、信息——公共产品：合理使用产生前提之分析

采用法律语言的表述方法，合理使用实质上是对他人权利的利用。美国学者 L. Ray Patterson 等认为，合理使用并不表现为对他人有著作权作品的个人使用，而是确认后任作者对一部作品的著作权进行合理的利用。① 日本学者胜本正晃认为与滥用权利的概念截然相反，权利的公平使用是指第三者未经他人同意而利用其权利，该权利行使符合法律规定的情形，因欠缺“违法性”而视为合理与正当。②

合理使用是著作权法中的基本法律制度，合理使用产生的前提条件是著作权的设定。关于著作权保护制度的建立，法学家们曾从“财产价值观”或“人格价值观”的角度，对两大法系的相关制度进行了理论概括与说明。而法律经济学则运用信息经济论的方法，为我们提供了研究这一问题的新视角。

在信息（包括作品、发明在内的精神产品）这一无形资源上界定产权，导

---

① See L. Ray Patterson, Stanley W. Lindberg, The Nature of Copyright: A Law of Users' Right, 1991, p. 68.

② 参见［日］胜本正晃：《权利的合理使用》，载《独协法学》，1977。

源于经济学家关于公共产品与私人产品的分类。私人产品具有个人排他使用的特点，即一件物品在特定的时空条件下只能为某一特定的主体所使用。学者们形象地描述说，“一条裤子在某个时间只能由一个人穿着”，“一辆汽车不能同时朝两个不同的方向行驶”。这即是说明，“在私人产品的消费上具有对抗性”①。而公共产品则不然，它在消费上无对抗性。公共产品可能在某一时空条件下为不同的主体同时使用，如同一辆公共汽车，出资者与未出资者都在乘车。公共汽车公司必须为每个人提供便利，却无法辨别出乘车人是否付费，那些没有为公共产品消费而出资的人，被法律经济学称为“搭便车者”②。对纯粹的公共产品来说，难以或不可能阻止搭便车者的这一事实，破坏了这类产品市场的运行。信息经济论认为，信息是一种特殊商品，具有公共产品的某种属性。信息的生产是有代价的，而信息的传递费用相对较小，对信息生产者来说，难以通过出售信息来收回成本。一旦生产者将其信息出售给某个消费者，那个消费者就会变为原生产者的潜在竞争对手，或是其他消费者成为该信息的“搭便车者”。这种现象在著作权领域中，即无偿地复制他人的作品的情形。③

作为著作权的保护对象，文学艺术作品具有非物质性特点。它没有外在形体，但具有内在的使用价值和价值。非物质性是知识产品区别于物质产品的主要特征：它的存在不具有一定的形态（如固态、液态、气态等），不占有一定的空间，人们对它的“占有”不是一种实在而具体的控制，而是表现为认识和利用。某一物质产品，在一定时空条件下，只能为某一个人或社会组织来实际占有和使用，所有人可以有效地管领自己的有形财产，以排除他人的不法侵占；而一项知识产品则不同，它可以为若干主体同时占有，被许多人来共同使用；处分知识产品无须像处分有形财产那样需要交付实物，只要知识产品公布于众，第三人即可不通过处分的合法途径而取得利益。

---

① ［美］罗伯特·考特、托马斯·尤伦：《法和经济学》，张军等译，147页，上海，上海三联书店，1994。

② ［美］罗伯特·考特、托马斯·尤伦：《法和经济学》，张军等译，147页，上海，上海三联书店，1994。

③ 参见［美］罗伯特·考特、托马斯·尤伦：《法和经济学》，张军等译，152页，上海，上海三联书店，1994。

基于上述情况，法律经济学告诫我们，私人市场提供的公共产品（即信息之类的知识产品）数量可能小于最优值，信息经济论通常将这一现象称为“不足”（non-appropriability）问题。鉴于消费者对信息量的需要，政府需要在市场上进行干预表现在两个方面：一是政府自己提供信息；二是政府对私人提供信息给予补贴。后者的重要举措就是通过著作权、专利权等法律制度授予信息首创者以独占权。

著作权是一项重要的民事权利。如同其他财产权制度一样，著作权法的核心内容在于保护著作权不受侵犯。对于法律如何保障权利不受侵犯，法律经济学的解释有其独到之处。波斯纳认为，“对财产权的法律保护有其创造有效使用资源的诱因的经济功能”①。正是农夫能够获得土地作物的财产权，才有诱因促使农夫支付并尽可能节约耕种土地所需要的成本；正是创作者能够取得使用作品的垄断权，才有诱因激励其在文学艺术方面投资。不仅如此，波斯纳还提出财产权制度的效益标准，即普遍性（各种具有稀缺性的资源皆为人们所有）、排他性（排除他人无成本使用的可能）、可转让性（使资源从无价值使用往有价值使用转移）。② 可以想象，没有财产权，产品“不足”的现象将十分严重。这是因为，在没有法律保障的情况下，作品一旦公开，则信息生产者很难对付不付费的“揩油者”。后者对信息生产者创造的作品享受利益但不向其支付费用，结果信息生产者不能通过市场交易得到足够的收益，以补偿他们投入的成本。著作权的设定减少了与文学艺术创作相关联的公共产品问题。对此，法律经济学家形象地说，著作权是“为了发给作者资金而对读者征的税”③。

毫无疑问，著作权是信息生产者获取财产的新方式。法律意义上的权利，具有“主体凭借法律实现利益的可能性”的严格规范意蕴。而在法律经济学家看来，权利是一种资源，是人们享有财富的特定方式。在一定的社会里，任何财富的实现都将是某种权利的实现；任何物质与精神财富的享用都是一定权利

① [美] 波斯纳：《法律之经济分析》，22页，台北，“商务印书馆”，1987。

② 参见 [美] 波斯纳：《法律之经济分析》，24～25页，台北，“商务印书馆”，1987。

③ [美] 罗伯特·考特、托马斯·尤伦：《法和经济学》，张军等译，19页，上海，上海三联书店，1994。

的享用。对此，马克思指出，仅仅占有某物并不表明占有者能够从中受益，因为别人也可以同样再去占有它，只有将占有确认为占有者的占有权时，才具有真正的意义。“私有财产的真正基础，即**占有**，是一个**事实**，是**无可解释的事实，而不是权利**。只是由于社会赋予实际占有以法律规定，实际占有才具有合法占有的性质，才具有**私有财产**的性质。”[①] 科斯认为，人们通常注意到商人得到和使用某种实物，而忽视这一行为是在行使权利。“我们会说某人拥有土地，并把它作为生产要素，但土地所有者实际上所拥有的是实施一定行为的权利。”[②] 上述理论表明，权利是一种财富，是一种作为制度产品的有用资源。既然如此，权利资源如同自然资源的优化配置，如何保证精神产品效益的最大化提高，这是需要我们认真思考的问题。

三、不相容使用：合理使用构建理由之分析（一）

财产从自然的事实占有状态到产权归属的界定，表明了人类权利观念的进化。但是，传统的财产权理论的价值取向和思维模式，崇尚物的归属性，强调以所有权为重心，其运用法律调整经济的方式，从起点到回归都落脚于所有权。罗马法学家将所有权视为一种最完全的物权，并抽象出其绝对性、排他性、永续性三个特点。近代学者认为“所有权是文明人民组织经济的基础”，将权属界定看作一切法律关系的前提。[③] 然而，现代著作权制度不能将其支撑点架构于精神产品保护的静态归属之上，而要在确认创作者占有与支配财产的同时，促进财产的动态利用。著作权概念是对社会精神财富的法律抽象，它是对创作者独占地位的评价，其本身并不意味着精神财富的增值，社会精神财富的增长是以财产的高速运动和资源的合理使用与优化配置为条件的。传统的理论研究，将著作权法仅仅理解为一种权利法，将著作权法功能的视野局限于作者权益的保护是不够的。法律经济学曾对信息产权的设定提出一个悖论。它认

① 《马克思恩格斯全集》，2 版，第 3 卷，137 页，北京，人民出版社，2002。

② ［美］罗纳德·科斯：《企业、市场与法律》，123 页，上海，上海三联书店，1990。

③ 参见吕来明：《从归属到利用——兼论所有权理论结构的更新》，载《法学研究》，1991（6）。

为，在信息方面确立产权的每一种方法的显著经济特征，在于这些产权都是垄断权。一般来说，垄断性产业比竞争性产业缺乏效益。一方面，新信息的生产者在一个不受管制的市场中回收其价值是困难的。通过给予信息的生产者以垄断权，该生产者就有一种强有力的刺激去发现新信息。另一方面，垄断者对产品索取高价将阻止该产品的使用，消费者可能难以支付费用去充分使用信息，从而无法实现资源配置的最优效益。简而言之，这一问题的困惑在于，“没有合法的垄断就不会有足够的信息生产出来，但是有了合法的垄断又不会有太多的信息被使用”[①]。笔者认为，解决这一两难困境的法律途径是，在保护著作权的基础上对著作权实行必要的限制，在保证作者独占使用其作品的前提下允许他人合理使用其著作权作品。

关于市场运行中实际摩擦的必然性以及由此形成的交易费用对经济行为的影响，科斯理论作出了深刻的说明。这一理论对于我们分析合理使用制度的经济合理性或许是大有裨益的。科斯理论认为，在未经产权界定的情况下，交易无法进行，相关行为的效益最差。虽然在私有制社会中，财产的所有权关系是十分明晰的，但在某些经济区域内，往往出现不相容使用（incom-patible use）的情况，由此产生权利的使用冲突。例如，工厂排放烟尘的权利与附近居民保持空气洁净的权利；对同一作品，创作者、传播者、使用者（即消费者，下同）所享有的著作权、邻接权与使用者权，往往存在着权利的分配与利益的冲突。随着信息资源利用方式的拓展，诸如静电复印技术的出现，音像录制设备的产生，公共图书馆的普及，将使得侵权使用与合法使用的权利界限变得模糊起来，因此有必要从法律上对各主体的权利作出重新安排。

科斯理论主张，在不相容使用的关系中，权利的安排或分配应以效益最大化为依据。解决不相容使用可以有多种配置模式：在上例中，可以确认工厂排放烟尘的权利而否认居民保持空气洁净的权利，也可以作出相反安排。此外，还可以保持工厂的烟尘排放，而同时授予居民获得损害补偿的权利，或者可以作出相反安排。由于不同的权利资源配置方式会产生不同的效益，因而效益最

---

① ［美］罗伯特·考特、托马斯·尤伦：《法和经济学》，张军等译，185页，上海，上海三联书店，1994。

大化应是选择某种模式的出发点，合理使用制度及其相关制度的创设，正是解决不相容使用的一种途径。我们知道，著作权效益的实现，既不可能产生于静态归属，也大抵并不来自创作者自己使用。创作者要取得精神生产成本的回报，取得最大限度的利润，就要凭借出版者、表演者、音像制作者和广播组织的广泛传播，就要依赖社会公众对作品的广泛使用。作品传播的范围越广泛，使用的方式与数量越充分，创作者的收益就越见丰硕。著作权法关于权利的一般配置方式是：创作者享有复制、公演、播放、展览、发行、摄制、演绎等独占使用作品并由此获得报酬的权利；传播者通过自愿交易与法定许可，在付酬的条件下以各种传播方式再现原创作品，并对自己的传播成果享有利益；社会公众作为消费者，可以通过各种途径，有偿或无偿地获得著作权作品，供个人学习、研究、娱乐之用，或满足文化教育、司法公务、慈善事业等公共利益的需要。合理使用制度的效益价值在于：在有著作权的作品中，划出有限的范围，供非著作权人无偿使用，虽使自己受益，但并未损害创作者，因而在此情形下每个成员的欲望都得到最大的满足。

四、交易成本：合理使用构建理由之分析（二）

在创作——传播——使用的著作权法律链环中，对他人有著作权作品的利用，可能是正当的使用（合理使用），也可能是不正当的使用（侵权使用），这一现象在微观经济学中表述为，某个生产者或消费者的行为会影响到其他生产者或消费者的利益。这即是庇古所提出的外部性问题。

所谓外部性，是指“一人或多人的自愿行为在未经第三方同意的情况下强加于或给予他们的成本或收益”①。外部性造成的问题实质是导致消费者的效用最大化和生产者的利润最大化行为的无效益。信息的生产者拥有天然的优良资源（创造能力），在精神产品紧缺的条件下，可能运用精神产权的垄断性，而获取各种“经济学租金”（economic rent，即垄断利润）。他们力图使自己的

---

① ［美］罗伯特·考特、托马斯·尤伦：《法和经济学》，张军等译，231页，上海，上海三联书店，1994。

私人利益达到最大化，却可能忽视其行为带来的社会后果：信息的使用者基于使用与消费信息的需求，可能利用信息的公共产品属性，去追逐信息效用的最大化，从而损害信息生产者的利益。总之，采用损害他人利益的方法来增加自己的利益，是不符合效益原则的。对这种情况采取什么对策，正是法律所要回答的问题。

科斯理论运用交易成本概念分析法律制度对资源配置的影响，提出了权利的界定与权利的安排在经济交易中的重要性。当人们在面对甲损害乙这类问题（即外部性问题）时，往往因袭庇古在《福利经济学》中提出的方式，考虑应如何阻止甲的行为。其阻止方法有：(1) 要求甲向乙赔偿损失；(2) 根据致损情况向甲征税；(3) 责令甲停止损害行为。但是上述方法并非适宜，其结果既不是人们所需要的，也不是人们所满意的。这是因为阻止甲的行为，可能使乙免遭损害，但却有可能使甲遭受损失。正确的考量是，要使当事人所遭受的损失都尽可能的小。妨害行为具有相互性，如何避免较严重的损害，科斯对此作了实证分析。假设：某一农场主与另一牧场主在毗邻土地上经营。当土地之间没有任何栅栏的情形下，牛群规模扩大增加了农场主谷物的损失。假定：在市场运作充分完好，即零交易费用的情况下，存在着牧场主对农场主的损失承担赔偿责任（即牧场主无权让牛群去吃农场主的谷物），或牧场主不向农场主进行补偿（即牧场主有权让牛群吃农场主的谷物）两种结果。[①] 由此科斯得出结论，两种结果相同，即都能使生产总价值最大化。因为在对权利明确界定后，参加谈判的双方就会利用市场机制，通过订立协议，而寻求使各自利益损失最小化的协议安排。

在零交易成本的情况下，效益最大化与法律状况无关。科斯理论的本意不在于此，其论证所要揭示的是，“我们应该明确地将实在的交易成本引入经济分析领域，以便研究实在的世界”[②]。科斯认为，在有交易成本的情况下，法律权利的初始界定具有十分重要的意义。如果有交易成本甚至交易成本很高，

① 参见［美］罗纳德·科斯：《社会成本问题》，载《财产权利与制度变迁》，5～9 页，上海，上海三联书店，1994。

② ［美］罗纳德·科斯：《企业、市场与法律》，15 页，上海，上海三联书店，1990。

人们就要从实现资源配置最优化的原则出发，选择合适的责任制度（即权利初始界定），以减少不必要的交易成本。

就著作权领域而言，社会在权利界定与分配上实行“专有区域”（exclusive zones）与“自由区域”（free zones）的划分。[①]“专有区域”在权利资源中涵盖面极广，作者是这一领地的“独占者”，他人使用著作权作品既要征得作者同意，又要向其付酬（如著作权转让与使用许可）。这一区域的设定，带来创作成本的回报，维系作者的创作激情，因而是有效益的。“自由区域”在权利资源中所占比例较小，使用者是这一范围的“自由人”。在法律规定的条件下，使用他人著作权作品，既无须征得创作者同意，又无须向其支付报酬（即合理使用），这一区域的构建，并不导致作者的利益损害，却有助于公众的创作活动，促进信息畅通与文化传播，因而也是有效益的。反之，任由“专有区域”独占全部权利资源，悉由创作者控制作品传播与使用，将会造成过高的交换代价：或是消费者无力每每取得授权或支付垄断价格，从而拒绝使用作品（假定 1）；或要付出诸如获得作品市场信息、讨价还价与签订合同、诉请法律监督执行等各种成本（假定 2）。显然，这是一种无效益的选择。著作权法的当代使命不仅要保护“蛋糕”分享的公正性（合理分配社会成员的权利、义务、资源、收益），更需要促使人们努力增加“蛋糕”的总量（有效利用资源，增加社会精神财富）。

由此推论，人们在设计与选择著作权保护与限制的制度安排时，要权衡各方面得失，以求得总的效益最大化。合理使用制度的构建，减少了额外的交易成本，合理划分了作者与使用者的权利区域，以“侵权抗辩”为理由解决了著作权妨害问题，从而带来信息资源优化配置的良好效益。

五、帕累托标准与正当使用：合理使用规则之分析（一）

帕累托效益（Pareto efficiency）是根据 19 世纪经济学家和社会学家维尔

---

① See Edward W. Ploman，L. Clark Hamilton，Copyright Intellectual Property in the Information Age，1980，p. 197.

弗雷多·帕累托的名字命名的。这一概念可用作评估资源配置的方法，它通常表述为："如果没有方法可使一些人境况变得更好一些而又不致使另一些人境况变得更差一些，那么这种经济状况就是帕累托有效的。"[①] 在微观经济学家那里，关于帕累托效益实证分析的范例是住房分配。假设1：甲得到一套城区住房，而乙得到一套城外住房。但后者有取得城区住房的需求。假设2：乙愿意出价（即高于甲的主观价值，低于乙主观价值）[②] 与甲交换住房，甲并不注重城区住房，因此交换并取得"交易收益"。在这种情况下，甲和乙的需求都得到满足，交易中所有的收益都已经取尽，这种分配的结果即是帕累托效益。[③]

著作权法学者在评价合理使用制度时，一般多从公平正义观念出发，仅仅作出"禁止权利滥用""对著作权进行必要限制"之类的法律分析。基于合理使用是自由使用、无偿使用的特点，人们极易得出这样的结论：该制度是作者权益的让渡，其结果仅对使用者有利。按照帕累托标准来看，合理使用只有对作者与使用者都为有利时方为"合理"，否则将因"经济合理性"的欠缺而导致无效益。

合理使用制度的初衷，在于解决后任作者以创作新作品为目的而如何使用前任作者的作品的问题。我们知道，作品是作者创作的，它是作者个人的精神财富，同时又是社会财富的一部分，既体现了个人的创造精神，又汲取了前人的创作成果。就作者的创作活动来说，具有以下两个特点：(1) 创作是人类大脑通过思维进行的知识变换过程。与物质生产那种重复再现型劳动不同，它是以前人积累的知识为劳动资料，以抽象知识产品为劳动对象的精神生产劳动，劳动者的知识拥有量与创造性思维在劳动过程中紧密结合。在这里，创作活动

---

① ［美］H. 范里安：《微观经济学：现代观点》，24页，上海，上海三联书店、上海人民出版社，1994。

② 在西方经济思想史上，有客观价值论和主观价值论两种学说。前者以劳动价值论为基础，主张劳动是物品固有的一种不受环境或人类估价行为影响的价值。后者认为价值源于产品的使用价值，实质上指人们主观评价的效用，即产品能满足人的欲望的能力。大陆法系合同法多采客观价值论，英美法系合同法主张主观价值论。法律经济学持此说。

③ 参见［美］H. 范里安：《微观经济学：现代观点》，20页，上海，上海三联书店、上海人民出版社，1994。

表现了独创性探索的特点。（2）创作是继承前人知识的人类认识的深化过程。个人拥有的知识量的大小在于他对前人知识的吸收程度。掌握知识在于创造新知识，新知识的形成是在前人知识基础上对知识本身的改造。创造活动具有连续性、继承性的特点。①

人类的创作活动是一个流动的过程。如果我们对此作出动态分析的话，每一作者在合理使用中都有“支出”，同时又有“收益”。某一特定作者在创作过程中因利用其前任作者的作品而取得“收益”，而其作品又将为后任作者提供合理使用的材料而“支出”。就人类创作活动的总体而言，在合理使用基本规则界定的条件下各方都取得效益，并不存在损害某一作者利益而增加另一作者利益的情形。

在这里，笔者借用帕累托标准，不仅意在说明合理使用制度的“经济合理性”，更重要的是寻求合理使用规则的尺度，即正当使用。正当使用原则是关于著作权作品利用的目的及性质的规定。这种使用最初表述为“以创造新作品为目的”，以后又扩展为“以非营利的学习、研究、教育为目的”，即应符合著作权的立法宗旨：促进科学文化事业进步，有益于社会公众。依照帕累托标准的评价，在对他人作品的利用中，擅自复制、演绎的结果均会使该作者的“收益”难以补偿，由此而引起的“损害”，即后任作者对原作者带来的“损害”大于其从前任作者那里取得的“收益”，不合帕累托效益原则。而基于合理使用创作的新作品并未取代原作品，对他人作品的利用既对自己有利，且对他人无损，因而符合帕累托标准。由此可以得出以下结论：正当使用原则，即以学习、研究、教育为目的的使用，应当作为作品使用是否合理的判断标准。这一规则的经济分析依据在于，目的正当的使用对原作者并无不利，目的非正当的使用对原作者将造成利益损害，因而是没有效益的。

六、市场均衡状态与公平、诚信使用：合理使用规则之分析（二）

微观经济学中有两个相互关联的基本概念，即最大化与均衡。最大化被看

① 参见张和生：《知识经济学》，沈阳，辽宁人民出版社，1992。

作每个经济活动个体的目标：消费者的目标被假定为使效用达到最大，使利润达到最大；均衡是指每一方都同时达到最大目标而趋于持久存在的相互作用形式。[①] 均衡是一种普遍的社会现象，在经济活动中，每个人都想通过交换获得能提供最大满足欲望能力的物品组合，他们彼此之间就欲望的满足形成一定的价格，互相制约，逐步达到需求等于供给，从而出现价格不再变动而持久不变的情形，这是一种使社会财富持续、高效递增的状态。

均衡是法律制度所追求的效益目标。现代著作权法没有拘泥于 18 世纪那种绝对的、放任的“个人本位”，而是在保护作者的著作权与限制作者的著作权中寻求均衡，即合理地消除作品创造者、作品传播者、作品使用者之间的冲突，力图实现在维护作者权益基础上的三者利益的均衡保护。在这里，我们不妨采用法律的语言描述均衡的具体经济形态：（1）均衡状态中的作者。著作权法以维护作者权益作为其核心的立法原则。作者的权利是第一位的权利，是本源性权利。但这种权利既不是无限空间的绝对权利，也不是毫无期限的永恒权利。著作权的行使，以不违反公共利益或侵犯他人权益为限；著作权的保护对象，既不涵盖作品的思想内容本身，也不及于著作权作品的排除领域。（2）均衡状态中的传播者。传播媒介是联系作者与使用者之间的桥梁。传播者以物化与人化的形式再现了原创作品，他们或是付出了创造性劳动，或是支付了相当的物质代价，因而不同程度地受到法律保护。凡编辑、改编、翻译、摄制他人作品而创作了新作品，将依法享有著作权。凡表演、录制、广播而使用了他人作品，法律则授予其邻接权，传播者在行使上述权利时，不得侵犯原作者的利益。（3）均衡状态下的使用者。使用者是已有作品的消费者，也是未来作品的创造者。著作权法赋予其在一定范围内自由使用他人作品的利益，这种利益不是一种事实的占有状态而是法律认可的权利。西方一些著作权学者往往将其称

① 参见［美］罗伯特·考特、托马斯·尤伦：《法和经济学》，张军等译，22 页，上海，上海三联书店，1994。

为“使用者权”[①]。当然，使用者在利用他人作品时必须履行相应的义务，尊重作者的其他权利。著作权（作者）、传播权（传播者）、使用者权（使用者）的相继产生与完善，即是人们寻求最大化满足各方利益需求，进行创作作品与分配作品利益的制度安排的均衡结果。对此，著作权法学家曾这样宣称，自18世纪英国率先制定有关版权的《安娜法令》以来，著作权法已经发展成为协调作者、传播者、使用者三者利益关系的平衡器。[②]

均衡的法律要求在合理使用制度中表现为公平原则。“公平”一语具有强烈的道德色彩，普遍被认为是道德观念对法律的渗透。但在经济分析的透视下，这一原则却充满了经济理性的光华。所谓公平即是“以利益均衡作为价值判断标准来调整民事主体的物质利益关系，确定其民事权利和民事责任的要求”[③]。在权利资源的配置过程中，协调使用者权与著作权的冲突，不能偏离均衡模式的坐标，而公平则是校正这个坐标的尺度。合理使用从价值评价的意义上说，应是一种公平使用，其具体表现是：利用他人作品创造的新作品，在进入市场后必须与原作品公平竞争，不能损害原作者的利益[④]；对他人作品的利用，实质上是一种财产权的使用，与创作者的精神权利无涉，由于精神权利的不可转让性，因而不得利用，也就无法用公平价值尺度衡量；利用他人作品限于法律规定的方式，传播技术的涌现与使用方法的增多，只是昭示作者权益系统日益丰富，并不当然意味着使用者可以对上述方式自由利用。在考察使用是否公平问题上，主要评判创作者的支出与收益是否均衡，使用者与创作者所获取的利益是否均衡。倘若使用者得到很大效用而创作者得到的效用较小，那么这种权利配置是无效益的，也是不会持久的。可见，公平是著作权领域达到

---

① 关于使用者的权利，可参见 L. Ray Patterson，Stanley W. Lindberg，The Nature of Copyright：A Law of Users' Right，1991；Paul Goldstein，Copyright Principles：Law and Practice，1989；John S. Lawrence、B. Timberg，Fair Use and Free Inquiry：Copyright Law and the New Media。笔者另有专题阐述。

② See L. Ray Patterson，Stanley W. Lindberg，The Nature of Copyright：A Law of Users' Right，1991，p. 2.

③ 徐国栋：《民法基本原则解释》，北京，中国政法大学出版社，1992。

④ 参见［日］播磨良承、生驹正文：《有关作品合理使用之研究》，载日本《判例日报》NO. 42，1976。

帕累托最优化的内在要求。

诚信是均衡的另一法律要求，亦为合理使用制度的原则。从语义上说，诚信是对民事活动的参加者不进行任何诈欺、恪守信用的要求。[①] 但作为“一般条款”而言，它具有内涵的模糊性与外延的不确定性特征，且具强制性的法律效力。因此可表述为，要求主体在民事活动中维持双方利益平衡，以及当事人利益与社会利益平衡的立法者意志。概言之，诚信原则是立法者实现上述三方利益平衡的要求，目的在于保持社会稳定与和谐的发展。在合理使用制度中，诚信原则在两个方面发挥着作用。首先，它是对使用人利用他人作品时必须具备诚实、善意的内心状态的要求。所谓善意是指无损害原作著作权利益之心，凡意在简单的复制而不进行创新，即推定为恶意，这就意味着背离了作品使用中的公平尺度，违反了当事人对交易权利的主观需求。其次，它是对使用人利用他人作品时必须适度有限的行为规范的要求，主要用以评价使用行为对均衡状态的影响效果。就合理使用而言，使用者与创作者的权利交易不是一对一的对手交易，而是社会制度安排下的特定创作者与不特定的使用者之间就权利资源分配所进行的交换。由于作品的非物质性或说是公共产品属性，创作者很难控制自己的作品在公众中的使用情况。在有关交易权利信息不充分的情况下，就会使当事人增加交易成本，权利交易受阻，从而无法达到帕累托效益。这即是说，如果使用者向作者隐瞒作品使用信息或提供虚假作品使用信息，就意味着使用者以信息偏在为手段，而将创作者置于不确定的状态中，这样的权利资源利用显然就是不公平的。为了保障当事人在信息上的均衡以至实现利益的均衡，使用人对他人作品的利用必须遵守诚信原则。

在合理使用制度中，公平是均衡状态的交易价值内容，是平衡使用者与创作者利益关系的尺度，而诚信原则是均衡状态的交易行为内容，是规范使用者正确进行交易行为的尺度。概言之，公平、诚信是均衡概念在合理使用制度中的法律表现。

---

① 参见张新宝：《民事活动的基本原则》，24 页，北京，法律出版社，1986。

七、成本、收益模型与有限使用：合理使用规则之分析（三）

在微观经济学那里，诸如著作权合理作用制度与著作权合同制度、侵犯著作权制度的设定，都可视为某种经济行为，因而可以置入一个成本、收益模型中加以考察。上述制度通过产权设定、利用、保护等多种手段，改变了信息资源的分配方式，由此激励信息的精神生产活动，促使信息产品效用的充分实现，给社会带来某些利益，这即是收益评价。同时，上述制度又需要由社会进行监督和实施，因而要支出一定的费用。它可能是社会所实际负担的著作权立法及实施的费用，如因执法行为而使市场主体承担的著作权管理费、著作权纠纷诉讼费等；也可能是社会在著作权制度选择中所产生的社会成本，如不选择市场自发调节而选择一项特定的著作权制度进行交易所带来的利益差别，这即是成本评价。

制度选择的经济学基础是成本评价，其首要问题是机会成本的考量。机会成本是指把一定的资源用于生产某种产品时所放弃的生产另一种产品的产量的价值，或说是利用一定的资源获得某种收入时所放弃的另一种收入。微观经济学的任务之一，就是研究把稀缺的资源分配于相抗衡的各个目标之间的过程。对于权利配置与制度安排决策者来说，机会成本理论的意义在于：在追求效益最大化的同时，必须考虑选择某种制度产品而非另一种制度产品所放弃的机会。对于上述问题，“相对优势定律”断言，“人们应该从事某机会成本低于其他所有事情的事情”[①]。例如某个老练的律师同时又是个熟练的打字员，在职业选择方面，相对优势定律主张“专注”，即在法律事务收益较高的情况下，应专注于法律事务而放弃打字。循此例，在著作权立法中，合理使用制度的构建则意味着相关市场自发调节手段的放弃。同样是对他人作品的利用，法律监控下的有限利用，与无相关制度下使用者不能合理利用或非法滥加利用的情形相比，显然前者的机会成本要小。

---

① ［美］罗伯特·考特、托马斯·尤伦：《法和经济学》，张军等译，47页，上海，上海三联书店，1994。

对机会成本的分析是回答制度产品选择问题，如果考察某一法律制度的实施效益，还必须分析“市场失灵”带来的外在成本。与生产经营中所耗费的投入即私人成本不同，外在成本是外部强加于生产经营者的额外费用。微观经济学家认为，外部因素是市场失灵的来源。市场内部交换是自愿和互利的，而外在于市场交换的经济效益则可能是非自愿和有害的。[①] 通常的事例是任意排放污染给他人带来净化水质的额外费用，而外部因素制造者不必为损害付出代价，因而导致市场失灵。现在的问题是，在著作权作品的利用中也有“污染”的情形；使用者为了追求自身效益的最大化，可能超越合理的界限（或是因合理界限不明而行为失范，或是有意规避制度而行为非法），擅自扩大自由使用的范围，增加无偿使用的方式，这就使得合理使用制度实施的成本加大。

对于市场主体来说，外部不经济性因素将导致私人成本与社会成本之间的差异。社会成本即上述私人成本与外在成本之和。在私人成本一定的情况下，社会成本的大小是由外在成本的大小决定的。降低外在成本的方法主要有两个：一是求助于著作权法其他制度（机会成本最小化）。即国家可以强化著作权的保护，有力制止侵权行为，加强产权转让和许可使用制度，规范有偿使用行为；对于外部不经济性行为，可以制定公共政策征税（如西方国家在传统的合理使用范围内，对作品使用征收的“公共借阅版税”“复印版税”“录制版税”等），使得信息生产经营的私人成本接近社会成本，迫使使用者与创作者回到权利有效配置的水平上。二是有赖于通过合理使用制度本身加以“内部化”（外在成本内部化）。著作权法必须提高立法质量，完善合理使用制度的规定，如明晰合理使用的识别标准，确认自由使用的有效区域，减少不合理使用带来的“污染”成本，使使用者与创作者比较容易交易各自依法产生的法定权利。由此可见，外在成本的内部化，要求合理使用制度确立有限使用原则。如果外在成本不能通过合理使用制度的“内部化”而降低，即造成合理使用制度失灵与其外在成本增加，就会迫使人们不得不作出新的立法决策，按照效益原理重新配置权利资源。

---

① 参见［美］H. 范里安：《微观经济学：现代观点》，702～713页，上海，上海三联书店、上海人民出版社，1994。

有限使用原则意味着合理使用制度的效力范围。在著作权法中，有三种基本的使用制度，即授权许可使用、法定许可使用、合理使用。根据法律经济学原理，凡授权许可使用范围的著作权，可以适用财产规则和责任规则，以保护创作者的利益。财产规则以使权利所有者能够禁止他人损害的方式来保护权利，除非所有者愿意以相互可以接受的代价放弃权利（如许可使用合同）。责任规则则允许无权者以客观上确定的代价，按照损害补偿的原则，去取得他人的权利（如侵权损害行为）。[①] 凡法定许可使用范围内的著作权，仅适用责任原则，即他人无须所有者同意，在给予相应代价补偿的条件下自行使用。这是因为法定许可使用的情形，主要涉及创作者与传播者的关系，交易成本很高，适用财产规则很可能无效，从而阻滞权利向更有效益的方面转换。合理使用的范围则是著作权的"排除领域"，使用者既不必征得创作者同意，又无须向其支付代价。相比较而言，著作权授权许可使用的范围最大，由创作者享有利益；法定许可使用的范围较小，由传播者与创作者分享利益；合理使用的范围最受限制，系创作者让渡利益，使用者取得利益。因此，使用者只能在有限区域使用他人的作品，一旦步入法律误区，将损害创作者权利，需承担侵权责任。

---

① 关于财产规则、责任规则的适用，参见张文显：《当代西方法学思潮》，119页，沈阳，辽宁人民出版社，1988。

著作权作品合理使用的宪法问题研究*

合理使用是著作权领域中的一项基本法律制度，其本意是指在法律规定的条件下，自由使用他人著作权作品而不必征得其同意，也无须向其支付报酬。合理使用与公民宪法权利紧密关联，是公民实现表现自由权利的基本条件。在西方国家，合理使用引发了诸多宪法问题，从而对这一制度的存在和发展带来重要影响。

一、“一枚硬币的正反面”：著作权与言论自由权

美国学者曾形象地指出，著作权与言论自由权可以看成是一枚硬币的正反面。前者涉及财产所有权问题，后者却具有社会政治权利的属性。它们之所以联结在一起，在于两者都与知识的传播有关，不过一个注重利益，另一个着眼自由。①

言论自由，即公民对于国家和社会的各项问题有自由发表意见的权利。狭义的言论自由纯粹是指通过语言形式表达思想和见解的自由，区别于以出版物形式表达思想和见解的出版自由。从广义上讲，则包括语言形式与文字形式的

---

* 原载《法制与社会发展》，1996（4）。

① See L. Ray patterson，Stanley W. Lindberg，The Nature of Copyright A Law of Users' Right，1991，pp. 70，191.

表现自由，即以报纸、杂志、绘画、服饰、照相、电影、音乐、唱片、收音机、电视机、电脑等一切手段发表思想的自由。为了叙述的便利，在这里笔者采用广义说。根据荷兰法学家亨克·范·马尔赛文等人的统计，在142个国家的成文宪法中，有124部宪法规定了发表意见的自由，占87%。[①] 即使没有相关规定的国家，在过去几年的修宪活动中也发生了变化。可以说，言论自由权几乎是世界各国普遍认可的宪法权利。

早期著作权制度，即特许出版权是同封建图书审查制度而不是同言论自由权联系在一起的。自15世纪印刷术传入欧洲至18世纪《安娜法令》颁布，整个欧洲存在着长达三百多年的出版特许权制度和与之相结合的封建图书审查制度。具有近代意义的著作权法——《安娜法令》，改变了封建出版特许权时期“求知受到压制，出版受到控制，作者却无任何权利”的状况，既着力于保护作者权利，防止出版商对书籍贸易的垄断；又着眼于杜绝思想审查，鼓励作者发表思想和公众使用作品的自由。一句话，《安娜法令》摈弃了封建特许出版与封建图书审查制度，深刻体现了促进作品传播、保障表现自由的法律价值。正是在这个交汇点上，表示财产概念的著作权与显示政治意蕴的言论自由权共存于资本主义宪法的熔炉。美国宪法的制定者创建了“促进知识、公众领域保留、保护创造者”三项著作权政策，这在本质上与言论自由权是一致的。其著作权法所设定的有限独占权利的原则、合理使用原则、接触权原则[②]等都体现了言论自由的宪法精神。美国宪法修正案有两个重要条款：一方面规定国会不得制定有关法律以剥夺人民言论出版的自由以及其他自由权利，另一方面又授权国会制定著作权法，授予作者以一定期限享有独占垄断权利。美国学者对此评价说，两个宪法条款都涉及作品，但保护自由与授权独占又似乎是矛盾的。不过究其立法精神而言，“表现思想自由”这一共同的法律价值，使上述立法条款得以协调。具体说来，表现思想自由在宪法的权利条款中体现为言论、出版的自由权利，而在宪法的著作权条款中具体为公众“听”“说”“读”“印”

---

① 参见［荷］亨克·范·马尔赛文等：《成文宪法的比技研究》，北京，华夏出版社，1987。

② 接触权（the right of access），即个人有使用他人著作权作品的权利。美国学者根据其宪法精神概括出有关著作权问题的三项政策，并认为上述政策中隐含有“接触权”内容。See L. Ray Pattersor，Stanley W. Lindberg，The Nature of Copyright Law of Users ' Right.

作品的权利，即合理使用。加拿大制定的具有准宪法地位的《权利法案》有两条规定分别涉及作者的著作权与公众的参与权：一是每个人都拥有自由参加社会文化生活的权利，以享受艺术与分享科学进步的利益；二是每个作者都有权维护其科学、文学及艺术作品所产生的精神利益和物质利益。[①] 公众的参与权，说到底就是使用作品、获取知识、传播信息、交流思想的自由，在一定情况下可能与作者的垄断作品使用与传播的著作权有相抵之处。因此，立法者必须寻求法律途径以协调两者利益，平衡两个相互冲突的目标。这一平衡器首先来自合理使用制度。日本宪法是以“公共福利优先”的原则来协调言论自由权与著作权之间的关系的。根据宪法精神，《日本民法典》第 1 条规定：“法应服从公共福利。”《日本著作权法》第 1 条规定，在注意公正使用文化产品的同时，保护著作权人等的权利，以促进文化的繁荣与发展。民法典的规定说明，私权的行使不得违反公共福利的宪法原则，否则构成权利滥用。著作权法的规定，也是从公共福利的目标出发，将作品视为人民可以共同享受的文化财产，并将一定条件下的自由、无偿使用称为“公正使用”[②]。

我国宪法是社会主义的宪法。国家重视保障公民的言论自由，并为公民实现言论自由权提供了必要的社会条件。现行《宪法》第 35 条规定：“中华人民共和国公民有言论、出版、集会、结社、游行、示威的自由。”公民的言论自由有着可靠的法律保障和实现途径。同时，国家根据宪法精神，制定了著作权法，以保护著作权以及与著作权有关的权益，鼓励作品的创作和传播，促进文化和科学事业的发展。

宪法条款的比较分析表明，言论自由权与著作权的保护都体现了当代立宪精神。言论自由权是一种政治权利，是宪法赋予每个公民的基本权利。每个公民不论性别、年龄、民族、职业、宗教信仰均享有该项权利。言论自由权始于公民出生，是其生来所具有的权利。而著作权是一种特殊的民事权利，是公民表达思想，行使“言论自由”等政治权利的必然产物。著作权不是每个公民都

---

① See A. A. Reyes：Copyright and Fair Dealing in Canada，Fair Use and Free Inquiry，1980，p. 213.

② ［日］胜本正晃：《权利的合理使用》，载《独协法学》，1977－10－22；［日］广南：《日本的著作权法》，载《国外法学》，1984（3）。

实际享有的权利，只有进行了创作活动并创作出作品的人才能享有著作权。因此著作权是“后来权利”①。上述两种权利有着密切的联系，从一定意义上讲，著作权的各项制度，有的是言论自由宪法权利的具体表现，有的是与言论自由宪法思想一脉相承，有的则与言论自由权限制的宪法原则紧密相连。

第一，以发表权为中心的著作人身权制度是言论自由的私权形式。关于公权与私权的划分始于古罗马法学家乌尔比安。后世西方国家的学者也采用这一分类，但标准各异。按照他们的见解，公权可以分为国家公权（如命令权、强制权、公物权等）和公民公权（如生存权、自由权、参政权等）。② 言论自由作为宪法权利，当属于公民公权的一种。而著作人身权是一项民事权利，属于私权范畴。其中，发表权既是著作人身权的重要内容，又是著作财产权产生的基础，是言论自由的私权表现形式。所谓发表权，即决定作品是否公之于众的权利。作品在创作过程中或在未发表之前，始终是作者的秘密，是否泄露这个秘密应为作者的个人自由。因此，是否愿意发表作品，是作者的第一种权利。著作人身权的其他权能，如署名权、修改权、作品完整权，都以发表权的成立为前提，同时作品借助发表权的行使而进入传播与使用领域，使著作财产权得以实现。可见，没有发表权制度，公民的言论自由在文化领域将会是毫无实际意义的。

第二，著作权作品的排除领域来源于防止言论自由权滥用的宪法精神。各国宪法基于不同原因和目的对言论自由的内容及行使均设定有限制。宪法关于言论自由的限制性规定，即是著作权作品排除领域的立法和司法依据。对于法律禁止传播的作品，各国有两种做法：一是在著作权法中明确规定何种作品不予保护；二是著作权法不作直接规定，而交由法院或著作权主管机关依法作出拒绝保护的判决或裁定。根据禁止言论自由权滥用的宪法原则，创作非法作品应视为违宪行为，当然不受著作权法保护。我国著作权立法，一方面依照宪法精神将依法禁止出版、传播的作品列为著作权客体的排除领域；另一方面鉴于著作权法自身功能所限，对涉及思想内容的违禁作品未具体列举，而由其他有

---

① 王光：《言论出版自由权与著作权》，载《当代法学》，1992（2）。

② 参见粟劲：《中华实用法学大辞典》，326页，长春，吉林大学出版社，1988。

关法律予以规定。

第三，以合理使用为主的著作权限制制度是言论自由的具体法律保障。从立法意义上讲，合理使用是公众对著作权专有领域的“接触权”，是对创作与分享社会精神财富的“参入权”。它通过对著作权的必要限制，主要从以下几个方面保障言论自由权利的实现：一是保证个人学习、研究中的合理使用，为个人创作活动及发表思想提供必要的条件；二是保证评论、新闻报道中的合理使用，使社会公众通过传播渠道和媒体交流思想，获取信息和情报，实现其知情权；三是保证科学研究、课堂教学、公共图书馆等文化科技活动中的合理作用，这对于寻求、接受和传递信息和思想，促进社会文化和科教事业的发展也是必不可少的。

二、合理使用：新闻自由与资讯自由的法律途径

新闻自由是宪法规定的公民言论自由在新闻活动中的体现。[①] 它作为言论出版自由的重要组成部分，已为各国宪法所确认。在美国，宪法第一修正案关于禁止国会制定剥夺人民言论自由的规定，是管理大众传播和实行新闻自由的法律根源。美国法官和学者从该宪法条款中概括出两项原则：“意思之自由交换”与“表现自由之接近完全保障”[②]。前者指公民有充分获取资料、交流思想、发表意见、监督政府的自由；后者指最大限度而非绝对地保障表现自由。在日本，宪法规定保障公民的表现自由，并确认在言论、出版等外部表现出现以前，不准公共权力事前介入或压制，即规定对一切表现自由不得进行检查。我国宪法充分保障公民的各项自由权利，新闻自由作为言论自由权利的重要组成部分已被法律所确认。现行宪法明确规定公民的言论和出版自由。在我国，新闻自由是广大新闻工作者基于人民的委托所享有的依法自由从事采访、写作、发表新闻作品并不受他人非法干涉的权利。而人民群众也基于新闻自由原

① 参见《中国大百科全书·新闻出版卷》，421 页，北京，中国大百科全书出版社，1990。

② 傅昆成等：《美国大众传播法》，27～28 页，台北，123 资讯有限公司，1991；杜钢建：《论表现自由的法律保障》，载《中外法学》，1995（2）。

则，广泛了解各种新闻和信息，撰稿发表意见，监督政府及其工作人员的工作。可见，新闻自由也是广大公民所享有的权利。[①] 新闻自由的保护不仅在于新闻出版界本身，而且还在于公众“获得信息和思想的权利”。从宪法的立法目的来说，新闻自由的保护是以社会公众的利益而不是新闻出版界的利益为价值取向的。[②]

资讯自由与新闻自由有着密切联系。公民获取资讯的自由，在西方国家称为“了解权”“知情权”。公民在不损害国家安全和公共利益的情况下获得信息资料，这是公民行使言论自由权利的基础。资讯自由在西方国家被喻为一种新的政治性权利。在美国，尽管对这一权利的解释引起很大争议，但“了解权”被作为“保护和扩大‘言论自由’权利的理由”而被广泛利用。它被美国人看作导源于确保自治的人民充分了解国家政治的较广泛的社会目的，又被最高法院从无此措词的宪法中“发现”的一种权利。[③] 资讯自由是言论自由权利的延伸和发展，从一定意义上说，它反映了西方国家社会公众参与政治活动和实现自身权利的追求。

新闻自由与资讯自由兼有政治权利与社会权利的性质，是一种具有宪法性质的公民权。它们都是现代社会的产物，也是法治国家的重要标志。一方面，新闻自由与资讯自由是一种能动权利，是公民言论自由的动态表现。它不仅为法律所确认，还必须不断为人民所行使，才具有实际意义。在社会生活中，透过大众传播媒介所作出的新闻传播、评论等，可以向人民告知各种情况，提供形成民意的渠道、监督政府的行为方式。获得必要的信息资料和拥有充分发表思想意见的途径，这是公民行使言论自由权利的前提和保证。另一方面，新闻自由与资讯自由是两种不同属性的权利，必须采取不同的保护措施。新闻自由是一种“消极权利”，应受到政府的充分保护而不能非法加以禁止和干预。现代国家对新闻自由逐渐取消了事先限制，不准公共权力预先介入或压制，而是采取事后惩罚措施，以防止新闻自由权利的滥用。资讯自由是一项积极权利，

---

① 参见王利明：《论人格权保护与舆论监督的相互关系》，载《法学家》，1994（5）。

② See Harry N. Rosenfield，The American Constitution，Free Inquiry and The Law，Fair Use and Free Inquiry，pp. 296 - 297，1980.

③ 参见王人博：《近现代西方权利观念的演变》，载《外国法学研究》，1993（2）。

即个人的权利必须借助于政府的积极行为才能实现。宪法赋予公民享有参政、议政和参加国家政治生活的民主权利，对国家重大问题享有表达个人见解和意愿而不受政府非法限制的自由。这种参政权的行使是以了解权的实现为基础的。除事关国家安全、公共利益、个人秘密等有关资料外，政府有义务向公民报告或提供必要的信息和情报。由此可见，新闻自由与资讯自由从消极与积极两个方面体现了言论自由的宪法精神。

新闻自由、资讯自由与合理使用具有何种关系呢？它们从根本上就是一致的，都是公民个人权利的重要组成部分，基于表现自由而发生，但具有不同的权利形态。它们从支配对象来说，都是体现一定思想内容的信息，在不同的使用领域，或称为新闻，或称为情报，或称为作品。各种自由权利都与这种信息的生产与传播有关；它们从权利性质来看，都具有宪法意义或从宪法权利派生而来，因而在公民权利类型中居于重要地位。但这些权利的行使在内容、方式、范围等方面都有必要的限制。下面试分述之。

合理使用是公民实现表现自由权利的基本条件。言论和出版自由的前提是对信息的掌握与交流。信息有赖于传播，即进行传递、输送、沟通、交流信息的活动。合理使用制度的功用在于，在法律允许的范围内，自由而无偿地使用信息、接受信息。基于学习、研究的目的，非营利的教学目的以及评论、新闻报道的目的而合理使用他人的作品，无一不是传播活动的具体体现。作为消息、知识、资料形态出现的信息，在著作权法中往往表现为享有专有权利的作品。但这种权利不应成为思想和信息交流的障碍。对此，美国学者 Rosenfield 认为：在使用他人作品的情形中，“以营利为目的的使用构成侵权，但非营利使用则不然。著作权提供的保护可以对抗非法的竞争者，但不能阻碍公众对作品的合理使用”。“信息的公开传播非常重要，因此不能使自由之公益和民主社会屈从于传统著作权观念下的私人独占权。”① 新闻传播与资讯获取的对象，即信息，往往涉及著作权领域的受保护客体，即作品。关于著作权法的保护对象，是作者的思想表现形式或内容，抑或两者有之，国内外学者多有分歧。作

① Harry N. Rosenfield，The American Constitution，Free Inquiry，and the Law，Fair Use and Free Inquiry，pp. 296 - 297，1980.

品的构成要素一般包括题材、素材、概念和事实、情节、构想等。学者们对于作品的题材、概念和事实、素材不给予著作权保护有共识之处。至于其他要素，即主题、情节、构想等，确实具有独创性特点、表现作者创作个性的，学者们认为不应将其一概排斥在保护范围之外。笔者认为，作品的构成要素有的属于“公共领域”，任何人都可以自由使用；有的虽属于“专有领域”，但其他人也可以合理使用。著作权法的制度，特别是合理使用制度，为公众利用著作权作品进行信息传播与交流提供了可靠的法律形式。

合理使用是一种与公民宪法权利相关联的法律制度，它的宪法学意义正逐渐为学者所认识和揭示。对此，美国学者叙及较多。Patterson 等人写道：“使用者权利可能是著作权法中最不为人理解的部分。”其实，“宪法在规划著作权制度，即通过授予作者专有权利以促进知识进步时，就预先规定了公众对著作权作品予以个人使用的权利”①。Nimmer 教授认为：“合理使用之范围和外延完全应由国会斟酌决定。著作权法上的合理使用，其复制活动应以不对著作权作品带来实质性损害为限。但是基于宪法修正案言论自由条款而使用时，尽管作品著作权因之削弱，但仍得以行使。”② Rosenfield 更是将合理使用抬高到“准宪法权利”的重要地位。他说：“美国宪法第一修正案和第九修正案赋予著作权作品的使用者，在印刷和视觉形式上以合理使用该作品的直接的宪法权利和自由资讯权。”③ “‘合理使用’不仅仅是在著作权法领域对使用者提供的法定保护，而且应作为一种法律手段，使得合乎宪法的公共利益优先于著作权法保护的独占权利。”④ 美国学者的论述概由其国情使然，在此不置评说。但它反映了一个值得注意的现象：西方社会在个人价值的基础上，强调权利的社会特性。其中权利的发展既有某种权利的扩张，又有某种权利的限制，比较注重

① L. Ray patterson、Stanley W. Lindberg，The Nature of Copyright A Law of Users' Right，pp. 191，70，1991.

② Harry N. Rosenfield，The American Constitution，Free Inquiry and the Law，Fair Use and Free Inquiry，p. 302，1980.

③ Harry N. Rosenfield，The American Constitution，Free Inquiry and the Law，Fair Use and Free Inquiry，p. 302，1980.

④ Harry N. Rosenfield，The American Constitution，Free Inquiry and the Law，Fair Use and Free Inquiry，p. 300，1980.

不同主体之间的利益协调。在著作权领域，虽然新的复印技术、录制技术对传统的合理使用制度带来了强大的冲击，大有“范围缩小、征税扩大”的趋势[①]；但在与公民宪法权利的有关方面，合理使用却独步于专有权利领域之中，得到有力的保护。上述情形虽只是见之于若干判例，且在著作权学界有所争议，但它对将来著作权立法的影响却是不可忽视的。

三、新闻作品的有限保护与合理使用的阻滞

新闻活动与合理使用中所涉及的新闻，称谓不同，含义有异。诸如“新闻作品”“新闻报道”“时事新闻”，在法律上往往具有不同的属性，不能等而视之。新闻报道与广义上的“新闻”（新闻作品）有明显区别，它虽具有作品的一般形式，但不受著作权法保护。新闻报道没有著作权，已经为许多国家的著作权法所承认。我国《著作权法》第五条规定，时事新闻不适用于著作权法保护。

对新闻报道不给予著作权保护，其目的是保护大众获得知识和信息的权利。从传播学的角度看来，新闻的本源是事实，正在发生的变化或潜在的变化是构成新闻事件的重要因素。“新闻是单纯的记事，意见必须与新闻明确地分开。”[②] 而新闻的目的是传播知识，报道新闻，引导社会舆论，影响人们的思想和行动。新闻的本源和功能决定了“新闻报道”不应成为著作权意义上的作品，不宜为著作权所有人独占使用。也就是说，作为时事报道的新闻，应视为公共财产，不能作为某一特定主体的“专有权利”。尽管如此，西方一些国家的立法者与裁判官并没有拘泥于著作权法理论的上述观点，而是采取种种方法为新闻提供有限的保护，或是规定严格的条件制约合理使用。究其方式来说，大体有以下三种：

第一，将无著作权的新闻限制到最小的范围。日本著作权法虽然规定时事新闻不受保护，但通过司法解释对时事新闻的含义和外延作了严格限定，并对

---

① 参见郑成思：《信息、新型技术与知识产权》，89～99页，北京，中国人民大学出版，1986。

② ［美］威尔伯·施拉姆等：《报刊〈四种理论〉》，71页，北京，新华出版社，1980。

其他新闻作品采取了分类保护。据日本文化厅在《新版权概要》所作的行政性解释："所谓'只是传播事实的杂闻和时事报道'是指关于人事往来、讣告、火警、交通事故等日常消息。这些东西没有版权。一般的报道、通讯、新闻照片，不属于这个范围，应作为作品加以保护。"① 《日本著作权法》此种规定，有其特别之处。它将一些传统的新闻报道作为作品保护，对无著作权的时事新闻作了极其严格的限定性解释。至于特写、通讯等专栏文章则视为著作权作品，与其他国家立法并无二致。据说，《日本著作权法》扩大新闻作品的保护范围，受到该国新闻界的普遍欢迎。但从世界范围来说，这样的规定尚不多见。在这里需要指出的是，上述时事新闻虽无著作权，但若经过记者或编辑创造性编排，其编排形式可受保护。美国判例承认，原始新闻（raw news）以及资讯（information）不受著作权拘束。凡当天的新闻实质资料，基于公共秩序之缘故，任由公众采用。但"编辑制作新闻资讯之方式，包括文字之使用，采访者或出版者出版新闻、资讯之形态，则享有著作权"②。我国《著作权法》未涉及这一问题，但在《实施条例》第 38 条中规定，"出版者对其出版的图书、报纸、杂志的版式、装帧设计，享有专有使用权"。

第二，对无著作权的新闻提供其他法律保护。新闻报道无著作权，其立法目的在于保障社会公众获取知识和信息，防止大众传播途径发生阻滞。但是，新闻也是一种产业，存在着同业竞争的情况。如果某一传播单位投入人力物力采访制作的新闻消息，无偿为另一传播单位使用，未免有失公平。对此，一些国家转而寻求与著作权类似的法律保护，以实现利益的平衡。《意大利著作权法》确认在新闻报道中禁止不正当竞争行为。与意大利不同，美国是通过法院判例来解决这一问题的。1918 年，美国最高法院即通过一项指导性原则，规定新闻为"准财产"（quasi property）。因此，剽窃新闻的行为适用于商业上的"不公开竞争"原则，即使竞争者可以模仿对手的商业行为、过程、方法，但法律虽然保护竞争，却不鼓励对竞争者投资与辛劳的篡夺。在"美联社诉国

① 童关：《新闻与版权》，载《新闻学刊》，1987（2）。

② 傅昆成等：《美国大众传播法》，27～28 页，台北，123 资讯有限公司，1991；杜钢建：《论表现自由的法律保障》，载《中外法学》，1995（2）。

际新闻社”一案中，法庭确认：被告承认整体引用了原告的新闻材料，而这些材料乃至新闻是原告耗费人力、财力获得的，并且在传播给客户的过程中有商业利益。被告未经允许地“引用”并出售，其出售对象是与原告客户竞争的报纸，这种侵占行为构成了对原告合法商业利益的损害。为此，联邦法院作出判决，新闻不具有著作权，但以衡平法来裁定，该行为属于商业上的“不公平竞争”。这一原则在这里具体表述为：新闻通常不享有特定的著作权，在新闻采访、报道的过程中使用其他新闻机构的新闻概略是可以的，但实体“引用”则属于不公平竞争，法律不予保护。① 值得注意的是，诉诸法律的有关纠纷，多涉及那些颇具新闻价值的独家新闻、专访新闻，当事人一般是各种传播组织。对无著作权的新闻资料提供有限的法律保护，虽出于维系新闻媒介组织之间的公平竞争，但客观上限制了公众获取信息渠道的畅通。

第三，规定新闻报道中合理使用的严格条件。基于新闻报道目的的合理使用，在各国著作权法中都可以见到。但各国著作权的立法文件并不是新闻报道中自由使用的通行证。一件作品用于新闻报道，是否“合理”合法，在很大程度上取决于法官对个案的审理情况。美国学者评论道，国会立法虽已确认新闻报道中的合理使用，但法院对更多的案例却判为侵权。② 对于合理使用之主张，法院提出三条规则作为拒绝理由：（1）对有著作权作品的使用缺乏创造性；（2）使用了有著作权作品的精华和实质部分；（3）使用有恶意（bad faith），即存在营利目的或排挤竞争对手的用意。③ 1947 年在“Phillips 诉 Constitution 出版公司”一案中，被告完整地引用一位在监服刑的作者所创作的一首诗，被视为侵权。法院认为，完整的诗歌被复制不是合理的引用或摘录，也不符合该作品用来回复和评论的性质。④ 在 1976 年“Wain Wright 证券公司诉华尔街誉印公司”一案中，被告作为一家经济新闻的出版商大量引用他人的经济新闻分析，被法院拒绝。法院认为，“这不是新闻事务的合理使用范

① 参见［美］Donald M. Gillmor：《传播法》，1984。转引自童关：《新闻与版权》，载《新闻学刊》，1987（2）。

② See William F. Patry，The Fair Use Privilege in Copyright Law，pp. 410 - 411，1986.

③ See William F. Patry，The Fair Use Privilege in Copyright Law，pp. 410 - 411，1986.

④ See William F. Patry，The Fair Use Privilege in Copyright Law，pp. 410 - 411，1986.

围，被告的目的在于摄取利益，除此别无解释”[①]。以上判例提供了新闻报道中合理使用的一般规则：（1）使用目的仅限于报道时事新闻；（2）被使用的作品必须是已经发表的；（3）符合“引用”的数量限度和实质性要求；（4）在报道中一般应注明被引用的作品出处。这些做法对我们处理相关纠纷不无借鉴意义。

四、“价值冲突”：法益优先保护的选择

言论自由在基本人权体系中占有突出重要的地位。宪法学者认为它不仅是人作为主体的文化的存在所不可欠缺的自由，而且是民主社会得以确立的前提，相对于经济自由等权利，言论自由应当具有“优越地位”，即应看作具有优先性的法价值。[②] 言论自由优于经济自由的原则在美国宪法判例以及日本、韩国的宪法理论和实践中都得到承认。

从学理上讲，法哲学的自然权利论与宪法学的代议民主论是言论自由优位性原则的基础。根据自然权利理论，表述思想的自由是“人类最宝贵的权利之一”。精神自由是最高的自然权，保障思想自由较之维系经济自由存在着更为重要的意义。根据代议民主论，思想表现自由是代议民主制的前提，从“主权在民”的政治信念、立场出发，对精神自由需要加以特殊的保护。对此，资产阶级的思想家们都有过论述。英国启蒙思想家约翰·弥尔顿在1644年发表的《论出版自由》演讲中说道，人们运用理论，就可以辨别正确与错误，区分好坏，而要运用这种才能，人们就必须不受限制地去了解别人的观点和思想。只要让真理参加自由而公开的斗争，它就有战胜其他意见的力量。[③] 约翰·洛克从理论上论证了资产阶级的“天赋人权”原则，形成“人民主权”的学说。他断言，在自然状态下每个人都享有普遍的天赋权利即生命权、自由权和财产

① William F. Patry，The Fair Use Privilege in Copyright Law，pp. 410 - 411，1986.

② 参见杜钢建：《论表现自由的保障原则》，载《中外法学》，1995（2）。

③ 参见［英］约翰·弥尔顿：《论出版自由》，46页，北京，商务印书馆，1958。

权。其中，人们享有自然的自由，包括思想自由、信仰自由和言论结社自由。[①] 美国资产阶级革命家托马斯·杰弗逊在《权利法案》中着重强调了人民的自由民主权利。他认为，一个民主政府必须尊重人民的思想言论自由，而不能禁锢和压制人民的思想。人们的思想言论自由是人性使然，是理性的要求。当人们的意见变为公开行动之前，政府不应该干涉意见的发表，这是自然法的要求，也是由于人民是理性动物。政府应当相信人民的良知会辨别是非的。只有让他们自由地表达意见，社会的真理才会愈辩愈明。[②]

如果说，近代启蒙思想家们强调表达思想的自由，只是论证了这种自由赖以存在的基础和价值意义，那么，现代西方国家的政治法律学说对思想言论自由的推崇，则达到无以复加的地步。在美国，新闻界称“出版自由”[③] 为“第一自由”，认为其他各项自由赖以争取，其他各项自由赖以捍卫。“言论与出版自由是全部自由的中心……它是其他自由的保卫者和促进者……（美国）宪法第一修正案将出版自由与言论自由并列显然是有道理的。”由此，西方新闻学者众口一词：“出版自由”是现代国家的一个象征。[④]

马克思主义的经典作家对于资本主义国家宪法关于保障各种自由的规定，早有深刻的批判和精辟的述评。由于论题所限，在此不作赘述。我们需要探讨的是，言论自由的优先性原则对合理使用制度的影响。

在美国，自 1976 年《著作权法》明文规定合理使用以后，围绕这一制度引发了一系列敏感和颇有争议的问题：宪法著作权条款（即授权国会立法保护著作权）与宪法第一修正案（即言论自由条款）存在什么关系？在言论自由权利与著作权发生冲突时，何种法益具有优先性？合理使用除受制于著作权法外，是否具有宪法意义？在此期间发生的三个判例即是人们关注和争议的焦点。

---

① 参见王哲：《西方政治法律学说史》，194、206、207、218、219 页，北京，北京大学出版社，1988。

② 参见王哲：《西方政治法律学说史》，194、206、207、218、219 页，北京，北京大学出版社，1988。

③ 传播学理论认为，“出版自由”常被用作“言论出版自由”的简称。“新闻自由”则是“出版自由”的通称。此处采用“引文”原作的表述方法。——笔者注

④ 参见张隆栋：《大众传播学说总论》，57 页，北京，中国人民大学出版社，1993。

1978年“Thomson州长竞选班子诉讼案”。支持Thomson再次当选州长的竞选班子，拥有一首“生死随缘”歌曲的著作权，并将该歌曲作为竞选广告的片头和结束曲。竞选对手也制作了广播竞选广告，并在开头使用了这一歌曲，于是成讼。联邦地区法院援用宪法条款，判决被告系合理使用不构成侵权。其理由是：宪法第一修正案提供了对政治自由表达的广泛保护，以保障公众进行事关政治与社会变革的思想交流。著作权所有人的专有权利不能对抗基于信息传播所产生之公共利益，它们之间的冲突可以依合理使用原则解释。被告的使用具有非商业性质，是对原告政治广告的合理使用。

1978年“意大利人图书公司诉美国广播公司（ABC）案”。被告在一报道街头游行的电视新闻中，使用了一首未注明作者身份的著作权歌曲，声称其为合理使用。地区法院作出有利于被告的判决，但未涉及宪法条款将其视为所谓的合宪行为。

1978年“Triangle出版公司诉Knight Ridder报社案”。原告出版了有关节目信息的“电视节目指南”。而被告作为一家报社，在为其“星期日专版”所作的促销电视广告中，显示了原告刊物的版面样式，以用于识别其出版物。原告诉称该行为构成侵权。法院对被告行为虽未认定为著作权法上的合理使用，但却给予其宪法性的保护。其理由是：在比较式广告宣传中，被告虽以过激的方式使用他人作品，但系为消费者提供重要信息来源。在这种情况下，保护言论自由的宪法原则，要优于保护专有权利的著作权原则。[①]

Thomson案和Triangle案在法律逻辑上是互相补充的。前者利用宪法性原则扩充传统“合理使用”概念的内涵。后者则对不构成著作权法要求的“合理使用”认定为合理性使用。Triangle一案最终由最高法院在未加任何自己意见的情况下维持原判，但是关于使用合宪问题却引起广泛的讨论与争议。

《美国著作权法》自1790年公布，历经185年，始在1976年将“合理使用”作为一项法定权利确定下来。在长期的司法实践中，法官依靠自由裁量形成了合理使用的基本规则，即在特定的情形下，使用者能对抗著作权所有人的

① 上述案例详见：Harry N. Rosenfield，The American Constitution，Free Inquiry and the Law，Fair Use And Free Inquiry，pp. 288－292，1980.

独占权利，不经其许可而使用作品。为何美国人如此钟情合理使用，将这一英国草创的判例规则改造成有丰富内容的使用者权制度[①]，并引申为具有宪法意义的权利制度？这些并不是偶然的。

崇尚美国宪法权利，以宪法第一修正案作为衡量使用是否合理的最高依据，也许是回答上述问题的最直接答案。美国学者 G. T. Hunt 写道："对公众而言，言论之权利意味着'听'并'了解'的权利，进一步说暗含可'使用之权'。"[②] 最高法院进一步指出，"宪法所保护的'知情权'较之智力创造领域有限使用自由要大得多。它的基本目标是，质询自由，即公开有关讨论中的所有思想观点，此种公开又需要对著作权作品合理使用"[③]。倘若含有合理使用的言论自由权与著作权发生冲突，如何选择优先保护呢？美国国会、法院、版权登记机关共同采用的原则是：公众利益应优先于著作权所有人的利益。1909年国会在著作权立法报告中宣称："著作权之存在首先应有利于公众，其次才是使作者本人受益。"[④] 这即是被奉为美国著作权法的首要原则——"公共利益原则"。最高法院在一系列的判决中多次重申，"著作权法……将著作权所有人的经济报酬作为第二位考虑"[⑤]。审判结果表明，在著作权所有人之法定权利与使用者之宪法性权利的平衡上，一般向后者倾斜，即强调著作权所有人的利益较之公众利益为次要与从属于后者。版权登记机关则向国会呈报："把作者的利益限制于公众的利益之中。当它们发生冲突时，公众利益应居于优势。"[⑥]

美国著名著作权专家 Rosenfield 法官对合理使用的宪法问题进行了系统化、理论化的概括，他认为：（1）美国宪法的著作权条款并未直接授予著作权

---

① 使用者权是合理使用他人作品而享有利益的法权形式。参见吴汉东：《论合理使用》，载《法学研究》，1995（4）。

② Harry N. Rosenfield：The American Constitution，Free Inquiry and The Law，Fair Use and Free Inquiry，p. 207，1980.

③ Harry N. Rosenfield：The American Constitution，Free Inquiry and The Law，Fair Use and Free Inquiry，p. 298，1980.

④ L. Ray patterson、Stanley W. Lindberg，The Nature of Copyright A Law of Users' Right，pp. 191，70，1991.

⑤⑥ Harry N. Rosenfield：The American Constitution，Free Inquiry and The Law，Fair Use and Free Inquiry，pp. 218，300，1980.

所有人以独占财产权利，它仅赋予国会以权力制定著作权法。著作权是法定的独占权利，而非宪法性权利。（2）美国宪法修正案赋予著作权作品的使用者，在印刷和视觉形式上以合理使用作品的直接的宪法性权利和自由咨询权。这些权利较之著作权所有人的法定权利有优先效力。（3）在使用者宪法性权利与著作权所有人法定权利之间的权衡上，法院应以使用者享有的合理使用和咨询自由的权利为重。（4）著作权法上的合理使用既是一种法定的权利，又是实现公众利益优位性宪法保护的重要途径。[①]

Rosenfield法官的观点未成为通说定见。实际上，在不同法院的判决中，往往有不同的见解，一是“传统说”，即依然适用著作权法规定的合理使用准则，认为宪法修正案未能弱化著作权法的约束力，不能依宪法条款作为合理使用的抗辩依据；二是“结合说”，即将著作权法与宪法第一修正案结合起来，合理使用已包含了保障言论自由的立宪意图，完全摈弃使用者的宪法保障似不适宜；三是“扩大说”，即在著作权法合理使用条款以外，存在着一种合理的宪法意义上的使用者权，它直接依宪法条款而产生效力。美国著作权界的这场争议并没有结束，但它将对美国相关立法的走向与其他国家合理使用制度的改革与完善带来重要影响。笔者以为，对合理使用宪法意义的发掘，是西方社会民众争取将抽象的宪法权利具体化的结果。权利的“个人主义”性质没有改变，但权利的社会特性被突出。如果说，近代权利的“个人主义”表现为自由主义的话，那么现代权利的“个人主义”则表现为民主主义。[②] 在美国，“知情权”的出现，被喻为言论自由权的扩大和延伸；而这一权利的行使，又有赖于信息与资料在广泛的程度上被自由使用。这样，合理使用制度被笼罩着一道宪法的神圣光环。纵观美国著作权法的历史，“版权”历来被视为一种财产权利，而事实上这一权利又多为具有作品传播实力的印刷出版商、广播电台老板、电视电影公司巨头所把持。在这种情况下，对著作权所有人的垄断财产权利实行必要限制，为公众使用作品以获取知识与信息的权利提供倾斜性保护，

---

① See Harry N. Rosenfield，The American Constitution，Free Inquiry and the Law，Fair Use and Free Inquiry，pp. 218，300，1980.

② 参见王人博：《近现代西方权利观念的演变》，载《外国法学研究》，1993（2）。

无疑有着进步的意义。从宪法学角度看来，在两种法益发生冲突的时候，采取精神自由优位于经济自由的原则也是合理的。当然，“真理向前跨进一步就会成为谬误”。合理使用制度的法律价值和存在意义在于它的“合理”性，它不应也不可能成为恣意侵害他人合法权利的借口。宪法保护的自由权并不当然意味着行使这一权利时个人责任的免除，它本身有着一定的规制和制约。正如 Sigmund Timberg 所言：“宪法并不能确保作品的使用者在著作权领域内自由通行。”对于公众的使用者权，“每个人不应无限制地延伸”①。Eugene N. Aleinikoff 也强调，商业利益对于合理使用判断是重要的，“享有著作权的作品不能在合理使用的保护伞下，任由他人超越法定目的而使用”②。因此对于公众合理使用的权利，我们应该予以承认与保护。法律工作者的任务是改造与完善这一制度，而不能采用简单否认的态度。

① Sigmund Timberg，A Modernized Fair Use Code For Visual Auditory，and Audiovisual Copyrights，Fair Use And Free Inquiry，1980.

② Eugene N. Aleinikoff，Fair Use and Broadcasting，Fair Use and Free Inquiry，1980.

关于合理使用制度的民法学思考*

在著作权问题研究中，合理使用是一个最易引起争议而又难以为人理解的规则。[①] 我国现行法对合理使用已有明文规定，但该制度尚未引起学者的足够重视，目前仅见数篇短文有所涉及。国外研究特别是美国学者的研究已有一定水平，不过其分析方法多借助于判例研究。本文以民法学理论为基础，试对合理使用的若干基本问题进行探讨，以期就教于各位读者。

一、合理使用的定义：法律行为或是事实行为?

我国著作权法理论缺乏对合理使用概念的深入研究，现有著作和教材多着重于语义表述。除个别学者指明合理使用"不构成侵权"[②]，即采用否定性判断的定义外，均未对合理使用作出定性，即回答合理使用是否属于一种行为，是何性质的行为。

笔者以为，表述合理使用这一概念，应注意把握以下几点；

(1) 使用有法律依据。或说是对著作权人财产权利的限制，或说是对使用

---

* 原载《法学家》，1996 (6)。

① See L. Ray Patterson, Stanley W. Lindberg, The Nature of Copyright Law of Users' Right, p. 6, 1991.

② 郑成思：《知识产权法通论》，124 页，北京，法律出版社，1986。

者权利的授予，都是来自法律的直接规定。

(2) 使用未经著作权人同意。法律推定著作权人当然许可或应该许可，且事实上使用人无暇取得许可或难于取得许可。

(3) 使用不需要对价。在一般情况下，这种使用不必向著作权人支付报酬，但不得对著作权人造成利益损害。

(4) 使用须出于正当目的。该目的须为非商业性目的，具体表现为“学习与研究”的目的，“批评与评论”的目的，“教育”的目的等。此类目的概为公共利益所必需。

(5) 使用是一种能够产生法律上效果的行为。它不是以意思表示为基本要素的民事法律行为，也不是以违反法律规定为基本特征的侵权行为，而是一种合法的事实行为。

由此，笔者试对合理使用作出如下界定：“在法律规定的条件下，不必征得著作权人的同意，又不必向其支付报酬，基于正当目的而使用他人著作权作品的合法行为。”在这里，需要强调的是，合理使用是一种合法的事实行为。关于这种定性分析，我国著作权法理论多忽略不论。

在民法理论中，事实行为是与法律行为相对应而产生的概念。我国学者认为：“事实行为是指行为人主观上不一定具有发生、变更或消灭正常民事法律关系的意思，但客观上能够引起这种后果的行为。”[①] 我国台湾地区学者通常也认为：“事实行为者，基于事实之状态或经过，法律因其所生之结果，特赋以法律上效力也。”[②] 从文义上看，海峡两岸的民法学者对事实行为的内涵概括是大体相同的。但是，对于事实行为外延的包容上，学者们的认识却不尽一致。按照大陆民法理论通常的列举，事实行为主要指“撰写作品、技术发明创造、发现埋藏物、拾得遗失物”等行为，即将事实行为与非法行为统一到“非表意行为”概念之下并作出严格的区分。也有一些学者以意思表示为要素，作出民事行为与事实行为的划分。前者有合法行为，即民事法律行为；也有不合

---

① 佟柔：《中国民法学·民法原则》，63 页，北京，中国人民公安大学出版社，1990；彭万林：《民法学》，54 页，北京，中国政法大学出版社，1994。

② 史尚宽：《民法总论》，272 页，台北，正大印书馆，1980。

法行为，即无效的民事行为，后者亦可作出合法的事实行为与不合法的事实行为的分类。[①] 而我国台湾地区民法学说却认为，事实行为不仅包括引起物权关系发生或变动的行为，而且包括引起债权关系变化的构成行为，甚至还包括引起责任关系的构成行为。[②] 在这个意义上，诸如事实上的处分行为、无因管理行为、不当得利行为，以至侵权行为都可以视为事实行为。

合理使用作为一种事实行为，具有区别于一般法律行为的基本特征：

首先，合理使用是某种客观行为，不以意思表示为其必备要素。有效意思表示必须以行为人的意思能力为基础；意思表示的内容必须在法律允许的范围内；行为人的内在意思必须与外部表示一致；法律行为之所以以意思表示为要素，在于意思表示体现了行为人的意志、目的和愿望，即能够产生行为人预期的法律后果。而在合理使用行为中，具有法律意义的不是行为人的意图，而是行为的客观结果。当事人使用作品的目的并不在于追求某种法律后果，而是出于学习、研究、教育的意图。因此，著作权法对合理使用行为的构成要件，并不强调行为人的意思能力状况，也不考虑行为人的具体意思内容。合理使用的行为客观性特征表明：法律后果不是当事人通过意思表示追求的结果，而是客观上依照法律规定发生的结果。任何行为都是人有意识的活动，事实行为也不例外，问题在于，表现意志内容的动机与目的不是事实行为产生法律后果的条件。以合理使用为例，行为人的动机是使用作品，其目的或为学习、研究，或为评论，或为教育，法律在所不问。产生相应法律后果的原因，不在于行为人意志内容如何，而在于其行为本身状态如何。

其次，合理使用依法律规定而直接发生法律后果，不存在当事人预期的意思之效力问题。在著作权法中，存在着各种合理使用的情形，它们仅有类的划分而没有质的差别；只要行为人的客观活动构成某一合理使用行为，即依法在当事人之间产生规定的权利义务关系。例如，为介绍、评论某一作品或者说明某一问题，在自己的作品中适当引用他人已经发表的作品；只要上述客观行为成就，即可产生“不必征得著作权人同意，不必向其支付报酬”的法律后果。

---

① 参见王利明等：《民法新论》上，121页，北京，中国政法大学出版社，1988。

② 参见董安生：《民事法律行为》，108页，北京，中国人民大学出版社，1994。

相反，在著作权许可使用制度中，许可使用作品的方式、许可使用权利的性质、许可使用的范围与期间、付酬标准与办法以及违约责任，概由双方当事人的意思表示而设定。概言之，法律行为依行为人的意思表示内容而发生效力。事实行为与法律行为在法律效果上的这一区别反映了意思自治（法律行为）与法定主义（事实行为）两种调整方式的本质差别。

在著作权领域，存在着各种使用作品的情形，它们分属于法律事实的各种类别，依照民法理论对作品使用行为进行分类，对于进一步探讨合理使用与相关制度的联系与区别是大有裨益的。

合理使用与许可使用。许可使用又称授权使用，即著作权人授权他人以特定方式对作品进行使用。许可使用与合理使用，从行为性质来说，是著作权法领域中法律行为与事实行为的对应关系。一般认为，著作权的许可使用是一种重要的法律行为，可以在许可人与被许可人之间建立权利义务关系。相对合理使用而言，许可使用是一种具有设定权利意图的表意行为，许可使用行为依当事人的意思表示内容而发生效力。这即是说，法律承认许可使用行为之效力，乃在于许可人与被许可人之间形成的效力意思。许可使用这一法律行为通常表现为许可使用合同，著作权人利用许可使用合同可以将著作财产权中的一项或多项内容许可他人使用；同时，向被许可人收取一定数额的著作权使用费。这种情况被称为著作权许可证贸易。许可使用是作品使用的常见方式，著作权许可证贸易也是著作权人实现其著作财产权的主要途径。

合理使用与法定许可使用。法定许可使用是一种法定“授权”，即法律推定著作权人可能同意并应该同意将作品交由他人使用，因而由法律直接规定许可。从法律事实的类别讲，合理使用是事实行为，而法定许可使用应属于准法律行为。民法学者史尚宽先生将法律事实中表意行为分为“知之表示行为”“情之表示行为”“意之表示行为”。诸如表示某一事物观念的“观念通知”，请求他人行为的“意思通知”等均属于准法律行为。可见，准法律行为是一种虽无严格意义的意思表示，但又有向相对人表意之行为，因而发生与法律行为相同后果的一种法律关系。法定许可使用具有准法律行为的一般特征：第一，许可使用的“授权”意思虽由法律直接规定，但法律对此类行为未像事实行为规定的那样对其法律后果作出具体描述。申言之，法律规定必须支付报酬，但付费的数额、方式、时间仍需“意定”。第二，被许可人只要有表意行为，即承认他人著作权的存在，有使用作品和支付报酬的表示行为，即可认定法定许可使用成立。可见，表意在法定许可使用中是具有法律意义的，因而能产生与许可使用类似的法律效力。

合理使用与侵权使用。侵权使用归属于民事侵权行为的范畴。在现代民法学说中，有学者主张依事实行为理解侵权行为的性质，认为禁止性规范应“着重违反行为之事实行为价值，以禁止其行为目的”；甚至主张一切违法行为即违反法律禁止者恒为特定事实行为。[①] 依笔者之见，侵权使用与合理使用具有事实行为的共同特征：第一，侵权使用不以意思表示为要素，与合理使用一样都是一种客观行为，即业已实施并在客观上对外界造成影响与后果的行为。第二，侵权使用的法律后果依法律规定而发生，与合理使用一样，不反映行为人追求之直接目的，不存在行为人预期之意思效力。第三，侵权使用因符合法定事实要件而成立。其“未经授权，又无法律许可，擅自利用他人著作权”与“在法律规定的范围内，基于正当目的而利用他人著作权”的构成要件，虽有内容合法与非法之分，但在本质上都是一种法律构成行为，因此在法律事实的类别中，合理使用是合法事实行为，侵权使用则是非法事实行为。

二、合理使用的对象：作品抑或权利?

在著作权法特别是合理使用制度中，作品与作品载体，作品利用与作品权利利用的区分是非常重要的。基本范畴的混淆容易导致对法律制度的误解。作品是作者创作构思活动的最终形态，是作者思想或情感的直接反映，属于知识产品的范围。作品虽然具有非物质性的特点，但总要通过一定的形式表现出来，使得作者以外的其他人能够了解，这种表现形式具象为文字著作、舞台表演、绘画、雕塑、音像制品等，是为作品的载体。作品与作品载体是不同财产权利的客体。在近代著作权法中，印刷权、翻印权、出版权和出售权构成了著作权的全部内容，行使其中任何一项权利即是对著作权的行使，如未经许可而

---

① 参见董安生：《民事法律行为》，117 页，北京，中国人民大学出版社，1994。

利用，则视为侵权。但是，上述的“出售权”（the right to vend the copyrighted work），实质上是一种“首次出售权”（the right of the first sale），即著作权所有人有权决定作品的第一次销售，但无权控制作品的后续买卖。换言之，购买者对作品载体拥有所有权，可以自由决定该标的物的命运。但是，购买者利用手中的书籍进行翻印，则是对作者思想表现形式即作品本身的利用，涉及复制这一专有权利的使用问题。由此我们可以看出，作品的使用实际上与著作权的利用相关联，而作品载体的使用实际上是有形财产所有权的行使。

作品利用与作品权利利用也是两个不同的范畴，后者是对他人著作权的利用和限制，是一种具有法律意义的行为；前者是对他人创作的作品采用某种方式和用途（如引用、复制等）进行利用的行为，它可能引起某种法律后果发生，也可能不引起某种法律后果的发生。一般来说，著作权的使用必然涉及作品的使用，抽象的权利利用，正是法律对作品使用这一事实行为的确认；而作品的使用，不一定涉及著作权的利用。凡对作品中所含有思想内容的使用，对著作权客体排除领域作品的使用，对已进入公有领域作品的使用，都是不具有法律意义的行为。

基于作品合理使用所形成的创作者与使用者之间的权利义务关系，是一种民事法律关系。在该类民事法律关系中，其权利义务所共同指向的对象是作品还是权利？我国著作权法理论尚未作出明确的阐述。什么样的事物可以作为客体，法律对何种对象予以保护，是由统治阶级的国家意志以及人类社会的物质生活条件所决定的。在民法的发展过程中，最初只有动产才可以作为民事权利的客体。早期罗马的“克里维特”所有制，保留着土地公有的外壳，其所有权的客体仅限于妻子、儿子、奴隶、牲畜以及世袭住宅。这些东西在当时的人们看来是重要的财产，因此才作为客体。[①] 随着奴隶制经济和私有制的发展，不动产诸如土地、森林、牧场等重要的生产资料也被确认为财产权利的客体。奴隶制国家的民事客体制度的显著特点是，它不仅把物件作为民事权利的客体，而且把人本身（如家长对家子、主人对奴隶）作为民事权利的客体。民事客体制度在资本主义社会得到充分的发展。为了协调资产阶级私人之间的财产关

① 参见谢邦宇：《罗马法》，155 页，北京，群众出版社，1983。

系，大陆法系国家（如法国）继承罗马法的传统，把所有权以外的其他财产权利视为无体物，即将权利本身作为民事法律关系的客体。为了加速生产的集中和资本的积累，使财产的流转更为简便，它们创造了股票、票据等有价证券，将其作为一种特殊的种类物，列于民事客体的范畴；为了刺激科学技术在资本主义条件下发展，调整知识形态的产品在生产和使用过程中的社会关系，它们把这种科学技术成果称为知识财产，也作为民事权利的保护对象。一句话，资产阶级大大拓宽了传统民法的权利客体范围。

在我国民法学界，关于客体是否构成民事法律关系的要素，以及民事法律关系客体的种类，都是颇有争议的问题。根据多数学者的观点，由于存在物权关系、债权关系、知识产权关系、人身权关系等多种类型的民事法律关系，其客体也具有多样性特点，它包括物、行为、知识产品，以及人格、身份等。鉴于合理使用是一种使用者权关系而不是著作权关系，因此，作为法律范畴的合理使用，其支配对象是权利而不是作品。对此国外学者多有论述。美国学者认为，合理使用规则最初并不适用于个人使用的情况，它仅允许后任作者对一部作品的著作权进行合理的使用，即意味着他在行使著作权人通过另一种方式所持有的某种权利。① 日本学者将著作权法中的合理使用概称为“权利的公平使用”，并将英美法上创制的这一概念引申到其他私法领域。② 我国学者对合理使用的对象未作深入探讨，一般教科书认为，合理使用是指在特定的条件下，既不征求著作权人同意，又不支付报酬而使用他人的作品。从语义上来看，合理使用的对象似乎是文学、艺术和科学作品，而与著作权本身无涉。这种表述是一种“语义说”，与上述的“法理说”具有明显的区别。笔者认为，伴随着人类社会文明的出现，知识性的创作活动就已客观存在，但在商品交换极不发达、传播手段十分落后的条件下，尚未产生对与作品创造和利用相联系的社会关系进行法律调整的必要。因此，在没有著作权存在的情况下，对他人作品的使用并无法律上的界限可言，而只是自然状态下人对作品的支配。著作权法意

---

① See L. Ray Patterson, Stanley W. Lindberg, The Nature of Copyright Law of Users' Right, p. 68, 1991.

② 参见［日］胜本正晃：《权利的合理使用》，载《独协法学》，1977－10－22。

义上的合理使用，涉及作者“专有领域”中的作品，实质上是对其专有使用权利在一定条件下的无偿利用。在著作权转让和许可使用制度中，著作权所有人移转的并非是自己的作品，而是自己的专有权利；受让人或被许可人只有取得这种权利，才能按照一定的方式或用途使用该种作品。与合理使用不同，这种权利的利用经常是一种有偿利用。概言之，上述制度都涉及著作权的动态利用，其共同利用的对象是作者的财产权利。

在民法理论上，赋予财产意义的现象往往是著作权而不是作品。西方学者在述及民事权利客体时，往往将财产分为有形财产与无形财产，或是动产、不动产与知识财产，并把它们统一到客体“物”的概念之中，他们认为“凡能构成财产的一部分并可占为己有的财富即为物”①。在这里，著作权与工业产权被视为无体物②，而成为财产的组成部分。当著作权作为无体物时，人们对此类客体所产生的是财产权，即所有权与债权；而知识形态的作品，存在着“公有领域”“排除领域”“专有领域”的诸多划分，前两者已为全社会的公共财富，任何人都可以自由使用；而作为“专有领域”的作品，人们依法享有的则是具有人身和财产双重内容的著作权。只有这一部分作品的使用，才与作者的专有权利相联系，其使用才具有法律意义。因此，并非所有的作品都具有个人财产价值意义，精确的表述方式是：作为无形财产的著作权，才是他人使用或说是利用（包括授权使用、合理使用等）的对象。

三、合理使用的性质：权利限制、侵权阻却或使用者权？

关于合理使用法律属性的探讨，其意义在于进一步明确合理使用制度在著

① 法国《拉鲁斯大百科全书》，载《国外法学知识译丛》（民法）第三卷，168页，北京，知识出版社，1981。

② 某些知识产权学者认为，知识产权与其他财产权利的根本区别在于其无形性，而所谓独占性、时间性、地域性等特征皆由此派生。其实不然，罗马法学家曾将具有一定财产内容的权利视为无形物，以别与具有外形形体的有形物；近代民法学者们将财产分为有形财产与无形财产，前者包括动产与不动产，后者包括与物有关的权利（如使用权、用益权）和与物无关的权利（如著作权、工业产权）。因此，严格地说，知识产权与所有权等财产权利的本质区别，不是所谓权利的无形性（当权利本身作为客体时都为无形物），而在于权利客体（即知识产品）的非物质性特征。

作权法中的地位，分清使用者与创作者之间的权利义务关系，寻求合理使用行为自身的民法学归宿。根据笔者的观察，国内外著作权法学者，对合理使用性质的评述，有三种观点：

一为“权利限制”说。即将合理使用看作对著作权的限制，这一观点是从行为对象主体而不是行为自身主体的角度来阐述的。国内外学者多数持此种看法。联合国教科文组织编写的《版权基本知识》认为：“版权的授予是一种有限制的独占——在授予权利的范围和期限上都有限制。”“不经作者同意而使用有版权的作品，从这一点来看，这是对版权保护的限制或约束。”① 世界知识产权组织撰写的《知识产权纵横谈》，将“合理使用”“法定许可”“强制许可”等都视为“版权保护的限制”②。美国学者 John S. Lawrence 等人认为，“基于使用者利益的立场出发，合理使用不是对版权这种独占权利的排除，而是对版权的一种最重要的限制”③。中国学者郑成思认为，作者的专有权利不是绝对的，而是要受到种种限制，这种限制包括保护期上的限制，以及权利的限制。其中合理使用即是对著作财产权的限制。④ 另一学者沈仁干也持类似观点，他将我国著作权法对作者权利的限制概括为合理使用、准法定许可和法定有限转让。⑤ 我国台湾地区学者中，“权利限制说”较为流行。杨崇森认为：“为了保障作者或艺术家创造之动力，以促进学术文艺之发展，固须对著作权加以保护，但在另一方面，亦不宜保护太过，以免阻滞了一般知识的利用与资讯的传播，所以各国法律，基于社会公益之理由，对著作权加以种种限制。”其中，“合理使用乃法律对著作权人权利最重要且应用最广泛的限制”⑥。

二为“侵权阻却”说。即认为合理使用是著作权侵害的违法阻却事由。这一观点首先假定合理使用即是侵权行为，概因法律的规定，推定其违法性失效，因而不以侵害他人著作权论。日本学者胜本正晃认为，权利的公平使用本

① 联合国教科文组织：《版权基本知识》，29～30 页，北京，中国对外翻译出版公司，1984。

② 世界知识产权组织：《知识产权纵横谈》，228～229 页，北京，世界知识出版社，1992。

③ John S. Lawrence，Fair Use And Free Inquiry：Copyright And The New Media，p. 271，1980.

④ 参见郑成思：《知识产权法》，124 页，北京，法律出版社，1986。

⑤ 转引自江平、沈仁干：《中华人民共和制著作权法评析》，201 页，北京，中国国际广播出版社，1991。

⑥ 杨崇林：《著作权法论丛》，177～179 页，181 页，台北，华欣文化事业中心，1983。

应属于不法行为，但由于其违法性失效，因而成为非违法行为。阻却违法性的事由，应由法律直接规定，诸如合理使用、无因管理、正当防卫、紧急避险、道路通行权等，都属于此类情形。[①] 美国学者中也有人认为，合理使用是可以原谅的最少侵害，因此是著作权形式上的侵害。我国台湾地区学者张静对此阐述比较全面，他认为“合理使用行为本质为侵害行为，只是既经注明出处后不以侵害论而已”，“合理使用与强制授权之区别，仅在于前者为无偿利用，后者为有偿利用，强制授权是阻却违法事由，合理使用亦当如此”。“以著作权之本质言，乃独占排他权，理论上任何人未经同意不得利用，即使合理使用亦然，否则与排他权有所不合。唯国家基于公益，不得不予著作权以限制，但所能限制者，仅是从实质违法之观点，予以阻却违法，并不能阻却其行为之侵害性。”[②]

三为“使用者权利”说。即认为合理使用乃是使用者依法享有利用他人著作权作品的一项权益。这一观点从合理使用关系的主体的角度出发，立足于合理使用即是合法行为的观点，将主体这种法定“利益”称为“特权”“权利”，美国学者对此论述较多。《著作权与文学产权的法律》一书的作者认为，合理作用是“著作权人以外之他人，以合理方式使用有著作权资料而不经其同意之特权”[③]。另一学者在《版权原理：法律与实践》中写道：“所谓合理使用即是作者以外的其他人对版权作品，不经作者同意而以合理的方式加以使用的特殊权利。”[④] 美国学者中，以《版权本质：使用者权利的法律》一书的作者阐述得最为系统而深刻。他们认为，“现代著作权法乃是平衡创作者权利、出版商权利与使用者权利的产物”，“有理由认为，著作权法作为一种法律制度，必须重视在创作、传播与使用作品过程中所有个人的权利”，“使用者也有权利。否认个人的使用权将会导致以著作权控制社会公众的行为，从而出现为少数人谋取所谓经济利益的结果”。“著作权法若要服务于公共利益，必须包容两种时常冲突的私人权利——创作者向公众传播其作品的经济回报权与使用者因利用著

① 参见［日］胜本正晃：《权利的合理使用》，载《独协法学》，1977－10－22。
② 张静：《著作权法评析》，241页，台北，水牛图书出版事业有限公司，1983。
③ 转引自杨崇林：《著作权法论丛》，180页，台北，华欣文化事业中心，1983。
④ Paul Goldstein，Copyright Principles：Law and Practices，p. 182，1989.

作权作品而提高其知识水平的学习权利。”①

笔者认为，“权利限制说”与“使用者权利说”各执一端的表述，实际上是对合理使用法律属性不同角度的分析。在这里，我们可以借用有形财产关系中的物权理论，来考察合理使用制度，或许“他山之石，可以攻玉”。在物权体系中，所有权与他物权有着不同的地位，前者是全面支配标的物的物权，是不依附于他人之物而独立存在的物权；后者是于特定方面支配标的物的物权，是在他人之物上设定的权利。因此他物权既是对所有权设定的负担，起着限制所有权的作用；同时，也是对他人财产所享有的利益，具有利用他人财产权利的功能。有形财产关系的他物权理论，对于我们分析无形财产关系中的合理使用制度是具有启迪意义的。第一，合理使用是使用人对他人著作财产权的一种利用，表现为使用人对他人的著作权作品所享有的不经同意，不必付酬而加以使用的某种利益。这种利益（抑或权利）得到法律的确认，但以不得损害该著作权人的其他合法权益为前提。第二，合理使用是社会对他人著作财产权的一种限制，表现为在著作权人的专有权领域内，由于法律的直接规定，在使用条件或方式上划分一定的“自由”范围，允许他人合理、适当地利用这一权利。就立法宗旨而言，著作权法是以权利本位为基点以保护作者权益为核心的法律。因此，立法语言将合理使用表述为“著作权的限制”，当为顺理成章之事。但就法理学研究而言，合理使用应视作一种利益，即非著作权人依法享有的某种利益，这也为题中应有之义。概言之，著作权法中的合理使用，从著作权人方面来看，是对其著作财产权范围的限定，从著作权人以外的人（即使用者）来看，则是使用他人作品而享有利益的一项权利。

“侵权阻却说”也是从不同方面对合理使用法律属性的认定。与“使用者权利说”截然相反，该说认为，合理使用本身系侵害行为，只因基于实质违法之考量，认为其为社会所相容，而予以阻却违法，即不以侵害著作权论。在这里，我们有必要说明什么是违法性，合理使用究竟本身系合法行为，还是其本身不当但构成阻却违法？

---

① L. Ray Patterson，Stanley W. Lindberg，The Nature of Copyright Law of Users' Right，pp. 2，4，193，207，1991.

在侵权行为法理论中，行为违法性是否单独成为侵权责任的要件，并无一致意见。法国民法认为侵权责任产生的根据在于行为人的过错，过错是个客观的概念，它包括了行为的违法性。而德国民法认为，过错与违法是两个不同的责任构成要件，即过错是一个主观因素，违法是指客观的行为或结果。我国民法学者大都认为违法性应作为独立的侵权责任构成要件，但也有学者主张过错包括行为的违法性概念。[①] 尽管存在上述立法与理论上的差异，但我们可以将违法性的基本含义作出如下概括：(1) 法律对行为人规定有作为与不作为的义务；(2) 行为人违反上述义务而造成对他人的损害；(3) 行为人无权或缺乏对他人造成损害的抗辩。纵观合理使用制度的规定，系由法律授权使用人在一定条件下可以不经著作权人许可（即某种行为"自由"），不向其支付报酬（即某种"利益"取得）而使用他人有著作权的作品。这是一种授权性规范。而合理使用在立法中往往又被冠名为"著作权的限制"，这种具有限制内容的义务性规范乃是对著作权人设定的。简言之，合理使用是依法行使某种权利的行为，无侵害性可言，当然不能认为违法。对此，两岸著作权法学者多有评说。大陆学者认为，"对著作权的限制，意味着著作权人在享有著作权同时，应对社会承担一定的义务，以促使作品更广泛地被社会利用"[②]。"著作权的合理使用，亦称一定范围内的适当使用。""这种使用作品不构成侵犯著作权，这就是为了社会公众的利益而使用作品，这既是作者的权利，也是社会赋予作者的义务。"[③] 台湾地区学者认为："认许自由利用制度，即他人为了便于学术研究，文艺批评或其他正当理由，可适度地引用或复制别人的著作。如果他人引用著作权人著作未逾合理使用之程度，只需注明出处，可以不必征得原著作人之同意，而不构成著作权之侵害。"[④] 上述论述表明，合理使用是一合法行为，无侵害性，当然无所谓违法性，更谈不上阻却违法之事由。

"侵权阻却说"认为，违法有形式意义之违法与实质意义之违法的区分。前者系对法律、法规之违反，后者是对公共秩序、善良风俗之违反。形式违法

---

① 参见王利明：《民法·侵权责任法》，160～161 页，北京，中国人民大学出版社，1993。

② 黄勤南：《新编知识产权法教程》，421 页，北京，中国政法大学出版社，1995。

③ 阙如生等：《知识产权法教程》，263 页，南京，南京大学出版社，1993。

④ 杨崇林：《著作权之保护》，102 页，台北，正中书局，1977。

与实质违法密切相关，在行为未有阻却违法事由时，侵害性行为即是违法性行为，依形式违法判断即可。如行为具有违法阻却事由时，则须从实质违法观点判断，即应考虑其行为有无符合社会共同生活所承认的目的，如未构成实质违法则不予处罚。著作权法中的合理使用本为侵害行为，但因实质违法之考量，不以侵权论。[①] 上述观点值得商榷，其理由在于：首先，合理使用不具有侵害性。著作权是一种有限独占性权利，法律对作品的使用设定有“专有区域”与“自由区域”。合理使用不涉及著作权的“专有区域”，换言之，合理使用是法律要求著作权人让渡些微利益的结果。因此，合理使用的范围，也就是使用人自己的利益范围，无所谓侵害他人利益可言。其次，合理使用不具有违法性。它是著作权法认许的行为，不构成形式违法；同时这种行为符合正义、公平、公益、合理的社会生活准则[②]，也不构成实质违法。“侵权阻却说”的理论逻辑是，使用他人著作权作品构成形式违法，由于合理使用阻却事由出现，不构成实质违法。在此，我们研究的对象不是一般意义上的作品使用，而是具有特定含义的合理使用。这种使用的对象、范围、条件具有明确的规定且为法律所认可。失去了形式违法的前提，实质是否违法的分析已无必要。

笔者认为，从合理使用关系的主体的角度出发，使用者权说更为准确。使用者权作为使用著作权作品的利益之法权形式，具有一般民事权利的基本特征：首先，使用者权意味着主体在一定范围内的意思自由。在“合理使用”这一特定范围内，使用者可以做他所希望的事情。相反，合理使用是对著作权人的限制，在这一民事法律关系中，著作权人负有相应的民事义务，即服从使用者的意思而进行的作为或不作为（主要表现为不加禁止与干涉他人合理使用的不作为）。与一般民事权利一样，使用者权首先是一种自由权，法律对该项权利的设定，就是为了划定创作者、传播者、使用者之间自由的界限，使各民事主体的自由不致相互妨碍，从而实现精神领域社会关系的有序化。其次，使用者权意味着主体实现一定利益的可能性。使用者享有自由权并非最终目的，其

---

① 参见张静：《著作权法评析》，221～222页，台北，水牛图书出版事业有限公司，1983。

② 美国学者 William F. Patry 将合理使用称为“理性的公平正义原则”。关于合理使用制度所体现的法律正义，笔者尝试概括为平等性、公平性、公益性、合理性，并另有专题撰述。

目的在于运用这种自由权来实现自己的利益。在现实生活中，并非所有的利益都表现为权利，但使用作品的利益是使用者权的目的，该项权利的本质就是由著作权法保护的某种利益。在民法领域，一切法律关系都归结为利益关系，当事人为自己设定、受让权利，不过是将其作为实现自己利益的工具。使用者权是依法而存在的权利，同样具有利益的功利目的。最后，使用者权具有法律保障性。没有法律保障的权利为“裸体权利”，仅是一种事实状态。因此，凡权利必具有合法性，否则不成其为权利。使用者权之所以受法律保障，乃因为它是法律所设定的。法律之所以保障该项权利，其原因在于使用者权所反映的利益不违背立法者的要求，因而得到其认可并赋予相应的救济措施。

从科学的观点看来，使用者权概念不仅意味着某种权利，还理应蕴涵某种义务。传统法学理论注重权利与义务的区别，多从权利概念推演义务概念，认为义务与权利是相对应的，即权利主体要享有和行使权利，就需要相对人承担作为或不作为的义务，同样，为了保证相对人享有和行使权利，该权利主体本身也必须承担作为或不作为的义务。在这里，权利主体与义务主体的身份会出现“易位”。近年来，我国一些学者，注意到权利和义务的相互“关联”作用，强调权利与义务的同一性。即将义务视为权利的特殊形态，是对象化了的权利，是主体和内容发生转化的权利，申言之，每一权利主体只有尽其义务才有条件实现其权利并维护其权利。① 这一理论对我们全面准确把握使用者权概念是大有裨益的。就合理使用而言，权利是精神财富（利益）分配的法律技术手段，而义务则是保证这种精神财富分配正常进行的另一法律技术手段。各国著作权法大抵规定，在法律明确规定的情况下使用作品，可以不经著作权人许可，不向其支付报酬，但应当指明作者姓名、作品名称，并且不得侵犯著作权人依法享有的其他权利。这表明，使用者权是一种有限制的利用权，只有履行了相应的义务，方可行使设定的权利。“没有无义务的权利，也没有无权利的义务”，意即如此。

对使用他人作品而享有利益进行一种“权利”性质的概括，反映了社会公

---

① 参见沈宗灵：《对霍尔菲尔德法律概念学说的比较研究》，载《中国社会科学》，1990（1）；文正邦：《有关权利问题的法哲学思考》，载《中国法学》，1991（2）。

众关于精神产品利益需要的某种追求，“在实施普通法律的时候，合理的习惯法不过是**制定法**所认可的**习惯**，因为法并不因为已被确认为法律而不再是习惯，但是它不再**仅仅**是习惯”①。使用者权不过是法律对这种习惯的认可，而不是统治者主观任意的结果。同时，对使用者权的研究，也是把握现代著作权法时代脉搏的需要。我们有必要遵从权利和义务并重的法律价值观，从保护权利与协调利益相结合的角度，来探讨著作权制度。正如日本学者满田重昭所说的那样，将法学者的主要任务局限于强调著作权法的重要性的时代已经过去了。今天，我们不仅需要说明著作权的重要性，更要深入考察著作权的本质。②

① 《马克思恩格斯全集》，2版，第1卷，249页，北京，人民出版社，1995。

② 参见［日］满田重昭：《关于作品的自由利用》，载日本《工业所有权法研究》，1976（8）。

合理使用制度的法律价值分析*

合理使用是著作权法的一项基本制度，其本意是指无须征得著作权人同意，又不必向其支付报酬而使用他人作品的情形。合理使用制度的设定，在于协调创作者、传播者、使用者之间的利益，促进科学文化事业的发展。本文尝试导入价值法学理论，对合理使用问题进行法哲学分析，以探求这一技术规则所蕴涵的平衡精神。

一、“理性的公平正义原则”：合理使用制度的法律价值

就法律所促进的价值而言，公平正义是整个合理使用制度的基础。美国学者 William F. Patry 将合理使用称为一项“理性的公平正义原则”，“该规则充满公平正义观念并具有弹性而无法定义”①。L. Ray Patterson 等人认为，合理使用制度产生之初，是为了解决后任作者对前任作者的著作权作品的使用问题，“由于通常只有竞争者才希望使用一部作品的著作权，因此，合理使用规则也被称为公平竞争使用规则”②。日本学者播磨良承、生驹正文根据日本著

* 原载《法律科学》，1996 (3)。

① William F. Patry，The Fair Use Privilege in Copy Law，p. 4，1986.

② L. Ray Patterson Stanley W. Lindberg，The Nature of Copyright：A Law of Users' Right，p. 68，1991.

作权法的精神解释道，合理使用是在“正当范围”内的使用，是“符合公平的惯例”[①]。胜本正晃基于日本宪法“公共利益优先”原则的考虑，认为对著作权的限制，即是防止其“权利滥用”，允许他人正当的使用作品，也就是“权利的公平使用”[②]。

在合理使用制度中，正义首先表现为一种法律理想或法律价值目标。在西方法律思想史上，正义观念与自然法理论相伴共存。从一定意义上说，自然法即是一种追求正义秩序的信念，成为人定法权利赖以存在和有效的根据。在近代立法中，著作权被描述为一种自然法上的权利，它基于作者的创作活动而自动产生，挣脱封建特许束缚而法定存在，脱离出版商左右而为作者独立行使，因而是符合正义的。普通法系国家在从近代法向现代法进化过程中，寻求著作权法的平衡精神，借合理使用制度以协调作者个体之间的利益对峙，以解决作者与社会公共利益之间的冲突，无疑也是立法者对法律正义的追求。对此，美国著作权学者 Paul Goldstein 认为：“合理使用的目的与著作权法的基本宗旨并不矛盾，即充分发挥著作权作品的使用效益，以协调公众使用作品要求与作者权利主张的关系。法律一方面为保证作者个人利益的实现，规定了作者有权许可他人使用而收取转让费用，另一方面为保证公众利益的实现，在一定的范围内，允许其不经作者同意，不需支付报酬而使用著作权作品。”[③] 美国法院在 1978 年“衣阿华大学研究中心诉 ABC 公司”一案中，精辟地描述了作者专有权利与公众使用权利的关系：“合理使用制度的目的在于确保公众对于社会信息的知悉权，公众自由获得信息的利益为法律采取著作权限制手段所承认，但是合理使用不是传播媒介随意剽窃作品的许可证。”[④]

合理使用制度的价值目标，在于通过均衡保护的途径，促进科学、文化事业的发展。因此作为独占权利的著作权，在一定的范围内不应阻滞作品的传播和使用。这一思想在构建合理使用制度之初就已展现。1803 年英国判例认为，

---

① ［日］播磨良承、生驹正文：《有关作品合理使用之研究》，载《判例日报》，NO. 342，1976－11－23。

② ［日］胜本正晃：《权利的合理使用》，载《独协法学》，1977－10－22。

③ Paul Goldstein，Copyright Principles：Law And Practices，p. 190，1989.

④ William F. Patry，The Fair Use Privilege in Copyright Law，pp. 378，4，365，86，1986.

"不经允许，不付报酬的使用之所以'合理'，在于后任作者具有创造新作品的目的，这有利于促进科学文化进步和有益于社会公众"①。1976年美国国会报告在解释合理使用的立法意图时称，"合理使用的功用在于，出于非营利的教育目的，应允许他人对有著作权作品的使用到合理的程度，而在原告提出侵权诉讼时，该使用人得以此作为抗辩理由"②。

其次，正义不仅是一种法律理想和目标，也是一种现实的可操作的法律原则、标准和尺度。人们期望通过合理使用制度这样的法律规则，建立起创造者、传播者与使用者之间以及作品起源国与作品保护国之间的和谐关系。这些规则具有普遍意义和公正内容，它不仅要求人们严格遵守规则，正当和诚信使用他人作品，而且要求司法机关正确适用规则，在处理纠纷中公正无私，不偏不倚。

从中西文中"法"的本义来看，都含有平、正、直的内容。由此，合理使用制度中的正义价值可从以下三个方面四个范畴来理解，并以此概括为正义观念的基本原则或标准。所谓"平"，即平等与公平，意味着每个人都有独立、平等的法律人格受到法律的同等保护，同时也意味着每个人依据正当的行为规则行事，并适当得到奖赏或惩罚，从而实现主体之间的利益均衡。平等性是主体法律地位的资格准则，而公平性则是主体享受利益的分配准则。所谓"正"，即公道与公益，意味着应以社会公共利益与共同利益作为合理使用的出发点和归宿点。公益性，既是这一制度所追求的目标，也是主体意志的道义要求。所谓"直"，即正直与合理，意味着每个人的行为必须合乎法律的行为尺度要求，合理使用制度之所以合理，其本质意义在于这一制度合乎真理性和规律。合理性是评价合理使用制度正义价值的最后依据。

综上所述，合理使用制度的法律正义，系由平等性、公平性、公益性、合理性原则构成。提倡公平、匡正偏私，正是现代法律的精神所在。

①② William F. Patry, The Fair Use Privilege in Copyright Law, pp. 378, 4, 365, 86, 1986.

二、平等性：主体地位界定中的法律正义

“平等”在最广泛的意义上，意味着人的地位完全处于同一标准或水平，同样对待。平等原则是社会公正的最基本原则；亚里士多德说道，“所谓‘公平’，它的真实意义，主要在于平等”[①]。恩格斯也认为，“**平等——正义**。——平等是正义的表现，是完善的政治制度或社会制度的原则”[②]。

在私法关系中，平等原则具体表述为，公民的民事权利能力一律平等，民事主体在民事法律关系中既享有权利，又依法承担义务，民事主体平等地受到法律保护。[③] 著作权法的平等精神，既在本质上同于私法平等原则，但又有着自身的法律品性。

首先，著作权法中的平等，是一种从事创作活动的自由选择，是一种取得作者权利的机会均等。现代民法奉行的是一种程序意义上的平等观，即只要社会向人们提供了同等的机会，便做到平等。换言之，平等是机会的平等，至于人们从事民事活动得到的结果如何，那是由人们的天赋、才能、机遇去决定的事情，应该允许存在差别。[④] 作为原始取得来说，著作权只能来源于创作行为。创作行为在性质上属于事实行为，而不是一般民事法律行为，它不受民事行为能力的限制；只要以自己的创作行为完成作品，即可以作者身份依法取得著作权。在私法关系中，身份曾是特权的依托，是平等的对立物。在古代社会的宗法制度下，各个家庭之间的联系多于单个人之间的交往，家庭是法律调整的基本单位。罗马法赋予家长以完全独立的人格，家长所享有的一切公权和私权都是基于特定的身份而发生。著作权法中的作者身份与古代法中的家长身份具有不同的意义。后者基于一定的婚姻关系和血缘关系而产生，这种身份的存在是民事法律行为有效与否的重要条件。而在著作权法中，作者身份基于创作活动而产生，这种身份既是智力创作这一事实行为的结果，又是行为人取得精

---

① ［古希腊］亚里士多德：《政治学》，153页，北京，商务印书馆，1983。

② 《马克思恩格斯全集》，2版，第26卷，357页，北京，人民出版社，2014。

③ 参见佟柔：《民法原理》，16页，北京，中国人民公安大学出版社，1990。

④ 参见彭万林：《民法学》，34页，北京，中国政法大学出版社，1994。

神产权的前提条件。在有关著作权纠纷中，作者身份的确认对于权属的划分更有着重要的意义。在这里，作者身份是当事人在平等基础上自由劳动的结果，是在创作机会均等的基础上自主选择的结果。

其次，著作权法中的平等，是一种当事人权利义务关系的对等，是对社会精神财富的合理分享。著作权法的历史发展过程，是从出版者本位过渡到创作者本位的过程，同时也是从单一权利主体扩充为多种权利主体的过程。1910年的法国、1925年的英国率先立法保护表演者权；1936年奥地利、意大利将保护表演者扩大为保护录音制品的制作者；至1961年，《罗马公约》又将广播组织权与上述两种权利纳入保护范围。[①] 在作品传播活动中，诸如出版、表演、录音录像、广播都是对原作品的传播。其中，出版是作品传播的最初形式，《安娜法令》即是针对图书出版而制定。表演也是传播作品的重要形式，而录音录像、广播则是表演的延伸。传播者在向公众传播原创作品时，加上自己的创造性劳动或为此付出大量投资，从而使原作品以一种新方式表现出来，因而有理由要求得到保护。尽管各国在立法技术上有不同，或单独立法，或与著作权共熔一炉，但大抵将它们纳入著作权法体系之中。同时，现代著作权法普遍规定合理使用制度，赋予读者、消费者，或说是使用者在法律设定的范围内，可以享有自由使用他人作品的利益。对于合理使用，有学者从创作者的角度分析，将其视为著作权的限制，也有学者从读者、消费者、使用者的立场出发，将其概称为使用者权。[②] 尽管如此，就社会精神财富的利用而言，合理使用实质上是一种权益分享，以至于美国学者将一部现代著作权法描述为协调创作者、传播者、使用者权利的平衡法。[③] 在著作权法中，各主体都处于独立地位，并依据法律对作品分别享有专有使用、授权使用、法定许可使用或合理使用的不同利益。在这里，合理使用制度与其他著作权制度一起，保障和促进社会分配的正义，并把这种分配原则具体化为法律上的权利义务，从而对精神资源进行权威性的公正分配。

---

① 参见郑成思：《版权法》，58～59页，北京，中国人民大学出版社，1990。

② 关于合理使用的法律属性，参见吴汉东：《论合理使用》，载《法学研究》，1995（4）。

③ See L. Ray Patterson Stanley W. Lindberg，The Nature of Copyright：A Law of Users' Right，p. 2，1991.

再次，著作权法奉行“作者国籍”“作品国籍”，对外国人实行“国民待遇”的平等保护。民事主体依国籍状况可以分为本国人和外国人。关于外国人的民事地位，各国相继承认了国民待遇原则，但在权利范围和内容方面却有所限制。例如，外国人不准取得土地权、采矿权、捕鱼权，不准从事只有本国公民才能从事的某种职业，这即是“有限制的国民待遇原则”。著作权法关于外国人的主体资格，则有不同规定：凡外国人创作的作品在一国境内首次发表的，应当享受与该国公民作品同等的保护；不是在该国境内首次发表的，则根据这个国家所承担的国际条约义务或在互惠基础上给予保护。著作权法主要是“采用有条件的国民待遇”原则，即只要符合上述规定的情形之一，外国人即可与本国人享有同等的权利，而在权利的范围和内容上不加限制。由著作权国际公约确认的国民待遇原则，是国际法上的“法律面前人人平等”思想的体现，它将本国人与外国人都同化为国民，使后者在其选择保护的国家享有与该国国民同等的权利。这即是说，每一合格主体不仅在其本国享有著作权，而且在任何一个公约成员国也享有著作权。国民待遇原则自 19 世纪以来渐次为各国所接受，时至今日已有诸多变化和发展：其一，国民待遇原则的延伸。由于某一公约成员国的国民在其他成员国享有权利与本国享有的权利不尽一致，从而产生权利的享有不平衡，因此著作权国际公约要求各成员国著作权立法必须达到公约要求的最低标准。这即是国民待遇原则在著作权国际公约中的扩展。其二，国民待遇原则的限制。这种限制一是来自互惠原则，即针对成员国之间保护水平的悬殊，实行“利益均衡对等”（Manus Larat Manum），在某些方面不适用国民待遇原则；二是由于某些成员国加入公约时有“保留”条款，对某项权利或几项权利予以保留，从而影响国民待遇原则的适用。其三，国民待遇原则的冲突。自 20 世纪下半叶，少数西方国家基于现代传播技术迅速发展的特殊情况，修改著作权法或在该法以外创设了一些新权利，最有代表性的首推“公共借阅权”（Public Lending Right）与“复印权”（Right of Reprography）。由于前项权利尚未得到国际公约的认可，当然无从适用国民待遇原则。而复印权是国际公约认可的基础权利，因此依公平原则和国民待遇原则，有关成员国国民有权要求得到复印补偿。但是，有的国家以公共资金或税款方式支付，事实上未给予外国作品以国民待遇。[①] 这就说明，新权利的出现，不仅使得传统的合理使用范围受到限制，而且对体现法律平等观念的国民待遇原则带来了挑战。

三、公平性：精神财富分享中的法律正义

公平，是一种主观的评价，判断公平与否，一般是从正义的角度，以人们公认的价值观、是非观作为标准的，包括人们公认的经济利益上的“公正”“合理”[②]。诚然，在阶级社会里，不同的阶级对公平与不公平有不同的看法或理解。尽管不同历史时期的不同国家对公平的实质和内容有着不同的评价，但在私法领域，对公平原则却有相同或类似的法律语言表述，即主体之间公平相待，交换应该是有偿互利的；经济利益合理照顾，在法定范围内应该兼顾各方当事人的利益；财产责任合理分担，当权利人的财产利益受到损害时，应该得到同等价值的补偿。

在著作权领域里，合理使用制度所追求的公平精神主要表现在以下三个方面。

第一，作品的专有领域与非专有领域。关于作品的多种属性，中西方著作权法学者对此都有共识。作品，在法律上即带来一定个人财产利益的权利客体，或在文化上表现为一定社会精神财富的知识。由此，立法者在作品范畴中划分了两类区域：所谓著作权作品，即是作品的专有领域，创作者对该类作品有独占使用与获得利益的权利。著作权意义上作品的基本特征是：（1）在诸项知识产品中，以作品受法律保护的要求最低。科学发现在于发现未知、认识奥秘，要求具有“前所未有性”，发明应具实质性特点和显著进步，达到“非显而易见性”，而著作权作品仅要求具备“独创性”。（2）在诸项知识产品中，以法律对作品的保护方法最为简便。诸如发现、发明、商标要取得知识产权保

---

① 关于国民待遇原则的演变，参见 S. M. Stewart, International Copyrights and Neighbouring rights, 1983；曹新明：《试析国际著作权公约中的国民待遇原则》，载《法商研究》，1995（1）。

② 张新宝：《民事活动的基本原则》，22页，北京，法律出版社，1986。

护，须经过申请，报主管机关审查批准后方为有效。而作品的著作权，一般采取创作主义的保护原则。(3) 在诸项知识产品中，以作者对作品所享有的权利最为充分。举凡工业产权，多不直接涉及或较少涉及人身权的内容。[①] 而就著作权来说，则包括有丰富多彩的权项内容。所谓非著作权作品，即是作品的非专有领域，包括“公有领域”与“排除领域”两类。前者指已丧失保护期而进入公有领域的作品，后者指具有公务或公益性质的作品（如法律、法规或其他具有立法、行政司法性质的文件，以及时事新闻等）、不具备著作权保护条件的作品（如一般常识性作品，包括历法、数表、通用表格和公式等）。对于非专有区域的作品，任何人都可以自由使用。

第二，作者权利的独占性与有限性。著作权是种独占性权利（exclusive right），即在法律规定的范围内对作品专有使用并取得利益的权利。传统理论习惯于将著作权同所有权作简单的归类，赋予其绝对性、排他性的相同特点，即该项权利为作者专有，作者垄断这种权利并受到严格保护，作者以外的其他人，未经其允许，不得享有或使用该项权利，作者对这种权利可以自己行使，也可以转让他人行使。其实，著作权的独占性与有限性特点是同时具备的。对于有形财产所有权来说，法律保护所有人对该财产进行占有、使用、收益和处分的各项权能，不问客体物内容、性能、用途、价值、表现形式如何，所有人对各个客体物所拥有的基本权能是一样的。而著作权则不然，作品的类型不同，其权项内容则有所不同。例如，口述作品无所谓展览权，图形作品则无法享有表演权。更为重要的是，权利的行使范围，往往有法定的限制，诸如合理使用、法定许可、著作权穷竭、公共秩序保留即是。可见，著作权的独占性是相对的、有条件的、受到限制的。著作权的上述特性，是由于该项财产的源状态所决定的，任何作品的创作无一不是来自对已有作品的借鉴和利用，从公平理论上来说，作者是通过对公有领域作品的“侵占”才创造新作品的。因此，对这种创作不能给予其无限制的独占权利，以阻碍他人进行新的创作。换言之，作为社会公众的创作者可以“接触”（access）原作者的著作权领域，进行合理的适当利用，以满足人类精神生产活动的需要。这种对“公有领域”作

① 关于知识产权双重内容，已有学者提出质疑，认为除著作权外，其他权利仅限于财产权。

品的“侵占”与对专有权利的“接触”是符合对价原则的。

第三，合理使用的“自由”与“限定”。在合理使用制度中，使用者对他人著作权作品的使用，究竟为何物，在著作权界尚有争议。法哲学理论认为，权利分为应有权利、法定权利和实有权利三种形态。① 合理使用制度的最初形态，是人们基于创作活动条件而产生的权利要求，表现为一种“应有权利”或“习惯权利”，倘若进一步发展即可以通过立法演变为“法定权利”。法定权利以符合一定意志倾向的社会规范要求为存在前提，只有通过统治阶级的国家意志，这种“应有权利”才能上升为“法定权利”。权利的基本要素首先是利益，利益既是权利的基础和根本内容，又是权利的目标指向，是人们设定该项法律制度所要达到的目的（起始动机）之所在。因此，合理使用制度所表现的利益，总是同一定形态的权利相联系的。同时，自由也是权利的一个基本要素，是权利的存在形式和载体。因为，权利实际上涉及一定社会中人们行为自由的方式、程度、范围、界限和标准。因此，作品的使用自由是一种有限定的自由，“自由是做法律所许可的一切事情的权利，如果一个公民能够做法律所禁止的事情，他就不再有自由了，因为其他的人也同样会有这个权利”②。同时，使用自由附有相应的责任，“自由是制度的某种结构，是规定对权利和义务的某种公开的规范体系”③。这即是要求，使用者负有不损害创作权益和社会公共利益的义务。

四、公益性：价值目标追求中的法律正义

为了实现公益性目标，构建个人权利与社会公益的平衡状态，各国在私法领域中采用了禁止滥用权利原则。在著作权法领域，立法者很少用“禁止权利滥用”的语言来表述自己的公益性目标，代之而起的是“权利的公平使用”（即合理使用）。按照日本学者的说法，滥用权利与权利合理使用是两个不同的

① 参见文正邦：《有关权利问题的法哲学思考》，载《中国法学》，1991（2）。

② ［法］孟德斯鸠：《论法的精神》上册，154页，北京，商务印书馆，1961。

③ ［美］罗尔斯：《正义论》，192页，北京，中国社会科学出版社，1988。

概念，前者针对原权利的所有人而设定，后者针对原权利的利用人而设定。[①]但笔者认为它们之间有着关联性，对一定权利的利用，当然意味着对原权利人的限制，对原权利人滥用权利的禁止，则可以认为对他人利益及社会公益的保护。因此，禁止权利滥用和权利合理使用，都是服务于维系个人权利与社会公益和谐均衡的立法目标的。

权衡公益与私权的关系是著作权立法的基本考量。美国众议院在就美国1988年《伯尔尼公约》实施法令所作的报告中宣称："著作权立法须作出如下考虑：除作品创作及专有权的保护期限外，国会尚须权衡公众因对个别权益的保护所付出的代价和取得的利益，宪法规定设立版权的目的在于促进思想的传播以推广知识……版权的根本目的不在奖励作者，而在于保障公众从作者的创作中受益。"[②] 日本学者在评价该国著作法时写道："日本著作法第一条规定，'本法的目的在于确定与著作物、表演、唱片，广播和有线广播有关的著作人的权利及其邻接权利，在注意公正使用上述文化成果的同时，保护著作人权利，以促进文化的繁荣和发展'。在这里，公正使用一语所指的是，鉴于作品是人民可以共同享受的文化财产，人民就有权在一定范围内免费使用这些财产。根据这一原则，《日本著作权法》允许在一个很大的范围内利用各种作品。"[③] 我国《著作权法》的宗旨则表述为：保护作者的合法权益，鼓励作品的创作和传播，促进社会主义科学事业的发展和繁荣。[④] 这具体表现为三个方面：通过著作权保护，鼓励从事教育、科学技术、文学艺术和其他有关事业的公民创造性劳动，促进社会主义现代化建设；协调作者、传播者与社会的利益，重视作品对社会的作用或影响，以及社会对作品的需求；在保护中国作品的同时，也重视对外国作品的著作权保护，以促进与外国的科技与文化交流，可见，尽管各国著作权立法各有所侧重，但在传播知识，促进文化发展的公益目标上却是一致的。

---

① 参见［日］胜本正晃：《权利的合理使用》，载《独协法学》，1997－10－22。

② Brene Convention Implementation of 1988，H. R. Rep NO. 60，P. 100，Cong 2d，Sess，23（1988）.

③ ［日］广南：《日本的著作权法》，载《国外法学》，1984（3）。

④ 参见宋木文：《中国的版权保护》，载《著作权》，1991（2）。

著作权保护制度本身，即是源于公共利益的立法考虑。国际唱片、音像制作联盟（IFPI）副主席和首席法律顾问吉利恩·达维斯认为，著作权制度的创设即是基于公共利益的目的，“如果承认创作有价值，无论艺术、音乐、文学，还是其他作品，只要这种劳动成果能够丰富我们的生活，那么，这种创作活动就应该得到补偿”。“版权给创作者提供了手段，鼓励了他们的文化活动，满足了公共利益。”[①] 著作权法以保护作者权益为其核心立法原则，作者是作品赖以产生的源泉，不尊重创作，不维护作者利益，就会窒息作者的创作激情，就会使文化事业成为无源之水，从而最终损害了公共利益。

著作权合理使用制度的创设，更是直接出于维护公共利益的立法动机。著作权与思想、信息、知识的表达与传播有着密切的联系。正如 Patterson 和 Lindberg 两位美国版权专家所说的那样，思想是信息，信息是知识，而知识是文化的一部分。从更广泛的意义上讲，著作权法涉及社会的、政府的、经济的、教育的和艺术的各个方面。它不能专注于作者权利的保护，而应顾及广大使用者有关利益。[②] 笔者认为，合理使用制度在独占权利与公共利益之间的平衡、协调功能，主要表现在以下几个方面：

第一，独占权利与创作自由。作者的独占权利不应成为社会公众创作活动的障碍。创作活动是一个绵绵不断的历史过程。人的创作动机受惠于前人作品的启示，现实的创作素材来源于前人作品的奉献，而这些使用得益于合理使用制度。从著作权法的发展历史来看，对权利范围的限制较之保护对象的限制严格。著作权作品的种类，从《安娜法令》时期的图书已扩大为今天的各类文学、艺术和科学作品，这一变化自 20 世纪下半叶以来尤为明显。而当时翻印、出版、出售的专有权利，在相当一段时期变动不大，而只是随着作品使用方式的增多而有限地增添了权利的种类，即便如此，上述诸多权利都受到合理使用制度的限制。

第二，垄断权利与言论自由。作者的权利垄断不应危及公民言论自由的宪

---

① ［英］吉利恩·达维斯：《权利集体管理中的公共利益》，载《版权参考资料》，1990（2）。

② See L. Ray Patterson Stanley W. Lindberg，The Nature of Copyright：A Law of Users' Right，1991.

法权利。言论自由是一项政治性权利。从广义上讲，言论自由也是创作者的自由，它包括创作自由、学术自由、艺术自由，以及出版自由等各项宪法权利。著作权法授予创作者以专有权利，使作品得以广泛传播，保障了这种自由的实现，同时，言论自由也意味着广大使用者交流思想、传播信息资料的自由。正如美国最高法院所确认的那样，它不仅包括“说”“读”，还包括“听”“印”[①]，即是一种对著作权作品的“进入权”。《安娜法令》的立法意图，最初不仅在于废除出版商对书籍贸易的控制，而且在于力图打破图书（作品）垄断本身，它摈弃了封建图书审查制度，同时又规定了价格控制、交付图书馆样书、允许海外印刷图书进口等条款，意在保护今天所称道的为公共利益设立的言论自由。

第三，个人权利与公共教育政策。发展教育事业，为公民受教育提供必要的设施、途径和条件，是各国普遍推行的公共政策。受教育权也是公民的宪法权利。关于为教育目的而自由使用著作权作品的问题，各国立法多有分歧，但一般允许为课堂教学而合理使用。在这里，是否具有商业或说是营利目的，将是判断使用是否合理的标准。任何商业性使用，包括教育机构，此类性质的使用都超出了合理使用的界限，将不能以公共教育政策为由而利用他人的著作权。

五、合理性：制度创设活动中的法律正义

法律正义的合理性告诉我们，任何法律制度的优劣好坏，最终要看它是否具有历史必然性，是否合乎真理和理性，是否符合社会客观规律。这就为我们评价合理使用制度的“合理性”提供了基本依据。

第一，合理使用制度是著作权法发展的历史产物。著作权法早已从草创走向成熟，即将步入现代化的 21 世纪，其法律制度本身已经发生了很大的变化。我国版权学家郑成思认为，著作权是一个历史的概念。随着科学技术的发展，产生了新的著作权的权能，如音像复制权、播放权、制片权、邻接权，随着商

① ［美］托马斯·埃默森：《论当代社会人民的了解权》，载《法学译丛》，1979（2）。

品经济的发展，增加的著作权权项有改编权、发行权、追续权、连载权等；随着国际交往，扩大了著作权保护范围，主要有翻译权和使用权。[①] 现代传播技术的出现和无形产权交易的发展，使得著作权内容日益丰富多彩，同时也使得社会公众产生了自由利用人类社会精神财富的主张和要求。这种基于一定社会物质生活条件而产生的要求，最初形态只是一种基于利益和需要的自发反映即“应有权利”，尔后立法者将它写进了著作权法而成为“法定权利”，这就是合理使用制度。

第二，合理使用制度是人们促进文化发展的理性追求。文化水平是社会文明程度的标志，人类社会从愚昧走向开化，从蛮荒步入进步，是物质生产和精神生产的结果。尽管知识性创造活动伴随着人类社会的文明史，但在资本主义以前的社会，它只是作为一种技术范畴存在，而没有法律上的意义。著作权法的产生，既是近代科学技术和商品经济发展的产物，又是人们创设精神产权、推动社会文明这一理性追求的结果。理想是法律评价的参照物，促进作品传播、发展文化事业，是社会全体成员的理想目标。从一定意义上讲，这种理想也是著作权法律规范的出发点和归宿点。合理使用制度设定的本意，并非是“侵犯”创作者的权利，而意在对这种权利适当利用，以满足社会公众创造或分享社会精神财富的要求。由于静电复印、音像录制等现代传播手段的出现，作品的使用方式日益增多，作者对这种使用的控制也愈见困难，为此，一些传统的合理使用有可能不再“合理”。但是，我们可以修改、完善这项制度，而无须怀疑它的存在意义和价值。

第三，合理使用制度是精神生产客观规律的反映。精神生产是依靠知识的劳动，其基本特点是：精神生产的基础以掌握一定的知识为前提，它由知识进步而引起，是科学技术和社会生产力发展到一定阶段的产物；在劳动力输出中，智力因素占主导地位；精神生产的成果表现为体现一定知识含量的精神产品。由此可见，知识是精神生产的前提和归宿，它表现为对前人创作的借鉴与对后人创作的启迪，这即是创作活动历史逻辑顺序。合理使用作为一项法律制

---

① 参见郑成思：《著作权的概念与沿革》，载《中华人民共和国著作权法讲析》，68～87页，北京，中国国际广播出版社，1991。

度，不过是对上述客观规律的真理性认识，换言之，是立法者在认识客观规律的基础上为全体社会成员所制定的行为准则。诚然，人们对客观规律的正确认识程度受到时代和阶级的局限，也会受到立法者个人认识能力和知识水平的影响。但是，在私权制度中，人们总是通过对“应有权利”（马克思称之为“已有的权利”或“习惯权利”）的选择或整理，来对这种权利进行认定和分配，即形成法定权利，对社会成员的利益和需要进行自觉认识和概括，在创制活动中，即是法律制度的“立”“改”“废”过程。因此，笔者有理由认为，在现代文明国家倡导的创作自由与言论自由这一宪法原则的激励下，在现代传播技术带来的“复印版税”和“录制版税”这一反限制规则的冲击下，立法者应该对合理使用制度有一个全新的思考，其面临的主要任务，即是修改与调整、补充与完善。

第二编　现代化问题研究

知识产权法的制度创新本质与知识创新目标*

创新是指人们在生产力、生产关系和上层建筑全部领域中进行的创造性活动，既包括知识创新（含科技创新和文化创新），也包括制度创新（含法律创新、政策创新、体制与机制创新等）。在发展理论中，经济增长、知识创新与法治建设应是一个相互作用、相互促进的协调机制。经济增长对社会变革起着决定性的作用，它带来了社会物质财富的快速增长，也引起了社会生活方式的巨大变化。在知识创新、经济发展、法治建设的协调体制中，经济处于中轴的地位，知识与法律为之进行曲线偏向摆动。其中，知识进步是经济增长的动力机制，法治建设则是经济增长的保障机制。知识产权法作为财产非物质化革命的法律文明，表现了制度创新的本质属性；同时知识产权法是创造性成果的激励和调节机制，宣示了知识创新的价值目标。

一、知识产权法的制度创新本质及其时代变迁

知识产权法是知识（科技、文化）、经济和法律相结合的产物，其产生、变革和发展的历史是知识创新与法律制度创新相互作用、相互促进的历史。在新制度学派那里，“技术进步和制度演变都看成是一种创新过程”①。美籍奥地

* 原载《法学研究》，2014（3）。

① 汪丁丁：《制度创新的一般理论》，载《经济研究》，1992（5）。

利经济学家熊彼特最早提出“创新”的理念。20世纪初，熊彼特在《经济发展理论》一书中首先提出了“创新理论”。在他看来，“创新”是在生产体系中引入生产要素和生产条件的新组合，包括：（1）引进新产品；（2）引用新技术；（3）开辟新市场；（4）控制原材料新供应来源；（5）实现新企业组织。[①] 20世纪50年代以来，诺思、科斯等学者在熊彼特创新理论的基础上，分析了制度创新的需求与供给，研究了知识创新与制度创新的关系、国家的制度创新职能以及制度创新在经济发展中的作用，从而构建了系统的制度创新学说。在制度经济学看来，制度创新一般是指制度主体通过新的制度构建以获得追加利益的活动，它是关于产业制度、产权制度、企业制度、经济管理制度、市场运行制度等各种规则、规范的革新。知识产权法的制度创新意味着现有制度的变革和新的制度安排，这些并非历史的偶然。正如有的学者所言：“所有的知识产权法律都是其所处社会和经济政治环境的产物，尽管这一点不是一直在各种历史统计中被强调。”[②] 从需求—供给的经济学理论出发，知识产权法的制度创新基于以下几个主要因素。

知识财产秩序的宪法基础。知识产权法是精神生产、知识创新、智力经济发展的制度安排。知识财产的私权化，建立在确定的产权基础上和稳定的交易秩序中，是以法律名义而得以实现的。在这里，宪法为知识产权法的制度建构提供了最为重要的政治基础。这是因为“宪法秩序的变化，即政权的基本规则变化，能深刻地影响创新的制度安排的预期成本和收益”[③]。在近代英国，政治上的开明专制主义、经济上的重商主义、思想上的私有财产神圣的权利观念等各种变革及思潮相继兴起，在《自由大宪章》的基础上颁布了《垄断法规》（专利法）和《安娜法令》（著作权法）；美国则在其早期宪法中规定了“促进知识”“公共领域保留”“保护创造者”的“知识产权条款”；而法国则在资产

---

① 参见［美］约瑟夫·熊彼特：《经济发展理论》，何畏、易家祥等译，73页，北京，商务印书馆，1990。

② Alison Firth, Prehistory and Development of Intellectual Property System, Introduction, London: Sweet & Maxwell, 1997, p. 3.

③ ［美］V. 奥斯特罗姆：《制度分析与发展的反思——问题与抉择》，王诚等译，14页，北京，商务印书馆，1996。

阶级革命后的《人权宣言》中强调公民发表言论、写作和出版的自由，使尔后的知识产权法登上了权利价值崇尚的顶峰。无论上述宪政思想如何，近代西方国家旨在通过知识产权法以实现“制度安排的预期成本和收益”。在这里，英美法并非以创造者自身权利的保护为第一要义，而是将其立法“置于以促进科学和工艺的发展为起因的位置上”；而法国法将创造者权利视为“自然的不可废除的人权”，强调个人知识财产权在立法中的中心地位。①

知识创新活动的科技基础。科技革命是知识产权法成长的基础。在西方经济的发展史上，资产阶级在它最初一百年的统治中创造了巨大的生产力，“机器的采用，化学在工业和农业中的应用，轮船的行驶，铁路的通行，电报的使用”②，使科学技术与社会生产紧密地联系在一起。这种有机联系具体表现为科学发现——技术发明——社会生产的一体化。正如经典作家所说的那样：“生产过程成了科学的应用，而科学反过来成了生产过程中的因素即所谓职能。每一项发现都成了新的发明或生产方法的新的改进的基础。”③ 在劳动价值理论中，智力劳动也是一种生产劳动。生产商品不仅是指物质生产中的实物形式的商品，还包括非物质生产中的无形商品，如知识、信息、技术等。这就是说，在科学技术运用于社会生产的过程中，包括信息、知识、技术在内的知识产品本身（无形商品）与采用知识、信息、技术生产的物质产品（有形商品）都具有同等的商品意义。科学技术在社会生产中的广泛运用，既提供了新的投资盈利机会，也产生了新的产品收益形式，从而“增加了对制度创新的需求”④。

知识商品化的市场基础。知识产品的商品化并由此所形成的知识经济市场，是知识产权法建立与运行的原动力。制度与经济的关系，主要是法律与经济的关系。舒尔茨在述及制度所具有的经济服务功能时说道：人的经济价值的提高产生对制度的新的需求，一些政治和法律就是用来满足这些需求的。⑤ 知

---

① 参见［日］阿部浩二：《各国著作权法的异同及其原因》，朱根全译，载《环球法律评论》，1992（1）。

② 《马克思恩格斯选集》，3版，第1卷，405页，北京，人民出版社，2012。

③ 《马克思恩格斯全集》，第47卷，570页，北京，人民出版社，1979。

④ 黄新华：《制度创新的经济学理论》，载《理论学刊》，2004（1）。

⑤ 参见［美］舒尔茨：《制度与人的经济价值的不断提高》，载［美］罗纳德·科斯等：《财产权利与制度变迁》，上海，上海三联书店，1999。

识生产活动立足于科技、文化、经济一体化的目标，是一种新知识的创造和利用的市场化活动，它离不开相应制度的保障、规范和约束。质言之，基于知识经济市场的内生动力，必然会产生知识产权法的制度需求。知识产权法的制度功能是：为创新活动进行产权界定并提供激励机制；为创意产业进行资源配置并提供交易机制；为创造性成果进行产权保护并提供市场规范机制。

知识生产主体诉求的产权基础。知识产权法在制度层面为私人提供了获取财产的新方式。在这里，作为权利主体的私人，包括了创造者个人以及进行创新投资的企业。在近代法的发展过程中，知识产权制度与企业法人制度的建立，是“现代产权制度建立的标志”①。从城市崛起、公司出现的历史过程来看，知识创新活动的主体呈现出从个体创造向集体创造演变的趋势，知识产品通过劳动合同、职务发明创造等规则形态向企业集中。这些既为知识创新提供了合适的社会组织形式，同时也产生了不同主体的利益驱动。可以说，知识创新主体要求实现自己智力创造或投资所带来的收益，成为社会创新发展的一种内在要求，这种稳定的、长期的预期即私人产权主张构成了制度安排的主观动因。国家作为知识产权制度和政策的制定者，既要考虑知识活动主体的收益预期，即在法律中将其利益诉求转化为权利主张，同时也要考虑其他团体利益以及社会公共利益的存在。因此，知识产权法的制度安排，实际上是不同主体诉求的“释放和吸收”(give and take)② 的结果。

知识产权法基于制度创新需求而生，在经济学意义上是一种激励和规制创新活动的新制度“供给”，而在法律层面则被喻为私权领域的一场财产“非物质化”(dematerialized) 革命，其意义表现在以下两个方面：首先，知识财产是一种“新的财产”，它消除了财产与实物之间的联系。③ 在客体物理论中，知识产品是与实物财产相异的“无体的精神产品”④。具有“无形财产的特

① 刘凤朝：《论技术创新与制度创新的互动》，载《科学技术与辩证法》，2000 (2)。

② Amitai Etzioni，“Mixed-Scanning：A Third Approach to Decision-Making”，Public Administration Review vol. 27，1967，pp. 385 - 387.

③ 参见［美］托马斯·C. 格雷：《论财产权的解体》，高新军译，载《经济社会体制比较》，1994 (5)。

④ ［德］卡尔·拉伦茨：《德国民法通论》，王晓晔等译，377～378 页，北京，法律出版社，2003。

性”，“区别于有形财产以及其他的无形财产（如日、光、电等)”[①]。可以说，知识财产的出现冲破了罗马私法以来的单一财产结构，建立了一种开放的动态的新的财产观，使得非物质性财产与物质性财产同构于社会财富体系之中。其次，知识财产是“有限制的财产”，它不是传统民法意义上对物进行绝对支配的财产。就知识资源而言，法律在权利界定上实行“专有区域”（exclusive zones）与“自由区域”（free zones）的划分。[②] 由于公共领域的出现，使得知识、信息、技术分为专有知识财产与社会知识财富两大部分，后者“包括不具私权属性而由公众自由使用的知识产品以及权利保护期满而进入公共领域的知识产品”[③]。可以认为，知识财产的利用改变了罗马私法以来对财产的绝对支配模式，建立一整套知识财产保护、限制与利用的新规则，其间既有私法理念的更新，也有法律制度的变革。

制度创新是知识产权法得以生存与发展的法律本质所在。知识产权法作为“制度文明的典范”，是世界各国创新知识财产制度、促进经济社会发展的法律体验，具有高度的共通性和可移植性。从近代到现代的三百多年以来，知识产权的制度改革与变迁，从来就没有停止过。当代知识产权法的创新禀赋，受制于经济全球化的国际背景、知识革命的时代情景以及社会转型发展的本土场景，从而在一些国家特别是发展中国家出现制度失灵或价值目标不能实现的问题，质言之，我们在接受或推行知识产权制度创新方面，必须注意以下两个问题：

一是知识产权立法的时代性要求与本国阶段性选择的关系。在知识经济时代，知识产权已经成为各国高新技术发展的制度基础和政策依据。对于具有创新能力和产业基础的国家而言，知识产权立法必须保持其时代先进性，即通过法律制度的现代化去推动科学技术的现代化。知识产权制度的现代化，是一国的政策安排和战略选择，其基础是国情。从历史上看，知识产权法的产生与出

---

① ［日］小岛庸和：《无形财产权》，序言，东京，日本创成社，1998。

② Edward W. Ploman，L. Clark Hamilton，Copyright：Intellectual Property In The Information Age，Routledge And Kegan Paul Ltd，1980，p. 197.

③ Russ Versteeg，“The Roman Law Roots of Copyright”，Maryland Law Review，2000，USA.

现，正是近代科学技术和商品经济发展的产物；而知识产权法的发展与完善，也是现代科技强国和经济大国推动的结果。根据国家不同发展阶段的不同发展需求对知识产权保护作出有选择性的制度安排，是西方国家的普遍做法。早期美国1790年著作权法，奉行的是低水平保护政策，游离于伯尔尼公约长达102年之久，其后随着美国文化创新能力的不断提高而逐步强化其著作权保护水平。[①] 日本在明治维新后于1885年公布了专利法，但长期排除药品及化学物质专利，直到1975年修正案中才得以改变。[②] 这说明，发达国家在知识产权保护方面都有一个从"选择保护"到"全面保护"，从"弱保护"到"强保护"的渐进发展过程。对于发展中国家而言，知识产权制度的现代化，并不能一蹴而就，立法者必须从本国国情出发，对这一进程的速度、力度作出审慎的考虑。根据2005年联合国报告所援引的千年项目专家意见，在遵守国际公约最低保护标准的基础上，发展中国家可以根据自己的不同阶段，选择不同保护水平的知识产权制度。[③] 因此，包括中国在内的发展中国家可根据知识产权立法的时代性要求，针对本国的不同发展阶段而采取不同的政策举措，既要从微观上顾及高新技术的知识产权保护，也要从宏观上考量其对本国经济与社会发展的影响；既要遵循国际公约的强制性规定，对外国的智力成果给予平等保护，也要通过公约的例外性条款，谋求知识信息的充分利用，由此构建一个科学、合理而有效的现代化知识产权制度。

二是知识产权法律国际化趋势与本土化路径的关系。经济全球化的出现和新国际贸易体制的形成，是各国知识产权制度走向国际化的主要动因。知识产权法的国际化，寓意着知识产权保护的基本原则和主要规范在全球范围内的普适性。以《知识产权协定》为核心的当代国际保护制度，在世界贸易组织的框架内，建立了一种有效防止知识产权保护水平下降的"棘齿机制"[④]，同时将

---

① 参见吴汉东：《知识产权制度运作：他国经验分析与中国路径探索》，载《中国版权》，2007(2)。

② 参见张韬略：《英美和东亚专利制度历史及其启示》，载《科技与法律》，2003(1)。

③ Calestous Juma，Lee Yee-Cheong，Innovation：Applying knowledge in Development，Earthscan in the UK and USA，2005，p. 25.

④ 蒙启红：《论知识产权国际保护的棘齿机制》，载《经济理论研究》，2007(1)。

执法措施和争端解决机制转化为公约规定的行为规则，为知识产权保护安上了具有强制约束力的“牙齿”①。国际知识产权保护的新规则，是国际政治经济力量博弈的结果。发达国家主张知识产权的权利扩张和高水平保护，主要出于维护本国创新优势的利益考量，而不是满足其他国家知识获取的普世需求；发展中国家接受知识产权国际保护规则，在相当程度上是外力强加的结果，而不是基于自身发展水平的制度内生。在这种情况下，包括中国在内的发展中国家必须在国际国内两个层面进行法律应对：在国际层面，应以建立更为公平、合理的知识产权国际秩序为目标，积极推动国际知识产权制度的改革，包括针对《知识产权协定》在执行中的诸多问题，利用协定的弹性条款和开放性条款，在协定的“总轮廓之内型塑权利和权力的结构”，“以满足缔约方政治的、社会的、经济的和其他改革目标”②；通过“国际体制转换机制”，寻求修正或改变现行知识产权“体制标准”的机会。③ 即在世界贸易组织、世界知识产权组织等传统体制之外，利用生物多样性、文化多样性、公共健康、国际人权等多个国际论坛，创新具有道义优势的新体制，以矫正《知识产权协定》的强保护偏向；在国内层面，应考虑本国现阶段经济、科技、文化的发展水平，遵守“最低保护标准”，现行立法不必“攀高”，以最大限度地实现法律的本土化与国际化之间的协调，防止“知识产权法律移植中的递减效应”④；同时，也要从本国立场出发，保护具有本土特色和优势的知识产权资源，通过本国制度创新即法律的本土化，来推动创新保护制度的国际化。

二、知识产权法的知识创新价值及其实现障碍

知识产权法是一种激励、调节和规制知识创新活动的制度。知识产权法本

① Tuan N. Samahon，TRIPs Copyright Dispute Settlement After the Transition and Moratorium：Nonviolation and Situation Complaints Against Developing Countries，31 Law & Pol'y Int'l Bus，p. 1055.

② Shubba Ghosh，Reflections on the Traditional knowledge Debate，11 Cardozo J. Intl and Comp. L，pp. 501 - 502.

③ See Laurence R. Helfer，Regime Shifting：The TRIPs Agreement and New Dynamics of International Intellectual Property Lawmaking，29 Yale J. Int' L，pp. 10 - 17.

④ 宋志国：《我国知识产权法律移植中的递减效应原因探析》，载《政治与法律》，2006（5）。

身即私法领域制度创新的结果，同时，知识产权法价值目标当以知识创新为主导。

创新价值是知识产权法的价值灵魂。法价值观随着法律制度的不同以及发展阶段的不同而异。在特定的时代背景下，特定的法律制度会包含若干不同的价值项，而且其各自的价值侧重点也有所不同，例如刑事立法体现了秩序、正义，民法直接规定了平等、诚信，而经济法侧重体现了“效率”；而在知识经济时代，知识产权法存在着独立的主导性价值，即创新价值。① 这是因为，当代经济的发展着重依靠知识和信息的生产、分配和使用，创新业已成为知识经济时代的主要特征，从而得到了前所未有的重视和发展，创新已成为人类行为选择的标准之一。创新不仅反映了人与自然的关系，而且反映了人与人的关系、个人与社会的关系，业已成为一个具有普遍意义的关系范畴。同时，“创新”作为一个历史观意义上的概念，还凝结着人类的理想追求。历史观要回答和解决历史发展过程中的根本动力、机制和规律问题，创新发展存在于广阔的社会实践领域与久远的历史运动过程之中。总之，“创新”这一概念是对知识经济全面而精要的解释，可以视为知识产权法的基本价值范畴。

创新价值体现在知识产权政策制定与立法活动之中。国家通过其政策导向包括知识产权法的制度设计，将“创新”上升为“规划理性”的法律价值②，体现了作为法律价值主体的人在法律价值发现中的能动性干预和控制。必须看到，知识产权法以基于创新所产生的社会关系为主要调整对象，体现了尊重创新、保护智力成果、规制知识经济市场秩序的主旨。创新价值目标的实现，在法律规范设计中主要表现在以下三个方面：一是知识产权保护与私人创新激励机制。知识产权法是一种对知识产品有效的产权制度选择，这一制度通过授予发明创造者以私人产权，为权利人提供了最经济、有效和持久的创新激励动力，保证了创新活动在新的高度上不断向前发展，从而促进了创新成果所蕴藏的先进生产力的快速增长。知识产权法不仅是激励机制，也是约束机制。规范

---

① 参见陈谊、汪天亮：《试论知识产权法的价值定位——创新》，载《行政与法》，2004 (9)。

② 在法哲学理论中，人的理性可以分为“实践理性”和“规划理性”。前者是接受性理性，表现为道德经过长期教化而为人们自然接受为价值；后者是能动性理性，即在特定情况下人为地设计出符合规律的价值。

市场主体行为、打击侵权行为，既是对产权所有人的利益保护，也是对市场竞争秩序的规范管制。在法律实施效益不高的情况下，侵权行为的滋生与蔓延会影响创造者生产、开发知识产品的积极性，从而导致整个社会福利水平的下降。对此，制度经济学观点是调节有关产权交易及保护的成本、收益的关系，促使理性的经济人放弃侵权以及其他违法行为。[①] 二是知识产权限制与社会创新发展机制。知识产权的限制，是对权利人的专有权利行使的限制，其功能在于通过产权的适度限制，平衡权利人与社会公众之间的利益，确保社会公众接触和利用知识产品的机会。现代产权制度不能仅将其支撑点构筑于精神产品保护的静态归属之上，而要在确认创造者占有与支配知识财产的同时，促进精神财富的动态利用。知识产权法的制度安排，在界定私人产权的同时，还规定了“知识产品公开”“在先权利保护”“合理使用”等规则，既促进与保护权利人的个人创新行为，同时也顾及到社会创新发展的连续性和创新成本的合理性。此外，知识产权法还通过“保护期限制”“权利穷竭制度”等规范，使得私人独占的知识产权适时地进入公有领域，以维系人们从事新的创造活动需求。三是知识权利利用与创新成果交易机制。知识产权利用是连接知识产品创造者、传播者和使用者之间的法律纽带，旨在规制不同主体的产权交易行为，促进知识产品的动态利用和精神财富的流动增值，其主要制度就是授权使用、法定许可使用和合理使用。依照经济学的供给与需求理论，精神生产或者说知识形态资源开发的目的是为了交换，只有经过交换，个人才能获得各类物品的最佳组合，达到效用或利益的最大化。就科技创新活动而言，新科技的商品化和市场化是一个关键环节，也是其根本目的。科技创新的“关键一跳”是将专利技术成果转化为现实的生产力，其考量的指标是专利技术的有效应用率和专利技术对经济增长的贡献率；而在文化创新领域，作品的利用涉及复制、表演、播放、展览、出版、摄制、演绎等各种方式，著作权所有人的利益实现，依赖于作品的众多使用者的传播活动。著作权利用的经济意义，就在于考量版权作品在文化市场的占有率和版权产业对经济发展的影响力。总之，知识财产的动态利用和价值实现，是知识财产权制度创设的重要目标。

---

① 参见吕忠梅等：《经济法的法学与经济学分析》，369 页，北京，中国检察出版社，1998。

“创新”作为知识产权立法者的目标追求，反映了价值构成中所蕴含的理性精神。我们看到，法学家和法律改革家们正是通过这种理性的精神力量得以发现一个理想的法律体系。理性主义是知识产权法得以构建的思想基础。[①] 在社会理论研究中，“理性”与“合理”这两个术语可以互换使用，源出同一个拉丁词根“ratio”。我国学者一般认为，“理性”或“合理”包括两层意思：一是指合乎人类主体的必然性和规律，二是指合乎社会历史和自然世界的必然性和规律。前者合理性的内容表现为确认人的主体地位，保护人的正当利益，促进人的全面发展，这些人本主义的内涵即构成法律的本质内容。[②] 后者的合理性内容表现为社会发展与进步的整体性，人与自然关系的协调性，这乃是蕴含于法律之中的理性目标。[③]

在理性主义精神的指引下，知识产权法应是价值理性与工具理性相统一的产物。其中，正义是伦理理性，即知识产权法的正义观念和体现正义的法律规范，都是以其相应的道德观念为基础的；效率是经济理性，即效率是知识产权法产生的起始动因，其产权保护、利用及限制的三大制度安排，是以信息资源的优化配置为目标；创新是科学理性，即创新是知识产权法的价值灵魂，通过产权制度创新旨在实现以技术创新和文化创新为核心内容的知识创新。应该指出的是，当今世界正处于一个急剧变革的历史时期，应对时代之变，知识产权法却表现出不适应性，其制度内生的先天缺陷和制度运行中的潜在危机，都影响或制约着创新发展目标的实现。新制度经济学认为，理想的制度“是能充分激励创新的制度，是当事人作为自己的一个最优选择而自觉遵守的制度”；同时，“这种制度本身也应是充满生命力的、开放的、不断调整合创新的”[④]。这说明，好的制度应是能够持续激励创新的制度，也是自身不断创新的制度。现

① 笔者认为，近代知识产权法产生的思想基础，包括“个人主义精神”（individualism）、“自由主义精神”（liberalism）、“理性主义精神”（rationalism）。这些是西方法文化构成的重要内容，也是市民阶级关于知识产权法构造的精神主张。参见吴汉东：《知识产权法律构造与移植的文化解释》，载《中国法学》，2007（6）。

② 参见单泽渊：《法的价值论》，463页，北京，法律出版社，2006。

③ 参见乔克裕、黎晓平：《法律价值论》，31页，北京，中国政法大学出版社，1991；严存生：《公平、改革、法律》，载《法律科学》，1990（2）。

④ 马宏伟：《经济发展与制度创新》，载《经济评论》，2003（1）。

代知识产权法存在着可能发生的制度风险，这是一种“人为性风险”“知识中的风险”，甚至是“全球性的风险”[①]。现择其主要问题而述之。

制度工具理性越位。在韦伯的理论中，工具理性是启蒙精神、科学技术和理性自身演变和发展的结果，然而随着工具理性的极大膨胀，在追求效率和实施技术的控制中，理性由解放的工具退化为统治自然和人的工具。[②] 这是一种技术理性和价值理性的冲突：在资本主义社会，技术的提高是技术理性高扬的结果，而人的异化则是把人作为目的的价值理性走向衰落的表现。传统现代性的重要知识原则就是“科学理性”，正是这种表面“全知全能”实则“片面垄断”的工具理性，造就了现代社会的全面问题：社会成为经济社会，国家成为“技术国家”，“工业理性和技术的蚕食耗尽了日益现代化的本质”，“使人类的充满生机的关系成为工具理性”[③]。现代知识产权法的目标追求，存在着一定程度的“工具理性的越位”和“价值理性的缺位”。我们看到，在合法垄断的知识产权背后是不同主体之间的利益失衡，在形式公平之中掩盖着实质上的不公平。[④] 在国际经贸领域，知识产权成为垄断资源、遏制竞争对手、谋取商业利益的简单工具，在发达国家享有知识产权高额回报的背后，是发展中国家存在的“数字鸿沟”[⑤]“公共健康危机”[⑥] 等问题。

制度自身缺陷凸显。知识产权法是对知识创新关系反映和调整最为迅速的

---

① ［德］乌尔里希·贝克：《“911”事件后全球风险社会》，王武龙编译，载《马克思主义与现实》，2004（2）。

② 参见［德］马克斯·韦伯：《新教伦理与资本主义精神》，于晓、陈维纲译，141～142页，上海，三联书店，1987。

③ ［德］乌尔里希·贝克：《世界风险社会》，吴英姿、孙淑敏译，103～107页，南京，南京大学出版社，2004。

④ 参见高明亮：《论比较法学中的价值理性》，载《比较法研究》，2006（5）。

⑤ 在版权产业界，诸如影视、音乐、广播、游戏、动漫、出版等数字内容产业占据主流和支配地位，而生产数字内容产品的许多核心技术乃至技术标准，多为发达国家和它们的跨国公司所掌握。这种网络发展的不均衡性，即是“数字鸿沟”问题。参见张新红等：《聚焦“第四差别”——中欧数字鸿沟比较研究》，82页，北京，商务印书馆，2010。

⑥ 许多发展中国家和最不发达国家因药品专利的垄断性，无力购买昂贵的专利药品或利用药品专利技术，普遍存在着公共健康危机问题。按照国际人权标准，现今知识产权制度对健康权的实现已经带来消极影响。参见［美］奥德丽·R. 查普曼：《将知识产权视为人权：与第15条第1款第3项有关的义务》，载《版权公报》，2001（3）。

制度构成，同时也是制度环境中直接规制知识创新活动的重要因素，是一种保护创新成果并规制创新活动的精巧法律工具。但是，知识产权法并不是完美无缺的，在知识经济的生态环境下，其促进创新的局限性显见不足：一是权利垄断限制了知识的共享与创新的合作。当下创新主体已经发生变化，“合作”与“竞争”共同构成创新的动力，在通过市场竞争实现创新的同时，还存在着知识共享带来的合作创新。但是，知识产权法最大问题是限制知识的使用，对知识的共享带来额外成本。二是“问题专利”阻滞了科技进步和知识创新的速度。专利法在审查、授权、维持等方面的制度缺陷，不仅会带来发明技术应用与商品化的无效率，而且会导致专利取得、维持和实施的高昂成本。诸如专利申请积压、专利授权期延长、专利质量下降、专利诉讼爆炸、专利灌木丛、专利竞赛等问题已经使专利制度在某些技术领域或产业部门举步维艰。对此，美国联邦贸易委员会的评估报告认为，现行专利制度促进了创新和竞争，但创新和竞争可能被“劣质或者有问题的专利”所阻窒。① 三是版权技术保护措施限制了知识信息的广泛传播。在网络环境下，信息的传播便捷且广泛，数字技术的出现弱化了著作权人对其作品的控制力。为应对数字作品的非法传播而强化权利人控制其作品网络传播的能力，技术保护措施被纳入著作权制度。有学者认为，如果技术保护措施被普遍应用，可能会限制网络信息传播的巨大能量，也可能潜在地摧毁公众与私人之间存在的利益平衡。在数字版权管理或者技术保护措施取代销售许可合同的情况下，还可能妨碍公众对信息的接触或获取。② 四是授权机制的导引和暗示带来知识创新的负面影响。知识产权的授权机制具有功利性的指引，从而造成创新领域投入的失衡：应用领域的发明会受到制度的激励，因而有大量的人才和资金投入，而基础技术领域的创新，由于周期长、风险大，则可能创新投入不足甚至无人问津。

制度单一而供给不足。知识创新的激励制度具有多样性，而且这些多样性制度之间具有可替代性。知识产权法是保护与促进知识创新的重要制度，但并

---

① Federal Trade Commission，To Promote Innovation：The Proper Balance of Competition and Patent Law and Policy，2003. 转引自王太平：《知识产权制度的未来》，载《法学研究》，2011（3）。

② 参见高富平：《寻求数字时代的版权法生存法则》，载《知识产权》，2011（2）。

非唯一制度。在创新制度体系的建构中，如果忽视知识产权法以外的补充或替代制度，将会造成制度供给不足。从历史上看，科技奖励制度与知识产权制度同为激励创新的政策工具。关于科学发现和一些技术成果所采取的非市场机制的奖励制度，在经济学家那里被称为“优先权报酬系统”[①]，其内容包括科技成果的命名权和科技奖金的获取权，而不是具有独占意义的私人财产权。在一些特殊产业，也存在着非专有权利机制刺激发明的情形：在航空产业是由技术的固有难度以及实施“逆向工程”的高额费用来刺激和保护发明，在半导体产业则是通过技术的迅猛发展而形成的陡然上升的市场支配力，即持续的技术开发来刺激和保护发明[②]；此外，“市场本身已经提供了足够精确的激励机制，诸如‘名声利益’‘模仿时滞’‘向下移动的学习曲线’等‘天然利益’更为重要”[③]。笔者认为，知识创新制度不等于知识产权制度，有必要建立一个以知识产权法为主、其他激励机制为辅的制度体系，其多种规范构成相互配合并发挥作用，使创新活动能够得到各种制度的润泽和激励。

制度强加而成本增大。对于发展中国家而言，知识产权立法没有制度传承，也缺乏文化土壤，发达国家强加的法律移植，往往带来本土法律实施效益不足的“风险”。这就是制度外力强加而造成的“水土不服”。英国知识产权委员会指出：知识产权体系能够成为发展本土科技能力的一个重要因素，特别是在那些已建立起科技基础结构的国家中。[④] 但是对于大多数发展中国家而言，高水平保护国外知识产权与有效促进国内自主创新方面，在一定时期内会存在着紧张关系：发展中国家的自主创新能力不足，制度环境建设需要时间较长，其中的技术断层不得不依赖技术引进来解决，这既可能形成“自主创新滞后效应”，又容易陷入发达国家的“技术引进陷阱”，此外，还会导致基于技术独占权利所产生的“市场垄断价格”[⑤]。

---

① 袁志刚：《论知识的生产与消费》，载《经济研究》，1999（6）。

② 参见［日］富田彻男：《市场竞争中的知识产权》，廖正衡等译，252页，北京，商务印书馆，2000。

③ 夏旭阳：《知识产权垄断性批判》，载《西南政法大学学报》，2007（1）。

④ 引自《英国政府对英国知识产权委员会的报告〈综合知识产权与发展政策〉之回应》，http：/www. iprcommision. org/Translations/DFID Response Chinese FINAL. pdf.

⑤ 魏兴民、张荣刚：《国际知识产权保护与中国自主创新内在逻辑分析》，载《社会科学家》，2007（2）。

上述问题告诉我们：在经济全球化的国际背景和知识革命的时代情景之下，我们有必要对国际知识产权秩序进行批判性的解读，对现代知识产权制度进行反思性的创新，这是当代知识产权法创新价值实践的理性选择。

三、知识产权法的知识创新意义与制度创新使命

创新对经济增长与社会发展的影响，从来都是学者特别是经济学家关注的重大问题。熊彼特将创新作为其“经济发展理论的核心”，认为“经济发展的基本现象”是创新。[①] 创新的结果是经济资源得到更为有效的配置，是生产要素实现新的组合，是资源利用方式取得了进步，概言之，“经济发展的实质是创新”[②]。

“知识产权法是利用市场机能的巧妙体系”[③]，世界各国对知识产权制度的选择和考量，表现了某种超越私权属性的国家利益本位与公共政策立场。纵观近现代世界经济与社会的发展，人们不难发现这样一个事实：凡是知识进步与经济繁荣的国家，无一不是知识产权制度健全与完善的国家。在近代社会，知识产权制度是欧美国家促进经济增长，推动科技进步的政策工具；在当代社会，知识产权制度成为创新型国家维护技术优势，实现创新发展的战略武器。对此，原世界知识产权组织总干事卡米尔·伊德里斯曾作出精辟的评价：“知识产权是经济发展的强有力的武器。”[④] 近代英国是知识产权制度的最早制定者。它是专利法与著作权法的发源地，也是欧洲工业革命的策源地。英国1623年《垄断法规》宣布废除封建特许权制度，同时对新技术、新领域的发明与引进作出了类似专利制度的新规定。1709年《安娜法令》则是一部“旨

---

① 参见［美］约瑟夫·阿洛伊斯·熊彼特：《经济发展理论》，第二章“经济发展的基本现象”，叶华译，北京，中国社会科学出版社，2009。

② 马宏伟：《经济发展与制度创新》，载《经济评论》，2003（1）。

③ ［日］中山信弘：《多媒体与著作权》，张玉瑞译，3～4页，北京，专利文献出版社，1997。

④ Kamil Idris，IntellectualProperty：A Power Tool for Economic Grouth，http：//www. wipo. Int/about-wipo/en/dgo/wipo _ pub _ 888/index _ wipo _ pub _ 888. html，visited on Sep. 14，2008.

在授予作者、出版商专有复制权利，以鼓励创作的法规”，其目的在于保护和激励人们对创造作品和兴办出版业进行投资。近代英国知识产权法作为一种产业、商业政策和科技、文化政策的有机组成部分，为18世纪70年代开始的工业革命奠定了重要的制度基础。对此，美国经济学家、诺贝尔经济学奖获得者诺思作出了如下评述：18世纪的英国之所以获得持久的经济增长，均是起因于一种适于所有权演进的环境，这种环境促进了从继承权、完全无限制的土地所有制、自由劳动力、保护私有财产、专利法和其他对知识财产所有制的鼓励措施，直到一系列旨在减少产品和资本市场缺陷的制度安排。诺思在对14世纪中国与17、18世纪英国作出比较分析后，指出工业革命的动因，即那时英国拥有作为产权制度的一种特殊范畴，即知识产权制度，保护了发明创造者的利益，刺激了发明创造者的热情，从而使发明得到大量涌现并带来浪潮般的技术革新，从而启动了工业革命并创造了现代经济增长的奇迹。① 现代美国是知识产权制度的有效运作者。20世纪被称为“美国世纪”。美国成为世界强国的发展路径，在一定意义上是知识产权政策推动创新发展的过程。2004年美国政府报告阐明了该国一直奉行的基本政策立场：“从美国立国基础来看，保护知识产权始终是一项创新的支柱。”② 自20世纪80年代以来，美国的知识产权政策作出了重大调整：在国内建立了促进知识经济发展、科学技术创新的政策体系，注重政策体系中知识产权的规制与导向作用。例如，多次修订完善其专利法，加强对技术产权的保护。除此之外，为激励技术创新，还颁布了《发明人保护法》《技术创新法》；为鼓励成果应用，则制定了《政府资助研发成果商品化法》《技术转让商品化法》等，由此构成了一个涵盖知识产权创造、应用和保护的完整制度体系。同时，美国强调知识产权制度与产业政策、科技政策、文化政策的有机整合。例如，通过政策联动，推动产业结构调整和传统产业改造，扶持“半导体芯片、计算机、通信、生物制药”等“朝阳产业”，发展“软件、唱片、电影”等文化产业。据美国官方网络消息，奥巴马政府先后

---

① 参见［美］道格拉斯·诺思等：《西方世界的兴起》，厉以平、蔡磊译，23页，北京，华夏出版社，1999。

② Innovate America：Thriving in a World of Challenge and change，National Innovation Initiative Interim Report，Council on Competitiveness，2004，p. 7.

于2009年和2011年两次发布“国家创新战略”，并明确提出知识产权法是一个国家推动创新、保护创新的重要制度。该国专利商标局将制定“21世纪国家知识产权战略”，并推动其成为“国家创新战略”的重要组成部分。[①] 当代韩国是知识产权战略的强力推行者。韩国作为“东亚经济奇迹的领航者”，曾在1970年至1995年间人均GDP从5 000美元升至20 000美元，但20世纪90年代末的亚洲金融危机使这一经济奇迹戛然而止。为了摆脱困境，韩国于1997年提出“创意韩国”的发展理念，1998年制定“文化韩国”的发展战略，将知识产权作为一种战略工具，成功地从一个工业化国家转变为创新型国家。进入21世纪以来，韩国政府更加重视知识产权工作，寻求创新发展的新途径，于2009年出台《知识产权强国实现战略》，“其战略核心是将知识产权制度发展成为对新技术的创造、产业化、商业化具有促进功能的系统化社会基础，强化韩国的知识创造力和知识产权竞争力”[②]。从近代英国、现代美国到当代韩国，其经济增长与社会发展的事实告诉我们，知识产权法是制度创新促进知识创新的法律典范，是国家转型发展战略的制度文明。

创新型国家的创新发展路径与知识产权政策经验值得借鉴。中国既是一个传统的发展中国家，也是一个新兴的工业化国家，必须妥善、有效地处理发展中的知识产权问题。21世纪的第二个十年，中国将全面建成小康社会和创新型国家，由世界大国走向世界强国。实现上述战略目标，关键在于“创新驱动发展”；而实现创新发展，主要在于知识产权战略实施。我们必须认识到，“实施创新驱动发展战略”，“坚持走中国特色自主创新道路，以全球视野谋划和推动创新”；“实施知识产权战略，加强知识产权保护。促进创新资源高效配置和综合集成，把全社会智慧和力量凝聚到创新发展上来”，这是党的十八大对中国未来发展作出的新的战略部署。在过去相当长的发展时期，我们主要是以劳动密集型产业参与国际分工，这对于促进经济增长和扩大就业发挥了重要作用，但是随着劳动力以及环境资源成本的逐渐提高，传统发展方式已难以为继。数据表明：2003年至2011年，中国经济年均增长10.7%，其经济总量占

① 参见USPTO：《美国将制定21世纪国家知识产权战略》，载《电子知识产权》，2010（10）。
② 付明星：《韩国知识产权政策及管理新动向研究》，载《知识产权》，2010（3）。

世界经济总量的份额，从2002年的4.4%提高到2011年的10%左右；中国经济总量在世界的排序，从2002年的第6位，上升至2010年的第2位。但是，中国人均GDP位居世界第90位左右，仍然是一个发展中国家；我国的能源消耗占到世界总量的15%，钢材消耗占到世界消耗总量的30%，水泥消耗占到全球份额的55%，单位GDP的能耗是国际平均水平的三至四倍，甚至是日本平均水平的八倍。从我国的基本国情来看，一是不能走资源耗费型的发展道路。中国资源有限，人均淡水、耕地、石油、天然气以及主要矿产资源的占有量，仅是世界平均水平的四分之一至二分之一不等。[①] 因此我国不能靠牺牲环境、耗费资源、提供廉价劳动力来参加国际分工与协作。二是不能走技术依赖型发展道路。中国对外技术依存度达到50%以上。无论是考虑发达国家维护其技术优势、限制高技术转让的基本立场，还是顾及自身经济安全、文化主权和科技发展的需要，中国都只能走自主创新、建设创新型国家的发展道路。

知识产权法是我国建设创新型国家的制度支撑和实现发展方式转变的政策保障。2008年6月，《国家知识产权战略纲要》正式公布实施，这是中国知识产权法制建设30年来最为重要的成就。以此为标志，中国知识产权事业步入了一个新的重要历史时期。知识产权战略的制定，借鉴了有关国家战略发展的有益经验，但更多是基于自己社会经济发展需要而作出战略考量。世界银行用以衡量各国经济发展水平的基本指标（以GNI为基本指标，以人均GNP或GDP平均增长率为参考指标）表明，中国经济发展水平尚低，经济结构较为落后；瑞士洛桑国际管理开发研究院2002年发布的《国际竞争力年度报告》显示，我国科技水平总体不高，科技竞争力在国际上基本处于中等地位；根据联合国开发计划署公布的《2004年人文发展报告》，中国人文发展指数（由预期寿命指数、教育指数和GDP指数构成）达到了世界中等人文发展水平。[②] 上述资料告诉我们，中国仍属于发展中国家，基本达到世界中等或中等偏下的发展水平；但是，在经济、科技和社会发展的某些领域、某些方面，中国已经

---

① 有关数据参见梅永红：《自主创新与国家利益》，载《求是》，2006（10）。

② 参见任建民：《中国科技追上世界脚步》，载《中国科技奖励》，2002（3）；《我国人文发展指数居世界中等发展水平》，http：//www.sts.org.cn/nwdt/gwdt/document/007.htm，访问日期：2011年12月29日。

取得明显进步，有些甚至达到世界先进水平。这一情况说明，我国对知识产权制度已有较大需求，对知识产权保护也具备一定的调适能力，这是制定知识产权战略的国情基础；同时，中国进行知识产权的战略调整，最终是由建设创新型国家的总政策目标决定的。如前所述，我国传统经济增长模式的弊端日益凸显，甚至已经威胁到本国的经济安全。建立以知识产权战略实施为核心的政策体系，完善知识产权战略实施的配套机制，将成为21世纪我国建设创新型国家的首要任务。我国知识产权战略实施已经五年，总体而言，知识产权制度运行是健康的，正效应明显[①]，但其对经济和社会发展的贡献率还有待提高；知识产权政策初步形成体系，已付诸实施，但其运作能力和实施效益仍需进一步改进。就知识产权制度建设而言，以下问题值得我们关注。

知识产权制度创新多元主体的协调。新制度经济学认为，制度创新的主体有国家、团体、个人三个层次。在知识产权的制度创新活动中，企业的技术创新、产品研发、品牌营运、资产管理、产权交易、市场开拓等，涉及知识产权的创造、运用与保护，其间既有技术、文化的知识创新，企业是知识创新的投资主体、开发主体和受益主体，也有经营管理、体制机制的制度创新，企业是制度创新的设计主体、执行主体和责任主体。在熊彼特的创新理论中，企业家的使命就是完成企业创新活动。相比之下，国家在制度创新中处于核心地位，它是制度的最大供给者。与一般企业家不同，国家与社会事务的管理者扮演的是“政治企业家”的角色，“他从事的是社会制度的创新，而不是单纯的商业创新；他谋求的是社会经济的整体增长，而不是个别企业的超额利润”[②]。在知识产权法的制度供给中，“政治企业家”的创新职能主要是：制定知识财产的法律法规，对知识创新成果的取得、运用和交易进行有效的产权制度安排；提供知识资源的法治环境，建立包括司法裁判、行政管理、社会服务等在内的运行体系和机构；服务经济增长和社会发展的总目标，建立以知识创新为导向

---

① 知识产权战略实施的正效应主要表现在：科技创造能力提升，跻身专利申请第一大国；品牌创建能力提高，商标注册申请量全球第一；文化创新能力增强，版权产业发展接近发达国家水平；其他知识产权获取能力加大，带动高新技术产业发展。详见吴汉东：《知识产权战略实施的国际环境与中国场景》，载《法学》，2012（2）。

② 黄新华：《制度创新的经济学理论》，载《理论学刊》，2004（1）。

的政策制度体系，促进知识产品的商品化、市场化和产业化。总体说来，在知识产权制度创新主体构建中，国家和企业各有其责，但相得益彰：前者以建立国家创新体系为目标，进行制度设计和营造制度实施环境，以此对企业的知识创新活动进行推动、规范和指导；后者在于围绕企业知识创新活动，完善内部管理经营制度，以发挥其在国家创新体系中的基础主体作用。

知识产权法律与公共政策的同构。在政策科学领域，法律亦是一项公共政策。美国学者伍德罗·威尔逊认为："公共政策是由政治家，即具有立法权者制定的，而由行政人员执行的法律和法规。"① 关于知识产权制度的选择与安排，其背后体现了国家利益的政策立场。一般认为，国家利益是受客观规律制约，满足或能够满足国家赖以生存和发展的各项客观需要，是整体上对国家这一主体生存和发展的有益需要。知识产权法蕴含着创新发展的目标选择和实现目标的手段，反映了私人产权制度中的国家利益需求。在知识产权公共政策体系中，法律是重要的但并非是唯一的构成，与知识产权法相关的公共政策包括：通过知识产权运用，促进产业结构调整与优化，发展战略性新兴产业的"产业政策"；通过知识产权扶持，培育地方特色经济，促进区域经济协调发展的"区域政策"；激励文化创新活动、推动文化事业繁荣和版权产业发展的"文化政策"；提升自主创新能力，发展科学技术，形成知识产权核心竞争力的"科技政策"；转变贸易发展方式，完善对外贸易领域知识产权管理体制、预警应急机制、海外维权机制的"贸易政策"；推进知识产权素质教育，培养知识产权专门人才的"教育政策"。此外，诸如财政、金融、投资、政府采购、能源、环境保护等政策，也会涉及知识产权问题。总之，在公共政策的体系建构中，我们应"强化知识产权在经济、文化和社会政策中的导向作用"，"加强产业政策、区域政策、科技政策、贸易政策与知识产权政策的衔接"②。

知识产权制度与文化建设的同步。在新制度经济学那里，意识形态属于制度的范畴。意识形态对制度变迁的影响，表现为促进或是阻碍制度创新实现，

① 转引自伍启元：《公共政策》上册，4页，台北，"商务印书馆"，1985。

② 《国家知识产权战略纲要》，北京，知识产权出版社，2008。

降低或是增加制度创新成本，在这种情况下，“意识形态便成为决定性的因素”[①]。可以认为，国家实施制度创新使命，其中之一就是培育主体意识形态，为国家创新体系的运行提供思想动力。知识产权法是发展中国家实现转型发展即创新发展的制度选择。对外国法制或国际法制的引进，存在着一个“法律本土化”的问题。在构建知识产权法治秩序的过程中，物质的、技术的法律制度即法治的“硬性”系统，相对而言比较容易移植，但若要真正发挥其应有的作用和价值，则必须同时植入相应的精神、意识和观念，即法治的“软件系统”。法律制度创新目标的实现，有着其内在的法律文化要求。就中国知识产权法治状况而言，我们引进了知识产权法的制度外形，但缺乏与之相应的文化基础，这是知识产权法创新价值目标实现的思想障碍，也是知识产权法移植中递减效应的原因所在。知识产权法文化认同缺乏，是一种制度信任危机。制度信任的关键，是社会组织成员对制度和规则所达成的共识，依赖于成员对制度和规则的认同、内化的程度。因此，在知识产权制度建设过程中，我们必须注重相应的法律精神的构造，即培育、形成和弘扬“崇尚创新精神、尊重知识产权”的主体意识形态，为知识产权法的创新价值目标实现奠定必要的思想基础。

知识产权法律改革与制度替代的互动。知识经济与信息技术的发展，对知识产权制度提出了新的变革要求。在现代知识产权法的发展过程中，我们必须解决权力高度扩张与利益相对失衡的问题，防止知识产权法由激励创新和保护权益的制度蜕变成“资本积累、争取优势竞争力、追求最大利润的工具”[②]。制度和政策的经济分析告诉我们，知识产权法之所以必要，是因为选择其来解决知识资源生产与分配问题，较之市场自行解决问题所产生的社会成本较低。按照科斯的说法，政府公共政策只是一种在市场解决问题时社会成本过高的情况下所作出的替代选择。[③] 这说明，知识产权法在制度功能上是有限度的，在

---

① ［美］道格拉斯·C. 诺思：《经济史中的结构与变迁》，陈郁、罗华平等译，60 页，上海，上海三联书店，1994。

② 肖新林等：《企业社会责任与知识产权》，载易继明主编：《中国科技法学年刊》（2008 年卷），武汉，华中科技大学出版社，2010。

③ 参见［美］罗纳德·科斯：《社会成本问题》，载《财产权利与制度变迁》，上海，上海三联出版社，1994。

制度选择上并不是唯一的。同时应该看到，知识产权法的实施，关系到知识资源上不同主体的利益分配。在政策科学理论看来，实施任何政策都会面临一个“谁是政策的受益者，谁是政策的受损者”的问题。因此，公共政策常常需要在各种利益的冲突之间达到某种平衡，以保证公共政策的顺利实施和社会的稳定发展。[①] 上述分析表明，知识产权法需要制度创新，即从制度本身改革与制度外部补充两个方面来进行。对于前者，日本学者提出对著作权的私权性进行淡化处理，使著作权制度内部向着私权独占与对价征收的双轨方向发展；美国学者探索在不同技术创新领域有差异地适用专利制度[②]；澳大利亚学者主张强化公共领域保留制度，避免将知识产权变成一种将循环使用的公共信息变成私有垄断信息的工具。[③] 这些都可以视为知识产权法自身的变革。但是，制度创新的任务仅从反思知识产权法本身是不够的，我们更多的应是寻求新的制度补充和替代，这主要有：世界知识产权组织在政府间组织酝酿的传统知识保护制度[④]；具有“亚政治”运动性质的国际社会团体和个人采取的“开放存取运动”和“知识共享”协议[⑤]；一些国家正在推行“专利奖赏”和“发明奖励”的知识创新激励制度等。[⑥]

知识产权法与创新联系在一起。知识产权法源于创新，是财产权制度革新的产物；基于创新而变，当以激励知识创新为价值目标。可以认为，坚持制度创新与知识创新，这是知识产权法的历史过程和时代使命。

---

① 参见吴鸣：《公共政策的经济学分析》，3页，长沙，湖南人民出版社，2004。

② 参见王太平：《知识产权制度的未来》，载《法学研究》，2011（3）。

③ 参见［澳］彼得·达沃豪斯、约翰·布雷斯特：《信息封建主义》，刘雪涛译，192页，北京，知识产权出版社，2005。

④ WIPO，Intellectual Property Needs Expectations of Traditional Know Ledge and Holders，WIPO Report on Fact-Finding Missions on Intellectual Property and Traditional Know Ledge（1998—1999），Geneva，April.

⑤ 以“社会理性拥护者”为基础的全球“亚政治”，是指“外在于并超越国家—政府政治体制的代表性制度的政治”，是应对风险社会所采取的“知识行动”。参见［德］乌尔里希·贝克：《世界风险社会》，吴英姿、孙淑敏译，50页，南京，南京大学出版社，2004。

⑥ 参见刘友华：《专利制度的未来模式：替代、革新抑或全球化》，载《华南师范大学学报（社会科学版）》，2011（4）。

人工智能时代的制度安排与法律规制*

导言

在人工智能技术日新月异的时代变革中，人类/机器人关系所引发的各种法律、政策和伦理问题紧迫地摆在我们的面前。如何调整“促进”与“规制”人工智能发展的法律价值目标？如何应对人工智能技术带来的社会风险？如何设计人工智能时代的调控规范体系？这些问题不仅涉及对传统法律制度的深刻反思，更是以“未来法学”① 问题为主旨的有益探索。

一、智能革命图景：“最后的发明”抑或最大的风险

进入新世纪以来，人类社会的文明演化呈现出加速发展的态势。21 世纪的最初十年，以互联网的普及使用为纽带，社会结构得以重新组织，人类社会

---

* 原载《法律科学》，2017（5）。

① 未来学是研究未来的综合学科，它通过定量、定时、定性和其他科学方法，探讨科技发展和知识创新对人类社会的影响，预测人类需要所作选择实现的可能性。关于未来预测和研究的学问，理应涉及未来社会的制度安排和规范设计。在这个意义上，关于人工智能的法学研究，也是未来法学问题的研究。

与物理社会广泛连接，自此开启了与以往有别的网络社会时代；时至2010年左右，基于广泛分布的传感技术、大规模数据存储和通信技术的应用，数据规模呈现指数型上升，地球村由此步入大数据时代；进入21世纪第二个十年的下半段，伴随着数据处理能力的飞速提高，人工智能对社会开始深度介入，世界正在走向人工智能时代。整体而论，“人类在进入到21世纪的三个关键时间点，相继出现了三个互相联系又略有区别的新时代，即网络社会时代、大数据时代、人工智能时代，三者共同构成了新的社会时代”[①]。智能时代是以人工智能（Artificial Intelligence，简称AI）来命名的，作为研究、开发用于模拟、延伸和扩展人的智能的理论、方法、技术及应用系统的一门新的技术科学，旨在了解智能的实质，并生产出一种新的能以人类智能相似方式作出反应的智能机器，其研究领域包括机器人、语音识别、图像识别、自然语言处理和专家系统等。这一技术科学将改变甚至颠覆人类现存生产工作和交往方式，由此出现一个以新的技术结构支撑新的社会结构的人类新时代。

“这是最好的时代，也是最坏的时代”，英国文学巨匠狄更斯在其名著《双城记》中的开篇话语，一百多年来不断地被人引用。在这里，我们再次以此来描绘人工智能时代的未来图景。一方面，智能革命无疑将给我们带来一个更美好的社会，它是智能的、精细化和人性化的“最好时代”[②]。在云计算、大数据、深度学习算法、人脑芯片的催化下，人工智能模拟和表现了人类的智慧动力，并以高于人类的工作速度、优于人类的工作精度、胜于人类的工作态度，协助人类解决各种各样的问题，包括危险场合和极端环境的难题，从而形成人类智慧的创造力优势与人工智能的操作性优势之间的强强合作。[③] 人工智能现已成为全球新一轮科技革命和产业变革的着力点，在人类智慧能力无穷增大的“科学梦”背后，是一片蕴藏无限生机的产业“新蓝海”。社会正在从“互联网＋”向“人工智能＋”转型，旧领域生发出新的产业形态，多领域催生了新兴的细分行业，由此创造出巨大的经济价值和社会财富。在谷歌、脸谱、IBM

---

① 何哲：《通向人工智能时代》，载《电子政务》，2016（12）。

② 吴军：《智能时代》，319页，北京，中信出版集团，2016。

③ 参见钟义信：《人工智能：“热闹”背后的“门道”》，载《科技导报》，2016（7）。

等领军企业的带领下，全球对人工智能的关注度不断提升。截至2015年，人工智能国际市场的规模为1 683亿元，预计到2018年将增至2 697亿元，增长率达到17%。在投资规模方面，2015年为484亿元，预计到2020年，投资总量将达到1 190亿元。[①] 可以认为，人工智能将从专业性较强的领域逐步拓展到社会生活的各个方面，人类未来会在“万物皆互联、无处不计算”的环境下精准生活。但另一方面，智能革命也将给我们带来诸多麻烦，也许我们面临着一个社会问题丛生和安全隐患不断的“最坏时代”。到目前为止，人工智能已在全球范围内逐步建立起自己的生态格局，并开始深度介入人类的社会生活。2016年，距离麦卡锡、明斯基、香农等人提出人工智能的概念正好过去60年。在过去的一年，人们看到了许多存在于科幻小说的内容成为现实：人工智能击败了人类顶尖棋手，自动驾驶汽车技术日趋成熟，生产线上活跃着“机器人”群体……“智能时代，未来已来。”[②] 人们在为人工智能的强大能力感到惊叹的同时，也激发了对人工智能安全问题的普遍忧虑，人工智能是否成为人类“最后的发明”?[③] 我们应该如何看待人工智能的潜在风险?

人工智能对人类社会的潜在风险，聚焦于威胁人类自身安全的可能性，涉及人类的生命与健康、尊严与隐私、安全与自由等基本权益。科学家认为，人工智能存在着威胁人类存续的可能性，但这种风险不是由于自发的恶意所引起，而应来自人工智能发展过程中出现的不可预测性和潜在的不可逆性。质言之，人类有智慧能力创造出人工智能，也应有能力和理智来控制人工智能。因此，“最好是期待人类的聪明才智，而非低估它；最好是承认风险的存在，而非否认它”[④]。我们应当思考的不是消灭客观危险，而是在这些潜在的威胁和挑战面前，增强风险认识能力，提高制度风险意识，通过法律和其他社会规范

---

① 参见赛迪研究院：《2016中国人工智能产业演讲及投资价值研究》，2016。

② 李善友：《智能时代，未来已来》，引自吴军：《智能时代》，序二，北京，中信出版集团，2016。

③ 据2014年英国广播公司的报道，著名物理学家霍金表示，“人工智能或许不但是人类历史上最大的事件，而且还有可能是最后的事件”。“人工智能的全面发展可能导致人类的灭绝”。参见张艳：《人工智能给法律带来四大挑战》，载《社会科学报》，2016-08-04；杜严勇：《人工智能安全问题及其解决进路》，载《哲学动态》，2016（9）。

④ ［美］艾伦·达福、斯图尔特·罗素：《人工智能的真正风险》，载《中国经济报告》，2017（2）。

来预防规避风险，引导规范人工智能技术健康发展，这便是法学家、法律家的任务。

人工智能的首要问题是安全问题，可以置于风险社会理论的研究范畴之中。德国学者贝克认为，人类面临着威胁其生存的由社会所制造的风险。现代化正在成为它自身的主题和问题，因此变得具有反思性。[①] 风险概念表明人们创造了一种文明，以便使自己的决定将会造成的不可预见的后果具备可预见性，从而控制不可控制的事情。[②] 在风险理论中，人工智能存在着现代性的负面影响，因此有必要采取风险措施，即预防性行为和因应性的制度。对风险社会问题的法学研究，其重点是法律制度与法律秩序。“法律制度的价值和意义就在于规范和追寻技术上的可以管理的哪怕是可能性很小或影响范围很小的风险和灾难的每一个细节。”[③] 而法律秩序则是法律制度实行和实现的效果，即社会生活基本方面的法律和制度化。现代社会是法治社会，制度风险及风险法律控制是风险社会法学研究理论的基本内涵。

人工智能既是人类文明，亦有社会风险。它或是“技术—经济”决策导致的风险，也可能是法律所保护的科技文明本身所带来的风险。[④] 换言之，知识问题是现代性风险的根本成因，制度以至法律选择的实质应是基于风险的决策。正是在这个意义上，贝克提出知识经济就是“风险经济”，“风险就是知识中的风险”[⑤]。具体说来，人工智能时代的社会风险具有以下特点。

一是风险的共生性。风险社会的内在风险，基于技术性风险和制度化风险而形成，且存在共生状态。人工智能时代是一个高度技术化的社会，科学技术的高度发展既是风险社会的特征，也是风险社会的成因。现代社会中的风险是

---

① 参见［德］乌尔里希·贝克：《风险社会》，何博闻译，16页，南京，译林出版社，2004。

② 参见［德］贝克、威尔姆斯等：《自由与资本主义》，路国林译，121页，杭州，浙江人民出版社，2001。

③ ［德］乌尔里希·贝克：《从工业社会到风险社会——关于人类生存、社会结构和生态启蒙等问题的思考（上篇）》，王武龙编译，载《马克思主义与现实》，2003（3）。

④ 参见成伯清：《“风险社会”视角下的社会问题》，载《南京大学学报（哲学社会科学版）》，2007（2）。

⑤ 薛晓源等：《全球风险世界：现在与未来——德国著名社会学家的风险社会理论创始人乌尔里希·贝克教授访谈录》，载《马克思主义与现实》，2005（1）。

“被制造出来的风险”，是由我们不断发展的知识对这个世界的影响所产生的风险。[①] 马克斯·韦伯形象地指出，人类在不久的将来注定会生活在“技术知识的囚室”[②]。人工智能是知识革命中最具代表性和影响力的时代技术。“对知识体系和技术性知识的信任，是人们在风险社会中获得和持有本体性安全的基础和保证。”[③] 从“反思的现代性出发，对法律及其保护的先进技术仅为信任是不够的，人工智能在其发展过程中出现的不可预测性和潜在的不可逆性”，其本身就是一种风险。同时，人工智能时代的风险含义，还依赖于这样的一个事实，即文明的决策可能触发全球化进程中的一系列问题和一连串的风险[④]，质言之，“风险以决策为先决条件”[⑤]。制度风险可能来自我们的工业制度、科技政策乃至法律规则，或是表现为对新技术无措的“制度缺失”，或是表现为对新技术错判的“制度失败”。这些便是规则运转失灵的风险，其结果形成制度化风险。

二是风险的时代性。在风险社会理论中，风险社会这一概念并不是社会发展类型的某一历史分期，也不是某个具体社会和国家的现实发展阶段，而是对当今人类时代问题的理论概括与形象描述。智能革命是时代的产物，其特点是人类智力与人工智力的结合，智能技术导致智力物质化、社会智能化，最终出现智能社会。[⑥] 智能社会的形成将是一个长期的过程，或者说是一个时代变迁。以人类思维能力和意识的迁移为表征，以智能机器人的活动为中心，人工智能的发展将会递进呈现出不同阶段。如何应对智能时代中现实世界与理念世界的分离，如何防范病毒、黑客对人工智能产品的侵蚀，这种高科技所引发的高风险会持续整个智能革命的时代过程，它是现实的风险，也是未来潜在的

---

① 参见［英］安东尼·吉登斯：《失控的世界：全球化如何重塑我们的生活》，周红云译，24 页，南昌，江西人民出版社，2000。

② 转引自［英］安东尼·吉登斯、斯科特·拉什：《自反性现代化》，赵文书译，74 页，北京，商务印书馆，2001。

③ 许斗斗：《技术知识与风险社会》，载《中共福建省委党校学报》，2005 (9)。

④ 参见［德］乌尔里希·贝克：《“911”事件后全球风险社会》，王武龙编译，载《马克思主义与现实》，2004 (2)。

⑤ ［德］乌尔里希·贝克：《世界风险社会》，吴英姿译，4 页，南京，南京大学出版社，2004。

⑥ 参见童天湘：《人工智能与社会发展》，载《自然辩证法研究》，1992 年增刊。

风险。

三是风险的全球性。经济全球化、科技全球化、信息全球化乃至治理机制的全球化，不可避免地带来风险的全球性。反全球化主义者认为，全球化正在催生另一种形态的帝国体制：互联网是“信息帝国主义”，世界贸易组织是“市场帝国主义”，国际货币基金组织是“金融帝国主义”，而联合国是“政治外交的帝国主义”[①]。贝克对此作出了自己的判断：全世界面临着社会认同解体、价值利益冲突、主体组织对立、国家立场对峙、生态环境破坏等不确定因素，这些危机与发展遍布全球，形成对人类生存的新威胁。[②] 可以认为，风险社会是一种“全球风险社会”，风险的空间影响超越了地理边界和社会文化的边界。正如吉登斯所言，“在全球化的时代里，风险的影响被普遍化了”[③]。在人工智能风险的国际应对方面，2016 年联合国发布《人工智能政策报告》，表达了对人工智能的关注，并针对人工智能技术发展带来的各种问题，提出了新的思考方式和解决途径。报告呼吁世界各国加强在人工智能技术研究与开发领域的合作，共同应对智能机器人在就业、伦理道德以及法律层面带来的挑战。

科学技术在人类的文明进步中总是扮演着最活跃、最革命的角色。面对智能革命，我们不能逃避它、否定它和阻止它。上述判断依赖于以下两点事实：第一，人工智能技术在造福人类的同时也加大了人类危害自身的可能性，这是技术的负面性与风险的不确定性的联系。第二，传统社会治理体系无力解决工业社会过度发展而产生的社会问题，这是法律的确定性与风险的不确定性的背离。对于现代各国而言，人工智能发展的政策考量，其实是基于风险的制度选择和法律安排，我们应“通过法律化解风险”，“通过法律吸纳风险”，“将风险社会置于法治社会的背景之中”[④]，即对智能革命时代的法律制度乃至整个社会规范进行新的建构。

---

① 薛晓源等：《全球风险世界：现在与未来——德国著名社会学家的风险社会理论创始人乌尔里希·贝克教授访谈录》，载《马克思主义与现实》，2005（1）。

② 参见薛晓源等：《全球风险世界：现在与未来——德国著名社会学家的风险社会理论创始人乌尔里希·贝克教授访谈录》，载《马克思主义与现实》，2005（1）。

③ ［英］安东尼·吉登斯、克里斯多弗·皮尔森：《现代性——吉登斯访谈录》，尹宏毅译，7 页，北京，新华出版社，2001。

④ 杨春福：《社会风险的法理解读》，载《法治与社会发展》，2011（6）。

二、人工智能技术在挑战我们的法律

智能革命的出现，对当下的伦理标准、法律规则、社会秩序及公共管理体制带来一场前所未有的危机和挑战。它不仅与已有法律秩序形成冲突，凸显现存法律制度产品供给的缺陷，甚至会颠覆我们业已构成的法律认知。就调整人工智能相关社会关系的法律制度而言，人们的担忧多于期待、疑虑甚于创制。现择其主要问题分析如下。

1. 机器人法律资格的民事主体问题

随着人工智能技术的快速发展，机器人拥有越来越强大的智能，机器人与人类的差别有可能逐渐缩小。未来出现的机器人将拥有生物大脑，甚至可以与人脑的神经元数量相媲美。美国未来学家甚至预测：在 21 世纪中叶，非生物智能将会 10 亿倍于今天所有人的智慧。[①] 是否赋予机器人以虚拟的“法律主体资格”，在过去的一段时期，美英等国的哲学家、科学家包括法律家都为此开展过激烈的争论。2016 年，欧盟委员会法律事务委员会向欧盟委员会提交动议，要求将最先进的自动化机器人的身份定位为“电子人”（electronic persons），除赋予其“特定的权利和义务”外，还建议为智能自动化机器人进行登记，以便为其进行纳税、缴费、领取养老金的资金账号。该项法律动议如获通过，无疑使得传统的民事主体制度产生动摇。

机器人是机器还是人，在法理上涉及主客体二分法的基本问题。在民法体系中，主体（人）与客体（物）是民法总则的两大基本制度。主体与客体、人与物之间有着严格的区别。凡是人以外的不具有精神、意思的生物归属于物，是权利的客体。主客体之间这种不可逾越的鸿沟现在正发生动摇。[②] 从基因时代到智能时代的一个重要变化是，传统民法的主、客体框架已然打破：人的遗传基因物质不能简单作为客体物看待，而没有生命但具有人工智能的机器人也有可能被赋予法律资格。将机器人视为“人”，赋予其相应的主体资格，难以

① 参见杜严勇：《论机器人的权利》，载《哲学动态》，2015（8）。

② 参见梁慧星：《从近代民法到现代民法》，载《中外法学》，1997（2）。

在现有的民法理论中得到合理的解释。民法意义上的人，须具有独立之人格（权利能力），该主体既包括具有自然属性的人（自然人），也包括法律拟制的人（法人）。日本学者北川善太郎认为，在民法上，“法的人格者等于权利能力者”，关于人或法人的规定，“表现了最抽象化层次的抽象的法人格”[①]。法人格概念的意义在于揭示民事主体的内在统一性和实质，界定主体与客体的关系。“民事能力概念的意义在于揭示民事主体的差异性，具体刻画民事主体存在与活动的状态与特征。”[②] 从法律技术逻辑层面看，《德国民法典》以权利能力核心概念为中心，进行主体人格的制度设计。在财产权领域，这种构架中的逻辑关系就是“经济人—权利能力—法律人”。在自然人人格场合，“法律人”的成立是以伦理价值为依据，将伦理价值从人的范畴中抽去之后，即通过权利能力将“生物人”自然本性与“法律人”的法律属性直接连接的。而在法人人格场合，由于权利能力扮演“团体人格”的角色，从而形成“团体—权利能力—法律人”的逻辑关系，从而使得法人与同为“法律人”的自然人一样在某些方面享有人格利益成为可能。

基于上述分析，可以认为：机器人不是具有生命的自然人，也区别于具有自己独立意志并作为自然人集合体的法人，将其作为拟制之人以享有法律主体资格，在法理上尚有商榷之处。据多数科技专家研究，由于人造机器没有自身的目的，其工作目的非常特定，且为人类设计者所设计。质言之，机器人生成的目的行为，与人类有目的、有意识的行为性质完全不同；同时，机器人没有自身积累的知识，其机器知识库的知识都是特定领域的，并且都是人类输入的。[③] 在这种情况下，模拟和扩展“人类智能”机器人虽具有相当智性，但不具备人之心性和灵性，与具有“人类智慧”的自然人和自然人集合体是不能简单等同的。换言之，受自然人、自然人集合体——民事主体控制的机器人，尚不足以取得独立的主体地位。

2. 人工智能生成作品的著作权问题

人工智能的实质，是“让机器从事需要人的智能工作”，包括下棋、解题、

① ［日］北川善太郎：《日本民法体系》，李毅多等译，56页，北京，科学出版社，1995。

② 谭启平：《“民法人”的探索》，18页，北京，法律出版社，2009。

③ 参见钟义信：《人工智能：“热闹”背后的“门道”》，载《科技导报》，2016，34（7）。

从事数学发现、学习新的概念、解释视觉场景、诊断疾病、推理条件等。[①] 基于此，文学、艺术和科学作品的创作也在机器人的智能范围之内。从计算机到机器人的发展，在作品创作方面是一个从阅读到写作的跨越。在机器人时代，某些作品就是人工智能的生成内容。据美国 Narrative Science 的预测，未来 15 年将有 90%的新闻稿件由机器人完成，大量的美术、音乐等艺术作品也将出自人工智能创作。[②] 机器人的写作方式，采取“信息→知识→智能”的技术路径[③]，基于“人机合作”系统而导致内容生成。该行为是否构成法律意义上的“独创性”或“主观能动性”，一些国家和地区的法学家试图作出正面回应。有消息称，日本准备立法保障人工智能的著作权作品，以防止机器人创作中的抄袭之风；欧盟法律事务委员会提出动议，拟赋予机器人以著作权。

关于人工智能的生成作品，著作权法有两个问题需要解决，即机器人设计的作品是否享有权利？该项权利应归属于机器还是创制机器的人？据专家研究，人工智能生成的作品，目前还处于在特定的格式和写作模板下传达信息、表达意思的阶段，尚不能无限定格式地写作内容。尽管机器人稿件的表达技巧有限，但仍可以视为著作权法意义上的作品。依世界知识产权组织的权威解释，作品须具独创性，即“作品是作者自己的创作，完全不是或基本上不是从另一作品抄袭来的”[④]。这就是说，人工智能生成之内容，只要由机器人独立完成，即构成受著作权保护的作品，至于其用途、价值和社会评价则在所不问。机器人作品享有著作权，但机器人并不能像自然人作者或法人作者那样去行使权利，换言之，该项著作权应归属于机器人的创造人或所有人。这是因为，机器人是机器而不是“人”，它是依靠数据和算法而完成写作，该机器人以及其写作的技术路径无一不是人类创制。在这种情况下，法律可以通过保护机器人作品以达到保护机器人的创造人和所有人的目的。具言之，可参照著作

---

① 参见於兴中：《当法律遇上人工智能》，载《法制日报》，2016-03-28。

② 参见杨延超：《机器人来了，法律准备好了吗?》，载《检察时报》，2016-06-17。

③ 计算机的写作过程，大抵以大量文本语料（信息）的数据为基础，通过快速阅读并形成表达意思的专题模板（知识），最后通过语言模型进行加工合成（智能）。参见吴军：《智能时代》，314～315 页，北京，中信出版集团，2016。

④ 世界知识产权组织编：《知识产权纵横谈》，北京，世界知识产权出版社，1992。

权法关于职务作品或雇佣作品的规定，由创制机器的“人”而不是机器人去享有和行使权利。

3. 智能系统致人损害的侵权法问题

智能型“新一代机器人”，与传统的执行重复任务的工业机器人不同，它拥有相对的自主权和更高的人工智能水平，且将广泛而深入地参与人类社会的生活。“智能型机器人”的广泛使用，在带来高效和便捷的同时也不可避免地对人类带来伤害。① 机器人致人损害有两种情形：一是侵权人对智能系统进行非法控制而造成的损害。例如，黑客、病毒等人为因素侵入互联网，进而控制人类家庭的儿童看护机器人、助老机器人、护士机器人或其他智能系统，由此导致危及人类的后果。在这种情况下，发动黑客攻击或传输病毒的侵权人应该承担法律责任自不待言，这些不是本文研究的主要话题。二是智能系统自身的产品瑕疵而造成的损害。据报道，早在 20 世纪 80 年代，日本即发生过工业机器在作业现场将工人置入机器压死的事件；2007 年，美国食品药品监督管理局收到 200 多份投诉，指控医疗外科手术机器人对病人造成烧伤、切割伤以及感染，其中包含 89 例导致病患死亡的事件。上述致人损害的事由，究竟是机器人创制者的技术漏洞，抑或智能机器管理人的不当使用，甚至可能是人工智能系统超越原控制方案的“自身行为”？在这种情况下，就必须对机器人的过错行为原因进行分析，以查找侵权主体构成并分担赔偿责任。

关于智能系统致人损害责任的认定，有两种责任方式可供选择：一是基于行为人过失所产生的产品责任。在侵权责任法中，产品责任是指产品生产者、销售者因生产、销售缺陷产品致使他人遭受人身损害、财产损失或有致使他人遭受人身、财产损害之虞而应承担的特殊侵权责任。致人损害的产品，必须存在缺陷，它包括制造缺陷、设计缺陷、警示缺陷、跟踪观察缺陷。② 上述情形符合智能系统致人损害责任的一般特征。2016 年，联合国教科文组织会同世界科学知识与技术伦理委员会发布报告指出，由于机器人一般被视为通常意义

① 参见肖尤丹：《机器人需要“守法”吗?》，载《人民日报》，2014-07-21。

② 参见杨立新：《〈中华人民共和国侵权责任法〉精解》，184～190 页，北京，知识产权出版社，2010。

上的科技产品，机器人以及机器人技术造成的损害，可由民法中产品责任的相关规定进行调整。从产品责任的认定条件来看，机器人造成的损害可归类于机器人制造者和销售者的过失，包括产品制造的过失、产品设计的过失、产品警告的过失以及没有尽到合理的注意义务。① 二是基于技术中立原则所产生的替代责任。关于技术产品致人损害，技术中立原则可提供责任规避。所谓技术中立原则，是指任何技术本身原则上都不产生责任承担，但是一项特定技术的主要商业用途是用来从事侵权或其他违法行为的，那么该项技术即不适用“技术中立”原则。在这种情况下，适用替代责任较为适宜。替代责任又称为转承责任，最初出现在代理关系与雇佣关系中，即被代理人对代理人实施的，得到被代理人“授权”或“批准”的侵权行为承担责任，雇主对其雇员在“雇佣期间”实施的侵权行为承担责任，概称为“为他人侵权行为承担责任”②。在替代责任情形中，机器人本无瑕疵，符合技术中立原则要求，但机器人的所有人或使用人，或不尽善良管理人之义务，或放任机器人的侵权行为，则不能以技术中立原则免除责任。

4. 人类隐私保护的人格权问题

网络空间是一个真实的虚拟存在，是一个没有物理空间的独立世界。在这里，人类实现了与肉体分离的“数字化生存”，拥有了“数字化人格”。所谓数字化人格就是“通过个人信息的收集和处理勾画一个在网络空间的个人形象”，即凭借数字化信息而建立起来的人格。③ 个人信息包括了当事人不愿他人知道或他人不便知道的隐私信息，主要类别有：个人登录的身份和健康状况、个人的信用和财产状况、电子邮箱地址、网络活动踪迹等。在信息化社会，这些零散的和广泛的个人信息有可能被收集，并进行数据处理，从而拼合成所谓数字化人格——在很大程度上是被迫建立的人格，个人毫不知情的人格。在今天和未来，当移动互联网、大数据和机器智能三者叠加后，我们生活在一个“无隐私的社会”④。

---

① 参见腾讯研究院：《全球人工智能政策及对我国的启示》，2017年1月。

② 徐爱国：《英美侵权行为法》，247～248页，北京，法律出版社，1999。

③ 参见齐爱民：《私法视野下的信息》，62页，重庆，重庆大学出版社，2012。

④ 吴军：《智能时代》，331页，北京，中信出版集团，2016。

面对大数据对个人隐私潜在的威胁，我们必须重视智能革命时代隐私权的保护，有三点举措可供采用：一是增强自我保护意识。在当下的移动互联和今后的万物联网的时代，我们本身就是隐私的泄密者：智能手机安装了太多而不甚使用的APP，社交网络讲了太多而不适宜公开发表的言论，都可能造成隐私泄露；还有各种电子产品，从带有GPS的照相机到与WIFE相连的智能电器，都精细地记录私人的行踪和生活信息。在人工智能时代，挖掘个人隐私是由机器完成的，因此保护隐私，须从自己做起，对智能电器有防范之心。二是强化企业保护用户隐私的责任。企业须负有保护用户隐私的意愿和责任，“这将是用户隐私是否得到有效保护的关键”①。在当下，用户数据日益聚集在大型互联网或数据处理的企业手中，对其进行保护个人隐私的责任约束就显得非常重要。在欧盟和美国，根据政府要求，也出于用户主张，服务条款应特别声明从用户获得的数据属于用户本人，如对个人数据有不当处置，应承担责任。这不仅是合同规定的违约责任，也是违反法律的侵权责任。② 三是加强网络、电讯隐私保护的专门立法。隐私权的保护应以民法保护为基础，明确隐私权的权利属性、权能内容、保护方式等；同时以专门法律保护为补充，规定特定领域的特定主体隐私保护的原则和办法。例如，美国1974年制定《联邦隐私权法》，是隐私权保护的基本法，后又于1986年通过《联邦电子通讯隐私法案》，2000年出台《儿童网上隐私保护法》，此外还颁布了《公民网络隐私权保护暂行条例》、《个人隐私与国家信息基础设施》等法律。欧盟则在1997年通过《电信事业个人数据处理及隐私保护指令》之后，又先后制定了《网上个人隐私权保护的一般原则》《信息公路上个人数据收集处理过程中个人权利保护指南》等相关法规。隐私权的保护，是信息时代特别是人工智能时代的法律难题。智能革命不断深入发展的过程，亦是隐私安全风险增大与法律保护强化的过程。

---

① 腾讯研究院：《全球人工智能政策及对我国的启示》，2017年1月。

② 2017年3月通过的《中华人民共和国民法总则》第111条规定：自然人的个人信息受法律保护。任何组织和个人需要获取他人个人信息的，应当依法取得并确保信息安全，不得非法收集、使用、加工、传输他人个人信息，不得非法买卖、提供或者公开他人个人信息。

5. 智能驾驶系统的交通法问题

人工智能在交通领域的重要应用是网联自动驾驶。智能驾驶通过导航系统、传感器系统、智能感知算法、车辆控制系统等智能技术，实现了“人工智能+无人驾驶”，颠覆了以往的人车关系、车车关系。为推动智能驾驶产业的发展，美、德、日等国都在探索，甚至出台了有关交通责任分配的法律规范和安全检测市场准入的监管政策。①

无人驾驶汽车可能带来的法律问题，主要有：一是法律规制对象的转变。无人驾驶意味着交通领域的准入资格，不再是驾驶人的驾驶技术，而是无人驾驶汽车的智能化水平。换言之，随着无人驾驶中驾驶人概念的消失，法律规制的对象不再是车辆的驾驶人员，而将是智能驾驶系统的开发者、制造者。二是法律责任体系的重构。以过错责任为基础而建立的“风险分配”责任体系，在未来的交通法规中将不复存在。对于道路交通事故的认定，其归责事由只有结果的“对与错”，而无主观上的“故意”或“过失”②。三是交通监管重心的变化。以交通安全为目标，以往交通管理部门监管的重点是汽车装置的安全性能和驾驶人安全驾驶技能；而在智能驾驶中，避险保障和精确驾驶的软硬件体系，是道路交通检测、准入的重点。

6. 机器“工人群体”的劳动法问题

人工智能技术发展的基本面向，是对人—机关系的改变。智能机器人的大规模应用，一方面推动了社会生产力的发展，大大提高了生产效率；另一方面也带来了社会结构的变化，使得人与机器人的关系成为社会生活的重要方面。以保护劳动者利益为宗旨的劳动法，面临着前所未有的两个难题：一是传统劳动法的调整功能消减。据牛津大学的调研报告，未来将有 1 000 万非技术工种被机器人取代，其中包括文秘、工人、中介、司机等一大批岗位。报告特别指出，目前软件工程师所做的工作将会被智能机器人所代替，即创造者被其创造

---

① 1968 年，联合国制定《道路交通公约》，其中规定，汽车的控制者必须是人而非电脑。2016 年 2 月，美国改变这一规定，允许无人驾驶汽车上路；同年 9 月，美国交通部发布针对从事无人驾驶技术厂商的指导意见书，参见张田勘：《无人驾驶汽车上路需法律先行》，载《新京报》，2016-09-22。

② 参见刘笑岑关于无人驾驶汽车的法律问题访谈，载《法制日报》，2016-11-26。

的技术产品所代替。[①] 这些都对现有劳动者的权利带来冲击。大批劳动者离开传统岗位，其权益救济更多是寻求社会保障法，那么“劳动法是否面临消亡的命运”[②]？二是未来劳动法将面临新的调整对象。机器人抢夺人类的饭碗，人工智能“工人群体”正在形成。对机器人权利保护或者说禁止对机器人滥用，在当下尚是一个社会伦理问题，而在未来就成为劳动立法问题。欧盟法律事务委员会动议，主张人工智能具有“工人”身份，并赋予其劳动权等“特定权利与义务”。韩国政府起草了《机器人伦理宪章》，其要点包括：保证人类能够控制机器人、保护机器人获得的数据、禁止人类违法使用机器人、防止人类虐待机器人。应该认识到：智能机器人本质是机器，但亦有人的属性，对智能机器人的尊重就是对人类自身的尊重。可以预见，上述伦理规范将成为未来立法的组成部分。

法律制度总是滞后的，但关于法律问题思考应该是前瞻的。面向智能革命时代，我们应在认识和分析现行法律困境的基础上，探索与科学文明相伴而生的制度文明，创制出有利于人工智能健康、有序发展的社会规范体系。

三、面向未来时代的制度构成：法律、政策与伦理

法律制度的发展与变革，每一过程的路径选择和规则设计，其法律思维一般都是客观事实分析与主观价值判断的综合。就法律制度建设而言，如果总是基于技术及其效应的充分显现，以此形成以技术事实为基础的社会规范，那么法律制度的滞后现象将会十分严重，最终导致技术法律对技术“匡正”的失效和无力。“我们所体验到的那种无能为力并不是个人失败的标志，而是反映出我们的制度无能为力。我们需要重构我们曾经有过的这些制度，或者建立新的制度。”[③] 面向未来时代的制度构成，应以人工智能的技术发展与规制为主题，形成包含法律规则、政策规定和伦理规范的社会治理体系。关于理念、规范、

---

① 参见於兴中：《当法律遇上人工智能》，载《检察日报》，2016-06-17。

② 杨延超：《机器人来了，法律准备好了吗?》，载《经济参考报》，2016-07-05。

③ ［英］安东尼·吉登斯：《失控的世界：全球化如何重塑我们的生活》，周红云译，15页，南昌，江西人民出版社，2000。

体制与机制的制度设计，笔者拟提出如下构想。

1. 以安全为核心的多元价值目标

人工智能法律的价值分析，源于法律理想与现实、应然与实然的对立。人工智能时代的法价值是人类法律理想价值观的追求，是价值这一哲学范畴的法律化表现。法律的理想价值总是高于法律现实价值，可以为法律制度的演进提供目标指引和持续动力。人工智能法律既具有一般法价值的构成要素，又有着其特殊法的价值内容，从而形成自身的法价值体系。其中，“正义是社会制度的首要价值”①，也是作为一般法的普适价值，其蕴含的人格正义、分配正义、秩序正义构成了人工智能法律构建的正当性基础。在最高法价值指引之下，人工智能法律还存在着专门法的特别价值，这主要是安全、创新和和谐。

安全是人工智能时代的核心法价值。安全价值是对整个社会秩序稳定的维护。对此，法哲学家雷加森斯·西克斯言道：“如果法律秩序不代表一种安全的秩序，那么就不是一种法律。”② 安全价值是许多法律部门共同追求的目标，且通过不同的制度或调整方法来实现。例如，刑法、行政法通过刑事责任或行政责任方式来实现社会秩序安全，民法通过侵权法来保护交易安全和财产秩序。人工智能作为未来时代技术尚在深入发展之中，但在当下已引发人们对其安全问题的普遍担忧。人工智能超越人类智能的可能性，人工智能产生危害后果的严重性，以及人工智能技术本身内在的不确定性，这些因素足以构成法律以及其他规范防止风险的必要性。关于风险规制的安全规范，包括人工智能产品的伦理规范、人工智能技术的应用规范、人工智能安全的监测规范等，都是相关法律制度设计和安排需要考量的问题。

创新是人工智能法律的价值灵魂。在特定的时代背景下，特定的法律制度会包含若干不同的价值项，而且其各自的价值侧重点也有着不同。当代经济的发展着重依靠知识和信息的生产、分配和利用，创新业已成为知识经济时代的主要特征。面向人工智能革命，创新不仅反映了人与自然的关系，而且反映了人

---

① 沈宗灵：《法·正义·利益》，载《中外法学》，1993（5）。

② 引自［美］博登海默：《法理学：法律哲学与法律方法》，邓正来译，196 页，北京，中国政法大学出版社，1999。

与人的关系、个人与社会的关系，成为一个具有普遍意义的关系范畴。创新价值体现在人工智能发展政策制定与立法活动之中，其主要制度设计是：(1) 谋划国家发展战略。在整体性、全局性的政策层面，对人工智能技术和相关社会变革作出相应的战略部署。(2) 制定产业促进与监管的政策法律。在立法和政策层面，推进智能驾驶系统、智能机器人、精确医疗、语言识别、人脑芯片等核心技术的研发和应用，同时明确准入规范，制定安全标准，完善配套设施，营造健康、有序的监管环境。(3) 完善知识产权创新激励机制。通过权利保护、权利交易和权利限制等制度，促进技术创新和新兴产业发展。总的说来，国家通过战略指引、法律规范和政策安排，将创新这一行为上升为“规划理性”的法价值，体现了人在价值发现中的能动性干预和控制。①

和谐是人工智能时代的终极价值追求。所谓和谐发展，是一种配合适当、协调有序的理想动态，这是一种涵盖周延的目标系统，包括人的和谐、社会的和谐、自然的和谐，以及人与社会、自然的和平共存与进步。和谐价值实现的理想状态，即人工智能社会的良性健康和有序。在智能机器人的发展过程中，和谐价值具有引导性功能。为保证人类社会的和谐稳定，对人工智能产品进行伦理设计、限制人工智能技术应用范围、控制人工智能的自主程度和智能水平等，都应以和谐价值作为指引方向和评价准则。

2. 以伦理为先导的社会规范调控体系

人工智能时代的文明，需要相应的行为规范作为社会关系的调整器。就整体而言，文明要求社会对自身内部错综复杂的关系进行自觉的协调，以不断完善自身的组织和管理，达到各种社会关系的有序与和谐。从人类文明创始到现今人工智能时代开启，社会行为规范已然成为一种制度体系。社会规范调控体系或系统，是指在一定的国家、地区、领域内存在的，由一定的社会经济关系所决定的社会规范而构成的相互联系、相互制约的统一体。在社会规范体系中，法律与道德作为两种重要的调整手段，从不同方面、以不同方式、通过不

① 在法哲学理论中，人的理性可以分为“实践理性”和“规划理性”。前者是接受性理性，表现为道德经过长期教化而为人们自然接受为价值；后者是能动性理性，即在特定情况下人为地设计出符合规律的价值。

同机制对社会生活的不同领域发挥不同的影响和作用。

对于人工智能社会关系的调整，伦理规范具有一种先导性的作用。这是因为法律规范基于现实生活而生成，且立法过程烦琐，因而总是处于滞后境地；而伦理规范可以先行和预设，对已变化或可能变化的社会关系作出反映。在发达国家，对人工智能的伦理研究早于立法研究。近年来，欧洲机器人研究网络（EURON）发布《机器人伦理学路线图》，韩国工商能源部颁布《机器人伦理宪章》，日本组织专家团队起草《下一代机器人安全问题指引方针》，美国国家科学基金会和美国国家航空航天局设立专项基金对“机器人伦理学”进行研究。[①] 此外，一些行业组织、公司企业也在伦理规范方面强化人工智能专家的专业责任。例如日本人工智能学会内部设置了伦理委员会，谷歌设立了“人工智能研究伦理委员会”，旨在强调科研人员的社会责任，并对合理研发人工智能提供指导。概言之，伦理规范的调整功能非常独到且重要，例如：对智能机器人预设道德准则，为人工智能产品本身进行伦理指引；规定人工智能技术研发及应用的道德标准，对科研人员进行伦理约束。上述伦理规范，为后续法治建设提供了重要法源，即在一定时候，伦理规范亦可转化为法律规范，实现道德的法律化。

3. 以技术和法律为主导的风险控制机制

人工智能技术不仅是高技术，而且是高技术的核心，可称之为高技术核。[②] 智能技术的“核爆炸”，既对社会经济带来变革性的影响，也会产生技术性风险，即“人类在利用技术时违背技术自身规律而产生的社会风险”[③]。人工智能时代的风险防范和治理，可采取技术控制与法律控制的综合治理机制。

法律控制是风险治理机制的重要手段。立法者必须重视控制风险功能的法治化。例如，专利法具有激励科技创新的制度功能，其授权客体的扩充及其权益保护，是激励人工智能发展机制的法律表现。与此同时，专利法也要

---

① 参见腾讯研究院：《全球人工智能政策及对我国的启示》，2017 年 1 月。
② 参见童天湘：《人工智能与社会发展》，载《自然辩证法研究》，1992 年增刊。
③ 王学忠：《技术社会风险的法律控制》，载《科技与法律》，2008 (4)。

注重权利客体的排除领域，以及禁止权利滥用，限制权利行使等制度规则的适用，限制和排除人工智能的潜在危害。此外，还应辅之以相关科技法律、法规，对人工智能的研发、使用和传播建立限制机制、禁止机制以及惩戒机制。

技术控制是风险治理机制的重要措施。技术规制表现为法律规范、政策规定和伦理规则等。风险社会理论指引下的技术规则有以下特点：风险规避的主要路径，是事先预防而不是事后补救（即从技术研究开始规制，以预防技术产生的负面效应或副作用）；风险规避的基础范式，是从技术研发到应用过程的责任制度（包括社会道义责任、科学伦理责任和法责任）；风险规避的重要措施，是奉行技术民主原则（包括技术信息适度公开和公众参与、公众决策）。[①]

防范人工智能的技术性风险，不仅涉及强化法律规制的传统制度改造，而且要求建立以社会监管为重要内容的政策体系，同时形成以全面理性（包括社会理性和科学理性）为基本内涵的风险控制机制。

中国正在走向人工智能时代。世界新一轮科学革命、产业变革与我国转变经济发展方式形成历史性交汇。对人工智能的发展和规制进行制度安排，是时代新潮流，也是国际大趋势，更是本土创新发展的内在要求。笔者认为，在制度构建方面，目前有三项重点任务：一是尽快出台国家发展战略，以此作为人工智能政策体系的支撑。从国际层面看，美、德、英、日等国加快人工智能顶层战略设计，从国家层面统筹人工智能发展。[②] 在我国，《“十三五”国家科技创新规划》和《“十三五”国家战略性新兴产业发展规划》，对人工智能发展作出重要表述。但总体而言，我国人工智能政策还没有上升到国家战略高度，人工智能的战略地位凸显不足，人工智能发展的统筹协调部门未予明确，政府、

---

① 关于以技术批判理论为基础的技术规制，参见刘铁光：《风险社会中技术规制基础的范式转换》，载《现代法学》，2011（4）。

② 2016年10月，美国国家科学与技术委员会先后发布两份战略报告——《国家人工智能发展与研究战略计划》和《为人工智能的未来做好准备》，标志着美国为推动人工智能发展而作出的国家努力。参见何哲：《通向人工智能时代——兼论美国人工智能战略方向及对中国人工智能战略的借鉴》，载《电子政务》，2016（12）。

社会以及企业的责任分工尚未厘清。[①] 国家发展战略应是关于人工智能问题的整体性谋略和全局性安排，它是一个涉及战略目标、战略任务、战略措施的政策制度体系。中国必须高度关注智能革命发展前景以及引发的相关社会变革，尽快作出相应的战略政策部署。二是及时制定《机器人伦理章程》，以此作为人工智能研发、应用的道德基础。在一些发达国家，对人工智能的伦理研究早于法律研究[②]，诸如《机器人伦理宪章》《机器人伦理学路线图》等，都是将安全评估和风险防范作为人工智能伦理规范的重要内容。我国似可组织政治家、科学家、企业家、法学家参加的专家小组，编写机器人伦理章程，构建人工智能伦理规范，其要义包括：设计伦理框架，为机器人预设道德准则；强化科技专家的社会责任，为人工智能研发、应用提供道德指引；引导公众接纳人工智能，为调整人—机关系规定道德模式。[③] 三是适时进行机器人专门立法，以此作为人工智能法律的基本规范。人工智能技术对传统法律制度带来巨大挑战，以至现有的法律理念与规则在“高技术核”面前几乎无所适从。在这种情况下，法律制度需要创新变革自不待言，而寻求一个调整人类与智能机器相互关系的专门法将是一个最终的选择。对此，欧盟的立法行动最快。据报道，欧洲议会已正式向委员会提出议案，拟制定“人类与人工智能/机器人互动的全面规则”，这或将是首个涉及机器人的立法草案。[④] 我国在人工智能领域发展相对滞后，但相关立法活动应未雨绸缪，组建专家团队对机器人专门法律开展研究，其重点包括：人工智能的法律地位、人工智能生成内容的权利归属、人工智能损害后果的责任分担、人工智能风险的法律控制等。

---

① 参见腾讯研究院：《全球人工智能政策及对我国的启示》，2017 年 1 月。

② 早在 2007 年 3 月，为防止人类“虐待”机器人，并防止机器人“背叛人类”，韩国政府起草了《机器人伦理宪章》，旨在对机器人的角色和功能设立道德指南。

③ 美国科幻小说家阿西莫夫提出的“机器人学三大法则”，即机器人不得伤害人，也不得见人受到伤害而袖手旁观；机器人应服从人的一切命令，但不得违反第一定律；机器人应保护自身的安全，但不得违反第一、第二定律。该法则被广泛认为是人类——智能机器人之人机关系的道德法则。

④ 参见中新网 2017 年 2 月 19 日，据《欧洲时报》题为《“机器人法则”成真，欧盟将立法区分机器人与自然人》的报道。

结 语

未来时代已经到来。这是一个创新的时代，创新不仅反映了人与自然的关系，而且反映了人与人的关系、个人与社会的关系，已成为一个具有普遍意义的关系范畴。人们在生产力、生产关系和上层建筑所有领域中进行的创造性活动，即技术进步和制度变革都是一种创新过程。智能革命引发的法律、政策和伦理话题刚刚开始，伴随人类社会的知识创新，我们需要跟进理论创新和制度创新。法学家和法律改革家们需要秉持理性主义精神，去发现和探索一个理想的法律制度体系。我们有理由相信，科学技术的智慧之光与法律制度的理性之光，将在人工智能时代交相辉映。

人工智能生成发明的专利法之问*

一、研究背景：人工智能技术应用及其专利发展现状

人工智能技术与基因工程技术、纳米技术并称为21世纪三大尖端技术，是一门关于模拟、延伸和扩展人的智能的理论、方法、技术及应用系统的技术科学。人工智能以数据存储为基础，以机器算法为手段，其核心是利用计算机来模拟人的某些思想过程和智能行为。这种通过算法实现智能的计算机，后来又运用于图像、语言处理和与硬件之间互动等方面，从而形成人工智能技术应用的四大领域：（1）机器学习技术。即计算机通过对已有数据的处理和学习，从而拥有分析判断和作出最佳决策的能力。其代表性技术成果有深入学习、增强算法、人工神经网络，可广泛用于广告媒体、制造、消费、医疗、教育等。（2）自然语言处理技术。即计算机可以识别、理解和处理人类自然语言（文字、声音等），包括将人类语言转化为计算机程序可以处理的形式和将计算机数据转化为人类语言两种形式，其代表性技术成果有信息检索、多语处理、语音识别等，可用于穿戴设备、智能家居、智能汽车、无人翻译等。（3）图像处理技术。即计算机拥有人类的视觉功能，可以获得、处理并分析和理解图片或

---

* 原载《当代法学》，2019（4）。

多维数据，其代表性技术成果有图像获得、过滤、调整以及特征提取等，其应用领域包括安防监控系统、无人驾驶、体育和娱乐业等。（4）人机交互技术。即计算机系统与用户可以通过人机交互界面进行交流，其代表性技术成果有计算机图像学、交互界面设计、增强现实等，其应用场景即是当下和未来农业、工业、服务业的智能机器人。总体说来，人工智能让机器拥有同于甚至高于人类智慧能力的大脑和器官，使它具有人类的视觉、听觉和感觉，能够像人类一样记忆、认识、识别、判断和选择。概言之，人工智能模拟和表现人类的智慧能力，从而形成人类智慧创造力优势与人工智能的操作性优势之间的强强结合。① 这一技术科学将改变甚至颠覆人类现存的生产、生活和交流方式，由此形成人类文明史上一个新的时代变迁。

人工智能在发明创造活动中发挥着重要作用，但其作用的类型及其作用程度各不相同，从而形成不同的人工智能生成物，在著作权法中表现为作品，在专利法中即为发明。有学者对人工智能发明采取“二分法”，将发明分为机器作为创造工具的发明和智能机器相对独立完成的发明。也有学者概括智能产业的不同层级，分为：基础层，如数据存储、机器算法等；技术层，如机器学习、语音识别、图像处理等；应用层，如无人驾驶，智能硬件等。② 多数学者根据人工智能与发明创造的频谱关系，从机器在最终发明创造成果中的贡献力程度出发，将人工智能发明分为三类：一是辅助生成发明，即作为创造工具而完成的发明，智能机器仅是作为辅助手段而未对发明成果产生实质性影响；二是合成生成发明物，即人机合一完成的发明，是机器在人类指导下完成的技术方案；三是独立生成发明，即机器具有独立思维和自我意识所作出的发明。后述两种类型就是我们讨论的人工智能技术的“可专利性”问题。

机器独立生成发明，是人工智能技术仿人智能化和智能自主性发展水平的体现，其基于数据和算法所完成的发明，是与传统发明创造活动不同的技术方案。英国学者 Erica Fraser 在《计算机作为发明者——人工智能对专利政策和

① 参见钟义信：《人工智能“热闹”背后的“门道”》，载《科技导报》，2016（7），15页。

② 参见张平等：《人工智能对知识产权法律保护的挑战》，载《中国法律评论》，2018（2），6页。

专利法律的影响》[①] 一文中列举了最有代表性的三个实例。

1. 基因编程（genetic programing）。基因编程是一种仿效生物进化过程的人工智能形式。它可以通过一种自动生成和选择程序，创造出生物遗传工程所需要的新一代解决方案。例如，对基因进行排列组合，在重组、改变、繁殖和删除中反复实验，从中得到性能最好的解决方案。基因编程生成发明有两个特点：第一，在仿效生物进化过程中，虽有人类指定目标、适应的度量和终止标准，但在基因编程中通常没有人为干预；第二，基因编程擅长优化已有的发明，往往用于重建已知专利发明，生成非侵权的解决方案。无论如何，人工智能在基因编程方面的应用，突破人类精力和体力的局限，显示了最优技术方案的有效性和先进性。

2. 人工神经网络（artificial neural network）。人工神经网络是一种应用类似于大脑神经结构而进行信息处理的数学模型。神经网络是一种运算模型，拥有类似于人类大脑神经突触联接的结构，由大量的节点（或称神经元）相互联接构成，通过调整内部大量节点之间相互连接的关系，从而达到处理信息的目的。这种网络具有学习功能、联想存储功能和高速寻找优化解的能力。将人工智能应用于神经网络，旨在模拟人脑的神经元模型，经过单层到双层直至多层神经网络，形成强于大脑神经系统的模拟能力，从而进行独特性的知识表达和智能化的信息处理。特定用途的人工神经网络本身就是一种“创造力机器”。美国计算机科学家斯蒂芬·泰勒（Stephen Thaler）博士创制了“创造力机器”（creativity machine），即“一种能自动生成有用信息的装置”，而这种“创造力机器”又独立发明了“一种基于原型系统和方法的神经网络”[②]。人工神经网络的应用价值极为可观，最为称道的是用于创新药物的筛选或已知药物的新用途发现，提高资源和时间利用率，并有效找到医药实验的优先级。

3. 机器人科学家（robot scientists）。机器人科学家是“一种将人工智能

---

① Erica Fraser，Computers as Inventors-Legal and Policy Implications of Artificial Intelligence on Patent Law，scripted，Volume 13，Issue 3，December 2016（DOI：10.2966/scrip.130316.305），pp. 316－317.

② Ryan Abbott，I Think，Therefore I Invent：Creative Computers and the Future of Patent Law，57 B.C.L. Rev. 1079（2016），pp. 1083－1084.

算法与物理实验机器人技术相结合，机器自主进行科学实验的系统”①。机器人科学家实际上是新一代的超级计算机，其载体为能独立推理、将理论公式化乃至探索技术科学知识的智能系统。它有着超强的智能硬件结构和海量的数据软件支持，能够从亿万个运算结果中找出最优选择方案，或者最终产生前所未有的新的技术方案。概言之，即让机器人独立从事科学研究，实现科学发现过程的自动化。机器人科学家可用于解答生物学难题、研发新药、探索宇宙等研究领域。未来学家称 21 世纪将是一个机器人科学家与人类科学家并存的时代。

遗传编程、人工神经网络、机器人科学家是人工智能独立生成发明物的基本类型。人工智能独立生成发明是一种相对意义的概念，从实质上讲，在上述三类发明创造活动中，我们依然可以看到人类智力劳动的贡献，后者在人工智能发明创造中依然发挥了目标制定、输入数据和提供基本材料的作用，可以认为，人工智能目前还不能完全摆脱人类的指引而自主独立地进行发明创造活动。② 这是基于当下“弱人工智能时代”的初步判断。科学家预测，基于人工智能系统的不可预测性、可进化性、高效率和精确化的特征，未来时代的智能机器人有望代替或超过人类智慧进行技术方案优化或实施人力难以独立完成的发明。在“强人工智能时代”和“超人工智能时代”的未来，人工智能有可能独立自主地进行科学研究和技术开发，由此产生完整意义上的机器生成发明，这不仅将改变人类社会的精神生产方式，而且会对现行专利制度带来挑战和冲击。

人工智能可专利性类型，涉及基础专利、功能专利、商业模式专利、系统软件专利、标准必要专利等多种形式。人工智能时代已经到来，诸如机器学习、语言处理、图像识别、人机交互、人脑芯片等核心技术的研发和应用，使得人工智能技术方案成为全球专利布局最为重要的领域。人工智能的创造主体和投资主体寻求专利法保护，成为权利人获取利益回报和维持技术优势的重要

---

① 朱雪忠等：《人工智能产生的技术成果可专利性及其归属研究》，载《情报杂志》，2018（2），71 页。

② 人工智能发明的发展大体包括三个阶段：人类在人工智能领域开发技术改进产品；人工智能系统具有学习能力和神经网络等在特定技术领域有所发展；人工智能系统自主开发技术改进自己。参见王瀚：《欧美人工智能专利保护比较研究》，载《华东理工大学学报（社会科学版）》，2018（1），96 页。

途径，可以说知识产权“胜者为王”。人工智能专利实践已经走在前头，发达国家多是通过对立法扩大解释和先行判例解读，对这一新技术提供专利法庇护。但是，就人工智能独立生成发明而言，其与以“人类发明者为中心”的专利制度和理论并非完全契合，相关制度冲击和理论挑战已为知识产权界高度关注：一是人工智能发明的可专利性问题，如何开放“授权范围”和规制“排除领域”。二是人工智能专利的主体资格问题，有无必要区分“发明机器”和“机器发明人”。三是人工智能专利授权的判断性标准问题，如何调整“现有技术”认定、“普通技术人员”识别以及“现实效果”评价规则？以下将就这些问题作出探讨。

二、人工智能生成发明能否作为可专利主题?

通过申请专利以寻求对发明创造成果的保护，是人工智能产业主体形成并维持技术优势和竞争优势的主要法律措施。审时度势，将人工智能作为“可专利主题”，业已成为世界各国特别是发达国家促进本国创新发展的重要专利政策立场。关于专利授权范围，各国专利法大抵从两个方面作出规范：一是明确“可专利主题”。在一些国家，专利立法或司法判例大致地划定了专利客体范围，落入这一范围的发明创造原则上就是专利法的保护客体。二是设置“专利排除领域”。依据各国专利立法或司法判例，一般都有规定不可专利的主题，这些被专利权排除的智力成果，或者是缺乏足够的技术性，无法成为专利法意义上的技术方案；或者即使是专利法意义上的技术方案，但因具体的政策性目标而被明确排除。①

(一)“可专利主题”的扩张与人工智能发明

在现代各国专利立法和授权实践中，“可专利主题”，即可被授予专利的新的技术方案，一直都处于调整变动之中，总的趋势是“可专利主题”的范围逐渐扩大。在一些国家和地区，诸如计算机软件、商业方法、基因物质发现等，已然成为专利授权对象。在美国，“可专利主题”在宪法、立法、司法乃至专

① 参见崔国斌：《专利法：原理与案例》，52页，北京，北京大学出版社，2012。

利局文件中都有规定。现行专利法第 100 条将“可专利主题”定义为任何“发明”（invention）或“发现”（discovery），并在第 101 条将其具体化为“方法、机器、产品或物质的合成”四种类型。[①] 联邦最高法院宣称，除了自然现象，自然规律和抽象思想外，“可专利主题”范围被界定为“阳光下人类制作的任何成果”[②]。两百多年来，美国专利法对“可专利主题”的规定没有实质性变化，但通过法院的判例解读，特别是对实用技艺及其法定分类的定义和解释，将新技术包括基于计算机软件所产生的发明纳入专利客体范围。日本专利法关于“可专利主题”即“发明”的规定也并无修改，但在《专利审查指南》中对发明是否为“利用自然规律的具有创造性的技术方案”的专利判断标准作出有弹性的扩大解释。日本特许厅在 2000 年《专利审查指南》中，对适用“工业性原则”作出新的解释，凡使用软件与硬件资源协调运作以实现某一目的的算法运作或信息处理，都被认为是“利用自然规律的技术方案”。上述变化为计算机软件、商业方法提供了“可专利主题”的空间。

《中华人民共和国专利法》第二条对“可专利主题”有一个概括而明确的定义：“发明，是指对产品、方法或者其改进所提出的新的技术方案。”国家知识产权局 2010 年《专利审查指南》对技术方案作出了描述性解释，即技术方案是技术手段的集合体，这些技术手段利用了自然规律，旨在解决特定的技术问题，通常体现为技术特征。2017 年，国家知识产权局对《专利审查指南》又作出重大修改：（1）关于商业模式的可专利问题。一般而言，商业实施等方面的管理方法是智力活动的规则，属于不授予专利权的客体。修改后的《专利审查指南》对“纯粹商业方法”与“技术性商业方法”作出了明确区分，对于包含了技术特征的商业模式，不排除其获得专利权的可能性。（2）关于计算机程序的可专利问题。通常而言，计算机程序是算法的一种，本身属于智力活动的规则，不能授予专利权。修改后的《专利审查指南》对“计算机程序本身”与“涉及计算机程序的发明”作出严格区分，前者不属于可专利主题，但后者

① See 35 U. S. C. 100 (a) & 101；参见王太平：《知识经济时代专利制度变革研究》，34 页，北京，法律出版社，2016。

② Diamond v. Chakrabarty，447 U. S. 303 (1980)，p. 309.

允许采用“介质＋计算机程序流程”的方式撰写权利要求。

从过往的计算机软件、商业方法到当下的人工智能的专利保护问题，总是引起学术界的争议和产业界的质疑。对于开放人工智能生成发明专利申请主要是围绕相关制度影响所产生的效果评价展开的。反对者的疑虑主要集中在以下两个方面：一是专利制度成本增加。人们凭借人工智能系统的自动生成将会以较低的时间和金钱成本获取海量且多样的技术方案，这会诱发大量的投机性专利申请，增加专利审查业务量，进而影响专利的整体授权质量。二是专利市场竞争失序。借助人工智能强有力的数据分析处理技术，人们实验研究和发掘未知的能力将大幅提高，如果开放人工智能发明的专利申请，会引发高新技术领域的“圈地运动”，具有激励创新等法价值的专利权利就沦为了简单的竞争工具。[①] 这些质疑的观点，并不足以作为否定人工智能发明成为“可专利主题”的理由。就专利立法目的而言，宏观层面上是提高创新能力，促进科学技术进步和经济发展；微观意义上是鼓励发明创造，推动发明创造的产业应用。作为新技术方案的产出工具，人工智能位居发明创造活动的上游，其本身就是一种突出的技术创新。无论是下游的产品创新或方法创新，还是上游的发明工具创新，概为专利立法目的之所在，都值得专利权予以保护和激励。简言之，我们不应以某一发明是借助人工智能完成，或属于人工智能自主生成为由，而对其关闭专利授权的大门。也有学者从事实假定出发，列举了人工智能发明非专利主题的若干消极后果。一是授予专利权利以激励技术创新的制度目的落空。如果相关发明创造归于公共领域，则“搭便车”行为将会盛行，新技术利益的外溢会使相关产业主体的获利远低于开发成本，而市场中的“无利”也终将表现为智能产业创新活动中的“无力”。二是技术方案公开化和商业化的制度运行受阻。如果专利权拒绝保护人工智能发明，那么智能生成的最具有价值的技术方案将倾向于采取商业秘密保护模式，这将导致技术信息的封闭，以及技术重复开发的资源浪费；而没有或不能采取商业秘密的技术方案，其投资预期没有

① 有学者对人工智能专利的消极性影响进行了归纳总结，但认为这并不能否认其获得专利保护的可能性，参见曹建峰等：《人工智能对专利制度的影响初探》，载《中国发明与专利》，2018（6），55页。

产权的有效保护，所以没有人愿意对这些技术进行产业应用和商业开发。[①] 至于大量申请案所带来的专利审查工作负担，不仅与人工智能发明的“可专利主题”问题无直接关系，而且还可借助人工智能技术提高检索效率，缓解工作负累。目前，专利审查人员可以借助专利大数据和智能算法的结合，提高专利检索的速度和准确率；在将来，更加成熟的人工智能技术，还有望独立地完成专利检索任务，从效果层面提高专利审查与授权的质量。

（二）人工智能生成发明的专利排除

“专利排除领域”是专利权客体制度的另一问题。“可专利主题”的技术方案，须具备法律规定的专利性（即新颖性、创造性和实用性）才能授予专利，但具备专利性的发明创造并非都能受到专利权保护，各国专利法或判例法总是要给出关于专利授权的一系列排除或例外。在客体问题上，明确人工智能专利的排除领域也许更为重要，也就是说，在有限的例外情形之外，所有人工智能都有可能成为“可专利主题”。作为例外的人工智能主题有以下三类情形。

1. 有悖公共秩序的发明。发明创造如果有悖公共秩序，即违反国家法律、损害社会公德或者妨害公共利益，则不能授予专利权。各国专利法大抵规定有“公共秩序”条款，同时“公共秩序”条款也是知识产权的国际法准则。依据世界贸易组织的《知识产权协定》第 27 条第 2 款，各成员国可以将某些发明排除在专利授权范围之外，如果这些发明违反公共秩序或公德，损害人类和动植物的生命和健康，或者破坏生态环境。欧盟《关于生物技术发明的法律保护指令》第 1 条确认了生物技术发明的主要法律保护模式是专利权，同时在第 6 条根据“公共秩序”原则将克隆人的技术、人类胚胎的商业利用、人体基因序列的简单发现的基因技术作出了专利排除的特别规定。[②] 人工智能是知识革命中最具代表性和影响力的时代技术，从反思的现代性出发，对法律所保护的先进技术仅为信任是不够的。人工智能存在威胁人类社会的可能性，对可能出现

---

① 参见单晓光等：《人工智能对专利制度的挑战与应对》，载《福建江夏学院学报》，2018（4），4 页。

② See Official Journal of the European Communities，Directive 98/44/EC of the European Parliament and of the Council on the legal protection of biotechnological inventions（6 July 1998），available at：https：//eur-lex. europa. eu/LexUriServ/LexUriServ. do? uri=CELEX：31998L0044：EN：HTML.

的技术风险有赖于法律制度来有效控制，对危害公共秩序的人工智能产物，如杀手机器人、智能赌博工具、隐匿盗窃工具等，都应在专利排除的范围之列。

2. 不属于技术方案的发明。技术方案是为解决技术问题而提出的技术手段的集合。在这个意义上，并非所有的发明创造都属于专利法意义上的发明，各国专利立法通常将科学发现、智力活动的规则和方法、疾病的诊断和治疗方法等列为“专利排除领域”。现择主要而述之：（1）科学发现。发现是对物质世界的认识，即对自然界客观存在的未知事物及其特性和规律的揭示。这些发现也是一种智力创造成果，但不具有发明专利所必备的技术性，即不是用以解决特定技术问题的技术手段集合体（技术方案）。发明和发现虽然有着本质上的不同，但两者关系密切，许多发明即建立在发现的基础之上，没有发现就没有后续的发明。寻找从前未知的自然物质是一种发现，而采取技术方法将其从自然界中分离或提取出来，则属于发明①，在基因工程领域，“专利只能授予发明而不能授予发现”的传统理论遭到质疑。专利法的一个重要变革就是淡化发明与发现的概念区别，给予基因技术基础研究成果以专利保护。人工智能领域涉及基础研究、技术研究及其应用研究。基于人工神经网络、基因编程、机器科学所产生的智力创造成果，是发现还是发明没有必要先行认定，而可以直接审查其本身是否符合专利条件，对于人工智能中的某些真理性、规律性认识，如果能够提出某种实际用途或者具备潜在应用功能的，应作出有实用性的判断。（2）智力活动的规则和方法。专利法上所谓的“智力活动规则和方法”，是人脑进行精神和智能活动的手段和过程，是引导人们对信息进行思维、判断和记忆的方案，属于抽象思想的范畴；它不是自然规律的利用过程，也不是一种为解决技术问题所提出的技术手段，更不可能解决技术问题和产生技术效果，因此不属于可授予专利权的技术方案。但是，人工智能利用智力规则和方法所产生的新技术，如果符合专利的实质性要件，可以获得专利授权，诸如程序算法、商业方法的可专利性即是如此。一般而言，计算机程序是一种为了得到某种效果而由计算机执行的代码化指令序列，是一种科学算法的表达形式的聚合，它所体现的是一种智力活动规律和方法，但是将这一程序输入计算机并

① 参见文希凯主编：《专利法教程》，45 页，北京，知识产权出版社，2003。

使软件和硬件结合运行之后，从而构成一种技术方案，能够实现某种技术目的、达到某种技术效果，即属于专利授权的对象。将专利客体范围延伸至程序算法、商业方法，并没有改变专利排除抽象思维的基本原则。正如学者所言："程序算法依然对现实世界的物理因素（计算机）有着直接依赖，也正是因为这种物质依赖保证程序算法从本质上是操作现实世界里存在的机器的方法，而不是抽象的思想规则。"[①] （3）疾病的诊断和治疗方法。医疗方法是以人或动物为直接实施对象，进行疾病诊断和治疗的过程。因为医疗对象体质特征的差异性和既往病史的特殊性，某一医疗方法无法在临床实践中标准化地大规模使用，因此不具备专利法上所要求的实用性。在专利审查实践中，西医的外科手术方法、中医的针灸和诊脉方法通常都被列为"专利排除领域"，但是有关诊断和治疗疾病的仪器设备可以申请专利。关于医疗方法的可专利性，在一些国家的专利实践中有扩张之势。在美国，许可制度已延及与基因诊断有关的专利。美国最高法院判例，否认自然产生的 DNA 片段作为"可专利主题"，但承认 CDNA（complementary DNA，即在一定条件下合成的基因构成或"遗传微粒"）可取得专利。在日本，特许厅放开再生医疗技术和基因医疗技术的可专利领域，包括上述医疗方法和技术所涉及的皮肤、角膜、肝脏、血管等组织和细胞。[②] 在中国，从人道主义和社会伦理的角度出发，专利法将"疾病的诊断与治疗方法"排除在专利授权范围之外。但是出于对医疗技术进步与人类健康的考量，诊断和医疗中适用的仪器、设备和药物等可以作为专利权的客体。在香港中文大学申请的"胎儿基因测序计算机系统专利"一案中，北京知识产权法院判决认为，该权利要求是以计算机程序流程为依据的功能模块框架，属于产品权利要求，而非方法权利要求，因而撤销专利局、专利复审委员会的无效决定。[③]

---

① 崔国斌：《专利法上的抽象思想与具体技术——计算机程序算法的客体属性分析》，载《清华大学学报》，2005（3），45 页。

② 参见王太平：《知识经济时代专利制度变革研究》，67～71 页，北京，法律出版社，2016；魏衍亮：《美国判例法对医疗方法的专利保护及其对我国的借鉴意义》，载《法律适用》，2003（1—2），137 页；张沧等：《与"以疾病的诊断和治疗方法"可专利性的有关几个问题探讨》，载国家知识产权局法条司主编：《专利法研究（2004）》，121～122 页，北京，知识产权出版社，2005。

③ 参见北京知识产权法院（2017）京 73 行初 3261 号行政判决。

3. 某些特定技术领域的发明。在早期的专利立法中，出于国内产业发展状况和科技发展水平的考量，包括美日在内的许多国家都曾将某些技术领域的发明排除在专利授权范围之外。但在知识产权保护一体化的今天，各国之间的“可专利主题”范围大抵相同。《中华人民共和国专利法》第25条规定有两类技术发明不予保护：一是动物和植物品种。根据《植物新品种保护条例》的规定，植物新品种可适用专门法保护。此外，微生物品种以及动植物品种的生产方法，可以申请专利保护。二是用原子核变换方法获得的物质。各国专利法包括中国专利法，基本上都将此列入专利排除领域，但是为实现核变换方法的各种设备、仪器及其零部件等，可以申请并取得专利保护。此处讨论的与人工智能有关的某些特定技术领域的发明，包括存在“机器偏见”（Machine Bias）、“黑箱算法”（Blackbox）的人工智能技术，具有某些不可预测和潜在的不可逆的某些危害，这些技术能否作为“可专利主题”值得商榷。笔者建议，或是在专利法“公共秩序”的弹性条款中进行立法释义，或是由法官根据具体情形进行司法裁量，都是可以考虑的解决方案。

三、谁是人工智能生成发明的发明人和专利权人？

主体资格是民事主体在民法（包括知识产权法）上的法律人格，是自然人及其组织成为民事主体的法律前提。[①] 主体人格独立和法律地位平等是确认民事主体资格的基本原则。在民法上，“法的人格者等于权利能力者”[②]。在自然人那里，是以伦理价值为依据，通过权利能力赋予“生物人”以“法律人格”；在法人领域，则是以“团体人格”为基础，通过权利能力赋予“团体”即自然人集合体以“法律人格”。在一般民事主体法律关系中，民事主体是享有民事权利、履行民事义务和承担民事责任的人，财产所有人（包括原始取得和继受取得的物的所有人）即权利主体。但是在知识产权法律关系中，作为主体存在的人则有着不同的类分：在发明创造活动中，有通过智力劳动的事实行为而成

① 参见李开国：《民法基本问题研究》，54页，北京，法律出版社，1997。

② ［日］北川善太郎：《日本民法体系》，李毅多等译，56页，北京，科学出版社，1995。

为主体的作者、发明人；在权利原始取得中，有通过国家机关授权的法律行为而成为主体的著作权人、专利权人。在有的情况下，作者即著作权人，发明人即专利权人，他们之间存在着同一性关系。但是也存在许多这样的情形，作者、发明人与相关权利人并非同一主体。在本文述及的专利法领域，即可能出现发明人与专利权人“二元主体结构”，这就为我们解读人工智能专利的主体资格问题提供了重要的思想方案。

（一）智能机器人的主体资格争议

随着人工智能技术的快速发展，机器人与人的差别日益缩小。未来机器人将会拥有可与人脑神经元数量相媲美的生物大脑，其工作和服务将更加智能化和人性化。美国科学家库兹韦尔甚至预测，在21世纪中叶，非生物智能将会10亿倍于今天所有人的智慧。[①] 是否赋予智能机器人以“主体资格”，美欧等国的哲学家、科学家包括法律家在过去的一段时间内对此有过激烈的争论。2016年，欧盟委员会法律事务委员会向欧盟委员会提交动议，主张以“电子人”身份定位最先进的自动化机器人，除赋予其“特定的权利和义务”外，还建议为其进行身份登记和开立账户，使其像自然人一样纳税、缴费和领取养老金。虽然欧盟委员会已经否决了该项法律动议，但是该动议本身及其所带来的关于智能机器人主体资格的讨论，对传统的民事主体制度造成了冲击。2017年，沙特政府宣布授予“女性”智能机器人“索菲娅”公民资格，这就意味着具有公民资格的“索菲娅”与其他沙特公民一样，在法律层面拥有各项权利。当然，这是一件极其个别的法律事件，但不可否认也是一个令人震惊的事件，机器人的主体资格问题已然出现。

机器人是机器还是人？这是知识产权乃至整个私法面临的难题。主客体二分法是法理上的一项基本原则，但是主客体之间这种不可逾越的鸿沟现在正发生动摇。[②] 从基因时代发展到智能时代，传统民法的主客体二分框架面临着冲击和挑战：人的遗传基因物质不能简单作为客体物看待，没有生命但具有人工

---

① 参见［美］库兹韦尔：《奇点临近》，李庆诚、董振华、田源译，80页，北京，机械工业出版社，2014。

② 参见梁慧星：《从近代民法到现代民法》，载《中外法学》，1997（2），29页。

智能的机器人也有可能被赋予法律主体资格。对于智能机器人的主体资格，目前学界主要观点可以归纳为以下两派：一是赞成派，主张机器人应被赋予法律人格，是为“有限人格”或“次等人格”。智能机器人享有主体资格有其事实依据和法律渊源。不同于普通的客体物，智能机器人具有相当程度的自主判断能力和决策能力，这是赋予智能机器人主体资格的事实基础；从法律史来看，民事主体由自然人扩展至法人（自然人集合体），民事主体制度演化出独立于自然人人格的“拟制人格”，这是可容纳智能机器人主体资格的制度基础。在资本主义发展史中，法人以法律拟制的主体资格介入民事法律关系，极大地推动了市场经济的发展和繁荣；同理，法律也可以赋予智能机器人以拟制人格，使其参与民事法律关系，为社会经济发展注入活力。[①] 至于智能机器人拟制人格的具体建构，可以有条件地赋予智能机器人部分的法律人格，即有限的权利能力、行为能力和责任能力。[②] 质言之，在未来世界，拥有一定程度的独立思维和自主行为的智能机器人将更多地以“类人主体”的方式出现，即能够表现出部分人类独特性征的拟人化物体。按照上述主张，在未来的私法领域，将会出现三类民事主体：自然人、法人和机器人。二是反对派，认为受自然人、法人等民事主体控制的机器人，尚不足以取得独立的主体地位。所谓的机器人“有限人格”，在法律逻辑上是不成立的，有限的人格是不是真正的人格，值得商榷。机器人没有独立的财产，也即无独立的责任能力，其最终的法律责任承担者都将是人，如此一来，智能机器人的“法律人格”就显得多余。此外，意志能力是自然人和法人获得法律人格的核心要素，不具有完全的独立思维和自主意识的智能机器人作为法律拟制的人以享有法律主体资格，在法理上有值得斟酌之处。[③] 从技术层面而言，人造机器没有自身的目的，其特定的工作目的

---

① 参见［美］约翰·弗兰克·韦弗：《机器人也是人：人工智能时代的法律》，郑志峰译，5～8页，台北，元照出版公司，2018；金东寒主编：《秩序的重构：人工智能与人类社会》，86页，上海，上海大学出版社，2017。

② 参见袁曾：《人工智能有限法律人格审视》，载《东方法学》，2017（5），53～57页；陈吉栋：《论机器人的法律人格——基于法释义学的讨论》，载《上海大学学报》，2018（3），86～87页。

③ 参见杨立新：《人工类人格：智能机器人的民法地位》，载《求是学刊》，2018（4），87～88页；房绍坤、林广会：《人工智能民事主体适格性之辩思》，载《苏州大学学报》，2018（5），71页；赵万一：《机器人的法律主体地位辨析》，载《贵州民族大学学报》，2018（3），158页。

是由人类所设计的，也被人类所限定；同时，机器人自身可以读取和分析的知识信息是由人类输入的，其所支配的知识信息种类和范围都由人类决定。在这种情况下，机器人工作的行为性质完全不同于由人类意志所支配的行为，由自然人和自然人集合体（法人）控制机器人虽然具有相当的智性，但不具有人之心性和灵性，因此不足以取得独立的主体地位。只要人的主体性与智能机器人的客体性不发生根本变化，按照康德哲学“人与物二分法”和“人是目的”的理论，知识产权制度安排就只能将智能机器人作为人的工具（客体），而不能相反地赋予其主体性地位。超强人工智能会不会带来民事主体方面的变化还有待观察，但是可以肯定的是，在当下“弱人工智能时代”，不宜动摇民事主体制度的根基。①

上述关于机器人主体资格的讨论，是有理论价值的，但也是一般意义的。人工智能生成发明与人工智能生成作品有所不同：作品作为文学、艺术活动的创造成果，具有一定的审美力、想象力、表现力，是一种人类的思想“表达”（expression）；而发明表现为工艺操作方法与技能，以及与此相适应的生产工具和其他物质设置，通常以技术目标、技术参数、技术标准作为创造成果的基础，是一种技术方案的“反映”（reflection）。质言之，它是一种技术的“反映”，而不是思想的“表达”。从专利法“二元主体结构”出发，我们可以将人工智能领域的主体作出发明人与权利人的界分，以探讨机器人具有的事实身份或是法律人格，而这些假说将会动摇我们业已构成的法律认知，甚至对现行的专利制度带来冲击。

（二）机器人能否作为专利法意义上的发明人

人工智能能够生成自主创造活动的事实行为。它基于深度学习功能，自行收集、选择、识别数据，最终脱离限定的算法预设，独立生成具有发明意义的技术方案。人工智能这种自我学习、自我思考、自我进行发明创造的能力与人类发明人无异。在前述遗传基因编程、人工神经网络、机器人科学家等智能应用领域，人工智能主要就是通过反复实验和数据挖掘技术进行研发的，较之人

① 参见从立先：《人工智能生成内容的可版权性与版权归属》，载《中国出版》，2019（1），11～12页。

类发明人的同类创新活动而言，其可以更为高效率地模仿和生成大量的技术解决方案。在这种情况下，人工智能不再是作为物质存在的“发明机器”，也不仅是人类发明的“辅助工具”，而可能是独立存在的发明人。有基于此，一些学者借用美国《专利法》第 103 条（a）的规定，即“发明的可专利性不应当因该发明的产生方式而被否定”[①]，以此说明发明的认定不涉及主体的自然属性判断，即技术方案的“可专利性”与发明产生方式无关。

人工智能独立生成发明对“人类发明者中心主义”带来挑战。从“人类发明者中心主义”的立场出发，任何发明创造只可能由有思维和创造力的自然人完成，这在各国专利法中普遍得到认同。《中华人民共和国专利法实施细则》第十三条规定：“专利法所称发明人或者设计人，是指对发明创造的实质性特点作出创造性贡献的人”。发明人只能是自然人，即便是职务发明（或称为雇员发明），发明人是自然人即具体的研发人员，而不能是法人或其他单位。美国《专利法》第 100 条将发明人定义为“发明或发现发明客体的人”，这里的人在立法文件中采用了“person”或“individuals”的表述。此外，美国专利商标局要求发明专利申请文件须写明发明人全名，包括姓氏和名字，没有列明发明人姓名的专利申请文件无效。根据“人类发明者中心主义”原则，发明人有在专利文件上署名的权利。这种署名权是一种人身权，永远归属作为自然人的发明人，可以放弃，但不能转让和继承。同时，署名权表彰的是发明人与发明成果的法律关系（人格关系），对决定专利权的归属（财产关系）并不具备实质意义。人工智能对专利主体制度的挑战，在于未来时代的智能机器不仅是作为物质存在的“发明机器”，而且可能是独立生成的“机器发明人”。这一情形的出现将打破“发明人＝自然人”的“人类发明者中心主义”限制，“人工智能将超越作为发明所使用机器和工具的客体，并将作为智力成果生成的主体，两者在法律地位上将产生重要分别”[②]。我们在专利主体制度方面可以这样构想，未来社会的发明人将分为“自然人发明人”和“智能机器发明人”。

---

① 朱雪忠等：《人工智能产生的技术成果可专利性及其归属研究》，载《情报杂志》，2018（2），73 页。

② 单晓光等：《人工智能对专利制度的挑战与应对》，载《福建江夏学院学报》，2018（4），4 页。

专利法意义上的发明人，不再局限于自然人，对发明的实质性特点作出创造性贡献的人工智能系统，也可以成为发明人。[①] 人工智能的发明人身份有两种类型：在独立生成发明中，人工智能可以视为单一发明人；在智能机器和自然人的共同发明中，人工智能可以具有“共同发明人”身份。

（三）谁有权提出人工智能专利的申请

从立法技术而言，关于专利权归属的相关规定，首先是明确申请专利的权利主体，即涉及“申请专利的权利”；然后规定专利申请提出后，申请人享有决定是否继续进行申请程序或是转让他人继续专利申请，由此产生“专利申请权”；最后规定专利申请批准后的权利归属，即专利权属于提出该申请的主体。可见，在专利法中，申请专利的权利、专利申请权和专利权是三个有关联性的权利。

申请专利的权利，是指发明创造完成后到提出专利申请前，权利主体享有的是否对该项发明创造提出专利申请以及如何进行专利申请的权利。在立法例中，关于申请专利的权利，英国法表述为“申请并获得专利的权利”（right to apply for and obtain a patent），德国法称之为“对专利的权利”（right to a patent），韩国法更为精确地概括为“获得专利的资格”（entitlement to obtain a patent）。从专利审批程序的角度来说，该权利是发明创造专利申请前的权利。

对于此类权利，凡属于非职务发明，申请专利的权利、专利申请权以及专利权均属于发明人，各国专利立法大抵如此。而职务发明的情形较为复杂：《中华人民共和国专利法》第六条规定，申请专利的权利、专利申请权以及专利权均属于职务发明人所在单位；美国《专利法》第 11 条规定，除法律有规定外，专利申请应由发明人本人或发明人授权他人提出；德国、瑞士等国除适用专利法一般规定外，还辅之《雇员发明法》加以调整，即相关权利一般由发明人享有，但亦可以由雇主或雇员协议安排。现在的问题是，在人工智能自动生成或独立开发技术方案的情况下，机器人可以视为发明人，应如何决定申请专利的权利和专利申请权。当下最典型的案例是：美国计算机科学家斯蒂芬·

① 参见曹建峰等：《人工智能对专利制度的影响初探》，载《中国发明与专利》，2018（6），55页。

泰勒发明了“创造力机器”并获得专利，“创造力机器”通过打乱一个神经网络的联接来创造新的输出，并根据操作人设置的标准由第二个神经网络对输出加以感知，最终创造出新的发明。[①] 在智能生成发明的专利文件上，泰勒署名为发明人。这说明，发明是一个智力（或称为智能活动）的事实行为，基于这一法律事件我们可以将人工智能视为发明人；但在涉及权利享有和行使的法律行为方面，只能由自然人或自然人的集合体来充当主体。专利法上的“人类发明者中心主义”基础，就目前发展态势而言，我们对此似无必要颠覆。

（四）人工智能专利权归谁享有

在“专利二元主体”结构中，发明人与专利权人是可以分离的，即使未来法律赋予人工智能以发明人资格，但在人与人的社会关系中，机器人无法像人那样理性并真实地享有权利、履行义务和承担责任。概言之，凡权利的主体须为意思的主体，专利权人应是自然人或自然人的集合体。中国《专利法》将其立法目的描述为“为了保护专利权人的合法权益，鼓励发明创造，推动发明创造的应用，提高创新能力，促进科学技术进步和经济社会发展”。诚然，鼓励发明创造这一专利法宗旨，不会因为直接发明人是机器还是人类而有所改变，但对专利法激励功能作出反映，能够践行其立法宗旨的权利人只能是自然人和法人。2017 年 2 月，欧盟会议通过的《机器人民事法规则》决议，确立了一个重要原则：“人工智能无论如何发展，最终要受到法律规制的依然是人（无论是自然人还是法人），而不是任何机器或装置。”可以认为，从发明创造这一事实行为出发，在未来时代发展的某一阶段，可以承认智能机器人具有发明人身份，但专利权的归属即基于主管机关授权行为产生的法律后果只能归于人类。

关于专利权归属的制度选择，有两种模式：一是创造人保护模式。人工智能在本体上是一种计算机软件系统，其运行机理大抵是：预设思维模型和创造目标——提供数据文本并依算法进行处理——通过深入学习并按照“指令—行动”规则产生技术方案。人工智能进行发明创造活动，需要众多主体参与，包括设计算法程序、输入信息数据、进行技术检测等各项内容的支持。有学者将

---

① See supra note 4，Erica Fraser，pp. 316 - 317；supra note 5，Ryan Abbott，pp. 1083 - 1084.

相关主体列为算法程序作者，数据存储、加工者，技术测试者，人工智能拥有者，应用操作者等。① 上述智力创造成果涉及的相关权利，有算法程序著作权、数据库作者权以及技术方案专利权等。在这里，确定人工智能专利权归属，应以对专利发明作出实质性贡献作为判断标准，是单一权利人或共有权利人在所不问。创造人保护模式多适用于非职务发明创造情形，依据《中华人民共和国专利法》第六条规定，申请并取得专利权的是发明人。当发明的创造性贡献来自多个主体时，可以通过事前协议来明确人工智能发明的专利权归属。二是投资人保护模式。在人工智能研发及其知识产权实践中，多由企业充当智能技术的主要开发者和权利拥有者，他们投入大量资本和人力开发人工智能并将其推广运用，例如研发“Watson”的 IBM 公司、拥有“Alphago”的谷歌公司、推出“小冰”的微软公司等。在这种情形下，可适用职务发明（或雇员发明）、委托发明的相关规定，以保护投资人的利益。一般来说，执行单位（雇主）的任务，或者主要是利用单位（雇主）的物质技术条件所完成的发明，申请和取得专利的权利应属于单位或雇主；接受他人委托而完成的发明，应当以协议约定专利权的归属。如果没有约定，相关权利属于对人工智能发明作出创造性贡献的受委托人。

四、人工智能生成发明在挑战专利授权的判断标准？

新颖性、创造性和实用性是专利授权的三个实质要件，可简称为专利“三性”。尽管各国专利立法对此表述不尽相同②，但专利构成条件的“三性”已经

---

① 参见朱雪忠等：《人工智能产生的技术成果可专利性及其归属研究》，载《情报杂志》，2018 (2)，73～74 页。

② 世界范围内，新颖性用语基本趋于一致；对于实用性，美国法称为“useful”（有用性）或“utility”（实用性），欧洲法称为“industrial application”（产业利用性）；对于创造性，美国法称为“non-obvious”（非显而易见性），欧盟法称为“inventive step”（创造高度），日本和中国台湾地区则称之为“进步性”。See U. S. CONST. art. 1. § 8，cl. 8；35 U. S. C. § 101，102 & 103；The European Patent Convention (EPC)，Art. 54，56 & 57；中国台湾“专利审查基准”（2009 年）第二篇第三章第 3 项；田村善之：《知的财产法》，210～211 页，东京，有斐阁，2010。各国和地区用语略有差异，但内涵基本相同。本文所涉及的比较法研究，将交叉使用上述表达。

成为获得专利权的实质性要件。在现代各国专利法发展过程中，专利“三性”要件一直处于变动之中：新颖性从国内新颖性，发展为混合新颖性，再到世界新颖性；创造性从依附于新颖性[①]，发展为独立要件，再成为专利实质审查的核心；实用性从专利的最初要件，到现在的弱化，甚至虚化。还应指出的是，专利“三性”标准是专利制度兼顾稳定性与灵活性的调适器。针对不同的产业领域和技术发展阶段，“三性”标准的调整是保持专利制度生命力的重要机制，也是公共产业政策经由专利制度予以具体化的基本路径。

（一）人工智能发明的“新颖性”问题

专利的“新颖性”要件，指申请专利的技术方案不属于现有技术，并且不存在抵触申请。新颖性是一种“比较性质的判断”[②]，比较对象是现有技术，也即专利申请日之前在世界范围内公开的技术。公开方式包括出版物公开、使用公开和其他方式公开（如网络公开）。人工智能的算法推理、数据整合、超强算力是人类在常规生理条件下和等同时间范围内不可企及的。人工智能技术在科学研究领域的广泛应用，意味着发明创造活动规模的扩大和产出速率的提高，而机器自动生成的大量技术方案会极大地扩展现有技术文献，并由此产生以下问题。

第一，人工智能生成技术方案的公开是否对抗新颖性？产业主体将自有技术信息进行防御性或进攻性公开以破坏竞争对手可能专利的新颖性，是一个早就存在的专利竞争策略，只不过因为成本问题，这种竞争行为并不常见。但是人工智能的自动发明将会极大地降低这类专利竞争行为的成本，并带来一系列负面问题。美国目前出现的两个网站“ALL Prior Art”和“ALL The Claims”，从美国专利文献数据库以及其他技术文献来源处收集技术信息，通过智能算法进行分析整合，自动生成潜在技术专利的权利要求书和说明书，并将其发布在网站上；该网站以 CC 协议（Creative Commons License）对于可

---

① See Hotchkiss v. Greenwood，52 U. S. 248（1850）. 美国法院在该案中通过对新颖性要件的解释，首次指出发明需要在一定程度上具有区别于现有技术的创造（ingenuity）。

② 尹新天：《中国专利法详解》，200 页，北京，知识产权出版社，2012。

能的具有商业价值的技术信息文本进行公共许可。[①] 虽然该项目声称其目的在于打击当前肆意而为的“专利流氓”（patent troll）诉讼，但是不可否认，类似的机器自动生产技术方案的人工智能，也会被其他产业主体广泛地应用于对抗竞争对手的专利申请计划。如专利权人会围绕自己的已授权专利，采用智能算法收集该领域的技术信息，自动生成与专利技术相关的技术方案，并将其公开为现有技术以防止竞争对手在该领域申请专利。在这个意义上，“新颖性”要件有可能异化为产业主体进行专利竞争的工具，长此以往，势必会有害专利制度的运行秩序，减损专利制度的正当性基础。

第二，人工智能公开的技术文献是否带来新颖性审查瑕疵？现有技术检索比对的不完全性，会造成新颖性判断的不确定性，进而增加专利权的不稳定性。人工智能技术自主产生的大量公开技术文献，都在理论意义上构成现有技术。然而，专利行政部门的专利检索能力、技术和资源都是有限的，因此实践中不可能完全地对所有的现有技术文献进行检索比对。可以预见，随着人工智能自动发明技术的进步，现有技术文献的实际检索比对数量与真实数量之间的差距将会越来越大。而现有技术文献检索比对日益显著的不完全性，势必会导致专利新颖性判断的不确定性，那么带有新颖性瑕疵的授权专利便会增多。[②] 可以认为，现有技术文献的不完全检索比对，会使几乎所有的已授权专利都面临着因新颖性缺陷而无效的风险，换言之，专利权仅仅是推定的权利而非确定的权利。如此，无形的专利权因其不确定性而价值降低，专利转让/许可的交易风险和交易成本徒增，这将有害专利技术的市场交易和产业应用，也将打击人工智能领域的投资信心。

第三，人工智能产生的海量现有技术文献和专利申请书是否对专利审查工作带来冲击？现有技术文献和专利申请案的“爆炸”会增加专利行政部门的工作压力。一方面，产业主体或打击专利流氓诉讼，或干扰竞争对手的专利申请，会采用智能算法自动地产出海量的技术方案。尽管这些技术文献的大多数

---

① The information about “ALL Prior Art” & “ALL The Claims” available at：http：//allprior-art. com/about/；also see：https：//hackaday. com/2016/04/21/all-prior-art/.

② See supra note 4，Erica Fraser，pp. 311－312.

可能是无意义的和无价值的，但是它们依然构成并继续扩张现有技术文献的数量，这将极大地增加现有技术文献检索比对的工作量。另一方面，市场主体或打算占前沿科技高地，或意图从事专利流氓诉讼，会采用人工智能产出技术方案以申请大批专利，这意味着专利行政部门将要处理大量的专利申请案。现有技术文献和专利申请案的“爆炸”势必增加专利行政部门的工作压力，造成审查人员的短缺，导致审查精力的分散，威胁现有专利审查水准的可持续性。

技术具有两面性，技术既可以产生问题，也可以用来解决问题，即技术引发的问题可以由技术来解决。我们不应该忽视，人工智能技术在专利行政审查与管理工作中所产生的积极应用。当下一些国家已经着手研究专利行政工作的智能化改革，如 2017 年 4 月，日本特许厅在第十届知识产权小组会上，对“AI+专利行政管理”的可能性应用进行了深入讨论，并形成了文件：《日本特许厅充分利用人工智能技术》。[①] 该文件将可以优先应用人工智能的专利行政管理业务分为三个层级，其中第二层级即包括现有技术检索业务。此外，美欧地区的发达国家，以及世界知识产权组织，也非常重视“AI+专利行政管理”的应用性技术研究，其中具有代表性的技术项目有四类：专利翻译、专利分类、专利检索和专利分析。目前专利翻译在实务工作中的应用较为成熟，如 2016 年世界知识产权组织开发的一款借助神经网络算法的翻译机“WIPO Translate”，能够胜任 10 种语言的专利文献翻译，具有出色的翻译效率和水平。[②]

（二）人工智能发明的“创造性”问题

专利的创造性要件，指申请专利的技术方案具有非显而易见性，该项发明专利较之已有技术应具有突出的实质性特点和显著的进步。在专利审查制度中，“创造性”虽是最后确立的实质性要件，但后来却成为现代专利审查的核

① 日本特许厅：《特許庁における人工知能技術の活用》（平成 28 年度の取組と今後のアクションプラン），平成 29 年 4 月。中文译介参见周俊、马克、陈燕：《日本特许厅引入人工智能优化专利审查和管理》，载《中国发明与专利》，2018（1），31～35 页。

② Geneva，WIPO Translate：Cutting-Edge Translation Tool For Patent Documents Extends Language Coverage（September 25，2017），available at：https：//www.wipo.int/pressroom/en/articles/2017/article_0007.html.

心环节。1966年，美国联邦最高法院在Graham案中将创造性的判断分为“主体因素”和“辅助因素”两部分。[①] 中国现有的创造性判断标准亦采用上述结构：主体部分采用“三步法”[②]，即首先确定最接近的现有技术，其次确定申请专利的技术方案区别于现有技术的技术特征，以及其实际解决的技术问题，最后在前两步的基础上判断申请专利的技术方案对“所属领域的普通技术人员”而言是否显而易见；辅助的考虑因素包括技术方案是否解决了长期的技术难题、克服了技术偏见、取得了商业上的成功等。

与新颖性类似，创造性也是一个“比较性质的判断”，而“最接近的现有技术”和“所属领域的普通技术人员”是创造性比较判断中最为重要的两个“参照系”。人工智能发明对创造性判断的冲击，也主要体现在这两个“参照系”上：首先，准确且有效地确定“最接近的现有技术”成为一个难题。创造性要件脱胎于新颖性要件，新颖性判断和创造性判断存在一个逻辑上的递进关系，因此人工智能大规模低成本的自主发明对现有技术文献的极大扩充，既对新颖性要件提出了挑战，也对创造性“三步法”判断之第一步“最接近的现有技术的确定”提出了新问题。数量巨大的现有技术文献大大地增加了现有技术的检索工作，而不完全的现有技术检索，也会同样地影响到创造性判断的确定性，以及事后授权专利的稳定性。其次，如何准确地界定“所属领域的普通技术人员”，即创造性的客观判断主体，也是一个棘手的问题。具而言之，人工智能发明对创造性客观判断主体的影响主要体现在以下两个方面。

其一，人工智能的跨领域发明使得创造性的客观判断主体的“所属技术领域”难以确定。在中国，专利创造性审查的客观判断主体是该技术领域内的普通技术人员，因此确定相应的技术领域，是建构客观判断主体的前提。相比于传统的发明创造活动，“人工智能＋”使得跨领域的发明创造活动成本更低，因而更为普遍，简而言之，人工智能“发明者”是一个典型的“复合型人才”。在此背景下，确定判断主体的场域，不再是单一的技术领域，而可能是混合若干不同技术的领域。混合技术领域，相比单一技术领域更为复杂、更为抽象。

① Graham v. John Deere Co. of Kansas City，383 U.S. 1（1966）.

② 中国《专利审查指南》第二部分第四章第3.2.1.1节。

更有学者进一步指出，如果人工智能技术继续发展成熟，那么非显而易见性的客观判断主体理应在所有的技术领域内拟制普通技术人员，而非特定的技术领域。[①]

其二，人工智能技术的发明能力（数量和速度）将重塑“普通技术人员”的含义。作为创造性判断的客观主体，普通技术人员是一个“假设”的概念，但并非一个“假象”的概念。普通技术人员是以生活中现实存在的发明群体为经验材料，经由逻辑加工而抽象出来的一个概念。申言之，法律所拟制的“普通技术人员”类似于韦伯所谓的“理想类型”[②]，既是为经验材料所滋养的法律逻辑，又是为法律逻辑所规整的经验材料，逻辑概念随着经验事实的变动而演进。因此，如果现实层面发明主体的整体发明能力得以提升，那么“普通技术人员”的含义就有必要在逻辑层面予以调整。人工智能的自动发明会大幅提高产业主体的创新能力，相应地，普通技术人员也不应仅仅是熟悉该领域知识的技术人员，而且该技术人员还理应装备相当程度的人工智能装备（如超级计算机）。[③] 更有学者预想，如果人工智能技术发展成为无须人类介入的自主发明，那么参照传统自然人发明的创造性判断主体——熟练的“技术人员”（the skilled person），对人工智能发明专利申请的创造性进行判断的主体，可调整为熟练的“机器发明者”（the skilled machine）[④]。

可以认为，对于人工智能发明而言，现有的专利“创造性”标准是较低的。价值判断因素较为浓厚的创造性，在专利“三性”中最具弹性。考虑到人工智能发明具有出色的创造能力，并会带来大量的专利申请，创造性标准理应有所上调。上述“所属技术领域”和“普通技术人员”的调整方向就是提高创造性标准的具体路径。然而，创造性应当调高到何处才是最佳标准，既是一个关键问题，也是一个疑难问题。一方面，如果创造性标准过低，则垃圾专利增多，形成专利丛林，并为专利流氓诉讼提供便利，这将严重阻碍人工智能技术

---

① See Ryan Abbott, Everything Is Obvious, UCLA Law Rev. Vol 66 (1) (2018), p. 35.

② ［德］马克斯·韦伯：《社会科学方法论》，45～46 页，北京，商务印书馆，2013。

③ See Vertinsky, L. & Rice, T. M., Thinking about thinking machines: implications of machine inventors for patent law, 8 Boston University Journal of Science & Technology Law 574 (2002), p. 595.

④ Supra note 39, Ryan Abbott, pp. 29 - 31.

的可持续发展；另一方面，如果创造性标准过高，则可能多数有价值的人工智能发明得不到专利权保护，这将减损该领域的投资激励，并且产业主体会倾向于将技术方案转向商业秘密保护，如此则不利于技术信息的公开与共享。创造性标准的畸高畸低都不是最优选择，最佳的创造标准也许只是理论层面的，但是基于产业走访调研和数据统计分析的实证研究，我们或许可以调整出更为有效的专利创造性判断标准。

（三）人工智能发明的“实用性”问题

专利的“实用性”要件，指申请专利的技术方案具有工业实用性、重复再现性或有益性。“实用性”本是最早确立的专利实质性要件，但在如今专利实用性审查中却处于被弱化和虚化的境地。在专利实践中，因实用性缺陷而被驳回的专利申请或被无效的专利寥寥无几。然而，人工智能发明的技术复杂性和潜在技术风险，以及人工智能与前沿科技叠加所导致的科学发现与技术发明之间界限的模糊，促使我们必须重新审视专利的实用性要件，深入认识其具体内涵和制度功能。《中华人民共和国专利法》第二十二条规定：“实用性，是指该发明或者实用新型能够制造或者使用，并且能够产生积极效果。”该条文的核心内容有两个：一是技术方案“能够制造或者使用”，即产品专利能够制造，方法专利能够使用；二是技术方案“能够产生积极效果”。前者强调技术方案的“可实施性”，属于事实判断；后者关注技术方案的“实施效果”，更多的是价值判断。对于人工智能发明的专利申请，专利“实用性”的审查重点和标准新变化主要体现在以下三个方面。

首先，通过强调实用性之“可实施性”，敦促人工智能发明技术方案的充分公开。人工智能自主的发明创造活动具有一定程度的技术性和隐蔽性，复杂的技术信息通常涵盖不同的技术领域。人工智能自动生成的技术方案可能由于缺乏详细的技术细节说明和背景信息披露，而不具有可操作性。中国《专利审查指南》对技术方案的“可实施性”作出了进一步解释，即发明创造应当可以“再现”，并将其解释为“所属技术领域的技术人员，根据公开的技术内容，能够重复实施专利申请中为解决技术问题所采用的技术方案”[①]。在这个意义上，

---

① 中国《专利审查指南》第二部分第五章，第 3.2.1 条。

专利技术方案的实用性要求与专利说明书的充分公开要求，存在“法条竞合”的情况，即技术方案因公开不充分而无法实施，既属于实用性缺陷，又属于技术方案的不充分公开。[①] 强调技术方案的“可实施性”，可以敦促人工智能发明的专利申请人尽量地挖掘技术信息，披露更多的技术背景，提供更为详细的技术操作说明。

其次，通过强化实用性之“实施效果”，来预防和控制人工智能发明的技术风险。毋庸置疑，人工智能发明能够带来积极的技术效果和巨大的经济效益，不过人工智能发明也存在着不可忽视的技术风险，包括但不限于安全风险、伦理风险和环境风险。“人工智能存在着现代性的负面影响，因此有必要采取风险措施，即预防性行为和因应性制度”[②]，专利的实用性审查是一个技术风险的事前监管机制。专利实用性之“能够产生积极效果”有两层含义：首先，技术方案可以产生积极的经济效益，可称其为经济实用性；其次，技术方案不会带来消极的社会效果，可称其为社会实用性或无害实用性。美国 Story 法官最早阐释了实用性要件的社会功能，他认为“实用性这一要求的目的，在于限制邪恶和不道德发明的可专利性。发明专利不能对人类福祉、善良风俗和社会道德造成伤害”[③]。换言之，应把经济上有用但是有害社会的发明，排斥在专利实质性要件之外，使发明真正地服务于公共利益的需求。人工智能发明并不全部都能产生积极的社会效果，某些自主生成的技术方案可能会危及人类安全、有害社会风俗、造成环境污染，而人类的介入监管能够最大限度地避免人工智能发明的技术风险，其中专利实用性之“实施效果”的审查，是一个事前预防技术危害的风险治理机制。可以认为，有害发明的专利客体排除与专利申请案的无害实用性审查，共同组成了防范人工智能发明技术风险的安全阀。

最后，通过要求技术方案产业用途的具体性和实际性，来区分科学发现与科技发明，提高人工智能发明专利的产业转化率。生物、化学、医药等前沿科技的发展，模糊化了科学发现与技术发明之间的界限，而实用性审查有助于区

---

① 参见宋岩：《专利实用性与充分公开的竞合适用问题浅析》，载《知识产权》，2015（12），91页。

② 吴汉东：《人工智能时代的制度安排与法律规制》，载《法律科学》，2017（5），128页。

③ Lowell v. Lewis，15 F. Cas. 1018（C. C. D. Mass. 1817），p. 1019.

分基础研究与应用研究。当下人工智能技术被广泛应用在前沿技术领域，例如作为人工智能进化算法的一种，基因编程被应用于复杂的生物技术研究领域。遗传算法会按照要求对基因进行排列组合，不停地反复实验，一直持续到符合实验目标结果的出现。[①] 可以预见，得到人工智能技术加持的前沿科技将得到快速发展，那么原有的科学发现与技术发明界限模糊的问题也会被放大，因此人工智能发明专利申请的实用性审查很有必要。另外，人工智能的自主发明可能会超越人类当前的认知能力，也即部分人工智能发明具有何种技术意义、能够以何种方式予以应用尚属未知。如果任凭这样的技术方案申请专利来“跑马圈地”，独占广阔的未知的知识领域，则会阻碍科学技术的发展。对此，美国专利商标局的实用性审查标准的变化值得我们借鉴。为了应对生物医药技术的新发展，美国专利商标局在判例法的基础上，将实用性审查标准归纳为具体实用性（specific utility）和实际实用性（substantial utility)。前者要求申请专利的技术方案能够为社会公众提供一种界定清晰的具体益处；后者强调申请专利的技术方案必须展示其在当前的条件下对社会公众有用处，而不是证明其在进一步研究之后会对未来社会产生效益。[②] 在人工智能发明时代，强调专利技术方案的具体化用途和实际性用处，一方面可以有效地区别科学发现和科技发明，从而保证相关领域内基础研究的开展；另一方面也可以提升人工智能发明的专利质量，提高人工智能发明专利的产业转化率。

五、研究结论：人工智能时代专利法的价值取向和政策立场

人工智能已经成为全球新一轮科技革命和产业变革的着力点。面向未来时代专利法规范构成，应以促进人工智能技术发展和规制人工智能社会风险为主题，即在“正义”这一最高法价值指引之下，以“创新”和“安全”作为专利制度的基本法价值观，对客体制度、主体制度、授权制度等进行审视，或维

① See supra note 4，Erica Fraser，pp. 316 - 317.

② See USPTO，Manual of Patent Examining Procedure［R-08. 2017］，§2107：Guidelines for Examination of Applications for Compliance with the Utility Requirement.

系、或调整、或重构，以回应人工智能时代的法律挑战。一方面，专利法应充分发挥其“创新之法”和“产业之法”的制度功能，通过授权客体扩充以及主体权益保障，修改和调整专利授权的判断性标准等，通过法律创新和法治实践创新实现“创新发展”的法价值目标；另一方面也要秉持专利法的安全价值观，从时代理性和社会理性出发，通过专利客体的排除领域，以及禁止权利滥用、限制权利行使等制度规则的适用，消解人工智能技术的潜在危害。

人工智能生成作品的著作权法之问*

导 言

从计算机到机器人的发展，在作品创作方面是一个从阅读到写作的跨越。在机器人时代，某些作品就是人工智能的生成内容。据美国 Narrative Science 的预测，未来 15 年将有 90%的新闻稿件由机器人完成，大量的美术、音乐等艺术作品也将出自人工智能创作。机器人大举进入人类的文学艺术殿堂，表现出不凡的“创作”能力，可以效仿伦勃朗的画风作画，酷似巴赫那样编曲，写悬疑小说，构思剧本，创作诗歌，编辑电影预告片。这些表现比机器人下棋更让人类惊叹，这些作品使我们看到机器所具有的审美能力、想象力、创造力甚至是幽默感。2017 年 5 月，微软公司在北京发布了人工智能“小冰”的诗集《阳光失去了玻璃》，计 139 首现代诗。机器人诗集的出版，衍生了一个新概念“人工智能创造”（AI Creation），微软就此提出了“人工智能创造”的三原则：第一，人工智能创造的主体，须是兼具 IQ 与 EQ 的集合体，而不仅仅是具有 IQ；第二，人工智能创造的产物，须能成为具有知识产权的作品，而不仅仅是某种技术中间状态的成果；第三，人工智能创造的过程，须是对应人类某种

---

* 原载百度公共政策研究院。

创造力的行为，而不是对人类劳动的简单替代。①

人类文学艺术的创作过程，是人类基于已有的知识元素在特定情景下进行思想表达，在生物学意义上表现为人类大脑通过算法将人类的听觉、视觉、记忆力等与特定情景相联系，从而产生相应的创作成果。微软的技术人员声称："小冰"学习了 1926 年以来 500 多位诗人的现代诗，经过上万次训练，其写作的思维过程与人类相似，也要经过创作诱发源、创作本体活动、创作成果训练等步骤。但就创作方式而言，机器人不是像人类那样根据语法和要表达的意思编句撰文，而是从大量文本语料中学习写作。具言之，计算机的写作过程，大抵以大量文本语料（信息）的数据为基础，通过快速阅读并形成相关专题的写作模板（表达格式），最后通过语言模型对表达意思的信息进行加工、合成（智能），这是基于"人机合作"系统而导致的内容生成。②

人工智能的生成内容，是属于著作权法意义上的思想"表达"（expression），还是仅对已知事物的"反映"（reflection），一些国家和地区的法学家试图作出正面回应。2016 年，欧盟法律事务委员会向欧盟委员会提出"与软硬件标准、代码有关的知识产权"的相关报告，建议界定人工智能"独立的智力创造"标准，探讨机器人创作的作品纳入著作权范畴的可能性。另有消息称，日本也有立法动议保障人工智能的著作权作品，以防止机器人创作中的抄袭之风。在著作权法变迁的历史上，著作权客体经历了传统的"印刷作品"到现代"模拟作品"再到当代"数字作品""网络作品"的不断演进，而今天的人工智能生成物能否作为"智能作品"受到著作权保护，就成为法学家、法律家共同关注的问题。

一、机器人生成作品是否具有"可版权性"？

著作权的保护范围与创作者的思想表现形式相联系而存在。"思想表现形

① 参见腾讯研究院：《人工智能：国家人工智能战略行动抓手》，253 页，北京，中国人民大学出版社，2017。

② 参见吴军：《智能时代》，314～315 页，北京，中信出版集团，2016。

式”，也称为“表现形式”，是著作权理论中最基本的逻辑概念，它在文学艺术和科学创作领域具象为作品。作者的创作活动可以明确地分为两个部分，一部分是存在作者大脑中的思想，而另一部分是作者的思想表现形式。这种思想表现形式是作品完成的最终形态，其基本构成要素是以文字、语言、色彩、线条、韵律、舞谱等为表现形式的符号，但它成为法律保护的作品尚须具备两个条件：一是独创性（或称原创性），二是可复制性。这些即是作品的“可版权性”要求。

人工智能生成作品与人类创作作品，在“思想表现形式”及其独创性要求方面很难辨识，这是因为它们具备一般作品的“可版权性”条件。依世界知识产权组织的权威解释，作品须具有独创性，即“作品是作者自己的创作，是完全不是或基本上不是从另一作品抄袭来的”①。这里问题的关键是，作者仅指人类作者，可否包括机器人作者？著作权的人格基础如何理解？有的学者认为，著作权总体而言是一种人格主义范畴的权利，即著作权法是以人类智力为中心来构建其保护对象的。从这一基点出发，人的智力活动才能被称为“创作”，人的智力创造成果才能视为“作品”。在著作权法实践中，最典型事例即“猴子自拍照”版权登记案。2011 年，印尼原始森林的一只猿猴使用英国摄影师 David Slate 的摄影设备自拍成照。美国版权局强调，只有人类创作的作品才受保护。“对自然力、动物、植物产生的作品，版权局不会予以登记”，“对机器产生的作品，没有任何创造性输入或没有人类作者的干预而通过自动或随机运作的机械方法产生的作品，版权局也不会登记”②。在中国司法实践中也确立了著作权作品的人类创作条件。例如，长沙动物园诉当代商报社、海底世界（湖南）有限公司侵犯著作权及不正当竞争纠纷案中，法院认为“海豚所作出的表演，实质上是因驯养员的训练而产生的条件反射，是驯养员训练思维的一种机械性、生理性反应工具，海豚不具有法律意义上的人格意义，既不是表演者，也不能构成著作权的权利主体”③。著作权法的人格主义原则是不能动

---

① 世界知识产权组织编：《知识产权纵横谈》，北京，世界知识产权出版社，1992。

② Naruto v. Slater，888 F. 3d 418（9th Cir. April 23，2018）.

③ 长沙市中级人民法院民事判决书（2003）长中民三初字第 90 号。

摇的。上述案例说明，人的智力活动成果才能视为作品，没有一定思想的“表达”而仅是生理性、机械性的“反映”，即使具备一定作品的外观，也不能被称为“可版权性”的作品。但现在的问题是，人工智能生成物是否具备人类作者的人格属性，是否需要考量其内在的具有人类智慧的创造力和独创性问题，质言之，该类作品是否属于著作权保护对象？笔者认为，人工智能生成之内容，即“机器创作的作品”，实为人机合作的智力成果，并没有离开著作权法的人格主义基础。这是因为，为特定目的而设计的作品生成软件，概为人类作者设计，不能将“机器作者”与生成软件等同而无视人的智力贡献；人工智能创作过程中，大量储备的文本语料和加工合成的语言模型本身，无一不包含人类作者的创造劳动，这与美国版权局所认定“没有任何创造性输入或没有人类作者的干预，”仅是“自动或随机创作的机械方法”而产生的作品，并非同一情形。有学者作出分析，人工智能在现阶段，也就是弱人工智能时代，仍属于创作工具，其运行的过程并未脱离人类作为软件开发者预设的算法，人工智能创作物本质上仍然是人类作者思想的表达。此时，人工智能创作物如果符合“独创性”条件，仍应被认定为作品，仍应受到著作权法的保护。但人工智能如果发展到强人工智能时代，该人工智能创作物的完成已经在一定程度上摆脱了人类预设的软件算法，更多的是在人工智能自我意识、自我思维的状态下完成，在其符合独创性条件的情况下，能否将其纳入现行《著作权法》的框架，作为与创作者人格属性相关的作品得到保护就成为有待研究的问题。[①] 也有学者从另一视角论证了人工智能生成内容的作品属性。该观点认为，对人工智能生成作品的“可版权性”判断，可以遵循“额头冒汗”原则建立独创性判断的客观标准，不能因为人工智能生成作品的创作主体不是自然人，就否认其“可版权性”，在传统著作权分析框架中，该类作品实际上是一种人工智能对设计版权的演绎作品。[②]

总而言之，在现存人工智能阶段，智能机器人所“创作”的作品，是内在人类智慧创造活动的结晶，在具备独创性和可复制性的条件下，仍为著作权法

① 参见张晓津：《人工智能对知识产权法律保护的挑战》，载《中国法律评论》，2018（2），16页。
② 参见易继明：《人工智能创作物是作品吗?》，载《法律科学》，2017（5）。

意义上的思想表达。

二、机器人能否成为著作权主体的“作者”?

这里涉及两个问题，智能机器人是机器还是人，能否视为著作权法意义上的“作者”？在机器人尚未取得著作权主体资格的时候，人工智能生成作品的权利归谁享有?

智能机器人能否作为权利主体，这是著作权乃至整个私法面临的难题。在法理上，主客体二分法是一个基本原则，但是主客体之间这种不可逾越的鸿沟现在正发生动摇。从基因时代到智能时代的一个重要变化是，传统民法的主、客体框架已然打破：人的遗传基因物质不能简单作为客体物看待，没有生命但具有人工智能的机器人也有可能被赋予法律资格。目前知识产权界关于人工智能的主体资格有两派观点：一是赞成派，主张人工智能应被赋予法律人格，是“有限人格”或“次等人格”。未来世界的人工智能将更多地以“类人主体”的方式出现，即能够表现人类独特性征的拟人化物体。从近代到现代，民事主体范围已不断扩张，具有自然理性的人（自然人）与法律拟制的人（法人）被概称为主体意义上的人。同理，人类智慧拟制的机器人也可以成为民事主体之人。二是反对派，认为受自然人、法人等民事主体控制的机器人，尚不足以取得独立的主体地位。机器人无论以何种方式承担责任，最终的责任承担者都是人，这就使得人工智能的“法律人格”显得多余。笔者认为，法律人格之核心，在于自然人和自然人集合体（法人）的意志能力。机器人不是具有生命的自然人，也区别于具有自己独立意志并作为自然人集合体的法人，将其作为拟制之人以享有法律主体资格，在法理上有值得商榷之处。据科技专家研究，人造机器没有自身的目的，其工作目的是特定的，且为人类设计者所设计。质言之，机器人生成的目的行为，与人类有目的、有意识的行为性质完全不同；同时，机器人没有自身积累的知识，其机器知识库的知识属于特定领域，并且都是人类输入的。在这种情况下，机器人虽然具有相当智性，但不具有人之心性和灵性，与具有“人类智慧”的自然人和自然人集合体是不能简单等同的，受自然人、自然人集合体——民事主体控制的机器人，尚不足以取得独立的主体地位。这就是说，在当下“弱人工智能时代”，非生物智能尚未取代或超越人类智慧，因而不宜动摇民事主体制度的根基。质言之，智能机器人尚不能作为著作权主体。

人工智能生成作品具有“可版权性”，但其智能机器人又不能作为权利主体。在这种情况下，应由“人机合作”中的自然人去享有和行使权利。一般说来，作品的著作权归属，根据法律规定或合同的约定而确定。一般情况下，著作权属于作者所有，在现行著作权法中，作者即人类作者。至于其他人能否成为原始权利主体，各国规定不一。我国规定，职务作品中的雇主、委托作品中出资人可成为原始主体，诸如英国、爱尔兰、加拿大等国也有类似规定。但也有一些国家如法国，规定只有创作作品的人才能成为原始主体，雇佣合同、服务合同的存在，并不影响作者对其作品所享有的著作权。对权利归属问题的讨论有两种结果：倘若反对人工智能生成作品的“可版权性”，将无著作权归属及其行使问题之存在，换言之，机器人作品即使具有相当的创造水平和艺术价值，也只能属于公有领域的作品。在没有著作权保护的情况下，就会出现机器人复制机器人作品、自然人抄袭机器人作品的“合法行为”。著作权领域的“灰色地带”过于泛滥，不利于保护投资人、创造人投入人工智能创作的激情。当然，如果承认人工智能生成作品的“可版权性”，在机器人不具备主体资格的情况下也能确认著作权归属问题。可以认为，机器人作品享有著作权，但机器人并不能像自然人作者或法人作者那样去行使权利，换言之，该项著作权应归属于机器人的创造人或所有人。这是因为，机器人是机器而不是“人”，它是依靠数据和算法而完成写作，该机器人以及其写作的技术路径无一不是人类创制。在这种情况下，法律可以通过保护机器人作品以达到保护机器人的创造人和所有人的目的。具言之，可参照著作权法关于职务作品或雇佣作品的规定，由创制或投资机器作品生成软件的“人”而不是机器人本身去享有和行使权利。

三、机器人生成作品如何取得权利保护?

这里主要讨论机器人作品著作权取得方式和保护期限。著作权取得方式，是指著作权人通过何种方式取得著作权，英美法系国家和大陆法系国家对于著作权的取得方式有着不同的规定，主要包括注册取得和自动取得两种方式。我国著作权法采取自动取得原则，即作者因进行了创作而自动取得作品著作权，无须履行其他任何手续。根据自愿原则，著作权人可以对其创作的文学、艺术和自然科学、社会科学、工程技术作品进行登记。著作权登记不是权利产生之必须，而是作为证明权益存在、解决权利纠纷的证据。考虑到未来人工智能生成作品的海量存在，对该类作品应要求登记备查，以便于确权认定。著作权保护期限有两种计算方式，对于一般作品适用“死亡起算主义”；对于特殊作品，则适用“发表起算主义”。从理论上说，人工智能生成作品著作权期限，不宜采取“死亡起算主义”，即有生之年加死后若干年。这是因为，人工智能无“有生之年”限制，其“生命”周期谓之无限，采取“死亡起算主义”无疑会加大社会公众使用该类作品的成本。因此，机器人作品可以与法人作品、职务作品一样，规定著作权保护期为 50 年。

安全软件警示内容的商业言论规制
——兼评“非公益必要不干扰”原则*

一、引言

作为一类功能特殊且用户必需的软件，安全软件已经逐渐渗透至全体电脑乃至互联网用户的设备中并发挥着强大的数据保护作用。用户可以根据自身需求选择性使用其他各类应用程序，但不可能忽视安全软件的安装，对电脑及网络的使用已经逐渐无法脱离对安全软件的依赖。

自计算机病毒程序产生的第一天起，人类仿佛又一次打开了潘多拉的盒子，计算机病毒、木马程序的泛滥对社会稳定及社会经济造成了巨大的威胁。出于天生对未知的恐惧，电脑及网络用户从心理上急切需要对自身数据、信息和隐私的保护；而基于对国家安全、社会秩序维护的种种考虑，政府也非常重视对安全软件的应用。在此背景下，广大用户和政府对安全软件的重视与依赖也就理所当然。

安全软件的警示功能是其防护功能的重要组成部分，向用户发出警示、在安全隐患爆发之前及时作出安全引导，已经是目前安全软件产品的常规做法。

---

* 本文系作者与吴一兴博士合作完成。原载《电子知识产权》，2015（3）。

但安全软件的警示内容也往往充斥着对其他软件数据安全方面的负面描述，针对这些负面描述的不正当竞争之诉也屡见不鲜。因此，对安全软件警示内容进行法律属性分析并找出规制办法存在其必要性，“非公益必要不干扰”原则就是在此背景下提出的。本文尝试就此问题展开论述。

二、安全软件警示内容与商业言论规制

（一）安全软件警示内容的商业言论属性

当代社会的发展离不开各种经济活动的自由，经济自由的最佳体现在于交易双方的经济决策自由，而保障经济决策的相对正确需要大量经济信息的正常传播。因此，商业言论作为经济信息的重要载体，日益在人类社会活动中发挥重要的作用。目前，商业言论的主要体现形式包括各类媒体的经济报道和经济分析，以及商业主体自身发布的广告言论，本文主要讨论的是后一类商业言论。它们的广泛传播，对社会商业秩序和消费者福利有着巨大影响。

但是，与传统的政治言论和艺术言论不同，商业言论往往充斥着利益导向，特别是市场参与者自身发布的广告言论，通常都具有自利性的特征，而与公共讨论、公共利益存在差异。虽然不同历史阶段、不同国家或地区对商业言论的态度不一，但目前全球性的趋势都倾向给予商业言论以宪法意义上的言论自由保护，而基于其逐利性的特征应当施加较政治言论、艺术言论更严格的限制。正如台湾法官在论述中提到的那样：“商业言论其受保障之程度就无法与本质上为意识形态或教育性之言论等量齐观。该商业言论通常以追求经营者之利润为主要目的，难免有内容不实或者对公众误导之作用，而其他种类之言论则无须顾虑上述情形。”①

安全软件在安装并驻留用户系统后，针对病毒软件、木马程序、垃圾邮件、钓鱼网站等危害电脑系统安全或网络安全的诸多隐患发出警示，是安全软件发挥其防御、防护功能的重要体现。同时，安全软件的这类警示，包含有大量事实判断、价值判断的商业信息，这些信息将会引导、阻止用户从事或不从

① 中国台湾“司法院”公报第38卷第12期，第5页。

事某种操作，从而影响用户的消费行为。[①] 因此，安全软件警示符合商业言论的一般定义，从其发布主体、信息内容、对经济活动影响等方面具备商业言论的特征属性。

当然，安全软件警示与其他软件包含的普通商业广告存在明显不同，这是由安全软件自身功能特殊性和较高用户信赖度所决定的。从软件层级看，操作系统基本上都对安全软件授予特别高的权限，允许安全软件实施分配系统资源、修改系统基本设置、干涉其他软件运行（甚至包括系统软件自身的更新）等行为，从而实现保护系统安全的目的。而从用户感受角度来看，绝大多数用户基于对安全软件的信任以及对系统、网络安全隐患的不了解，对安全软件警示通常都抱持“言听计从”的态度。因此，一方面我们可以认为，安全软件警示是一种特殊的商业言论，由于其保护系统安全、网络安全、用户信息安全乃至国家安全的重大社会作用，应当对其持一种较为宽容的态度。但另一方面，我们也应当认识到，一旦这种宽容态度被安全软件厂商所滥用，日常经济活动的正常运行也将面临很大的威胁。

（二）安全软件警示内容的不正当竞争分析

基于前述分析，安全软件警示作为一种商业言论存在被滥用的可能，有可能对经济决策造成误导，从而扭曲正常的经济秩序。依照目前各国的通常做法，不当商业言论应当受到反不正当竞争法方面的制裁，安全软件警示功能的滥用行为也难辞其咎。

一方面，我们必须承认安全软件警示功能作为商业言论有其存在必要和客观合理性，不应被一刀切地禁止。正常情况下，安全软件警示能为用户提供强大的指示功能，避免安全隐患的爆发，保障用户权益和社会整体安宁。在警示内容真实的前提下，即使安全软件对其他软件产品或服务进行了否定性评价，即使这种评价导致了安全软件厂商与其他软件提供者之间构成了广义上的竞争后果，我们都应当基于安全的考虑对这类商业言论予以容忍。

另一方面，我们同时需要提高警惕的是，安全软件厂商有可能，也有动机利用警示功能的特殊性，对其竞争对手的产品或服务进行与事实不符的负面评

---

① 此处消费行为应采广义理解，包括金钱交易行为，也包括用户对时间、注意力的消费行为。

价（例如根据不存在或不客观的标准将他人软件形容为“恶评软件”“存在安全隐患”等），或者就自身产品/ 服务与其他来源的产品 / 服务进行脱离事实或不恰当的对比评价（例如故意夸大竞争产品 / 服务的某些缺陷，以“更安全”等表述诱导用户使用自己的产品 / 服务）。而这些“不实陈述”或“不当陈述”所包含的信息，实际上会侵犯消费者的知情权，从而作出错误的消费决策。这类行为完全符合我国《反不正当竞争法》对相关不正当竞争行为的定义，应当受到法律规制。此外，鉴于前述安全软件因其特殊功能获得的较高权限和较大信赖，一旦安全软件实施该类行为，其主观恶性和危害结果更甚于一般软件商业言论造成的不正当竞争行为。

因此，我们在给予安全软件警示内容较大言论自由的同时，对安全软件利用警示功能实施不正当行为的认定和规制也应当持以更加审慎的态度。

（三）言论自由与不正当竞争规制的冲突与平衡

如前所述，安全软件警示内容具有商业言论的属性，理应享受言论自由保护。而由于安全软件警示内容的特殊功能，以及对用户消费决策及市场竞争秩序的潜在影响，对其施加一定的反不正当竞争规制又是必要的。无疑就需要我们在言论自由和不正当竞争规制之间寻求适当的平衡。

判定商业言论的办法目前在各国还没有统一的做法，但已有先例可供借鉴。在美国，联邦最高法院最初拒绝给予商业言论以宪法第一修正案所规定的“保护言论自由”的权利，随后虽然作出修改，但始终未能给出检验何种言论归属于商业言论的主要标准，最终发展出一套“更复杂的、多层次的以及以言论背景为导向的”判断商业言论的方法论。而在欧洲，欧洲人权法院对商业言论的概念持广义和狭义之分。广义概念将商业言论实质上拓展至属于不正当竞争法范围的所有言论，而狭义概念将商业言论限制为与公众关注的主题不相关的言论以及由竞争意图所促成的言论。两种概念长期并列，但欧洲人权法院始终没有充分澄清二者的关系。在无法准确定义商业言论的压力下，欧洲人权法院也逐步转向美国同行所采用的方法论。

基于前述平衡言论自由与不正当竞争规制的必要性，以及判定商业言论的复杂性，笔者建议在个案分析时充分考虑以下三点。

1. 言论自由与消费误导之论断

商业言论是否受到不正当竞争规制的前提应当是，该言论已经落入《反不正当竞争法》规制的范围之内，即法官应当从言论的商业性质、意图及效果来判断该言论是否有构成不正当竞争行为的可能。如果言论行为不满足不正当竞争行为的构成要件，则可直接判定该言论不受《反不正当竞争法》约束，而享受宪法意义的言论自由保护。

对于安全软件警示内容的判断，我们也应当具体从安全软件发布该警示内容的商业性质、主观目的和客观效果综合考虑。如果该警示行为仅仅提供一般商业信息或商业经验，没有诋毁他人商誉或诱捕顾客等恶意，也没有造成违反诚实信用商业道德的结果，那么就不适宜对其进行反不正当竞争意义上的规制。反之，如果安全软件出于主观故意散布具有误导性、欺骗性的商业信息，影响了用户的正常商业判断和消费决策，客观上损害了用户权益和竞争秩序，其受到反不正当竞争规制也理所应当。

2. 言论自由与公共利益之衡平

笔者赞成对商业言论进行宪法意义上的言论自由保护，但也强调考虑其他公共利益的必要性以及划分商业言论受保护的边界。商业言论较之政治言论、艺术言论的重要区别就在于其包含具体主体的具体商业利益。平衡单体的经济利益与重大社会公益之间的关系，其关键在于衡量社会总福利的增加或者社会生产效率的提高。

具体到安全软件警示内容，它主要的社会福利在于对用户个人安全的防护以及对社会总体安全的提升，这也是笔者反复强调需要对常规安全软件警示内容给予适当容忍的主要原因。但我们也应当看到，具体的警示内容通常带有对其他市场主体及其产品/服务的否定性评价；我们在考虑保护用户安全必要性的同时，也应当考虑该商业言论发生不实陈述或不当陈述前提下对其他市场经营者造成的损失、用户作出错误商业决策的损失以及正常市场竞争秩序遭到破坏的损失。

尤其是，当具体警示内容存在不实陈述或不当陈述时，它所具备的安全防护功能已经出现了严重减损（甚至客观上可能造成不安全），维护用户安全和社会整体安全已经不是该类言论的初衷和主旨。在此情形下，继续强调依据言论自由赋予该安全软件警示以不正当竞争豁免，已经失去了合法理由。

3. 言论自由与社会必需之辨析

接前述分析，基于宪法保护的言论自由实际上是基本人权的表现之一，也是“构成民主社会的根基之一，构成社会进步和每个人的发展的基本条件之一”。对商业言论的保护主要来源于其“言论”属性，而该保护强度与政治言论、艺术言论相比较低则源于其“商业”属性。

笔者赞同一种说法：商业言论越追求经济利益，其受保护的必要程度就越低；它对于影响公众所关注问题的意见表达得越少，而为了自我利益目的表达的意见越多，那么其受保护的必要程度也就越低。安全软件警示内容也是一个很好的范例：如果该警示内容主要基于安全保护的公共利益考量，其受到言论自由保护的程度应当较高；而如果该警示内容主要侧重于打击竞争对手、谋取交易机会等商业目的，则受到言论自由保护的程度应当较低。

商业言论意义下的安全软件警示内容，对用户和社会的最大效用在于其专业的、难以替代的安全指示作用与信息防护作用，背离了这一目的的安全软件警示甚至已经失去了其客观效用，不再是维护用户安全和社会安全的必然之选。一味强调保护言论自由对于具有明显商业意味、甚至是不正当竞争效果的商业言论，不是社会所必需的，也是不合适的。

三、安全软件警示内容与“非公益必要不干扰”原则

所谓“非公益必要不干扰”，其前提性表述应该是“若公益必要可干扰”。这与前文中对安全软件警示内容商业言论属性和相应限制条件的分析是不谋而合的。安全软件在正常情况下，出于公益性及必要性可以干扰其他软件的正常运行或功能实现，但若超出其安全防护功能范畴之外，安全软件不得随意干扰其他软件。

（一）几个概念

在评判北京市高级人民法院提出的“非公益必要不干扰”原则之前，我们有必要对其中蕴含的几个概念加以明晰。

1. 公益

我国《反不正当竞争法》第1条开宗明义，制定该法是“为了促进社会主义市场经济健康发展，鼓励和保护公平竞争”，将维护公平竞争秩序作为立法的首要目的。公平竞争秩序的维护并不可能对某一特定市场经营者或消费者带来直观的经济利益，但是从长远来看，它的贯彻实施有利于所有尊崇诚实信用原则从事市场竞争的经营者，以及所有希望获得更廉价、更优质产品的消费者。因此，法院在适用《反不正当竞争法》裁判案件时以保护公益作为重要考量因素，有其法律依据。

而根据前一章节的分析，若对商业言论自由展开限制，一个重要的评判标准就是经营者的经济利益与社会公共利益的平衡，若经营者因商业言论获得的经济利益超过了社会公共利益的减损，其商业言论就难以获得言论自由的豁免，从而规避《反不正当竞争法》的规制。因此，基于宪法保护商业言论的有限性与不正当竞争规制的宽泛性，消费者整体利益、国家安全、公共福利等公益也应当成为判断某一商业言论是否构成不正当竞争的重要标准。对安全软件警示内容进行不正当竞争评价，显然也应包含以上对公益的考虑。

此外，《反不正当竞争法》的实施过程中引入对公益的考量，不会造成该类案件司法审判价值判断和利益衡量方向的明显偏差。首先，《反不正当竞争法》并非如某些学者认为的那样仅仅涉及参与市场竞争主体之间的利益纠纷，不正当竞争的主管机关对从事某些不正当竞争行为的市场主体可以依法处以罚款，即使该行为不涉及对其他经营者的直接侵害，处罚的主要依据就是保护公益。其次，公益并不是公权力盲目介入、干预市场竞争的理由，我国《反垄断法》之中对行政垄断的相关规定，正是基于公益防止公权力在竞争领域的滥用，因法官考虑公益从而认定公权力会不当干预不正当竞争案件审判的担忧是多余的。

2. 必要

从法的精神出发，一项措施称为“必要”需要满足的条件是：不存在不利影响或侵害法益更少的替代方案。在案件审判中，出于对公益的考虑我们应当豁免对一部分侵权行为的惩罚，原因在于这类行为在侵犯一个较低位阶法益的同时保护了一个更高位阶的法益（如“紧急避险”）。但是这种豁免并非无原则的，如果发生这种对法益的侵害丧失了对保护其他法益必要性的情况，那么侵权行为人仍然要对其超出必要范围的损害予以赔偿。

安全软件警示内容就其功能明显具有保护公益的作用。但是具体到案件中，某项警示内容是否为保护用户安全及社会安全所必需，则不一定得出必然结果。原因在于，针对该项警示内容可能存在对其他法益、其他市场经营者不利影响更小的替代方案。如果安全软件可能在同等技术难度、商业成本的基础上提供其他安全防护措施，那么该项警示内容也就失去了在保护公益范围内获得豁免的必要性。

3. 干扰

必须强调的是，“干扰”一词在本文讨论中应采狭义解释，它仅仅指代安全软件在实现其安全防护功能情况下对其他软件正常运行或正常功能的限制或中止。理由如下：首先，“干扰”在本文主题的专门讨论中针对的主体是安全软件。根据前文所述，安全软件被赋予较高的运行权限和信赖程度，可以对其他软件的运行进行限制或中止。而在多线程运行环境下，普通软件之间最多发生同时运行前提下对系统资源的占用冲突，而且这种冲突仅仅会造成各普通软件的运行速度减慢，效率降低等结果，不会出现一方软件“截杀”另一方的情形。因此，这类系统资源分配的冲突不构成本文所述之“干扰”。

其次，安全软件的开发目的和主要功能就是为了保护用户安全，这种功能的实现客观上需要限制甚至中止其他软件的运行或功能。不难理解，一个存在安全隐患的程序一旦运行，最好的紧急处理办法便是中断该安全隐患的发展进程，进而对其进行标记、隔离、删除等操作。这些手段为安全软件所特有，才可能构成本文所述之“干扰”。

再次，目前在不正当竞争案件中涉及普通软件的情形较少，最严重的也就是相互不兼容、无法共享资源等情形，这些行为客观上都不会阻止竞争对手产品的运行或功能实现，认定为“干扰”有失偏颇。

4. 原则

正是由于上述原因，笔者认为“非公益必要不干扰”针对的应当是安全软件实现其安全防护功能而可能带来的不正当竞争后果，“非公益必要不干扰”的说法尚不适合推而广之地运用于其他不正当竞争案件的审理过程。因此称之为“原则”有不恰当之处，笔者建议改为“标准”或“判断法”等其他表述。

最后还需强调的是，以上概念应当加以有机结合，方能理解其真意并运用于审判实践，缺乏对任何一个概念的要件构成，都无法推导出正确结论。例如“屏蔽广告”案中，A 浏览器对 B 网站推送影视作品前插播广告进行屏蔽的行为，既不是促进作品传播所必需，也因非法破坏 B 网站正当商业模式而丧失其公益性（公益不应是非法利益）。因此，以 A 浏览器功能片面满足消费者需求来驳斥“非公益必要不干扰”的理由是不充分的。

（二）“非公益必要不干扰”与言论自由的协调

结合前文中对商业言论及其限制的陈述，不难发现“非公益必要不干扰”的分析方法体现了对言论自由“原则保护、例外限制”的立法精神。任何商业言论原则上都应当受到保护，即使其具有逐利性，甚至可能对其他市场主体及其产品/服务存在负面评价，只要该言论中包含的经济信息是真实的、全面的，能够促进用户在信息相对公开的环境下作出其认为正确的消费决策即应当受到尊重和保护。这也是宪法承认言论自由的客观要求。

另外，言论自由并非无限制的，商业言论在特定条件下会丧失其言论自由的豁免。如果商业言论的内容是不实陈述或不当陈述，因此造成消费者作出错误判断，最终导致社会总体福利的下降，商业言论仍将构成不正当竞争行为而受到惩罚。安全软件的商业言论，如果忽视其安全防护功能而片面追求商业利益，故意误导或吓令用户作出错误消费决策，是对其软件权限和用户信赖的一种滥用，实际上减损了社会福利和竞争效率，因此应当受到限制。

可以说，“非公益必要不干扰”判断法充分尊重了言论自由及其限制的二分法，有利于法官正确认定不正当竞争案件中特殊商业言论的性质。

（三）“非公益必要不干扰”与反不正当竞争的统一

《反不正当竞争法》颁布二十多年来，一直没有对其进行修法，总则的相对模糊和分则中对不正当竞争行为的列举不足，客观上造成了法官在司法实践中认定不正当竞争行为并加以规制的难度。尤其是互联网经济大潮环境下，各类新兴技术、新型商业模式带来的疑难案件，更是需要新的审判标准和经典案例的指导。

“非公益必要不干扰”的提出，可以看作在此背景下的一次大胆尝试。一方面，它结合了涉及安全软件警示内容的不正当竞争案件频发的现实，对安全警示这一具有特殊属性的商业言论的规制提出了新的解决办法。另一方面，它也充分认识到安全软件在现实生产、生活中的重要性，并没有一刀切地将安全软件警示内容等同于一般商业言论进行严格规制，而是创设性地在承认其“公益作用”之下对具有特定违法情节的安全警示予以惩戒。“非公益必要不干扰”的判断方法可以视为对公共利益、经营者利益和消费者利益有机结合、综合评判的一种有效审判方法。

四、结语

中国的安全软件行业有其特殊性，与大量外国厂商专注于单纯开发安全软件的情况不同，我国的安全软件厂商同时还从事搜索引擎服务、游戏发行服务、网络浏览服务等多个业务领域，而其他业务领域的提供商也纷纷涉足安全软件业务，因此在我国很难区分安全软件厂商与普通软件厂商，二者趋于同类化。

由此带来的问题就是，各方不仅在安全软件领域进行竞争，还往往牵涉多个其他业务领域，使得中国的软件服务竞争或互联网服务竞争呈现“平台化、系统化、复杂化”的趋势，往往“牵一发而动全身”。在此背景下，各方提供的安全软件警示内容就难免夹带安全防护范围之外的“私货”，借软件安全之由打击、诋毁竞争对手的情形屡屡发生。

“毒蛇出没之处，百步之内必有解药。”中国的特殊问题使得中国法官面临特殊的挑战，也使得中国法官能够在总结案件审判经验的基础上提出新观点、新办法。“非公益必要不干扰”判断法的提出，也许还存在理论上的些许缺陷，但这种大胆尝试的做法是值得肯定的。它对我国反不正当竞争法立法滞后的弥补、修正作用，我们将拭目以待。

现代传播技术中的合理使用制度*

著作权是现代传播技术的“副产品”。新传播技术的出现创造了新的作品形式，提供了新的作品使用手段，并引发诸多新的问题。在著作权行使领域，权利穷竭原则的削弱与合理使用范围的缩小，即是对著作权限制的限制。西方国家创设“复印版税”“录制版税”制，意在传统的合理使用范围内对作品使用征收各种费用。合理使用制度正面临挑战，在传播信息的目标内寻求使用控制，在现代技术的基础上寻求使用合理，是构建现代合理使用制度的基本出发点。对新的著作权作品适用合理使用之限制、将一定范围的合理使用转化为许可使用，划清合理使用与侵权使用的界限，促使合理使用判断规则由传统走向现代化，以改造和更新合理使用制度，是当代著作权立法的重要使命。

一、从“印刷出版之子”到现代传播技术的“副产品”

人类传播技术发展和变化本身，就是一个颇有意义的社会数据：从语言到文字，几万年；从文字到印刷，几千年；从印刷到电影和广播，四百年；从第一次试验电视到从月球播回实况电视，五十年。在历史上，传播技术和传播媒介参与了一切意义重大的社会变革过程，包括智力革命、政治革命、工业革命

* 原载《南京大学法律评论》，1996（2）。

和道德观念的革命。传播技术领域的革命带来著作权法的产生和发展，从一定意义上说，著作权制度的发展史，也是传播技术进步的历史。以传播技术为线索，我们可以把著作权法的发展分为以下两个时期。

一是“印刷版权”时期，从 18 世纪初叶《安娜法令》产生到 19 世纪末，这一时期的著作权法主要保护机械印刷产品。自 15 世纪活字印刷术问世以来，兴盛的出版业促使信息超越时空的广泛传播，加快了智力成果商品化的转换过程。这意味着人类文化知识传播工具发生了历史性的变革，也推动着具有近代意义的著作权制度最终诞生，正是在这个意义上，有人把著作权称为“印刷出版之子”[①]，早期的著作权法的保护领域，确实拘泥于书籍、地图的狭小客体范围。

二是“电子版权”时期，从 19 世纪末到 20 世纪的今天，是现代著作权法的成熟期，其保护对象除传统的印刷作品外，还涵盖了各种“电子作品”。在传播技术领域，较之印刷技术而言，电子传播技术对著作权制度的影响也是极为深刻的。这主要涉及四个方面的问题：第一类属于新的作品形式，包括电视节目、有声书籍、电子杂志、电影、计算机程序；第二类属于复制手段，包括静电复印、缩微胶片、各种磁带录制；第三类属于储存手段，包括计算机存储和检索系统、录音录像磁带、电子图书馆等；第四类属于通信传播手段，包括有线和无线电视广播、光导纤维传输系统、通信卫星等。[②] 传播技术革命必然带来著作权制度的创新和变革。现代意义的著作权，不是一个单一的、整块的现象概念，而是一系列独立权利和特殊利益的组合。“每一利益或权利均是回应传播领域的革命性科技发展，同时每一利益或权利又都引起教育和娱乐产业的扩大。”[③] 在著作权的概括名义下，各项财产权利相继出现。随着无线电或有线电用于传播载有节目的信号，产生了以传送广播和电视为内容的“播放权”；随着留声机、录像机、录音机的发明，产生了以机械光学电磁为技术特征的机械复制权；随着摄影机、放映机以及活动照相技术的出现，产生摄制电

① 段瑞林：《知识产权法概论》，28 页，北京，光明日报出版社，1988。

② 参见李贵方：《新技术革命与著作权法》，载《吉林大学学报》，1985（6）。

③ Sigmund Timberg，A Modernized Fair Use Code for Visual Auditory and Audiovisual Copyrights，Fair Use and Free Inquiry，1980.

影、电视、录像的制作权。20世纪以来，各国立法者相继修改自己的著作权法，以拓宽作品的保护范围。近十多年来，随着广播电缆业的发展，一些国家又将电缆电视节目纳入著作权法的保护范围之内。这些说明，现代传播技术推动了著作权制度的发展。正如英国版权法委员会主席R.F.沃尔所指出的那样："著作权法从其产生之日起，就一直不断地对录音、摄影术、电影摄影术以及广播诸领域的革新作出相应的反应。"可以毫不夸张地说，著作权本身是现代传播技术的"副产品"[①]。

新传播技术的出现不仅创造了新的作品形式，而且提供了前所未有的作品使用手段。这一情况，大大地丰富了著作权法的内容，同时也给著作权法带来诸多的新问题。

第一，电子作品对传统印刷作品的挑战。传统的传播媒介，诸如书籍、报纸、杂志等印刷作品虽然在不断更新，但仍无法与高速发展的新技术匹敌。在美国，占总人口80%的观众是从电视获得新闻，再从报纸得知关于新闻事件的进一步解释和报道。这说明，"电视显然夺走一大批报刊读者"[②]。就广播而言，美国99%的家庭拥有收音机，95%的汽车上使用收音机，四分之三的成年人在汽车里听收音机，广播确实具有"无处不有、无时不在"的特点。[③] 竞争不仅表现在信息的生产方面，而且在信息存贮方面也极为突出。综合电子杂志系统可以使个人接受各种信息，甚至包括所有著作权作品的副本，从而出现个人电子图书馆，以排挤具有公共性质、由纸张集合起来的传统图书馆。

第二，"电子版权"对传统著作权观念的改变。电子作品的出现，使得著作权客体范围日见丰富，其权利概念早已走出"版权即出版之权"的狭隘权项樊篱；同时，电子作品上多项权利与多重主体的设定，也使得传统的财产权利制度捉襟见肘。以现代传播手段创作作品，诸如电影作品、电视节目、音像录制品，不可能由一人所完成。因此，法律保护作品的制作者、组织者对作品整体享有著作权，但又不得不承认编剧、导演、作曲者、摄影师等对作品各自创

---

① ［英］D.F.沃尔、杰里米·菲利普斯：《版权与现代技术》，载《国外法学》，1984（6）。

② 张隆栋：《大众传播学》，127、129页，北京，中国人民大学出版社，1993。

③ 参见张隆栋：《大众传播学》，127、129页，北京，中国人民大学出版社，1993。

作的部分也享有著作权。此外，著作财产权的构成即使用权与禁止权的对等状况也发生某些变化。在一般条件下，著作权人有权采用一定方式复制自己的作品，同时也有权禁止他人采取上述方式复制自己的作品，而不存在商标权中禁止权的效力范围大于使用权的状况。但现在也有例外，有些国家对著作权转让合同规定了若干指导性原则，确认受让人对作品的使用不应包括尚未发明的新的使用方式。这就是说，如果在合同存续期间出现新的使用方式，即使著作权人未能依法取得该项使用权，但根据目的转让理论，也可以禁止他人擅自利用这一方式使用自己的作品。

第三，电子传播技术对传统著作权规则的冲击。静电复印机的出现，使得大规模复印文字作品变得极为便利，即使复印机尚未达到把每个人变成印刷商的普及程度，但大量的著作权作品已事实上被个人、学校、图书馆复制使用，并对社会公众购买与复印作品的习惯产生了巨大影响。据英国政府 20 世纪 80 年代关于著作权立法绿皮书的报告，在英国仅因家庭录制一项就使著作权人和艺术家损失约 5 000 万英镑。由于电子传播技术具有不同于传统印刷术的技术特征和普及程度，上述复制或录制行为通常都是在著作权人察觉不到的情况下进行的，因而对此既无法监视，又无法禁止。随着音像录制技术的发展，许多国家租赁录音、录像磁带的服务，也作为一种“第三产业”日渐兴旺，以至于近年来以“租”代“买”的现象十分盛行。这种租赁作品复制件的业务已严重影响某些电子作品的发行与销售。一方面，作品出租业的繁荣促进了作品的广泛传播，为电子作品的出租人带来丰厚的收入；另一方面，文化消费以租赁形式出现，又引起作品发行业的萧条，从而使依靠版税谋生的作者深受其害。

现代传播技术引发的诸多问题，是对著作权法传统概念、传统规则的巨大冲击。立法者必须正视这些难题，解决这些矛盾，才能既保护作者权益，又维系社会公平正义，促进文化科学事业发展。其中最引人注目而又复杂难解的症结，即是关于著作权限制与反限制的问题。

二、权利限制的限制：关于合理使用与著作权穷竭的反思

在著作权法理论中，合理使用与权利穷竭都视为对著作权的限制。我国学

者郑成思认为，所谓权利穷竭，指的是权利人行使一次即告用尽了有关权利，不能再次行使，这一原则，严格地讲仅仅适用于经济权利中的发行权。[①] 权利穷竭原则意味着一旦作品的原件或是复制件经权利人同意而进入市场后，则该作品作为商品的进一步销售，著作权人均无权控制。该原则之目的在于消除著作权的专有性对商品流通所产生的消极影响。权利穷竭原则在美国称为“首次销售理论”（the first-sale doctrine）。美国学者 Patterson 认为，著作权是控制著作权作品首次销售的权利，而未包括作品的二次销售的权利。或说是，法律允许著作权人控制对著作权的使用，但这种控制并未延及到作品本身的使用。[②] 按照美国著作权法第 109 条的表达是：凡合法制成的作品复制件或录音制品的所有人，或该所有人授权的任何人，无须经著作权人的同意，即有权出售或以其他方式处置该复制件或录音制品的占有权。

一般来说，权利穷竭的原则适用于作品的再次出售、散发或其他方式的使用，是否包括作品的出租，在理论上尚有不同的看法。尽管如此，出租业在其兴办之初事实上与权利穷竭原则是不相冲突的。但随着电子传播技术的发展，作品出租大有取代作品出售之趋势，以致危及著作权人的财产利益，从而引起各国立法者对权利穷竭原则的反思与审视。为此，联合国教科文组织于 1984 年公布了两条建议性原则及其补充意见，供各国在修订关于录制品的专门法律时参考。其主要内容是：著作权人不仅对其原作品享有著作权；而且对被录制的音像制品中所含有的自己的作品亦享有著作权。这表明著作权人始终有权决定是否允许他人出租这种含有自己作品的录制品，如果录制品不含享有著作权的原作，那么第一录制者即对该录制品享有邻接权。这表明邻接权人有权禁止他人转录、复制以至出租其录制品。上述权利应由代表著作权人或音像制作者的特定组织代为行使。[③] 联合国教科文组织的立法建议，其主要在于确认出租权，维持作品创作者与传播者的利益平衡，对社会采用传播技术而造成著作权人的损害进行补偿。

---

① 参见郑成思：《版权法》，272 页，北京，中国人民大学出版社，1990。

② See L. Ray Patterson，Stanley W. Lindberg，The Nature of Copyright：A Law of Users' Right，p. 187，1991.

③ 参见郑成思：《信息、新型技术与知识产权》，97～98 页，北京，中国人民大学出版社，1986。

纵览各国著作权法，关于出租权的立法模式主要有两种：一种将出租视为作品发行一种方式，出租权包含在发行权之中。另一种将出租视为独立的作品使用方式，因而出租权与发行权各自分列。

出租权的出现，在某种程度上削弱了“权利穷竭原则”，即在录制品范围内，对著作权限制原则进行了反限制。有的学者将这一现象看作是“著作权对于所有权限制作用的扩大”。我国台湾地区学者杨崇森认为，“由于科技发达的结果，使得著作权所包含的权利和利用的形态大幅增加，相对的对作品所附着之有体物之所有权的权能或作用加以重大的限制”①。这即是说，由于著作权内涵的增加，在著作权与作品原件或其复制件的所有权发生冲突时，所有权的作用受到著作权的重重限制。出租权的设定即属于这一情形。从立法者的原意来说，建立出租权制度在于从经济上给予著作权人之补偿以求社会之公正，并非当然就是著作权效力无限制扩充。事实上，立法者在设定这一新型权能时，就已经为它规定了某种限制，这主要表现在两个方面：一是适用范围的限制。出租权限于音像制品和计算机软件，未延及所有作品类型。我国台湾地区现行“著作权法”第60条规定：“合法著作重制物之所有人，得出租该重制物，但录音及电脑程式著作之重制物，不适用之。”这即是说，我国台湾地区“著作权法”将出租权客体范围由原来的图书、录音制品、录像制品以及计算机软件缩减为录音制品和计算机软件两种。二是法定许可使用的限制，出租权与著作权的其他权能一样，应准予适用法定许可使用制度。《英国著作权法》第66条规定：“国务大臣可以命令的形式规定，在命令所指定的情况下，只要支付合理的版税或商定的或在违约情况下由版权仲裁庭裁定的其他费用，向公众出租录音、影片或计算机程序之复制应被视为版权所有人许可实施之行为。”可见，出租人可依国务大臣的命令出租作品而不必取得著作权人授权，但应向其支付合理的报酬。

与此同时，新技术革命时期的立法者与法学家，也开始以疑虑的目光来对待传统的合理使用制度。他们呼吁在某些领域中应该遏制合理使用规则的滥用，特别是主张对复制权的限制规则本身采取更为严格的限制。荷兰赫尔曼·

① 杨崇森：《著作权法论丛》，270页，台北，华欣文化事业中心，1983。

柯恩·捷奥拉姆教授认为，“事实已经证明，某些为私人使用目的而自由复制的特许，构成全球性收集版税实践的复杂的障碍，因而应予取消”①。英国学者伊冯·史密斯则指出，“不论个人在家中还是大型组织为谋利而盗用作者的作品，行为都是一样的，即非法复制”②。联合国教科文组织和世界知识产权组织于1984年召集的专家小组会曾阐述道：“如果一次孤立的复制看来是无害的，积累起来就可能危害作者的正当利益（特别是由他人使用作者的作品得到物质报酬的权利）。”相关国际公约也对限制合理使用规则进行规定。《伯尔尼公约》对合理使用作了一个总的限定，即“必须符合公平惯例”。1967年斯德哥尔摩会议在修订该公约的报告中承认作者复制权的限制，但同时为该限制设定了两个前提，即“这种复制不得损害作品的正常使用，也不致无故侵害作者的合法权益”。为进一步说明这两个前提，该报告作了如下解释：“如果认为复制损害了作品的正常使用，绝不允许复制。如果认为复制无损于作品的正常使用，接着应当考察复制是否侵害作者的合法利益。只是在无损于作者的合法利益时，才可能在一定的特定情况下使用强制许可或规定无偿使用。可列举出为各种目的而用的照相复印为例。如果复印相当多的份数用于工业企业，并根据国家的法律支付合理的报酬，那就可以不致无故侵害作者的合法权益。如果复印的份数很少，特别是在个人合作或在科学研究使用的情况下，可以允许，并不付报酬。”《世界版权公约》也有类似的要求，即在规定合理使用对著作权进行限制的同时，要求有关当事人必须保证著作权的各项权利得到“合理的有效的保护”。1971年，巴黎会议上对此作了进一步说明，根据该公约的规定，“任何国家不得放弃对任何复制权的保护”，规定的例外应有合理的依据，不得任意使用，成员国的法律应充分保障给予的保护。自1968年开始，联合国教科文组织与世界知识产权组织还积极着手制定一个照相复制管理的国际规章。1984年，上述两个国际组织建议各成员国采取录制设备和（或）空白载体征收附加费的方法救济复制权。1994年世界贸易组织《与贸易有关的知识产权协议》则更明确地提出，“出于某些特殊情况而对著作权所作的限制，不得与

---

① ［荷］赫尔曼·柯恩·捷奥拉姆：《合法与非法的复制》，载《法学译丛》，1987（5）。

② ［英］伊冯·史密斯：《录音录像技术对版权的挑战》，载《法学译丛》，1987（5）。

作品的正常使用相冲突，而且不得不合理地损害著作权人本应享有的合法利益”。

一些发达国家走得更远，它们修改或制定法规，限制甚至取消某些领域的合理使用。荷兰 1972 年颁布复印法，认为“某些为私人使用目的而自由复制”的条款应予删除。德国 1985 年修改《著作权法》，规定：“复制一本书或者一份期刊，如果基本上全部复制的话，只要不是抄写下来的，始终须先征得权利人同意。”澳大利亚 1980 年《著作权法》修改草案，把“为教学目的而复印有版权的作品”与“为科研及个人使用目的而复制有版权作品”区别开来，后者仍为合理使用，前者则须向作者付酬。此外，奥地利、刚果、芬兰、法国、匈牙利、葡萄牙、瑞典等国也先后修改了本国的著作权法，对限制合理使用作了类似的规定。

伴随着限制合理使用的立法变革，各国加强了对复制权的保护与救济。现代传播技术使得复制原作品具有隐蔽性的特点，导致复制权更易受到侵害，同时，也难以采取传统的诉讼保护办法。对此，英国著作权专家曾形象地指出，如果有 500 人分别复制了某一杂志的文章，从而不再购买那份杂志，著作权人就会丧失从 500 份杂志的销售中所得的版税。但是，如果对 500 人分别起诉，要求偿还著作权人在每个人身上失去的那点收入，则简直是荒唐的。① 在这种情况下，西方国家转而求助于其他救济方法，其中主要是征收复印版税与录制版税。

三、合理使用制度面临挑战：复印版税与录制版税

版税（copyright royalty）是使用者因利用作品而支付给作者或其他著作权人的费用，是著作权人获得经济利益的最基本途径。

近年来，一些西方国家在传统的“合理使用”的范围内，对作品的使用征收各种费用。其中主要有以下两种：

一是复印版税，即因复印他人有著作权的作品而支付的著作权使用费。其

---

① 参见［英］沃尔、杰里米·菲利普斯：《版权与现代技术》，载《国外法学》，1984（6）。

基本特点是：征收复印版税对象主要是单位（如学校、图书馆），也包括个人（即拥有复印设备的使用人）。该类使用大抵属于原来的合理范围，即基于教学、学术研究目的而复印他人作品的情形；复印版税一般不是特定的使用人向特定的著作权人直接支付，而要通过某一特定机构代为收取并向著作权人分配，复印版税与所谓的借阅版税不同，它由用户支付，具有版税的基本特征，而借阅版税是公众因借阅作品复制品所支付的"著作权使用费"，基于一些国家规定的公共借阅权而产生。尽管两者都是对合理使用的限制，但借阅版税来自纳税人的税款，即由公共资金支付。严格来说，它是一种"补偿费"（compensation），而不是版税。关于复印版税的收集方法，主要有三种：（1）美国模式，即设立专门的机构，向复印者收取使用费。根据国会关于设立著作权集中管理与授权制度的建议，美国1977年专门建立了"著作权结算中心"（即Copyright Clearance Center，简称CCC），专门管理作者、出版商与使用人之间关于复印付酬的问题。作为机构会员的使用人有1 200家公共图书馆、企业图书馆、研究机构、大专院校以及其他从事系统利用作品或散发复印资料的单位，受益人有430个出版商、作家及其他著作权人。荷兰、瑞典、日本等国也有类似机构。（2）丹麦模式，即采用"一揽子复印合同制"，由版税征收机构与复印有著作权作品的单位签订合同，规定有关复印作品与支付版税等问题。丹麦自1979年即由版税协会下设的"学校图书管理部"同教育部签订上述合同。按照合同规定，指定部分学校将复制作品的种类及数量登记上报；版税协会以上报材料为标准，推定全国学校的复印种类及数量，经测算、鉴定、登记后，与作者核对然后确定应向其支付的版税额；复印使用的范围以"合理使用"为限，即只能作为教学辅助材料使用，每个教师在每学年对所报的每一门课，只能复印一本书的材料，且不能超过原书总页数的20%，不得为保存而复印，不得为表演（包括教学性质的表演）而复印音乐作品，不得复印有关考试的复习试题，不得复印某些"专用"资料等。（3）德国模式，即对复印设备和空白复印载体实行征税制。德国于1985年修改该国《著作权法》草案时，尝试将版税征收对象转向复印设备制造商，而不直接向复印使用人直接收费，从而为复印版税的收集提供一条新途径。其具体做法是，在复印机与复印纸的出厂价中，附加著作权人希望将来收取的复印版税，并在出售设备后由厂商把附加的版税转交给版税征收组织。

征收复印版税的三种方法，各有千秋，但都未根本解决收集版税与分配版税的两难问题。美国模式是一种个别收费办法，少数几个版税收集人面对的是成千上万自由复印者，倘若发生行为人拒绝付酬的情形，著作权人仍然无法向每一个侵权人起诉或索赔；丹麦模式在收集版税方面虽较为可靠，但是收费数额的真实性令人怀疑。事实上，丹麦的多数教师反对这一制度，并不按规定如实上报复印作品的种类与数量。此外，随着现代传播技术的发展，如果人们对所需要的资料不再使用复印机复印而通过微型计算机储存；或是采用电视教学，在荧光屏上展示而不复印所使用的教科书，那么将无法计算“复印”的数量和“复印”的人数，从而版税的确定也无法进行。① 德国模式采用法定版税的方法，在收费上虽然非常固定、可靠，但并不公平。版税率的高低通常取决于作品的市场价值，而在这种情况下却由使用作品的传播工具来决定。使用同一设备的不同使用人，其复印作品的数量未必相同，但却要不公平地同样付费。因此，荷兰知识产权法专家奥拉姆教授不无揶揄地说道：“没有一个政府的智慧足以制定出公平的版税率，德国的做法充其量只是一种‘实验’。”②

在复印领域，最为重要的问题并不是如何收集版税，而是如何分配版税，对此，上述模式特别是德国模式都未能作出圆满的回答。谁的作品被复制，复制的数量如何，应是计算版税额的基础。在荷兰，收集版税首先在出版人之间分配，而出版人则应将不少于其版税总额50%的部分再分配给作者。在德国，由于不对被复制作品的名称及复制数量登记，无法找出版税与作品复制用途的关系，在这种情况下，“版税的分配也是高度象征性的”。版税体现为特定的使用人在利用特定的著作权作品时向特定的著作权人所支付的对价，是以特定人的著作权为基础的。现代复印技术的出现，在复印领域里带来了两难窘境：一方面，著作权人无力控制众多的使用者在无偿地复印其作品，因而在版税收入上深受其害，法律有必要对合理使用予以限制；另一方面，众多的著作权人无法知道自己作品是否被复印或复印多少，只好“平均”地接受固定比例的版税

① 参见郑成思：《信息、新型技术与知识产权》，91页，北京，中国人民大学出版社，1986。

② ［荷］赫尔曼·柯思·捷奥拉姆：《合法与非法的复制》，载《法学译丛》，1987（5）。

这一不公平结果，这就偏离了著作权立法的本意。因此，一些学者指出，复印版税的法律规定应建立在个人著作权的基础之上，离开对作品复印种类、数额的具体考量而对版税进行的分配，这同个人著作权的本质是不相容的。①

二是录制版税，严格地讲，应称为家庭录制版税，即在家庭中以私人使用为目的，采用录音或录像设备录制有著作权的作品，由此向著作权人支付的使用费。录制版税的征收，发生在传统的私人录制的合理使用领域。该项制度设定的目的有二：其一是对著作权的效力予以限制而准予家庭录制行为，录制设备的所有人可以在家庭范围内对他人有著作权的作品自由录音录像，无须征得著作权人的同意；其二是对合理使用的范围予以限制，授予著作权人、邻接权人向录制设备的制造者主张报酬的请求权，以填补私人录制带来的损害。从一定意义上说，这里的合理使用已经演变为法定许可使用。与对复印设备征收版税一样，录制版税也是向设备制造商而不是设备所有人或占有人征收。这是因为录制设备的使用者极为普遍，著作权人难以一一向其征收；同时，私人录制一般在家庭进行，录制情况如何，难以进入私人住宅调查，否则构成其他侵权行为。在这种情况下，向录制设备制造商收费，不失为一条有效途径。

德国是现代录制技术发展较早的国家之一，其录制设备的家庭普及率极高，因而率先将一切家庭录制活动排除在合理使用之外。德国 1985 年修订的《著作权法》第 54 条规定，如果根据作品种类可预料，能将作品从电台广播中录制到音像载体上或从一件音像载体转录到另一音像载体上，以私人使用或其他自用的目的进行复制的，著作权人有权向上述设备和音像载体的制造商主张报酬。该规定适用于从事商业进口或再进口上述设备和音像载体经销商。此处主张付酬权利的人，除著作权人外，还应包括艺术表演者、音像载体制作人、电影制作人。上述全体权利人主张报酬的总额，即是录音设备制造商或经销商向权利人支付并在设备销售价中附加的录制版税。1974 年《德国著作权法》规定录制版税额不得超过该设备（包括录音机、录像机、录音带及录像带）销售价格的 5%。而现行著作权法则在该法附件中，开列了不同录制设备支付报酬标准的清单。

---

① 参见［荷］赫尔曼·柯思·捷奥拉姆：《合法与非法的复制》，载《法学译丛》，1987（5）。

德国关于录制版税的征收办法，是在现代传播技术冲击下寻求著作权保护的一个新举措。对使用人来说，支付版税手续简便；对权利人来说，通过管理机构行使权利效果明显，因此为其他国家所重视，但是这一制度的弊端也是十分突出的：第一，通过录制设备征收版税，无法区分录制设备的购买人的使用目的是否正当。如以录制设备用于会议记录、语音练习，或记录公有领域作品，虽无使用有著作权作品之情形，也得“一视同仁”地支付版税。第二，随着现代传播技术的发展，质量高而价格低廉的录制设备及音像载体不断出现，在该设备或载体长期有效使用的条件下，一次性支付的版税能否弥补著作权人的损害，很难作出准确的估算。第三，并非所有作者的作品可能被他人录制，尽管按照法律规定，有些作者认为自己的作品可能被录制，但实际上也可能永远不会被使用。即使这样，他也有权享有一份“录制”版税。

德国的录制版税制度在西方国家引起重大反响，但其遭遇却不尽相同。奥地利于 1980 年修改其《著作权法》，取消了在家庭录制领域中的合理使用，允许著作权人及邻接权人就录音、录像所用之设备及音像磁带向制造商主张报酬。瑞典于 1982 年也采用了类似制度，在英国，负责修改著作权法的惠特福特委员会曾在 1977 年提出报告，声称“个人和教育机构负责录制任何来源的资料的完全自由不仅会削弱唱片工业也会损害作曲家、作家、出版商、表演者以及依附于该行业的其他人，给整个社会造成极大的损害”①。惠特福特委员会不仅没有考虑私人或教育机构的特殊地位，反而建议通过对使用者征税来补偿著作权人。1981 年英国政府以绿皮书的形式针对惠特福特报告提出意见，主张采用这一制度。虽然上述报告或建议遭到国内一些团体组织的反对，但并不表明录制版税制度在英国的最终命运。在美国，家庭录制问题也在著作权界引起争议。1981 年，环球城和沃特迪士尼两家电影公司诉索尼公司，就后者生产大量的录像设备及录像磁带在家庭中用于录制原告的电视节目一事指控被告侵权，从而引发几起几落的判决。地方法院认为，作品系在公共空中线路播放，且录像系供个人观赏使用而无商业目的，因此属于合理使用。而上诉法院认为，使用录像磁带录制电视播放的有著作权节目，即使系家庭录制，只为个

① ［英］伊冯·史密斯：《录音录像技术对版权的挑战》，载《法学译丛》，1987（5）。

人娱乐目的，也构成侵权。1984 年，美国最高法院作出最终判决，认定家庭录制电视节目属于合理使用范围，不构成侵犯著作权。但与此同时最高法院指出，这一判决并不妨碍美国将来采取录制版税制度的可能性。[①]

以维系社会公平、协调著作权人与作品使用人利益为目标的复制版税与录制版税制度，是现代传播技术发展的产物。限制合理使用，建立版税征收制度已成为西方发达国家著作权立法的一个趋势。发展中国家由于其技术进步和经济发展的程度所限，现代传播工具尚未形成普及之势，其图书、期刊的复制费要高于印刷费，音像录制品也并非为一般家庭所普遍拥有。因此，这些国家的合理使用领域还未受到现代复制、录制技术的挑战。但是，随着国力的增强和国民消费水平的提高，关于著作权限制与反限制的问题，必然会摆在立法者的面前。我们同样有理由说，复制、录制版税制度与合理使用制度一样，都有其存在的理由，著作权界的任务是完善、健全这些制度，而不要轻易作出绝对肯定或断然否认的结论。

四、现代传播技术对现代合理使用制度的呼唤

现代科学技术的飞跃发展，为著作权人开辟了获取财产利益的新途径。与此同时，它所提供的前所未有的复制录制等传播手段，使得本来就难以控制的无形智力成果更加易于逃逸出专有领域，在每个人都可以轻而易举使用作品的情况下，著作权人独占使用的权利受到极大的威胁。各国立法者必须正视这些问题并寻求有效的解决途径。不容否认，在规定为私人目的而使用著作权作品时，立法者面临着一个两难处境，如果恪守合理使用的传统领域，著作权人将无法从现代技术带来作品广泛利用的过程中受益；如果取消合理使用制度，社会公众则不能分享现代技术条件下信息广泛传播的利益。为了寻求解决问题的途径，有学者提出三个办法以供选择：一是维系著作权人以专有使用的权利，限制或取消为私人目的使用作品的自由；二是赋予私人复制、录制作品的自

① 参见杨崇森：《著作权法论丛》，270 页，台北，华欣文化事业中心，1983；郑成思：《信息、新型技术与知识产权》，91 页，北京，中国人民大学出版社，1986。

由，但同时负有支付报酬的义务；三是维系传统合理使用的范围继续保留私人使用作品的广泛自由。[①] 在一些传播技术发展较快的国家，立法者面临着版权工业集团的巨大压力，后者力图控制信息与知识的传播，以缩小合理使用来换取著作财产权的扩张。对此，美国学者 Patterson 不无忧虑地说道："版权业意欲取消个人使用权的危险是现实存在的，如果对使用人征税的理论盛行的话，那么将会出现人类历史上从未有过的现象，如此多的人必须向如此少的人付出如此多的钱，以获取已经被自然法所认可的学习权（learning right）。"[②] 英国著作权学者 Edward W. Ploman 和 L. Clark Hamilton 却对版税间接支付的规则大加推崇，认为德国著作权法提供了一个巧妙的实用的解决方法：（1）私人范围的使用行为基本是自由的；（2）但当这种行为使得私人复制危及该作品的经济利用，即这种复制将取代该作品的工业复制时，则是不自由的。[③] 学者们的这种担心不无道理，这种建议也有效可行。笔者以为，合理使用制度不是现代科学技术的对立物，现代科学技术也不是合理使用制度的掘墓人。产生于 19 世纪机械印刷技术基础之上的合理使用制度，同时面临着冲击与挑战、变革与创新的严峻态势和良好机遇。笔者以为，在传播信息的目标上寻求使用控制，在现代技术的基础上寻求使用合理，这是我们构建现代合理使用制度的基本出发点。

（1）现代传播技术扩充了著作权的保护对象，也必然相应带来合理使用的适用。具有现代技术特征的电子作品，除前述各种音像作品外，还包括卫星广播节目、电缆电视节目、计算机软件等。卫星广播节目指通过同步卫星传播载有节目的信号以供特定地面广播组织接收并转播的广播电视节目。许多国家已经把邻接权的概念引进卫星广播领域，将广播组织权扩大到对广播卫星所传信号的保护。1974 年缔结的《关于播送由人造卫星传播的载有节目的公约》宣

---

① See Edward W. Ploman，L. Clark Hamilton：Copyright Intellectual Property in the Information Age，p. 198，1980.

② L. Ray Patterson，Stanley W. Lindberg，The Nature of Copyright：A Law of Users' Right，p. 240，1991.

③ See Edward W. Ploman，L. Clark Hamilton，Copyright Intellectual Property in the Information Age，pp. 199 - 200，1980.

布，成员国有义务制止任何广播组织在本国播送通过人造卫星发射的、并非为该组织专门提供的载有节目的信号。电缆电视节目是通过同轴电缆接收和传播的电视节目，这种节目可以转播他人的，也可以是自己创制的。这种节目不仅涉及有著作权作品权利以及表演者权，还产生了广播电缆公司独立享有的新权利。世界知识产权组织于20世纪80年代召开专家会议，起草了有关著作权、邻接权保护的建议性文件，其中含有合理使用的内容。计算机软件包括计算机程序及其有关文档，各国大抵作为文字作品对待，给予其著作权保护。对软件作品，因课堂教学、科学研究、国家公务等非商业目的需要，均允许少量复制，而不经著作权人同意，也不向其支付报酬。这说明，法律对每一新作品授予一种新权利，必须会设定相应的权利限制。但这一观点也遭到某些团体组织的抵制，美国“EDUCOM”和“ADAPSO”组织曾在1987年出版的题为《使用软件：专业团体成员合法而道德地使用软件指南》一书，有意或无意地回避合理使用问题，对此Patterson教授等人严肃指出，“合理使用理论应毫不例外地适用于一切有著作权的作品，包括新传播技术条件下所产生的作品”①。美国最高法院在“环球城电影公司诉索尼公司”一案中也断然宣称，在著作权的垄断延及新传播技术作品时，著作权人不得以绝对控制权来排除他人的合法权利，即不能否定对方凭借合理使用理论而使用作品。②

（2）现代传播技术扩大了作品使用的方式和途径，同时也带来一定范围内合理使用向许可使用的转变。版权工业集团对限制合理使用的要求，主要针对个人、家庭、图书馆复制和录制作品的情形，其中涉及保护垄断权利与促进知识传播的关系、个人利益与社会利益的关系等诸多问题。自20世纪70年代以来，德国、英国、瑞典、荷兰、澳大利亚等国，创立了一种公共借阅权，即规定图书馆在出租有著作权的图书时，应向作者支付借阅版税。尽管在有的国家，借阅版税是从国家特设的公共基金中支付，但这一举措无疑使公共图书馆变成了一个纯商业性机构，既不符合其法人宗旨，也增加了其管理负担，因此

---

① L. Ray Patterson，Stanley W. Lindberg. The Nature of Copyright：A Law of User's Right，pp. 218－220，1991.

② See L. Ray Patterson，Stanley W. Lindberg. The Nature of Copyright：A Law of User's Right，pp. 218－220，1991.

对这一做法多有微词。笔者以为对图书馆借阅。不宜采用版税制。至于个人复制与家庭录制，似应遵循学习研究优于娱乐欣赏的原则，有区别地征收版税。一般来说，在自动复印机尚不普及，复印成本较高的情况下，不宜实行复印版税；即使具备条件，其征收版税的额度似应低于录制版税，以体现促进教育与学术研究的法律精神。录制版税可参照德国、奥地利、瑞典的做法，不仅适用于录音、录像设备，而且延及音像空白载体；征收对象除录制设备及其空白载体制造商外，还应包括进口上述录制设备及其空白载体的经销商；版税受益人应为全体权利人，包括作者及其他著作权人、表演者、音像制作者以及广播组织。新版税的征收，已在部分复制录制领域内，使合理使用变成一种许可使用。笔者以为，这里的许可使用不是强制许可使用，以规定法定许可使用为宜。就使用者说来，无须征得著作权人的特别授权，仅依照法律规定的情形即可自由复印或录制有著作权的作品。至于版税如何由相关集体管理机构征收和分配，似可参考德国模式加以规定。

（3）现代传播技术带来简单而有效率的复制手段，也模糊了合理使用与侵权使用的界限。复制使用有合法与非法之分，非法复制行为在国际上被称为“海盗行为”（piracy），是与传播技术同步发展的产物。我们没有理由将海盗行为归咎于科学技术，但不争的事实是，海盗行为成为黑色瘟疫是20世纪60年代以后的事情，概言之，现代传播技术客观上为海盗行为者提供了非法复制的便利条件。就其表现形式而言，著作权专家、瑞士电视法律顾问Peyron先生将其概括为10种类型，即报纸和杂志发行直接来自电视上的画面，以及将此画面印制在书刊上；录制电视部的音乐出售或出租给公众；商店为顾客播放海盗版复制品；在其他一些公共场所、展览馆放映非法复制件；商号、组织、个人并非出于个人目的的复制；对著作权作品的翻录等。[①] 世界知识产权组织国际局则将其概括为三种：一是“非法地制造、发行、销售复制件”，即未经授权，私下地从收音机或广播电视节目、音乐会、舞台表演中录制销售复制件的行为。二是“未经授权而复制发行唱片”，凡是对已存在的唱片或盒式录音带的直接播录和公开发行，即构成非法翻录。三是单纯而简单的假冒，而投入

① 参见世界知识产权组织1983年版权会议报告。

市场的非法复制品在内容、包装、标记等方面与原版作品完全一样。[①] 在国际公约及各国相关立法中，非法复制的海盗行为从来是合理使用的对立物，新的传播技术虽然使得作品的复制极其便利与隐蔽，但是，法律并不容忍商业性复制行为披上合理使用的外衣。因此，上述海盗行为类型的划分及其表现形式的描述，有助于我们明确合理使用与侵权使用的界限，似可以在立法规定不敷使用的情况下作为司法实践的考量依据。

（4）现代传播技术带来合理性判断的困难，同时也将促使合理使用规则由传统走向现代化。从司法实践经验抽象出来的合理使用规则，深受印刷版权时代的影响，因而对现今合理使用情形的判断很难做到应付自如。在日本，1972年“白川义原诉马特·艾买诺的蒙太奇照片”案，曾引起人们对合理使用的广泛讨论。被告利用原告在奥地利诺尔山区拍摄的滑雪彩照，采用蒙太奇手法，将原作的部分实景与另一轮胎广告照片合成加工为黑白照片，因而受到原告指控。东京地方法院判决认为，蒙太奇照片作为一种艺术形式是得到法律承认的，但这与该照片是否侵权无关。正常的情形是，从他人的照片或绘画中取出一部分插入自己的作品，应从整体上无法看出原作的影子。因此，被告构成“实质性使用”，即侵犯著作权。1976年东京高级法院复审判决又作出相反结论，被告虽采用了原作者的表现形式，但赋予其讽刺、批判某一事物的新的思想感情，不应判为剽窃。引用原作进行创新以作为美术上的表现形式，已得到社会承认。因此，该案中的蒙太奇手法也应视为具有使用的正当性。[②] 在美国，拘泥于印刷传播手段的思维定式，采用传统的合理使用规则来解释非文字作品，也遭到一些学者的批评。与空间艺术作品不同，诸如重大事件的现场摄影，著名公众人物的新闻录像等时间艺术作品被评论家所审视，为公众所听到或看到，这一使用过程只发生在瞬间或极短的时间段。为研究和评论的需要而复制上述作品的片断，是否涉及“实质性使用”，亦难以定论。作为艺术整体，它们不能被分割；作为信息材料，公众又应对其享有利益。因此，一些学者主张，对于摄影、绘画、雕塑、电影画面、录像画片等不能简单适用“实质性使

---

① 参见世界知识产权组织1983年版权会议报告。

② 参见［日］满日重昭：《关于作品的自由使用》，载《工业所有权法研究》，1976（8）。

用”规则。[1] 另有学者鉴于技术进步时代合作行为日益复杂的情况下提出判断使用是否合理的一元化理论。即以使用人是否获得商业性利益为唯一标准，以避免多重标准相互排斥，发生歧义。换言之，如果使用者获得了商业性利益，即使著作权人没有损失，也是侵权行为；相反，如果使用者没有获得商业性利益，著作权人损失再大，也属于合理作用。[2] 上述观点，虽不无偏颇，但说明了合理使用诸规则在新技术革命条件下的不适用性。在现代传播技术条件下，作品的使用行为复杂多样，过于琐细的标准也许不易掌握，一元化理论简单直接地抓住了问题的要害，在纠纷处理中不无参考价值。但是，我们对以往的规则不必全盘抛弃，而需要对判断性标准作出新的考察，尤其应对“作品的性质”“作品的实质性使用”等作出新的解释。

---

① See Sigmund Timberg, A Modernized Fair Use Code For Visual Auditory And Audiovisual Copyrights, Fair Use And Free Inquiry, 1980.

② 参见李责方：《新技术革命与著作权法》，载《吉林大学学报》，1985（6）。

信息技术革命与信息网络传播权立法*

知识产权制度所走过的变革与发展历程，充分彰显着技术革命的原动力功效，知识产权制度基于科技革命而生，由于科技革命而变。作为知识产权制度重要组成部分的著作权制度，与信息技术的变革与发展联系紧密，这不仅仅因为“无传播即无权利”，而且因为每一次信息技术革命都会拓宽著作权的客体，打破著作权法原有的平衡状态。因而信息技术革命往往成为直接推动著作权法调整与演进的关键性力量。

一般认为，凡是能扩展人的信息功能的技术，都是信息技术，当一种新的信息技术出现，对扩展人的信息功能产生了划时代的作用，便可称为“信息革命”。现代信息技术的出现是人类历史上的第五次信息革命。[①] 第五次信息技术革命是以数字技术和通信技术及其结合为标志性样态的技术，数字技术的出现为知识产权所有人传播其作品创造了新的机会，同时也为消费者接收和享受作品提供了新的途径。特别是数字技术与现代通信技术成功结合之后，在网络传输条件下，社会公众可以自主进入网络，在自己选择的时间和地点得独立接触网络传输中的作品，而作者能否最终控制作品在网络中的传输，就成为一个不能轻易解决的问题，网络传输中由于中间服务商、技术措施的介入使得问题

---

* 原载《中国版权》，2005（1）。

① 其他的四次信息技术革命是：语言的产生、文字的产生、造纸和印刷术的发明以及电报、电话和广播的使用，参见肖峰编著：《现代科技与社会》，201页，北京，经济管理出版社，2003。

更加复杂。这样，第五次信息技术革命推动了著作权制度从“电子版权”到“网络版权”的转变。

正因如此，当代各国的著作权法均处于频繁变动之中，但即便如此，著作权法仍被批评为“代表了一个无力跟上先进的信息技术发展步伐的领域”[①]。20 世纪 90 年代末期，各国开始赋予著作权人享有一种控制作品在网络中传播的新型权利，这在我国的《著作权法》中称为信息网络传播权。《著作权法》第 10 条第 1 款第 12 项规定，信息网络传播权是著作权人享有的以有线或无线方式向公众提供作品，使公众可以在其个人选定的时间和地点获得作品的权利。同时《著作权法》第 58 条授权国务院另行规定信息网络传播权的保护办法。目前国务院法制办已将《信息网络传播权保护条例》（以下简称《条例》）列入 2005 年的立法计划。

以信息网络传播权为基本范畴之一来构建我国网络版权法律保护体系，具有重要的理论和实际意义：（1）通过单独立法保护信息网络传播权，有助于激励更多的作品在网络上的传输。网上作品的发起人、创作者借助网络传输自己创作的作品和各类信息，需要为作品的创作和信息的收集进行劳动及投资，并承担相应的经济风险，因此，通过立法专门保护信息网络传播权，他们就能够有效控制其作品在网络空间的传输，从而有机会获得劳动收益并收回投资。假如法律不能为网络上的投资者和网络作品的创作者提供充分保护，网络的特点又决定了作品和各种信息在其间难于控制，那么根据自然人的趋利避害本能，要么剽窃者获得不当利益（这种不当利益有时可能非常巨大）；要么投资者或者创作者进行类似投资的激情受到严重伤害，使公众失去获得更多好作品的机会。[②]（2）通过单独立法保护信息网络传播权，体现了在网络中培育和实现个人与社会文化双赢目标的努力。以单独的立法来界定信息网络传播权，确立信息网络传播权的保护和限制规则，必将有助于更清晰厘清个人与社会在网络上的利益界线，这在某种程度上可以理解为是个人与社会达成的一种契约，即在

---

① Andrea Antonell，Applicable Law Aspects of Copyright，Infringement on the Internet：What Principles Should Apply? In Singapore Journal of Legal Studies，July 2003.

② See S. M. Stewart，International Copyright & Neighboring Rights，Butterworth & Co. Ltd，1989，p. 8.

个人获得专有权利的同时，他的这种权利也就必须服从社会的利益，从而通过个人与社会在法律制度上的契约选择达到繁荣文化市场的目的。(3) 通过单独立法保护信息网络传播权，是基于网络传输的作品和信息是一种公共产品的认识，有必要借助立法完成该产品的产权界定，从而实现公共产品外部性的内在化。与一般的知识产品一样，网络中传输的作品作为信息产品的一种，在生产上代价可能较高，而在消费上无对抗性且信息的传递费用相对较小，消费者往往希望变成信息的“搭便车者”，这种受损效应转化成一种外部性，因此，“不受管制的市场将在有创造力的思想上和创造性的作品（如书籍、绘画和音乐）上生产出小于最优值的信息数量”①。不仅如此，现代信息技术的出现使得在网络上传输的作品还会出现新的外部性体现，“知识的变化导致生产函数、市场价值及期望的变化，新的技术，做同一件事情的新的方式，以及做新的事情——都会产生社会所不习惯的受益或受损效应”②，因而要设定新权利，将该外部性内在化。通过单独的立法保护信息网络传播权，正是人们对新的收益——成本的可能渴望进行调整的回应。

鉴于当前《条例》的起草工作已进入关键时期，对其所涉及的宏观与微观问题展开广泛而深入的理论争鸣显得尤为迫切和必要。笔者认为，在《条例》的起草过程中，有以下基本问题应予以明确。

(1) 关于《条例》与《著作权法》的关系问题。

我国现有的著作权立法框架有三个基本特征：其一，单行立法模式；其二，与各种条例相依存；其三，与国际条约相连接。上述三个基本特征，对《条例》的起草具有重要的指导意义。首先，《条例》应包括“总则”条款，以弥补《民法典》和《知识产权法典》阙如的不足。其次，《条例》应与其他各种著作权条例相互配套。不应期待《条例》能解决网络时代著作权保护的所有问题，实际上，《条例》只是网络时代著作权法律保护的基石而已。最后，《条例》应与国际接轨。以信息网络传播权作为基本范畴来应对网络时代著作权制

---

① ［美］罗伯特·考特、托马斯·尤伦：《法和经济学》，张军等译，153 页，上海，上海三联书店，1994。

② ［美］H. 登姆塞茨：《关于产权的理论》，载《财产权利与制度变迁》，100 页，北京，三联书店，1994。

度的变革与发展，是我国司法实践长期积累形成的结果，同时也是借鉴吸收发达国家先进立法经验的结果，特别是两个“互联网条约”[①] 提供了国际上通行的被普遍接受的规则，我国的立法不应无视国际条约另起炉灶，相反，在《条例》的起草中要充分体现国际通行做法，对于《著作权法》没有直接反映出来的问题进行评估，并提出合乎我国技术发展水平和现实法制资源要求的规则选择及理由，用以指导《条例》的起草。

（2）关于《条例》的基本特色问题。

《条例》在总体上要凸显信息网络传播权的私权属性。TRIPs 协定明确宣示了知识产权所具有的私权属性，信息网络传播权是作为知识产权之一的著作权“权利束”中的一种新型权利，这种新型权利自产生之始就无法脱离其天然的“私权”本质，所以，整个《条例》的起草都应围绕作为私权的信息网络传播权展开规则设计。为此，必须摆正行政管理机关的位置。信息网络传播权的制度建构过程中，应认识到行政机关的重要作用，没有各种行政机关的职责分工和权力赋予，则很难形成经得起实践检验的可以有效运转的制度体系；但也应看到，《条例》并不是行政管理法规，它应该更多体现授权性的私法规则，应该更多地相信市场主体自治的能力，从而把关注的目光投放到对市场竞争秩序维护、民事主体权利保护和社会公众利益的考量等方面，所以，行政机关应处于调控者地位而没有必要事必躬亲。

（3）关于《条例》的中心环节问题。

从整体上看，《条例》应着眼于从权利的保护和权利的限制两个中心环节开展拟订工作。权利的保护是前提和基础，因为“权利人通过自己的权利来维护法律，并通过法律来维护社会不可或缺的秩序”[②]。按照 TRIPs 协定第 3 条注解的解释，所谓保护，既应包括涉及本协议专指之知识产权之利用的事宜，也应包括涉及知识产权之效力、获得、范围、维护及行使的诸项事宜。对信息网络传播权保护方式及内容的理解，应与 TRIPs 协定的解释保持一致。权利

---

① 即世界知识产权组织 1996 年通过的《WIPO 版权条约》（WCT）和《WIPO 表演和录音制品公约》（WPPT）。

② ［德］鲁道夫·冯·耶林：《为权利而斗争》，载梁慧星主编：《民商法论丛》，第二卷，北京，法律出版社，1994。

的限制是维护公众利益和保障基本自由的必然结果，因为通过权利的限制会促导更多优秀作品和信息的大量涌现，符合社会公平正义和公共利益的要求，毕竟，“版权的客体是在前人所做贡献的基础上完成的”①。因此，在《条例》制定过程中，不能忽视在数字环境下必然会发挥巨大效应空间的权利限制和例外制度。

① ［日］半田正夫、纹谷畅男编：《著作权法50讲》，19页，北京，法律出版社，1990。

试论网络服务提供者的著作权侵权责任*

网络著作权侵害行为及其责任分担，是侵权责任法与著作权法共同关注的问题。对此，学者从不同角度作出过阐述。知识产权学者王迁、王凌红以《信息网络传播权保护条例》为对象，借助美国判例法的资料，较早对著作权间接侵权问题提出了自己的理论分析框架。近期，民法学者张新宝、杨立新等则以我国《侵权责任法》第 36 条为样本，运用民法解释论的方法，着力阐述了网络侵权责任制度的立法精神和法律适用。① 在此，笔者不揣浅陋，试以民法学理论为基础，以现行法律规定为依据，以著作权相关判例为资料，对网络侵权的责任主体地位、过错认定规则以及赔偿责任形式作出解读和分析。

一、特殊责任主体：网络服务提供者的法律地位

著作权法中的间接侵权责任，是知识产权领域中制度变革最快、社会关注度最高的一个问题。在立法例和司法判例中，侵害著作权有直接侵权行为与间接侵权行为之分，法律对此规定了不同的过错条件及处罚标准。所谓间接侵权

---

* 原载《中国法学》，2011 (2)。

① 参见王迁、王凌红：《知识产权间接侵权研究》，北京，中国人民大学出版社，2008；张新宝、任鸿雁：《互联网上的侵权责任：〈侵权责任法〉第 36 条解读》，载《中国人民大学学报》，2010 (4)；杨立新：《〈侵权责任法〉规定的网络侵权责任的理解与解释》，载《国家检察官学院学报》，2010 (4)。

行为有两种含义：一是指行为人的行为系他人侵权行为的继续或预备，即其行为帮助和导致了直接侵权行为的发生，因而对权利人造成了损害，亦称“二次侵权”。例如为他人出售、出租、展出之目的而保存侵权复制品的行为，为侵权表演提供设施、场地的行为等。二是指行为人并没有从事任何侵权行为，但由于特定社会关系的存在，依法须对他人的侵权行为承担一定的责任。例如雇主对雇员因完成本职工作而实施的侵权行为，委托人对受托人因履行委托合同而实施的侵权行为等。[①] 相对于直接侵权行为而言，间接侵权行为有两个鲜明的特征：（1）间接侵权行为并不是著作权“专有权利”所限定的行为。专有权利既是使用权，即著作权人专有使用的权利；同时也是禁止权，即排斥他人擅自使用作品的权利。正如有的学者所言，某一行为是“专有权利”所指向的行为，如果未经权利人许可而实施即可能构成侵权。因此，凡是直接侵权行为都是受到“专有权利”所限制的行为，凡是间接侵权行为则不在“专有权利”的控制范围之内。[②]（2）间接侵权行为是直接侵权行为的帮助行为或预备行为。法律之所以规定间接侵权，其目的是加强对著作权的保护，既可以避免权利人因无法追究直接侵权人的责任而蒙受损害，同时也可以防止直接侵权行为发生并抑制损害后果扩大。实施间接侵权行为，导致直接侵权行为发生并造成权利侵害后果，这一行为的法律责任就是间接侵权责任。

在网络著作权侵权行为中，网络服务提供者主要承担的是间接责任。网络服务提供者是指为网络信息交流和交易活动的双方当事人提供中介服务的第三方主体。根据一些学者的解释，它包括但不限于网络接入服务提供者、网络空间提供者、搜索引擎服务提供者、传输通道服务提供者等媒介双方当事人的主体[③]；或者说，除了上述技术服务提供者外，还应当包括内容服务提供者。[④]在有的情况下，网络服务提供者自己利用网络，发表侵权作品或信息，侵害他

---

① 参见郑成思：《版权法》，211～212页，北京，中国人民大学出版社，1997。

② 参见王迁、王凌红：《知识产权间接侵权研究》，4页，北京，中国人民大学出版社，2008。

③ 参见王利明主编：《中华人民共和国侵权责任法释义》，158页，北京，中国法制出版社，2010。

④ 参见王胜明主编：《中华人民共和国侵权责任法解读》，180页，北京，中国法制出版社，2010。

人民事权益的，应当承担侵权责任。[①] 这是根据直接侵权责任原则，基于自身侵权行为所产生的民事责任。在多数情况下，网络服务提供者既不参与信息交流，也不选择信息的接收方，仅仅提供接入、缓存、信息存储空间、搜索以及链接等技术服务，即在双方当事人的信息交流中处于消极中立第三方主体地位。在网络用户利用网络服务实施侵权行为的情况下，网络服务提供者依法所承担的责任，则是根据间接责任规则，基于他人直接侵权行为所产生的责任。

在侵权行为中，相对于直接侵权行为人与侵权行为受害人而言，间接侵权行为人处于一种特殊的地位：或是诱导、促成或帮助他人实施了侵权行为，因而对受害人承担共同侵权责任；或是对他人的侵权行为负有监督的权力和能力，因而对发生的损害负有特殊侵权责任。具体说来，该类责任主体，主要包括以下两种情形：一是共同侵权行为中的帮助侵权人。共同侵权行为，是指数人共同侵害他人民事权益造成损害的行为。基于主观关联的共同侵权行为也叫做“共同正犯”，其侵权人包括实行人、教唆人和帮助人。[②] 无论是大陆法系的民法典，还是英美国家的侵权行为法，大多有关于共同侵权行为的规定。帮助人系共同侵权行为人[③]，亦视为连带债务人。在共同侵权行为中，帮助人已经认识到直接侵权行为的存在，并实质性地帮助他人实施了侵权行为。其责任承担的法律后果，既是对自己过错行为（帮助侵权行为）的负责，也是为他人侵权行为（直接侵权行为）的负责。二是特殊侵权行为中的替代责任人。传统法律意义上的替代责任，是指对他人侵权行为造成的损害或对本人管领的物件造成的损害所承担的侵权赔偿责任。对他人侵权行为和本人管领物件致害的赔偿之责，与对自己的不当行为所承担的责任是有区别的，前者在罗马法上被称

---

① 《中华人民共和国侵权责任法》第 36 条第 1 款规定：“网络用户、网络服务提供者利用网络侵害他人民事权益的，应当承担侵权责任。”

② 参见张新宝：《侵权责任法原理》，82 页，北京，中国人民大学出版社，2005；杨立新：《〈中华人民共和国侵权责任法〉精解》，62 页，北京，知识产权出版社，2010。

③ 《德国民法典》第 830 条规定：“数人因共同实施侵权行为造成损害的，各人对损害均负责任。不能查明数关系人中谁的行为造成损害的，亦同。教唆人和助手视为共同行为人。”《日本民法典》第 719 条规定：“数人因共同侵权给他人造成损害时，各自对其损害的赔偿负连带责任。在不能知晓共同行为人中由何人加害时，亦同。教唆或帮助侵权行为人的人视为共同行为人，适用前项规定。”

为“准私犯”之债①，后者被学者谓为“真正的侵权行为”②。严格意义上的替代责任（vicarious liability），专指对他人的侵权行为承担责任，是英美侵权行为法所创设的制度。③ 在后世立法中，替代责任一般是指对他人侵权行为所应承担之情形，诸如监护责任、雇主责任、安全保障责任等。④ 在这种特殊侵权行为中，责任人是典型的间接责任主体，其承担的责任并不是基于过错的存在，而是源于自身对他人侵权行为控制的能力。

为他人侵权行为负责之规则，是著作权法判定网络服务提供者民事责任的基本分析工具。在美国著作权法理论中，间接侵权责任制度确立了技术（产品）提供者作为第三方主体的责任基础，即间接侵权行为人因他人直接侵权行为而承担的责任，具体包括帮助侵权和替代责任。早期的美国著作权立法对间接侵权责任并没有明确规定，但法院的一系列判例形成了第三方为他人侵权行为承担责任的规则体系。在 1984 年索尼案中，美国最高法院宣称：著作权法虽然没有此类明示的语言，“但承担替代责任，几乎存在于著作权的所有领域之中；而帮助侵权的概念则是一类更为广泛的问题，即确认在某些情况下为他人的行为负责是公正的”⑤。

1. 帮助侵权。一般认为，帮助侵权制度系从工业产品责任发展而来。1971 年的 Gershwin Publishing Corp. 一案判决，对帮助侵权有着经典的定义，即“在知道他人的行为构成版权侵权的情况下，诱导、促成或实质性地帮助他

---

① 参见周枏：《罗马法原论》，803～810 页，北京，商务印书馆，1994。

② ［德］克雷斯蒂安・冯・巴尔：《欧洲比较侵权行为法》，张新宝译，140 页，北京，法律出版社，2001。

③ 参见张新宝：《中国侵权行为法》，158 页，北京，中国社会科学出版社，1998。

④ 《侵权责任法》第四章是“关于责任主体的特殊规定”。有学者认为，该章主要规定了对人的替代责任，例如监护人责任、暂时丧失心智责任、用人单位责任、个人劳务责任、违反安全保障义务责任等（参见杨立新：《〈中华人民共和国侵权责任法〉精解》，131 页，北京，知识产权出版社，2010）；亦有学者认为，替代责任即是大陆法系国家的“雇主责任”，例如《法国民法典》第 1384 条规定、《德国民法典》第 831 条规定、《日本民法典》第 715 条规定等（参见张新宝：《中国侵权行为法》，158～159 页，北京，中国社会科学出版社，1998）。关于违反安全保障义务的行为，在《德国民法典》第 832 条规定中，即适用一般侵权责任构成。本文主旨在于评价有关网络服务提供者的替代责任学说，其他特殊责任主体容不赘述。

⑤ Sony Corp. v. America Universal City Studios，Inc，464 U. S. 417，220 USPQ665（1984）.

人进行侵权行为，应当作为帮助侵权者而承担责任”[①]。其构成要件包括：(1) 存在直接侵权行为；(2) 间接责任人认识到直接侵权行为的存在；(3) 帮助直接侵权人实施了侵权行为。在英美法传统中，共同侵权行为分为“同一”侵权行为（即“为了一致的目的而实施的共同行为”）和“分别但一致”的侵权行为，对于前者可以提起“共同诉讼”，对后者则产生针对“若干”行为人的独立侵权诉讼。[②] 在网络著作权侵权案中，帮助人提供网络技术服务是“分别”的，但其行为帮助了直接侵权人，导致了“一致”的侵权后果发生，因而权利人可以针对网络服务提供者单独提起诉讼。

2. 替代责任。替代责任又称为转承责任，最初出现在代理关系与雇佣关系中，即被代理人对代理人实施的，得到被代理人“授权”或“批准”的侵权行为承担责任，雇主对其雇员在“雇佣期间”实施的侵权行为承担责任，概称为“为他人侵权行为承担的责任”[③]。美国著作权侵权诉讼，将替代责任分为“房东—租客”与“管理者—表演者”两类情形。在1963年Shapiro一案中，法院对替代责任的认定提供了两个标准：一是替代责任人有权力和能力控制直接侵权的发生；二是替代责任人从侵权行为中获取直接的经济利益。[④] 依此构成条件，商店主人对承租者出售侵权录音制品的行为负有责任，娱乐场所的管理者对他人的侵权表演活动负有责任。在替代责任中，基于“房东”或“管理者”的特定身份，本有权力和能力控制侵权行为的发生，但未能尽到善良管理人之义务，且从这种侵权行为中获取直接利益，因此必须承担责任。在1976年著作权法制定过程中，关于替代责任问题存有争议。美国众议院在著作权报告中指出：“著作权法有一个早已确立的原则，即任何违反著作权所有人排他权利的人都是侵权者，包括那些被认为是相关的或代理的侵权人。”[⑤] 由此可以认为，美国国会认可并保留了判例法中的有关规定。

---

① Gershwin Publishing Corp. v. Columbia Artists Management, Inc., 443F. 2d. 1159, 1162 (2d Cir. 1971).

② 参见徐爱国编：《英美侵权行为法》，271页，北京，法律出版社，1999。

③ 徐爱国编：《英美侵权行为法》，247～248页，北京，法律出版社，1999。

④ See Shapiro, Bernstein and Co., 316F. 2d 304, 307 (2d Cir. 1963).

⑤ H. R. Report, No. 94—1476, 94th Cong., 2d sess. (1976).

关于网络服务提供者的侵权责任，最终在1998年美国《新千年数字著作权法》（DMCA）中得到了确认。该法第二部分“网络著作权侵权责任限制”新增了美国著作权法第512条，明文规定了提供传输通道、系统缓存、信息存储、信息搜索等服务的四类网络服务提供者承担侵权责任的限制事由。这一立法的意义在于：第一，对判例法关于网络服务提供者承担间接责任予以肯定。DMCA只规定了免责条件，判断网络服务提供者是否承担侵权责任，依然根据著作权法。在司法判例中，尽管有的法院曾判决网络服务提供者承担直接侵权责任，但后来美国法院对此达成共识，即网络服务提供者没有主动实施侵权行为的，不承担直接侵权责任，但可能由于构成帮助侵权或替代责任要件而承担间接责任。第二，体现了立法者对中立性的信息传播技术的保护。DMCA产生了一个重要原则——“避风港”原则（即“通知—删除”原则）：在网络著作权侵权案件中，被侵权人在获知侵权事实后，可以向网络服务提供者发出符合DMCA规定的侵权通知，后者在接到侵权通知后，应当及时删除相关侵权信息，否则就被视为侵权。技术中立的法律规则，是对网络服务提供者间接侵权责任的限制。这一问题容当本文后述。

在大陆法系传统中，对于网络环境下发生的侵权，网络服务提供者自己利用网络发表侵权作品的，是为直接侵权责任。但多数情况下，网络服务提供者没有履行相应的注意义务，可能对网络用户利用网络服务而实施的侵权行为承担责任，这即是所谓的间接责任。[①] 在侵权责任法中，网络服务提供者作为“帮助人”，承担的是共同侵权责任，由于其未尽到“善良管理人”之义务，对他人传播的侵权性信息没有采取合理的处理措施，因而对他人的直接侵权行为承担间接责任。至于在准侵权行为中，如雇主对雇员因执行职务在网络上实施的侵权行为、监护人对被监护人在网络上实施的侵权行为，这些特定主体所承担的替代责任，并不适用于作为信息交流中介的网络服务提供者。应该说明的是，大陆法系国家的民法典，对网络著作权侵害问题均未作出规定，相关法律

---

① 在网络侵权行为中，网络服务提供者有可能作为直接加害人承担责任，即适用自己责任原则，但也可能对他人侵权行为造成的损害而承担责任，有学者将其称为中间责任或第三方主体责任，实际上是本文所研究的间接责任。参见张新宝：《互联网上侵权问题研究》，25页，北京，中国人民大学出版社，2003。

规则多见于特别法，如1997年德国出台的《规定信息和通信服务的一般条件的联邦立法》(有学者将其简称为《多媒体法》)，2001年日本公布的《特定电气通信提供者损害赔偿责任之限制及发信者揭示法》(实际上是规范以不特定人接受信息为目的的“网络信息法”)。2000年欧盟通过《电子商务指令》，旨在在欧洲区域内部市场统一电子商务的规范。该指令第四部分对网络服务提供者履行传输、系统缓存、服务器寄存功能时的侵权责任作了限制性规定。[①] 与美国DMCA相同，欧盟指令认定了网络服务提供者的特殊责任主体地位，而且就网络服务的不同类型规定了免责条件。但是，欧盟指令适用领域比较宽泛，包括对诽谤、散布色情信息、网络毒品交易等行为的制裁，而不像美国DMCA仅限于侵犯著作权的情形；另外，该指令还要求成员国不得对网络服务提供者对传输、存储、寄存的信息课以监控的义务，以免使其负担过重。

在我国，司法实践中一直运用共同侵权规则来处理网络著作权的帮助侵权问题。最高人民法院《关于审理涉及计算机网络著作权纠纷案件适用法律若干问题的解释》(2000年11月通过，2003年12月、2006年11月修改) 作出审理网络著作权侵权案件的司法解释：一是规定了网络服务提供者参与、教唆帮助他人实施侵权行为的责任：网络服务提供者通过网络参与他人侵犯著作权行为，或者通过网络教唆、帮助他人实施侵犯著作权行为的，人民法院应当根据《民法通则》第130条的规定，追究其与其他行为人或者直接实施侵权行为人的共同侵权责任。二是规定了网络服务提供者对网络用户侵权行为承担责任的条件：提供内容服务的网络服务提供者，明知网络用户通过网络实施侵犯他人著作权的行为，或者经著作权人提出确有证据的警告，但仍不采取移除侵权内容等措施以消除侵权后果的，人民法院应当根据《民法通则》第130条的规定，追究其与该网络用户的共同侵权责任。2006年7月，《信息网络传播权保护条例》正式实施，以立法形式首次明确了网络信息服务中的第三方责任，即间接责任。该条例借鉴美国DMCA的有关做法，分别规定了自动接入及自动传输服务提供者、自动存储服务提供者、信息存储空间服务提供者以及搜索或链接服务提供者的著作权侵权责任。值得注意的是，我国《信息网络传播权保

---

① 参见欧盟《电子商务指令》(EC/2000Directive on E-Commerce，art 12-15)。

护条例》只规定了共同侵权行为的帮助侵权责任，而未涉及特殊侵权行为的替代责任。有学者认为，我国《侵权责任法》第四章“关于责任主体的特殊规定”，是侵权责任中的特殊责任形态，主要规定的是对人的替代责任，其中网络侵权责任，在网络服务提供者承担责任的形态上，也是替代责任。[①] 笔者认为，网络服务提供者对网络用户的侵权行为所承担的责任，是一种间接侵权行为人负责的特殊责任形态，但并不是替代责任。对此，应作出共同侵权责任的法律解释，这是因为：（1）网络服务提供者在网络侵权中，既是加害人，也是责任人。网络服务提供者无论是违反“通知—删除规则”，接到侵权通知后对网络侵权行为未采取处理措施[②]；还是违反“知道规则”，明知或应知存在网络侵权行为，而未采取必要措施[③]，都是一种致人损害的行为。在这里，加害人与责任人是为一体。而在替代责任中，责任人与加害人并非同一主体，责任人与损害事实之间没有直接联系，损害的直接原因应是责任人以外的加害人。在这里，“替代”的仅是赔偿责任，而未发生责任人的侵权行为。（2）网络服务提供者在网络侵权中，与网络用户是侵权行为实行人与帮助人之间的“共同关系”，在这里，实行人行为与帮助人行为有直接的因果关系。具言之，正是帮助人的行为，促成了实行人直接侵权行为的发生。而替代责任不同，责任人与加害人之间表现为隶属、雇佣、监护、代理等身份关系。从致人损害的角度来看，侵权损害与责任人行为没有直接的因果关系，但由于特定的间接联系产生了替代责任。（3）网络服务提供者在网络侵权中，与加害人亦为责任主体，都是受害人请求权所指向的对象。而在替代责任中，受害人的请求权并不指向具体的加害人，而只能向责任人求偿。综上所述，网络服务提供者的间接侵权

---

① 参见杨立新：《〈中华人民共和国侵权责任法〉精解》，131页，北京，知识产权出版社，2010。

② 《侵权责任法》第36条第2款规定：“网络用户利用网络服务实施侵权行为的，被侵权人有权通知网络服务提供者采取删除、屏蔽、断开链接等必要措施。网络服务提供者接到通知后未及时采取必要措施的，对损害的扩大部分与该网络用户承担连带责任。”

③ 《侵权责任法》第36条第3款规定：“网络服务提供者知道网络用户利用其网络服务侵害他人民事权益，未采取必要措施的，与该网络用户承担连带责任。”

责任，是基于“帮助行为”发生的，而不是由于特定身份而替代的。[①]

二、过错责任及其认定：网络服务提供者侵权责任的归责原则

著作权侵权理论的发展表明：法律必须寻求著作权保护与技术创新之间的“平衡点”。在网络著作权时代，立法者创设了“信息网络传播权”，赋予了权利人对其作品在网络传播技术下的专有权利。这即是著作权的扩张。同时，立法者从未放弃“技术中立”立场，允许网络技术的实质性非侵权使用。这即是著作权的限制。为技术提供者设定“安全阀”或“避风港”，即是为技术产品和服务的提供者确定合理的责任边界。在传统著作权立法中，诸如合理使用、法定使用等多从“作品使用”的角度去规制，以此作为侵权使用的例外；而在网络著作权立法中，认定网络服务提供者的主观过错，则采取“通知—删除”规则，较多从“技术措施”角度来判断。无论是美国 DMCA，还是欧盟电子商务指令，都确立了网络服务提供者作为间接侵权行为人的责任基础，同时又为责任承担设定了免责条款。可以说，过错及过错的认定，是网络服务提供者间接侵权责任制度的要点与难点。

归责原则是责令侵权人承担责任的依据。在侵权责任法中，过错责任与无过错责任作为归责原则，是两种不同的归责方式：前者是主观归责原则，即以人的主观过错作为确定责任归属的根据，有过错即有责任，无过错即无责任，一般侵权行为适用此种归责原则；后者是客观归责原则，即以人的主观过错以外的某种客观事实作为确定责任归属的根据，只要有特定损害事实存在，即要承担相应责任，法律特别规定的侵权行为适用此种原则。[②] 关于网络服务提供

① 多数学者对网络服务提供者作出共同侵权责任的解释，参见王胜明主编：《中华人民共和国侵权责任法释义》，169～170 页，北京，中国法制出版社，2010；张新宝：《侵权责任法原理》，256～258 页，北京，中国人民大学出版社，2005。

② 我国知识产权学者关于知识产权侵权责任归责原则，有的主张适用过错责任原则，有的主张兼采过错责任原则与无过错责任原则，有的主张在过错责任基础上还应采用过错推定责任原则。代表性的著述有：刘波林等：《侵害著作权的过错责任》，载《著作权》，1996（4）；郑成思：《侵害知识产权的无过错责任》，载《中国法学》，1998（1）；吴汉东：《知识产权保护论》，载《法学研究》，2000（1）。

者的侵权赔偿责任，国外立法例曾采取过两种模式：一是无过错责任。即网络服务提供者在其中介服务过程中，对其系统和网络中传输、存储或缓存的信息负审核监督义务，一旦其系统或网络被他人用作侵权工具时，不论网络服务提供者是否有过错，都要承担责任。[①] 二是过错责任。即网络服务提供者在他人利用其系统或网络实施侵权行为时，在知道该行为发生而未采取处理措施时才负责任。[②] 在互联网发展早期，由于人们对网络服务提供者的地位、作用及监控能力的认识不足，因而出现适用无过错责任原则之主张。目前，世界上主要国家和地区都对网络服务提供者采用过错责任，并且明文规定了一些责任限制条款。

过错是网络服务提供者承担责任的基础。之所以规定由其承担相应的民事责任，是因为其主观上有可以归责的事由（故意或者过失）。在故意侵权的情况下，网络服务提供者违反的是不得侵害他人合法权益的义务；在过失侵权的情况下，网络服务提供者违反的是对他人合法权益应尽到的注意义务。[③] 传统民法的侵权赔偿之债理论认为，故意是指债务人明知行为不正当而仍然为之的作为或不作为。在罗马法上也作恶意和诈欺解释。故意责任虽经当事人合意亦不得免除，但责任发生后可因权利人放弃请求赔偿权而免除。这一原则从罗马法至近代民法一直都在普遍采用。过失是指债务人应注意并能注意而未加注意的作为或不作为。过失即缺乏注意的应有程度。罗马法将过失与注意义务直接联系起来，对后世侵权责任法影响很大。大陆法系中的过失是以注意为前提条件的。重过失就是“欠缺普通人之注意”，抽象轻过失是指“缺少善良管理人之注意”[④]。英美法系的侵权责任法也是以注意力来区分过失的程度，应尽最大注意而未尽时，视为“重大过失”(gross negligence)；应尽普通注意而未尽

---

① 美国 1995 年《知识产权与国家信息基础设施：知识产权工作组的报告》认为：网络服务提供者的系统或网络中的基于其改造中介服务所必需的自动、暂时性复制与传输，属于著作权法上的复制，网络服务提供者对此负严格责任。参见刘德良：《网络时代民法学问题》，314 页，北京，人民法院出版社，2004。

② 美国 1998 年《新千年数字著作权法》、欧盟 2000 年《电子商务指令》、日本 2001 年《特定电气通信提供者损害赔偿责任之限制及发信者信息揭示法》采过错责任原则。

③ 参见张新宝主编：《互联网上侵权问题研究》，45 页，北京，中国人民大学出版社，2003。

④ 周枬：《罗马法原论》下，642～649 页，北京，商务印书馆，1994。

时，视为“普通过失”（ordinary negligence）[①]。笔者认为，在互联网上确定网络服务提供者的责任，适用“善良管理人”之注意义务标准是合理的。这是因为，网络服务提供者并不能对所有的网络信息负有审查义务，但是其应该采用一些过滤技术防止侵权性信息的传播，或对于一些明显的侵权性信息及时进行删除。如果网络服务提供者未尽上述“应注意并能注意”之义务，即要承担过错责任。

网络服务提供者的主观过错状况，在帮助侵权中具体表现为“知道”这一认知要件。在美国网络侵权理论中，主观认知分为两种：一是“实际认识”（actual knowledge），即帮助侵权人实际认识到直接侵权行为的发生，且这种直接侵权行为是特定和具体的；二是“推定认识”（constructive knowledge），即帮助侵权人并非实际认识特定的直接侵权行为，但通过具体情形能够推定其知道。前者是一种对过错的事实认定，需要原告用证据证明被告事实上知道他人利用其服务实施侵权行为。在信息网络服务中，网络服务提供者必须能够分辨出网络用户的具体行为是否属于侵权行为，在此情况下，即符合“实际认识”的标准。[②] 后者则是一种法律的推定，即虽无充分证据证明网络服务提供者对于具体侵权行为存在实际认识，但基于其应具备的预见、判断和控制能力的注意义务，且违反注意义务与造成损害结果之间有因果关系，法院可以认定其主观上存在过错。[③] 互联网的信息传播中，每时每刻都会有大量文件上传、下载、检索、访问，在这种情况下，网络服务提供者不可能识别每一用户每一行为的性质是侵权使用还是授权使用，这就需要结合相关证据来判断网络服务提供者的主观过错，即适用“推定认识”的标准。在司法实践中，将“推定认

---

① Black's Law Dictionary，Fifth Edition，pp. 930－931，West Publishing Co. 1979.

② 美国 Napster 一案即是关于“实际认识”主观状态判断的典型案例。Napster 公司的共同创办人在其起草的文件中，明示用户之间交换的是盗版音乐，因此需隐匿用户的真实姓名和 IP 地址；美国唱片协会曾就侵权音乐问题向 Napster 发出通知，但后者未加处理。由此法院认为，Napster 对于用户的侵权行为符合实际认知的要件。See A&M Records，Inc. v. Napster，Inc. 239F. 3d 1021（9th Cir. Cal. 2001）.

③ 美国 Aimster 一案的判决，对“推定认识”标准的适用作出了说明。被告辩称，用户采用其提供的加密服务，因而无法知悉用户传输的文件内容。法院认为，加密服务并不能阻止被告知悉，虽然被告无法知悉用户传输音乐文件的内容，但帮助侵权责任并不要求如此具体的知悉，即 Aimster 构成“有理由认知”。See In Re Aimster Copyright Litigation，252 F. Supp. 2d（7th Cir 2003）.

识”作为识别网络服务提供者的主观过错，须持一个谨慎的态度，建立严格的适用条件。从客观要件来看，须侵权信息内容的违法性明显，一般理性人即可识别。例如，谩骂、侮辱他人的信息，热播、畅销的版权作品等，其侵权传播行为的加害性非常明显，从信息本身即可识别；从主观要件来看，须网络服务提供者应该知道侵权信息的存在，且采取了不作为的帮助侵权行为。一般来说，该信息应存在于网络服务提供者可以看到的位置，如榜单、推荐标题等，但其视而不见，放任侵权行为的发生或存在。应该指出的是，我国相关立法文件对“知道”一词，前后表述不一，存有多处混乱。1986 年《民法通则》、1991 年《计算机软件保护条例》采用“知道”与“应当知道”并称的办法。[①]而 2006 年《信息网络传播权保护条例》则分别对信息存储空间的提供者与搜索、链接的提供者采取了“知道”“应当知道”与“明知”“应知”的不同说法。[②] 在上述立法文本中，“知道”和“应当知道”是并列关系而不是包容关系，两者可对应“明知”和“应知”的表述，这与美国网络侵权理论中的“实际认识”和“推定认识”大体是相当的。2010 年《侵权责任法》第 36 条则以“知道”一词指称网络服务提供者的主观认识状态。全国人大常委会法制工作委员会民法室编著的解读文本，将“知道”解释为“明知”和“应知”两种主观状态，即“要求网络服务提供者在过错而不仅在故意的情形下承担侵权责任”[③]。毫无疑问，网络服务提供者主观认知的过错，应包括“明知”和“应知”两种状态，前者系“实际认识”，是对主观过错的事实认定，是对过错责任认定的普遍情形，可依证据判断；而后者系“推定认识”，是对主观过错的法律推定，是过错责任认定的例外情形，须按要件规定严格把握。该书关于“知道”的宽泛解释虽有合理之处，但并没有从立法层面解决主观认知表述不

---

① 《民法通则》第 137 条规定：“诉讼时效期间从知道或者应当知道权利被侵害时起计算。”《计算机软件保护条例》第 30 条规定：“软件的复制品持有人不知道也没有合法理由应当知道该软件是侵权复制品的，不承担赔偿责任。”

② 《信息网络传播权保护条例》第 22 条规定，网络服务提供者为服务对象提供信息存储空间，不知道也没有合理的理由应当知道服务对象提供的作品、表演、录音录像制品侵权的，不承担赔偿责任。第 23 条规定，网络服务提供者为服务对象提供搜索或者链接服务，明知或者应知所链接的作品、表演、录音录像制品侵权的，应当承担共同侵权责任。

③ 王胜明主编：《中华人民共和国侵权责任法解读》，185 页，北京，中国法制出版社，2010。

一的问题。质言之，《侵权责任法》第 36 条关于“知道”的规定，在法律适用中存有疑虑，需在司法层面作出明确说明。

网络服务提供者“明知”与“应知”的主观过错，在侵害著作权责任中可适用“通知与删除”规则来识别。“通知与删除”规则是处理网络版权纠纷，减少侵权损害后果，认定网络服务提供者赔偿责任的法律机制。《侵权责任法》第 36 条规定的意义在于：首先，体现了立法者对中立信息传播技术的保护。由于侵权内容并非网络服务提供者所提供，加之信息的动态性和海量性，因而原则上不要求网络服务提供者对信息内容主动审查，而是要求其按照被侵权人通知进行处理；同时，界定了网络服务提供者所应承担的主观过错责任。该条第 2 款是“通知与删除”规则的一般规定，即网络服务提供者在接到侵权通知后，应按照通知进行处理，否则对损害的扩大部分承担责任，这是一种“明知”或“实际认识”的状态。第 3 款应视为“通知与删除”规则的例外规定。即网络服务提供者虽未收到通知，但对明显存在的侵权信息，也应主动采取措施减少损害的发生，否则也应承担责任，这是一种“应知”或“推定认识”的状态。关于通知本身的法律性质，有学者认为是一种权利，或说是权利所派生的权能。笔者认为，通知本身并不是民事权利或权能，“发出通知”是被侵权人主张权利救济的手段，对通知的处理则是网络服务提供者对法定义务的履行。《侵权责任法》第 36 条规定的积极意义应予以肯定，但也存在一些不足：(1)“通知与删除”规则是网络著作权侵权的特有规则。“通知与删除”规则(notice and take down procedure)，被称为针对网络技术中介服务的“避风港”制度，本为美国 DMCA 所创设。《侵权责任法》第 36 条所指“民事权益”，包括但不限于著作权，人格权以及其他知识产权都列入其中。笔者认为，后者并不能适用这一规则，其理由是：诸如专利侵权，其专业判断难度很大；至于商业秘密侵权，其隐蔽性难以识别；而名誉侵权，则不易对事实真假作出认定。在这种情况下，被动通知的处理或主动审核的要求，对网络服务提供者都不适宜。因此，将著作权法上的“避风港”制度普遍适用之，是极为不妥的。(2)“通知与删除”规则是特定网络服务提供者的适用规则。根据《信息网络传播权保护条例》的规定，“通知与删除”规则仅适用提供存储空间、搜索和链接等网络服务情形。[①] 而同样是“避风港”制度规范下的接入、传输通道和缓存服务的免责条件中并不涉及“通知与删除”规则。[②] 这是因为，它们并不具备与网站经营者相同的功能，这些网络服务提供者均无法识别和根据通知去处理具体的侵权信息。(3)“通知与删除”规则是“避风港”制度中的系统规则。这一规则的立法本意是：建立网络服务提供者配合通知发送人维权的法律机制，促使其与权利人合作，以便有效地制止网络侵权行为的扩大；同时考虑通知的侵权指称并不一定属实，因而要求通知必须符合一定条件，并规定了错误通知的法律责任；此外还设计了“反通知”程序，允许被指称侵权的用户提出恢复被删除的内容或链接的要求，且网络服务提供者因错误通知而删除内容的行为可以免除对网络用户的违约责任。[③] 可见，“通知与删除”规则包含了一系列的规范或程序：侵权通知应具备的条件、网络服务提供者的免责条件、反通知制度、错误通知的责任承担、网络服务提供者对网络用户违约责任的免除等。《侵权责任法》的相关规定，显然不敷适用，根据民事特别法优于民事普通法的原则，关于网络服务提供者的侵权责任应主要适用《信息网络传播权保护条例》。笔者认为，《侵权责任法》可对网络侵权责任作出宣示性、一般性规定，即保留第 36 条第 1 款之规定，但不必移植网络著作权侵权责任的具体条款。我国一些学者在其民事立法草案建议稿中，也不主张对网络侵权问题作出专门规定。[④] 需要指出的是，“各国民法典包括 20 世纪 90 年代以来颁布的一些新民法典也没有对互联网上的侵权作出规定”[⑤]。这些理论主张和立法例，对于分析《侵权责任法》第 36 条规定之得失是有一定意义的。

三、不真正连带责任：网络服务提供者侵权责任的形式

连带责任，是网络服务提供者与网络用户共同承担网络侵权行为的责任形

---

① 参见《信息网络传播权保护条例》第 22、23 条的规定。

② 参见《信息网络传播权保护条例》第 20、21 条的规定。

③ 参见刘家瑞：《论我国网络服务商的避风港规则》，载《知识产权》，2009 (2)；司晓、范露琼：《通知删除规则的理解与适用》，载《中国版权》，2009 (3)。

④ 参见梁慧星主编：《中国民法典草案建议稿》，北京，法律出版社，2003。

⑤ 张新宝主编：《互联网上侵权问题研究》，28～29 页，北京，中国人民大学出版社，2003。

式。但是，网络服务提供者的责任并不是典型的连带责任，而是法律上的不真正连带责任、事实上的最终责任。这一规则，体现了间接侵权责任制度的立法意图，即以连带责任形式为网络服务提供者设立了独立负担的责任机制，保证了著作权人得以充分救济自己的权利；同时，这一规则对于明确网络服务提供者的责任范围，处理其与作为直接侵权人的网络用户的责任分担提供了司法依据。

网络用户、网络服务提供者利用网络侵害他人著作权的，须承担共同侵权责任。共同侵权责任，是指两个或者两个以上（即多数）赔偿义务人（即责任主体）对同一损害后果共同承担损害赔偿侵权责任。① 在网络著作权侵权行为中，实施直接侵权的多为"地理上分散、缺乏经济赔偿能力的个人用户"，帮助他人侵权的则为"提供高科技工具、设施及网络服务的人"②。前者实施的直接侵权行为，即是违反法律规定而损害著作权人专有权利的行为。专有权利的效力范围是确认侵权行为人承担法律责任和国家机关采取保护措施的依据，直接侵权行为即是专有权利禁止他人实施的行为。后者实施的帮助侵权行为，并不涉及著作权的效力范围，即不是专有权利直接禁止实施的行为。其之所以承担责任，在于该行为具有可受责难性，即帮助人违反法定义务而促成他人实施了侵害行为。可以认为，网络用户和网络服务提供者侵害著作权行为的共同性，是他们承担共同责任的基础。侵害行为的共同性可以从两个方面来分析：在主观方面，侵害行为的实行人和帮助人均有过错，包括故意或者过失，在这里并不要求共同的故意或者意思联络；在客观方面，实行人和帮助人的各自过错行为结合导致了同一损害结果的发生。

在传统民法理论中，共同侵权责任属于多数人之债的范畴。在债的当事人一方或者双方为二人或二人以上时，债的关系就较为复杂，其中既有债权人与债务人之间的关系，又有债权人之间及债务人之间的关系。对这类债，学者称为多数人之债。③ 各国立法对多数人之债包括的种类，规定不尽相同，主要有

---

① 参见张新宝、唐青林：《共同侵权责任十论》，见 http://www.civillaw.com.cn/article/default.asp? id=18319，2010-05-03。

② 王迁、王凌红：《知识产权间接侵权研究》，7 页，北京，中国人民大学出版社，2008。

③ 参见王家福主编：《民法债权》，39 页，北京，法律出版社，1991。

按份之债、保证之债、连带之债等。关于网络服务提供者所应承担的共同侵权责任，学者曾有不同立法主张：一是补充责任。在一般情况下，补充责任是一种保证之债的履行（在有的情况下如为连带保证人，则承担连带责任）。其基本含义是：在能够确定加害人时，由加害人或其他负有责任的人承担责任，补充责任人不承担责任；只有在加害人无法确定时，则由补充责任人承担全部责任；如果虽能确认加害人或其他负有责任的人，但其资力不足以承担全部责任时，则由补充责任人承担剩余部分责任，有学者主张，网络服务提供者未能履行自己合理注意的义务，客观上对网络著作权损害的扩大化起到一定的作用，可考虑在实际行为人承担责任之后，由网络服务提供者承担补充责任。① 笔者认为，这一共同责任形式，不适用于网络著作权侵权行为。这是因为：主要责任人与补充责任人在责任履行顺序上是有差异的，后者只是在：(1) 加害人资力不足以承担全部责任；(2) 补充人有未尽注意之过错的情况下，方有责任承担赔偿。由于网络用户地理位置的分散性、个体侵权行为的普遍性、侵权责任的不确定性，权利人实际上无法先行向直接侵权行为人主张权利。二是连带责任。连带责任是一种连带债务的履行。当债务人有数人时，各债务人均负有全部给付的债务，且全部债务因一次全部给付而归于消灭。“法律上规定连带债务，原意在于确保债权人的利益，使其尽先向最具偿付能力的债务人请求给付。而且在连带债务中，系以数个连带债务人的全部财产作为给付之担保，所以通常情况下，债权人的利益足以得到保障。”② 基于连带债务所产生的赔偿责任，是较重的共同责任，只有在法律明文规定的情况下才能适用。我国《侵权责任法》规定了 8 种连带责任③，网络服务提供者侵权责任属于连带责任，当然具备此类责任形式的基本特征，但是在适用规则及法律后果方面又有着自己独有的特性：(1) 网络著作权侵权责任，是共同侵权行为的整体责任，各共

---

① 参见张新宝主编：《互联网上侵权问题研究》，33 页，北京，中国人民大学出版社，2003。

② 王家福主编：《民法债权》，43 页，北京，法律出版社，1991。

③ 《侵权责任法》规定的连带责任类型有：共同侵权行为的连带责任（第 8 条）；教唆、帮助人的连带责任（第 9 条）；共同危险行为的连带责任（第 10 条）；网络服务提供者接到通知而未采取处理措施的连带责任（第 36 条第 2 款）；网络服务提供者明知侵权而未采取处理措施的连带责任（第 36 条第 3 款）；非法转让拼装或者已达到报废标准机动车的连带责任（第 51 条）；遗失、抛弃高度危险物的连带责任（第 74 条）；非法占有高度危险物的连带责任（第 75 条）。

同行为人对外连带负责。一般而言，无论权利人向共同行为人中的一人、数人还是全体提出赔偿请求，连带责任人均须向权利人承担总的责任。连带责任人中有人无力赔偿或不能赔偿的，由其他共同侵权人承担责任，以满足权利人的赔偿请求，这即是连带责任制度的基本特点和立法目的。[①] 网络服务提供者的连带责任与此并无二致。但是，权利人在理论上虽然可以向任一网络用户或网络服务提供者主张全部赔偿责任，但实际上权利人往往只知道侵权网站，通常起诉的是网络服务提供者，而不起诉或无法起诉作为直接侵权人的网络用户。“当一个广泛使用的产品用于侵权时，希望通过制裁直接侵权人来保护作品权利成为不可能的时候，一个可行的选择即是让产品提供者承担间接侵权责任。”[②] 这是对外关系的分析。（2）网络服务提供者承担的侵权责任，是不真正连带责任，虽名义上是中间责任，但实质上是最终责任。这亦是网络服务提供者连带责任的特别之处。按连带之债规定而言，各连带责任人内部存在责任分摊，这在大陆法系称为“债务的分担”，在英美法系即是“连带赔偿责任的分摊”。确定各连带责任人的赔偿数额标准是“责任大小”，通常做法是：首先，看法律对责任大小有无明确规定；在无法律规定的情况下，按各连带责任人的过错和原因力大小来确定。上述规则无法适用于网络著作权侵权责任的内部分配。对网络著作权侵权行为，各国立法一般不采取法定的债务分担方法；而按过错和原因力大小来确定，却在司法裁判中存在着事实不能。这是因为，在网络侵权行为中，有何种网络用户在何时、何地实施何类侵权行为，造成何等损害后果，都是难以确定的。因此，网络服务提供者在承担了中间责任后，虽然法律上有权，但实际上很难向网络用户进行追偿。这是对内关系的分析。

网络服务提供者的责任是为不真正连带责任，但《侵权责任法》对网络服务提供者依然规定了责任范围：一是违反“通知—删除”规则，网络服务提供者“对损害的扩大部分与该网络用户承担连带责任”；二是违反“明知”规则，网络服务提供者对网络侵权的全部损害，“与该网络用户承担连带责任”。上述规定说明，网络服务提供者承担的连带责任并非就是全部损害的责任，在违反

---

① 参见杨立新：《〈中华人民共和国侵权责任法〉精解》，69页，北京，知识产权出版社，2010。

② MGM Studios Inc. v. Grokster，Ltd.，545 U. S. 788.

“通知—删除”规则中仅就扩大损害的部分承担责任；同时，在网络服务提供者承担全部责任之后，在法律上有权向侵权的网络用户就自己超额赔偿的部分进行追偿。

“罪责自负”或“自己责任”是现代法上的基本原则之一，每个人应当就其自身所犯的过错，在其理性能够预期或者应当预期的范围内承担责任。尽管现代法律强调这种个人责任，但为他人行为负责的连带责任大量存在，并且有进一步扩张的趋势。① 对网络服务提供者适用连带责任，是这一制度扩张的典型表现。在现代信息传播领域，著作权所有者与传播技术提供者之间一直存在着紧张关系：静电复印技术的采用，使得用户不必通过购买、出借图书的方式而获得复印件；录音、录像技术的产生，帮助公众通过收录设备即可欣赏现场表演和广播节目；互联网技术出现后，众多网民得以便捷、广泛地获取信息产品，并由单纯的信息接收者成为潜在的信息传播者。上述情况表明，技术的创新使得著作权人对作品传播控制能力不断削弱，为此著作权法创制了一些新的权能（如信息网络传播权），以强化对著作权作品的保护；同时，立法者又确立了“技术中立”的原则，肯定中立信息传播技术的合法存在，并以连带责任的形式为技术提供者设置了一般性的责任机制。

网络服务提供者是一种传播技术的提供者。根据“技术中立”原则，一项技术只要构成“实质性非侵权使用”（substantial non-infringing uses），技术提供者就不必为其用户可能存在侵权行为而承担责任。美国联邦法院于1984年在索尼案所创制的“技术中立”原则，“史无前例地为技术创造者确定了在著作权领域中的责任问题”②。“技术中立”原则，主要参考了专利法的“通用商品原则”（staple article of commerce doctrine）③，为技术提供者设置了一种免责规则，即一种技术产品只要符合“实质性非侵权使用”标准，就不构成帮

① 参见张维迎、邓峰：《信息、激励与连带责任——对中国古代连坐、保甲制度的法和经济学解释》，载《中国社会科学》，2003（3）；张新宝、唐青林：《共同侵权责任十论》，见 http://www.civillaw.com.cn/article/default.asp? id=18319，2010-05-03。

② Sony Corp. of America，Inc. v. Universal City Studios，Inc.，464 U.S.（1984）.

③ 美国专利法规定，销售某种商品，它既可以作为一种侵权专利产品的部件使用，也可以具有“实质性非侵权”用途，那么，该行为将免于被指控为帮助侵权。参见 Federal Patent Law，35 U·S·C·271，(2000)。

助侵权，而不管这种技术是否被用于合法或有争议的目的。“技术中立”原则在网络著作权领域为技术服务提供者构筑了“避风港”，防止单纯将技术服务与责任承担直接挂钩。但是，在美国司法实践中，“技术中立”原则的适用，并不意味着排除侵权人主观过错的判断和免除技术提供者的责任。美国联邦法院在 2005 年 Grokster 一案中作出明确回答：如果当事人散布产品（技术）的行为具有推广该产品（技术）侵犯著作权利用的目的，其应该对他人因此而实施的侵权行为承担责任。[①] 学者将这一规则称为“诱导侵权”原则，其司法目的是在技术运用领域对“技术中立”原则作出某种限制，即一项技术即使存在合法用途，也不能采用不适当的言行去促使这一技术的侵权使用。网络服务提供者对网络用户的侵害著作权行为承担连带责任，其规则设立的法理依据有两点：一是危险控制力理论。一般认为，侵权人对危险控制力往往大于受害人对危险的控制力。在信息网络传播中，从技术中立原则出发，网络服务提供者仅负有合理的注意义务。如果侵害著作权行为一旦发生，网络服务提供者依其责任应及时组织力量防止侵害行为扩大。正如美国学者所讲的那样，相对于著作权所有者来说，技术提供者对侵权行为的控制成本更低[②]，这是一种成本优势。根据危险控制力理论，法律要求网络著作权的共同侵权人承担连带责任是合理的。二是损害原因力理论。一般说来，侵权人的加害行为与受害人的损害结果之间有因果关系。在网络著作权侵权损害中，网络服务提供者与网络用户实施的不同侵权行为，都与著作权损害有因果关系（具体形态多表现为多因一果）。从共同侵权人对损害结果所起作用来看，相对网络用户而言，网络服务提供者拥有更为专业、更为先进的技术，这是一种技术优势。根据损害原因力理论，责令有专业技术的网站经营者承担连带责任是合理的。

网络技术的出现，使得网络著作权制度由传统的直接侵权责任向新型的间接侵权责任转变，并以连带责任形式为网络服务提供者设立了独立负担的责任机制。连带责任制度在网络著作权侵权行为中的适用，有着以下立法考量：一是权利充分救济的原则。连带责任有利于著作权人得到充分的救济，减轻了权

---

① See Metro-Goldwyn-Mayer Studios，Inc. v. Grokster，125 S. Ct，2764（2005）.

② See Timothy Wu，Copyright Communications Policy，103 Mich. L. Rev. 278（2004）.

利人的举证责任，使其在无法寻找、无法起诉网络用户时，得以向网络服务提供者主张权利；同时也不必因为网络用户的赔偿能力所限，而妨碍得到全部赔偿。对于权利人而言，这是一种最有效的保护方法、最经济的诉讼程序。二是填补损害的原则。侵权行为的法律责任主要是赔偿损失。“民事主体进行民事活动的主要目的是实现其正当利益。基本利益形式是人身利益和财产利益，民事责任目的应是如何保障受害人的这些利益得到恢复和弥补。”[①] 责令网络服务提供者承担赔偿责任，旨在填补受害人所受到的损失，以使其权利和利益尽可能地得到回复。权利回复或说是赔偿范围，以法律规定为准。具言之，网络服务提供者仅就知道侵权行为发生而未采取处理措施的损害部分承担责任，对其也不能实行惩罚性赔偿。三是利益平衡的原则。网络服务提供者系网络经营者，没有其提供的技术服务，正当的信息传播行为无法进行，同时，非法的网络侵权也无法实施。因此，既要适用连带责任，保护著作权人的利益，但也不能滥科连带责任，伤及中立的信息传播技术。这一原则即是在著作权保护与技术创新之间寻求利益平衡，其目的在于促进著作权产业与互联网产业的健康发展。

① 彭诚信：《民事责任现代归责原则的确定》，载《法制与社会发展》，2001（2）。

网络环境下的版权热点问题与思考*

互联网改变了传统的信息拥有者、传播者、使用者三者之间的利益格局，引起版权拥有者与网络技术产业之间的激烈冲突。可以说，版权问题已成为网络产业的“阿喀琉斯之踵”，是网络产业发展中必须去面对和解决的问题。

问题一：搜索引擎服务商“主观认知”标准的判定争议

目前，主要的搜索引擎服务商都采取了多种商业模式。《信息网络传播权保护条例》（以下简称《条例》）第23条对搜索引擎服务商的间接侵权责任进行了明确规定。问题的关键在于，对其中避风港条款的理解尚存在争议，尤其对于但书中“应知”与“明知”的判断标准问题。我认为，对于搜索引擎主观认知要件的理解应从三个层面入手，具体而言：

第一，是侵权行为认知还是技术本身认知？

搜索引擎服务商主观过错，体现在对于具体直接侵权行为有明确的主观认知，还是知悉搜索引擎技术可能导致侵权即可。如果要求服务商对于技术本身的侵权可能性产生认识即意味着侵权，将要求技术创造者在研发之前，就对技术可能侵权风险进行评估，并为之可能产生的侵权行为负责，这严重违背技术中立原则，进而将妨碍技术创新。因此，在具体的侵权判断中，主观过错的要求应仅限于具体的直接侵权行为，而不是搜索引擎技术本身。

---

* 原载《中国版权》，2009（1）。

第二，是主动的审核义务还是被动的权利通知？

当前很多搜索引擎服务商认为，面对海量的信息，服务商不可能对搜索结果中的作品进行一一审核。应当说，单从《信息网络传播权保护条例》第23条的规定无法得出服务商具有主动审核义务的结论。笔者认为，从传统侵权法“合理的管理人”的角度出发，服务商应当对搜索结果具有一定审核义务。但审核义务的范围应进行严格解释，不应当让服务商去审核每一个可能的链接，只要建立符合“合理管理人”要求的审核机制并在合理范围内有效，则应视为服务商已尽到审核义务。

第三，是“应知”标准的宽泛解释还是严格解释？

在美国DMCA中，对于服务商的主观认知有两种，一种是actual knowledge，可译为实际知悉；另一种是constructive knowledge，可译为推定知悉。“应知”实际上为constructive knowledge，则该如何判断呢？很多学者主张引入“红旗原则”（red flag test），即要求服务商对显而易见的侵权不能“视而不见”（blind eyes），否则推定为主观认知状态。因此，“应知”标准的理解实质上涉及对“红旗原则”的理解问题。然而，在引入“红旗原则”的同时，应对其内在含义有正确的认识，避免作过于宽泛的解释。

问题二：新兴网站存储空间技术的替代责任适用

以网络硬盘、博客、视频分享为代表的新网络存储，成为主流的网络存储服务形式。与传统技术相比，此类网络存储服务对网络作品使用范围更广、传播形式更新。《条例》第22条主要借鉴DMCA，规定了此类服务商的责任，与引擎服务商的责任规定不同，增加了替代责任制度。但是《条例》在具体适用与理解上存在诸多问题：

其一，对于服务商的主观认知标准的判断仍然存在模糊之处。服务商的技术特性表明它有一定的能力去控制侵权活动的发生，但是这种能力是否意味着其主动的审核义务？在2008年新传在线诉土豆网一案中，法院认为，服务商应针对“影视”等存有极大侵权嫌疑之频道内的节目进行有重点审核，以避免网站上存在明显的侵权信息。“对热门的视频，服务商应该意识到必然存在版权问题”，这一标准对于服务商要求是否过于严格？本人认为，对于主观认知问题，搜索引擎服务商的判断标准与网络存储空间服务商的判断标准，整体上并无太大的差异，上面已经阐述的原则与标准理应作为最低的要求。此外，由于网络存储空间服务商包括了网络硬盘、博客、视频分享等不同商业模式，我国对不同商业模式的管理严格程度是不一样的，因而还需要结合网络存储空间服务商的具体商业模式，来判断是否需要承担更高的注意义务标准。

其二，关于替代责任的适用问题在当前司法实践中尚未出现明确认定。在DMCA中，替代责任要求服务商对侵权活动具有实质控制能力及获取直接的经济收益两个要件，并不需要主观过错。《条例》第22条规定：网络服务提供者为服务对象提供信息存储空间，供服务对象通过信息网络向公众提供作品、表演、录音录像制品并具备规定条件的，不承担赔偿责任。其中的条件第四项规定，未从服务对象提供作品、表演、录音录像制品中直接获得经济利益。在现实生活中，广告收入是否属于条例中所规定的“直接经济收益”成为问题关键。当前网络服务商的主要经济收益来源于广告，其中在视频播放页面设置的广告，是否可认定为“直接经济收益”呢？我们知道，该条主要借鉴美国DMCA的有关规定，而美国国会报告认为：“一方面，法院应采取达到普通共识、以事实为基础的方法，而不是机械地认知。同时，如直接侵权人与服务提供者的非侵权者一样，支付相关费用，服务商提供者就不能认为是获得直接经济收益。”由此可见，如果服务商按照存储空间的大小等统一标准向其服务的注册用户收取费用，不管其服务的注册用户是否构成直接侵权，所收费用都不能认定为直接经济利益。而在我国的视频分享网站侵权案件中，视频分享网站目前都是免费向注册用户提供存储空间，如果按照空间大小统一收费，该收费也不属于直接经济利益。至于视频播放页面上的广告，其商业价值与该页面上视频的点击数量直接相关。如果因为播放侵权影视作品吸引了流量而导致网络存储空间服务商获得广告收入，该收入并没有被排除在直接经济利益之外。全球最大的视频分享网站美国YouTube网站，因一直没有找到合适的广告投放模式，至今未曾营利。我国部分视频分享网站虽然声明只在获得授权的视频或原创视频页面设置广告，但实践中却为了迅速营利而对广告投放的页面不加区分。目前已有部分法院判决，明确提出视频分享网站的商业模式必须调整。需要进一步探讨的是，如果服务商与上传视频的服务对象采用广告分成形式，是否改变服务性质？笔者认为，服务商与服务对象紧密结合，形成合作分成关系，因此服务商对服务对象上传的作品应负有更高的注意义务，且一旦作品出现版权问题，可以认为是直接侵权。

问题三：P2P 技术条件下的引诱侵权与最终用户责任

P2P 文件共享技术本身可分为三种类型：一是集中式的网络结构，共享文件需通过服务器集中认证；二是纯分散式网络结构，没有专门的服务器；三是混合式网络结构，结合了集中式和分布式 P2P 的优点。我国当前的法律体系内，并没有针对 P2P 的专门规定。然而，当前已经有一些司法判例出现，特别是上海步升诉飞行网案、中凯文化诉广州数联软件案最为令人关注。2006 年美国联邦最高法院对于 MGM（米高梅电影公司）诉 Grokster 一案适用了“引诱侵权”，这一规则是指“以促进版权侵权使用为目的而提供设备，并且已经清楚地表明或者另外采取了确实的步骤促进侵权，应当就第三人导致的侵权行为承担责任，而不用考虑产品的合法用途”。对纯分散式和混合式网络结构的 P2P，服务商对于具体的侵权行为难有明确认知，且对实际发生的侵权活动没有控制能力。美国第九巡回法院在该案一审中就引入技术中立的“索尼规则”，认为被告的 P2P 软件本身有实质性非侵权用途，不构成侵权。而美国联邦最高法院采纳“引诱侵权”规则对“索尼规则”进行了限制，认定 Grokster 侵权成立。然而，就我国当前大多数 P2P 服务商的商业模式而言，并不限于适用“引诱侵权”规则。如中凯文化诉广州数联软件一案中，数联软件在其网站专门设立“影视交互区”项目，在网站中设置指向个人计算机“共享区”中版权作品的链接等，使得公众可以较容易地在上述电影分类栏目中或通过“站内搜索”找到该部电影，因此它并不纯粹是一个 P2P 软件的提供者，对其应先进行帮助侵权分析，而非适用“引诱侵权”标准。P2P 网络个人用户版权责任问题同样引人关注。几年前，香港网民陈乃明因通过个人电脑上传了 3 部电影的非法复制品被判刑。美国唱片业联盟（RIAA）更是起诉过大量的个人用户。通常，我们将私人使用作品的行为分为下载与上传行为，上传行为往往被认定为侵权，而下载行为各国规定不一。但在 P2P 环境下，只要将作品放入共享区，即可认为是上传，而很多 P2P 软件默认的存放目录往往是共享区，一般的最终用户很难知道自己下载作品的同时也在上传作品。因此，在新的技术条件下，现行法中列举式的合理使用规定已无法适应新形势的发展。

问题四：现行数字图书馆运营模式下的版权侵权危机

去年以来，数百名博士状告有关网站，再次促使人们去反思数字图书馆商业模式中的知识产权问题。对于图书馆将作品数字化使用问题，实质上涉及当前数字图书馆的合理使用问题。《条例》第7条对图书馆规定了有限制的合理使用条款，但当前的大多数数字图书馆是采用商业化运作方式，通过互联网提供给公众付费使用，这显然难以符合合理使用制度。现行法也没有将图书馆的数字化使用归类为法定许可，数字图书馆只能寻求授权许可。那么，如何在现有商业运作模式下建立良性的合作机制，解决授权难问题特别是海量授权问题？可行的方案是建立起数字环境下文字作品集体管理组织，由中介机构解决海量授权问题。

另外，以谷歌为代表的图书搜索的商业模式值得关注。谷歌将图书数字化，并收入数据库，用户可以对图书进行全文检索，并可免费阅读6页图书内容；谷歌同时提供销售该书的书店链接，供用户购买纸质图书，谷歌图书搜索计划产生的任何销售、订阅和广告收入都将在版权拥有者和谷歌之间分配。数字图书馆的版权问题，实质上涉及版权人、服务商和社会公众三方利益群体，其中特别要关注社会公众获取信息的权利问题。为此，合理使用制度在网络环境下应做进一步发展。对此，我一直强调两个原则，即法益优先与利益平衡原则。在价值位阶上，应把公众的表达自由放在优先考虑位置；在冲突协调上，应强调当事人各方之间的利益平衡，不过度损害另一方的利益。而现行法对于数字图书馆的相关规定确实有过严的倾向，对于公益性数字馆应扩大合理使用的范围，甚至在某种条件下授予法定许可权。

问题五：技术保护措施反限制的公共利益考量及范围扩张

最近，微软黑屏事件引起了广泛关注，这让我们不得不更深入地反思技术保护措施所涉及的公共利益及反限制问题。可以说，现行法对技术保护措施规定宽泛有余、限制不足。笔者认为，技术措施的保护应注意以下几方面的问题：

第一，技术保护措施的规定中应加入社会公众利益的考量因素。一方面，应防止技术保护措施不正当地损害社会公众利益。如德国著作权法就规定内容提供者应披露其使用技术措施的范围和特性，从而帮助用户了解更多的信息，决定是否购买，这样的做法值得我们借鉴。另一方面，应赋予社会公众为特定目的而规避技术措施的合法性。无论是欧洲的“版权指令”还是美国 DMCA 都把个人用户的利益作为例外的考量因素，我国理应在今后的立法修改中予以考虑。

第二，对技术保护措施应扩大限制范围，并防止滥用。如前所述，我国现行法对技术保护措施的限制，仅限于教学科研、盲人使用、执行公务和安全性能测试例外。而 DMCA 则对技术保护措施保护规定了更多的限制。另外，应加入防止技术保护措施滥用的条款。在 2006 年北京精雕科技有限公司诉上海奈凯电子科技有限公司一案，原告为防止其开发的 JDPaint 软件在普通数控系统中使用，进而实现与雕刻机捆绑销售、使用的目的，JDPaint 软件输出的数据文件采用了专门的 Eng 格式。原告认为，被告对 Eng 格式文件进行的破解是破坏技术保护措施的行为。上海法院最终判决原告败诉，认为技术保护措施仅为保护著作权之目的，而不能限制竞争、妨碍技术进步，因此应对技术保护措施加以限制，这一判决值得提倡。

对策建议

网络技术的出现和应用，打破了旧的利益格局，变革着传统的法律体系。针对上述网络时代的版权保护难题，笔者建议应从以下四个方面加以应对：

第一，现行立法与司法实务应建立技术创新者与权利人之间的利益平衡机制。版权立法应当在完善法律体系的同时，兼顾网络产业的自身特点，为技术创新留有出口，保障赖以创新的公共资源的开放和社会公众合法获取信息的自由。司法实务界应把握法律条文的精神，针对技术发展的现实特点，作出恰当、明确的裁判。

第二，现行知识产权法应进一步完善技术创造者责任规避机制。鉴于当前责任规避机制的实际效果并不理想，笔者建议应在时机成熟时，通过最终修改法律，或者出台相应的司法解释，对于一些要件设立具体的判断准则，以解决司法裁判不一的难题。

第三，应建立多方利益主体合作共赢的长效机制。首先应当顺应时代潮流，鼓励技术的革新，发展有潜质的商业模式。其次在变革传统商业模式时，应当注重利益的平衡，规范合作机制，从而达成“共赢”的局面。

第四，网络产业的技术服务商应建立适当的风险防范机制。服务商不但应建立内部版权审核机制，构筑自动审查和人工审核的双重门槛，更重要的是对新建立的商业模式应进行专门的风险评估，主动适用避风港条款的规定。

网络版权风险控制与网络社会管理创新*

在充满风险的网络社会，实现网络社会管理的“善治”目标需要合理应对和防范各种风险。网络版权风险作为网络社会新近出现的技术风险和制度风险，值得网络社会管理的高度重视。以管理主体多元化、管理向度互动化、管理方式多样化为特性的网络社会管理创新机制，为网络版权风险控制提供了一种新途径：国家层面，网络权力运行机制有助于控制数字鸿沟风险引发的网络“民生问题”；社会层面，网络公共参与机制有助于应对技术措施风险引发的网络表达自由限制问题；个人层面，网络纠纷解决机制有助于解决制度信任风险引发的网络版权纠纷问题。

党的十八大报告提出，在改善民生和创新管理中加强社会建设。要围绕构建中国特色社会主义社会管理体系，加快形成党委领导、政府负责、社会协同、公众参与、法治保障的社会管理体制。① 社会管理创新作为推进社会建设的重要手段，其基本任务包括“协调社会关系、规范社会行为、解决社会问题、化解社会矛盾、促进社会公正、应对社会风险、保持社会稳定”② 等内

---

* 本文系作者与锁福涛博士合作完成。原载《中国法学（社会管理法治化特刊）》，2012（12）。

① 参见胡锦涛：《坚定不移沿着中国特色社会主义道路前进 为全面建成小康社会而奋斗——在中国共产党第十八次全国代表大会上的报告》，见 http：//www. xj. xinhuanet. com/2012－11/19/c_113722546. htm，访问日期：2012年12月30日。

② 胡锦涛：《扎扎实实提高社会管理科学化水平 建设中国特色社会主义社会管理体系》，见 http：//opinion. people. com. cn/GB/13980925. html，访问日期：2012年12月30日。

容；其核心目标是实现社会管理的“善治”[①]，即运用多种管理方式达到公共利益最大化的社会管理模式。因此，社会管理创新是解决社会矛盾、治理社会风险的必然选择和有效手段。

在风险社会理论中，当今人类社会的风险不仅仅存在于现实社会中，也充斥于网络虚拟社会。随着互联网的兴起与发展，网络已经从单纯信息传播媒介发展为复杂虚拟社会空间。中国互联网络信息中心发布的《第 30 次中国互联网络发展状况统计报告》显示，截至 2012 年 6 月底，中国网民数量达到 5.38 亿，手机网民规模达到 3.88 亿。[②] 从网络聊天到网络婚姻，从网络游戏到网络购物，从网络阅读到网络问政，“网络所催生的虚拟社会与现实社会之间的边界日趋模糊，越来越多的社会风险均由虚拟社会引发而生”[③]。网络技术的发展对社会、文化、政治、经济、法律等有着潜在的影响，其结果所产生的不确定性已变得难以控制。[④] 因而，网络社会在本质上是一个风险社会。与现实社会风险相比，网络社会风险是来自“网络技术与网络版权本身的‘内生性’风险”。就网络版权风险而言，具体表现为数字鸿沟风险、技术措施风险与制度信任风险。[⑤]

近年来，随着网络版权风险等网络社会风险的蔓延，作为社会管理重要内容的网络社会管理正在受到重视。2012 年 6 月，国家互联网信息办公室、工业和信息化部发布了《互联网信息服务管理办法（修订草案征求意见稿）》[⑥]；同年 12 月 28 日，第十一届全国人大常委会第三十次会议通过了《关于加强网

---

① 孙建立：《加强法治建设推动社会管理创新》，载《第四届“中国法学博士后论坛论文集——法治与社会管理创新”》，4 页，北京，中国社会科学出版社，2012。

② 参见中国互联网信息发展中心：《第 30 次中国互联网络发展状况统计报告》，见 http://www.cnnic.cn/hlwfzyj/hlwxzbg/hlwtjbg/201207/P020120723477451202474.pdf，访问日期：2012 年 12 月 30 日。

③ 蒋晓丽、李玮：《社会管理网络化与网络管理社会化》，载《四川大学学报（哲学社会科学版）》，2011（4）。

④ 参见刘挺：《网络社会的法律控制》，载《宁夏大学学报（人文社会科学版）》，2008（5）。

⑤ 参见吴汉东：《知识产权的制度风险与法律控制》，载《法学研究》，2012（4）。

⑥ 内容详见国务院新闻办公室：《互联网信息服务管理办法（修订草案征求意见稿）》，见 http://www.scio.gov.cn/zxbd/zcfg/201206/t1169111.htm，访问日期：2012 年 12 月 30 日。

络信息保护的决定》等[①]，这些都是应对网络社会风险、加强网络社会管理的重要举措。上述措施或是对网络社会管理具有指导意义的原则性意见，或是仅仅涉及网络社会管理的某一具体方面，因而需要构建新的网络社会管理机制，即建立全面性、系统性和体系化的网络社会管理创新机制。一般认为，网络社会管理的核心要义是"社会管理主体从一元向多元转变、社会管理向度由线性向互动转变、社会管理服务由垄断向竞争转变、社会管理绩效评估由一维向多维转变"[②]。借鉴社会管理创新理论，创新网络社会管理应从主体能动性出发，即从国家、社会与个人三个层面，分别构建网络权力运行机制、网络公共参与机制与网络纠纷解决机制，从而达到管理主体的多元化、管理向度的互动化与管理方式的多样化，最终实现网络社会"善治"的核心目标。

日益严重的网络版权风险对网络社会管理不断提出新的挑战，如何通过网络社会管理创新来防范和应对网络版权风险，是当前社会管理创新领域中一个值得探讨的崭新课题。

一、国家层面：数字鸿沟风险控制与网络权力运行机制

（一）数字鸿沟风险：网络技术和信息获取的差距

在网络数字技术迅猛发展的同时，数字鸿沟（digital divide）问题也日益凸显。一般来说，数字鸿沟是指在全球数字化进程中，不同国家、地区、行业、企业、人群之间由于对信息、网络技术发展、应用程度的不同以及创新能力的差别造成的"信息落差"、"知识分隔"和"贫富分化"现象。[③] 世界经济论坛和欧洲工商管理学院的研究表明，尽管发展中国家在改善信息和通信技术基础设施方面作出了诸多努力，但与发达国家之间的数字鸿沟依然存在。在

---

① 内容详见中国政府网：《全国人民代表大会常务委员会关于加强网络信息保护的决定》，见 http://www.gov.cn/jrzg/2012-12/28/content_2301231.htm，访问日期：2012 年 12 月 30 日。

② 蒋晓丽、李玮：《社会管理网络化与网络管理社会化》，载《四川大学学报（哲学社会科学版）》，2011（4）。

③ 参见胡延平：《跨越数字鸿沟——面对第二次现代化的危机与挑战》，12～17 页，北京，社会科学文献出版社，2002。

《2012年全球信息技术报告》的“网络就绪指数”排名中，中国位列第51位。报告指出：“技能基础缺乏和体制缺陷众多——尤其是在商业环境中——会造成一定消极影响，扼杀创业精神与创新。”① 网络时代的数字鸿沟“扩大了社会的不平等现象”②，不仅表明了东西方国家拥有著作权的利益失衡，而且意味着这些国家的民众接触和获取信息的能力差距。

对于数字鸿沟的本质，有着多维度的解读。从技术层面上看，数字鸿沟反映了不同主体在接入新兴信息技术方面存在的差距，它是新兴信息技术普及过程中出现的“技术鸿沟”；从经济层面上看，数字鸿沟反映了国际国内经济不平等和贫富差距在信息时代的延续，它是信息时代经济发展进程中出现的“经济鸿沟”；从知识层面上看，数字鸿沟反映了不同群体使用新兴信息技术获取和利用信息资源方面的差距，它是信息主体获取和利用信息资源过程中出现的“知识鸿沟”；从社会层面上看，数字鸿沟反映了信息社会的阶层分化和社会分化现象，它是信息社会不平等导致的“社会鸿沟”③。上述分析都具有一定的合理性，但无论是“技术鸿沟”还是“经济鸿沟”，无论是“知识鸿沟”还是“社会鸿沟”，从根本上说，数字鸿沟反映的是一种差距和不平等：在以知识等级划分全球版图的当今世界，国家之间的数字鸿沟会越来越大，国家之间竞争和冲突也会越来越多；在以知识财富划分社会阶层的现代社会，数字鸿沟造成的差距正在成为继城乡差距、工农差距、脑体差距“三大差距”之后的“第四大差距”，这将会导致社会分化越来越严重。因而，数字鸿沟问题实质上是“网络民生”问题，是有别于现实社会中贫富差距等旧民生问题的一种新的社会问题。其具体表现为社会公众在获取和利用网络技术与网络信息上的差距与不平等。

（二）网络权力运行机制：消除网络差距的社会管理创新

从国家层面来看，建立以网络公共服务为导向的网络权力运行机制，可以控制数字鸿沟带来的“网络民生”问题。根据社会管理理论，权力运行机制是

① 谢润超：《网络数据访问——数字鸿沟之解药》，见 http://news.163.com/13/0108/14/8KN199JO00014JB5.html，访问日期：2013年1月8日。

② 庄及刚：《网络时代与风险社会》，载《淮阳师范学院学报》，2004（4）。

③ 薛伟贤、刘骏：《数字鸿沟的本质解析》，载《情报理论与实践》，2010（12）。

指“在管理国家事务、社会公共事务和自身事务过程中，政府组织的不同部门与层级之间在政策制定权、资源支配权、执法权和管理权归属等方面权力的划分与配置，以及在权力运行过程中的相互协调、相互联系与相互制约的关系和结构”①。可见，权力运行机制的核心在于行政决策权、执行权与监督权的相互制约与协调。数字鸿沟风险引发“网络民生”问题的主要原因是具有社会公共物品属性的网络资源在网络用户中分配不均：先进的网络技术和丰富的网络信息产品往往集中在少数人手里，而人数众多的普通公众往往难以接触到维持其基本工作和学习需要的网络技术和网络信息产品。因此，在国家层面如果能够运行一种以网络公共服务为导向，在决策权、执行权与监督权方面体现网络公共利益的网络权力运行机制，似可以完善网络基础设施、增加网络信息资源，最终解决因信息获取和利用差距而形成的“网络民生”问题。具体措施如下。

1. 权力决策方面，树立网络公共服务的核心理念。规范国家权力运行的途径，在于“将政府的社会管理职能转变到通过制定社会政策和法规，依法管理社会组织和社会事务、调节收入分配、维护社会稳定、应对公共危机等方面，把更多的资源转向公共服务领域”②。这一理念同样适用于网络社会的权力运行机制。创新网络权力运行机制的重心，在于转变单一的网络行政管理模式为网络公共服务模式，实现网络管理本位向网络服务本位的转变。在网络社会管理中，控制数字鸿沟风险、解决“网络民生”问题是网络权力运行机制的重要内容。网络社会管理创新的“善治”目标，就是要实现网络社会公共利益最大化。因而，网络行政权力决策要符合网络社会公共利益，要充分考虑社会公众获取和利用网络技术及网络信息产品的便利，推进网络公共事业的发展。

2. 权力执行方面，符合网络公共利益的根本要求。实现网络社会的公共利益是网络权力执行的最终目标。在控制数字鸿沟风险方面，应将网络权力执行的重点放在网络产业的发展上。这是因为，只有充分发展网络产业，才能够改进网络信息技术，丰富网络信息产品，使更多的网络用户享受到网络资源。

---

① 冯银庚：《官僚制与转型期政府权力运行机制理性化重塑》，载《求索》，2005 (1)。

② 应松年：《社会管理创新引论》，载《法学论坛》，2010 (6)。

我国目前的网络产业发展状况不容乐观，“网络民生”问题较为突出。中国互联网络信息中心发布的《第30次中国互联网络发展状况统计报告》显示，截至2012年6月底，中国互联网普及率为39.9%，网民数量达到5.38亿，农村网民规模仅为1.46亿。[①] 全球性社交营销代理机构We Are Social发布报告称，截至2012年10月，韩国以83%的互联网普及率位居亚洲第一，日本以79%位居第二，中国以40%排名第九位。[②] 上述数据说明，中国的互联网普及率整体偏低，城乡网络发展水平差异明显，网络基础设施和网络技术不平衡的现象严重。同时，网络信息产品资源也较为匮乏。在网络版权产业界，诸如影视、音乐、广播、游戏、动漫、出版等数字内容产业，发达国家及其所属的跨国公司占据主流和支配地位。因此，国家应该积极发展网络产业，通过网络技术平民化、网络内容实用化等方式实现从“数字鸿沟”向“数字机遇”的跨越。例如，国家基于网络产业发展公共利益的考量，可以对网络高技术企业提供税收优惠政策，为不发达地区免费建设网络基础设施，为社会公众免费培训网络基础知识等。

3. 权力监督方面，构建“权利制约权力”的基本模式。数字鸿沟风险所引发的“网络民生”问题，其实也是网络社会公众生存权、发展权等基本人权受到侵害的问题。获得生活、学习和工作需要的网络技术和网络信息产品是每个网民的基本权利，但权利与权力是辩证统一的关系，二者此消彼长，相依共生。权力具有很强的扩张性和变异性，原本保障权利的权力很容易异化为侵害权利的权力。[③] 要保障公民权利不受侵害，客观上就要求对权力运作过程实施有效控制。因此，在网络权力运行机制过程中，应该建立“权利制约权力”模式，防止国家公权力对网络基本人权的侵害。

---

① 参见中国互联网信息发展中心：《第30次中国互联网络发展状况统计报告》，见http://www.cnnic.cn/hlwfzyj/hlwxzbg/hlwtjbg/201207/P020120723477451202474.pdf，访问日期：2012年12月30日。

② 参见We Are Social：《截至2012年10月亚洲网民数量达10.3亿，占全球45%》，见http://www.199it.com/archives/72318.html，访问日期：2013年1月3日。

③ 参见阎德民：《论权力运行的原则、程序及控制》，载《中共福建省委党校学报》，2009（6）。

二、社会层面：技术措施风险控制与网络公共参与机制

（一）技术措施风险：网络表达自由的限制

在网络环境下，数字技术的出现使得信息传播便捷且广泛，但同时弱化了版权人对其作品的控制力。为应对数字作品的非法传播而强化权利人控制其作品网络传播的能力，技术措施被纳入版权制度。一般而言，技术措施是版权人在数字时代为保护其版权利益而采取的技术手段，可以分为“接触控制技术措施”和“版权保护技术措施”两种类型。前者是指防止他人未经许可而阅读、欣赏文学艺术作品或运行计算机软件等“接触”作品内容的技术措施；后者则是指防止他人未经许可而以复制、传播等方式利用作品，侵犯复制权等版权专有权利的技术措施。[①] 但技术措施如同一把“双刃剑”，本身存在一定风险：在有效遏制网络侵权、保护版权人利益的同时，亦会打破原有的版权利益平衡机制，对社会公众的诸多利益造成严重威胁。

在网络社会管理领域，技术措施带来的诸多风险中，最具威胁的是限制网络社会公众的表达自由。表达自由是宪法自由权利的重要内容，是“公民享有的受法律规定、认可和保障的，使用各种媒介手段与方式公开发表、传递自己意见、主张、观点、情感等内容而不受任何他人或组织干涉、限制或侵犯的权利”[②]，该项权利可以进一步分为知情权、思想自由权和表达权。在现实生活中，表达自由的实现并不是一种权利行使的结果，而是表达主体行使一系列权利的过程[③]，需要经过信息知情、信息接触、信息收集、思想加工与思想表达等环节，因而表达自由的实现前提是社会公众对社会知识、信息的充分接触与获得。技术措施的不当使用，有可能通过控制接触或使用作品信息的方式来限制表达自由。传统版权法通过确立“思想—表达”二分法的基本原则，只保护思想的表达，不保护思想本身，并通过合理使用等制度很好地兼顾了作者版权

---

① 参见王迁：《版权法保护技术措施的正当性》，载《法学研究》，2011（4）。

② 杜承铭：《论表达自由》，载《中国法学》，2001（3）。

③ 参见胡启明、成凤明：《版权与表达自由之协调》，载《河北法学》，2004（4）。

利益与社会公众的表达自由，使社会公众可以充分、自由地利用各种知识和信息。但技术措施尤其是控制接触技术措施的出现，借用的是有形财产权筑围墙、上锁式的保护方式[①]，不仅保护作品的表达形式，同时还在事实上控制作品所反映的思想；不仅阻止个人对版权作品的侵权使用，还隔绝社会公众对处于公有领域作品以及作品背后思想、知识的正常接触，从而垄断公有信息，阻碍思想交流与传播，限制社会公众表达自由。可见，技术措施保护强化了其私人对表达自由之审查能力，导致版权私有优于政治性权利的表达自由。[②] 回归到网络社会管理领域，限制表达自由的风险与之关系最为密切，防范需求也最为迫切。因为民主离不开表达自由，信息能否自由流动以及公民能否充分地享有表达自由，是民主政治得以开展的前提，也是衡量政府是否成为民主政府的标尺。[③] 如果网络社会公众无法充分行使表达自由，即知情权与表达权，也就无法参与社会公共事务，难以形成多元化的管理主体，这与社会管理创新要求相背离。

（二）网络公共参与机制：保障网络表达自由的社会管理创新

面对限制网络表达自由这一风险时，如何从社会管理的视角来应对和防范？网络公共参与机制提供了解决这一问题的新方案。以社会治理为中心的网络公共参与机制实现了社会管理由线性结构向网络化结构发展、国家权力向社会公众回归。“网络化结构意味着政府与其他主体之间从自上而下的等级制向平行组织之间互动转变、从命令和控制向谈判和协商转变、从对立向合作转变。”[④] 但是，网络公共参与机制的形成不是一蹴而就的，而是一个复杂的系统工程：以民主的政治环境为前提条件，以发达的经济实力为物质条件，以丰富的社会信息为文化条件，以独立的网络组织为形式条件。[⑤] 因而社会公众在这个管理主体多元化、管理向度互动化的机制中，可以依托独立的网络组织和

---

① 参见李扬主编：《知识产权和理性、危机及其未来模式》，149 页，北京，法律出版社，2003。

② 参见胡启明、成风明：《版权与表达自由之协调》，载《河北法学》，2004（4）。

③ 参见王四新：《表达自由与民主政治》，载《环球法律评论》，2009（1）。

④ 邹焕聪：《社会合作规制的运作机理与行政法治回应》，载《第四届“中国法学博士后论坛论文集——法治与社会管理创新”》，96 页，北京，中国社会科学出版社，2012。

⑤ 具体内容参见刘超、胡伟：《政府社会管理中的公众参与：模式、经验与启示》，载《吉首大学学报（哲学社会科学版）》，2007（1）。

机构，知悉和共享社会信息；通过广泛的参与渠道，表达利益诉求；以较高的参与意识和较强的参与能力实现自我的表达自由。具体说来：

1. 以参与渠道的拓展，消除网络表达自由限制的知识局限与信息滞后。参与渠道是网络公共参与机制的重要组成部分，包括微博、贴吧、QQ 等各种网络平台。在互联网空间，表面上是“民意汹涌”，但网络社会公众只是针对社会热点事件，多为非理性化、情绪化的言论和观点，难以形成长效稳定的运行机制，因此需要“用机制来维护表达自由，释放网络社会民意的正能量”①。同时，由于技术措施的不当使用，阻碍了社会公众接触和使用知识、信息，造成知识局限与信息滞后，限制了表达自由知情权的行使。笔者认为，只有通过广泛的公众参与渠道，在网络社会公众之间共享社会知识与信息，才可能消除以上不利因素。例如，通过网络知识共享平台，实现“知识共有”，可以突破技术措施限制，及时更新信息，充分保障公民的知情权；利用微博、社交网站等网络服务，可以维护网络公众的言论自由，充分表达其思想观点和利益诉求。

2. 以参与意识与参与能力的提升，增强网络社会公众信息获取能力和信息表达能力。参与意识与参与能力是网络公共参与机制有效运作的基础。西方学者罗伯特·D. 帕特南通过对意大利不同行政区公众参与机制研究后指出，公民精神较高、社会资本较发达的地方，人们推崇团结、公民参与和社会整合，他们彼此信任对方办事公正，并遵守法律；而在“没有公民精神”或“无公民心”的地方，公共事务则被看成是“老板”或“政治家”的事，而不是自己的事。② 网络公共参与机制中的参与不仅体现为浅层的“参与协商”，还包含深度的“授权民主”，也即邀请多元社会主体共同参与管理社会事务的同时，尽可能多地通过局部管理的授权、放权满足社会个体“自我实现”的需求。③

---

① 新华网：《媒体吁用机制维护表达自由 真正释放民意正能量》，见 http://www.dongtai.gov.cn/art/2012/12/26/art_474_49525.html，访问日期：2013 年 1 月 4 日。

② See Robert D. Putnam, “The Prosperous Community: Social Capital and Public Life”, The American Prospect, 1993 (13).

③ 参见蒋晓丽、李玮：《社会管理网络化与网络管理社会化》，载《四川大学学报（哲学社会科学版）》，2011 (4)。

网络公共参与机制以提升公众参与网络社会公共事务的积极性与有效性为前提，因而能够增强网络社会公众信息获取能力与信息表达能力，即知情权和表达权。

三、个人层面：制度信任风险控制与网络纠纷解决机制

（一）制度信任风险：网络版权矛盾的激化

在网络社会中，对于日益泛滥的网络侵权和人数众多的侵权群体，正式建立的法律制度往往表现得无能为力。因为每一个网民的每一次鼠标点击都可能构成侵权，但法律却很难加以制裁，这一点在网络版权领域表现得尤其明显。在互联网环境下，图书、音乐、电影、照片被盗版侵权情况非常严重，以至于出现了“盗版侵权，无‘网’不有”“拷贝无处不在、无时不在”的惨状。这将会导致作者与网络社会公众都对网络版权法律制度丧失信任。一方面，基于网络空间传输的开放性、快捷性和流动性，造成实践中诉讼举证成本高昂、判决难以执行，很多权利人放弃了其原本享有的网络版权利益，任网络盗版侵权恣意横行；另一方面，网络作品“免费使用”的观念深入人心，“窃书不为偷”的文化观念根深蒂固，网络作品的使用者没有版权保护的文化基础。两者共同作用的最终结果就是对著作权“制度化违背”成为常态，代之而起的是“非正式制度（潜规则）”的生成，“正式的规则或制度名存实亡”①。在这种情况下，版权法律制度与其他社会规范不但背离，而且产生了冲突。

可以认为，版权文化认同缺乏，是一个法治信仰问题，而在风险社会理论中则是一种制度信任危机。制度信任的内涵是制度作为人们相互交往过程中的一种行动机制，也就是嵌入社会结构和制度之中的一种功能化的社会机制，使人们之间能产生合理的相互预期与认同。可以说，制度信任的关键是组织成员对制度或规则所达成的共识，依赖于成员对制度和规则认同与内化的程度。②那么，面对网络风险社会，现行版权制度的“先天缺陷”日益凸显，陷入了一

---

① ［美］罗伯特·默顿：《社会研究和社会政策》，林蒙仁译，上海，上海三联书店，2011。

② 参见李丹婷：《论制度信任及政府在其中的作用》，载《中共福建省委党校学报》，2006（8）。

场前所未有的危机与挑战。人们对网络版权制度产生了“信任风险”，质疑其正当性与合理性，甚至出现了“版权死亡论”等极端观点。[①]

（二）网络纠纷解决机制：化解网络版权矛盾的社会管理创新

网络版权制度信任风险使网络版权法律制度的公信力、执行力逐渐丧失，导致网络社会中诸多版权纠纷无法解决，社会矛盾加剧，正逐渐成为网络社会管理中的突出问题。由于网络版权纠纷的利益关系复杂——涉及版权人、使用者和社会公众三方利益，法律责任众多——涵盖民事责任、行政责任与刑事责任，因而需要构建一个能够处理多种社会利益关系的纠纷解决机制，即社会管理创新视角下的网络纠纷解决机制。

“风险社会不仅仅是一种事实概念，更是一种文化概念”[②]。网络环境秩序的治理，有赖于权力机构以正式方式建立并保证实施的正式制度，这主要是法律制度，同时也借助于诸如习俗、惯例、道德伦理等具有社会规范形式的非正式制度。因此，网络纠纷解决机制也应该是一种多元纠纷解决机制。一般认为，多元纠纷解决机制，是指一个社会中多样的纠纷解决方式（包括诉讼和非诉讼两大类型）以其特定的功能相互协调、共同存在，所构成的一种满足社会主体多种需求的程序体系和动态调整系统。[③] 该机制以法治为轴心，容纳了多种纠纷解决智慧与策略的系统化、立体性、全方位的纠纷解决方式，且其中的多种方式互补互动，有机组合形成化解社会矛盾的强大治理力量，以社会价值与手段的多样化为基本理念，其目的在于为化解社会矛盾提供足够多元的选择可能性，以综合运用各种手段为选择者提供指导和支持。[④] 在运用网络纠纷解决机制应对和防范网络版权制度的信任风险，缓解版权人与作品使用者之间的矛盾时，必须要以解决网络版权纠纷为重点，从个人层面即在版权人与作品使用者之间，建立起对版权法律制度的信任。具体说来：

---

① 参见王太平在《知识产权制度的未来》一文中的评述，载《法学研究》，2011（3）。

② 薛晓源等：《全球风险世界：现在与未来——德国著名社会学家的风险社会理论创始人乌尔里希·贝克教授访谈录》，载《马克思主义与现实》，2005（1）。

③ 参见范愉：《纠纷解决的理论与实践》，221页，北京，清华大学出版社，2007。

④ 参见黄进：《社会矛盾该如何化解——怎么看多元纠纷解决机制》，载《人民法院报》，2012-02-28。

1. 以法律作为纠纷解决的主要途径，重新树立网络版权法律制度的权威。网络版权纠纷涉及的诸多利益，虽然需要多元方式的解决机制，但不可否认的是，应该主要通过法律途径来解决这种因制度信任风险带来的版权纠纷。一方面，法律控制是风险治理机制的重要手段。在网络版权风险领域，“法律可通过建立有组织的社会制裁手段，来确保人们对正当行为的基本要求的服从（其中包括可能使用强制力）”①。因此，要“通过法律化解风险，通过法律吸纳风险，将风险社会置于法治社会的背景之中”②。另一方面，法律是建构制度信任的必要条件。法律制度是信任的基础，制度的健全与否决定了一个社会的信任程度高低。法律通过凝聚社会成员的共识，建立普遍认可的规范，约束社会行为，减少社会不确定性，降低社会风险，从而增进人们之间的相互信任。③与其他纠纷方式相比，法律解决纠纷的方式更具独立性、公正性，更易建构起个人对于法律制度的信仰。但是，将法律作为解决网络版权矛盾纠纷主要途径的前提是该法律制度必需完备，这就对现行版权法律制度提出了新的要求。传播技术的日新月异与利益诉求的日趋多元，都需要版权法律制度一一回应，因而只有建立起适应多样化价值需求的版权法律制度，以公正合理地解决纠纷，才能重新树立起网络版权法律制度的权威。

2. 以协商、调解作为纠纷解决的重要手段，多角度化解网络版权纠纷。网络社会利益诉求多元化是网络社会纠纷的根本原因，决定了网络版权纠纷解决方式的多元性。从法社会学的角度看，任何纠纷的解决，都不是以服从严格的规则主义为主的，而是以解决纠纷、解决问题为主，仅仅依靠逻辑理性还不能完全地理解和把握法律。④ 相对于法律途径的解决方式，协商、调解等手段具有及时高效、成本低廉的特点，既“有助于从量上分流诉讼和法院的压力，也从质上改善纠纷解决的效果，达到当事人之间的双赢互利和社会与共同体、

① ［美］E. 博登海默：《法理学——法律哲学与法律方法》，邓正来译，391 页，北京，中国政法大学出版社，2004。

② 杨春福：《风险社会的法理解度》，载《法制与社会发展》，2011（6）。

③ 参见王立峰：《法律失信是造成信任危机的关键因素》，载《中国党政干部论坛》，2012（6）。

④ 参见田成有：《中国法治进程中的民间法运用》，见 http：//dzl. ias. fudan. edu. cn/ShowArticle. aspx? ID=7756，访问日期：2013 年 1 月 5 日。

自治的协调发展"[1]。因而，在法律途径解决之外，有必要综合运用协商、调解等手段从多角度化解网络版权纠纷，以达到网络社会管理"善治"的目标。

网络版权风险作为一种技术风险和制度风险的结合体，其控制方法除了传统的法律手段之外，社会管理视角下的网络社会管理创新也是一种行之有效的途径：以网络公共服务为导向的网络权力运行机制，有助于控制数字鸿沟风险引发的"网络民生"问题；以社会治理为中心的网络公共参与机制，有助于应对技术措施风险引发的网络表达自由限制问题；以多元方式为内容的网络纠纷解决机制，有助于解决制度信任风险引发的网络版权纠纷问题。上述问题的解析，不仅为我们研究网络版权风险与网络信息法治体系建设提供了一个新的视角，同时也为我们建立网络版权风险控制与社会管理创新机制展示了法律变革路径。

---

① 杨伟东：《关于我国纠纷解决机制的思考》，载《行政法学研究》，2006 (3)。

从电子版权到网络版权*

著作权制度的发展尽管只有短短几百年的历程，但它却极大地促进了一国经济和文化的发展，推动了科学和技术的进步。尤其是在现代社会，一个国家知识产品的生产数量和占有量，往往成为衡量该国经济、科教、文化水平的标志。如今，人类已跨入新的世纪，当我们在世纪之交回顾著作权制度的历史轨迹时，不难看出，著作权制度给人类生活带来的影响极为深远，20 世纪是著作权制度发展史上最为辉煌的一页，经过这一时期的演变融合，著作权制度从电子版权时代走向了网络版权时代。

一、革新与融合：电子版权时代的历史扫描

20 世纪著作权制度的变革是在继受了前期著作权发展的基础上完成的。自 1709 年英国《安娜法令》首开世界著作权立法先河以来，其他西方国家也于 18、19 世纪相继建立起自己的著作权保护制度，它们是：1790 年美国著作权法、1793 年法国著作权法、1837 年德国著作权法、1865 年意大利著作权法、1875 年加拿大著作权法、1899 年日本著作权法等。19 世纪末 20 世纪初，各主要资本主义国家进入垄断阶段，继而在世界上出现了公有制国家，而后发

* 原载《私法研究》，2002 年第 1 期，北京，法律出版社，2002。

展中国家不断崛起，世界政治经济形势出现了新的局面。政治上，人类历经了两次世界大战的洗礼，逐步从分裂对抗走向交流合作，成立了为数众多的国际性组织；经济上，以微电子技术、生物技术和新材料为代表的新技术革命极大地推动了社会经济的发展，带来了传播业的革命；文化上，大量的文学、艺术和科学作品纷至沓来，作品的表现形式日趋多样，保护作品的社会团体如雨后春笋般地涌现出来。所以，20 世纪是人类历史上社会最为动荡、发展最为迅速的时期。在这一历史背景下，著作权制度经历了前所未有的变革。

（一）从封闭走向融合：国际著作权保护体系逐步形成

著作权受到地域的限制，其效力一般只局限于一国境内，是著作权制度与生俱来的品性之一。早在著作权保护制度的雏形时期，地域性的特点就同著作权紧密地联系在一起。在欧洲封建国家末期，原始著作权是君主恩赐并作为特许权而出现的。因此，这种权利只能在君主的管辖地域内行使。随着近代资产阶级法律制度的发展，著作权才最终脱离封建特许权的形式，成为法定精神产权。但是，资产阶级国家按照国家主权的原则，只对依本国法取得的知识产权加以保护，不承认根据外国法设定的权利。因此地域性作为著作权的主要特点继续保留下来。19 世纪下半叶，欧洲大多数国家逐步走上了资本主义的发展道路，随着科学技术的日益进步和工业生产的迅速发展，在国际商业贸易不断扩大的同时，以出版业为主要形式的著作权贸易市场也开始形成。许多文学艺术作品打破一国界限流入其他国度，成为人类的共同财富，促进了各国之间的文化交往。这样，著作权的地域性限制与文化知识的国际性需求出现了巨大的矛盾。由于各国著作权法只能保护在本国出版的作品，无法对国外出版的本国作品提供保护，一国的优秀作品被他国大量翻译、翻印的情况日趋严重。例如，当时的比利时就有许多出版商专门翻印法国的图书，美国、加拿大一些出版商大量复制英国的图书，其结果是英法等国的某些出版商因无力与廉价盗版书竞争而破产。[①] 有鉴于此，在当时比较发达的资本主义国家的作者与出版商的推动下，各主要欧洲国家寻求建立著作权国际保护体系，先后签订了一些保

① 参见 John S. Laurence，Fair Use and Free Inquiry，1980，p. 11；陈昌柏编著：《国际知识产权贸易》，343 页，南京，东南大学出版社，1994。

护著作权的国际公约，成立了一些全球性或地域性的国际组织，因而在世界范围内形成了一套国际著作权保护制度。著作权国际保护制度的主要原则是：（1）双国籍国民待遇原则。双国籍，是指作者的国籍和作品的国籍。凡某缔约国作者的作品，或在某缔约国内首先出版的作品，在其他任何一个缔约国内，都享有该国法律给予本国作者的作品的同等保护。（2）最低限度保护原则。根据这一原则，对缔约各国作品的保护在权项内容、保护期限等方面，不能低于国际公约规定的水平。（3）独立保护原则。即各缔约国在遵守各有关公约的最低限度保护标准的前提下，可自行确定著作权的保护对象、范围、期限、作者权利及限制、侵权行为及救济等。（4）国内法律保证公约实施的原则。即各缔约国必须保证以其国内法形式保证公约的实施。现行的国际著作权制度，建立在近一百年来所签订的一系列国际公约基础上，主要有：1886 年《保护文学和艺术作品伯尔尼公约》（《伯尔尼公约》），1952 年《 世界版权公约》，1961 年《保护表演者、唱片录制者和广播组织公约》（《罗马公约》），1971 年《保护唱片录制者防止其唱片被擅自复制的公约》（《日内瓦公约》）以及 1974 年《人造卫星播送载有节目信号公约》（《卫星公约》）等。上述公约的缔结与施行，表现了国际著作权保护体系不断走向完善与深化，也反映了不同国家不同地区因著作权利益而进行的斗争和妥协。就《伯尔尼公约》与《世界版权公约》而言，各主要西方国家目前都是这两大著作权国际公约的成员国。其中英国、德国、法国、意大利于 1877 年 12 月，日本于 1899 年 7 月，加拿大、澳大利亚于 1928 年 4 月，美国于 1989 年 3 月加入了《伯尔尼公约》；美国、德国于 1955 年 9 月，法国于 1956 年 1 月，日本于 1956 年 4 月，意大利于 1957 年 1 月，英国于 1957 年 9 月，加拿大于 1962 年 8 月，澳大利亚于 1969 年 2 月加入了《世界版权公约》①，需要指出的是，《伯尔尼公约》是保护水平最高的著作权国际公约，该公约创始国主要是英、法、德、意等欧洲国家。美国虽首次参加了《伯尔尼公约》的起草活动，但鉴于其实行作品注册保护的著作权法传统，特别是考虑到当时美国与欧洲国家在文化事业发展方面的差距，因此

① 本资料引自 Paul Edward Geller，International Copyright：An Introduction，1990，pp. 190，191，195。

一直游离于国际著作权条约大门之外。第二次世界大战以后，美国一跃成为西方头号强国，科学技术和出版业有了飞速的发展。为了使美国作品在海外的利益得到保护，美国开始谋求加入国际著作权保护体系，从而于 1955 年加入了与《伯尔尼公约》并行且保护水平相对较低的《世界版权公约》，但其著作权法依然不保护作者的精神权利，继续强调著作权注册手续。直至 1987 年，美国著作权法依照著作权保护的国际通行原则再次作出修改，并于 1989 年始在国内实施《伯尔尼公约》。

(二) 从单一步入多样：著作权权项日益丰富多彩

20 世纪上半叶以来，随着世界经济、技术的发展，西方诸国的著作权立法发生了引人注目的变化。从 18 世纪初叶《安娜法令》产生到 19 世纪末，是为著作权制度史上的“印刷版权”，其著作权权项主要是复制翻印权。[①] 正是在这个意义上，有人把著作权称为“印刷出版之子”[②]，《安娜法令》第一条明确规定，作者享有决定自己的作品是否发表的权利，出版者依法对其印刷发行的图书享有翻印出版、出售等专有权。版权（著作权）即是“出版之权”。而现代意义上的著作权，不是一个单一的整块的现象概念，而是一系列独立权利和特殊利益的集合。著作权内容的丰富与发展，首先归因于传播技术的革命。“每一利益或权利均是回应传播领域的革命性科技发展，同时每一利益或权利又都引起教育和娱乐产业的扩大。”[③] 在著作权的概括名义下，各项财产相继出现。随着无线电或有线电缆用于传播载有节目的信号，产生了以传送广播与电视为内容的“播放权”；随着留声机、录像机、录音机的发明，产生了以机械光学电磁为技术特征的“机械复制权”；随着摄影机、放映机以及活动照相技术的出现，产生了摄制电影、电视、录像的“制片权”。其次，文化交流与作品的商品化也拓展了著作权的权项。近代著作权法所涉及的复制权、演绎权、传播权三类权利，现在有了更加具体、细密的权项内容。例如，在复制权

---

① 《安娜法令》序言指出该法的主要目的，是防止印刷者不经作者同意就擅自印刷、翻印或出版作者的作品。

② 段瑞林：《知识产权法概论》，28 页，北京，光明日报出版社，1988。

③ Sigmund Timberg，“A Modernized Fair Use Code For Visual Auditory，and Audiovisual Copyrights”，Fair Use and Free Inquiry，1980.

中，出现了报刊在图书正式出版前后一次或多次刊载其内容的“连载权”；在演绎权中，产生了将文学作品改变为音乐戏剧作品、平面艺术品改变为立体艺术品等崭新内容的“改编权”；在传播权中，设定了通过出借、租赁形式向公众发行著作权作品的复制件的“出租权”。在传统的三类权利以外，法、德、意等大陆法系国家规定了美术作品及音乐、文学作品手稿再次出售后原创作者享有利益的“追续权”。英国、澳大利亚、新西兰等国创设了“作者按其每年有著作权的图书在图书馆中被借阅的次数收取版税”的“公共借阅权”。概言之，著作权概念早已走出“出版之权”的狭隘权项藩篱，其财产内容日见丰富多彩，正如一些学者所言，著作权是一种发展中的权利。①

在保护作品原创作者的新型著作权权项产生的同时，一种保护作品传播者的著作邻接权制度也出现在西方国家的著作权立法文件之中。邻接权是国际上对作品传播者所享有权利的通称。英文 Neighboring Rights，法文 Droits Voisins，意大利文 Diriti Conessi，意为相邻、相关或相联系的权利。作为法律用语，它专指与著作权相邻的权利，主要包括艺术表演者对其表演的专有权利，唱片制作者对其唱片制品的专有权利和广播组织对其广播节目的专有权利。邻接权制度是现代传播技术的产物。在录音录像技术和无线电技术出现以前，表演的重复性意味着只能是表演者亲自多次地登台演出，表演者无法取得现场表演报酬以外的任何权利。随着录制技术和传播媒介的发展，艺术表演活动不再仅仅停留在人们的记忆之中，而可以存储、复制和再现。由于高新技术的采用，公众只要借助于唱片或广播即可欣赏艺术表演，这一状况不但减少了表演者现场表演机会，而且使得表演者失去对自己表演的控制，于是产生了保护表演者权利的法律需求。此外，随着音像录制技术的发展，唱片出租与私人复制活动不断普及，海盗行为亦日益猖獗，从而导致录音制作者和广播组织的利益受到严重损害。在这种情况下，录音制作者和广播组织也提出保护自己权利的法律要求。于是在 20 世纪上半叶，一项专门保护作品传播者的法律制度即著作邻接权制度，相继在各国产生。对于邻接权的保护，各个国家采取的方法不尽一致，有的国家采用劳动法、禁止不正当竞争法或合同法解决，有的国

---

① 参见金眉等：《著作权法原理》，9 页，南京，南京大学出版社，1994。

家则运用民事赔偿或刑事处罚的方法解决，但大多数国家是通过知识产权法来加以保护。采取知识产权保护制度的国家又分为两种：一种是通过专门法规来保护邻接权，如巴西、卢森堡等少数国家；另一种是把邻接权作为著作权法的一部分，西方国家如日本、德国、俄罗斯等多数国家如此。在西方国家，邻接权制度有一个确立、发展的过程。英国是世界上著作权立法最早的国家，但直到其1911年的著作权法，才将唱片列为保护对象；1925年又颁布《戏剧音乐表演者权保护法》，首次规定了表演者权。英国现行著作权法，即《联合王国1988年版权、外观设计与专利法》，在立法技术上将作品传播者视为原创作者，规定了唱片制作者、广播组织的权利，但对表演者的权益则适用《表演者保护法》。法国最早立法保护原创作者的表演权，但自1791年的《表演权法》和1793年的《作者权法》以来，近两百年的立法均没有邻接权的规定。直至1985年颁布的《关于著作权和表演者、唱片制作者、视听传播企业的权利的法律》才确立了完整的邻接权制度。在日本，1920年修订的著作权法，规定表演者和唱片制作者可就其演奏、歌唱、唱片等取得著作权，即是将他们视作原创作者来保护。这一状况直到1970年著作权法才得以改变，邻接权始在该法中加以专章规定。总之，保护邻接权已经成为现代各国著作权法的发展趋势。除上述英法日外，其他主要西方国家在20世纪下半叶也先后完成这一立法进程。

（三）从狭小转为宽泛：著作权保护范围不断拓展

早期著作权法的保护领域，拘泥于书籍、地图等狭小客体范围。英国自1709年颁布《安娜法令》后，始于1734年制定雕刻版权法，1735年通过了保护艺术家、设计师和画家权利的法令，1814年颁布雕塑版权法，1893年才有了保护戏剧作品（包括舞蹈或哑剧作品）的戏剧版权法。美国于1790年制定的著作权法依然沿袭英国法关于文学作品保护的基本思路，只是于1831年、1856年、1865年才先后在著作权作品的序列中增加了音乐作品、戏剧作品和摄影作品，延伸了“印刷作品”的含义；在著作权主体类别中包括了歌曲作者、剧本作者及摄影作者，扩大著作权受益者的保护范围。① 自20世纪以来，

① See Sigmund Timberg, "A Modernized Fair Use Code for Visual Auditory, and Audiovisual Copyrights", Fair Use and Free Inquiry, 1980.

著作权法进入了它的成熟期，其保护对象除了传统的“印刷作品”外，还涵盖了各种“电子作品”。对此，西方国家的著作权立法采取了不同的保护途径：一是将视听作品视同一般作品而给予著作权保护。视听作品是包括电影、电视、录像在内的电子作品，即“一切电影及以拍摄电影的方式表现的其他作品”。主要西方国家在其著作权法中将该类作品概称为“电影作品”，但澳大利亚、新加坡等国的著作权法则将电影称为“产品”，即通过现代手段而将各种作品综合而成的“产品”。但是这种分歧并不影响视听作品在著作权客体中的地位。二是将卫星广播节目视为广播节目而给予邻接权保护。卫星广播节目指通过同步卫星传播载有节目的信号以供特定地面广播组织接收并转播的广播电视节目。美国、德国、意大利等许多国家已经把邻接权的概念引进卫星广播领域，即将广播组织权扩大到对广播卫星所传信号的保护。1974 年缔结的《关于播送由人造卫星传播的载有节目的公约》宣布，成员国有义务制止任何广播组织在本国播送通过人造卫星发射并非为该组织专门提供的载有节目的信号。《卫星公约》的签订，将对各国著作权法的修订带来重要影响。三是根据电缆电视节目所含对象的差异而分别给予著作权与邻接权的保护。电缆电视节目是通过同轴电缆接收和传播的电视节目。这种节目可以是转播他人的，也可以是自己创制的。该类节目不仅涉及有著作权作品的作者权利以及传播原创作者的表演者权利，还产生了广播电缆公司独立享有的新权利。对电缆电视节目的保护问题，已经引起主要西方国家的重视。美国著作权法率先通过强制许可向电缆电视系统用户收取著作权使用费，再由相关部门将上述费用分给有关的著作权协会。1988 年英国著作权法将电缆节目、录音、影片、广播等并列，作为著作权客体意义上的作品加以保护。四是将计算机软件作为著作权的特殊保护对象。早在 20 世纪 60 年代，德国学者就曾提出计算机软件的法律保护问题，为此，西方发达国家不断寻求其具体的保护途径。最初，美国等国根据计算机软件的技术实用特性，曾试图采用专利法保护，但由于软件专利审查在性质议定及程序方面的诸多困难而最终放弃。自 20 世纪 70 年代以来，日本、巴西、韩国另辟蹊径，主张单独的软件立法。这一方案曾得到世界知识产权组织与联合国教科文组织的重视。1978 年世界知识产权组织发表了《保护计算机软件示范法》，即对各国软件立法的建议。但是，对于这个草案，多数西方国家以及发展中国家都未予响应。用单独立法或国际条约保护软件的尝试，实际上没有什么效果。在实践中，国际社会更倾向于将软件作为著作权作品加以保护。这一做法首先见于判例。在美国，法院在苹果计算机公司诉国际程序公司一案中判定，程序是一种由作者创作的作品。不可读形式的程序结合在操作设备（目标代码）中，并不丧失享有著作权的可能性。在德国，地区上诉法院曾在判决中认定，算法不能得到著作权保护，但这种计算机程序可以享有著作权。此外，法国巴黎上诉法院、东京地方法院都作出过程序即为作品的类似判决。[①] 以此为先导，自 1972 年菲律宾首次在著作权法中确认软件为受保护的作品后，发达国家从 20 世纪 80 年代起开始通过著作权立法来保护计算机软件。1980 年 12 月美国国会通过法令修改著作权法，在著作权客体中正式增列了软件。英国于 1985 年通过《著作权（计算机）修订法》后，又在 1988 年《著作权法》中明确规定文字作品包括计算机软件。法国于 1985 年全面修订其《文学艺术产权法》，增加了软件保护的具体条款。德国在其修订的著作权法中，也将"数据处理程序"作为语言著作保护。同年，日本放弃以往的保护方案，由国会通过了文化厅的著作权法修正案，在立法上确定了用著作权保护软件。由此可见，用著作权法对计算机软件进行保护，已成为发达国家的通行做法。在采用著作权保护软件的国际主流中，美国起到了推波助澜的作用。美国的计算机产业领先于各国，在软件开发的产量及技术方面占有绝对优势。著作权保护方式使得软件有效期限很长，有利于美国控制软件技术；同时又可直接纳入《伯尔尼公约》与《世界版权公约》的国际保护体系，有利于美国谋取国际贸易中的优势地位。因此，美国一直竭力对各国施加影响，促使各国接受著作权保护方式。[②]

此外，民间文学表现形式作为著作权的另一类保护客体，也是现代著作权法发展的一个重要方面。民间文学表现形式，是指一国国土上，由该国的民族或种族集体创作，经世代流传而构成传统文化的产品。一般认为，它包括语言形式（民间故事、民间诗歌等）、音乐形式（民歌、民间器乐等）、动作形式

---

① 以上资料参见陈传夫编著：《著作权概论》，212 页，武汉，武汉大学出版社，1993。

② 参见应明：《计算机软件的版权保护》，23 页，北京，北京大学出版社，1991。

(民间舞蹈及戏剧等)以及用物质材料体现的形式(绘画、雕塑、工艺品、编织品等)。民间文学表现形式受著作权保护的法律制度，是在20世纪60年代以后逐步形成发展起来的，其起始原因在于发展中国家保护自己的传统民族文化，从而提出扩展著作权客体的要求。此前，在发展中国家与发达国家的文化交往中，发展中国家使用发达国家的文化科技成果都是有偿的，而发达国家却可以大量无偿地使用发展中国家丰富的民间文学艺术资源。为防止篡改、歪曲、擅自使用民间文学表现形式的现象发生，实现发展中国家与发达国家在著作权贸易方面的平衡，一些国家和地区先后将民间文学表现形式列为著作权客体加以保护。为了适应这一发展趋势，《伯尔尼公约》1971年修订本将民间文学艺术作为“无作者作品”的一种特例来处理，其目的在于反映发展中国家的法律要求，同时又便于大多数成员国特别是发达国家接受。该公约第15条第4款规定，各成员国在书面通知了伯尔尼联盟总干事的前提下，可以给不知作者的、未出版的而又确信属于本公约成员国之作品的那一部分作品提供法律保护。1976年联合国教科文组织和世界知识产权组织为发展中国家制定了《突尼斯样板版权法》，其中专门规定了关于“本国民间创作的作品”的保护条款。1982年又正式通过了《保护民间文学表现形式，防止不正当利用及其他行为的国内法示范条例》。到目前为止，采用著作权法保护民间文学艺术的主要是发展中国家，如突尼斯、玻利维亚、智利、摩洛哥、阿尔及利亚、塞内加尔、肯尼亚、马里、布隆迪、几内亚、科特迪瓦等。值得注意的是，1989年生效的英国著作权法按照《伯尔尼公约》规定的标准与范围，在第169条中将民间文学作品视为“无作者作品”给予保护。这在西方国家立法例中是不多见的。

(四)从差异迈向协调：两大法系著作权法趋于融合

著作权制度创始之初，奉行两种不同哲学观的普通法系与大陆法系国家，其著作权立法存在着诸多差异。英美等国采用“版权”说的传统，基于“财产价值观”的哲学思想设计了他们的具体制度：(1)宽泛的著作权主体。英美法系国家认为著作权法意义上的作者可以是自然人，也可以是法人；作者可以是著作权人，出版商、雇主、委托人也可以成为著作权人。他们基于防止非法复制的立法目的，将唱片、广播等视为一种演绎作品，因而将唱片制作者、广播组织也纳入著作权主体范畴。在这些国家，录制音像、制作广播的原创作品

（如音乐、戏剧作品）具有一种著作权，而音像制品、广播节目本身又具有另一种著作权。（2）狭义的著作权客体。英美法系国家强调“版权”对象的物质客体属性，作品的固定是取得著作权保护的必要条件。因此，口头作品如讲演、布道等，不能成为著作权客体。在历史上，英美法系国家曾主张“手续主义”的保护方法，即作品创作完成后须到指定机关登记或办理有关手续，才能取得著作权。（3）偏颇的著作权内容。英美法系国家以财产权利为核心，重点在于保护复制权，此外包括表演权、改编权、翻译权、广播权等。而对于作者的人身权利，其著作权立法曾长期持否定态度。而后，这一状况有所改变，1988年英国著作权法和1990年修订的美国著作权法首次规定对作者的人身权利予以保护，但其权项限于署名权和作品完整权。英国著作权法甚至规定作者的人身权利仅在财产权存续期间有效或维持到作者死后的短暂时间。①

法、德等国实行“作者权”原则，以“人格价值观”为指导，确立了具有大陆法系传统的著作权制度：（1）以保持作者权利为中心。作者权的本来意义在于，确立作者本位立场，将立法重心置于个人精神利益保护的支点上。他们认为，著作权来源于创作本身的天赋人权，作者即为有自然生命体的创作者②，权利只能归属于作者本人。因此，多数大陆法系国家将法人排斥在作者之外。在作者即为著作权人的情况下，出资人、雇主、委托人一般不可成为著作权主体。③ 此外，作品的创作者与传播者的主体资格也有着严格的区分。前者即原创作品的作者，为著作权主体；后者即唱片、广播节目的制作者，为邻接权主体。（2）作品获得保护无形式要求。大陆法系国家对著作权作品一般不要求以物质形式固定下来，诸如口头作品、演艺作品等也可以受到保护。同时，这些国家实行自动保护原则，著作权随着作品的创作完成而自动产生，法律不要求履行任何形式的手续。（3）著作权内容为一体两权。大陆法系国家将立法重心置于作者个人精神权益保护的基点上，其著作权一般先规定人身权

---

① 参见英国《著作权法》第86条第1、2款规定。

② See Paul Edward Geller，International Copyright：An Introduction，1990.

③ 法国《著作权法》第1条、德国《著作权法》第43条均规定，受雇于他人的作者，仍视为原始的著作权人，雇主须通过转让或许可方式取得他所需要的权利。法国《著作权法》第1条规定，任何委托合同均不能影响作者享有的著作权。

利，然后规定财产权利。在作者的人身权利中，上述国家除按《伯尔尼公约》要求规定有署名权与作品完整权外，还普遍规定了发表权①，少数国家的著作权法规定有作品的收回权。② 此外大陆法系国家大抵规定人身权利在作者有生之年是不可转让、不可剥夺的。③ 在作者的财产权利方面一般对复制权、演绎权、传播权等都作出列举性的详细规定。少数国家如德国、法国、意大利等还规定了保护水平较高的追续权。

随着国际交往的增加，著作权制度的协调成为国际关系的重要问题。在知识产权现代化、一体化的潮流推动下，两大法系在著作权领域呈现出互相渗透、互相融合的趋势，上述法律从立法框架到制度内容都逐渐缩小了差距：(1) 立法目的的整合与著作权原则的趋同。现代著作权立法的目的，在于保护作者的合法权益，促进作品的广泛传播。著作权法的这种双重作用是相辅相成的。正如世界知识产权组织总干事鲍格胥博士在《伯尔尼公约指南》一书前言所指出的那样："版权是促进社会发展的一个重要因素。经验证明，民族文化遗产的丰富程度取决于对文学艺术作品的保护水平，保护水平越高，对作者创作的鼓励就越大；一个国家智力作品的数量越大，它的名望就越高；文学艺术作品的生产量越大，图书、唱片制造业和文化娱乐事业就越兴旺发达。"④ 无论奉行何种法律传统，著作权法不能偏离保护作者权利与促进文化交流的立法目的。为此，两大法系在著作权立法中都采用了作品利益均衡协调与著作权有限保护的现代原则。摈却立法技术的某些差异，各国著作权法协调创作者、传播者、使用者之间的利益，普遍设定了著作权、邻接权、使用者权⑤，使不同主体分别对作品享有专有使用、授权许可使用、法定许可使用、强制许可使用或合理使用的利益。以保护作者著作权为核心，在权利"保护"与"限制"中

---

① 参见日本著作权法第 18 条、德国著作权法第 12 条、法国著作权法第 19 条、意大利著作权法第 24 条。

② 参见德国著作权法第 41、42 条、法国著作权法第 32 条。

③ 参见日本著作权法第 59 条、法国著作权法第 6 条、意大利著作权法第 22 条。

④ 转引自沈仁干等：《版权法浅谈》，9 页，北京，法律出版社，1982。

⑤ 关于自由使用他人作品而不必征得著作权人同意，也不必向其支付报酬的情形，中外学者有不同性质的认定。笔者采权利说。参见吴汉东：《著作权合理使用制度研究》，北京，中国政法大学出版社，1996。

寻求均衡，是现代著作权立法的重要特点，以至于美国学者将一部现代著作权法描述为协调创作者、传播者、使用者诸权利的平衡法。[①]（2）国际保护标准的形成与著作权制度改革。到20世纪80年代止，两大法系的多数国家，特别是主要西方国家都成为《伯尔尼公约》与《世界版权公约》这两大公约的成员国，从而为现代著作权法的一体化、趋同化提供了基础。即各国在制定或修改自己的著作权法时，有必要考虑国际上的通行做法，与国际公约特别是《伯尔尼公约》规定的最低限度保护标准保持一致。就普通法系国家而言，其著作权法变革的主要内容有：改变“版权”中单一的财产构成，明文规定保护作者的署名权和作品完整权（1988年英国著作权法、1990年美国著作权法、1968年澳大利亚著作权法）；取消作者注册保护的做法，作品自创作完成后即自动取得著作权（1911年英国著作权法、1976年美国著作权法、1968年澳大利亚著作权法）。但在美国，作品登记虽不是获得权利保护的前提，但可以在诉讼中作为维护其权利的证明；此外，在财产权有效期的计算方面，1976年美国著作权法与英国以及大陆法系国家一样，采取了作者有生之年加死后50年的计算方法，对于法人作品、雇佣作品、电影作品等则为作品发表之日起50年。而就大陆法系国家来说，无论是吸收英美法系传统判例法倡导的合理使用制度，还是接受美国主张的软件著作权制度，在许多方面也不能不受到英美法系相关立法的影响。

（五）从印刷时代走向信息时代：新技术革命对著作权法加大影响

自20世纪下半叶以来，以微电子技术、生物工程技术与新材料技术为代表的新技术革命对社会发展带来巨大影响。这场革命给知识产权领域带来新的课题和任务，各国立法者不断探索对高新技术产品保护的法律途径：一是“边缘保护法”，即采用工业产权与版权中的若干规则，创设一种新的制度即“工业版权”来保护新技术成果；二是“单独保护法”，即为信息产品设定“信息产权”，给予“准专利”或类似其他知识产权的保护；三是沿用原有的知识产权制度，分别给予著作权、专利权保护，而这一方法必然对传统制度带来

---

① See L. Ray Patterson, Stanley W. Lindberg, The Nature of Copyright: A Law of Users' Right, 1991, p. 2.

冲击。

新技术革命是当代著作权制度创新和变革的直接动因。从一定意义上说，著作权制度的发展史，也就是传播技术的进步史。正如英国版权法委员会主席R. F. 沃尔所指出的那样，著作权法从其产生之日起，就一直不断地对录音、摄影术、电影摄影术以及广播诸领域的革新作出相应的反映。可以毫不夸张地说，著作权本身即是现代传播技术的“副产品”①。近代著作权法的物质技术基础是机械印制，法律的任务即是控制和防止出版商滥印著作权作品。而新的传播技术带来诸多过去没有的难题，它不仅创造了新的作品形式，拓宽了著作权客体的范围；而且使得著作财产权的权能日见丰富多彩，为著作权人开辟了获取财产利益的新途径。与此同时，它所提供的前所未有的复制、录制等传播手段，使得本来就难以控制的无形智力成果更加易于逃逸出专有领域，在每个人都可以轻而易举使用作品的情况下，著作权人独占使用的权利受到极大的威胁。各国立法者必须正视这些问题并寻求有效的解决途径。因此，发达国家从20世纪50年代开始对各自的著作权法进行了大规模修改或重订工作，以适应新技术革命发展的需要。美国自1964年第一次提出修正案开始至1976年正式制定为止，先后提出八次修正案，其间历经文艺创作界、出版界、影视传播界、图书馆界、学术教育界等广泛讨论、协商，才推出新著作权法。发达国家的现行著作权法大部分产生于现代传播技术革命迅猛发展的20世纪70至80年代，以时间先后为序，它们是：1972年荷兰著作权法、1976年美国著作权法、1980年奥地利著作权法、1980年瑞典著作权法、1981年意大利著作权法、1985年法国著作权法、1986年日本著作权法、1986年比利时著作权法、1988年英国著作权法、1988年加拿大著作权法、1988年澳大利亚著作权法。进入20世纪90年代后，法国于1992年、德国于1993年、美国于1994年、日本于1994年都重新修订了本国的著作权法。其他国家也已经或准备提出新的著作权法案。著作权法的最新发展成就，无疑在上述立法文件中得到体现，并被写进了相关的国际公约。这些立法动向是：对“由数字符号、图案或者其他信息片有系统地构成的集合体”即数据库给予著作权保护；对“从事通过电

① ［英］R. F. 沃尔等：《版权与现代技术》，载《国外法学》，1984（6）。

缆进行传输节目或信息的组织”给予邻接权保护；将计算机软件视为“文字作品”而给予著作权保护，并扩大出租权的范围，以防止软件租赁业对软件生产者造成利益损害[①]；对集成电路布图设计实行著作权与专利权的边缘保护，该项制度构成知识产权法的独立组成部分。[②]

二、机遇与挑战：新世纪著作权制度的展望

新世纪刚刚来临。由于现代科学技术的飞跃发展，人类社会的物质生活与文化生活发生空前巨大的变化，在各种法律领域中受其影响最深、冲击最强的首推著作权法，各国立法者不得不“修纲变法”，以回应新传播技术对新著作权制度的呼唤。随着国际交往在政治、经济、科技、文化领域的展开，包括著作权在内的知识产权保护成为一个普遍关注的问题。由此而进行的国际间双边、多边的谈判，特别是关税与贸易总协定《与贸易有关的知识产权协议》的达成，促使世界范围内对著作权的保护标准达到一个新的水平。同时，知识经济的迅猛发展极大地促进了信息的交流与传播，如何在网络环境下平衡著作权人与社会公众之间的利益已成为各国政府日益关注的一个焦点问题。上述情况对各国著作权制度在21世纪的发展都将产生深远的影响。

（一）国际保护的强化与深化：《知识产权协议》的实施

经济全球化和地区经济一体化是20世纪下半叶世界经济中逐渐形成的两大潮流，这两大潮流将深深影响21世纪的格局。[③] 经济全球化，是指各国经济相互依赖、相互渗透、不断加深的这样一种战后世界经济新现象。经济全球化是对战前殖民体系下经济体制的根本改变，它要求消除阻碍商品在国家间流通的贸易和非贸易壁垒，规范国际贸易的市场规则，推动世界贸易自由化的进程。地区经济一体化是指在经济全球化难以实行全部生产要素（商品、资本和

① 参见［日］照男土井：《高技术时代的日本版权法》，载《法学译丛》，1988（1）。

② 集成电路布图设计专有权，类似于英国的工业版权。美国将相关立法的保护对象称为“掩模作品”，并将该法置于《美国法典》第17编（著作权法）的最后一章，但一般认为，该项权利不属于著作权体系。

③ 参见许明主编：《当代中国亟待解决的27个问题》，11页，北京，今日中国出版社，1997。

劳动力）自由流通之前，一组一组的国家联合起来，实行严格的市场纪律，相互提供优惠，促使生产要素尽可能在本组织成员地区自由流通，以达到促进资源在本地区实现优化配置，加速本地区经济发展，实现成员国共同繁荣的目的。

地区经济一体化是与经济全球化并行发展的潮流，越来越多的国家在一个特定地域联合起来，设立统一的市场，促进生产要素在本地区自由流通，以共同繁荣为目的。相应的，这些地区性组织为了消除影响商品、物资、人员、劳务等要素在统一市场中自由流通的障碍，陆续制定了一些适用于本地区的立法，以达到立法统一化的目标。在国际上，欧洲联盟目前地区经济一体化合作水平最高的一个组织。这种经济一体化合作已演进到“共同市场”的程度，即取消了成员之间的经济边界，实现了商品、资本、人员和劳务在统一大市场内的自由流通，欧洲联盟成员国于 1922 年 2 月签署的《马斯特里赫条约》即欧洲联盟条约，标志着欧洲国家政治、经济的统合过程进入一个新的阶段。为了实现经济一体化的目标，欧洲联盟采取的重要行动之一就是“在共同市场进行的必要限度内，使各国的立法趋于接近”。在工业产权领域，《共同体专利公约》与《共同体商标条例》已有了解决相关问题的方案，以建立一个广泛的欧洲保护制度。① 但就著作权而言，尚没有就关于欧洲联盟综合著作权制度提出建议。作为欧洲联盟主要渊源的《罗马公约》未直接提及著作权，但使用了“工商业产权”的概念，作出了“商品自由流通”“提供服务的自由”等规定。欧洲法院认为，关于工商业产权不包括著作权的看法是错误的，著作权包括精神权利，但更主要的是经济利益，后者类似于工业产权，商品自由流通原则适用于有关著作权的贸易，权利穷竭原则的地域限制，必须在共同市场的范围内作出解释，即在一个成员国首次销售的商品在整个共同体构成权利穷竭；禁止对提供服务的自由加以限制，权利穷竭仅仅适用于作品有形复制件的平行进口，而不适用于作品的非物质性广播。欧洲联盟法律专家认为，著作权实际上受欧共体法保护，《罗马公约》的有关规定是欧共体著作权制度的基础。在欧洲法院依据多边条约作出著作权判例的同时，欧洲联盟理事会通过了许多关于

---

① 参见［德］阿道夫·迪茨：《欧洲共同版权是幻想吗》，载《法学译丛》，1986（4）。

著作权保护的指示建议，包括计算机程序的法律保护、租赁权的保护、数据库的法律保护、精神权利保护、家庭音像录制等。在地区经济一体化的推动下欧洲联盟正在努力实现“欧洲共同版权的幻想”，这不仅会促进两大法系著作权制度的趋同化，而且会对其他国家的著作权立法带来影响。此外，1993 年美国、加拿大和墨西哥所缔结的《北美自由贸易协定》、一些非洲国家所缔结的《班吉协定》等条约也涉及地区性的著作权保护问题。我们可以预见，在 21 世纪，地区性著作权保护组织必将越来越多，他们的出现，既反映了地区性组织在克服著作权地域性特点上的努力，也反映了他们旨在用统一的著作权保护标准来协调成员国之间制度差异的决心。无疑，这对提高著作权的保护水准显然十分有利。不过，有学者认为，“这种地区性的组织并不能完全消除地域性，它不过是把地域的边界推进到比较大一点的层次而已”[①]，因此它们不能真正解决全球性的地域性问题。

在推动经济全球化进程方面，关贸总协定及其后继组织——世界贸易组织扮演着重要角色。关贸总协定的基本目标是，通过关税无条件的最惠国待遇，削减乃至取消关税和其他贸易壁垒，促使贸易自由化，以便充分利用世界资源和扩大商品的生产和交换。与其他国际公约和国际组织不同，关贸总协定将知识产权保护纳入国际贸易体系之中。按照美国、日本、欧洲共同体在乌拉圭回合谈判的一份文件的说法是，在关贸总协定框架内解决知识产权问题，不是知识产权法的协调，而应是消除由于一些国家未能将其知识保护制度提高到国际标准而造成的贸易扭曲现象。[②] 发达国家和发展中国家之间在知识产权方面享有的利益很不平衡，因而在国际磋商与对话中所持立场和既定目标也相距甚远。一些发达国家意识到，在世界知识产权组织体制中及现有南北对峙的政治背景下，发展中国家在世界知识产权组织中比在关贸总协定中具有更强大的声音。要想在世界知识产权组织中进一步加强对知识产权保护，在近期几乎难于实现。因此，他们将注意力转向关贸总协定，其目标是要在关贸总协定内建立一套新的知识产权保护体系，利用关贸总协定关于争议解决机制中的报复手

① 汤宗舜：《知识产权的国际保护》，291 页，北京，人民法院出版社，1999。

② 参见李小伟：《知识产权国际保护体制的变化及其影响》，载《信报：财经月刊》，1996 (3)。

段，以维护自己的知识产权利益。发展中国家对此持慎重态度，认为由其承担与经济最发达、技术最先进国家一样的义务，则会丧失按社会发展和经济发展水平建立自己的知识产权制度的权利；同时，在高技术成果保护方式未达成一致的情况下，要求发展中国家采取过高的保护标准会给其造成沉重的财政和行政负担。因此，发展中国家不得不在知识产权立法上充分考虑在国际交往中保护其民族利益，在拟定包括知识产权问题在内的新原则、规则及纪律方面，西方发达国家态度积极观点比较一致，发展中国家比较被动，持消极态度。国际贸易的新规则主要反映了发达国家的需要，但也不得不考虑发展中国家的某些要求。可以说，关贸总协定是著作权国际保护的重要论坛，东西方国家围绕着著作权问题所展开的斗争与妥协，将会制约与影响著作权的发展。

1986 年 9 月关贸总协定于在乌拉圭召开部长级会议，发动了第 8 轮多边贸易谈判。以欧美为代表的发达国家国内经济萧条、国际竞争力衰退，转而以巨大潜力的知识产权作为贸易资源，在谈判中提出知识产权议题。经过七年之久的谈判，发达国家与发展中国家于 1993 年 12 月 15 日达成了《与贸易有关的知识产权协议》(以下简称《知识产权协议》)，并将文件载入《乌拉圭回合多边贸易谈判结果最后文件》。

《知识产权协议》的生效，使著作权从文化领域正式进入国际贸易领域，著作权问题第一次直接同国际贸易发展挂钩，同时也标志着著作权制度进入了统一标准的新阶段，它在推动协调各国著作权立法和司法活动方面起着重要作用。就该协议的内容来说，在 21 世纪，《知识产权协议》将在以下几个方面发挥非常重要的作用。

1. 强化了缔约方保护知识产权的意识。《知识产权协议》在序言中指出缔结该协议的目标在于“减少国际贸易中的扭曲和障碍，促进有效而充分地保护知识产权，保证知识产权执行不会成为合法贸易的障碍”，为此，该协议要求缔约方明确承认“知识产权为私权”这一性质。之所以要强调这一点的理由在于，相当一部分国家在过去并不像对待普通私权那样对待知识产权。而就普通私权而言，权利无论属于内国人还是外国人，无论属于自然人还是法人，各国均给以同等的法律保护，而且，各国均允许权利主体自由处分其私权而很少给予歧视。但在知识产权领域，个别国家往往不能做到一视同仁，一些国家常常给予外国人以不平等待遇。为此，该协议强调“知识产权为私权”的目的在于要求缔约方“对于知识产权不能由于权利主体或客体不同而有任何歧视。不管这种歧视是基于国籍或居所，还是基于技术领域或技术产生地，也不管这种歧视是基于产品是本国生产的还是从外国进口的，都是不许可的”[①]。由此可见，该协议明确要求缔约方必须像保护有形财产那样来保护知识产权而不能有所差异，这无疑强化了各国政府保护知识产权的法律意识。

2. 确立了基本的保护原则。《知识产权协议》在著作权保护方面为缔约方规定了以下几个基本原则：一是最低保护标准原则，即缔约方应执行本协定的规定，但可以在其国内法中规定比本协议所要求的更广泛的保护。该原则的确立，实际上是对各缔约方的法律提出了最低的保护要求，是对其内国法或地区法的一种实质修订，即以统一实体法的形式来消除地域性带来的缺陷。尽管该协议不可能为各缔约方确立能普遍接受的实体标准，但它已在有限的范围内作了最大限度的尝试。二是国民待遇原则，除《伯尔尼公约》《罗马公约》有例外规定外，在著作权保护方面，缔约方必须给予其他缔约方的国民以本国国民的同等待遇。但对于表演者、唱片制作者及广播组织，国民待遇仅限于本协议规定的权利。三是最惠国待遇原则，除本协议所规定的例外情况外，缔约方给予任何其他缔约方国家的国民所给予的任何优惠特权和豁免，应同时无条件地给予所有其他缔约方的国民。这些保护原则的确立，体现了协议要求各缔约方在保护知识产权方面不得存在歧视性待遇，应当切实贯彻“知识产权为私权”的宗旨。

3. 明确了著作权保护和邻接权保护的最低标准。在著作权保护方面，协议明确了本协议与《伯尔尼公约》的关系，要求缔约方必须遵守《伯尔尼公约》（1971 年文本）第 1～21 条及附件（即“对发展中国家的优惠”）的规定，但将该公约第 6 条之 2 关于著作人身权的规定排除在外。协议规定了具体的保护事项：对计算机软件，包括源码程序和目标码程序均作为文字作品保护。对构成智力创作而编排的数据库也作为文字汇编作品给予保护，而不论其呈机器阅读形式或其他形式出现；对计算机软件和摄影作品规定了出租权，即作者及

---

① 汤宗舜：《知识产权的国际保护》，173 页，北京，人民法院出版社，1999。

其权利继受人有权许可或禁止其享有著作权的原作或者复制件向公众商业出租；在保护期限方面，协议与《伯尔尼公约》保持一致，但特别规定，除摄影作品与实用美术作品外，对一切不以自然人的生命为基础计算保护期限的作品，其有效期不应少于授权出版之年末起50年，或者作品创作完成后50年内未授权出版的，则保护期不少于作品创作完成之年末起50年。在邻接权保护方面，协议规定，缔约方对邻接权保护的义务，只限于协议规定本身。关于表演者和唱片制作者的权利，协议的规定与《罗马公约》相同，即表演者有权禁止他人擅自录制其未曾录制的表演或复制该种录制品，有权禁止他人擅自传播他们的现场表演；唱片制作者有权许可或禁止对唱片直接或间接复制。关于广播组织的权利，协议与《罗马公约》有所不同，它规定了禁止他人擅自录制其广播节目或复制此种录制品以及转播或以原样传播其广播节目的权利，但未规定许可权，同时协议并无《罗马公约》关于传播或转播节目是在收门票的公共场所进行的限制条件。关于邻接权保护期限，表演者、唱片制作者的权利不少于表演发生、录制发生或被广播之年末起50年，广播组织的权利不少于自广播发生之年末起20年。从上述规定可以看出，协议一方面要求缔约方遵循著作权和邻接权保护公约的最低要求，另一方面针对新技术革命后产生的新的作品类型规定了著作权保护的方式，增加了新的权项，适应了技术发展的需要。上述规定，也是发达国家与发展中国家在著作权贸易中妥协与斗争的产物。

4. 丰富了著作权保护的手段。各国政府在著作权保护上所采取的传统保护手段主要有民事保护、刑事保护和行政保护。《知识产权协议》在确认了缔约方的上述保护方式的基础上，规定了更为完整、严格的保护措施。首先，在民事方面，协议对民事程序的公平性、举证责任、证据保全、假处分、暂时措施、损害赔偿责任、防止实施程序滥用的赔偿责任以及其他补救措施均有详细的规定。其次，在刑事方面，协议要求缔约方对具有商业规模且故意侵害著作权的行为，给予刑事上判刑、罚金等制裁。再次，协议要求缔约方对于具有商业规模的故意侵害著作权的行为，给予扣押、没收或销毁等行政制裁。在海关方面，缔约方应制定程序，使著作权人得提出有效理由，向行政或司法机关书面申请海关扣押有侵犯著作权嫌疑的商品。从上述规定可以看出，《知识产权协议》在著作权保护措施上确立了民事责任、刑事责任、行政责任三位一体的责任机制，对缔约方的主管机关提出了较高的著作权保护要求。这种责任机制的全面实施，必将大大丰富著作权人的法律救济手段，提高著作权的保护水平。

5. 提高了著作权争议解决的效率。在该协议缔结之前，国际上因知识产权争端引起的贸易摩擦极难解决，尽管缔约方依《伯尔尼公约》的规定可以诉诸国际法院，但向国际法院起诉必须双方达成协议，而且诉讼常常久拖不决，缔约方也无可奈何。基于这种软弱涣散的现状，为了促进争议的解决，协议规定了“透明度”原则，即在争端预防方面，缔约方应将其依本协议制定的法律、规则、法院判决以及一般行政法规予以公布。在争议解决方面，协议规定了特别的争议解决机制，即原则上以协商解决为主，如协商不能解决，则任何一方均可要求缔约方全体与另一方或几方协商。缔约方全体可作出裁决，若确认另一方严重违反关贸总协定，则经半数以上通过后可暂停违约缔约方依该总协定享有的优惠待遇。新的争议机制的确立，是一种集体解决争端的机制，是以停止缔约方享有的优惠待遇为后盾的，因此缔约方往往会因慑于其他缔约方的集体报复而自动履行其义务，这无疑将大大提高著作权争议解决的效率，促进著作权贸易的健康发展。

毫无疑问，《知识产权协议》的签订，是知识产权领域里极为引人注目的一件大事。随着知识产权保护与关贸总协定的结合，世界知识产权组织单独左右知识产权国际保护体制的局面已被打破。取代关贸总协定的世界贸易组织，将会在知识产权保护问题上发挥重要影响。尤其是占世界人口近五分之一的中国的加入，将会在 21 世纪大大提高《知识产权协议》在国际上的影响。就著作权制度而言，21 世纪将是《知识产权协议》的发挥效力的重要世纪，它将会促使各缔约方调整修订自己的著作权法，使之与国际惯例保持一致。著作权保护进入国际统一标准的新阶段，将是著作权法未来发展的一个明显趋势。

（二）信息时代的“数字版权”：著作权空间效力的延伸

当今世界，人类正处于从传统产业时代向信息时代转变的历史时刻。计算机技术和通信技术的迅速发展为信息的网络传输提供了滋生的母土，人们仿佛感觉到世界的距离在拉近，时空造成的差距在缩短，信息的使用和传播已成为现代生活不可缺少的一个重要组成部分，21 世纪的人们将进入信息社会。不过，人们也应理智地看到，网络在为人们提供便捷舒适的生活的同时，也给人们提出了信息的使用和保护的问题，尤其是网络环境下著作权的保护，已成为摆在各国政府面前必须解决的一个迫切问题。由于立法的进程往往滞后于新技术革命的步伐，日本学者中山信弘描述道：“著作权法正处在前所未有的大变革时期，由于数控技术及其运用它的多媒体的出现，我们所拥有的著作权法体系与现在的信息化时代极不适应。”① 对此，他甚至尖锐地提出：“在信息的个人利用产生爆炸性增长的21世纪，权利人不得不接受这样的现实，即不受其控制的利用在不断增长。以这种不受控制的利用为前提，著作权法必须重新构筑。”②

网络环境下所涉及的著作权问题主要包括以下几个方面。

1. 作品的表现形式多样化。数字形式成为作品的主要表现形式之一。传统意义上的作品，多以手稿、印刷品、音像作品为主要表现方式，各作品之间的界限可以说泾渭分明。而在网络环境下，由于数字技术的发展，几乎所有的作品均可通过计算机自由地实现数字化，于是信息便可自由地实现多媒体化。所谓多媒体化，是指利用数字技术，依靠对文字、声音、图像等多种表现手段进行统一处理，表现信息效果的一种手段。通过该手段，可以实现智能化的操作环境。在这一背景下，作品发生了三个显著的变化：一是各类作品之间的分界线日益模糊。例如，人们在进行新闻报道时逐步放弃了原有的单一的文字写作方式，取而代之以超文本结构。所谓“超文本结构”是指人们利用多媒体技术来进行作品创作，形成的文本不仅有文字文本，而且有声音文本、图画文本、动画文本甚至影视文本，由此创作的作品可谓声情并茂、栩栩如生。在21世纪，新闻报道将从以线性文本为主逐步转变到以超文本结构为主。③ 这种新型作品创作方式的出现，将使文学作品、美术作品、影视作品、科学作品等作品之间的界限模糊化，一件最终作品可能涵盖了若干基本的作品类型。就此而言，在21世纪的著作权法中，严格区分各类作品的意义将会日益淡化，在

---

① ［日］中山信弘：《数字时代著作权法的变化》，载《外国法译评》，1995（2）。
② ［日］中山信弘：《多媒体与著作权》，张玉瑞译，102页，北京，专利文献出版社，1997。
③ 参见明安香主编：《信息高速公路与大众传播》，240页，北京，华夏出版社，1999。

保护时可能会采取一种普遍适用的标准。二是作品与载体之间的联系逐渐淡化。传统意义上的作品在传播和利用过程中必须固化在有形的载体之上，而数字技术的运用，直接导致了作品信息的数字化，无论是语言作品还是音乐等其他作品均可用“0”和“1”等二进制数码来记述，在传播的时候往往可以直接通过网络将信息传播到大千世界的每一个角落，因此，作品中的信息可以自由流通，作品与载体之间的关系开始淡化，“数字技术正在逐步的切断以往传统的著作物商业交易中所见到的无体物对有体物的寄生关系……著作物不再借用有体物的外衣而独立存在，我们面对的是一个全新的局面”①。尽管如此，我们也不可在此问题上过于绝对化而否定载体在信息时代的作用，因为很多信息的传播还是需要借助光盘、软盘等媒体来进行。三是作品受保护的标准模糊化。就传统意义上的作品而言，独创性是作品受保护的唯一条件，这是因为传统作品较易分清个人的创作成果，而且能对其艺术高度进行主观上的评价。而在信息时代的作品，尤其是用多媒体创作的作品中，含有大量的数据，这些数据信息有的有独创性，有的则无独创性，在这一情况下，很难对上述作品的独创性加以界定，也很难对各部分的著作权加以区分，因为人们很难分清哪一部分由谁创作。目前，一些发达国家如丹麦、芬兰、挪威、美国等对于数据库给予特殊的法律保护，独创性不再是数据库受保护的必要条件，保护的内容也延及构成数据库的数据或材料本身。② 显然，对数据库给予特别的保护，对于作为数据的主要输出国的发达国家而言，自然较为有利，而对于利用数据的广大发展中国家来说，当然处于劣势地位。因此，在 1997 年日内瓦召开的世界知识产权组织有关数据库保护的会议上，多数代表认为建立国际数据库保护体系的条件并不成熟。在 21 世纪的著作权法中，是依旧采取传统的独创性标准，还是降低独创性标准的高度，依然是值得法律学者思考的一个重要问题。

2. 作品的归属复杂化。就传统意义上的作品而言，作品中的每一个组成部分的创作人较易区分，作品的归属比较明确。而在网络环境下，大量的利用计算机创作的作品如雨后春笋般地涌现出来，尤其是利用多媒体技术创作的作

---

① ［日］北川善太郎：《网上信息、著作权与契约》，载《外国法译评》，1998 (3)。

② 参见董炳和：《论数据库特别保护》，载《著作权》，1999 (1)。

品，多数是对前人作品的变形、改编完成的，新的作品又不断地被分解、被改编，重新形成新的作品，甚至是普通的网络爱好者，也可轻松地利用计算机软件对他人的作品进行再创作、再传播。在这样一个高度信息化的社会，“改编文化”已经抬头，要具体分清哪一部分由某人所创作的已变得越来越困难，著作权“向个人还原是不可能的，同时也是不合理的，因此著作权制度本身，就孕育着变革的可能”[①]。在这样的背景下，要确定各部分的著作权归属将十分困难。不过，我们认为，即使在这样的背景下，区分著作权的归属也并非已成为明日黄花，因为大量的音乐作品、文学作品、美术作品等单个作品还会出现，法律依然应当对创作者的利益进行充分的保护，而且，传统著作权法所保护的改编权、保护作品完整权应当在网络时代得到更为充分的保护，未经许可任意改编、篡改他人作品的行为应当明确遭到法律的禁止。

3. 著作权的权利内容信息化。在传统著作权制度中，著作权的财产权利以复制权为核心展开，广泛涉及发行权、录制权、广播权、改编权等权利，尽管上述这些权利与传播技术的联系十分密切，但在网络时代，它们之间的联系得到了强化，著作权的行使与技术措施的运用存在不可分割的联系。在这一时代，大量的信息通过信息高速公路进行传递。所谓“信息高速公路”，是以最新的数字化纤传输、智能或计算机处理和多媒体终端服务技术装备的，形成地区、国家或国际规模的多用户、大容量和高速度的交互式综合信息网系统，信息传输的高通量化、网络的普及化、服务的综合化、系统的智能化是其显著特征。信息高速公路的建成，极大地促进了信息的传递。对此，美国前副总统戈尔评论说：“信息高速公路的建设，将是一场促进改变人们生活和工作方式的信息革命性的社会变革。”[②] 这种变革也带来了作品复制与发行方式的显著变化。美国“知识产权工作组”于 1995 年 9 月 5 日公布了一份最终报告，题为《知识产权与全国信息基础设施》（以下简称《报告》），对知识产权法的发展提出了新的建议。众所周知，在通常情况下，计算机网络通信的使用者可以方便

① ［日］中山信弘：《多媒体与著作权》，张玉瑞译，98 页，北京，专利文献出版社，1997。

② 转引自吴季松：《21 世纪社会的新趋势——知识经济》，77 页，北京，北京科学技术出版社，1998。

地在自己的计算机屏幕上浏览和阅读作品，但其前提是将作品暂存于其内存中，关机后作品自动消失。该《报告》认为，作品在内存中的暂存构成了复制，因为该行为能使作品显示在屏幕上，与通常的复制在性质上一致，而且美国已有判例对此予以确认。[①] 因此，将作品从一部计算机传送到另一部计算机时，可构成一次复制。如将作品从一个电脑网络系统的使用者传送到另一个电脑网络系统的使用者将构成多次复制，为了阅读而远距离调取他人作品也将构成复制。依上述理论，将作品通过扫描或影像显示而输入档案的方式构成复制；当经过数字化后的档案上传（uploading）到电子报告栏（BBS：Bulletin Board System）或其他服务器中时，同样构成复制；当信息从 BBS 内或服务器内下载（downloading）时也构成复制。在美国最近审理的一个案件（Sega v. Maphza）中，法院认为享有著作权的游戏软件在电子报告栏上使用所发生的复制和散布构成了“拷贝”，而这种拷贝具有营利性且未经著作权人授权，因而被告行为构成侵权。[②] 因此，如果像该《报告》所认为的那样，将作品在计算机中的暂存视为一种复制，则作品的传输、上传、下载的行为也构成复制。比较而言，传统意义上的“复制”如印刷，是通过将作品内容固定于载体上从而使信息“再现”，该方式所产生的后果不仅包括信息的“再现”而且包括载体的“增多”，而计算机“暂存”这种复制方式只增加了信息的“再现”机会而未增加作品的“载体”。因此，这种复制含义比以前广泛得多。在书店里，读者尚可自由翻阅、浏览出售或出租的作品，而现在若按《报告》所述的那样将作品在内存中的暂存视为复制，则读者连浏览一下作品的余地也没有了，这不能不说是过分地偏向了版权人的利益。因此，关键的问题在于采取何种可行的方式来公平合理地平衡著作权人的利益及使用者的利益。另一个问题是，发行权的含义亦有所变化。在前文所述的美国“知识产权工作组”所提交的《知识产权与全国信息基础设施》报告中，该工作组建议将信息传输——将作品从计算机某一终端通过网络以数字信号形式发往另一终端的行为，也视为

---

① See Advanced Computer Services of Michigan Inc. v. MAI Systems Corp. 845，F. supp. 356，363 (ED，Va，1994).

② 参见陈家骏：《资讯高速公路与科技著作权》，载《人大复印资料·台、港、澳及海外法学》，1996 (3)。

发行，由著作权人专有。虽然该报告声称这一修改并未创设新权利，但这种限制实际上更改了发行的概念。因为传统意义上的发行是向公众提供作品复制件的行为，发生了作品载体的转移；而在信息传输中，仅有作品信息的传递，并无载体的实际转移，该信息仍存在于输出计算机的内存或相连的存储设施之中，“因此很难把传输归入发行的概念之中”[①]。所以，该报告有关发行的解释对作品使用者而言不免过于苛刻。但从另一角度而言，如不对这种传输行为给予一定的限制，则势必造成作者的作品被传输者和接收者大量无偿地使用的后果。因此，关键的问题在于寻找适当的方式给予公平的限制。1993 年新修订的德国著作权法对此作了灵活的处理，其第 690 条规定，只有当使用者为了复制而传输作品才需取得著作权人的授权，这样就将传输限制在一定范围之内，从某种程度上平衡了著作权人和使用者的利益，法国现行著作权法也作了类似修订。

针对以上问题，世界知识产权组织于 1996 年 12 月在日内瓦召开了关于版权和邻接权若干问题的外交会议，通过了关于版权和邻接权保护的两个新公约，即《世界知识产权组织版权条约》和《世界知识产权组织表演和录音制品条约》(以下简称为《版权条约》和《表演和录音制品条约》)。上述两条约的制定，主要是为了解决因新技术，尤其是在数字技术和网络环境下使用作品所引起的版权和邻接权问题，这两个条约的通过是近二十年来国际版权和邻接权领域中最为重要的事件：首先，它们适应了信息传播技术发展的需要，提高了对版权和邻接权的保护水平；其次，发展中国家越来越重视对版权的保护，并在国际版权保护领域中发挥着越来越重要的作用。[②] 这些条约在序言中指出其制定的目的是尽可能以有效和一致的方式发展和维护作者对文学和艺术作品的权利及邻接权人的权利，承认有必要采用新的国际规则并澄清对某些现有规则的解释，以提供解决因经济、社会、文化和技术发展新形势所带来的新问题的适当办法，承认信息和通信技术的发展和交汇对文学和艺术作品的创作与使用

---

① [澳] 马克·戴维生：《计算机网络通讯与美国版权法的新动向》，王源扩译，载《外国法译评》，1996 (1)。

② 参见沈仁干：《世界知识产权组织推出两个新条约》，载郑成思主编：《知识产权研究》，第 3 卷，2 页。

的深刻影响，强调版权保护作为文学和艺术创作促进因素的重要意义，承认有必要保持作者的权利与广大公众的利益尤其是教育、研究和获得信息的利益之间的平衡。

第一，在内容上，《版权条约》虽在草案中将“暂时复制”也作为复制的一种，即复制包括“以任何方法或形式、直接或间接地对作品进行的永久性或临时性的复制”，那么，作品在计算机中的“暂存”就顺理成章地被视为复制，该规定对以信息输出为主的国家如美国当然有利得多。不过，对于以信息输入为主的广大发展中国家而言，该规定显然对本国信息产业的发展十分不利，所以该解释后来因遭到多数发展中国家的激烈反对而最终未能通过。不过，该条约在所附的声明中指出：“《伯尔尼公约》第 9 条规定的复制权及其例外完全适用于数字化环境，尤其适用于以数字化形式使用的作品。受保护以数字化形式在电子媒介上的存储构成《伯尔尼公约》第 9 条意义上的复制。”对此，多数学者认为，该条约在声明中所采取的似是而非的解释实际上是给了条约成员国依本国情况自行以立法或司法解释回答该问题的权利。①

第二，《版权条约》中还增加了《伯尔尼公约》中未明确规定的“发行权”，即“文学艺术作品的作者应当享有的授权通过出售或者其他转让权利的方式向公众提供作品原件和复制件的专有权”。发行权的单列，提高了著作权保护的水平。同样，《表演和录音制品条约》也分别规定了表演者和录音制品录制者的发行权。上述两个条约所附的声明在解释这些条文时指出，该条文中的“原件和复制件”是指“被固定的能够作为有形物投入流通的”原件和复制件。对此，有学者认为，固定是指作品在一段时间里足以长久和稳定地被观看、复制或传播，只要作品被固定，有形的复制件就已形成。所以，“声明的这一条解释表明网络传输可以被包括在《WIPO 版权条约》和《WIPO 表演和录音制品条约》规定的发行权中”②。不过，笔者认为，固定是指将作品附载于有形物的活动，它与有形物密不可分，只有当有形作品形成的时候，我们才能将它称为固定。上述学者显然认为固定早于有形复制件的形成，因此，该观

---

① 参见郑成思：《两个新的版权条约初探》，载《著作权》，1998（1）。
② 薛虹：《纳入版权保护体系的网络传输》，载《中国法学》，1998（3）。

点值得商榷。所以，绝大多数学者认为，这两个条约确定的“发行”概念与传统著作权法规定的发行概念并无差异，通过互联网来传输的权利属于著作权人的另一项独立权利，不能纳入发行权之列。①

第三，条约确定了著作权人的出租权。计算机程序、电影作品和唱片的作者享有出租作品原件或复制件的专有权，但不适用于程序并非出租主要对象的计算机程序。另外，在商业出租不导致广泛复制而严重损害其复制权的情况下，出租权将不适用于电影作品。可见，这些条约的规定基本上采用了《知识产权协议》的规定，强调了出租权的控制范围是商业活动。

第四，条约规定了著作权人和表演者及唱片录制者的网络传输权。随着数码技术、光纤通信技术和计算机技术的发展，作品、表演和录音制品在各种网络上的传输日益普遍。尽管这种传输给公众带来了极大的便利，但对作者、表演者和录音制品制作者而言，其权利却受到了更大的威胁。因为在网络传输尤其是在互联网传输的环境下，作品、表演和录音制品的传播几乎没有声音、图像的失真，作品传播的地域空前广泛，作品传播的人员数不胜数，作品传播的数量不胜枚举，正如日本学者中山信弘所指出的：“从一条信息开始，像网眼一样出现了无数根‘绳子’，权利人无法知道‘绳子’的另端系向何方。在权利人那里，即使想主张某种权利，但对‘绳子’另端的情况真实却无法支配。”② 而且，在网络传输下，社会公众可以自主到网络上“访问”某个作品，可以自己选择时间和地点，因而这种传输是双向的、交互性的，可以提高公众接收信息的兴趣。由此可见，网络传输与《伯尔尼公约》第 11 条、第 11 条之二、第 11 条之三、第 14 条所规定的戏剧作品、戏剧—音乐作品和音乐作品的表演、文学作品的朗诵、作品的无线广播和有线广播等传播手段均不相同，所以公约的相关规定不能适用于网络传输环境下的传播。为了解决该问题，《版权条约》第 8 条规定了作者的“向公众传播的权利”，即在不损害《伯尔尼公约》第 11 条第（1）款（Ⅱ）、第 11 条之 2 的第（1）款（Ⅰ）和（Ⅱ）、第 11

---

① 参见沈仁干：《世界知识产权组织推出两个新条约》，载《中国专利与商标》，1997（2）；郑成思：《两个新的版权条约初探》，载《著作权》，1998（1）。

② ［日］中山信弘：《数字时代著作权法的变化》，《外国法译评》，1995（2）。

条之3的第（1）款（Ⅱ）、第14条（1）款（Ⅱ）以及第14条之2的第（1）款所规定的权利的情况下，文学和艺术作品的作者应当享有以有线或无线的方式授权将其作品向公众传播的专有权，包括以公众中的成员个人选择地点和时间的方式，使公众获得作品。《表演和录音制品条约》第10条和第14条分别为表演者和唱片制作者规定了"被固定的表演的提供权"和"录音制品的提供者的提供权"，其中都包括了"以公众中的成员个人选择地点和时间的方式，使公众获得作品"的权利。通过上述修订，新条约将传播方式扩大到一切可能的传播方式，反映了现代传播方式与传统传播方式之间的互相融和，从而将著作权的保护拓展到了网络空间。对此，一些学者感叹说："版权条约第8条已经不可避免地带有数字时代的痕迹，它不再区分传播技术和作品使用方式，反映了网络环境下权利融和的趋势。"①

第五，条约增加了权利标示权。在网络环境下，将他人作品下载后，删除或更换了作者或作品名称再上载的事件常常发生。在多功能软件的情况下，数字技术使得信息作品的原件和复制件不易区别，原作非常容易被复制和改变，这就意味着著作权人难以控制他人这种复制和改变行为。在这种情势下，被认可的权利在事实上是没有效用的。由于著作权人不能控制作为对方当事人的用户，这就可能对新的创作活动带来消极影响。为此，上述两个条约都规定了著作权人和邻接权人的"权利标示权"，即条约规定对作品的电子信息与表演和录音制品的电子信息不得擅自改动，否则构成违法行为。这种规定对于保证网络上信息的真实性和准确性、保护权利人的利益十分必要。

第六，条约允许各成员国立法禁止未经许可的解密措施。计算机软件的开发者为了维护其合法权益，早在20世纪70年代就采用技术上的"加密"措施来防止他人复制其计算机程序，这种加密措施的意义在于"将数字著作物作为一种著作物加以界定，使其得以在网上流通。众所周知，这种技术性措施现在被理解为杜绝擅自复制、保护著作权人的'反复制保护'"②。与此同时，一些不法之徒专门从事软件的"解密"并提供给非法复制者来营利。因此，越来越

① 薛虹：《纳入版权保护体系的网络传输》，载《中国法学》，1998（3）。

② ［日］北川善太郎：《网上信息、著作权与契约》，载《外国法译评》，1998（3）。

多的国家在20世纪90年代后开始呼吁授权数字作品的著作权人有权禁止他人未经许可而“解密”的行为。《版权条约》和《表演和录音制品条约》均授权各成员国自己通过立法规定以何种方式禁止未经许可的解密等反措施。显然，上述规定为成员国规范“解密”行为提供了立法依据。当然我们也应看到，上述规定的出台，尽管加强了对著作权和邻接权的保护，但也会给交易带来不便，不过，它们在保护信息的流通方面却又是十分必要而有益的。

4. 新型权利处理机制开始萌生。在网络时代，像天文数字般的信息被大量使用、大量复制大量传播，权利人自身已无法采取十分有效的措施来控制其作品的利用。在这种情况下，著作权人不可能再墨守过去的单一的作品利用机制，必须作出相应的变更。目前，在作品利用上所采取的对策主要包括：一是设置收费装置，对作品的具体利用进行收费。既然人类可以以数字形式来提供信息，当然可以针对每一个作品设立数字识别符号，从技术上对每次利用予以记录，从而针对作品的具体利用征收使用费，例如目前有些国家在电子图书馆中使用的从数据库中复制信息的收费装置。一旦上述措施得以利用，对于保护著作权人的获取报酬权当然十分有利。不过，该问题的解决也并非一帆风顺，因为这种装置很难判断收费的对象是作品还是简单是数据，从而有可能对不享有著作权的信息收费，给著作权制度带来新的难题。而且，这种装置可能会耗费高额的安装费用，还可能对当事人的隐私造成损害，所以这仍将是一个难以解决的问题，“可以认为在最近的将来，对所有作品构筑一元化管理系统没有实现的可能”①。二是集体管理机制得以强化。在网络时代，作品使用的广度和深度都是空前的，著作权人极其难以通过个人的利用来控制作品在互联网上的传播，不过，无论是将作品转换成数字代码，以数据方式进入网络向公众提供，或者以图形方式通过传真终端进入网络向公众提供，还是在制作多功能软件时，对音乐、摄影、绘画、小说、诗歌、电影等的综合体进行使用或处理，在著作权法意义上都是一种使用作品的行为。对于利用信息的经营者或消费者来讲，此类使用无异于一般作品的作用，因此应当向有关著作权人支付使用费。由于所利用的信息既存在着有无著作权的性质差别，又具有全部使用与部

---

① ［日］中山信弘：《多媒体与著作权》，张玉瑞译，101页，北京，专利文献出版社，1997。

分使用的数量区分，这种处理机制非常复杂，著作权人也难以主张权利。为此，可以预见，著作权人今后将会不得不将权利委托给著作权集体管理机构来处理。那么，通过集体的力量来索取作品的使用费，当然就具有十分强大的社会影响力，其成功的可能性也大大提高，著作权人的财产权益比较容易满足。不过，对著作权人而言，将权利委托后，他只剩下索取报酬的权利，对侵权人提起诉讼的可能性，几乎很少存在。三是作品的电子交易将会广泛运用。在网络时代，著作权的交易依然属于契约的范畴，在这一市场中，发达的电子交易将会得到广泛的应用。著作权人可以事先将其利用著作物的条件预先告知用户，由用户确定是否与著作权人签约。可见，这与以往的著作权人等用户来申请再决定允许其使用的机制截然不同。所以，著作权人可以事先在互联网上登载著作权的利用条件，等待用户与其联系，所以这种方式极有利于解决作品的大量利用问题，而且可以大大提高作品的利用效率。因此，网络时代所采取的电子交易模式，将会使作品的利用日益广泛化、便利化。

当然，还有些学者认为，在网络时代，著作权的形式和内容将难以界定，因而传统著作权理论中奉为圭臬的“只保护作品的形式（或表达），不延及内容（或思想等）”的准则，在数字化技术的冲击下难以为继。① 这是因为，首先，新型信息作品的形式与内容往往融为一体，难以界定，比如在其他作品中称为“形式”范畴的作品的“结构、顺序和组织”在计算机程序作品中则是内容的有机组成部分，应同样受版权保护；其次，电脑信息空间的数据不具备传统作品所要求的特定形式，如天气信息经传输后，位于接收端的用户可以根据自己的偏好，随意将它转换为文字报告或者地图甚至卡通形象，因而不好认定作品所达到的独创性标准是由形式决定还是由内容来决定；再次，目前一些国家已开始在著作权法给数据库一种新的特别保护权，禁止他人不法地使用数据库中的“实质部分”，这即是将著作权的保护延伸到了作品的内容。笔者认为，该学者的认识颇值得商榷，首先，作品中的“结构、顺序和组织”通常视为“形式”，在计算机程序中依然属于“形式”范畴而非内容；其次，经传输的天气信息在制作时就具备了一定的形式，只不过其用户可以借助技术手段来选择

① 参见郑友德：《电脑信息网络知识产权若干问题探析》，载《法商研究》，1999（3）。

需要的形式而已，所以作品的独创性仍由形式来决定；再次，对数据库的保护，目前多数国家已明显感觉到数据库在保护上的特色性，对于有独创性的数据库可以按汇编作品来保护，对于无独创性的数据库则根据反不正当竞争法或其他法律来保护，甚至制定专门的法律来对数据库进行额外保护。我们并不能因个别国家用版权法来保护数据库就认为所有的国家都采纳了该做法，实际上越来越多的国家宁愿通过专门立法来保护数据库，这说明数据库在保护上与传统著作权制度存在明显的隔阂，我们需要更改的是对数据库的保护方式，而不必将著作权制度推倒重来，以适应个别对象。

总之，著作权制度历经了300年的长足发展，早已从“印刷版权”的初创阶段步入了“电子版权”的崭新时代。在经过了20世纪大变革的洗礼后，著作权制度发生了翻天覆地的变化，其保护深度和力度均迈上了新的台阶。在21世纪，人类即将进入网络时代，信息的广泛复制和传播将是推动著作权制度变革的驱动力，著作权制度将成为促进各国经济和社会文化发展的重要因素，这个时代，将是一个“网络版权”的新时代。

电子眼监控与隐私权的利益冲突*

近几年关于“电子眼”侵犯隐私权的报道不断出现并引起了社会的广泛关注。比较典型的有深圳市的某表厂在其工厂的男厕所中安装摄像头，引起该厂18名工人对厂方的诉讼；北京、成都、重庆等城市出台《公共安全图像信息系统管理办法》，从而引发公众对城市中大量安装摄像头对隐私权是否构成侵犯的质疑。其中财产权、公共安全与隐私权的利益冲突成为人们讨论的焦点。

这些现象的出现一方面反映了我国公民隐私权意识的增强，同时也提醒我们在科技与经济迅速发展的情境下，如何更好地解决随着社会发展而带来的新的利益冲突问题将是隐私权制度面临的重大课题。

一、隐私权制度中利益冲突的凸显

法律是为解决社会现象中发生的纷争而作出的基准，成为其对象的纷争无论何种意义上都是利益的对立和冲突。[①] 人类价值的多元性必然导致人们利益追求的多元化，因此利益冲突是人类社会不可避免的现象。我们整个社会制度的建构目标都是为了调和利益冲突，促进人类社会的发展，民法制度的构建概莫能外。在民事权利体系中，相对于可追溯于古罗马法并有漫长发展历程的传

---

* 原载《人民法院报》，2007－08－28。

① 参见梁慧星：《民法解释学》，314页，北京，中国政法大学出版社，1995。

统民事权利制度，如所有权、亲权而言，人格权体系中的隐私权制度可以说是为解决新型利益冲突而产生与发展起来的新型权利。我们以隐私权制度的诞生地且隐私权保护最为发达的美国为例来说明一下这个问题。

1890 年，美国学者萨缪尔·沃伦因为不满当时报纸对其家庭生活的过度报道，与刘易斯·布兰戴斯共同执笔创作了影响巨大而深远的《隐私权》一文并发表于当年的《哈佛法学评论》（第四期）上。当时其主要批评对象是新闻机构，认为他们的肆意报道侵犯了标志私人生活神圣界限的隐私权，从而在私法史上提出了隐私权的概念。① 后来美国通过一系列的判例逐渐承认了隐私权，并通过最高法院的宪法解释将其上升到基本权利的高度。

同时，作为一个判例法国家，美国对于保护隐私的立法极为发达，如《信息自由法》《犯罪控制法》《隐私权法》《家庭教育及隐私权法》《财务隐私权法》《电子通信隐私权法》。其中最为重要的是 1974 年通过的《隐私权法》，其主要内容是限制行政机关的权力，确保公民对自己隐私信息的支配与使用。后来制定《电子通信隐私权法》则是为在信息技术环境下能够有效地保护隐私权而对《隐私权法》的有益补充。从这些规定在不同法域的规范中，我们可以从一个侧面看到与隐私权发生冲突的利益多样性。

我们必须注意到，虽然美国关于隐私权有着数量巨大的判例与成文法，但是对于隐私权的概念却没有一个明确的界定。沃伦与布兰戴斯教授所主张的隐私权为“独处的权利”，本身便是极为抽象含混的。随着学说理论与判例的发展，隐私权逐渐由一种消极的权利即使隐私免受侵害的权利，发展成为一种积极的权利即可支配自己的隐私的权利，从而扩充了其权利的范围，但同时也更加模糊了该项权益与其他法益的界限。因此隐私权边界的不清晰性，决定了相关利益发生冲突的可能性。

---

① 据王利明教授介绍，沃伦之所以写这篇论文，是因为当时波士顿的报纸对其夫人所举行的社交活动进行报道，其中涉及其夫人的一些私人的、不宜公开的私生活的描写，涉及一些男女关系问题。这使沃伦感到非常愤怒，他认为当时报纸几乎成了黄色新闻报道的媒体，对个人的隐私造成了极大的威胁。可以说，传媒对隐私的侵害、威胁是隐私权发展的一个很重要的原因。具体参见王利明：《美国隐私权制度的发展及其对我国立法的启示》，见中国民商法律网：http：//www.civillaw.com.cn/article/default.asp？id＝20227，访问日期：2007 年 7 月 20 日。

隐私权作为私生活自由自主的权利与言论自由权利冲突的产物，由于其法律渊源的多元性、权利范围的抽象性、权利内容的扩充性，它的发展必定是一个不断发现并解决利益冲突的过程。

二、电子眼监控折射出的利益冲突

随着经济与科技的发展，隐私权制度的发展步履维艰。面临社会生活压力的不断增大，人们对隐私利益越发的敏感与重视；与此同时，对隐私权的保护不仅要直面高科技带来的挑战，如网络、基因、远距离摄像、录音，还要正视公共领域所带来的新的冲击。电子眼监控所带来的问题，正是在新形势下隐私权面临的困境的一种表现。

电子眼监控，即闭路电视监控，一般是指在公共场所安装摄像机并与室内监视中心的电视监视器连接，以对不特定的公众进行监视的行为，这种监视可以是即时的监视，也可以是制成录像带，事后进行观看。[①] 根据监控主体和监控目的不同，可将其分为三类：第一，私人社会中的摄像监控，是一种为了保护监控主体自身的权益而采取的自我保障措施，如超市、银行、社区、工厂等组织进行的电子监控。第二，政府为保障治安而进行的摄像监控，这种监控是政府尤其是公安机关为履行其职责，为公民提供安全服务而进行的，是政府随时代的发展利用高科技手段改进其服务手段的表现。第三，国家为特殊安全利益而采取的高强度摄像监控，比如英国最近在国内所进行的高密集度的监控，这属于一种临时性的措施，是政府在非常时期采取的非常举措。[②] 其目的已经超出了传统的提供安全服务的范畴，而转变为集中防范与打击恐怖主义。

在第一种类型的摄像监控中，财产权与隐私权的冲突是最为明显的，前述

---

① 参见张新宝：《隐私权的法律保护》，273 页，北京，群众出版社，2004。

② 据媒体的报道，随着 420 万部闭路监控摄像机在英国全国各地的安装，英国的国家监控摄像机数量居全球第五位，平均每 14 人就有一个。伦敦居民人均每天受到 300 个摄像头监视。英国人口数量仅占全球人口总数的 1%，但监控摄像头数量却占全球 20%。平均每位英国人每天可被这些监控摄像机拍摄到三百多次。这种措施引发了公民的抗议。具体参见新华网报道《英国监控探头数量多 民众安全受威胁》，见新华网 http：//news. xinhuanet. com/video/2007 - 03/28/content _ 5906529. htm，访问日期：2007 年 7 月 23 日。

案例便可以说明这一点。[1] 容易发生侵犯隐私权的情形主要是电子眼的不正当安装以及非法获取私人隐私，比如在厕所里、试衣间里安装摄像头。政府提供的电子眼监控服务，主要涉及的是个人隐私利益与公共安全利益的冲突，其中争议最大的是公共利益的界限问题，而此问题至今仍没有一个统一的意见。而第三种类型的监控涉及的不仅仅是隐私权的问题，还事关国家安全利益以及临时性政策的合法性问题，涉及的利益面更为宽广，问题更为复杂。

三、摄像监控应遵守的几个原则

如上所述，隐私权发展之路必定是利益冲突与协调之路。如何协调各种利益纠纷，使得隐私权得到最大限度的合理保护？在此，笔者拟结合现有学者的研究，提出自己的几点看法。

对于摄像监控，张新宝教授认为，其主要是为了安全，或者是为了国家安全和社会稳定，或者是为了企业的安全生产、防火防盗、预防犯罪等。因此，有关部门或企业在特定的公共场所安装此监视系统大多具有道德上、政策上、商业惯例上的合理性，法律应当予以认可。同时，张新宝教授提出对摄像监控应进行必要的限制，即对监视范围进行限制，如要限定在经批准的公共场所；所获信息要得到正确合理的使用。[2] 尹田教授也认为一定要对公共场所与私人空间进行明确的划分，并提出了两个标准：一是场所的界定；二是必要性的界定。[3] 从两位教授的观点来看，电子眼监控与隐私权的冲突主要集中在公共场所与私人空间的划分之上，只要划分得当，安装程序合法，利益冲突基本上可以得到解决。笔者对两位教授的观点深表赞同，电子眼的监控范围必须严格限定在公共领域内并且必须合法安装。同时笔者认为，在电子眼监控问题上，还应遵守以下几个原则。

第一，限制监控原则。在德国联邦资料保护法与美国隐私权法中都有关于

---

① 在此案的诉讼过程中，工厂老板主要以防止工人偷盗为抗辩事由来为自己辩护。

② 参见张新宝：《隐私权的法律保护》，273页，北京，群众出版社，2004。

③ 参见胡瑗、王健：《电子眼与隐私权的博弈》，载《法律与生活》，2005（10）。

限制收集或者说直接原则的明确规定，主要是指个人资料应在当事人知情的情况下向其直接收集，而不得秘密收集。① 具体到电子眼的监控上，要求对于摄像装置应安装有警示标志，使得当事人明确地知道自己是处于电子眼监视之下。②

第二，目的拘束原则。即安装电子眼必须有合理、合法、明确的目的，而且监控所取得的信息不能用于此特定目的之外。比如，公安机关根据摄像监控取得的资料只能用于维护治安之目的，除法律有明确规定外，不能用于其他用途，比如用于民事案件中作为证据。

第三，严格保密原则。电子眼监控不仅在于监视，更在于对根据监视所得信息进行管理控制，而对隐私权侵犯最多的即是监视所得信息的不正当传播，因此这一原则尤为重要。

第四，责任原则。凡制度不具有强制性和保障性，其可执行性则可能降低。电子眼监控中出现侵犯隐私权的情形时，当事人的权益如果不能得到有效保护，那么侵权现象将会大量出现。

四、结语

世界各国关于电子眼监控尚未有明确的法律规定，但是欧美各国对于个人隐私、个人信息保护的立法已经基本完善，电子眼监控所带来的问题可以被相关立法所包容。我国关于隐私权的保护体系尚未完善，尤其是国家赔偿中对于精神损害不予赔偿的规定，造成隐私权保护的法律缺位。目前北京、重庆、成都等城市颁布的关于电子眼的规章，多是从行政管理角度出发规范电子眼的设置，虽然各个规章中都强调对隐私权的保护，但是大多数规定过于简单，没有可强制执行性；且各地规定繁简不同，具体要求各异，尚不能对隐私权提供有效的保护。

笔者认为，隐私权的保护应以民法保护为主，其他法律保护为辅。在现行

---

① 参见许文义：《个人资料保护法论》，180页，台北，三民书局，2002。

② 最近北京市关于电子眼必须设置警示标志的规定即是这一原则的体现。

法律框架下，我们应一方面加快隐私权的民事立法，明确隐私权的权利范围、权能、保护方式；另一方面可以先由国务院制定统一的行政法规，在行政管理层面将电子眼监控予以规范化，从而为隐私利益与公共利益划定一个相对明确的界限；在合适的时候，可在国家赔偿法中增加关于精神损害赔偿的相关规定，或者通过特别立法予以规定。这样就可以为隐私权提供一个完善的保护框架，较好地协调其与电子眼所代表的公共利益的冲突。

第三编　国际化问题研究

知识产权国际保护制度的基本原则*

法律原则负载着法律制度的价值，是各个具体规则的来源和依据，是对上述制度价值与制度规则的抽象和概括。依据法律原则的普适性与层次性，知识产权国际保护制度的原则分为两个类型：一是构建该项法律制度而具有基础性意义的准则；二是存在于该项法律制度之中且本身可以直接适用的原则。在前者的意义上，有的学者将其概括为：国家主权原则、平等互利、共同发展原则、国际合作原则。[①] 或者表述为：国家主权原则、国际协调与合作原则、公平正义原则。[②] 在后者的意义上，学者们多将其归纳为：国民待遇原则、最低标准原则、独立性原则（工业产权）、独立保护原则（著作权）、强制实施专利发明原则（专利权）、优先权原则（工业产权）等。[③]

笔者主张在后者的意义上来说明知识产权国际保护制度的原则。这种原则应是规定在国际公约之中，其本身具有直接适用性，但不应是某一专门制度所特有，而应具备整个知识产权国际保护制度的普遍适用性。基于上述理由，笔者认为，知识产权国际保护制度的基本原则应包括国民待遇原则、最低保护标准原则、公共利益原则。

---

* 原载《知识产权年刊》创刊号，北京，北京大学出版社，2005。

① 参见唐青阳：《知识产权国际保护的理论与实践》，42 页，重庆，西南师范大学出版社，1998。

② 参见万鄂湘主编：《国际知识产权法》，42 页，武汉，湖北人民出版社，2001。

③ 参见刘文华主编：《WTO 与中国知识产权制度的冲突与规避》，45、48 页，北京，中国城市出版社，2001；张玉敏主编：《知识产权法教程》，49～51 页，重庆，西南政法大学出版社，2001。

一、知识产权国际保护制度基本原则之内容

(一) 国民待遇原则

国民待遇原则是众多知识产权公约所确认的首要原则。其基本含义是指在知识产权保护方面，各缔约国（成员）之间相互给予平等待遇，使缔约国国民与本国国民享受同等待遇。所谓国民待遇包含两方面的内容：(1) 各缔约国依本国法已经或今后可能给予其本国国民的待遇；(2) 各该条约所规定的特别权利，即各该条约规定的最低保护标准。关于缔约国国民与本国国民享有同等待遇，国际公约对此有不同的表述，或称为“不低于”“不歧视”，或称为“不应较为不利”，但总的说来，并不意味着只能给予其他缔约国国民“等同于”本国国民的待遇。换言之，缔约国可以根据本国经济发展的实际状况，给予其他缔约国国民高于本国国民的待遇。国民待遇原则是不同社会经济制度和不同发展水平的国家都能接受的一项原则。这一原则既不要求各国法律的一致性（不涉及知识产权保护水平问题），也不要求适用外国法的规定（不涉及国家主权的地域限制问题），只是要求每个国家在自己的领土范围内独立适用本国法律，不分外国人还是本国人而给予平等保护。

WTO《知识产权协定》第 3 条规定了国民待遇原则，即每一成员给予其他成员的待遇不得低于本国国民的待遇。根据协定的规定，享受国民待遇的外国国民即其他成员的国民之范围，应就知识产权的类型不同，分别依《保护工业产权巴黎公约》《保护文学艺术作品伯尔尼公约》《保护表演者、录音制品制作者和广播组织罗马公约》《集成电路知识产权华盛顿条约》规定的资格标准来确定。

在工业产权领域，《巴黎公约》第 2、3 条规定，在工业产权的保护上，每个缔约国必须以法律给予其他缔约国国民以本国国民所享受的同等待遇。即使对于非缔约国的国民，只要他在任何一个缔约国内有法律认可的住所或有实际从事工商业活动的营业所，也应给予其相同于本国国民的待遇。

在著作权领域，《伯尔尼公约》实行的是“双国籍国民待遇原则”，即无论是作品的“国籍”或是作者的国籍符合规定的，均可按缔约国的国民对待。公

约第 5 条规定，缔约国应给予以下三种作者的作品以相当于本国国民享受的著作权保护：其他缔约国的国民；在任何缔约国有长期居所的人；在任何缔约国首次发表其作品的人（即使他在任何缔约国中均无国籍或长期住所）。

在邻接权领域，《罗马公约》对表演者、录音制品制作者和广播组织分别作出了规定。表演者获得国民待遇的条件是：表演发生在另一缔约国境内；表演被录制在根据该公约规定受保护的录音制品上；表演未固定在录音制品上，但由根据该公约规定受保护的广播传送。录音制品制作者获得国民待遇的条件是：录音制品制作者是另一缔约国的国民（国民标准）；声音的首次固定发生在另一缔约国（录制标准）；录音制品首次在另一缔约国出版（出版标准）。广播组织获得国民待遇的条件是：广播组织的总部设在另一缔约国；广播由位于另一缔约国的发射装置发射。

在集成电路布图设计专有权方面，《华盛顿公约》对能在某一缔约国享受国民待遇的人员规定了以下两项条件：(1) 任何其他缔约国的国民或在任何其他缔约国的领土内有住所的自然人；(2) 在任何其他缔约国的领土内为创作布图设计或生产集成电路而设有真实的和有效的实体的法人或自然人。

归纳起来，关于外国人即其他缔约国国民享有国民待遇的问题，国际公约主要采取了以下三种标准：一是国籍标准。即任一缔约国的国民（其国籍属于该缔约国），在公约所规定的某一知识产权或几种知识产权方面都可以在其他缔约国享有国民待遇。《知识产权协定》《巴黎公约》《伯尔尼公约》《罗马公约》《华盛顿公约》都规定了这一标准。二是居住地标准。即以任一缔约国的国民的所在“住所”和“惯常居所”为标准，确认其享有国民待遇的资格。其中，《巴黎公约》《华盛顿公约》采取的是“住所”标准，而《伯尔尼公约》规定了“惯常居所”标准。三是实际联系标准。即以特定外国人或其行为与某一缔约国之间的某种联系为标准，以此确定其享有国民待遇的资格。例如，《罗马公约》关于确认唱片制作者国民待遇的录制标准、发行标准的规定，《伯尔尼公约》关于电影作品、建筑作品的作者享有国民待遇所确认的标准，都属于此类。

（二）最低保护标准原则

最低保护标准原则，是指各缔约国依据本国法对该条约缔约国国民的知识产权保护不能低于该条约规定的最低标准，这些标准包括权利保护对象、权利取得方式、权利内容及限制、权利保护期限等。

《伯尔尼公约》从第6条至第18条，列举了作者享有的各种精神权利和经济权利，以及权利保护期限、保护方法等。第19、20条的规定则体现了最低保护标准原则，即某一缔约国的本国法律可以提供较之该公约更广泛的保护，或有关缔约国通过双边或多边协议给予作者比该公约所规定的更多的权利。这说明，《伯尔尼公约》缔约国规定的著作权保护标准，可以超出但不能低于公约规定的标准。

《知识产权协定》第1条规定了缔约国必须履行的义务，即“成员均应使本协议的规定生效”，这些规定包括“有关知识产权的效力、范围及利用的标准”“知识产权执法”“知识产权的获得与维持及有关当事人之间的程序”“争端的防止与解决”等。在此前提下，“成员可在其域内法中，规定宽于本协议要求的保护，只要其不违反本协定”。可以看出，按照《知识产权协定》规定的标准保护知识产权并使协定的有关规定生效，是缔约国的义务。

最低保护标准原则是对国民待遇原则的重要补充。前者基于各国经济、科技、文化发展不平衡的现状，承认各国知识产权制度的差异，从而保证了知识产权制度国际协调的广泛性和普遍性。但是这种国际协调不仅要求有普遍性，而且要求做到有效性。如果将国民待遇原则推向极端，将导致各国在知识产权保护水平方面差异过大，造成缔约国之间权利义务的不平等，进而使国际条约的有效施行成为不可能。[①] 因此，在知识产权制度的国际协调体系中，仅有国民待遇原则是不够的，为了避免制度差异给国际协调带来的不利影响，国际公约遂规定了最低保护标准原则。

最低保护标准原则与国民待遇原则在知识产权制度国际协调体系中有区别，又相互统一。两者的区别在于国民待遇原则是对各条约的缔约国知识产权立法自主权的尊重，而最低保护标准原则是对这种立法自主权的限制。两者的统一性表现在：接受知识产权保护的最低标准，正是各国行使知识产权立法自

① 参见罗文正、古祖雪：《试析国际知识产权法的基本原则》，载《湖南社会科学》，2002（4）。

主权的表现。[①] 遵守上述两项原则，是知识产权国际公约缔约国必须履行的基本义务。换言之，该原则对公约的缔约国有直接适用的效力，不属于缔约国可以声明保留的条款。

最低保护标准原则，旨在促使缔约国在知识产权保护水平方面统一标准。缔约国以立法形式将知识产权国际公约（国际法）的相关规定转化为该国知识产权制度（本国法）的具体规范，遵循的即是最低保护标准原则。正是这一原则的适用，才使各国知识产权制度出现统一保护标准的可能，学者们将上述状况称为知识产权立法的“一体化”或“国际化”。

在知识产权保护标准问题上，国际公约采取了“可就高不就低”的做法。所谓“不就低”，就是采取“最低保护标准”，各缔约国必须遵从之；所谓“可就高”，即是否超出最低标准，各缔约国可自行选择之。超国际标准保护有两种途径：一是由缔约的国内法自行决定，即单方保护模式；二是缔约国之间进行双边协商，即双边条约保护。[②] 这种超国际标准的例外规定，是对最低保护标准原则的重要补充。

（三）公共利益原则

公共利益原则，是指知识产权的保护和权利行使，不得违反社会公共利益，应保持公共利益和权利人利益之间的平衡。这一原则既是一国知识产权制度的价值目标，也是知识产权国际保护制度的基本原则。它包括两方面的内容：一是利益平衡的法律观念，即当事人之间、权利主体与义务主体之间、个人与社会之间的利益应当符合公平的价值理念，实现公共利益目标；二是权利限制与利用的法律制度，即出于公共利益的考虑，对权利人的专有权利予以必要的限制，以保证社会公众对知识产品的合理利用。

《知识产权协定》在题为“原则”的第 8 条规定：(1) 成员可在其国内法律及条例的制定或修订中，采取必要措施以保护公众的健康与发展，以增加对社会经济与技术发展至关重要之领域中的公益，只要该措施与本协定的规定一

---

① 参见罗文正、古祖雪：《试析国际知识产权法的基本原则》，载《湖南社会科学》，2002 (4)。

② 关于知识产权国际保护的四种途径，可参见刘文华主编：《WTO 与中国知识产权制度的冲突与规避》，43～44 页，北京，中国城市出版社，2001。

致；(2) 可采取适当措施防止权利持有人滥用知识产权，防止借助国际技术转让中的不合理限制贸易行为或消极影响的行为，只要该措施与本协定的规定一致。

《世界知识产权组织版权条约》在序言中宣称：承认有必要按《伯尔尼公约》所反映的保持作者的权利与广大公众的利益尤其是教育、研究和获得信息的利益之间的平衡。《世界知识产权组织表演和录音制品条约》在序言中就表演者、录音制品制作者与社会公众之间的利益平衡也作出了与《版权条约》相同的表述。

与上述国际公约不同，以往知识产权国际公约多是通过知识产权限制的有关制度来体现公共利益原则的，例如，《巴黎公约》第 5 条规定的强制许可制度，《伯尔尼公约》第 10 条规定的合理使用制度等。

公共利益原则的实现，涉及权利人利益与社会公众利益的平衡。就制度设计而言，其直接关系到知识产权的保护与限制。在知识产权国际公约中，公共利益的目标表述为公共健康、社会发展、表现自由、公共教育等。这一目标的实现，在知识产权制度内部，是通过权利的限制与利用的相关规定得以保证的。当然，这种权利的限制与利用是在保护权利人利益基础上的必要限制和合理利用。正如美国学者所指出的那样，知识产权之存在首先应有利于公共利益，其次才是使权利人本人受益。①

公共利益原则是知识产权国际保护制度的重要原则，它与前述国民待遇原则、最低保护标准原则有着密切的关联性。如果说，最低保护标准原则在确定的标准范围内，统一了缔约国的国内立法，从而对体现国民待遇原则的立法自主权构成限制，那么公共利益原则则限定了缔约国国内立法的范围，以例外规定的方式产生了对最低保护标准原则的反限制。这即是说，在缔约国知识产权立法中适用最低保护标准时，可以根据相关国际公约规定的公共利益原则，规定对知识产权限制的若干例外情形。②

---

① 参见［美］奥德丽·R. 查普曼：《将知识产权视为人权：与第 15 条第 1 款第 3 项有关的义务》，载《版权公报》，2001 (3)。

② 参见《知识产权协定》第 8 条第 1 项规定。

二、知识产权国际保护制度基本原则与相关原则之关系

知识产权国际保护制度的基本原则，体现了整个法律制度的价值目标。一方面，它要反映国际法的最高准则，以此作为构建国际知识产权法的原则基础；另一方面，它要对各项知识产权制度规则进行抽象，以此作为相关具体制度运行的基本依据。下面分述之。

1. 与国际法原则的关系。国际法原则是指被各国公认的，适用于国际法的一切领域，构成国际法基础的基本的准则。在现代国际法中，《联合国宪章》以及联合国大会通过的一系列文件，形成了一个系统化的原则体系，为建立现代经济、文化、科技、贸易领域中的国际秩序奠定了法律基础。[①] 知识产权国际保护制度，实际上是知识产权领域里一种比较完整且相对独立的国际法律体系，可以视为国际法或国际经济法中的组成部分，因此其制度构建离不开国际法的基石。具体说来，国际法的下列原则与国际知识产权法的基本原则之间的联系最为重要：（1）主权原则。主权原则是一项传统的国际法原则。它是整个国际法律体系的基础，其核心内容是主权国家的平等。主权原则是指各国应互相尊重主权，国家有决定其政治、社会、经济和文化制度的权利。就知识产权国际保护而言，主权原则的作用与影响表现在以下两个方面：首先，这一原则体现为各国有权根据本国的实际情况选择知识产权法律制度，提供与本国经济、科技水平相适应的知识产权保护。国民待遇原则的适用反映了主权原则的精神，它不涉及缔约国主权的地域限制（即不要求适用外国法的规定），只是要求各缔约国在自己的领土范围内独立适用本国法律，不分外国人还是本国人给予平等保护。其次，国家主权的自我限制来源于国际公约的约束力，而不能是个别国家的强权压力，这是对知识产权保护进行国际协调的重要前提。最低保护标准原则的适用，使得国际公约（国际法）的相关规定转化为缔约国知识产权（国内法）的具体规范，体现了各国以主权的必要限制来换取国际经济利益的追求。问题在于，发展中国家的这种要求在知识产权国际保护制度中并没

① 参见杨泽伟：《新国际经济秩序研究》，29～60页，武汉，武汉大学出版社，1998。

有得到充分的满足。从本质上讲，“知识产权国际保护制度是知识产权利益分配的国际机制”[①]。在经济全球化的今天，知识产权保护既是发展中国家参与国际贸易的先决条件，更是发达国家维持其贸易优势的法律工具，这种国家间利益的严重失衡，其实就是对处于弱势地位国家的主权的严重损害，国际社会对此给予高度关注。(2) 发展权原则。发展权原则是一个“有关新国际经济秩序的国际法原则”[②]。发展权是第三代人权即集体人权的重要内容，按国际人权公约的说法，是所有人民“自由谋求他们的经济、社会和文化的发展”的权利[③]，反映了第三世界民族主义的出现以及它对权力、财富以及其他重要资源在全球范围内分配的要求。[④] 1974 年的《各国经济权利和义务宪章》对发展权作了明确诠释：发展权是普遍的权利，即“每个国家有权分享科学技术进步和发展的利益，以加速其经济与社会发展”；发展权对发展中国家尤为迫切和重要，该宪章要求“所有国家应促进发展中国家取得现代科学和技术成果”，“帮助发展和改造发展中国家的经济”。然而，发展中国家的发展权并没有在知识产权国际保护体系中得到充分的实现。1978 年在日内瓦召开了关于制定《技术转让国际守则》的国际会议，由于知识产权的利益分歧等问题，发达国家与发展中国家未能达成协议；反之，1994 年《知识产权协定》的生效，则实现了发达国家建立一个较高标准和有力保障的知识产权制度的战略目标，进一步维系了发达国家在国际贸易中的技术优势——一个以知识产权为后盾的技术优势。发展权原则对知识产权国际保护制度中公共利益目标的实现是有指导意义的。在一国范围内，通过知识产权的保护与限制，协调各方的知识财产利益关系，这些制度构建在不违反国际公约所规定的最低保护标准的前提下是不难做到的。问题在于，知识产权国际保护制度是否应妥善顾及发达国家与发展中国家之间权利义务的适当平衡，这是值得反思的。在现今国际贸易体制中，“知识产权已经成为发达国家维护技术垄断地位、保护贸易利益、强化国家竞争优

① 万鄂湘主编：《国际知识产权法》，44 页，武汉，湖北人民出版社，2001。
② 杨泽伟：《新国际经济秩序研究》，65 页，武汉，武汉大学出版社，1998。
③ 参见 1966 年《公民权利和政治权利国际公约》和 1966 年《经济、社会和文化权利国际公约》。
④ 参见夏旭东等主编：《世界人权纵横》，116 页，北京，时事出版社，1993。

势的强大武器"[①]。在这种情况下，在国际公约中强调发展权原则的指导意义，并为国际知识产权公约的公共利益原则的实现提供有效措施，是十分必要的。

2. 与世界贸易组织总原则的关系。最惠国待遇原则是包括《知识产权协定》在内的所有关贸总协定和世界贸易组织协定的共同基本原则，旨在保证贸易的公平竞争，从而构成整个国际贸易体制的基石。[②] 按照联合国国际法委员会拟定的《最惠国条款草案》的说法，所谓最惠国待遇即是给惠国给予受惠国或者与受惠国有确定关系的人或物的优惠，不低于该给惠国给予第三国或者与第三国有同样关系的人或物的待遇。在传统的知识产权公约中，一般不涉及国际贸易中的最惠国待遇问题。《知识产权协定》将这一原则直接移植到知识产权领域，这是知识产权国际保护制度的重要变化。协定第 4 节规定：在知识产权保护方面，某一成员给予另一成员国民的任何利益、优惠、特权或豁免，都应立即和无条件地给予所有其他成员的国民。这就是说，不应优待某一特定国家的国民而歧视其他国家的国民。《知识产权协定》规定最惠国待遇的适用是立即和无条件的，但同时也规定了一系列免除这一义务的例外：(1) 由一般性司法协助及法律实施的国际协定引申出且并非专为保护知识产权的；(2)《伯尔尼公约》1971 年文本或《罗马公约》所允许的不按国民待遇原则而按互惠原则提供的；(3) 本协定中未加规定的表演者权、录音制品制作者及广播组织权；(4)《建立世界贸易组织协定》生效之前已生效的知识产权保护国际协议中产生的，且已将该协议通知"与贸易有关的知识产权理事会"，并对其他成员之国民不构成随意的或不公平的歧视。在知识产权国际保护方面，国民待遇原则与最惠国待遇原则都是针对外国人的主体资格所设定的规则，但两者有所不同：前者意在给予外国人与本国人以同等待遇，解决的是"内外有别"的不平等待遇问题；后者意在给予其他外国人与特定外国人以同等待遇，解决的是"外外有别"的歧视性待遇问题。在《知识产权协定》中，国民待遇原则是首要原则，而最惠国待遇原则是其补充。后者的意义在于，它是一种无差别的平

---

① 袁泳：《知识产权法与技术文化创新》，载《北京大学学报（哲学社会科学版）》，1997（5）。

② 参见汤宗舜：《知识产权的国际保护》，177 页，北京，人民法院出版社，1999；张乃根：《国际贸易的知识产权》，115 页，上海，复旦大学出版社，1999。

等待遇，旨在使某一成员将给予另一成员国民的知识产权保护，同时给予所有其他成员的国民。奉行最惠国待遇原则，概与20世纪下半叶知识产权国际保护的一些实际做法有关。当时的双边条约保护，常常出现一方给予某些优惠的情形。例如，20世纪80年代中期，在美韩双边协议中韩国承诺保护其本国法本来不予保护的美国药品和农业化学产品专利，而这一承诺构成了对欧盟国家相关专利的歧视。20世纪90年代初期，“中美知识产权谅解备忘录”中中国承诺对美国药品和农业化学物质产品专利给予行政保护，也引起欧盟国家及日本的同样要求。《知识产权协定》关于最惠国待遇的规定，旨在防止此类问题的发生。值得指出的是，目前一些发达国家在多边条约保护体系之外，通过双边协商途径，谋求得到高出《知识产权协定》保护水平的更多利益或优惠。例如，美国与欧盟、日本、澳大利亚之间的谈判，即产生或可能产生超出《知识产权协定》的高水平保护。根据最惠国待遇原则，这一优惠或利益应惠及所有缔约国。不过，发展中国家对此应持谨慎态度，高水平保护可能是一种受益，但更多的是一种义务。对经济技术落后的国家来说，不宜在最低保护标准之外寻求高水平知识产权保护。

3. 与知识产权国际保护制度具体原则之关系。在知识产权国际保护领域，缔约国无疑都要奉行国民待遇原则、最低保护标准原则和公共利益原则，除此之外还应遵循相关公约规定的若干具体原则。

在工业产权保护领域主要有下列原则：一是独立性原则。它指缔约国国民就同一项发明或商标在数国（包括缔约国和非缔约国）取得的专利权或商标权，相互独立，各不相涉。这种独立性源于知识产权保护的地域性。在一个缔约国授予的专利或取得的商标注册，对其他缔约国相关权利的存废没有任何约束力。独立性原则与国民待遇原则的精神相一致，即要求各缔约国在自己的领土范围内独立适用本国法律，外国人取得某一缔约国的专利权或商标权是独立的，但它与该缔约国国民享有的利益则是平等的。二是强制实施原则。它指在缔约国取得专利授权的人，必须在一定期限内在该缔约国境内实施其发明，否则国家将采取强制许可或撤销专利的措施。这一原则旨在督促专利技术应用，防止专利非法垄断。强制实施原则最早为《巴黎公约》所确认，《知识产权协定》现将其作为实现公共利益目标的重要举措。根据世界贸易组织《多哈宣言》的精神，出于维系公共健康的需要，缔约国有实施“强制许可”的权利，并且有权决定实施“强制许可”的理由。可以说，强制实施原则事关专利技术的利用，其调整对象已从专利权人（许可人）与专利使用人（被许可人）之间的私人法律关系，演变为不发达国家与发达国家之间的国际法律关系。在这种情况下，强制实施原则的实施，应充分体现公共利益原则的立法意图。

此外，在著作权保护领域主要有下列原则：一是自动保护原则。它指享有和行使著作权，不需要履行任何手续。也就是说，可享受国民待遇的作品不必像专利、商标那样履行一定的申请或注册手续，而是随着作品的产生或首次发表自动地在所有缔约国中获得保护。自动保护原则涉及著作权的取得方式，在《伯尔尼公约》和《知识产权协定》中是作为最低保护标准的基本要求而加以规定的，各缔约国必须遵循。需要指出的是，美国规定有版权登记制度，“但这种登记不是版权保护的条件”，而是作为“提起版权侵权诉讼的必备条件”①。当然，这一规定不适用于起源国不是美国的《伯尔尼公约》缔约国的作品。可以认为，在版权登记方面，《伯尔尼公约》缔约国国民的待遇高于美国国民的待遇，但这是国际公约最低保护标准所规定的起码待遇。二是独立保护原则。它指各缔约国在遵守有关公约规定的最低限度保护标准的前提下，可自行确定本国著作权的保护对象、范围、期限、权利内容及其限制、侵权行为及补救方法等。与工业产权制度的独立性原则一样，著作权的独立保护原则是符合国民待遇原则精神的，在此不再赘述。

三、知识产权国际保护制度基本原则之实施

知识产权国际保护制度的基本原则，在其负载的价值理念中，蕴含着丰富的制度内容，指导着各方面的制度运行。具言之，基本原则的实现，反映了国际社会进行利益协调的过程，昭示了国际知识产权制度发展变革的走向。下面分述之。

1. 关于国民待遇原则。国民待遇原则是对知识产权保护进行国际协调的

① 张乃根：《国际贸易的知识产权》，89 页，上海，复旦大学出版社，1999。

首要原则，其功用在于克服基于各国主权的地域限制所带来的知识产权地域限制，建立双边或国际间一体化保护制度，以消除地域限制对国际经济贸易秩序的妨碍。在外国人主体资格方面，各国法一般都确认国民待遇原则，但对外国人享有的权利范围则有所限制。例如，外国人不得取得土地权、采矿权、捕鱼权等，即是有限制的国民待遇。与一般民事权利制度不同，知识产权法采取的是有条件的国民待遇原则，只要外国人符合前述的国籍标准、居住地标准或实际联系标准，就可以与本国人享有同等的待遇，而在权利的范围和内容上不加限制。国际公约所确认的国民待遇原则，是“法律面前人人平等”思想在国际法上的体现。这一原则将外国人与本国人同化为国民，使前者在其选择保护的国家享有与该国国民同等的权利。这即是说，每一合格主体不仅在本国享有知识产权，而且在任何一个缔约国也享有相应权利。自 19 世纪下半叶《巴黎公约》与《伯尔尼公约》缔结以来，国民待遇原则已为各国立法所普遍接受。时至今日，该原则在实际运作中已有诸多变化：一是国民待遇原则的延伸。由于某一缔约国的国民在其他缔约国享有的权利与在本国享有的权利不尽一致，从而产生权利享有的不平衡。因此国际公约要求各缔约国相关立法必须达到公约要求的最低保护标准，其结果是，本国人与外国人所享有的待遇“内外有别”，即对外国作品给予特殊保护以达到国际公约的最低保护要求。例如，我国政府在修改著作权法之前，颁布了《实施国际著作权条约的规定》，对外国人的计算机软件、实用艺术作品等提供高于本国人相关作品更高标准的保护；又如，美国版权法关于以作品注册作为侵权诉讼条件的规定，不适用于《伯尔尼公约》缔约国的作品。这些都是适用国民待遇原则的例外。二是国民待遇原则的限制。这种限制首先来自互惠原则，即针对缔约国之间保护水平的悬殊，实行“利益均衡对等”，在某些方面不适用国民待遇原则。[①] 例如，关于作品延续权的保护，目前仅有法、德、意等少数欧洲国家有明文规定。根据互惠原则，其他国家作品不能享有这一利益。这说明，在有的情况下，知识产权在权利要求国的保护状态，可能受制于权利起源国的相关规定，从而使得国民待遇原则受到互惠原则的某种限制。其次是由于保留条款的出现，影响国民待遇原则的适

① 参见曹新明：《试析国际著作权公约中的国民待遇原则》，载《法商研究》，1995 (1)。

用。在以往的国际公约的缔结或加入中，缔约国可以对公约规定的某项权利或几项权利申明保留，这种保留条款实际是对国民待遇原则的一种限制。不过《知识产权协定》取消了这种限制。协定第 72 条规定，未经其他缔约国同意，不得对该协定的任何条款作出保留。其潜在含义是，缔约国欲在其国内法就该协定作出保留时，必须征得其他缔约国的同意。[①] 从一定意义上说，该协定所规定的保留条款实为禁止保留条款。三是国民待遇原则的冲突。以特别的立法形式规避国民待遇原则的适用，这种例外规定并非国际公约的要求，而是某一缔约国国内立法的创制。就其实质而言，是相关国家为了回避国际保护义务而采取的实用主义性质的保护方式，这在一定程度上构成了对国民待遇原则的挑战。[②] 例如，一些西方国家鉴于现代传播技术迅速发展的特殊情况，修改其著作权法或在该法之外创设了一些新权利，最有代表性的当推“公共借阅权”与“复制权”。前者尚未得到国际公约的认可，当然无法适用国民待遇原则；后者虽是国际公约承认的基本权利，但有关国家以公共资金或税款作为复印补偿的方式，这就使得外国作品事实上不能享有国民待遇。

2. 关于最低保护标准原则。最低保护标准为缔约国提供了保护知识产权的一致性标准，其功用在于克服缔约国之间权利义务的失衡，以保证知识产权国际协调的有效性。国际公约所规定的最低保护标准原则是知识产权制度国际化、一体化产生的基础。所谓国际化、一体化，实际上寓意着知识产权保护的基本标准在全球范围内的普适性。从 19 世纪下半叶的《巴黎公约》《伯尔尼公约》到 20 世纪以来的《知识产权协定》《互联网条约》[③] 都提供了各缔约国普遍适用的最低保护标准，从而引起知识产权制度一体化现象的发生。但是，当代法律的一体化潮流有着自己的显著特征：其一，国际法高于国内法，是适用最低保护标准的基本要求。19 世纪下半叶签订的知识产权国际公约确立了知识产权保护的基本标准，并在强调国民待遇的基础上承认国内法在保护知识产

---

① 参见吴汉东等：《知识产权基本问题研究》，158 页，北京，中国人民大学出版社，2005。

② See S. M. Stewart，International Copyrights and Neighboring Rights，Butterworth and Copublishers Ltd.，1983.

③ 国际知识产权界将《世界知识产权组织版权公约》和《世界知识产权组织表演与录音制品条约》合称为《互联网条约》。

权方面的优先地位。在这一时期，法律的一体化主要表现为国家间法律（国际法）的形成以及国际法与国内法的相互影响。而在当代，国际公约特别是《知识产权协定》拟定了新的知识产权保护的国际标准，并以此作为各缔约国国内立法的原则和依据。这一时期法律的一体化，则表现为国内法遵从国际法，以及国内法与国内法之间的一致性。其二，从实体规则到程序规则，是现今最低保护标准的崭新内容。世界知识产权组织管理的《巴黎公约》和《伯尔尼公约》，主要规定了知识产权国际保护的实体内容，较少涉及知识产权实施程序的规定，尤其是缺乏必要的执法措施和争端解决机制，以至于一些条约成为没有足够法律约束力的“软法”。在知识产权实施方面，上述公约并无统一的国际规则可供遵循，主要是由各缔约方通过国内立法采取种种不同措施，制裁侵权行为。这就使得知识产权往往不能得到充分有效的保护，而且因国而异即不是一体的保护。与上述情形不同，世界贸易组织作为“经济联合国”的国际组织，超越各国立法者的主权管辖，成为知识产权保护规则的新的主导者和制订者。其管辖的《知识产权协定》改变了以往国际公约注重协调的传统，从实体到程序实现了知识产权保护规则的一体化。在实体性规范方面，《知识产权协定》规定了知识产权保护的制度标准，主要表现为：(1) 拓展权利范围；(2) 延长保护期限；(3) 对权利限制进行限制。在程序性规范方面，《知识产权协定》强化了知识产权的执法程序和保护措施，主要内容有：（1）司法复审制度；(2) 民事程序；(3) 损害赔偿；(4) 临时措施；(5) 边境措施。[①] 总之，《知识产权协定》首次将原来属于国内立法的知识产权保护的实施程序，转化成为公约规定的国际规则，从而使它们与实体规范一起成为各缔约国必须严格遵循的国际标准。其三，知识产权保护的高水平，是当代最低保护标准的显著特点。国际公约所规定的最低保护标准，其实质意义在于各缔约国在保护标准上的一致性，与知识产权保护水平的高低并无绝对的关联性。由于国际公约的类型不同，所处的历史背景不同，在一致性标准的基础上，有的保护水平较低，有的保护水平很高。例如，1886 年欧洲国家倡导的《伯尔尼公约》与 1952 年美国主导的《世界版权公约》都规定有最低保护标准，但就著作权保护水平而

① 参见吴汉东：《知识产权国际保护制度的变革与发展》，载《法学研究》，2005 (3)。

言，前者明显高于后者。与知识产权国际保护的草创阶段不同，现有的国际公约包括《知识产权协定》以及《互联网条约》等所确认的最低保护标准，体现了权利范围的高度扩张和权利内容的高水平保护，更多地顾及和参照了发达国家的要求和做法。换言之，现今的最低保护标准即一致性标准，绝不是低水平，它在很多方面超越了许多发展中国家的经济、科技和社会发展阶段。从国际保护领域来看，现代知识产权制度的一体化，即最低保护标准的制度设计，实际上是由发达国家积极主导、发展中国家被动接受的制度安排。

3. 关于公共利益原则。公共利益原则是知识产权国际保护制度不可或缺的重要原则，体现了知识产权制度的最高价值目标；这一原则的实现，也是推动当代知识产权国际保护制度改革的直接动因。“公共利益”这个概念源于罗马，用罗马思想家西塞罗的话说，即“人民的利益是最高的法律”。按照国际知识产权组织的一位高级官员的解释是：“公共利益这种良好愿望本身就包含着这样一种含义，多数人的利益高于个人利益，任何一个公民都应该为了全社会的共同利益而放弃个人私利。”① 为了实现公共利益目标，构建个人权利与社会利益的平衡状态，各国在私法领域中采用了禁止滥用权利原则。与这一原则精神相一致，知识产权制度也确立了自己的公共利益目标。美国宪法含有知识产权保护的三项政策性条款，即促进知识、公共领域保留、保护创造者。②美国众议院在就美国1988年《伯尔尼公约》实施法令所作的报告中宣称：“著作权立法须作如下考虑：除作品创作及专有权的保护期限外，国会尚须权衡公众因对个别权益的保护所付出的代价和取得的利益。宪法规定设立版权的目的在于促进思想的传播以及推广知识。”③ 以上说明，保护创造者利益与促进知识传播应是知识产权立法的双重目标。从这一目标出发，知识产权国际保护制度确立公共利益原则并保证其真正实施是非常重要的。

值得注意的是，本文述及的三大基本原则，其推行效果和所处命运是各不

---

① ［美］杰利思·达维斯：《权利集体管理中的公共利益》，载《版权参考资料》，1990（2）。

② See L. Ray Patterson, Stanley W. Lindberg, The Nature of Copyright: A Law of Users' Right, The University of Georgia Press, 1991, pp. 49 - 55.

③ Berne Convention Implementation of 1988, H. R. Rep, No. 60, P100, Cong, 2d sess, 23 (1988).

相同的。主张无差别的国民待遇原则和高水平的最低保护标准原则，在当代国际公约的实施过程中得到有力的贯彻，而公共利益原则却遭到不应有的忽视。2000 年，联合国人权促进保护小组委员会发表了《知识产权与人权》的决议，审查了《知识产权协定》对国际人权带来的影响，宣称："由于《知识产权协定》的履行没充分反映所有人权的基本性质和整体性，包括人人享有获得科学进步及其产生利益的权利、享有卫生保健的权利、享受食物的权利和自我决策的权利，所以《知识产权协定》中的知识产权制度作为一方与另一方的国际人权法之间存在着明显的冲突。"① 这些冲突主要是：著作权专有权利的扩张对表现自由权的影响，药品专利利用的障碍对健康权的影响，专有技术转让的阻滞对发展权的影响，等等。② 上述表现自由权、健康权、发展权，既是国际人权的组成部分，也是公共利益的当然内容。这些问题已经受到国际人权组织和国际贸易组织的高度关注，同时也引发了众多国家对《知识产权协定》不足的深刻反思和完善知识产权国际保护制度的强烈愿望。我们看到，世界贸易组织部长会议通过《多哈宣言》，其内容之一即在于解决公共健康与知识产权利用的问题，这是一个重要的标志，但也仅是一个开始。当代知识产权国际保护制度改革的一个重要话题，即是协调知识产权与人权的关系，平衡发达国家与发展中国家的利益，说到底，也就是公共利益原则的有效实施问题。

---

① UN Commission in Human Rights：Intellectual Property and Human Rights，2000，E/CN1. 4/Sub. 2/2000/7.

② 有关问题可参见吴汉东：《知识产权 VS 人权：冲突、交叉与协调》，载《法令周刊》，2003 (8)。

知识产权国际保护制度的变革与发展*

知识产权国际保护制度，是指以多边国际公约为基本形式，以政府间国际组织为协调机构，通过对各国国内知识产权法律进行协调并形成的相对统一的国际法律制度。

知识产权国际保护制度，兴起于19世纪80年代，现已形成为国际经济、文化、科技、贸易领域中的一种法律秩序。[①] 它以《保护工业产权巴黎公约》(1883年)、《保护文学和艺术作品伯尔尼公约》(1886年)、《知识产权协定》(1994年)等代表性的国际公约为基本形式，以世界知识产权组织、世界贸易组织等相关国际组织为协调机构，对各国知识产权制度进行协调，从而在知识产权保护领域形成国际性的法律规则与秩序。知识产权国际保护制度的形成，标志着知识产权立法步入一个新的历史阶段，即各国独自产生的知识产权制度，在知识产权国际保护的框架下，逐渐走上一体化、国际化的道路。

一、知识产权国际保护的制度特征与功用

在当代知识产权国际保护体系中，世界贸易组织及《知识产权协定》发挥了主导作用，在关贸总协定“乌拉圭回合”谈判之前，知识产权保护体系在国

---

* 原载《法学研究》，2005（3）。

① 参见罗文正等：《试析国际知识产权的基本原则》，载《湖南社会科学》，2002（4）。

内与国际上虽已普遍建立，但从总体上来看存在以下问题：一是许多国家尤其是发展中国家的知识产权制度不甚健全，保护水平较低；二是许多知识产权公约的缔约方数目太少，相关条约缺少有效机构保证其实施，各公约之间缺乏协调机制等。以往的关贸总协定在知识产权国际保护领域基本上没有发挥作用。由于《知识产权协定》的形成并将这一协定置于世界贸易组织管辖之下，上述问题得到显著的改善，从而对当代知识产权国际保护制度带来深远的影响。

（一）知识产权国际保护标准在缔约方之间的一体化

关于知识产权的国际保护，国际公约确立了两个重要原则，即国民待遇和最低保护标准原则。国民待遇原则是众多知识产权公约所确认的首要原则。其基本含义是指在知识产权保护方面，各缔约方[①]之间相互给予平等待遇，使缔约方国民与本国国民享受同等待遇。国民待遇原则是不同社会经济制度和不同发展水平的国家都能接受的一项原则。这一原则本身既不要求各国法律的一致性（不涉及知识产权的保护水平问题），也不要求适用外国法的规定（不涉及国家主权的地域限制问题），只是要求每个国家在自己的领土范围内独立适用本国法律，不分外国人还是本国人而给予平等保护。

与国民待遇原则有关的还有一个最惠国待遇原则，这是《知识产权协定》独有而其他知识产权公约未予涉及的一项原则。其基本含义是：任何一个国家（不限于缔约方成员）的国民在一个缔约方所受到的而其他缔约方享受不到的待遇（包括任何利益、优惠、特权或豁免），都应当立即和无条件地给予其他缔约方的国民。质言之，不应优待某一特定国家的国民而歧视其他国家的国民。国民待遇原则和最惠国待遇原则都是针对外国人知识产权保护所设定的规则，但两者含义有所不同：前者意在给予外国人与本国人以同等的待遇，解决的是“内外有别”的不平等待遇问题；后者意在给予其他外国人与特定外国人以同等待遇，解决的是“外外有别”的歧视性待遇问题。

最低保护标准原则则是对国民待遇原则的重要补充，其意思是指各缔约方依据本国法对该条约缔约方国民的知识产权保护不能低于该条约规定的最低标准，这些标准包括权利保护对象、权利取得方式、权利内容及限制、权利保护

---

① 《知识产权协定》将缔约主体称为“缔约方”（成员），包括国家及其他非国家主体。

期间等。在知识产权国际保护领域，国民待遇原则基于各国经济、科技、文化发展不平衡的现状，承认各国知识产权制度的差异，从而保证了知识产权制度国际协调的广泛性和普遍性。但是这种国际协调不仅要求有普遍性，而且要求做到有效性。“如果将这一原则推向极端，将导致各国在知识产权保护水平方面差异过大，造成缔约方之间权利义务的不平等，进而使国际条约的有效实施成为不可能”①。最低保护标准原则，旨在促使各缔约方在知识产权保护水平方面统一标准。缔约方以立法形式将知识产权公约（国际法）的相关规定转化为该国知识产权制度（国内法）的具体规范，遵循的即是最低保护标准原则。正是这一原则的适用，才导致各国知识产权制度出现统一保护标准的可能，学者将上述情况称为知识产权立法的“一体化”或“国际化”。

知识产权立法的一体化，寓意着知识产权保护的基本原则与标准在全球范围内的普适性。这一现象虽非始自今日，但当代知识产权制度的一体化的潮流有着自己的显著特征：（1）立法一体化的基础是国际法高于国内法。19 世纪下半叶签订的知识产权公约确立了知识产权保护的基本标准，并在强调国民待遇的基础上承认国内法在保护知识产权方面的优先地位。在这一时期，法律的一体化，主要表现为国家间法律（国际法）的形成以及国际法与国内法的相互影响。而在当代，《知识产权协定》拟定了新的知识产权保护的国际标准，并以此作为各缔约方国内立法的原则和依据。这一时期法律的一体化，则体现为国内法遵从国际法以及国内法与国内法之间的一致性。（2）立法一体化的结果是知识产权保护的高标准化。最低保护标准原则的适用，导致立法一体化趋势的出现。这种“最低标准”的实质意义在于各缔约方在保护标准上的一致性，与知识产权保护水平的高低并无绝对的关联性。与知识产权国际保护制度的草创阶段不同，现有的国际公约包括《知识产权协定》以及《因特网条约》② 等所确定的最低保护标准，体现了权利的高度扩张和权利的高水平保护，更多地顾及和参照了发达国家的要求和做法。换言之，现今的最低标准即一致性标

① 罗文正等：《试析国际知识产权的基本原则》，载《湖南社会科学》，2002（4）。

② 国际知识产权界将《世界知识产权组织版权条约》和《世界知识产权组织表演与录音制品条约》合称为《因特网条约》。

准，绝不是低水平，它在很多方面超越了发展中国家的科技、经济和社会发展的阶段。从国际保护领域来看，知识产权立法的一体化，实质上是由发达国家积极主导、发展中国家被动接受的制度安排。

（二）知识产权国际保护规则从实体到程序的一体化

世界知识产权组织对知识产权公约有着基本的分类，即依据条约缔约的目的，将相关条约分为三类：第一类是建立国际保护的条约，例如《巴黎公约》《伯尔尼公约》等；第二类是促进国际保护的条约，例如《专利合作条约》《商标国际注册马德里协定》等；第三类条约是用于分类体系和改进革新分类系统的程序，如《专利国际分类协定》《为商标注册目的而使用的商品与服务的国际分类尼斯协定》等。[①] 按照国际法学者的见解，在上述三类条约中，第一类条约属于实质性规范条约，是进行知识产权制度协调的基本法律依据；第二、三类条约可称为程序性规范条约，是进行知识产权制度保护国际合作和服务的基本法律依据。[②]世界知识产权组织管理的《巴黎公约》和《伯尔尼公约》，主要规定了知识产权国际保护的实体内容，较少涉及知识产权实施程序的规定，尤其是缺乏必要的执法措施和争端解决机制，以至于一些条约成为没有足够法律约束力的"软法"[③]。在知识产权实施方面，上述公约并无统一的国际规则可供遵循，主要是由各缔约方通过国内立法采取种种不同措施，制裁侵权行为。这就使得知识产权往往不能得到充分有效的保护，而且因国而异即不是一体的保护。

与上述情形不同，世界贸易组织作为"经济联合国"的国际组织，超越各国立法者的主权管辖，成为知识产权保护规则的新的主导者和制定者。其管辖的《知识产权协定》改变了以往国际公约注重协调的传统，从实体到程序实现了知识产权保护规则的一体化。

在实体性规范方面，《知识产权协定》主要规定了知识产权保护的国际标准。其具体表现为：(1) 权利范围的拓展。在著作权与邻接权领域，将计算机

---

① 参见世界知识产权组织编：《知识产权纵横谈》，41页，北京，世界知识出版社，1992。

② 参见古祖雪：《国际知识产权法》，62～63页，北京，法律出版社，2002。

③ 孙皓琛：《WTO与WIPO：TRIPs协议框架中的冲突性因素与合作契机之探讨》，载《比较法研究》，2002 (2)。

软件与数据库作为文字作品给予保护，新增加了计算机作品、电影作品、录音制品的出租权；在商标权领域，规定具有“识别性”的任何标记或其组合在一般情况下均应能获得商标注册，对驰名商标予以特别保护，并将驰名商标的适用范围扩大到服务商标；在地理标记权领域，要求成员负有禁止混淆地理标记（尤其是在酒类或酒精类商品上）的义务；在外观设计权和专利权领域，授予权利人以进口权；在集成电路布图设计权领域，规定的保护范围超出了布图设计和由布图设计构成的电路本身，进而延伸到使用布图设计的物品；在商业秘密权领域，规定此类知识产权保护应涉及药品和农业化学产品。（2）保护期限的延长。包括计算机软件在内的作品的著作权保护期限至少为50年，专利权保护期限不少于20年，工业品外观设计权保护期限不少于10年，集成电路布图设计权保护期限亦不少于10年。（3）对权利限制进行限制。尽管该协定允许成员基于社会公益、防止权利滥用等考虑，对知识产权进行限制，但同时又对这种权利限制给予反限制，即明确要求权利限制不得与权利的正常使用相冲突，不得不合理地损害权利人的利益，不得损害第三人的合法利益。

在程序性规范方面，《知识产权协定》强化了知识产权的执法程序和保护措施，以促使各缔约方加强知识产权保护制度的实施。其主要内容是：（1）司法复审制度。即对于行政性的终局决定以及至少是对案件的初审司法判决的法律问题，诉讼当事人有权提请司法复审。（2）民事程序。即实行公平、公正的民事程序，要求保障被告的诉讼权利，允许当事人聘请律师参与诉讼，保证当事人证明权，对秘密信息进行识别和保护。（3）损害赔偿。即司法当局有权命令侵权人向知识产权人支付足以补偿其损失的损害赔偿金。（4）临时措施。即司法当局或行政当局对于“即发侵权”之类可预见到又并非无根据地推断出来的侵权准备活动，采取诉前禁令、财产保全和证据保全的“临时措施”。（5）边境措施。即由司法当局对进出口的侵权产品采取由海关执行的中止放行的措施。

总之，《知识产权协定》首次将原本属于国内立法的知识产权保护的实施程序，转化成为公约规定的国际规则，从而使它们与实体规范一起成为各缔约方必须严格履行的国际义务。

（三）知识产权国际保护体系与国际贸易体制的一体化

在《知识产权协定》诞生之前，知识产权国际保护与国际贸易是由两个不同的国际法律体系分别处理的国际事务。长期以来以世界知识产权组织及其所辖公约为中心的知识产权国际保护制度，致力于知识产权方面的国际交流与合作，知识产权国际保护主要以智力创造领域为其活动空间，与国际贸易并无直接关联。

与上述国际组织及国际公约不同，世界贸易组织及其制度框架则将知识产权保护纳入国际贸易体系之中。按照美国、日本、欧洲共同体在乌拉圭回合谈判的一份文件的说法，在关贸总协定框架内解决知识产权问题，不是知识产权法的协调，而应是消除由于一些国家未能将其知识产权保护制度提高到国际标准而造成的贸易扭曲现象。[①] 显然，发达国家与发展中国家在知识产权方面享有的利益很不平衡，因而在国际磋商和对话中所持立场与既定目标也相距甚远。东西方国家围绕着知识产权问题所展开的斗争，经过乌拉圭回合谈判，最终形成了包括《知识产权协定》在内的一揽子协定。《知识产权协定》的形成，使知识产权保护成为国际贸易体制的组成部分。这意味着，在世界贸易组织框架内，实现了国际贸易“知识化”与知识产权“国际化”[②]，即依赖缔约方的国家强制力和世界贸易组织的国际强制力，得以将缔约方所承诺的知识产权保护与缔约方参加的国际贸易体制紧密联系起来。

《知识产权协定》的全称应为《与贸易有关的知识产权协定》。其实，该协定的基本条款并未直接涉及贸易问题，全部都是知识产权保护的内容。从一定意义上说，“与贸易有关的知识产权协定”是名不符实。[③] 尽管如此，学者们普遍认为，《知识产权协定》不同于传统的知识产权公约，其本身即是新国际贸易体制的重要组成部分，并以推进经济全球化与立法一体化为主要目标。

首先，协定确立了期望减少国际贸易中的扭曲与阻力，需要促进对知识产权充分、有效的保护，并保证知识产权执法措施与程度不至于变成合法贸易的障碍之目的。[④] 这就是说，协定提升知识产权保护水平和统一知识产权保护制

① 参见李小伟：《知识产权国际保护体制的变化及其影响》，载（香港）《信报：财经月刊》，1996(3)。

② 石巍：《TRIPs效应评估与我国的因应对策》，载《山东大学学报（哲社版）》，1998（1）。

③ 参见孔祥俊：《WTO知识产权协定及其国内适用》，2页，北京，法律出版社，2002。

④ 参见《知识产权协定》序言。

度的主要意图，在于推进世界贸易体制下知识产权的一体保护，使所有缔约方的保护水平达到以往只有发达国家才具备的标准。这样，通过世界贸易组织体系的有效运作，知识产权保护得以成为国际贸易制度的一部分。

其次，协定将关贸总协定与世界贸易组织关于货物贸易的原则和机制延伸到知识产权保护。例如，最惠国待遇原则作为国际贸易领域的首要原则，第一次引入知识产权公约，成为协定各缔约方必须履行的基本义务；透明度原则原为关贸总协定为实现贸易行为的公平性而要求缔约方承诺实施的基本原则，而在协定中引用这一原则则旨在公开各缔约方的司法体系及制度，避免法律说明和冲突。

再次，世界贸易组织体制下的争端解决机制不仅直接适用于一般贸易的纷争，而且延伸适用于知识产权纠纷。世界贸易组织关于争端解决机制的基本程序，包括协商、斡旋、调解、调停、仲裁、专家小组、上诉机构、争端解决机构的决定及其实施之监督。为保证上述程序的有效执行，《知识产权协定》规定引入了三项具有贸易规则色彩的专门制度：一是有条件的保留条款。即未经其他缔约方同意，不得对协定的任何规定提出保留。因此保留条款形同虚设。二是“倒协商一致”的表决制度。[①] 除非理事会“一致意见反对”，否则争端裁决意见即付诸施行。三是“交叉报复”的制裁措施。即允许缔约方在知识产权受到侵害而未得到妥善解决和必要补偿时，可以采取贸易报复。这些制度增强了争端解决机制的强制性、可执行性和约束力。

综上所述，由发达国家所主导的知识产权国际保护制度，以《知识产权协定》的签订和实施为中心，将知识产权保护与国际贸易紧密联系起来。在经济全球化的国际社会中，知识产权保护既是发展中国家平等地参与国际贸易的先决条件，更是发达国家维持其贸易优势的法律工具，这就导致了国际知识产权领域中国家间的利益失衡和权利冲突。

---

① 参见古祖雪：《国际知识产权法》，40页，北京，法律出版社，2002。

二、知识产权国际保护的制度缺失与改革

《知识产权协定》作为世界贸易组织的基本法律文件，对知识产权的国际保护作了新的制度安排，是迄今为止知识产权保护范围最广、保护标准最高的国际公约，堪称“知识产权保护的法典”[①]。同时，《知识产权协定》作为当代知识产权国际保护的核心法律制度，在其推行过程中也显见种种不足。从多哈会议通过的关于《〈知识产权协定〉与公共健康的宣言》，到坎昆会议前夕达成的关于该宣言第6段的实施决定，表明《知识产权协定》的法律框架在不断发展和完善，其推动力主要是知识产权与人权的冲突及其平衡。[②]

自进入后《知识产权协定》时代，国际社会十分关注知识产权与基本人权的关系问题。其实，国际贸易领域的知识产权问题与国际政治领域的人权问题，被喻为当代国际关系的两大热点问题。2000年，联合国人权促进保护小组委员会发表了《知识产权与人权》的报告，审查了《知识产权协定》对国际人权带来的影响，宣称：“由于《知识产权协定》的履行没有充分反映所有人权的基本性质和整体性，包括人人享有获得科学进步及其产生利益的权利、享受卫生保健的权利、享受食物的权利和自我决策的权利，所以，《知识产权协定》中的知识产权制度作为一方与另一方的国际人权法之间存在着明显的冲突。”[③] 这即是说，对于人权社会而言，创造者的权利应视为人权，不论他们是个人、群体还是社团。[④] 另一人权问题是，知识产权保护应与维护人类尊严和实现其他人权相一致。人权义务的位阶应高于一切经济政策与协定，具言之，国际知识产权公约的履行，应全面考虑国际人权公约所规定的义务；各国立法保护知识产权，其社会作用应符合国际人权义务。

---

① 曹建明等：《世界贸易组织》，312页，北京，法律出版社，1999。

② 参见张乃根：《论TRIPs协议框架下知识产权与人权的关系》，载《法学家》，2004（4）。

③ UN Commission in Human Rights：Intellectual Property and Human Rights，2000，E/CN1.4/Sub.2/2000/7.

④ 关于知识产权的人权属性可参见吴汉东：《知识产权的私权与人权属性》，载《法学研究》，2003（3）。

依照国际人权标准，知识产权国际保护制度有以下现实的或潜在的问题：

（一）精神权利 VS. 对作者权利保护的缺失

承认创造者通过智力劳动而获得精神利益和物质利益的权利，是将知识产权视为人权的重要考量标准。《伯尔尼公约》对作者的经济权利和精神权利即“一体两权”给予同等保护，规定作者身份权和作品完整权的保护期应不少于经济权利的保护期。世界知识产权组织在1994年举办的“未来版权与邻接权研讨会”上指出：《伯尔尼公约》中无论对作者精神权利的保护，还是对其经济权利的保护，都是当作“人权”来保护的，因此与《世界人权宣言》一致。[①]《知识产权协定》将《伯尔尼公约》等主要国际知识产权公约的实体条款纳入，并作为该协定的基础性条款，但又声称：“对于伯尔尼公约第6条之2规定的权利或对于从该条引申的权利，不受本协定保护，各缔约方应免除其权利和义务。”[②] 这即是明确排除《伯尔尼公约》保护的精神权利。可以说，《知识产权协定》照顾了美国版权制度的固有传统，但却背离了国际人权法的一贯主张。这一规定造成两种后果：一是权项体系的失衡。《知识产权协定》强调与“贸易”有关的知识产权保护，而忽视“非贸易”的特别是不能用经济价值衡量的知识产权的存在。二是权利义务的不平等。兼为《知识产权协定》和《伯尔尼公约》缔约方的有义务保护精神权利，但仅为《知识产权协定》缔约方的却可以以未参加《伯尔尼公约》为由免除该项义务。其后果是，当后者对精神权利造成损害时，该案件不能适用世界贸易组织的争端解决机制。

（二）表现自由 VS. 对专有权利限制的限制

表现自由是世界各国普遍认可的宪法权利，意为表达思想和见解的自由。这是国际人权公约承认的公民应享有的一项政治权利。表现自由与著作权有着密切的联系，这是因为作为表现自由所涉及的信息包括消息、知识、资料、数据、观念、意见等，在著作权法中往往表现为享有专有权利的作品。当两种法益发生冲突时，如何确定其优先保护的位阶？一般认为，表现自由在基本人权

---

① 转引自郑成思：《世界贸易组织与贸易有关的知识产权》，96页，北京，中国人民大学出版社，1996。

② 《知识产权协定》第9条第1款。

体系中占有突出重要的地位。相对于经济自由等权利，表现自由应当具有“优越地位”，即看作具有优先性的法价值。[①] 表现自由优于经济自由的原则在各国宪法理论与实践中都得到了承认。在这里即是说，著作权的专有属性不应构成思想表现和信息交流的障碍。对此，学者们认为：“著作权提供的保护可以对抗非法的竞争者，但不能阻碍公众对作品的合理使用”；“资讯的公开传播非常重要，因此不能使自由之公益和民主社会屈从于传统著作权观念下的私人独占权”[②]。虽然合理使用是各国著作权法的普遍制度，但现在发展的趋势是国际社会对这种专有权利的限制进行了严格的反限制。《知识产权协定》没有重复《伯尔尼公约》关于合理使用的有关规定，只是重申和强调了专有权利限制和例外的严格条件：即此等限制或例外（1）应限于某些特殊情况；（2）应不与作品的正常利用相冲突；（3）不应不合理地损害权利持有人的合法利益。1996 年世界知识产权组织的《因特网公约》，更是将限制合理使用的原则推及网络空间。上述公约的规定十分严格，但也比较笼统，何种限制或例外是为合理，何种限制或例外不被允许，各缔约方自有不同理解。总的说来，发达国家力主对印刷作品、电子作品以至数字作品的合理使用实行严格的限制，而发展中国家则较多考虑公众通过网络技术获得更多的信息。

（三）隐私权 VS. 信息数据库权利的扩张

隐私权是公民对其私人生活安宁与私人信息享有的不被非法侵扰、知悉、搜集、利用和公开的一种权利。它既是民法所规定的人格权，也是国际人权法所承认的基本人权。《世界人权宣言》第 12 条规定：“任何人的私生活、家庭、住宅和通信不得任意干涉”。《公民权利和政治权利国际公约》第 17 条规定：“任何人的私生活、家庭、住宅或通信不得加以任意或非法干涉”。关于隐私权保护的立法理由，1973 年联合国秘书长在题为《尊重个人隐私》的报告中作出了说明：“大量的侵犯隐私的行为妨碍了人们的自由，而且经常是有意的。”这些行为“使人们产生了一种普遍的不安全感，它压抑着人们，使人们丧失责

---

① 参见杜钢建：《论表现自由的保障原则》，载《中外法学》，1995（2）。

② Harry N. Rosenfield，“The American Constitution，Free Inquiry，and the Law”，Fair Use and Free Inquiry，Ablex Publishing Co. 1980，p. 302；［日］古泽博：《关于利用他人的著作权问题》，载《独协法学》，1977（10）。

任心，迫使人们由于悲惧而趋于同一”[①]。与上述立法文件相似，学者将隐私权的内涵概括为三个方面：(1) 基于宪法秘密通信自由以及其他据此规定而由法律加以保护之隐私利益；(2) 本于安适生活之需要，求为不受干扰之隐私利益；(3) 基于现代自动化资讯处理之发达与普遍，为控制关于自己之资料之隐私利益。[②] 自19世纪美国人沃伦和布兰代斯凭据私人信件法律保护提出隐私权这一概念以来，隐私权已从传统的“个人生活安宁不受干扰”的消极权利演变为现代的具有积极权利意义的“信息隐私权”“资讯隐私权”。但与此同时，“社会不是在向着有利保护公民个人隐私的方向发展，相反，现代科技尤其是电子信息技术的发展以及大众传播媒介对市民生活深刻而广泛的影响，使得公民隐私权的保护变得更为迫切”[③]。隐私道德基础的关键，是控制有关自己信息的权利，但是这一权利在数字技术进步的过程中正处于危险的境地。其主要原因是：在信息社会里，信息已经成为一种商品。诸如个人偏好、通信记录、疾病记录、性格倾向、信用记录、违法记录、雇佣资料等可以进行数字化处理并存储到数据库中。上述信息如不进行有效控制，个人隐私就会在信息的商品化中变得透明。信息商品化在知识产权领域即是数据库问题。国际版权界认为对数据库提供汇编作品保护是一种“弱保护”，因为任何人可以自由地使用原汇编作品的材料，用以制作与其竞争的数据库。在这种情况下，一些发达国家正努力构建数据库的特殊权利保护，也就是一种独立于著作权的专门权利制度，其目的在于保护数据库投资者的利益。[④] 在著作权界注重数据库投资者与利用者之间利益协调的同时，我们不能忘记从人权角度考量数据库来源者（即被他人作为信息收集的数据主体）与所有者之间的权利冲突。概言之，这即是隐私权与著作权的冲突。解决这一问题的关键在于加强个人数据的法律保护，即扩充隐私权的内涵，赋予公民以信息控制权或资讯自决权。具言之，即是个

---

① 转引自王利明等主编：《人格权与新闻侵权》，405～406页，北京，中国方正出版社，1995。

② 参见许文义：《个人资料保护法论》，54页，台北，三民书局，2001。

③ 张新宝：《隐私权的法律保护》，26页，北京，群众出版社，1997。

④ 目前，数据库特别权利保护正在三个层次上推进，即美国试图建立的国内保护、欧盟已经建立的区域保护以及世界知识产权组织拟议的国际保护。参见薛虹：《网络时代的知识产权法》，94页，北京，法律出版社，2000。

人资料收集之限制、资料之精确、查询及更正之权利、接受资料收集通知的权利及确知资料存在之权利，不仅应使其不受他人干扰，更在于对其所有之资料能加以控制与支配。[①] 总之，在创设数据库权利制度、促进信息产业发展的时候，立法者必须对于数据主体即隐私权主体的利益给予更多的关注。

（四）健康权VS. 药品专利利用的障碍

健康权是指有生命的主体依法享有健康的权利。它作为一项普遍接受的人权，得到众多国际人权公约的承认。1948年《世界人权宣言》第25条规定，人人有权享受为维护本人和家属的健康和福利所需的生活水准，包括食物、衣着、住房、医疗和必要的社会服务。1966年《经济、社会和文化权利国际公约》第12条承认人人有权享有能达到的最高标准的身体和心理健康，同时规定缔约方为充分实现这一权利而应采取的目标步骤。按照国际人权公约的人权标准，现今知识产权制度对健康权的实现已经带来消极影响。[②] 其主要表现是：第一，由于专利权的垄断性，权利持有人可以控制药品的生产和销售。专利药品的昂贵价格通常超出贫穷患者的承受限度，从而影响不发达国家的居民获得治疗。第二，由于专利实施的限制性条件，权利持有人可以阻止他人获得药品专利技术，甚至在其政府的支持下限制贫困国家及其人民获得强制许可。第三，由于专利权的利益推动，制药业的研发投资者首先投向市场上最有利润回报的疾病，而不会当然考虑贫穷国家的需求。第四，由于专利授予适用于具有新颖性但疗效与在先专利药品相似的产品，从而导致某类专利药品的生产和分配日益集中于少数企业之中之中。上述情况表明，新药品创造者的专利权与该药品的消费者的健康权存在明显的冲突。联合国大学人权专家认为，这两种权利之任何一种在其自身的背景中都是有价值的，都是国际社会承认的基本人权。但是遵循人权优先性的尺度，在特定的情况下，某些人权可以优先于其他人权。具言之，“那些同人生死攸关的产品一经产生，便成为全世界的财产，但创造者因而有权获得补偿”[③]。在这种例外情形中，健康权应高于包括专利

---

① 参见刘江彬：《资讯法论》，214页，台北，三民书局，1986。

② 参见［美］奥德丽·R. 查普曼：《将知识产权视为人权：与第15条第1款第3项有关的义务》，载《版权公报》，2001（3）。

③ ［斯里］C. G. 威拉曼特里：《人权与科学技术发展》，209～210页，北京，知识出版社，1997。

权在内的知识产权。围绕着专利权与公共健康问题上的争端，在第三世界国家的力争下，世界贸易组织部长会议于 2001 年 1 月在多哈通过了《关于知识产权协议与公众健康问题的宣言》（简称《多哈宣言》）。在多哈会议上，以南非为代表的发展中国家关于尊重人的生命权、健康权、维护公共利益的呼吁，得到发达国家在知识产权领域的善意回应。《多哈宣言》确认困扰许多发展中国家和最不发达国家遭受痛苦的公共健康问题的严重性；强调知识产权保护对于新药品开发的重要意义，也承认这种保护对价格的影响所产生的状态；同意《知识产权协定》不应成为缔约方采取行动保护公众健康的障碍。维护公众健康的“行动”，是通过阐释《知识产权协定》关于公共利益的灵活性条款来实现的：（1）缔约方有实施“强制许可”的权利，并且有权决定实施“强制许可”的理由；（2）缔约方有权认定何种情况构成“国家处于紧急状态其他极端紧急的情况”，诸如艾滋病、结核病、疟疾等传染病造成的公众健康危机，即构成这种“紧急状态”；（3）缔约方有权在遵守最惠国待遇和国民待遇条款的前提下，构成自己的“权利用尽”制度；（4）发达国家应促进和鼓励其企业组织向最不发达国家转让技术，最不发达国家对于药品提供专利保护的时间可推迟到 2016 年。《多哈宣言 》的诞生是国际知识产权领域发生的重大事件。宣言秉承公共利益原则，以人权优先性的尺度，协调药品专利权与健康权之间的冲突，这一做法无疑是后 TRIPs 时代对知识产权制度的重要调整。

（五）发展权 VS. 专有技术转让的阻滞

发展权是第三代人权即集体人权的重要内容，按国际人权公约的说法，是所有人民“自由谋求他们的经济、社会和文化的发展”的权利[①]，反映了第三世界民族主义的出现以及他们对权力、财富以及其他重要资源在全球范围内分配的要求。[②] 1974 年的《各国经济权利和义务宪章》对发展权作了明确诠释：发展权是普遍的权利，即“每个国家有权分享科学技术进步和发展的利益，以加速其经济与社会发展”；发展权对发展中国家尤为迫切和重要，该宪章要求“所有国家应促进发展中国家取得现代科学和技术成果”，“帮助发展和改造发

① 参见 1966 年《公民权利和政治权利国际公约》和 1966 年《经济、社会和文化权利国际公约》。
② 参见夏旭东等：《世界人权纵横》，116 页，北京，时事出版社，1993。

展中国家的经济”。然而，发展中国家的发展权并没有在知识产权国际保护体系中得到充分的实现。1978 年在日内瓦召开了关于制定《技术转让国际守则》的国际会议，由于知识产权的利益分歧等问题，发达国家与发展中国家未能达成协议；反之，1994 年《知识产权协定》的生效，则实现了发达国家建立一个较高标准和有力保障的知识产权制度的战略目标，进一步维系了发达国家在国际贸易中的技术优势——一个以知识产权为后盾的技术优势。据资料统计，在全球经济中，工业化国家当前拥有全部专利的 97%，另外 70%的版权和许可收入为发达国家的跨国公司所获得。[①]《知识产权协定》虽然对促进技术转让和知识传播作了原则规定，并强调发达国家应鼓励其企业和机构对最不发达国家进行技术转让，但《知识产权协定》实施后的事实表明，这些原则规定并没有真正落实。国际人权专家认为，在知识产权高水平保护的条件下，主要受益者将是外国的跨国公司，而不一定会刺激当地的研究和革新。此外，由于发展中国家往往缺乏利用先进技术的设施和力量，其无力充分地分享科学技术进步带来的利益，从而在社会发展问题上总是处于不利的地位。[②]

从上述几类基本范畴的分析，我们可以得出处理知识产权与人权关系的一般性结论。一是关于权利的冲突，即奉行“法益优先保护”的原则。上述各项人权或是人作为主体存在所不可欠缺的自由，或是人之生存发展的必需条件。相对于知识产权这一财产权利而言，此类基本人权应当具有优越地位。实行“法益优先保护”的原则，意味着现代知识产权法不仅要符合国际知识产权公约的规定，而且不应与国际人权标准相冲突。二是关于权利的协调，即遵循“利益平衡”的原则。就人权体系而言，知识产权本身也是一项人权，进而言之，包括知识产权在内的私人财产就是人权的基础性权利。这是我们实现权利协调的一个重要条件。知识产权法所强调的“利益平衡”，要求当事人之间、个人与社会之间的利益分配应符合公平的价值理念，在制度层面上，它实际上同一定形式的权利限制、权利利用制度相联系。这就是说，出于公共利益的目

① 参见联合国开发计划署：《1999 年人类发展报告》。转引自［美］奥德丽·R. 查普曼：《将知识产权视为人权：与第 15 条第 1 款第 3 项有关的义务》，载《版权公报》，2001（3）。

② 参见［美］奥德丽·R. 查普曼：《将知识产权视为人权：与第 15 条第 1 款第 3 项有关的义务》，载《版权公报》，2001（3）。

标，出于对基本人权的尊重，在一定情况下应对知识产权进行必要的限制，以保证社会公众对知识产品的合理利用。对于知识产权与人权的冲突，已经引起国际组织的高度关注，同时也引发了多数国家对《知识产权协定》不足的深刻反思和完善知识产权国际保护制度的强烈愿望。可以认为，遵循“法益优先保护”原则和“利益平衡”原则，协调知识产权与人权的关系，平衡发达国家与发展中国家的利益，将是当代知识产权国际保护制度改革的重要话题。世界贸易组织部长会议通过的《多哈宣言》，其内容之一即在于解决公共健康与知识产权利用的问题，这是一个重要的标志，但也仅是一个良好的开端，后《知识产权协定》时代的制度改革尚任重道远。

三、知识产权国际保护的制度创新与发展

知识产权国际保护制度现正处于知识经济的崭新时代。知识经济是以科学技术为第一生产要素的智力经济，它的出现不仅对以往资源经济时代形成的价值观念、分配原则、生活方式、管理机制、政府政策等带来冲击，而且会引起有关法律规范这一“游戏规则”在国际范围的重构。当代知识产权的国际保护，不仅凸现出现行制度的改革（如基因专利、网络版权、网络商标），而且面临着崭新制度的突破（如传统知识、遗传资源）。

在知识产权国际保护制度的发展与创新方面，世界知识产权组织发挥了积极作用。1996 年，世界知识产权组织主持制定了《版权条约》和《表演与录音制品条约》，这个以信息网络传播权为中心的“因特网条约”对各国立法产生了直接影响；1999 年，世界知识产权组织公布了关于国际因特网域名问题的最终研究报告，对全球域名系统的整体性改革提出了一系列的措施；2000 年，世界知识产权组织成立了“知识产权与遗传资源、传统知识和民间文学艺术”的政府间专门委员会，着手探索有别于现代知识产权的传统知识保护问题。对于这一问题，世界贸易组织也给予了高度重视，2001 年多哈会议的部长声明第 18～19 条已将传统知识问题列为下一次多边谈判考虑的议题。除此之外，在有关人权、文化、贸易、粮农、土著权利、劳工标准、可持续发展、土地、环境与生物多样性等问题的国际论坛中，诸如联合国教科文组织、联合

国环境计划署、联合国粮农组织、联合国贸易与发展会议、联合国开发计划署、世界卫生组织、世界粮食计划署等国际机构对传统知识和遗传资源的保护问题也都进行了广泛的讨论。

在知识产权国际保护的法律框架中，地理标志的知识产权保护制度，其建立从《巴黎公约》到《知识产权协定》已有一百二十多年的历史，但这一制度并没有多少进展，反而在国际社会里一直存在着争论；而有关传统知识、遗传资源的保护则是制度空白，是否给予保护，给予何种权利保护，如何进行保护，在国际范围内并没有形成一致的意见。上述三类标的概与最新的知识形态有别，是非现代的、并与“传统”相关联的特殊财产。国际论坛上对此类问题的争议，不仅反映了一种新的利益格局的形成，同时也昭示着国际知识产权制度未来发展的走向。现分述之。

（一）关于传统知识保护

传统知识是传统部族在千百年来的生产、生活实践中创造出来的知识、技术、经验的总称。按照世界知识产权组织的说法，传统知识是指基于传统所产生的文学、艺术或科学作品，表演，发明，科学发现，外观设计，标记、名称及符号，未公开的信息，以及一切来自产业、科学、文学艺术领域内的智力活动所产生的基于传统的创新和创造。[①] 所谓基于传统，意思是说上述知识体系，包括创造、创新和文化表达，通常附属于特定的民族或地区，世代相传并且为适应环境而不断发展。传统知识的具体类型包括农业知识，科学知识，技术知识，生态知识，医学知识，有关生物多样性的知识，民间文学艺术表达，名称、标记及符号，以及其他未固定的文化财产。[②] 从其范围来看，几乎囊括《成立世界知识产权组织公约》所规定的一切知识财产形式，包括知识产权法所保护的作品、技术、标记等各种类型。两者区别在于，传统知识这个概念深刻地表明了该类知识的本源性（是基于传统而不是新的智力创造）和知识本身

---

① See WIPO Intergovernmental Committee on IP and GR，TK and F，Sixth Session（Geneva，March 15 to 19，2004），Revised Version of TK Policy and Legal Options，p. 6.

② See WIPO，Intellectual Property Needs Expectations of Traditional Knowledge and Holders，WIPO Report on Fact— Finding Missions on Intellectual Property and Traditional Knowledge（1998—1999），Geneva，April 2001，p. 25.

的文化特性（附属于特定部族或地区而不是个人的智力成果）。

长期以来，传统知识一直被简单地归属于公有领域，任由他人自由而免费地获取、利用。现行知识产权制度的保护对象限于最新知识即智力创造成果本身，而不能涵盖传统知识即智力创造源泉。这种保护机制忽视了对文化与知识多样性保护的原则，导致一些国家或地区、一些民族或种族应有权利的丧失。近年来，国际社会十分重视传统知识的保护问题，并对这种制度安排进行了有益的探讨。

一是采用现行制度保护。根据世界知识产权组织对一些国家的调查，许多国家包括北美、西欧的一些发达国家认为现行知识产权制度原则上适用于传统知识保护。[①] 知识产权现有形式下的保护方式包括：著作权及邻接权（以民间文学艺术表达为主的传统知识为保护对象）、专利权（以遗传资源的利用、开发有关的产品和方法为保护对象）、植物品种权（以改进原生状态物种的新植物品种为保护对象）、外观设计权（以传统的手工艺产品为保护对象）、商标权（以含有传统知识的商品或服务所采用的个体、或团体标记为保护对象）、地理标记权（以各类天然、传统和工艺品所采用的社区标记为保护对象）、反不正当竞争（以未公开的传统知识作为保护对象）。[②] 必须看到，现行知识产权制度无法对所有形式的传统知识提供保护，且在实施过程中在主体确认、客体保护条件、权利保护期限、利益分配等方面存在着诸多困难，因此，适用现行制度保护，只能是应急之策，恐怕难为长远之计。

二是采用专门制度保护。一些学者和非政府组织强烈建议的方法是建立一种专门制度，即为适应传统知识的本质和特点而创设独立法律制度。制定专门法的途径，有两种制度选择：(1) 单一保护制度，即是建立一种涵盖传统知识保护各个方面的综合性制度。一些国家和某些区域性的政府间组织和机构，尝试创设所谓的“社区权”“社区知识权”“传统资源权”制度，对土著文化社区的传统知识给予保护。例如，安第斯组织正在起草的“保护传统知识的共同制

---

① 有关资料可参见朱雪忠：《传统知识的法律保护初探》，载《华中师范大学学报》，2004 (3)。

② 参见 Carlos Correa：《传统知识与知识产权》，国家知识产权局译，见 http：//www. biodiv-ip. gov. cn。

度”，非洲联盟组织制定的“保护社区、农民和育种者权利的示范法”，太平洋岛国拟议中的“传统知识和文化表达的示范法”，以及菲律宾、厄瓜多尔、巴西、委内瑞拉等国的宪法和法律都有关于“社区权”的相关制度。[①] 这种保护制度受到国际社会的关注，但其实际施行进展甚微。有鉴于此，一些发展中国家建议构建专门的“数据库保护制度”，即是将传统知识在整体上作为特殊的数据库加以保护。这种特殊数据库除获得一般数据库的作者权外，还包括对数据库实际记录的知识本身所享有的权利，对已经登记的知识表达形式复制和具体内容利用所享有的权利。[②] 这种保护制度是著作权与未公开信息保护制度相结合的产物，既保护了思想表达，又可保护思想内容，有其合理性。(2) 多种保护制度。考虑到单一保护制度要处理传统知识的不同主题（如作品、技术或标记等），较难对其制定共同规则，一些国际组织以及部分国家建议对传统知识中易限定的部分（特别是民间艺术创作、传统医药等），先行给予专门保护。[③] 例如，1996 年世界知识产权组织在其《表演与录音制品条约》中将民间文艺列入受保护的表演范畴；2000 年欧洲委员会提出《关于知识产权法下民间文化表现形式的国际保护报告》，以及泰国制定的《传统泰药知识法》、中国制定的《传统工艺美术保护条例》等。这种制度保护对象明确，权利界定清楚，其立法有可资借鉴之处。

关于专门制度的法律属性，即是否属于知识产权保护机制的范畴，国际上有不同的认识。有的认为这是一种“专门的知识产权制度”，尽管它的学理基础、规范方法与典型的知识产权制度有较大的差异；也有的认为，这种制度“处于现行知识产权体系的保护之外，它实际上归属于国际社会正在讨论的一个更为宽泛的权利系统——传统资源权”。“如果说现行知识产权制度是对智力创新的激励，那么传统资源权就是对智力源泉的涵养”[④]。可以认为，关于传

---

① 参见 Carlos Correa：《传统知识与知识产权》，国家知识产权局译，见 http：//www. biodiv-ip. gov. cn。

② 参见宋红松：《传统知识与知识产权》，载《电子知识产权》，2003 (3)。

③ 参见 Carlos Correa：《传统知识与知识产权》，国家知识产权局译，见 http：//www. biodiv-ip. gov. cn。

④ 龙文：《论传统知识产权权利的实现形式》，载国家知识产权局条法司编：《专利法研究 (2004)》，北京，知识产权出版社，2004。

统知识专门保护制度，或者就是一种新型的知识产权制度，或者说是类似于知识产权的产权制度。总而言之，它是当代知识产权国际保护制度发展过程中的新问题，其研究尚有待深入。

（二）关于遗传资源保护

在国际公约的有关文件中，遗传资源是与传统知识相关联并经常出现的一个专用术语。按照《生物多样性公约》的说法，遗传资源是指具有实际或潜在价值的遗传材料，包括来自植物、动物、微生物或其他来源的任何含有遗传功能单位的材料，例如植物遗传资源、动物遗传资源、人类遗传资源等。世界知识产权组织秘书处在其文件中有着“遗传资源及相关传统知识”的表述，显见两者的含义是有区别的：传统知识由基于传统所产生和发展的知识构成，或者说是一种与传统有关的知识体系，是传统部族创造的且有价值的文化资源；而遗传资源是具有遗传功能、含有遗传信息的物质材料和资料，它作为一种“人类自然遗产”，则是传统部族独有的、具有稀缺性的物质资源。在传统资源名义的统领下，传统知识与遗传资源也有着密切的联系：遗传资源特别是人工培育的动植物物种资源，往往是某些传统知识的物化载体，是后者利用所产生的结果；而传统知识特别是传统医药知识、农业知识、生态知识等，则可能是某些遗传资源的价值体现，是后者存在或发展的条件。可以说，包括传统知识和遗传资源在内的传统资源，是社会财富的重要组成部分。

关于遗传资源的保护，有着深刻的国际背景。2003 年，世界知识产权组织召开会议，提出“关于与遗传资源和传统知识有关公开要求问题的技术研究报告草案”，明确指出，“生物技术日益重要，与生物技术相关的发明的专利授权数量不断增加。由此可见，遗传资源及相关传统知识作为原材料对某些生物技术发明具有潜在的价值；然而，有大量技术可用遗传资源作为投入，并可对传统知识加以利用，因此其重要性和价值不仅限于生物技术本身”①。生物技术产生的特点之一是资源依赖性与资源信息化。正如有的学者所言，这就决定了在生物技术时代，谁掌握了地球上的有限遗传资源，谁就能在生物经济的发

---

① 世界知识产权组织秘书处：《关于与遗传资源和传统知识有关公开要求问题》，载国家知识产权条法司编：《专利法研究（2004）》，北京，知识产权出版社，2004。

展中取得主动，从而成为新的财富拥有者。[①] 为了保护遗传资源，制裁“生物剽窃”行为，国际社会为之作出了一些重大努力。1992 年《生物多样性公约》的实施，2001 年《粮食和农业植物遗传资源国际条约》的通过，表明遗传资源保护法律框架的构建取得了一些进展。以上述公约为基础，其保护机制与产权设定主要有以下两种形式：

一是国家主权与“事先知情同意保护机制”。《生物多样性公约》秉承 1962 年联合国《自然资源永久主权宣言》的精神，“确认各国对其自然资源（包括遗传资源）拥有的主权权利”[②]。这意味着遗传资源隶属于国家主权控制，对它们的处置、开发和利用的决定权属于国家政府，并依照国家法律行使。国家主权不具有私权性质，为此一些国家的相关立法将这一原则引申至私法领域。有的国家规定了对生物资源及其有关的传统知识的“国家所有权”，如菲律宾；有的国家则规定主权控制下的国家、私人土地主或传统部族的“分别所有权”，如哥斯达黎加。在《生物多样性公约》中，与遗传资源归属的国家主权制度相关联，有一个遗传资源获取的国家保护机制，即“事先知情同意保护机制”，它包括三个方面的内容：（1）事先知情同意。《生物多样性公约》规定：“遗传资源的取得须经提供这种资源的缔约方事先知情同意，除非该缔约方另有规定。”[③] 这就是说，非权利人在获取遗传资源、对遗传资源进行商业性利用前，必须事先通知有关国家和传统部族社区，使其知晓该类利用的有关情况，并须获得依该国法律确定的有关政府部门或部族社区的同意。有关申请及授权许可，应当采用书面文件形式。（2）标明来源。《生物多样性公约》缔约方大会作出决定：“如申请的主题涉及或在开发中使用了遗传资源，在知识产权申请中鼓励公开遗传资源的原产国”。世界知识产权组织秘书处编拟的相关文件，对此要求是“专利申请人在向专利局递交的发明说明书中公开促成

① 参见朱雪忠等：《基于遗传资源所产生的知识产权利益分享机制与中国的选择》，载《科技与法律》，2003 (3)。

② 《生物多样性公约》第 15 条第 1 款。

③ 《生物多样性公约》第 15 条第 5 款。

发明的生物样品的国家来源”[①]。上述规定说明，非权利人利用遗传资源作出发明而提出专利申请的，要在有关文件中标明所使用的遗传资源的来源国或社区的名称。(3) 利益分享。《生物多样性公约》提出惠益分享约定制度，即遗传资源的利用方与提供方，应按照共同商定的条件，“公平分享研究和开发此种资源的成果以及商业和其他方面利用此种资源所获的利益”[②]。传统部族社区参与遗传资源商业化利用过程中的利益分享是该公约的宗旨之一。“国家主权原则”为这种利益分享设定了权利基础，而“事先知情同意保护机制”则为利益分享提供了制度保障。关于利益分享的具体方式和比例，公约未作规定，而交由缔约方的国内法来解决。

二是农民权与粮农植物遗传资源保护机制。根据《粮食和农业植物遗传资源国际公约》的规定，农民权是指农民，特别是原产地和粮农植物多样性中心的农民，“源于过去、现在和将来在保存、改良和提供植物遗传资源方面所作的贡献而产生的权利”。权利由缔约方政府，按照其国内法采取措施保护，包括：(1) 传统知识保护权，即保护农民享有与植物遗传资源有关的传统知识的权利；(2) 利益分享权，即平等地参与分享因利用植物遗传资源而产生的利益的权利；(3) 决策参与权，即在国家层面上就与植物遗传资源的保护和可持续利用的有关事项参与决策的权利。[③] 这种规定似乎不是农民权内容的全部，为此一些缔约方和学者提出建议：除上述权利外，还应包括“事先知情同意权”“来源标记权”以及公约已有规定的农民特权（主要是储存、利用、交换和销售种子或繁殖材料的权利）。[④]

关于遗传资源权或农民权的法律属性，国际上较为流行的观点是将其排斥在知识产权体系之外，也有人主张将其改造成为一种新型的知识产权。[⑤] 应该承认，将遗传资源视为精神产物，并相应将该项权利归类入知识产权体系，这

---

① 世界知识产权组织秘书处：《关于与遗传资源和传统知识有关公开要求问题》，载国家知识产权局条法司编：《专利法研究（2004）》，北京，知识产权出版社，2004。

② 《生物多样性公约》第 15 条第 7 款。

③ 参见《植物遗传资源国际公约》第 9 条第 2 款。

④ 参见 Carlos Correa：《传统知识与知识产权》，国家知识产权局译，见 http：//www. biodiv-ip. gov. cn。

⑤ 有关观点可参见詹映等：《国际法视野下的农民问题初探》，载《法学》，2003（8）。

种观点在理论上还难以为人接受。这是因为，遗传资源所附载的生物体与一般有体物的法律属性无异，而遗传资源所含有的遗传信息在分解后却可能成为生物技术样态的知识。可以说，在“原地条件”[①]下的遗传资源，即是遗传信息与生物材料的结合体，它既不是一般意义上的物，也不是特殊意义中的知识，因此现行物权和知识产权制度无法提供保护。但是，将上述权利与知识产权完全隔绝也是不恰当的。笔者认为，至少有两点值得考虑：第一，遗传资源及其有关的传统知识。如果符合保护条件的，其本身即可取得知识产权，如专利权、植物新品种权。第二，遗传资源及其有关的传统知识，对生物技术发明或新品种培育有重要价值，就其产权链接来说，遗传资源权或农民权往往是某些知识产权的在先权利。因此，我们可以在物权、知识产权以及其他专有权的相关法律框架内，对该类权利进行学理研究和制度构建。

（三）关于地理标志保护

地理标志是标示产品来源地的商品性标记。按照《知识产权协定》的说法，地理标志是指标明某商品来源于某一缔约方的地域或该地域的某一地区或地点的标志，并且该商品的特定质量、信誉或其他特征与该地理来源有实质上的关联。地理标志的核心构成要素是客观存在的“地理名称”。这种“地理名称”从其存续时间来看，是“传统”的而不是新近的；从其存在状态来看，是客观的而不是臆造的。从某种意义上说，地理标志也是一种与现代知识有别的“传统资源”。一般而言，地理标志的构成主要有两种形式：一是由具体的地理名称与商品名称组合而成，如“瑞士手表”“北京烤鸭”等；二是以具体的地理名称直接作为地理标志，如香槟（champagne）既是法国的一个省名，又是产于该地的一种起泡白葡萄酒的地理标志。因此，地理标志具有地缘性、客观性、永久性的特点。

地理标志是各国知识产权的共同保护对象，但由于历史、经济、文化等因素的影响，各国在立法模式上的选择并不相同。

一是专门法保护。即是将地理标志作为一种特殊工业产权看待，采用专门

---

① 《生物多样性公约》规定的“原地条件”，意指遗传资源生存于生态系统和自然环境之内的条件。

立法的方式给予保护。其代表性法律首推法国《原产地名称法》。[①] 在专门法保护模式下，地理标志权被认为是一种“集体财产权利”[②]，由国家颁布法令规定地理标志的检测方式和程序；地理标志不被认为有通用性，该标志以及任何使人产生与其联想的其他说明都不得在任何类似商品上使用；地理标记权不能被视为公产，并且不受时效限制。

二是商标法保护。即是将地理标志作为证明商标、集体商标，纳入商标法体系。美国及一些普通法系的国家采用这一方式。在商标法保护模式下，地理标志不能作为普通商标注册，但可将其注册为证明商标、集体商标，从而取得专用权保护；主管机关对地理标志即证明商标、集体商标的主体有明确的资格限制，一般应是对商品特点品质有检测和监督能力的法人组织；证明商标权和集体商标权归注册人所有，其中，集体商标注册人可以在自己经营的商品上使用该商标，而证明商标只能由注册人授权符合使用条件的经营者使用该商标。

在地理标志保护制度的历史发展过程中，由于各国在传统产业、传统工艺、传统产品方面的差异，对地理标志的保护亦有强弱之分。有些学者认为，在历史较为悠久的国家，如欧洲国家及一些传统产品较为出名的国家，存在着许多世界知名的商品，因而很早就倾向于通过对地理标志的严格保护来维护其固有的经济利益。反之，美国、加拿大、澳大利亚等新兴国家的经济发展中没有太多的传统地理和人文因素，地理标志并未给其带来较大的经济利益，故这些国家并未特别强化对地理标志的保护，而仅仅出于防止消费者受欺诈的动因作出规定。[③] 鉴于世界各国在地理标志保护方面的不同态度，国际上很早就开始了协调行动。1883 年《保护工业产权巴黎公约》率先将地理标志列入工业产权保护的范围，并对防止假冒地理标志的行为作了一些实质性规定。1891 年《制裁产品虚假或欺骗性货源标志马德里协定》和 1958 年《保护原产地名

---

① 该法于 1919 年颁布，1990 年、1996 年先后修改。该法规定了原产地名称的概念、主管机构设置、认定程序以及法律诉讼程序等。参见马晓莉：《地理标志立法模式之比较分析——兼论我国地理标志的立法模式》，载《研究与探讨》，2003 (1)。

② 董炳和：《地理标志知识产权制度研究》，中南财经政法大学 2004 年博士学位论文。

③ See Lee Bendekgey, Caroline H. Mead, “International Property of Appellation of Origin and Other Geographic Indications”, TMR. vol. 82, p. 765. 转引自方彬彬：《产地标记之保护》，29 页，台北，三民书局，1995。

称及其国际注册里斯本协定》，则分别对禁止利用假冒地理标志实施不正当竞争行为，以及地理标志的国际注册程序和要求作了具体的规定。在世界贸易组织的《知识产权协定》框架中，地理标志是“与贸易有关的知识产权”之一。值得注意的是，在《知识产权协定》的谈判过程中，发达国家的立场和目标基本上是一致的，他们联合向发展中国家施加压力；但在地理标志保护的问题上却出现了严重分歧，欧盟及瑞士与美国有着不同的主张。《知识产权协定》关于地理标志的保护措施，尤其是对葡萄酒、烈性酒的特别保护，满足了欧盟及其他欧洲国家的基本诉求①，但也顾及美国等国家对某些地理标志长期使用的现状，对地理标志的保护规定了多项例外。② 上述规定实际上是发达国家两大利益集团妥协的结果。

《知识产权协定》的形成，并没有完全解决不同国家关于地理标志保护问题的矛盾。为此，协定启动了有关谈判和审议机制，为某些缔约方之间就“单个地理标志”进行谈判奠定了法律基础。从具体实施的情况来看，“单个地理标志”问题，实际上是要解决在一些缔约方一般已被作为通用名称使用的葡萄酒和烈性酒地理标志的保护问题，显然这是历史“遗留”问题，而不是未来保护问题。在这种情况下，地理标志成为 2001 年 11 月第四届世界贸易组织部长级会议（多哈会议）的一个重要议题。多哈回合的相关谈判议题有三：一是建立葡萄酒和烈性酒地理标志的多边注册制度，二是扩大关于葡萄酒和烈性酒地理标志特别保护的适用范围，三是《知识产权协定》理事会对实施有关地理标志规定的评审。③ 对前述两个问题，美国与欧盟存有分歧：欧盟主张建立一种有法律效力的、类似于《里斯本协定》所规定的国际注册制度，而美国不赞成建立多边注册制度，并提出即使建立这种制度也应只具有信息通报功能，即建立的是地理标志的数据库，而不是注册体系；关于酒类产品地理标志的特别保护措施，欧盟主张扩大其适用范围，而美国则表示反对。由于美欧之间严重的分歧，直至世界贸易组织第五届部长级会议（坎昆会议）召开之前，各缔约方

---

① 参见《知识产权协定》第 22、23 条。

② 参见《知识产权协定》第 24 条。

③ See DOHA WTO Ministerial 2001：Ministerial Declaration，http：//www. wto. org/thewto/ministerial/doha/index. htm，2003 - 06 - 28.

关于地理标志问题的谈判依然没有取得实质性进展，这也成为2003年9月坎昆会议无果而终的重要原因之一。

国际社会注意到，从多哈会议到坎昆会议，发展中国家在地理标志谈判中的立场、观点发生了“分化”。在以往的知识产权问题上，发展中国家与发达国家各自作为一个整体而处于某种程度的对抗，但在地理标志问题上，众多发展中国家出于自己的利益需要，站在了不同的阵营：一部分站在美国一边（主要是中美及南美国家），另一部分站在欧盟一边（主要是中东欧及亚洲国家）。这就说明，地理标志的知识产权保护，与各国的经济水平发展无涉，但与产业或产品的“传统”有关。

综上所述，在地理标志保护方面，不再是以往的南北矛盾，而是所谓“新世界”国家与“旧世界”国家之间的矛盾。“新”“旧”两个世界中既有发达国家，也有发展中国家。[①] 美欧之间的矛盾与分歧，以及发展中国家的分化，使得国际知识产权领域出现了一种新的更加复杂的利益格局。地理标志保护制度的建立已有一百余年的历史，不同的保护理念与不同的保护模式一直并存于两大法系的不同国家之中。如今这项老制度又出现了新的问题，这不仅影响到《知识产权协定》在缔约方的国内实施，也给后TRIPs时代国际知识产权制度的发展增加了变数。

上述三个问题是知识产权国际论坛的重大话题。这三个主题所涉及的对象都与“传统”有关。正如有的学者所认识的那样，其相似之处在于：它们的主体均不是特定的自然人，同时，受保护的对象与现有的知识产权客体有很大不同。因此可以将它们尤其是传统知识和遗传资源作为知识产权的“新客体”[②]。需要指出的是，地理标志保护尽管存有争议，但很早就被纳入知识产权制度体系；而传统知识、遗传资源却属于某种意义的“共同遗产”（common heritage)。从现有的法律理念来说，该类“共同遗产”的核心要素，即“无形要素都已处于公有领域，属于人人可以自由使用的对象”[③]。其主要原因是：传统

① 参见董炳和：《地理标志知识产权制度研究》，中南财经政法大学2004年博士学位论文。

② 郑成思：《传统知识与两类知识产权的保护》，载《知识产权》，2002（4)。

③ 唐广良：《遗传资源、传统知识及民间文学艺术表达国际保护概述》，载《知识产权文丛》，第八卷，北京，中国方正出版社，2002。

知识不具备现代知识的新颖性标准，遗传资源则属于缺乏创造性的客观物质材料；此外，它们或是其主体难以确定，或者没有书面文献记载权利，或者存续期限过于久远，这些都与知识产权保护个体创新的现存基本理念不符。现行知识产权制度的缺憾在于，它有效地保护了智力创新，却忽视了保护这种创新的智力源泉。为此，国际社会正在讨论一个新的权利系统——“传统资源权”。该项权利制度保护的是一种新型的“传统”财产，即“任何人对于特定群体所拥有的知识、发明和实践及其土地和领土上保存的生物资源的进一步使用和开发，应当通过协商达成公平的利益分享”①。

传统资源权是一种保护“传统”（即维护文化和生物的多样性）的“新制度”。这种制度与现存的知识产权有关但又有区别，它可采取专门管理（公法）与权利保护（私法）相结合的法律模式：对于前者，即设立国家或社区的传统资源管理委员会，其管理职责主要是“保护”（protection）、“保存”（conservation）和利用（utilization）传统资源；对于后者，则建立“社区权”或国家、社区及部族的“分别所有权”，该项权利的主要内容表现为对传统资源利用的“知情同意”、“标示来源”以及“利益分享”。

对传统资源保护的制度选择，既涉及一国自身利益的考量，又事关国际协调机制的运作。对于中国而言，自进入世界贸易组织后，在《知识产权协定》的框架下过多强调知识产权的弱保护已无多少意义，关键在于我们如何利用国际协调机制对抗发达国家超越协定标准、超出我国国情的知识产权强保护要求，发挥传统文化与资源大国的优势，争得国际规则制定的话语权，为保存与发展传统资源而争取有利条件；在国际上，中国与发展中国家应致力于制度创新，对传统资源采用与现行知识产权制度有别的保护机制，避开倾覆知识产权制度根基的法律变动。同时，借用地理标志保护所形成的利益格局，争取更多国家的理解和支持，在达成共识的基础上逐步建立起传统资源知识产权利用与保护的法律制度体系。

---

① 龙文：《论传统知识财产权利的实现形式》，载国家知识产权局条法司编：《专利法研究（2004）》，北京，知识产权出版社，2004。

后 TRIPs 时代知识产权的制度变革与中国的应对方略*

一、知识产权制度的一体化与中国的立法选择

自 1994 年世界贸易组织取代关贸总协定以来，知识产权国际保护制度进入了后 TRIPs 的崭新时代。《知识产权协议》在各缔约方的普遍实施，协议在实施过程中与国际人权的冲突，传统资源保护引发知识产权制度变革，是这一时期存在的三个主要问题。在关贸总协定“乌拉圭回合”谈判之前，知识产权保护体系在国内与国际上虽已普遍建立，但从总体上看来存在以下问题：一是许多国家尤其是发展中国家的知识产权制度不甚健全，保护水平较低；二是许多知识产权公约的缔约方数目太少，相关条约缺少有效机构保证其实施，各公约之间缺乏协调机制等。由于《知识产权协议》的形成并将这一协定置于世界贸易组织管辖之下，知识产权制度表现出一体化、国际化的发展趋势。

知识产权立法的一体化，寓意着知识产权保护的基本原则与标准在全球范围内的普适性。这一现象虽非始自今日，但当代知识产权制度的一体化潮流有着自己的显著特征：（1）立法一体化的基础是国际法高于国内法。19 世纪下半叶签订的知识产权公约确立了知识产权保护的基本标准，并在强调国民待遇

---

* 原载《法商研究》，2005（5）。

的基础上承认国内法在保护知识产权方面的优先地位。近代知识产权制度的一体化，主要表现为国家间法律（国际法）的形成以及国际法与国内法的相互影响。而在当代，《知识产权协议》拟定了新的知识产权保护的国际标准，并以此作为各缔约方国内立法的原则和依据。这一时期法律的一体化，则体现为国内法遵从国际法，以及国内法与国内法之间的一致性。（2）立法一体化的结果是知识产权保护的高水平化。最低保护标准原则的适用，导致立法一体化趋势的出现。这种“最低标准”的实质意义，在于各缔约方在保护标准上的一致性，与知识产权保护水平的高低并无绝对的关联性。与知识产权国际保护制度的草创阶段不同，现有的国际公约包括《知识产权协议》以及《因特网条约》[①] 等所确定的最低保护标准，体现了权利的高度扩张和权利的高水平保护，更多地顾及和参照了发达国家的要求和做法。换言之，现今的最低标准即一致性标准，绝不是低水平，它在很多方面超越了发展中国家的科技、经济和社会发展的阶段。（3）立法一体化的内容包括实体规范和程序规范。世界知识产权组织管理的《巴黎公约》和《伯尔尼公约》，主要规定了知识产权国际保护的实体内容，较少涉及知识产权实施程序的规定，尤其是缺乏必要的执法措施和争端解决机制，以至于一些条约成为没有足够法律约束力的“软法”[②]。在知识产权实施方面，上述公约并无统一的国际规则可供遵循，主要是由各缔约方通过国内立法采取种种不同措施，制裁侵权行为。这就使得知识产权往往不能得到充分有效的保护，而且因国而异即不是一体的保护。《知识产权协议》改变了以往国际公约注重协调的传统，从实体到程序实现了知识产权保护规则的一体化。《知识产权协议》首次将原本属于国内立法的知识产权保护的实施程序，转化成为公约规定的国际规则，从而使它们与实体规范一起成为各缔约方必须严格履行的国际义务。（4）立法一体化的实质是知识产权国际保护体制与国际贸易体制的结合。在《知识产权协议》诞生之前，知识产权国际保护与国际贸易是由两个不同的国际法律体系分别处理的国际事务。长期以来以世界

① 国际知识产权界将《世界知识产权组织版权条约》和《世界知识产权组织表演与录音录像制品条约》合称为《因特网条约》。

② 孙皓琛：《WTO 与 WIPO：TRIPs 协议框架中的冲突性因素与合作契机之探讨》，载《比较法研究》，2002（2）。

知识产权组织及其所辖公约为中心的知识产权国际保护制度，致力于知识产权方面的国际交流与合作，知识产权国际保护主要以智力创造领域为其活动空间，与国际贸易并无直接关联。与上述国际组织及国际公约不同，世界贸易组织及其制度框架则将知识产权保护纳入国际贸易体系之中。这意味着，在世界贸易组织框架内，实现了国际贸易“知识化”与知识产权“国际化”，《知识产权协议》不同于传统的知识产权公约，其本身即是新国际贸易体制的重要组成部分，并以推进经济全球化与立法一体化为主要目标。首先，协议确立了期望减少国际贸易中的扭曲与阻力，需要促进对知识产权充分、有效的保护，并保证知识产权执法措施与程度不至于变成合法贸易的障碍之目的。[①] 其次，协议将《关贸总协定》与世界贸易组织关于货物贸易的原则和机制延伸到知识产权保护。再次，世界贸易组织体制下的争端解决机制不仅直接适用于一般贸易的纷争，而且延伸适用于知识产权纠纷。

在一体化、国际化的潮流中，中国作为世界贸易组织成员，理所当然应遵守《知识产权协议》所规定的国际义务。但是中国是一个发展中国家，应当考虑本国的经济、科技与文化的发展水平，现阶段立法不必过于攀高，而应最大限度地实现法律的本土化与国际化之间的协调。具言之，中国的知识产权保护应当遵循国际公约规定的最低标准，而不是追随发达国家的高标准；反对知识产权“超国际标准”和“超国民待遇”的保护，在知识产权国际保护中加强合作与理解；坚持知识产权保护的“阶段论”[②] 和“范围论”[③] 的有机结合，逐步推动知识产权保护范围的扩大；推动我国具有优势的知识产品资源的国际保护，争取降低我国具有劣势的知识产品的保护水平；在遵守知识产权国际公约规定义务的前提下，灵活对待本国知识产权保护的具体情况。

---

① 参见《知识产权协议》序言。

② “阶段论”是指知识产权的保护水平和一个国家的经济和社会发展的水平相适应，而不能落后于或者超出某一历史阶段的科技和经济发展所决定的知识产权的保护水平。

③ “范围论”是指知识产权的保护范围要和一个国家的经济和社会发展的水平相适应，不能不适当地缩小知识产权保护范围，也不能不适当地扩大知识产权保护范围。

二、国际知识产权与国际人权的冲突及中国的应有立场

《知识产权协议》作为世界贸易组织的基本法律文件，对知识产权的国际保护作了新的制度安排，是迄今为止知识产权保护范围最广、保护标准最高的国际公约，堪称“知识产权保护的法典”[①]。同时，《知识产权协议》作为当代知识产权国际保护的核心法律制度，在其推行过程中也显见种种不足。从多哈会议通过的关于“《知识产权协议》与公共健康的宣言”，到坎昆会议前夕达成的关于该宣言第 6 段的实施决定，表明《知识产权协议》的法律框架在不断发展和完善，其推动力主要是知识产权与人权的冲突及其平衡。[②]

在国际人权的视野中，《知识产权协议》对作者权利保护的缺失，限制合理使用规定对表现自由的冲击，信息数据库权利的扩张对数据库来源者个人隐私的妨害，药品专利垄断对公众健康权利的影响，以及专有技术转让阻滞对发展权行使的制约等，都深刻地说明国际知识产权与国际人权保护在制度层面以及实施结果方面的不协调。

自进入后 TRIPs 时代，国际社会十分关注知识产权与基本人权的关系问题，并努力改革现有的国际知识产权保护制度，使之符合国际人权的标准。其实，国际贸易领域的知识产权问题与国际政治领域的人权问题，被喻为当代国际关系的两大热点问题。2000 年，联合国人权促进保护小组委员会发表了《知识产权与人权》的报告，审查了《知识产权协议》对国际人权带来的影响，宣称：“由于《知识产权协议》的履行没有充分反映所有人权的基本性质和整体性，包括人人享有获得科学进步及其产生利益的权利、享受卫生保健的权利、享受食物的权利和自我决策的权利，所以，《知识产权协议》中的知识产权制度作为一方与另一方的国际人权法之间存在着明显的冲突。”[③] 这即是说，对于人权社会而言，创

---

① 曹建明等：《世界贸易组织》，312 页，北京，法律出版社，1999。

② 参见张乃根：《论 TRIPs 协议框架下知识产权与人权的关系》，载《法学家》，2004（4）。

③ UN Commission in Human Rights：Intellectual Property and Human Rights，2000，E/CN1. 4/Sub. 2/2000/7.

造者的权利应视为人权，不论他们是个人、群体还是社团[①]；另一人权问题是，知识产权保护应与维护人类尊严和实现其他人权相一致。人权义务的位阶应高于一切经济政策与协定，具言之，国际知识产权公约的履行，应全面考虑国际人权公约所规定的义务；各国立法保护知识产权，其社会作用应符合国际人权义务。

笔者认为，妥善解决知识产权和人权之间的冲突，使得知识产权和人权协调发展，必须坚持以下原则。

关于权利的冲突，应奉行"法益优先保护"的原则。[②] 诸如表现自由权、隐私权、健康权、环境权都是国际公约承认的基本人权，相对于知识产权这一财产权利而言，上述人权应当具有优越地位即应看作具有优先性的法价值。实行"法益优先保护"原则，意味着现代知识产权制度不仅要符合国际知识产权公约的规定，而且不应与国际人权标准相冲突；关于权利的协调，应实行"利益衡平"的原则。[③] 其实，知识产权与各种人权在本质上可以达到一致。就人权体系而言，知识产权本身也是一项人权[④]，进而言之，包括知识产权在内的私人财产就是人权的基础性权利。这是我们实现权利协调的一个重要条件。知识产权法所强调的利益衡平，实际上是同一定形式的权利限制、权利利用制度相联系的。这就是说，出于公共利益目标，出于对基本人权的尊重，在一定情况下应对知识产权进行必要限制，以保证社会公众对于知识产品的合理利用。

自《知识产权协议》生效以来，国际社会充斥的是如何实施该协议，如何促使知识产权一体化、高标准保护的声音，对这一协议本身的缺陷重视不够，对协议实施过程中与人权冲突的状况批评不够，这些并不利于知识产权国际保

---

① 关于知识产权的人权意义分析可参见吴汉东：《知识产权的私权与人权属性》，载《法学研究》，2003 (3)。

② 法益优先原则的采取实际上是一个利益衡量的过程，即对相互冲突的利益依照一定的原则进行比较，优先保护位阶较高的利益。

③ 通过对各种利益进行衡量，可以实现知识产权和人权的和谐共存，知识产权的保护可以促进人权的实现，人权的实现反过来可以促进知识产权的发展。知识产权应当有利于人权的实现，应当与人权和谐发展。See A. R. Chapman，Approaching Intellectual Property as a Human Right Obligations related to Article 15 (1) (c)，in Copyright Bulletin Vol. XXXX，No. 3 (2001) 4－6，at 14. 转引自 Paul L. C. Torremans，Copyright and Human Right，2004 Kluwer Law International。

④ 知识产权本质上是一种人权，在国际上也得到普遍的承认，并且在知识产权的国际法律文件中得到了体现。See Paul L. C. Torremans，Copyright and Human Right，2004 Kluwer Law International.

护制度的健康发展。在发达国家主导的国际经济和政治秩序既定的条件下，发展中国家应当积极参与国际知识产权论坛，通过自己的团结力量，对发达国家的国际主张产生制衡作用，推动国际知识产权保护和国际人权保护协调发展。

三、传统资源权的出现与中国的应持主张

当代知识产权的国际保护的变革，不仅凸显出现行制度的改革（如基因专利、网络版权、网络商标），而且面临着崭新制度的突破（如传统知识、遗传资源）。其中，传统知识、遗传资源等新型的财产权制度的出现，对国际知识产权制度的发展产生了重大的推动作用。这一情形使得国际知识产权制度的保护范围从智力成果的本身发展到对智力成果的源泉，使得发展中国家在知识产权资源的国际竞争中取得优势地位成为可能。

2000年，世界知识产权组织成立了“知识产权与遗传资源、传统知识和民间文学艺术”的政府间专门委员会，着手探索有别于现代知识产权的传统知识保护问题。对于这一问题，世界贸易组织也给予了高度重视，2001年多哈会议的部长声明第18～19条已将传统知识问题列为下一次多边谈判考虑的议题。除此之外，在有关人权、文化、贸易、粮农、土著权利、劳工标准、可持续发展、土地、环境与生物多样性等问题的国际论坛中，诸如联合国教科文组织、联合国环境计划署、联合国粮农组织、联合国贸易与发展会议、联合国开发计划署、世界卫生组织、世界粮食计划署等国际机构对传统知识和遗传资源的保护问题也都进行了广泛的讨论。国际社会开始重视传统知识的保护问题，并对这种制度安排进行了有益的探讨。

按照世界知识产权组织的说法，传统知识是指基于传统所产生的文学、艺术或科学作品，表演，发明，科学发现，外观设计，标记、名称及符号，未公开的信息，以及一切来自产业、科学、文学艺术领域内的智力活动所产生的基于传统的创新和创造。[①] 近年来，国际社会十分重视传统知识的保护问题，并

① See WIPO Intergovernmental Committee on IP and GR，TK and F，Sixth Session（Geneva，March 15 to 19，2004），Revised version of TK policy and Legal Options，p. 6.

对这种制度安排进行了有益的探讨：一是采用现行制度保护。根据世界知识产权组织对一些国家的调查，许多国家包括北美、西欧的一些发达国家认为现行知识产权制度原则上适用传统知识保护。知识产权现有形式下的保护方式包括：著作权及邻接权（以民间文学艺术表达为主的传统知识为保护对象）、专利权（以遗传资源的利用、开发有关的产品和方法为保护对象）、植物品种权（以改进原生状态物种的新植物品种为保护对象）、外观设计权（以传统的手工艺产品为保护对象）、商标权（以含有传统知识的商品或服务所采用的个体或团体标记为保护对象）、地理标记权（以各类天然、传统和工艺品所采用的社区标记为保护对象）、反不正当竞争（以未公开的传统知识作为保护对象）。[①] 二是采用专门制度保护。一些学者和非政府组织强烈建议的方法，是建立一种专门制度，即为适应传统知识的本质和特点而创设独立法律制度，或是建立一种涵盖传统知识保护各个方面的综合性制度。例如，一些国家和某些区域性的政府间组织和机构，尝试创设所谓的“社区权”“社区知识权”“传统资源权”制度，对土著文化社区的传统知识给予保护；或是对传统知识中易限定的部分（特别是民间艺术创作、传统医药等），先行给予专门保护。例如，1996 年世界知识产权组织在其《表演与录音制品条约》中将民间文艺列入受保护的表演范畴，1997 年中国制定的《传统工艺美术保护条例》等。

按照《生物多样性公约》的说法，遗传资源是指具有实际或潜在价值的遗传材料，包括来自植物、动物、微生物或其他来源的任何含有遗传功能单位的材料，例如植物遗传资源、动物遗传资源、人类遗传资源等。关于遗传资源的保护，有着深刻的国际背景。2003 年，世界知识产权组织召开会议，提出“关于与遗传资源和传统知识有关的公开要求问题的技术研究报告草案”，明确指出，“生物技术日益重要，与生物技术相关的发明的专利授权数量不断增加。由此可见，遗传资源及相关传统知识作为原材料对某些生物技术发明具有潜在的价值；然而，有大量技术可用遗传资源作为投入，并可对传统知识加以利

① 参见 Carlos Correa：《传统知识与知识产权》，国家知识产权局译，www. biodiv-ip. gov. cn。

用，因此其重要性和价值不仅限于生物技术本身”[1]。为了保护遗传资源，制裁“生物剽窃”行为，国际社会为之作出了一些重大努力。1992年，《生物多样性公约》的实施，2001年《粮食和农业植物遗传资源国际条约》的通过，表明遗传资源保护法律框架的构建，取得了一些进展。以上述公约为基础，其保护机制与产权设定主要有以下两种形式：一是国家主权与“事先知情同意保护机制”；二是农民权与粮农植物遗传资源保护机制。

对传统知识、遗传资源的保护，国际社会正在酝酿一种新型的、与“传统”信息及信息材料相关联的、与“现代”知识产权相区别的“传统资源权”制度。传统资源权是一种保护“传统”（即维护文化和生物的多样性）的“新制度”。这种制度可采取专门管理（公法）与权利保护（私法）相结合的法律模式：对于前者，即设立国家或社区的传统资源管理委员会，其管理职责主要是“保护”（protection）、“保存”（conservation）和利用（utilization）传统资源；对于后者，则建立“社区权”或国家、社区及部族的“分别所有权”，该项权利的主要内容表现为对传统资源利用的“知情同意”、“标示来源”以及“利益分享”。

对传统资源保护的制度选择，既涉及一国自身利益的考量，又事关国际协调机制的运作。在国际领域，它不仅反映了一种新的利益格局的形成，同时也昭示着后TRIPs时代知识产权制度的发展走向。对于中国而言，自进入世界贸易组织后，在《知识产权协议》的框架下过多强调知识产权的弱保护已无多少意义，关键在于我们如何利用国际协调机制对抗发达国家超越协定标准、超出我国国情的知识产权强保护要求，发挥传统文化与资源大国的优势，争得国际规则制定的话语权，为保存与发展传统资源而争取有利条件；在国际上，中国与发展中国家应致力于制度创新，对传统资源采用与现行知识产权制度有别的保护机制，避开倾覆知识产权制度根基的法律变动。同时，中国和发展中国家应争取更多国家的理解和支持，在达成共识的基础上逐步建立起传统资源知识产权利用与保护的法律制度体系。

---

① 世界知识产权组织秘书处：《关于与遗传资源和传统知识有关公开要求问题》，载国家知识产权条法司编：《专利法研究》（2004），北京，知识产权出版社，2004。

知识产权制度运作：他国经验分析与中国路径探索*

知识产权是发展中国家迈向新型工业化道路的制度选择。对外国法制或国际法制的引进是一个“理性选择”的过程，更是一个“法律本土化”的过程，即外来制度如何在本国“扎根”与“内化”的过程。[①] 问题在于，知识产权制度在发展中国家并不能完全实现其预期的政策目标。对此国际知识产权协会主席，美国斯坦福大学的 John Barton 教授指出：发展中国家与发达国家在知识产权方面的差距，不在于制度本身，而在于运用制度的经验。这一评价是值得发展中国家在制定和运用知识产权政策时考虑的。

一、发达国家关于知识产权制度运用的基本经验

发达国家关于知识产权制度的改革安排和战略抉择，在许多方面可供发展中国家特别是新兴的工业化国家借鉴。

1. 实用主义态度：根据本国不同发展阶段作出知识产权政策调整

知识产权制度选择的基础是国情。根据国家不同发展阶段的不同发展需求，对知识产权制度作出选择性政策安排，是西方国家的普遍做法。美国早期的知识产权政策，深刻地贯彻了实用主义的商业激励机制：对内，保护私人知

---

* 原载《中国版权》，2007（2）。

① 参见张洪峰：《法的世界化与本土化之争及其超越》，载《福建法学》，2005（1）。

识财产，以暂时的垄断授权换取科技与文化的发展；对外，以知识产权为政策工具维护国家利益，采取了明显的本国保护主义的做法。基于其文化、教育落后于欧洲国家的现实考量，美国 1790 年版权法奉行的是低水平保护：版权客体狭窄、对作品要求标准较低，对外国作品长期不予保护，且游离于 1886 年伯尔尼联盟长达 102 年之久。其后，随着美国文化产业的不断发展，其版权法于 1831 年、1879 年、1912 年、1976 年、1998 年多次修改，版权保护范围不断扩大、保护水平不断提升，从而实现了从“印刷版权”到“电子版权”再到“网络版权”的制度创新。日本在明治维新后于 1885 年公布了专利法，但基本实施的也是低水平的专利政策，其在长达 90 年的时间里排除药品及化学物质专利，并为本国企业吸收外国技术提供制度便利。这一状况直到 1975 年专利法修正案才得以改变。有学者认为，这主要是国际社会压力的结果。[①] 其实，更加客观的现实原因是，日本的相关产业已经发育到相当程度，具备了与国外同行竞争的能力，因而产生了为化学和药用制品提供专利保护的利益诉求。可以说，日本专利权保护水平的提高，并非完全是对国外压力的顺从，其间有着顺应科技、经济发展要求的基本考量。上述情形说明，在知识产权制度发展史上，发达国家都有一个从“选择保护”到“全部保护”，从“弱保护”到“强保护”的过渡期。它们的经验告诉我们：在不出现外来压力的干扰下，一国根据自身发展状况和需要来保护知识产权是最为适宜的；在一国经济社会发展水平不高的情况下，这种低水平知识产权保护的过渡期是非常必要的。

2. 公共政策立场：从国际国内两个层面推进知识产权政策

西方知识产权制度是政府公共政策的有机组成部分，它既是国内政策，也是对外政策，并以服务国家利益为政策取向。现代美国是知识产权政策的有效运作者。自 20 世纪 80 年代以来，美国的知识产权政策作了如下重大调整：一是在国内建立了促进知识经济发展、科学技术创新的政策体系。美国在其政策体系中，重视知识产权的规制与导向作用。例如，多次修订完善其专利法，加强对技术产权的保护。除此之外，为激励技术创新，还颁布了《发明人保护法》《技术创新法》；为鼓励成果应用，则制定了《政府资助研发成果商品化

① 参见张韬略：《英美和东亚专利制度历史及其启示》，载《科技与法律》，2003 (1)。

法》《技术转让商品化法》等。由此构成了一个涵盖知识产权创造、应用和保护的完整法律制度。同时，美国强调知识产权制度与产业政策、科技政策、文化政策的有机整合。例如，通过政策联动，推动产业结构调整和传统产业改造，扶持“半导体芯片、计算机、通信、生物制药”等“朝阳产业”，发展“软件、唱片、电影”等文化产业。二是在国际上实施知识产权保护与对外贸易直接挂钩的政策举措。在20世纪90年代中期以前，美国主要是凭借国内的《综合贸易法》中“特别301条款”和《关税法》的“337条款”，把给予贸易对手的最惠国待遇与要求对方保护美国的知识产权直接挂钩，对所有不保护、不完全保护、不充分保护知识产权的国家进行经济威胁和贸易制裁；在1994年《知识产权协议》生效以后，美国更多是依赖缔约方的国家强制力和世界贸易组织的国际强制力，将缔约方所承诺的高水平的知识产权国际保护与享有无差别的最惠国待遇紧密联系起来。这表明，在国际贸易“知识化”与知识产权“国际化”的条件下，知识产权保护不再是一国内部的法律义务，而是与国际经济、科技、文化交流紧密地联系在一起，从而成为国际贸易体制的基本规则。有基于此，一国制定的知识产权政策既要适应国内发展需要，又要遵循国际规则。

3. 国家发展战略选择：以知识产权作为现代化建设的制度支撑

进入21世纪以来，发达国家在其知识产权政策中竞相确定了符合本国实际和服务国家利益的战略目标。美国作为世界上的“科技领先型国家”，通过了《知识产权与通讯综合改革法案》和以专利制度改革为目标的《21世纪战略计划》，建立了高水平的知识产权制度，并在知识产权国际事务中强制推行其美国价值标准；在“技术赶超型国家”中，日本制定了“知识产权战略大纲”，出台了《知识产权基本法》，“推进实施创造、保护、利用知识产权的政策措施，振兴科学技术，强化国际竞争力”。在“引进创新型国家”中，韩国确立了2015年成为亚洲地区科研中心、2025年成为科技领先国家的发展目标。2004年韩国政府成立了“知识产权保护政策协议会”，负责协调所有的知识产权国家政策。在国际上，维护本国的传统产业和高技术产业所形成的竞争优势，重视本国知识产权的涉外保护，其立法水平接近美欧日的基本政策立场。它们发展的经验告诉我们：知识产权制度是发达国家竞相使用的战略政策。制度学习虽是美国、日本超越英国后来居上的重要因素，也是韩国从发展中国家跃升为创新型国家的基本动因，但它们的成功却在于制定了适合本国情况的创新体制，包括有效运作知识产权的制度体系。

二、中国运用知识产权制度的现实状况

在经济全球化的国际格局中和知识经济的时代条件下，中国对于知识产权制度别无选择。中国接受了现代知识产权制度，并不等于制度效益目标的当然实现。其中的原因不仅在于运用知识产权制度的自身经验不足，而且还由于知识产权制度生存的国际环境发生变化。这就决定了中国在制度有效运作方面还存有相当差距。

1. 缺乏发达国家从低水平保护到高水平保护的必要过渡期（国际因素）

中国知识产权保护制度始于清朝末年。它虽是清政府实行新政、向西方学习的产物，但更多是帝国主义列强施加压力的结果。而西方发达国家早在17、18世纪就开始了本国的知识产权立法进程，要比中国早两三百年，即使是印度、巴西这样的发展中大国，其知识产权制度的建立也比中国早一百年。对于西方国家而言，它们既是知识产权的最早创制者，也是知识产权的最大受益者。它们的知识产权制度大抵经历了一个从“弱保护”到“强保护”的缓慢过程，这一过渡期或准备期短则几十年，长至百余年。新中国的知识产权立法进程只有短暂的历史，从20世纪80年代初开始，先后制定了《商标法》（1982年)、《专利法》（1984年)、《著作权法》（1990年)。然而时隔不久，即中国“入世”前，又全面修订了《著作权法》(2001年)、《专利法》（1992年、2000年)、《商标法》（1993年、2001年)，颁布了《植物新品种保护条例》（1997年)、《集成电路布图设计保护条例》（2001年）等，使中国的知识产权保护水平达到了《知识产权协议》的要求。总之，中国仅仅用了十多年时间，知识产权制度就实现了从低水平向高水平的转变，完成了从本土化到国际化的过渡。一句话，在新的国际贸易体制中，知识产权保护的国际环境发生很大的变化，作为世贸组织成员的中国已经没有发达国家所经历的过渡期，因此，从政府到企业对制度建设准备不及，制度运用经验不足。

2. 缺乏在本国有效实施知识产权制度的条件、手段和社会环境（国内因素）

实现知识产权制度目标，有赖于一般社会条件的成就，包括知识产权制度得以存在和有效实施的经济、科技、文化、教育等物质设施和社会环境，以及基于知识产权政策导向而配套形成的相关公共政策体系。如果上述条件得不到满足，知识产权制度实施就达不到立法者预期的效果。以专利制度为例，专利权是科技领域最重要的知识产权，其有效运作需要两个最重要的条件：第一，建立以专利权为导向的涵盖技术创新、技术成果转化、技术中介服务、技术产权保护的公共政策体系。在相关制度缺失的情况下，不少地方和行业普遍存在着有技术无专利、有专利无应用、有应用无产业的现象。据资料显示，我国技术成果的市场转化率仅为10%～15%，而技术应用的产业化率只有7%，远低于发达国家相关指标60%～80%的水平。第二，提供自主创新所需要的研发资金和物质条件。这一方面的问题更为严重，主要表现为创新投入不够。2004年研发投入占GDP的比重为1.23%，2005年上升到1.3%。这一投入量低于可统计国家平均1.6%的总体水平，与发达国家2.2%的投入差距更大。研发投入不足直接影响企业专利数量规模和质量水平。据统计，中国有95%以上的企业没有自己的专利，拥有核心技术专利的企业仅为万分之三。由于缺乏支撑经济结构调整和产业技术升级并拥有自主产权的技术体系，很多企业处在有“制造”无“创造”，有“产权”无“知识”的状态，甚至靠仿造过日子。

3. 缺乏应对“国际知识产权壁垒”与“国内知识产权陷阱”的积极方略（国际国内因素）

在国际市场和对外贸易方面，知识产权控制了大约一万亿美元的货物贸易和服务贸易，知识产权领域已经成为全球企业竞争的关键战场。在国际市场，外国公司、企业利用其资金和技术优势，熟练运用知识产权规则对中国企业构筑新的但又是合法的“知识产权壁垒”。一是“标准壁垒”，即影响甚至控制国际标准组织的标准化工作，并将技术标准融入技术专利之中，占领产业链的高端区位并获取高额利润，导致使用外国技术标准的中国企业在国际市场遭遇生存困境。二是“绿色壁垒”，即制定国际认可的环境标准和绿色标准，提高进入发达国家市场的商品准入标准，导致不符合国际认证的绿色标准和缺乏统一质量保证的出口品牌的中国农副产品、电子产品，在出口时屡屡受阻。三是“反假冒壁垒”，即动用《知识产权协议》新规定的海关措施，对一些冒用他人商标、商号、地理标志的中国出口产品，采取查封、扣押的“反假冒”保护措施。在中国市场，外国公司、企业往往是“产品未动，知识产权先行”，对中国企业设置了“知识产权陷阱”：第一，基于研发优势，在我国大量申请专利，特别是在关键技术、核心技术领域“跑马圈地”，对中国企业形成专利合围。第二，在合资合作过程中，利用资金优势，收购乃至消除中国企业的民族品牌，极力运作外来品牌占领中国市场，削弱中国品牌已形成的传统影响力和未来竞争力。第三，加强对中国企业侵权指控，甚至组成来华“打假团”，以侵犯专利、商标等知识产权为由，通过法律手段阻止和抑制中国企业的生存空间。相形之下，中国企业缺乏积极的应对方略。如果不尊重他人知识产权，不拥有自主知识产权，中国企业在国际、国内两个市场都会受制于人。

三、中国运用知识产权制度的若干建议

纵观知识产权国际保护制度的发展趋势，总结各国运用知识产权制度的有益经验，笔者认为，中国知识产权的国际政策和国内政策有必要进一步充实、调整和提高。为此，特提出如下建议。

关于国际政策。中国应该注意把握后 TRIPs 时代知识产权制度发展的基本动态，积极推动国际知识产权制度的改革，并且针对《知识产权协议》执行中的诸多问题，提出完善知识产权国际公约的立法主张，把发展更公平、更公正、更合理的知识产权制度作为自己国家的战略目标。具言之：一是信守国际承诺，推动制度改革。对于我国已经加入的知识产权国际公约，我们必须信守承诺，按照“条约必须遵守”的国际法基本原则，确保国内立法达到国际公约所确定的“最低保护标准”的要求。考虑本国现阶段经济、科教和文化的发展水平，目前的立法不必“攀高”，超越“最低保护标准”，而应最大限度地实现法律的本土化与国际化之间的协调。同时，在未来国际知识产权制度的变革过程中，我国也应注意发挥建设性作用，推动国际知识产权制度的改革：针对现行国际知识产权制度的不足和缺陷，提出符合国际知识产权制度变革方向的思

路和措施，着力解决知识产权保护中出现的公共健康问题，技术转让和利用问题，公众充分获取信息问题，公民隐私权保护等问题；结合我国具有的知识产权优势资源，推动国际知识产权新制度的建立。在《知识产权协议》新一轮的谈判中，应团结其他发展中国家，发挥建设性作用，加强对传统资源（包括传统知识、遗传资源）和地理标志的法律保护。二是运用国际规则，维护本国利益。自《知识产权协议》生效以来，国际社会充斥的是如何实施该协定，如何促使知识产权一体化、高水平保护的声音。我们要全面解读和合理运用《知识产权协议》条款，维护发展中国家的利益。例如，充分利用协议有关滥用知识产权的限制性规定，以反垄断的法律举措应对一些国家滥用知识产权的打压政策；坚决依照协议的“公共利益原则”，确保技术自由转化和信息广泛传播，制止许可贸易中限制竞争的行为。

关于国内政策。我国关于知识产权制度的国内政策安排，应服从于建设创新型国家的总政策目标。2004 年、2005 年中国政府分别成立了“国家保护知识产权工作组”和“国家知识产权战略研究工作领导小组”。以此为契机，中国知识产权制度建设进入了战略主动的新阶段。当前制度建设的主要任务：一是紧密结合我国具体国情和实践经验，修改和完善知识产权法律制度。我国现行知识产权法律基本符合国情和国际规则，但也存在一些不完善的地方。当前，应抓紧时间修改《专利法》《著作权法》《商标法》《反不正当竞争法》等，包括改进外观设计专利的审查和授权方式，完善实用新型检索报告制度，明晰侵权金额的认定标准。出台《反垄断法》《商业秘密保护法》等单行法，制定《民间文学艺术保护条例》等行政法规，对民间文学艺术表达和传统知识等优势领域实现国内立法的综合保护。二是紧密结合国家知识产权战略，建立以知识产权为导向的公共政策体系。国家知识产权战略是一种全局性、长期性和国策性的发展战略，它体现的是国家以制度配置为基础，对市场主体自主创新的推动和引导，因此需要集中政府、企业、行业、社会等主体的力量，形成合力，并使之形成一个协调、配合的战略体系。在国家知识产权战略的指引下，知识产权制度应与国家的科技政策、产业政策、文化政策、教育政策、外贸政策相互配合，并在有关政策出台时增加知识产权条款。

知识产权战略实施的国际环境与中国场景*

——纪念中国加入世界贸易组织及《知识产权协议》十周年

以科学发展观统领知识产权战略实施，即以“发展度”、“协调度”与“持续度”作为战略实施的指导思想和绩效判断标准，是对知识产权法制建设问题的中国解读；知识产权战略，既是国际竞争战略，又是中国发展战略；我们必须从国际、国内两个大局认识知识产权制度的重要地位和作用，树立世界眼光，立足本国发展，将知识产权战略实施作为缩小与发达国家差距、建设创新型国家的政策抉择。

一、科学发展观统领下的知识产权战略

科学发展观是马克思主义世界观和方法论的集中体现，是统领当代中国经济社会发展全局的指导思想。科学发展观要求全面、协调、可持续的发展，要求转换经济增长方式，坚持走中国特色的自主创新道路。实施知识产权战略、建设创新型国家，是中国加入世界贸易组织及《知识产权协议》后党中央总揽

---

* 本文系作者作为首席专家主持的国家社会科学基金重大项目《科学发展观统领下的知识产权战略实施研究》之最终成果《科学发展与知识产权战略实施》一书的前言。该书已正式列入“国家哲学社会科学成果文库”。本文在此次发表时有所增补和改动。原载《法学》，2012（2）。

全局、深刻分析国内现状和国际形势所作出的重要选择，也是贯彻和落实科学发展观的必然要求。知识产权战略的实施，既是我国自主创新、建设创新型国家、全面实现小康社会的内在需求，也是转变经济发展方式、推动国民经济又快又好发展的政策抉择。在科学发展观指导下研究我国知识产权战略的实施问题，可以充分发挥科学发展观在知识产权战略中的统领作用，填补知识产权战略实施环节研究的不足，为国家知识产权战略向纵深发展提供理论支持；同时，有助于对知识产权制度建设问题作出中国解读，对知识产权学说思想发展提供中国贡献，从而在国际层面丰富知识产权理论的研究范式和价值取向。

知识产权战略，是知识产权制度作为政府公共政策工具的具体体现。知识产权制度的战略化，是主体通过规划、执行、评估等战略举措，谋求战略目标实现而采取的全局性、整体性的谋略和行动安排。① 由此可见，知识产权战略是一个具有活性的动态系统，它包括战略规划、战略执行、战略评估；同时它也是一个服务特定战略目标，发挥知识产权制度正效应的公共政策体系。较之其他私权而言，国家之所以提出知识产权战略而不是“物权战略”“债权战略”，关键在于知识产权具有某种超越私人本位的公共政策属性。这种战略应是一国处理知识产权事务的基本出发点，是促进知识产权事业健康发展的思想灵魂，是关于知识产权问题的整体性谋略和全局性安排。知识产权战略实施，具有明确的价值目标取向。广而言之，在知识产权法律推行、知识产权政策运用过程中，总是以一定的价值理念和功能目标为引领。其中，知识产权战略处于一种统率和引领地位。在公共政策体系中，战略性政策对一个国家的社会生活起着根本性和决定性的指导作用，在特定的历史时期，始终具有较强的总括性和稳定性。在以往的知识产权研究中，法学家们所秉持的价值理念往往是“公平、正义”；而经济学家通常追求的功能目标是“效益、效率”。知识产权制度通过创造者权利、传播者权利、使用者权利的制度安排，形成了知识创造、知识公开、知识利用的法律机制。一句话，知识产权制度的宗旨在于维护知识权利的正义秩序，实现知识进步的效益目标。科学发展观以强调“以人为

---

① 参见张勤、朱雪忠主编：《知识产权制度战略化问题研究》，载吴汉东总主编：《知识产权制度变革与发展丛书》之四，28～29页，北京，北京大学出版社，2010。

本、全面协调”可持续发展的理念，以“发展度”“协调度”“持续度”作为知识产权战略实施的指导思想和评判其成功与否的判断标准，从而使知识产权理论研究出现了一种新的价值取向，丰富了原有的知识产权制度的评价体系。

科学发展观要求我们，坚持“统筹兼顾”，正确认识和妥善处理我国知识产权事业中的重大关系，统筹个人利益和集体利益、局部利益和整体利益、当前利益和长远利益，充分调动各方面积极性。既要总揽全局、统筹规划，又要抓住牵动全局的主要工作、事关群众利益的突出问题，着力推进、重点突破；正确处理好战略实施过程中的“整体推进”与“重点突破”的关系；正确处理好战略实施过程中的“政府推动”与“市场导向”的关系；正确处理好战略实施过程中的“创造、运用、保护和管理”的关系。科学发展观要求我们，坚持“以人为本”。在中国知识产权事业发展中，一方面坚持自主创新，重视知识产权制度在国家经济社会全面发展中的重要作用；另一方面坚持以人为本，保证经济发展的全面性与协调性，保证全社会能够分享知识产权事业带来的经济与社会效益。① 在知识产权体制的建构与选择过程中，必须牢固树立和坚持“科学发展”的思想理念和价值取向，坚持知识产权制度对于社会发展的政策工具作用。知识产权制度本身不是目的，而只是促进发展的手段，为了全体人民利益的发展才是知识产权制度的目的。知识产权制度协调方面，我国应提高知识产权战略的法律层级，明细各机构之间联合行动战略的法律依据，建立完善明确的绩效评价或考核标准，同时丰富与民间的互动。通过知识产权创造与协同的有效途径——产学研联盟的协调沟通机制、利益分配与激励机制、约束与监督机制、风险管理与监控机制等运行机制优化，激发自主知识产权的创造；在绩效评估方面，应深刻理解和把握科学发展观的精神实质，认真分析我国经济社会发展状况，借鉴国外先进的绩效评估理论和方法。具言之，评估指标的选取，既要有经济指标，也要有社会发展、人才培养、环境建设方面的指标；既要立足于国家知识产权战略目标远景化，也要考虑知识产权战略目标的具体

---

① 以人为本的科学发展观，不仅要求经济数量的增长，还包括经济效益的提高；不仅意味着社会财富的增长，还包括社会财富分配的公正、合理；不仅涉及经济效益的提高，还包括社会效益的提高。参见卢国杰：《科学发展观与我国经济发展方式的转变》，载《现代企业文化》，2009 (2)。

化、战略实施的团队化以及具有战略意义的反馈和学习。

知识产权战略是我国21世纪为推动经济和社会发展而作出的重要战略决策，也是协调、配合科教兴国战略、人才强国战略和可持续发展战略而作出的重要战略安排。以科学发展观统领知识产权战略实施，促进知识产权事业发展，对21世纪中国的经济与社会发展具有重大战略意义。

二、知识产权战略在国际变革大势与中国发展大局中的地位

知识产权战略，既是国际竞争战略，又是中国发展战略。根据胡锦涛总书记在2006年中央政治局集体学习会上的讲话精神，我们必须从国际、国内两个大局认识知识产权制度的重要地位和作用。在经济全球化的国际背景和知识革命的时代背景下，知识产权不仅是一种法律制度，更是一种政策方略。发达国家之间在推进国际知识产权立法与执法水平问题上的战略合谋，发达国家与发展中国家之间在知识产权保护问题上的利益冲突，以及发展中国家自身在寻求符合本国经济发展路径问题上的知识产权政策选择，已彰显出一国知识产权战略在解决国际与国内问题上的双重意义。

在国际战略层面，我国知识产权战略的实施，必须为应对当今知识产权国际保护制度的变革提供政策保障。知识经济的出现与发展，导致了社会分配方式和社会控制权的变迁。美国学者拉兹洛指出："在20世纪初，规定世界上权利与财富性质的游戏规则已经改变。权力不再以某个组织为基础，财富的含义正在从诸如黄金、货币和土地之类有形的东西转移开去。一个比黄金、货币和土地更灵活的无形的财富和权力基础正在形成。这个新基础以思想、技术和通信优势为标志。"① 知识经济的出现与发展，是以知识产权为制度基础和政策支撑的，其特征之一表现为知识产权国际贸易的重要性以及知识产权侵权问题的普遍性。从国际贸易的角度来看，以知识产权为支撑的高新技术产业和文化产业已经成为发达国家的经济支柱，保护知识产权就是维持发达国家及其产业的重大经济利益；但从侵权问题出发，高成本生产的知识产品一旦进入知识产

---

① ［美］E. 拉兹洛：《决定命运的选择》，李吟波等译，6页，北京，三联书店，1997。

权保护水平不高的国家，却会面临低成本的盗版与仿造。这种高成本生产和低成本复制之间冲突的加深，使得知识产权保护的一体化推进成为发达国家首要关注的国际问题。因此，在发达国家的竞争战略中，知识产权战略往往是其中的关键组成部分。发达国家不断通过多边、双边甚至单边途径，提高国际知识产权的保护标准与执法水平，最终目的乃是为本国的优势产业塑造商业环境、取得竞争优势。最近几年来，知识产权问题不仅凸显于国际经贸领域，而且在人权、能源、气候、环境等多种国际纷争中呈现。例如，在食品和农业基因资源的国际论坛上，在联合国人权委员会的重要专家议题中，知识产权已经成为其中的核心议题。① 我国知识产权战略的实施，必须积极应对发达国家主导的知识产权国际保护规则，把发展更公平、更公正、更合理的国际知识产权制度作为自己的战略目标，为我国的经济发展转型赢得空间与时间。

在国内战略层面，我国知识产权战略的实施，必须为实现本国经济发展方式的转变提供制度支持。《国家知识产权战略纲要》已于 2008 年 6 月正式公布实施，这是中国知识产权法制建设 30 年来最后也是最为重要的成就。以此为标志，中国知识产权事业步入一个新的重要历史时期，中国知识产权战略制定，借鉴了有关国家战略发展的有益经验，但更多是基于自己社会经济发展需要而作出的战略考量。世界银行用以衡量各国经济发展水平的基本指标（以 GNI 为基本指标，以人均 GNP 或 GDP 平均增长率为参考指标）表明，中国经济发展水平尚低，经济结构较为落后；瑞士洛桑国际管理开发研究院 2002 年发布的《国际竞争力年度报告》显示，我国科技水平总体较低，科技竞争力在国际上基本处于中等地位；根据联合国开发计划署公布的《2004 年人文发展报告》，可以看出中国人文发展指数（由预期寿命指数、教育指数和 GDP 指数构成）达到了世界中等人文发展水平。② 上述资料告诉我们，中国仍属于发展中国家，基本达到世界中等或中等偏下的发展水平。但是，在经济、科技和

① See Laurence R. Helfer，Regime Shifting：The TRIPs Agreement and New Dynamics of International Intellectual Property Lawmaking，29 Yale J. Int'l L 27 - 52.

② 有关资料参见任建民：《中国科技追上世界脚步》，载《中国科技奖励》，2002（3）；《我国人文发展指数居世界中等发展水平》，http：//www. sts. org. cn/nwdt/gwdt/document/007. htm，2011 年 12 月 29 日访问。

社会发展的某些领域、某些方面，中国已经取得明显进步，有些甚至达到世界先进水平。社会发展情况说明，我国对知识产权制度已有较大需求，对知识产权保护也具备一定调适能力。这是制定知识产权战略的国情基础。同时，中国进行知识产权的战略调整，最终是由建设创新型国家的总政策目标决定的。我国要实现可持续发展的战略目标，有一个发展模式选择问题。但在国际金融危机的背景下，我国传统经济增长模式的弊端日益凸显，甚至已经威胁本国的经济安全。因此，建立以知识产权战略实施为核心的政策体系，完善知识产权战略实施的配套机制，将成为21世纪我国建设创新型国家的首要任务。作为与科教兴国战略、人才强国战略和可持续发展战略紧密相关的重要战略举措，我国知识产权战略的正确实施，是实现经济发展方式转变的关键布局，是摆脱传统资源耗费型与技术依赖型发展道路的制度保障，更是自身在建设创新型国家的发展道路上实现经济安全、文化主权和科技发展主动权的现实需要。

三、知识产权国际战略趋势与中国应对举措

对于当代世界各国而言，知识产权战略既是对知识经济时代发展趋势的回应，也是解决社会重大发展问题的举措，其目的无一不是通过知识产权制度来提升知识创新能力，形成核心竞争力，实现社会经济跨越式发展。对此，世界知识产权总干事 Kamil Idris 认为，知识产权是经济发展的强有力的武器。[①] 进入后 TRIPs 时代，美国、欧盟、日本和韩国等发达国家（地区）或者创新型国家竞相确立知识产权战略目标，通过知识产权制度推行和政策运用，维护本国的技术优势、贸易利益与核心竞争力。具体表现在以下三个方面。

1. 综合国力体现：知识产权优势就是国家实力优势

一国综合实力包括经济、科技、军事等硬实力和文化软实力，这些在法律层面上表现为自主知识产权的数量、规模和质量水平。知识产权拥有状况已成

---

① See Kamil Idris, Intellectual Property: A Power Tool for Economic Grouth, http: //www. wipo. Int/about-wipo/en/dgo/wipo _ pub _ 888/index _ wipo _ pub _ 888. htm l, visited on Sep. 14, 2008.

为衡量一国实力强弱的重要指标。在专利领域，世界知识产权组织发布的《2010年世界知识产权指标》数据显示，2008年全世界拥有670万件有效专利，日本和美国仍然是主要的有效专利持有国，拥有全球47.5%的有效专利[①]；汤姆森路透发布的《2010全球创新报告》显示，在全球12个重要技术领域中，日本有11个排名前十、5个位居第一，而中国仅有4个进入前十，无一进入前五[②]；在版权领域，中国"软实力研究中心蓝皮书"报告指出，全球文化市场份额美国占43%，欧洲国家34%，日本10%，中国则不到4%；在商标领域，据经济合作与发展组织统计，国际知名品牌占商标总量的3%，却拥有全球40%的市场份额和50%的销售额，而在8.5万个名牌商品中，90%属于发达国家。

2. 发展战略选择：知识产权战略就是强国实现战略

在近代社会，知识产权制度是欧美国家推进经济发展、推动科技进步的政策工具；在当代社会，知识产权制度成为创新型国家维护技术优势、实现转型发展的战略决策。美国作为世界上的"科技领先型国家"，强调知识产权是美国知识创新政策的基石。[③] 通过《知识产权与通信综合改革法案》和以专利权制度改革为目标的《21世纪战略纲要》，建立了体系完善的知识产权制度；同时强调知识产权制度与相关政策联动，扶持"芯片、计算机、通信、生物制药"等朝阳产业，发展"软件、唱片、电影"等文化产业，使美国在国际上形成专利大国、品牌大国、版权大国的知识产权优势。在"技术赶超型国家"中，日本于2002年率先制定了"知识产权战略大纲"，出台了《知识产权基本法》，确立了"推进实施创造、保护、利用知识产权的政策措施、振兴科学技

---

① 参见国家知识产权局专利文献部：《世界知识产权组织发布〈2010年世界知识产权指标〉报告》，载《知识产权简讯》(30)。

② 参见任晓玲：《2010年全球重要技术领域专利活动分析》，载《中国发明与专利》，2011 (3)。

③ 2004年美国政府报告宣称："从美国立国基础来看，保护知识产权始终是一个创新的支柱。" See Innovate America：Thriving in a World of Challenge and change，National Innovation Initiative Interim Report，Council on Competitiveness，2004，7. 转引自《世界高等教育：改革与发展趋势》（第三辑），北京，国家教育行政学院，2006。

术、强化国际竞争力”的战略推进目标。[①] 韩国是“引进创新型国家”的典型代表，2004年即在内阁成立了“知识产权保护政策协议会”，负责协调所有的知识产权国家政策；并于2008年着手实施“知识产权实现战略”，致力于推进韩国知识产权制度的现代化和经济、科技、文化的快速发展。以知识产权制度创新和政策创新来推动知识创新，以知识产权战略作为强国富强战略，是发达国家和新兴工业化国家普遍采用的发展战略。

3. 国际竞争工具：知识产权竞争就是世界未来竞争

在国际贸易中，知识产权已经成为遏制竞争对手的重要工具。我们看到，知识产权虽然是一种保护私人知识财产利益的产权制度，但同时也是国际经贸领域通行的法律准则，其规则所代表的不仅是私人权利主体的利益，更与国家利益、社会群体利益有关，知识产权的保护水平及其制度实施对发展中国家的经济与社会发展也有影响。一方面，技术及技术标准与知识产权制度相结合，会形成以合法形式存在的技术垄断和市场垄断，从而影响发展中国家相关产业发展以及国家经济安全；另一方面，发达国家通过加强对智力创新成果的知识产权保护，利用知识产权维护其技术优势和市场竞争力，置发展中国家于不利地位。国际知识产权制度近200年来的发展史，即是发展在先的国家运用知识产权限制、控制发展在后的国家的变迁史：19世纪是强大的欧洲国家向正在兴起的美国就知识产权问题发难；20世纪60年代是作为超级大国的美国与正在崛起的日本发生知识产权冲突；20世纪80年代至20世纪90年代是美国、欧盟与新兴国家韩国进行知识产权较量；20世纪末21世纪初则是美国、日本、欧盟联手就知识产权问题向发展中的中国施压。可以认为，知识产权保护是国际经贸领域东西方国家竞争的焦点问题，自主知识产权是维系国家核心竞争力的战略武器。

纵观知识产权国际战略发展趋势，总结各国运用知识产权制度的有益经验，中国知识产权的国际化战略需要进一步充实、调整和提高。

---

① 参见日本政府第三期科学技术基本计划（2006—2010年）（第三章）。转引自《世界高等教育：改革与发展趋势》，第三辑，北京，国家教育行政学院，2006。

1. 充分利用多元立法机制，谋求知识产权国际立法的话语权

当前，由发达国家控制的世界贸易组织和世界知识产权组织在知识产权国际立法中继续发挥主导作用，两大国际组织之间的分工合作机制在当今乃至未来知识产权国际规则制定方面扮演着最重要的角色。作为这种主导体制的补充，其他诸多国际组织和国际立法机构也十分关注知识产权问题，由此产生了一个多元的立法机制，即知识产权国际立法的“两个中心，多种渠道，南北对弈，趋向平衡”的格局。[①] 这种格局能够多方面、多角度地反映各主权国家、各非国家实体、知识产权所有人以及社会大众在知识产权领域的不同立场、观点和利益诉求。有鉴于此，包括中国在内的发展中国家应该正确认识《知识产权协议》的制度缺陷，以及在推行过程中出现的非“合理性”、非“适当性”诸多不足，并利用《知识产权协议》的弹性条款和开放性条款，在协议的“总轮廓之内型塑权利和权力的结构”，以满足自身“政治的、社会的、经济的和其他改革目标”[②]。同时，要积极参与生物多样性、文化多样性、粮食和农业植物、遗传资源、公共健康、国际人权、气候问题等多个领域的知识产权国际立法进程。充分运用多元立法机制，在多样性领域谋求知识产权国际立法，以“软法”规则弥补《知识产权协议》等“硬法”规则的不足。

2. 合理应对双边协议机制，防止知识产权的过高保护

进入后《知识产权协议》时代，鉴于发展中国家在世界贸易组织等多边谈判机制中的联合自强和在多元立法领域中的共同努力，特别是2001年西雅图部长会议和2003年坎昆多边贸易谈判失败后，以美国和欧盟为代表的发达国家开始通过双边机制，来寻求比《知识产权协议》标准更高、范围更广、效力更强的知识产权保护。这种双边机制主要针对发展中国家，同时也涉及其他发达国家。例如，美国已与智利（2003年）、新加坡（2003年）、澳大利亚（2004年）、中美洲5国（2004年）、摩洛哥（2004年）、巴林（2004年）和韩国（2007年）等国家签署了自由贸易协定；欧盟及其成员国亦与斯里兰卡

① 参见刘笋：《知识产权国际造法新趋势》，载《法学研究》，2006（3）。

② Shubba Ghosh，Reflections on the Traditional Knowledge Debate，11 Cardozo J. Intl and Comp. L. 501－502.

(1995)、巴解组织 (1997)、突尼斯 (1998)、南非 (1999)、墨西哥 (2000)、约旦 (2002)、叙利亚 (2004) 等国家 (组织) 缔结了双边条约。这些与知识产权有关的双边协定，或延长《知识产权协议》中的最低保护期、扩展知识产权保护的新领域、附加知识产权执法的新手段，或漠视公众健康、生物多样性和传统知识的法律保护，排斥公共利益原则和知识产权的限制与例外条款，致力于巩固和扩大发达国家的知识产权优势和贸易优势。面对发达国家主导的双边自由贸易协商机制，中国应该警惕其所带来的知识产权风险，避免因双边协议不合理地提升我国知识产权的保护水平。

3. 顺应国际立法趋势和国内发展需求，完善我国知识产权法律制度

我国现行知识产权法律基本符合国情并达到国际规则要求，但也存在一些不完善的地方。我们应放眼国际立法动态，立足本土现实需要，尽快修改《商标法》《著作权法》《反不正当竞争法》，出台《商业秘密保护法》等单行法；与此同时，在其他领域的立法保护方面亦应有所作为。例如，世界知识产权组织 2000 年拟定了《保护民间文学表现形式/民间传统文化的核心目标和原则(草案)》，内容涉及保护传统文化的国家政策目标、具体知识产权模式选择、非知识产权保护方式的可能性等。联合国教科文组织 2005 年通过的《保护和促进文化多样性公约》，强调文化多样性是人类的一项基本特性，是人类的共同遗产，应该为了全人类的利益对其加以珍爱和维护；并从保护文化多样性的角度，将未受到现代知识产权保护的传统文化，作为一种文化活动、文化内容、文化产品和服务，纳入公约的调整范围。我国是世界文明古国，有着丰富多彩的传统文化资源，理应加快制定民间文学艺术保护条例等行政法规，对传统知识、非物质文化遗产等优势领域实现国内立法的综合保护。

四、国家知识产权战略实施和基本路径选择

自中国加入世界贸易组织和《知识产权协议》以来，中国知识产权制度建设和事业发展进入一个新的重要历史时期。十年来，中国知识产权事业与对外贸易在国际社会遭遇诸多艰辛：连续 16 年成为全球遭受反倾销调查最多的国家，连续 5 年成为全球遭遇反补贴最多的国家，中国企业在新的国际贸易体制

下遭遇海量知识产权诉讼，中美之间多次发生知识产权纠纷并诉之于世界贸易组织。[1] 但是，中国在这十年一路前行，以自己迅猛发展的经济成就，成为国际社会的关键“角色”：生产总值从入世前的世界排名第 6 位跃升到第 2 位，以 19.8％的份额取代美国成为最大的工业制造国，并以近 3 万亿美元的规模成为世界第一大出口贸易国和第二大进口贸易国。

入世十年，中国作为一个新兴的工业化国家，在知识产权制度建设与政策运作方面，立足主动，抓住机遇，取得长足的进步。我们已经站在战略高度，“统筹国内国际两个大局”，树立世界眼光，立足本国发展，将知识产权制度作为缩小与发达国家差距、建设创新型国家的政策抉择。这十年来，我国知识产权制度运行总体来说是健康的，正效应是明显的。这表现在以下几个方面：(1) 科技创造能力提升，跻身专利申请大国行列。2010 年，中国年度专利申请量已突破百万件，达到 122.2 万件，发明专利申请超过 39.1 万件，居世界第二位；且申请结构发生明显变化，发明专利申请所占比例由 1985 年的 37％上升到 2010 年的 74.9％[2]；不少发明专利质量很高，诸多专利技术在日内瓦、伦敦、巴黎等国际博览会上获得金奖。(2) 品牌创建能力提高，商标注册申请量全球第一。2010 年我国商标注册申请量达 100.3 万件，创历史最高，连续 9 年世界第一。我国商标注册累计申请 821.3 万件，累计注册商标 554.5 万件，有效注册商标 448.1 万件，均居世界第一。[3] 世界知识产权组织《2010 年世界知识产权指标》评价，中国商标申请在全球“逆势而上、一枝独秀”。(3) 文化创新能力增强，版权产业发展势头良好。1998 年包括图书、报刊、音像、软件在内的版权业产值达到 1 433 亿元，约占当年国民生产总值的 1.8％，而

---

① 参见王瑞霞、郑晓波：《入世十年，从〈与狼共舞〉到〈与龙共舞〉》，http://finance.sina.com.cn/stock/t/20111122/020510856077.shtml，2011 年 12 月 2 日访问。

② 参见科学技术部发展计划司：《科技统计报告》，第 8 期，http://www.sts.org.cn/tjbg/cgylw/documents/2011/20110915.htm，2011 年 12 月 2 日访问。

③ 参见张艳玲：《截至今日我国有效注册商标 448.1 万件居世界第一》，http://www.china.com.cn/news/2010—12/09/content_21510491.htm，2011 年 12 月 2 日访问。

到2009年所占比例已超过6.5%，高于全球平均水平的5.6%。[①]（4）其他知识产权获取能力加大，带动相关产业健康发展。我国农业植物品种权申请数量正以年均40%的速度增长，年申请量从2004年起进入国际植物新品种保护联盟成员排名前四名；地理标志保护为农副产品带来的附加值达到产品价格的10%～20%，截至2010年，我国已对1 949个地理标志进行了保护，涉及产品价值近8 300亿元；布图设计专有权制度的建立，推动了集成电路产业的发展。2007年中国半导体芯片制造业产能较2000年增长85.9%，超过美国、欧洲和日本，居全球之首。[②]

入世十年，只是中国21世纪发展的一个阶段。展望未来，在国际经济形势与竞争格局日趋复杂的大背景下，中国如何有效实施国家知识产权战略，把握建设创新型国家的发展机遇，是值得深思的问题，笔者对此提出以下建议。

一是致力中国创造，实施专利战略，提高国家科技竞争力。科技之争是国家实力较量的表现形式，而技术专利则是国家科技竞争的关键要素。在专利战略实施的政策目标中，我们不仅要考虑专利的数量和规模，更要注重专利的质量和效益。也就是说，要提高核心技术和关键技术专利的拥有量，实现高新技术产业化和传统产业的高新技术化，促进社会经济的可持续发展。

二是激励中国创意，实施版权战略，增强国家文化软实力。当今世界，文化之争已经成为国家实力竞争的新态势，而版权产业则是国家经济发展的新动力。文化已经成为社会经济实力和综合国家的重要构成要素，成为国际竞争和国际贸易的隐形附随品。提升文化软实力的关键在于文化创新和文化产业的发展。

三是树立中国形象，实施商标战略，提升国家品牌影响力。通过知名品牌提升国家影响力，是一个可持续发展、具有战略性意义的方略。因而，中国形象的确立，有赖于中国品牌的营造，而品牌中国的营造，取决于企业知名品牌

---

① 参见吴汉东：《中国知识产权法制建设的评价与反思》，载《中国法学》，2009（1）；王瑞霞、郑晓波：《入世十年，从〈与狼共舞〉到〈与龙共舞〉》，http：//finance.sina.com.cn/stock/t/20111122/020510856077.shtml，2011年12月2日访问。

② 参见贾远琨：《中国半导体芯片产能增速居全球之首》，http：//big5.ce.cn/xwzx/gnsz/gdxw/200711/25/t20071125_13710437.shtm，2011年12月2日访问。

的创建。在知名品牌的背后，往往是一个有生命力的企业，一个有竞争力的产业，一个有经济实力的城市，一个有世界影响力的国家。知名品牌的拥有量一定程度上反映了一个国家的经济实力，拥有国际知名品牌多的国家往往是经济实力较强的国家。

人类已经步入知识经济时代，全球范围内已有二十多个国家进入创新型国家行列，中国也要在 2020 年实现这一战略目标。实施知识产权战略，发展知识产权事业，提高国家科技竞争力、增强国家文化软实力、提升国家品牌影响力，是中国建成创新型国家的必要之举，也是中国走向世界强国之路的必然选择。

加入 WTO 后的中国企业知识产权战略分析*

前　言

世界贸易组织（WTO）由货物贸易、服务贸易和知识产权贸易三大部分组成，其宗旨是：促进经济和贸易的发展，以提高生活水平、保证充分就业，保障实际收入和有效需求的增长；根据可持续发展的目标合理利用世界资源，扩大货物和服务的生产；达成互惠互利的协议，大幅度削减和取消关税及其他贸易壁垒并消除国际贸易中的歧视待遇。

中国于 2001 年 12 月 11 日以发展中国家的身份加入这个国际大家庭，开始融入经济全球化的趋势中，这有利于与 142 个 WTO 成员方在市场经济的基本原则下开展国际经济合作，充分利用国际国内两个市场进行资源优化配置；在国际竞争的压力下尽早形成统一的国内市场，将有限的国内市场与庞大的国际市场融为一体。在此基础上，加入 WTO 还有利于扩大已有的中国与其他国家的经贸合作范围，吸纳更多的外国资金，加深合作力度，以进一步推动国内的经济体制改革和促进法治。同时，我们也应看到，WTO 是一个“经济联合国”，在这个庞大的国际组织之中，发达国家与发展中国家、发展中国家与发

* 原载《知识产权研究》，西安，西安交通大学出版社，2002。

展中国家之间也存在着利益上的分歧甚至冲突。作为WTO成员方，中国要履行承诺的各项义务，从总体上和长远上看，加入WTO可以分享到全球经济、信息和科技的爆炸式发展带来的诸多利益，但也确实存在着许多挑战甚至会带来风险。因为WTO是由一系列规则所组成的，这对一个有着较长时期计划经济历史的发展中国家来说，熟悉并适应这些新规则，是比较困难的。尤其是在知识产权这一领域，表现尤为突出。"国际竞争并不会因为我们尚未准备好而对我们予以关照"[①]，中国企业应该主动学习知识产权理论，培养知识产权人才，运用知识产权武器以维护本企业在国际市场上的有利竞争地位。同时，《知识产权协议》在中国是通过修改国内法来适用的，所以我们所要做的工作不仅是熟悉这些外在的知识产权法律文本及条文，更多的应该是遵守并运用这些规则，内化为我们的思想观念与习惯，外化为我们的战略与行动。

作为世界贸易体系三大支柱之一，知识产权的重要性日益突出。随着时代的进步，知识产权已经成为大至国家、小至企业最有活力、最有竞争性、具有最大增值效应的资产，如果对其进行有效的利用就会产生巨大的经济效益。在知识经济和经济全球化、国际经济一体化的大背景下，知识产权在主权国家的经济发展与对外贸易中的地位日益突出。以我国的技术出口为例，从1986年到1991年平均年增长速度达到32%，1985年到1993年技术出口成交额就超过70亿元人民币。虽然绝对数额不高，但是近年来无论是数额还是在全国出口额中所占比例都在迅猛增加，反映出知识产权在发展知识经济、支撑科技创新基础方面的重要作用。在与知识产权有关的产品或服务贸易方面，各国都比较重视对本国知识产权的保护，即使在这一问题上存在分歧的国家也在TRIPs等国际知识产权公约上达成一致，以保证实施知识产权的措施和程序本身不对合法贸易构成障碍。在现代经济状态下，知识产权的保护已成为衡量一国投资环境的重要指标。[②]

---

① 李双元、蒋新苗主编：《世界贸易组织的法律制度》，445页，北京，中国方正出版社，2001。

② 参见陈传夫：《高新技术与知识产权法》，16页，武汉，武汉大学出版社，2000。

一、知识产权是保护还是管理?

知识产权涉及一连串的制度安排，绝非像一些企业管理层人士所认为的那样，仅仅是一个法律问题，是一件由律师与企业法律顾问处理的事情，管理层的主要任务是负责制定真正的市场战略。这种对知识产权的认识还停留在“重开发、轻管理”的传统战略层次上，认为只要开发出专利技术，申请授予专利权之后就万事无忧了，保护专利等知识产权是国家行政与司法机关的事情，或是牵涉诉讼之后由企业法律顾问或律师处理的事项。殊不知，知识产权客体的无形性，必然容易使技术外溢，要想单纯地避免此类情况发生，或是困难诸多，不可能，或是成本过于高昂，较为理想的方式是进行管理并融保护于管理之内。以美国企业IBM为例，其将专利许可给他人使用，其收取的专利使用费在十年间增加了3300%，由1990年的0.3亿美元上升到2000年的10亿美元，相当于IBM税前净利润的1/9。IBM公司需要每年额外销售价值200亿美元的产品，才能取得同样数额的效益。① 可见，单纯的保护可能会使知识产品被闲置，在法律规定的保护期内达不到预期地占据市场优势、获得高额市场回报的效果。正如施乐公司CEO托曼所言：“管理知识产权将使公司创造更多的财富，只有擅长于管理知识产权的企业才能取得成功。”②

中国入世，为国内经济结构调整和经济体制改革指明了市场化的方向。企业而非政府成为真正的市场主体和国际竞争主体，必须摆脱对计划经济下政府包办一切的依赖思想，对出现的问题应该“不找市长找市场”，面向国际、国内两个市场，进行技术与管理两个方面的创新工作。在知识产权是保护还是管理的问题上，企业必须明确认识到：对知识产权仅有保护是不够的，在某种程度上，管理比保护更重要。

---

① 参见［美］凯文·瑞维特、大卫·柯莱恩：《发掘知识产权的新价值》，载《国外社会科学》，2000（7）。

② 转引自陈传夫：《高新技术与知识产权法》，16页，武汉，武汉大学出版社，2000。

二、企业发展战略的确定

就一系列的贸易规则而言，企业当然是国际贸易中的主体与国际市场的主体。在日常生活中，我们可以看到：贴上“绿色食品标志”后的食品身价倍增；进口药品的价格明显高于国产药品；一张空白光盘被制作成一份软件后，价值以百倍计地增长。这其中有值得我们思考的地方：绿色食品的标志是一种品质认证，用以标记区分其他同类产品；进口药品大多含有专利因素；软件因凝结科研人员的创造性智力活动而受著作权法保护。可以这样说，正是因为知识产权作为商品和服务的附加值，商品和服务的价值才能从整体上得以提升。

我们研究知识经济，一定要研究企业的创新能力，研究解决当前和今后一段时间内入世带来的热点、难点问题。笔者认为，入世后，企业为摆脱经营困境，立足国际市场，资金仅仅是问题的一个方面，关键在于应该有自己的知识产权战略。农业经济的核心问题是土地所有权，工业经济的核心问题是资本所有权，知识经济的核心问题则始终是知识所有权，即知识产权。面对同样的国际国内市场，外国在中国开办的企业的盈利状况却优于中国本土企业，其中的原因当然是多方面的，但一个重要因素就是这些企业里的知识产权是外国资本家的。中国企业缺乏自主知识产权，在相当多的地方都处于竞争的不利境地。中国工程院院士、清华大学吴澄教授感叹说：“现在看来，知识产权问题在知识经济范畴里是个最重要的问题。”①

企业的竞争优势来自经营管理的创新，而不仅仅是简单地提供商品和服务，从战略角度与高度设计企业的未来经营模式，第一要素当然是考虑制度成本，这是新制度经济学所关注的。如果保护好、管理好企业知识产权，必然会带来企业的成功经营与较高的商业回报。就施乐公司来说，其最早取得复印专利，从而合法垄断了复印机市场近二十年。施乐还专门设立了一个新部门，利用专利为公司创造利润及竞争优势。那些跨国公司，只要在技术上哪怕有“一微米”的进步或改进，就立刻申请专利，抢占地盘，层层设防。生物技术公

---

① 吴澄：《知识产权是知识经济的核心》，载《人民日报》，1998－11－14。

司、医药公司“视专利如命”。检索专利就会看到那些大制药公司的名字，如葛兰素、史克必成、辉瑞等，占据了大部分专利。1999 年，美国 IBM 公司一家拥有的专利数（2 756 项）超过了 134 个穷国的总和（2 643 项）。在生物技术领域，这种趋势尤为突出。以至于可以这样说：《知识产权协议》对发展中国家的影响，是和平地拆掉了发展中国家的关税壁垒，但同时也公然地树起了一座发达国家所主张的技术壁垒。

除专利之外，商标也是非常重要的无形资产，作为一项标记性的财产权利，它事实上起着宣传产品和服务质量、标识来源的作用。在相当多的企业成功运作模式中，专利与商标往往是互为表里，联手出现在知识产权战略中的。例如，海尔集团截至 1999 年年底累计申请国内专利 2 181 项，其中仅 1999 年就达 582 项，按全年实际工作日计算，平均每天有 2 个以上新专利问世。海尔实行 100%的专利申请率，即每一项技术创新方案会去申请一项专利。同时，海尔的中文、英文、图形商标，已在 183 个国家和地区提出 2 000 多个注册申请。1999 年，海尔品牌价值评估达到 265 亿元，是中国第一批驰名商标中的唯一家电品牌。[①] 这种战略是一种以技术创新为手段的品牌经营模式，较为成功地同时运用了专利与商标两大知识产权利器，为企业维护在家电领域的国际竞争优势找准了战略方向。

通过观察、比较与分析，我们认为，作为入世后的市场竞争主体，如果没有自主知识产权，企业要想获得持续发展是不可能的。据资料反映，全球企业的平均寿命是 12 年，超过 12 年的企业仅占 20%左右，而且这些企业有一个共性，即拥有该领域的专利技术或拥有享誉世界的商标。可以认为，知识产权战略是中国企业面对入世后的行之有效的发展方略。

三、企业知识产权战略及其实施

所谓知识产权战略，是指运用知识产权及其制度的特点去寻求企业的市场

---

① 参见海尔集团：《知识产权是市场竞争的坚盾和利刃——谈知识产权对海尔企业发展的作用》，载《知识产权》，2001 (1)。

竞争有利地位的战略。以知识产权作为设计企业运作模式的一个中心考虑，就必须构建一个系统来保护并管理知识产权，这包括三个组成部分：知识产权的开发战略、管理战略和释放战略。以下分别介绍之。

（一）开发战略

1. 企业自主开发专利技术

企业是国际市场竞争的主体，同时也是技术创新的主体。全球工业企业500强同时也是技术创新和知识产权500强，都有自己的研发（R&D即Research & Development）机构，以保证企业在自主知识产权的基础上垄断技术并获取高额利润。同时，通过对核心技术实施专利申请保护，使其在所属技术领域处于相对优势地位，在市场竞争中形成垄断权，然后再通过颁发专利许可证，进行融资和业务扩张。可以说，这是企业知识产权战略中最为常见的一种方式。企业要开发具有自主知识产权的产品，就必须高度重视企业的科技力量。因为个体的创造能力是知识经济的根本原动力，知识经济的根本基础是知识化的、现实的、有生命力的个人。知识与科技带来的产品的高附加值，实质上就是科技人员的思想、学识、灵感和创造力的价值转移。如马克思所说，人是生产力中“最活跃的因素”，只有人才是知识与科技的载体，是企业开发自主知识产权的主体和更新知识及科技的关键。这个根本观念如果不被树立并稳定下来，就无法解决企业知识产权战略的动力问题。在知识产权开发过程中，必须首先解决知识产权的归属问题和科技人员的利益分配机制，这个前提问题解决不成功，就无法确立企业R&D机构的“刺激—反应”机制。

一个企业要想获得成功，其运作模式应该是“知识控制资本”，而不应该是“资本控制知识”，正如卡内基关于企业管理所论述的“欲食蜂蜜，勿踢蜂箱”。对中国企业而言，尤其应该解决好企业知识产权管理与科技人员利益机制的问题。目前，国内职务发明创造的专利申请量虽然呈增长趋势，但总量仍处于较低水平，到2001年才累计达到2 000件左右，仅占国内专利申请量的32.8%，与发达国家相比差距很大。[①] 这从一个侧面反映了专利权归属和利益

① 参见国家知识产权局局长王景川在2001年全国专利工作会议上的报告：《深入贯彻“三个代表”重要思想，努力开创新世纪专利工作的新局面》，载《知识产权》，2002（1）。

分配的激励机制存有问题。较为理想的模式是，利用公司法中关于可以用无形资产折价入股的规定，将知识产权折合成股份，按一定比例低价分配给科技人员；通过让科技人员成为股东的方式，将他们个人的利益同企业的利益有机结合在一起，增强他们对企业的归属感与责任心，从而为企业开发自主知识产权提供持续性动力。知识产权能够保证技术的多样化储备，吸纳先进新颖的技术。同时，通过对国际最先进技术的追踪借鉴，可以获得技术后发展竞争优势。目前，全球工业企业500强通过对产品和技术实施专利申请的保护，在其所属技术领域内处于相对优势的主导地位。

2. 走产学研结合道路

大学等教学科研机构从来就是知识和科技的继承者、传播者、创造者和人才培养的基地，其雄厚的科研力量与企业的资金的结合，是技术与资本的完美组合。企业对于重大技术问题，可以采取联合课题攻关、委托开发等方式，在较短的时间内攻克技术问题，对最终形成的技术可采用事先订立合同的方法约定专利权归属，或者事后对专利进行股份折合予以产权化，使企业的发展有取之不尽、用之不竭的技术金矿。

进行校企合作，学校科研单位可以为企业培养具有创新精神的技术型人才，提供有知识产权的技术，企业则为它们的科研活动提供资助。校企合作因为具备课题因素而务实高效，知识产权得以顺利诞生。知识产权问题的解决，有助于加快“从实验室到工厂”的进程。对于一个发展中国家的企业来说，能够得到大学的合作，可以节省开发新技术与新产品的时间，是适合现阶段中国企业的发展需要的。

对于实验室开发的技术发明，一定要注意开发记录的妥善保存。根据美国专利法规定，当两个竞争企业就同一发明在美国申请专利时，尽管两个企业都可能是独立发明人，美国专利局是一项发明批准一项专利。发明记录在决定谁获得专利时发挥重要作用。中国企业要在入世后参与国际竞争和保护企业技术，也要根据相关国家知识产权法的规定保存专利技术的开发记录。

3. 购买他人已有专利

在知识产权国际贸易中，购买他人已有专利是国际技术转让与企业知识产权战略的常见形式。由于科技开发历经的时间长、风险大，而市场变化又较迅速，如果每一项科技成果都要由企业亲力完成，则成本过于高昂且容易因开发周期过长而错过产品上市的黄金时机。因此，支付专利许可费购买他人的专利则不失为一条较为便捷的途径。

购买他人专利，需注意以下问题：购买国外专利时，一定要审阅该外国专利的权利的真实所有人或持有人、被授予的时间、是否濒临到期；注意调查该专利是否正在牵涉诉讼；此外，还应看该技术是否合法取得、转让人是否是权利人以及该技术与第三者的技术专利有无利益冲突。[①] 通过专利文献检索的方式可以了解到该专利的状态，从而主动、有效避免此类侵权诉讼的发生。譬如，留学生携专利技术归国创业，这是一件好事，但一项发明专利有时是由一个科研团队集体开发出来的，对专利权的许可他人使用，需征得开发团队和其他权利人的同意。此种归国留学生创办的企业中侵犯知识产权的情况屡见不鲜，应引起正急于招商引资企业的高度重视，否则引进项目变成了引进官司讼累。根据《知识产权协议》第 45、46 条，知识产权诉讼的侵权责任计算方法较为复杂，有对方聘请律师的高昂费用、被判定侵权企业的侵权产品和用于侵权生产的设备、原料和所获得的利益。这个数额一般非常巨大，在引入专利时如不认真谨慎就容易影响到企业的正常运转。

（二）管理战略

如前文所述，对于知识产权应当以管理为主，而非简单筑篱保护。具体而言，我们认为至少包括如下管理措施可供参考借鉴。

1. 设立专门处理企业知识产权事务的部门

专业分工有利于提高效率，由懂技术、会管理、精通知识产权法律和国际规则的人员组成一个知识产权管理部门，专责处理涉及知识产权事务。该部门工作范围应涵盖企业管理部门，凡涉及企业战略、产品包装、技术转让、知识产权评估、资产重组与企业并购中的知识产权事务，均应由该部门提供专业意见或建议，真正做到将知识产权工作纳入企业日常经营管理活动中，如关注国际竞争的新趋势，把握技术研发动态，决定自主开发或购买有关专利技术，以求占领国际市场竞争中的有利位置，把握竞争主动权。

---

① 参见李兆阳：《高新技术知识产权的保护和产业化》，83 页，北京，华夏出版社，2000。

2. 对引入专利的知识产权管理

组织科技力量消化专利技术，在弄清原理、熟悉规程的基础上，尝试在原有专利上提出优化改进方案，形成一套自己的技术。如果较原有技术有显著性进步，则可申请新专利。

采取包围战略，对引入的专利可以围绕其专利技术进行新的配套设计并申请相关发明专利，产品制造出来之后可以申请外观设计专利，并辅之以商标。这样就可以通过部分自主性的专利加上自有商标，形成对引进专利的限制和包围，将其一并纳入企业的财务成本，从而达到将引入专利的作用限制在较小范围之内的目的。这种“专利群＋商标”的包围战略是符合入世《知识产权协议》的规定的，可以作为企业入世利用 WTO 规则进行战略设计的一种可行性方案。

3. 积极防范和应对知识产权诉讼

知识产权诉讼中的法律责任非常重大，其涉及金额动辄数以百万计，处理不好甚至会使企业处于破产境地，因此必须认真对待，在引入知识产权时进行防范，纠纷争讼发生后积极回应。例如，“海尔”商标在欧洲被恶意注册，海尔集团积极应诉，在企业法律顾问和律师的帮助下，通过长达一年零三个月的涉外诉讼，终于夺回“海尔”和“Hair”商标，并通过对另一家欧洲公司的代理授权，成功地扩展了“海尔”商标在海外的影响。加入 WTO 后，中国企业也可以在知识产权专家学者和律师的帮助下积极应对诉讼，通过诉讼维护企业合法权益。

4. 慎重对待合资后的商标战略

一句“活力 28，沙市日化”的广告影响了 960 万平方公里，沙市日用化工厂花费长时间与巨资树立起一个驰名商标，企业经济效益也蒸蒸日上。但经过一段时间后，“活力 28”从消费者眼中和耳边消失了，代之而起的却是“洁净生活，只需波尔一点”的广告词。原来，沙市日化与德国著名的洗涤用品商美洁时公司合资后使用了“波尔”这一新商标。在中外合资经营的模式下，中方企业取得了外来的资金，但丢掉了自己的民族品牌。

据统计，在我国现有二十多万个“三资”企业中，竟有 90%以上的企业使用外方商标。另外，我国名牌在海外申请注册时约有 25%已被事先抢注。

外资对合资企业控股，会对中方原有商标产生影响：要求产品使用外方商标，使中方品牌消失；或对中方商标仅保留而不使用，不追加投资，待 2 至 3 年后中方商标评估价值低，使产品销售依赖外方，外方则通过中国《公司法》关于无形资产可以占公司资产 20%的规定，达到影响以至控制整个企业发展前途的目的。商标虽小，但意义重大，是一只可吞象的“蛇”。中方企业应运用控股权保护原有商标的使用。

（三）释放战略

知识产权可以给企业的产品和服务带来较高的附加值，如果闲置起来或在短时间内不能获得市场回报，就不能收回研发投资获取商业垄断利润，必须将其释放，或自己实施用于生产经营，或通过技术交易市场，有偿许可他人实施。在国外，有的大公司将自己专利赠送给大学等科研机构或公共机构，释放部分市场价值不大或回报缓慢的专利，可节省部分专利维持费用、降低企业运营成本和提高资本运营效率。这种做法值得我们思考和借鉴。

外国资本进入中国市场的途径与方式因阶段各异，大致可以分为以下“三部曲”：首先是实物（洋货）——商品直接输入，低廉耐用的消费品源源不断地充斥发展中国家的市场，占据较大的市场份额，使消费者产生被动接受的消费习惯，使输入国民族工业受到排挤；然后是货币（洋钱）——资本输入替代商品输入而居于重要地位，东道国丰富的资源和廉价的劳动力成为外国资本输入的考虑点，资本输入的利润回报也很丰厚；最后则是洋品牌加洋技术的知识产权输入。仅以美国可口可乐公司为例，其通过“可口可乐”商标和饮料配方的技术秘密等无形财产的输入，未向中国市场投放一条生产线和一分钱，而其每年拿走的利润相当可观。中国企业在技术成熟后，也可借鉴他山之石，进行知识产权的释放，将知识产权与产品服务打入国际市场中去。在这方面中国企业已有先行者，如海尔集团通过商标扩展，在 183 个国家和地区申请 2 000 多个商标，在未开展商务活动的地区也坚持“商标先行”策略，使海尔真正成为一个全球化的知名品牌。[①] 从这一个案中所反映的经验，值得广大中国企业借鉴、吸收。

---

① 参见吴澄：《知识产权是知识经济的核心》，载《人民日报》，1998－11－14。

四、结语

企业如何面对入世，是一个系统工程，知识产权并非其工作的全部，灵活的人力资源管理、严格的质量管理和健全完善的服务也是非常重要的工作。但应该指出的是，知识产权战略是一个着重点和切入点，对于中国这个发展中的大国来说尤为如此。通过对国际最先进技术的追踪借鉴、消化吸收和改进，获得技术后发展竞争优势，寻找到能够形成有效占领市场的技术方案，在此基础上，辅之以商标战略，从而提高产品的整体知识产权含量、增强企业竞争力。俗话说，“巧妇难为无米之炊”，对于加入 WTO 之后的中国企业，则可以借用过来说，没有知识产权的“米”，再好的技术成果也难以成为国际市场中的“佳肴”。知识产权战略，应该成为中国企业的战略选择。

“一带一路”倡议下知识产权保护的中国选择*

随着经济全球化的不断推进和发展，以自由贸易协定为主要形式的区域经济一体化逐渐成为当前世界经贸发展的新趋势。知识产权保护制度作为当今国际经贸领域的“标配”，呈现出以双边或多边协定（plurilateral agreement）的方式来谋求高水平、高标准保护的新特征。在此背景之下，我国“一带一路”倡议的提出，既是顺应区域经济一体化新趋势的“中国表达”，也是建构知识产权国际保护新动态的“中国主张”。质言之，实施“一带一路”倡议，促进区域经济一体化的制度创建和和谐发展，知识产权制度必须随之跟进，与之保障，进而致力于建构更加公平、合理的知识产权国际保护新秩序，实现知识产权区域一体化的制度创新。

在“一带一路”倡议实施过程中，需因地制宜地提出和发展我国知识产权贸易往来的战略部署。回顾我国“丝绸之路”的辉煌历史，可以发现丝绸作为主要的货物商品，诠释了农耕文明时期国际经贸往来的传统形式；立足我国“一带一路”倡议，不难看出知识产权作为重要的制度产物，正代表着知识经济时代国际经贸往来的现代配置。由此可见，对“一带一路”倡议的内涵解读，需要将其置于国际经贸体制的发展背景之下。

国际贸易体制与知识产权国际保护规则的关联性适用，是以世界贸易组织

---

* 原载《人民论坛》，2017（3）。

(WTO)通过的《知识产权协定》(TRIPs)为起点。在此之前，知识产权国际保护与国际贸易是由两个不同的国际法律体系分别加以处理，知识产权国际保护主要以智力创造领域为其活动空间，与国际贸易并无直接关联。自WTO成立与《知识产权协定》生效以后，知识产权的国际保护与国际贸易体制之间相互确立起实体性与程序性规范一体化的"棘齿机制"。在后TRIPs时代，随着经济全球化的纵深发展，以及WTO多哈回合谈判的逐渐停滞，以美国为主导的发达国家并没有停止其知识产权扩张保护的态势，而是通过搁置多边贸易谈判的形式，转而采用平台转变(forum shifting)的方式，来运用一系列双边和诸边谈判的形式来推行区域化自由贸易的新体制，以不断推行高水平、高标准的知识产权保护。《跨太平洋伙伴关系协定》(TPP)和《跨大西洋贸易与投资伙伴关系协定》(TTIP)的谈判和发展，就是上述国际经贸体制发展的实践体现。质言之，以知识产权国际保护为后盾的国际经贸体制，已经不仅成为国家综合国力的重要体现，而且成为谋求国际经贸利益的有力武器。

当前，我国经济正处于新常态的发展时期，从表面上看是经济增长减速换挡，但是从本质上则是发展动力的转换和重塑，经济增长将会更多地依赖科学技术的进步。"一带一路"倡议的提出，既是我国全面实施"走出去"战略的优化升级，也是我国积极参加国际经贸往来的发展规则。我国"一带一路"倡议的核心思路是共商、共建和共享。"一带一路"沿线国家多为新兴经济体与发展中国家，其资源禀赋各异，经济互补性强，且经济发展普遍处于上升期，人口总数与经济总量分别占全球63%和29%，现有发展规模与未来增长潜力都相当大。可以预期，"一带一路"倡议的实施将惠及东亚、南亚、中亚等多个国家和地区，有利于区域经济一体化的和谐发展。

值得注意的是，沿线国家的知识产权环境也存在着较大差异，知识产权的保护水平不高，且在很大程度上参差不齐。可以发现，"一带一路"倡议所涉及的沿线国家内部之间、相关国家与美国等发达国家之间势必存在着知识产权贸易往来的利益冲突和贸易风险。因此，在我国"一带一路"倡议实施的过程中，需要根据国际经贸体制的实践发展，因地制宜地提出和发展我国知识产权贸易往来的战略部署。

"一带一路"倡议的提出，既代表着我国顺应区域经济一体化，实施和平发展“走出去”战略的“中国立场”，也表明我国积极应对国际经贸规则新变化，促进创新发展“走上去”战略的“中国追求”。

一方面，“一带一路”倡议是和平发展的“走出去”战略。“一带一路”倡议的提出，充分表明我国对外开放格局的调整。自从20世纪80年代以来，中国初步形成了与国际经贸规则的全面对接。应该说，经过三十多年的对外开放，中国已经成为全球吸引外资最多、经济发展最快的国家之一。时至今日，在“一带一路”倡议的指引下，我们在高质量地引进技术和大规模引进资本的同时，更需要积极主动地实施和平发展的“走出去”战略。中国对外开放抑或国际经贸交往的前提，是相互尊重各国的知识产权，从而在此基础上进行经济、贸易、文化的交往。在当今知识经济时代，知识产权的拥有量决定了国家在国际贸易中的地位以及综合实力。20世纪末以来，以微软、英特尔、IBM为代表的知识经济产业以它新的观念、新的姿态和巨大的威力冲击着辉煌两百年的工业经济社会。而新世纪开启之后，以华为、中铁为代表，中国企业以知识产权为支撑，实施对外开放格局中的“走出去”战略。此外，从全球贸易结构的发展变化来看，全球贸易更多地呈现出区域贸易的新特征，并基本形成了以美国、德国和中国为核心的北美、欧洲和亚洲价值链“三足鼎立”的格局。因此，考虑到我国对外经贸结构的合理优化和区域性发展，我国和平发展的“走出去”战略，必然是以尊重和保护各国的知识产权为先导，以“一带一路”倡议为契机，积极推进立足于我国区域化发展的对外开放新格局，走互利、共赢、创新、和平的发展道路。

另一方面，“一带一路”倡议是创新发展的“走上去”战略。在当下国际经贸格局的发展变化中，中国商品、中国服务要走出国门，走向国际经贸竞争的关键领域和市场前沿，这就是立足本土创新发展的“走上去”战略。可以说，在“一带一路”倡议的指引下，我国创新发展的“走上去”战略，不是在国际制造业的中低端徘徊，不是低科技含量和低附加值的规模输出，而应是立足于经济新常态下的知识产权创造和运用，进而有效降低经济发展与资源消耗之间的关联程度，不断推进知识产权创新驱动发展的引领效应，大力提升知识产权密集型产业的经济贡献率。知识产权制度是创新发展的制度支撑和法律保障，有着激励和保护知识创新、促进创意产业发展的重要功能。经济新常态下创新发展的“走上去”战略的基本要求则是，经济发展的动力应该主要来源于创新驱动，经济发展的方式需要进行结构性的升级和变革。由此可见，我国创新发展的“走上去”战略，就是以知识产权驱动创新发展，以创新发展引领产业经济的升级和变革。

“一带一路”倡议的提出，既是我国政府主张合作发展的国际战略，也是经济新常态和创新发展的本土战略。在“一带一路”倡议的指引下，我国既需要积极推进知识产权区域制度创建的国际战略，又需要不断发展知识产权本土制度创新的国内战略。

对于区域知识产权一体化的国际战略而言，“一带一路”倡议的有效实施，不仅将会影响知识产权国际保护规则的变化和发展，而且能够有效推进沿线地区自由贸易区的建设，其具体实施的重点主要有以下三个方面：一是坚持区域知识产权制度先行。应对“一带一路”的知识产权风险和冲突，其法律保障是构建知识产权事业共同体，实现区域知识产权制度一体化。因此，我国应以政治互信、经济互利、文化包容为基础，团结“一带一路”沿线国家共同致力于知识产权保护，并以“一带一路”为依托促进区域知识产权一体化的制度建设。

二是加强知识产权的国际对话。“一带一路”经贸区中各国知识产权产业、制度、文化等存在差异性，区域性知识产权制度一体化的实现应当充分发挥“一带一路”区域内各国际组织的作用，弱化发达国家之间、发达国家与发展中国家之间、部分国家和地区之间的矛盾，不断促进区域制度一体化的实现。我国应以“一带一路”经贸区为阵地，推动更加公平、全面的国际知识产权保护体制的形成，提升中国以及发展中国家在国际知识产权保护中的话语权。

三是发挥国内、国际双向促进作用。区域知识产权一体化的形成和发展，不仅需要所涉区域内各国之间的制度协商，也需要各国国内法律制度的适当调整。一方面，我国应积极推进“一带一路”沿线的自由贸易区建设，主动发挥区域知识产权一体化建设中的主导作用，积极构建以知识产权保护为核心的区域贸易实施规则，不断推动我国以及其他发展中国家中成熟的法律上升为国际经贸领域的规则；另一方面，我国作为世界上最大的发展中国家，应当从基本国情出发，通过法律制度的完善，以及政策导向的调整，来制定合理的以知识产权为导向的公共政策体系，在促进产业发展的同时，兼顾对传统文化、公共健康等利益分享机制的维护。

对于区域知识产权一体化的国内战略而言，“一带一路”倡议的实施将会带动“东部率先发展”“西部大开发”“中部崛起”等一系列国家发展战略的有效实施，逐渐解决和改善我国经济与社会发展非均衡化的问题和不足。在“一带一路”倡议的指引下，我们需要不断通过知识创新和创新发展，助推中国创造、中国品牌、中国文化、中国标准走出国门，在国际产业合作和贸易往来过程中形成核心的知识产权竞争优势。对此，我国区域知识产权一体化的发展应当注重以下内容：一是推动区域性经济、社会协调发展。协调发展是国家“一带一路”倡议实施的应有内容。当前，我国正处于自贸试验区加速扩容的重要建设时期，应充分加强区域间经济、文化、科技的交流与合作，不断发挥区域中心创新发展的引领和辐射作用，不断优化不同区域之间的产业结构，进而形成区域间相互支撑的产业发展态势，实现区域间文化、科技、经济的全面发展。

二是促进区域间生产要素均衡配置。受制于区域发展的差异性，我国东部、中部、西部在生产要素，尤其是在知识产权拥有量上呈递减状态。对此，我国应结合西部“丝绸之路经济带”上重点贸易伙伴国的产业结构、市场需求、消费能力确定西部对外开放城市的贸易重点，增加国家对相关领域科技、资金等生产要素的投入；充分发挥中部城市的区位优势，促进我国传统制造业和加工业的优化和升级；切实发挥东部创新发展的引领和带动效应，加快占领“一带一路”经贸区内科技、文化产业的制高点。

三是成就各区域产业的优化升级。我国应将东部区域构建为重要的信息、资源、资金、技术平台，为中部与西部地区的发展提供支撑，进而将东部地区打造为促进全国经济结构转型的发展引擎；加大对中部、西部基础设施建设、教育、科技的投入，为中部、西部的经济结构转型提供支撑；不断扩大和深化区域开放的广度和深度，积极提升“一带一路”国际对口开放城市间的经贸合作层次，实现我国各区域的协调发展和创新发展。

总之，在“一带一路”倡议的指引下，我国既需要顺应区域经济一体化和国际经贸规则的新发展，不断推进和平发展“走出去”战略的有效实施；也需要密切关注本国制度的创新和发展，不断提升自身的科技创新力、产业发展力和品牌影响力，以助推“一带一路”倡议的实现。

参考文献

[1] 吴汉东．经济新常态下知识产权的创新、驱动与发展［J］．法学，2016（7）．

[2] 鞠建东．全球贸易新结构：中美德主导［N］．中国经济导报，2016－09－10．

“一带一路”倡议与知识产权保护*

和平发展，是中国在国际上的一贯立场；创新发展，是中国发展的时代需求。因此可以认为，和平发展与创新发展构成了中国新“丝绸之路”建设与发展的主题。在全球新一轮科技革命和产业变革的时代背景下，我国提出了“一带一路”倡议。这充分表明，中国作为发展中大国，在国际舞台上的地位凸显，在国际发展中的责任担当。在“一带一路”倡议指引下，我国知识产权保护也应随之跟进，致力于建构更加公平的知识产权国际保护新秩序，实现本土知识产权事业的区域性协调发展。

建设“一带一路”，是跨越时空连接中国梦与世界梦的合作倡议，也是融通古今、连接中外，顺应和平发展合作共赢的时代潮流，承载丝绸之路沿途各国繁荣进步的共同理想。“一带”，即“丝绸之路经济带”，以中国西部城市为起点，连接中亚、西亚及欧洲，共商共建，形成沿路经济带；“一路”，即“21世纪海上丝绸之路”，以中国东部城市为起点，以南亚、东南亚、非洲与欧洲之间的海路线为经络，构筑沿海经贸区。这一倡议的提出，在促进中国西部发展的同时，又加强了东部经济发展成果的共享性，赋予古代丝绸之路以和平、互利、共赢新的时代内涵。

建设“一带一路”是国际合作发展的“重点倡议”，不是“中国版的马歇

---

* 原载《法治社会》，2016（5）。

尔计划"。"倡议"的提法，确保了沿线国家和地区与中国在"一带一路"中享有平等权与选择权。以此为基础，"一带一路"合作发展的核心思路就是共商、共建、共享。[①]"一带一路"沿线国家多为新兴经济体与发展中国家，经济发展普遍处于上升期，人口总数与经济总量分别占全球的63%和29%，现有发展规模与未来增长潜力都相当大。可以预期，战略构想的实施将惠及东亚、南亚、中亚等多个国家和地区，有利于区域经济一体化和经济全球化的和谐发展，改善世界经济发展不平衡的现状，促进国际经济贸易多极化发展，加快国际贸易新格局的形成。"一带一路"倡议是国家在顺应时代发展的前提下，提出的宏观发展战略部署。在当今知识经济的时代背景下，作为世界贸易法律秩序的重要组成部分，知识产权保护在国际政治、经济、文化等方面的发展中扮演着重要的角色。因此，"一带一路"的国家经贸倡议，就是知识产权保护的"一带一路"。

一、"一带一路"倡议的意义与中国知识产权道路选择

在知识经济时代，国家要建立一个有效率的竞争性国家创新体系而实现国家经济形态的进步，从而提高企业竞争力及人民生活水平和质量。[②]以往英国、美国等发达国家将知识产权与国际经贸结合的实践表明，国际经贸交往的一项重要内容便是知识产权，以知识产权为后盾的国际经贸实力是国家综合国力的重要体现。自知识产权制度问世近四百年来，欧美国家是这一制度最早的推行者，也是最大的受益者。就国际知识产权格局的发展趋势而言，19世纪是以英国为先导的欧洲中心，20世纪是以美国为主导的欧美中心，21世纪将会出现以中国为代表的亚洲中心。由此，我国"一带一路"倡议的意义主要有以下两个方面。

一是中国对外开放格局的调整。自从20世纪80年代以来，中国初步形成

① 参见国家发展改革委、外交部、商务部：《推动共建丝绸之路经济带和21世纪海上丝绸之路的愿景与行动》。

② 参见黄顺基：《走向知识经济时代》，278页，北京，中国人民大学出版社，1998。

了与国际经贸规则全面对接的局面。在积极签订多边、双边国际条约的同时，开放市场、引进外国资本、引进西方技术，实现了我国经济的飞速发展。中国GDP总量已经位居全球第二，根据经济学家的研判，10年、15年之内将超越美国。应该说，经过三十多年对外开放，中国成为全球吸引外资最多、经济发展最快的国家。21世纪第二个十年，在“一带一路”倡议的指引下，我们正在进行新一轮更高水平的对外开放。也就是说，在高质量地引进技术、大规模地引进资本的同时，我们正在实施“走出去”战略。据统计，2014年中国的进出口贸易总额达到了4.17万亿元。可以说，中国是全球最大的进出口贸易国，而且也是75个国家最大的贸易合作伙伴。与此同时，中国对外的直接投资已经达到了1 000多亿元。海外企业并购也达到了500多亿美元。就全球范围来看，中国已经成为了对外投资第三大国家。在当今知识经济时代，知识产权的拥有量决定了国家在国际贸易中的地位以及综合实力。20世纪末以来，“以微软、英特尔、IBM为代表的知识经济产业以它新的观念、新的姿态和巨大的威力冲击着辉煌两百年的工业经济社会”①。而21世纪开启之后，以华为、中铁为代表的中国企业以知识产权为支撑，实施对外开放格局中的“走出去”战略。概言之，中国对外的开放抑或国际贸易交往的前提，是相互尊重各国的知识产权，从而在此基础上进行经济、贸易、文化的交往。因此，中国的对外开放格局的调整必然要以尊重、保护知识产权为先导，以“一带一路”倡议为契机，开创有利于我国经济发展的对外开放格局，走互利、共赢、创新、和平的发展道路。

二是国际经贸规则的重构。中国商品、中国服务、中国资本正在走出国门，必然会出现知识产权的保护问题。而与之相关的经贸规则，包括国际贸易规则、投资规则、知识产权保护规则，构成了国际经济交往的法律秩序。国际贸易由三大部分组成，即货物贸易、服务贸易、知识产权贸易。随着WTO取代关贸总协定后，国际贸易规则的关注重点已从关税减免过渡到知识产权保护。在国际贸易三大类别中，知识产权是一种无形的资源，除其本身作为交易标的之外，最终仍要以货物、服务为载体。知识产权在每一瞬息时间内只能属

---

① 赵弘等：《知识经济呼唤中国》，2页，北京，改革出版社，1998。

于一个人（或一定范围的人），使用知识产品的权利则不限人数，因为它可以无限地再生。[①] 知识产权客体的无形性使其较有形财产更易受到侵害。因此，在现实国际贸易中，无论货物还是服务贸易，均无法回避知识产权保护问题。随着TRIPs生效实施20余年，国际知识产权保护逐渐形成两种迥异的主张，一是以美国、日本为代表，主张较TRIPs协定更高水平、更高效率的知识产权保护；二是以广大发展中国家为代表，主张更为合理、更加公平的知识产权保护，强调传统文化、遗传资源、公共健康等公共利益的保护。两种诉求实质反映的是部分发达国家利益与发展中国家人权的冲突。以美国和日本为代表的个别发达国家掌握全球的优势知识产权，正在通过加强双边以及多边的知识产权谈判，寻求独立于WTO的知识产权保护新体制，从而更加有利于其既得利益的维持。而对于发展中国家而言，其往往缺乏利用先进技术的设施和力量，其无力充分地分享科学技术进步带来的利益，从而在社会发展问题上总处于不利的地位。[②] 不同国家对知识产权保护水平的高低有着不同的诉求，由于发达国家前述新体制的构建，势必将削弱原有的WTO以及TRIPs协定的影响，从而使国际经贸规则的重构成为一种国际趋势。由此，"一带一路"沿线各国特别是广大发展中国家，应致力于区域性知识产权法律秩序的构建，以此作为国际知识产权保护制度的重要补充和调整。

知识产权保护已经成为当今国际经贸领域的"标配"，知识产权的"一带一路"是国家"一带一路"倡议的应有之义。从某种意义上讲，在"一带一路"倡议中，"一带"就是知识产权的保护带，即以亚、欧、非丝绸之路经贸区域为范围，通过多边、双边协定的方式，形成团结欧洲发达国家，并适宜于中国等广大发展中国家发展水平的知识产权保护带；"一路"则是知识产权的事业路，即在前述"一带"的基础上，以国际经贸促进知识产权向互利、合作、共赢的国际新秩序发展，提升中国在国际知识产权保护中的话语权。应当看到，在知识产权国际立法进程中，从《世界版权公约》到《知识产权协定》，

---

① 参见［苏］B. A. 鲍加特赫等：《资本主义国家和发展中国家的专利法》，载《国外专利法介绍》，12页，北京，知识出版社，1980。

② 参见［美］奥德丽·R. 查普曼：《将知识产权视为人权：与第15条第1款第3项有关的义务》，载《版权公报》，2001（3）。

再到如今的《跨太平洋伙伴关系协定》，美国通过体制转换，逐步提升知识产权的保护水平。以美国为首的个别发达国家推行过高的知识产权保护，主要针对发展中国家，同时也涉及其他发达国家。一味追求高水平的知识产权保护仅是少数发达国家的立场，而在知识产权国际保护制度中，互利、合作、共赢是未来知识产权国际保护制度发展的主题与方向。在“一带一路”的合作倡议的背景下，中国知识产权建设也应当树立大国自信，把握国际经贸和知识产权规则变革的历史机遇，推动更加公平的国际贸易秩序与国际知识产权保护新体制的建立，促进世界经济和平、创新、多元化发展。

二、知识产权“一带一路”国际化倡议的难点与重点

以“一带一路”倡议为基础，建立知识产权国际保护新体制是一次难得的历史机遇，同时也是一项挑战。我国知识产权的“一带一路”倡议，其难点有如下几点：（1）区域性知识产权的政策法律风险。这种风险主要来自两个方面：一方面是“一带一路”区域中的中东、非洲等地区政治不稳定风险往往会影响知识产权政策、经贸关系的连贯性；另一方面，中国企业海外知识产权的法律风险，较容易陷入侵权、维权的纠纷之中。（2）区域性知识产权制度的差异性矛盾。“一带一路”经济区覆盖亚欧非三大区域，各区域的国家在知识产权有关的产业、法律、价值、文化等方面均存在着巨大差异性。（3）区域性知识产权话语权的欠缺。中国知识产权“一带一路”倡议，涉及区域性知识产权规则的形成和建构，而包括中国在内的发展中国家面临着经验欠缺的挑战。为应对上述知识产权“一带一路”的难点问题，我国应把握以下战略重点：

一是坚持知识产权制度先行。“一带一路”倡议是促进共同发展、实现共同繁荣的合作共赢之路，是增进理解信任、加强全方位交流的和平友谊之路。[①] 如前所述，知识产权是当今国际经贸领域的“标配”，而“一带一路”经贸区中的知识产权保护面临着多方面的风险。对于“一带一路”的知识产权

① 参见国家发展改革委、外交部、商务部：《推动共建丝绸之路经济带和21世纪海上丝绸之路的愿景与行动》。

风险应对而言，其重要的法律保障便是构建知识产权法律与制度共同体，实现“一带一路”区域知识产权制度的一体化。因此，我国应以政治互信为基础，团结“一带一路”沿线国家共同致力于知识产权保护，以“一带一路”为依托促进区域知识产权一体化。其主要任务是：(1) 推进区域知识产权制度的一体化，坚持“一带一路”倡议实施与区域知识产权制度一体化同步，区域知识产权一体化规则与国际知识产权规则相融合，实现国际知识产权最低保护标准基础上的各国差异保护与互利共赢。(2) 在区域性知识产权制度一体化构建过程中，应当首先与中国重点贸易伙伴国就重点经贸领域如航天、生物技术、金融、能源、交通等贸易合作项目中的知识产权保护问题进行协调，坚持“重点突出”“协调差异”的知识产权国际保护方针，切实在国际经贸交往中维护国家利益。(3) 加强经贸区内国家间的交流，提升区域内国家、地区间的政治、经济的稳定性，开创以经贸发展促进区域内知识产权拥有量的提升，以知识产权保护支撑国际贸易繁荣的新格局。

二是加强知识产权的国际对话。美国通过《跨太平洋伙伴关系协定》与《跨大西洋贸易与投资伙伴关系协定》引领世界贸易规则、投资规则、知识产权保护规则制定，树立西方世界在全球经济的领导权。美国引导 TPP 的建立反映了发达国家在知识产权国际保护中的平台转变策略。[①] 平台转变策略实质是发达国家因时而变，制定新的有利于本国的国际经贸规则的计策。我们如今提出的“一带一路”倡议并不是盲目跟进西方发达国家的经贸游戏规则，而是联合广大发展中国家，团结欧洲发达国家，制定多元化的国际经贸规则。“一带一路”经贸区中各国知识产权产业、制度、文化等存在差异性，区域性知识产权制度一体化的实现应当充分发挥“一带一路”区域内各国际组织的作用，弱化发达国家之间、发达国家与发展中国家之间、部分国家与地区之间的矛盾，促进区域制度一体化的实现。因此，我国在“一带一路”的知识产权区域协调中，可以考虑以东盟知识产权合作组织、欧亚专利组织、欧洲专利组织等

① See Peter Drahos, “Securing the Future of Intellectual Properly: Intellectual Property Owners and their Nodally Coordinated Enforcement Pyramid”, Case Western Reserve Journal of International Law, 2004 (01): 53, 77.

"一带一路"区域知识产权组织为依托，致力于协调区域组织间的矛盾、区域组织与各成员国的矛盾、区域组织各成员国之间的矛盾；形成有力的区域性多边知识产权争端解决机制，完善区域性知识产权保护体制，加强区域知识产权合作，促进区域知识产权发展，提升区域组织在国际贸易体制建构和改革中的话语权；促进各国以能源产业、高新技术产业、基础设施等形成相互补充的产业链条，优化配置劳务、资金、技术、资源、信息，形成区域内共生性的经贸合作态势；在区域性知识产权对话中，立足于广大发展中国家的基本立场，树立大国的自信，以"一带一路"经贸区为阵地，推动更加公平、全面的知识产权保护国际体制的形成，提升中国以及发展中国家在国际知识产权保护中的话语权。

三是发挥国内、国际双向促进作用。知识产权"一带一路"制度的形成需要国家间的制度协商，也需要各国国内法律制度的调整。在新的国际制度构建过程中，应当充分发挥国内制度创新与国际制度创建的双向促进作用。在国内制度创新方面，随着我国知识产权制度运用经验的提升与研究的深入，知识产权的私人产权属性和公共政策功能逐渐受到认识。[①] 也正是如此，在发达国家立法中，知识产权的产业政策也成为一项重要的考量因素。产业政策是关乎市场、效益的重要经济学问题，也是政府部门宏观调控的重要工具，具有经济、科技、公共利益的多元属性。[②] 中国作为世界上最大的发展中国家，应当从发展中国家立场出发，制定合理的产业政策与公共政策，在促进产业发展的同时，兼顾传统文化保护、公共健康维护、利益分享；进一步完善相关的法律制度，加强经贸区内各国之间立法的交流，提升国内知识产权法律制度的国际影响力。在国际制度方面而言，中国应当以受亚欧非国家普遍认同的《生物多样性公约》《文化多样性公约》达成的共识为基础，推动我国以及其他发展中国家中成熟的法律上升为国际经贸规则，提升中国在区域内立法的话语权，体现发展中国家的利益；增加国内立法机构在区域内立法活动的合作，扩大国内立法人员与区域性国际组织立法活动的参与；促进区域内国际组织如东盟知识产

---

① 参见吴汉东：《知识产权本质的多维度解读》，载《中国法学》，2006（5）。

② 参见易继明：《技术理性、社会发展与自由——科技法学导论》，35～37页，北京，北京大学出版社，2005。

权合作组织、欧亚专利组织、欧洲专利组织等在立法方面的合作，扩大"一带一路"区域内国家的广泛参与，协调各国知识产权制度的差异性。

三、知识产权"一带一路"倡议的本土化内容

我国的"一带一路"的倡议不仅是中国政府主张合作发展的国际方略，也是经济新常态和创新发展的本土方略。这个倡议的实施将会带动"东部率先发展""西部大开发""中部崛起""长江经济带"等一系列的国家发展战略。我们要借助"一带一路"倡议中的东风，通过创新发展和知识产权，助推中国创造、中国贸易、中国品牌、中国文化走出国门，在国际产业合作和贸易往来过程中形成最终的中国知识产权优势。在知识产权"一带一路"倡议的语境中，我国区域性协调发展应当注重以下内容。

首先，推动区域性经济、社会协调发展。区域性协调发展是国家"一带一路"倡议的应有内容，因此，首先应当制定并落实国家区域性均衡发展政策：加强中部与西部科研、教育的投入，鼓励优秀人才去西部就业，进一步完善中部与西部基础设施建设；加强区域间的经济、文化、科技交流与合作，构建区域间科学研究、技术转化、加工制造，融为一体的科技示范产业，加强科技成果、文化产品向产业生产力的转化，提升国家的创新能力；以国家投入，带动社会投入，优化资本、技术、服务的配置，形成区域间相互支撑的产业发展态势；注重传统文化、生态环境、遗传资源的保护，实现区域间文化、科技、经济的全面发展。

其次，促进区域间生产要素均衡配置。"一带一路"倡议中的"丝绸之路经济带"与"21 世纪海上丝绸之路"的构建设想，将中国东部与西部地区作为对外开放门户。受制于区域发展的差异性，我国东部、中部、西部在生产要素，尤其是在知识产权拥有量方面呈递减规律。"一带一路"倡议的贯彻落实，则意味着东部、中部、西部地区的生产要素的均衡配置。区域间生产要素的均衡配置应当遵循以下思路：结合西部丝绸之路经济带重点贸易伙伴国的产业结构、市场需求、消费能力确定西部对外开放城市的贸易重点，增加国家对相关领域科技、资金等生产要素的投入；充分发挥中部城市的区位优势，为东部、

西部经济调整发挥重要的枢纽作用，发挥中部的交通、人才作用，设立相应的制造基地、研发中心，促进我国传统制造业、加工业的升级；充分发挥东部技术、文化、商贸优势，在对外贸易中，树立中国品牌形象，占领“一带一路”经贸区内科技、文化产业的制高点。

最后，成就各区域产业的优化升级。我国的知识产权战略应当结合“一带一路”倡议，促进知识产权的产业化，利用经贸区间的国际贸易，将中国优秀的科技、文化、品牌展现于世界；发挥我国知识产权的竞争优势，增加产业的附加值，降低产业对自然资源的依赖与生态环境的破坏，促进我国产业的优化升级；立足于中国制造，体现中国创造，在国际产业合作与经贸往来中提升中国的国际影响力与综合国力。由此，我国应将东部区域构建为重要的信息、资源、资金、技术平台，为中部与西部地区的发展提供支撑；加强东部城市的信息化建设，健全科技成果转化机制，规范市场交易秩序，发展各种服务性中介机构，将东部地区打造为促进全国经济结构转型的引擎；以信息化为重点，加大对中部、西部基础设施建设、教育、科技的投入，为中部、西部的经济机构转型提供支撑；扩大区域开放领域，深化“一带一路”国际对口开放城市间的经贸合作层次，协调区域内的经济增长与环境保护、文化交流、科技创新的关系，实现我国各区域的协调发展、创新发展。

结　语

在“一带一路”倡议的指引下，我国顺应世界多极化、经济全球化、文化多样化、产业信息化的潮流，秉持开放的区域合作精神，致力于维护全球自由贸易体系和开放型世界经济的重要举措。就倡议构成而言，知识产权保护应成为“一带一路”倡议的有机组成部分，我们在实施“一带一路”倡议的同时，要密切关注本国知识产权的制度完善、产业发展，把握知识产权的战略实施重点，提升科技创新力、产业发展力、品牌影响力以助推“一带一路”倡议的实现。在知识产权强国建设进程中，建构联结中国与世界的“一带一路”，实现“中国梦”和“世界梦”的统一。

WTO与中国企业专利发展战略*

WTO以贸易为中心，在全球范围内将货物贸易、服务贸易与知识产权紧密地联系在一起，从而实现了专利保护全球化，知识经济时代知识产权成为企业生存发展的核心问题，企业的生产、经营、管理都必须以知识产权为中心进行战略定位。专利是市场经济下的一种合法垄断，专利就是市场，要积极发挥专利技术的市场效用。加入WTO以后，中国市场成为全球市场，中国企业必须立足发展中国家的现实，积极进行战略布局，才能在与跨国公司的竞争中生存和发展。专利战略已成为中国企业实施可持续发展的战略选择，成为中国企业开展市场竞争的战略重点，也是中国企业进行对外贸易的战略举措。

一、问题背景：WTO对企业发展战略的影响

2001年12月11日，中国正式加入了世界贸易组织，这是中国的一项战略决策，它直接决定了21世纪中国的国家战略走向，也势必影响中国企业在新世纪的战略抉择。入世近两年来，世界贸易组织已经给中国经济以及中国人的观念带来了巨大的冲击，既然已经入世，再评论加入WTO利大还是弊大已没有什么实质意义，对于中国的企业来说，现在的关键问题是，如何利用

* 原载《中南财经政法大学学报》，2003（6）。

WTO机制带来的机遇，如何制定科学的企业发展战略，应对挑战，促进企业持续、稳健的发展。

众所周知，WTO法律框架包括三部分，即货物贸易、服务贸易与知识产权。关税与贸易总协定起初并不涉及知识产权问题，直到20世纪80年代中期，以美国为首的发达国家强烈要求将知识产权问题直接纳入WTO多边机制，经过近十年的多边谈判，终于形成了WTO框架内的三大支柱之一——《与贸易有关的知识产权协议》，即TRIPs协议。关于TRIPs协议的形成原因很多，但有两点是关键的：第一，现代国际贸易中技术因素的迅速增长的需要。发达国家无论是货物贸易还是服务贸易，都是靠高新技术来支撑，这必然涉及知识产权的保护问题。第二，现代国际贸易中技术优势与成本优势较量的结果。例如，美国在20世纪80年代就淘汰了那些消耗原材料、易造成环境污染的劳动密集型产业和企业，主要发展软件设计、芯片制造和生物工程产业。目前占美国出口第一位的不是汽车和飞机，而是传媒、音像、软件等构成的版权业，同时美国企业在软件设计、芯片制造和生物工程等高新技术领域拥有占世界1/4以上的核心专利，由此支撑其取得了全世界的技术主导地位。然而，专利等知识产权的地域性限制阻碍了美国企业在国外取得技术优势，擅自仿造、假冒专利产品、擅自使用专利方法给美国企业造成了巨大损失，使得美国企业无法谋划全球战略，美国政府的全球战略也无法实现。为了维护自己的战略优势，美国先是借助双边谈判、用国内法对侵权国家实行单边报复等手段，继而谋求在世界范围内进行多边保护。WTO就是以美国为首的发达国家努力促成的多边贸易法律机制，它在全世界范围内提高了知识产权的保护标准，有利于拥有自主知识产权和核心技术的企业的发展。WTO确立了知识产权领域的国民待遇原则、最惠国待遇原则、非歧视原则以及透明度原则，它设定了专利保护的最低标准，将专利标准全球化，从而直接影响到每一个企业在全球范围内的生产和经营。总体上说，它主要反映了发达国家的利益诉求，发展中国家必须谨慎应对。

事实上，无论是国际贸易还是国内贸易，其主体都是企业，一个企业要想生存，必须要有长远的规划，这个规划就是企业的发展战略。在不同的社会历史阶段，市场对企业的要求不同，相应的企业的战略规划也就不同。如果说农业经济时代企业战略的核心是土地所有权，工业经济时代是资本所有权，那么知识经济时代企业的战略重心应是知识产权。过去我们讲知识就是力量，现在则可以说，知识就是市场、就是财富。

二、定位分析：专利在现代企业中的战略地位

就专利本身而言，它是对技术的一种合法垄断。通过设定一定的期限以及公开有关信息，专利权人取得了对该技术范围内的技术专有权，凡是权利要求书所限定的，其他人未经同意都不得实施，否则将构成侵权，而专利权人则丧失了对技术的保密性和永远持有技术的可能性。所以，专利是把双刃剑，就看如何对其应用，只要应用得法，无论专利权人还是非专利权人，都可获利。

对于企业来说，获得专利、公开技术信息的目的就是在一定期限内垄断该技术，垄断技术则是为了占领和控制市场。在加入世界贸易组织，全球专利保护一体化的情况下，拥有专利就是拥有全球市场，这在高新技术产业尤其突出。比如说美国 IBM 公司，它拥有大量电脑芯片制造的核心技术，目前一年的专利费收入就是 17 亿美元。由于拥有雄厚的技术基础，IBM 公司在计算机硬件行业一直占据领先地位，而其专利申请也连续 10 年位居美国专利申请的榜首。又如美国高通公司，它依靠出售 CDMA 标准，垄断了韩国、中国目前的大部分移动通信市场而大获其利。最近，为了竞争中国市场，由诺基亚、爱立信等欧洲电信商以及中国的大唐电信又组成新的 CDMA 标准与高通公司竞争，以分享高达 1 万亿元以上的中国移动通信市场。这些标准的背后就是由核心专利组成的专利族群。一句话，在电信市场上，得专利者得天下。再比如前一阶段发生的松下、日立、时代华纳等公司向中国 DVD 生产厂家索要专利使用费纠纷，最后以中国厂家支付高达 30 亿元的专利费而告终。这使得中国 DVD 生产厂家生产费用大增，许多企业破产。过去中国人以成为世界上自行车、VCD 播放机、DVD 播放机最大的生产国而自豪，现在却看到最大的赢家不是中国厂商，而是掌握核心专利技术的外国跨国公司。这充分说明，专利就是市场，专利就是利润，专利与企业的生存与发展已经无法分开了。如果说在加入 WTO 之前还可以采取行政手段、高关税壁垒来保护民族工业、限制外国

专利冲击的话，入世后则必须抛弃这种侥幸心理。WTO所要求的低关税甚至零关税政策以及知识产权保护的全球化使得技术优势得到了充分发挥，大部分行业面对专利的冲击都成了不设防的自由贸易区；如果不从长远的角度、战略的角度来谋划企业专利发展战略，则该企业的生产无法展开，产品无法销售，因为技术市场已被瓜分完毕，相应的产品市场也就控制在专利权人手中。但是，专利不仅能够保证自己的市场，而且还可以排斥对手的市场进入。一个企业如果不甘于做别人的加工厂，就必须拥有核心技术，必须制定专利战略，防止处处落入别人的专利雷区。

中国有句名言，战术上重视敌人，战略上要藐视敌人，这是为了提高自信心，但绝不是要求企业进行低水平重复，搞内部恶性竞争。长期以来，由于对外开放时间较短，我国企业大部分并没有参与国际竞争，甚至根本就没想去国际上和别人比一比，而是整天盯着国内的竞争对手，打价格战。就DVD产业来说，这几年来各大生产厂家竞相降价，都想把对方逐出国内市场，价格低得惊人，甚至仅仅是为了抢占市场而不顾是否盈利。结果，国内小厂家倒闭了很多，农村市场也启动了，但却收到了松下、日立、时代华纳等6大技术开发商的通牒，要求缴纳巨额的专利使用费，这使得整天忙于争抢国内市场，只有产品销售战略而不重视专利开发的国内厂商顿时面临生存危机。虽然结果以双方协商而告终，但国内DVD生产商以后每生产一台DVD，就要向别人上交巨额的专利使用费，而且，松下等技术开发商还拥有随时终止授予专利使用权的权利。这意味着什么呢？别人叫你生产你才能生产，但要交费；别人叫你停产你就得停产，因为你侵犯了专利权。DVD专利之争是国内企业的企业战略失策的典型表现，它意味着若仅仅将眼光放在产量上、放在价格战上是一种战略性失误。企业要想生存和发展，必须站在技术竞争的高度，将专利战略纳入企业战略的核心位置，然后才能有经营战略、销售战略。事实上，没有技术就谈不上企业的长远规划，就无法制定企业发展战略。价格战的主要原因是没有自己的核心技术，产品严重同质化。当然，这也受中国目前整个市场体制的制约，即恶性竞争，企业不搞研发，只注重数量优势，企求短期获利。然而这种状况是不可能维持下去的。伴随DVD专利战而来，在数码相机领域、电信领域、软件领域，跨国公司已向中国企业亮出了专利利器，矛头直指华为、联想等国内技术较先进、发展较成功的企业，可以预见，中国企业面临的专利战将涉及越来越多的领域和企业，甚至传统的农业、加工制造业也不例外。

在国际竞争中，跨国企业的通行做法是产品未动，专利先行。它们首先在关键的核心技术领域申请专利，然后进行专利宣传，不但占领了技术制高点，还进行了广告宣传，一举两得。近几年，我们看到微软、思科等跨国企业在中国建立了众多的培训、认证机构，这其实是其知识产权战略的一部分，通过这些宣传培训，跨国公司就拥有了技术施展的空间和潜在的客户。一旦国家政策允许市场准入，它们就迅速向国内企业发难，通过状告国内企业侵犯其专利来挤垮这些企业，或者向国内企业收取高额专利使用费，从而控制中国市场。相形之下，国内企业要么充当加工厂，要么支付巨额专利使用费而无法与跨国企业进行竞争，甚至立即就因无法继续生产而倒闭。

在中国入世前后，跨国公司就在中国进行专利战略布局，而国内企业却在进行激烈的价格战。当跨国公司突然发难时，我们才发现，真正的竞争对手不是国内同行，而是拥有核心技术、蓄谋已久的外国同行。我国目前的专利形势是令人担忧的：据国家知识产权局统计，在航空航天、计算机和办公设备、电子和通信设备以及医药制造业领域的专利申请中，国外申请就占据了76.7%；多年来，我国每年在国外申请的专利都在300件以下，而IBM、索尼等公司每年就申请外国专利几千件，其中有许多就是中国专利；与此相反，我国专利结构层次较低，大部分是实用新型，高质量的发明专利很少。甚至有资料显示，我国至今仍有70%以上的大中型企业，95%以上的小型企业没有申请过专利。我国在国际上发表的科技论文总量已居世界第8位，大量的研究成果被外国公司稍作加工就申请了专利。这种状况并不能用国家科技实力弱来解释，需要强调的是，不重视专利申请，没有市场意识，没有专利意识，即使有先进的研究成果也无济于事。与此同时，我国许多企业拥有自己的某项核心专利，却千方百计地保守技术秘密，垄断专利技术，试图以此长久地占领市场，结果却发现没过多久，竞争对手更先进的技术已经出现，而它自己的专利已经失去效用，本来可以通过专利许可、转让从而开发新技术，结果反而被别人甩在后面。这种抱着一棵树坐吃山空的想法同样是缺乏专利战略眼光的表现。要知道，专利是一种技术，只有转化为市场的力量才有价值；技术是飞速前进的，只有时时更新，利用已有专利收益进行技术更新，才能使专利成为利润的源头活水。

事实上，跨国公司就是通过转让、许可已有技术，从而取得研发资金开发新的专利技术，以实现长期居于领先地位的专利发展战略目标。所以说，企业关键是要有敏锐的专利战略眼光，要从观念上改变重产品、轻技术，重保密、轻开发的落后观念，要敢于领先、善于领先。必须清醒地看到，入世后中国企业面临的是一个全球经济一体化的市场机制，企业的所作所为必须立足于全球战略，立足于市场，力争领先世界潮流。世界贸易组织的游戏规则是我们无法改变的，只有适应它、熟练运用它，我们才能立足于现实而求发展。从一定意义上说，中国加入 WTO 以后，企业已经进入了全球战略时代，进入了专利战略时代。由于专利保护的全球化，以全球眼光、全球专利战略来筹划企业的发展，是摆在我国企业面前的一条不归路。

入世在给我们带来挑战的同时，也给我国企业提供了机遇。中国的发展是要融入世界的，晚入不如早入，晚痛不如早痛。面对全新的市场格局，我们必须立足于发展中国家这样一个现实来积极应对。其实在与跨国公司的专利谈判中，有许多机会可把握，在有些情况下，跨国公司正是利用我国企业不熟悉专利规则而漫天要价，如果没有防备则会落入圈套。这是专利战略指导下的具体战术问题。世界上大的公司都将专利作为企业的长远发展战略来抓，一般将专利调查、专利申请、专利实施以及专利防御作为一个系统过程实施，甚至将专利与企业的整体形象结合起来，这就是通常所说的 CI（Corporate Identity）战略。发明、外观设计、实用新型专利与商标、商号等结合在一起，可以形成一个整体的产品形象体系，因为消费者购买产品时并不会关注其中到底包含哪些技术，而更多的是从产品外观以及与其他产品的比较中进行选择的。这样的一种战略布局，是将产品的技术开发、生产、经营、管理一起考虑，也就是说，以专利为后盾形成企业的整体发展战略是现代成功企业的通行做法。在专利全球化的时代，企业在进行产品开发时必须首先进行专利检索，然后才能投入开发，国内领先、国内第一对于企业来说已经不再具有实质性意义。我们要切实记取的是，专利必须具有的不是与国内技术相比的先进性，而是要与所有在我国已申请的专利技术相比要先进。在技术落后的情况下，要恰当运用已过保护期的专利技术以便节省成本；在专利许可的谈判中，一定要进行专利调查，对于该技术的专利有效期、实用性进行严格审查，避免花大钱而购买没有多大效用的技术。曾经有一个国内企业，外国公司一提出专利侵权的威胁就立即与别人进行谈判，在支付大量专利许可使用费以后才发现该技术仅仅在中国进行了专利申请，还没有授予专利权。这样的例子其实在实践中并不少见，只是形式各样而已。所以，入世以后我国企业肯定要有一段学习期，学习别人的先进管理经验、先进技术，更要从观念上改变对经营管理的传统观点，要临阵不惧。必须清醒地认识到，中国巨大的市场吸引了全世界的目光，许多跨国公司由于我国政策或者本公司全球战略布局的考虑，并不会真正地在中国进行企业布局，它们还必须依靠中国企业来发展中国市场，这就给国内企业进行专利谈判增加了砝码。

专利保护的国际化并没有完全去除地域性的限制，世界上大部分专利技术还必须到中国注册才能在中国取得专有权，国内企业在相互竞争的同时，有必要形成战略同盟应对跨国企业，联手进行谈判，这样才能形成共存共荣的结果。同时，国内企业必须立足于可持续发展的战略思想，尽可能走出国门，参与国际竞争，这样做一开始肯定会有巨大困难，但长远来说则是企业发展的必由之路。如果企业在国内盲目竞争而对国际市场一无所知，那么在面临外国企业的专利要挟时就会手忙脚乱，一次专利纠纷就可能葬送一个发展前景看好的企业，这在中国入世后会表现得更加明显。事实上，跨国公司往往是在国内企业做大以后，对之形成威胁或者可以收取巨额专利费的情况下才发难的，这样它们就能进退自如，坐收其利。针对跨国公司的这种战略布局，国内企业必须清醒地认识到，从长远出发，进行专利战略布局是极其重要的企业战略选择。入世以后的转型时期，我们可以利用WTO为发展中国家设定的过渡期间，趁跨国公司立足未稳之机，迅速实行战略布局，参与国际市场竞争。

三、解决途径：WTO与中国企业专利发展战略选择

WTO既是一种法律机制，又是一个国际组织实体，它以贸易为中心，实际上在全球范围内形成了一个经济联合国。对于中国来说，关键是要在全球贸易体制内找到自己的合理定位，才能制定科学的发展战略。基于知识经济时代

专利战略的重要性，专利战略已成为中国企业实施可持续发展的战略选择，成了中国企业开展市场竞争的战略重点，也是中国企业进行对外贸易的战略举措。简而言之，WTO机制将专利、市场、贸易结合起来，它奠定了中国企业发展的战略框架。

第一，专利战略是中国企业实施可持续发展的战略选择。

随着中国制造业在世界范围内的崛起，特别是中国入世以后，“中国制造”的相关问题引起了世人的关注，以至于有人提出“中国已成为世界工厂”。在世界经济史上，被称为“世界工厂”的国家，先后是英国、美国和日本，中国能否获此殊荣，现在下结论为时尚早。事实上，目前在全球制造业的产业链上，中国企业大多处于产业链的低端。以IT业为例，发达国家实际上是靠卖标准、卖技术赚钱，它们在人力资源、原材料方面的投入很少，获取的则是整个产业70%以上的利润，而中国等一些发展中国家则处于IT产业的组装末端和低端，所获利润仅为6%左右。现在流行一种说法，三流企业卖力气，二流企业卖产品，一流企业卖技术，超一流企业则卖标准。反观我国企业，产品数量虽大，但品种少、档次不高，附加值低，这种企业是缺乏生命力和竞争力的。在知识经济时代，企业发展的硬件不是厂房和设备，而是核心的专利技术。没有技术支撑，不但产品无法生产销售，而且难以网罗人才，从而企业的软件——智力资源也注定要枯竭。从国际范围来看，全球企业的平均寿命是12年，超过12年的企业仅占20%左右。一些跨国公司之所以成为国际市场的常青树，有一个共同的特点，即它们拥有某一领域的专利技术和享誉世界的商标，而这些知识产权才是它们利润的主要源泉和创造动力。驰骋风云百年的国际企业，诸如英国的邓禄普公司、德国的西门子公司、美国的贝尔公司，无一不将专利作为企业发展的战略武器。同理，中国目前发展比较好的企业，例如海尔、联想、华为等，也是较早开展知识产权战略的企业。由于拥有自己的核心专利技术，这些企业利润率也较高，从而就可以大量进行研究开发，在这一战略方针之下，企业进入了相对良性的发展轨道。然而即便是这些企业，相对外国企业而言专利战略也尚处于初步建设和摸索阶段，因而时时面临外国公司的专利战，不得不付出巨大成本去应对。前不久，思科公司在美国起诉中国IT行业目前经营最好的企业之一华为公司，提出的侵权内容涉及版权、专利、商业秘密等5项，业界认为华为一旦败诉，将可能破产。虽然通过此案将华为逐出市场的可能性不大，但足见专利战略对企业生死兴衰的重要性。因此，在全球化背景下，专利战略应当成为中国企业入世之后寻找长远发展的战略选择。我们立志做世界制造工厂，而不是世界加工厂；要形成一个具有技术竞争力的中国制造业，而不能成为任人宰割、没有专利的加工厂。

第二，专利战略是中国企业开展市场竞争的战略重点。

随着科学技术的发展，知识、技术、信息的含量在国际竞争中越来越占主导地位。20世纪初，在国民经济的增长中，技术进步带来的增长只占5%，而到20世纪70年代后，发达国家已达到60%以上。目前国际上综合实力的竞争集中表现为科技和经济实力的竞争，企业生命力的竞争则突出地集中在专利技术与品牌之争，其中专利的拥有量及价值，成为考察一个国家、一个企业竞争力的重要指标。美国政府在卡特总统期间就将知识产权作为国家战略，这使得美国能够在20世纪90年代以后将日本远远甩在后面。最近，日本小泉政府在内阁中专门成立“知识产权战略保护本部”，将知识产权提高到国家经济振兴的基本战略高度上来，其中一个主要矛头就指向对日本构成竞争压力的中国。在此之前，日本是技术立国，现在则是知识产权立国。这种转变代表了发达国家新世纪的战略发展走向，必须引起高度重视。近几年来，外国公司在中国的专利申请以每年30%的速度增长。在信息产业、生物工程、高清晰度彩电以及西药制造方面，外国公司在中国的专利申请已占国内专利申请的80%以上，这种大量申请专利的目的就是与国内企业争夺甚至垄断入世以后的中国市场。中国企业要想在竞争中立足，就必须转变观念，将产品竞争与专利竞争结合起来，将专利的获取、管理与保护作为入世后市场竞争的核心内容。

第三，专利战略是中国企业进行对外贸易的战略举措。

WTO已经将知识产权与国际贸易结为一体，这表现在两个方面：一是知识产权本身构成了货物贸易、服务贸易的有机组成部分；二是知识产权保护制度成为国际经济贸易体系与规则的重要内容。

从国际市场来看，中国入世以后，并不意味着自由的、宽松的、无限制的对外贸易环境的自然形成，中国企业面临的是与以往的关税壁垒、市场准入限制等不同的更为严峻的贸易保护问题。虽然世界贸易组织的宗旨是消除贸易壁垒，实现自由贸易，但现实的国际态势却是发达国家依靠科技、资金优势构筑了非关税壁垒，而发展中国家不但失去了利用关税壁垒保护本国民族企业的可能，在对外贸易中却要面临发达国家主导下的新的贸易壁垒。这些贸易壁垒是技术主导型的，是国际经济旧秩序的新形式，发展中国家要谨慎应对，其中两个问题应引起注意。

一是技术标准与技术专利所形成的技术壁垒。外国公司利用专利所形成的技术标准是技术壁垒的集中体现，技术标准与单项的专利许可相配合，形成了中国企业跨越国境进行全球竞争的巨大障碍。中国企业总体上技术水平不高，生产大部分采用发达国家的技术标准，而这些标准不是一般的技术指标，而是由外国公司大量专利构成的专利标准。用什么标准，就要采用什么专利，实际上标准就是专利分割市场的一种高级形式。例如中国联通目前采用的 CDMA2000 标准，就是美国高通公司包含 1 400 多项专利的技术标准。高通公司依靠这些专利就占领了整个韩国移动通信市场，甚至著名的三星公司都必须受制于它而向其支付大量专利使用费。最近，不甘受制于人的韩国公司和中国大唐电信等企业也在斥巨资进行技术开发，试图形成自己的专利标准。欧洲的西门子、诺基亚、爱立信等公司为了占领市场主动权，凭借其雄厚的技术实力形成了 WCDMA 标准。这些标准本身就是一系列专利许可使用权组成的。所以，无论是单个技术还是技术标准，实质上都指向专利。熟悉标准、掌握标准或者加入外国公司发起的标准联盟以便获取专利许可，甚至在某些高科技领域后发制人，自行组建标准联盟，是企业打破技术壁垒，竞争国外市场的战略举措。

二是环保标准与产品质量标准所形成的绿色壁垒。中国企业目前的绿色经济观念缺乏，环保标准与发达国家的标准尚有距离，农牧产品生产分散，未能达到标准化生产的要求。近年来中国茶叶、蜂蜜、海产品出口受阻，中国企业应该研究对策，通过国际认证的绿色标志加上统一质量保证的出口品牌（即商标）是跨越绿色壁垒的重要举措。

当今时代是一个全球化的时代，WTO 将中国与世界更紧密地连在了一起，中国市场成了全球市场，中国企业必须转变观念，以全球战略的眼光来制定自己的生存发展战略。如果说过去我们还可以采用关税壁垒、行政手段拒“狼”于国门之外的话，那么今天就必须与狼共舞。这是一个国家的战略决策，也是企业求得长远发展、争取国际市场的必然选择。中国拥有巨大的市场和丰富的人力资源，只要运用得当，就能转化为无尽的财富。知识就是财富，知识产权在世贸组织的全球体系中占据了战略性的核心地位，我国企业也必须顺应时代发展潮流和国际形势的发展需要，制定科学的专利发展战略，以在全球竞争中实现持续快速发展。

参考文献

[1] 孔祥俊 . WTO 知识产权协定及其国内适用 [M]. 北京：法律出版社，2002.

[2] 雷注发 . 标准之争白热化启动 3G 看中国？[N]. 通信消息报，2002-11-12.

[3] 李政 . 加入 WTO 与我国专利制度面临的形势和发展 [EB/OL]. http：//www. whipb. gov. cn/iplt/15. htm.

[4] 思科状告华为侵权：2003 年 IT 行业第一案？[EB/OL]. http：//www. chinabyte. com/20030124/1650035. shtml.

[5] 关鹏 . 日本知识产权保护"利剑"将刺向中国 [EB/OL]. http：//business. sohu. com/12/66/article210246612. shtml.

面对“入世”的商标发展战略*

一、提出问题的背景：“十五”计划与入世

“十五”计划是我国初步建立社会主义市场经济体制下的第一个五年计划。不同于以往在计划经济体制或经济体制转型条件下制定的五年计划，其旨在通过经济结构的调整、产业结构的优化，达到整个国民经济持续、快速、健康地发展，促进社会主义市场经济体制的形成。

在推行国内经济市场化改革的同时，中国面临着经济全球化的国际大环境，特别是面临加入 WTO 的机遇。作为目前世界上最大、最有影响的多边经济贸易组织，WTO 的宗旨是“通过建立一个开放、完整、健全和持久的多边贸易体制，促进世界货物和服务贸易的发展，有效而合理地利用世界资源改善生活质量，扩大就业，确保实际收益和有效需求的稳定增长”。中国加入 WTO，是社会主义市场经济生成和发展的必然结果，是推动改革开放进程的客观需要，是促进中国国民经济现代化的内在要求，对于“十五”计划的顺利完成与市场化改革目标的最终实现，有深远的影响和重要的意义。

经过漫长而艰苦的谈判，中国加入 WTO 已成定局，面对即将入世带来的

---

* 原载《论 WTO 与政府管理》，武汉，湖北人民出版社，2001。

发展机遇与巨大挑战，政府与企业该如何应对？

二、问题的提出

中国从计划经济走向市场经济，以国家和集体财产为市场经济主体的主要成分，主要依靠国家的力量创造市场，这是因为市场的幼稚和不完善，是因为国家的经济职能决定了其经济管理的范围、方式。市场经济并非完全排斥政府职能的发挥，也不减少政府的责任和作用，只是改变政府作用的重点与方式，即创造和维护公平竞争秩序，以间接调控和服务为主。企业作为市场经济活动的基本主体，应壮大实力、积极参与国际竞争，在摆脱依赖“市长”找“市场”的同时，还应具备风险意识和战略意识，充分发挥企业这一可以永续存在的法人组织形式的优势，将商品、服务拓展到国外市场。局限于国内市场与国内竞争是不适应加入 WTO 后的国际环境的。

商品和服务的被接受，质量是非常重要的，但并非唯一的因素，仅有少数的消费者认知、认同只能带来有限的市场回报。在激烈的竞争中，在诸多的商品与服务中，如何脱颖而出抓住消费者的目光？政府能做哪些工作，培育市场主体、保护竞争中的胜利者、维护竞争秩序？如何成功运用间接调控手段，影响企业的发展战略？这是市场的管理者和参加者共同关注的问题。

三、对问题的分析

作为自然人，因其姓名而区分于他人；作为法人，因其名称而标示主体；作为对商品或服务的区分，商标则是表示来源的一种标记。按我国《商标法》的有关规定，商标是“企业、事业单位和个体工商业者在其生产、加工、制造、挑选或经销的商品上或者提供的服务上所使用的，由文字、图形或其组合构成的，具有显著特征，便于识别商品或服务来源的标志”。从经济意义上来说，表示商品出处的功能就在于保证一种“顾客吸引力”，因为生产领域制造的商品只有在流通领域销售出去才能实现价值的增值与货币化。

商标尤其是知名品牌，具备如下功能：（1）标明商品出处的功能。表明该商品使用者自己所生产、制造、加工、拣选、经销的，即表示商品出处的作用。如果商品上没有商标，消费者将无法知道该商品是谁生产、制造、加工或经销的，那么就不会使消费者同商品生产者或经营者联系起来。有了商标，经营者可以将自己商品的声誉和名声凝聚于商标，使商标产生“顾客吸引力”。(2) 广告宣传的功能。商品的生产、制造，其目的是让渡商品的使用价值来获取交换价值。这一目的的实现要通过商品的销售来完成，欲使购买者认识并购买其商品，则应加以广告宣传，而商标正可以达到广告宣传作用。(3) 表彰商品品质和企业信誉的功能。商标可以与商号结合表彰商品来源、出处，但在市场经济条件下，商品种类多数量大，致使一般公众难以完全弄清商品的生产者与销售者。由于商品的质量是通过商标标示出来的，而消费者所注意的是商品的质量，所以商标具有表彰商品品质的功能。(4) 价值功能。商标经过多年的使用，并且不断地改进其产品品质，使该商标商品建立起优良的市场信誉之后，该商标即变成交易上的主要因素。经核准注册的商标，是使用者的专有财产，并且可以货币数额评估计算，列入企业的资产负债表。一般而言，凡属品质优良、广告普遍、销售量大的商品，其商标所具有的财产价值就高，反之亦然，故商标是一种无形资产，具有相应的价值。

过去，商标仅被视为一种商品或服务的营销手段和市场竞争手段，忽视了其作为无形财产蕴涵的巨大价值。据法国《世界报》资料，美国作为世界级的品牌大国，占据全球 10 大知名品牌中的 9 位，位居前三名的“可口可乐”“微软”“IBM”的商标市值分别达到 725 亿、702 亿、532 亿美元。外国企业进入发展中国家的市场有一个“三部曲”：首先是实物（洋货）——商品直接输入。低廉耐用的消费品源源不断地充斥发展中国家的市场，在销售柜台上占据显眼位置，洋货占据大量市场份额，使消费者产生被动接受的消费习惯，使输入国民族工业受到排挤。市场位置稳固确定后，就开始提价，消费者的依赖与被动接受带来居高不下的市场回报。然后是货币（洋钱）——资金输入替代商品输入而居于重要地位。东道主国家丰富的资源与低价的劳动力成为外国资本输入的考虑重点。东道主国家多为发展中国家，国内建设需要大量资金投入，利用外资势在必行。于是，大量外资在东道国政府投资政策指引下进入工商业各个领域，通过合资、建立全资子公司、技术合作加投资等方式进行运作，以股息红利等方式源源不断地获取丰厚回报。最后则是洋品牌与洋技术——以知识产权名义的品牌与技术的输入。耳熟能详的洋品牌纷纷进驻中国，如德国大众、法国雪铁龙、美国通用、韩国大宇等汽车工业巨头将其本土品牌通过输出延伸，在保持高质量同时扩大了市场份额，获得比单纯出口汽车成品或单纯资金投入高得多的市场回报。如果说洋货、洋钱的进入让国人实实在在看到了财富的增加，那么洋品牌的进入则让不太注重无形资产的国人感到“气虚”。以美国可口可乐公司为例，它并未在中国输入一条生产线也无须投放资金，仅以“可口可乐”商标使用权和饮料配方的技术秘密，每年就从中国拿走相当可观的利润。

可资为鉴的岂止汽车与饮料行业，我国的洗涤用品行业 80%的市场已由美国 P&G、德国汉高、英国利华等外资控制。在投资方面，境外的大型财团和跨国公司把目标对准设备先进、技术力量强、管理水平高、市场占有率高、资本利润率高的国有大中型企业，有的还进行控股。在我国现有市场结构下，中外合资、外商独资企业在我国垄断某一产品或服务的可能性越来越大；而根据 WTO 的非歧视性的国民待遇原则与透明度原则，中国必须承担起保护投资者利益的义务。这些工商业界的巨头同时都是品牌巨人，它们品牌、技术加管理的输出模式成功地奠定了它们在东道国市场上的独占地位，商标飘扬在商场柜台、户外和室内广告上，嵌入消费者的心中。可见在入世后的国际市场上，作为竞争主体的企业，其优势不仅体现为资本金的雄厚、规模的巨大这些量的因素，而且体现在质的因素——竞争力上，商标的知名度、持有数即成为一个重要指标。

四、解决方案：商标发展战略

工商业巨头输出商标收取许可使用费，这不能简单地理解为企业在成熟期的一种经营行为，也不能单纯地看作企业海外或对外扩张经营的一种手段，应该把它看作企业发展战略的一个组成部分。因为品牌输出是一项低成本、低风险、高效率、高利润的投资方式，可以实现品牌“滚雪球式”地增长价值，还可以化解经营中的部分风险。在直接输出商品与资金不经济的情况下开展合资，以商标使用权出资获取持续、稳定的利润，同样可以达到占领东道国市场，拓展企业业务的目的。

商标发展战略的实施，是目前我国经济发展的一件大事，因为商标是一个地区、一个行业经济发展的火车头，是地区乃至国家经济综合素质和整体实力的反映。如上分析，洋品牌对中国市场的冲击导致了国内企业市场份额的缩减，因此合资或与洋品牌结盟不是唯一的出路。我们要走自己的路，培育民族知名品牌，而这需要政府、企业共同设计、实施商标发展战略。

（一）政府

市场经济是竞争经济，而竞争环境的创造要靠政府来完成，没有公平的竞争环境，企业就没有创名牌的积极性，也就培育不出名牌产品与服务。市场经济要求小政府大社会的体制，真正实现政企分开，要求政府及其职能部门在各自职责范围内为企业商标发展营造一个良好的外部环境。

（1）加大打击商标侵权行为的执法力度。政府职能部门应严格知识产权执法，避免地方保护行为；同时，应调动商标权人维护自身合法权益的积极性，与企业联合开展工作，在执法中普法。针对商品消费特点，在销售旺季开展专项打假，遏制商标侵权行为泛滥的现象，净化市场环境。

（2）加大商标法律法规宣传工作。执法打击只是事后调整手段，还应与事前调整相结合。政府应利用掌握宣传机构的职能，有效开展商标法制宣传教育工作，在全社会形成商标法制意识。

（3）加大对商标权人的扶持。政府应在能源、运输、信贷、立项、技改等方面对知名品牌的所有权人给予优先保证；对知名品牌的宣传，宣传部门应给予倾斜和优惠。

（4）规范知名品牌及产品的评奖活动。传统的评选优质产品的“标准法”正日益为“比较法”取代。以市场调查、用户、消费者评价为主的比较法较为科学、公平，政府可以考虑成立权威中介机构专司此职，以克服现在商标及商品评奖泛滥、奖出多门与不正之风等现象。在时机成熟的时候，在实践中逐步引进民间机构对“知名品牌”的认定机制。对当前各种以营利为目的的乱排序、乱评比活动予以制止和取缔，规范公平竞争的市场秩序。

（5）加强对商标权人的政策引导。市场经济条件下的政府以宏观调控、间接引导取代计划经济下的微观管理与直接控制。各级政府应认识到商标发展战略在实现经济增长方式由粗放型向集约型转变中的重要作用，以名牌产品企业为重点，以资本运营为纽带，以名牌产品为龙头，围绕名牌产品进行技术创新和管理创新，并以之为核心带动产业、地方经济发展，把名牌产品做大、做强，形成名牌产品群，避免企业“小名即安”现象的发生。

（二）企业

加入世贸组织之后，企业作为市场活动的主体，自然也是商标发展战略的主体，必须发挥自身的能动性，积极制定和实施企业商标战略。

（1）加强质量管理与技术创新。企业的新技术、新产品的开发以及技术改革和引进，是企业保证名牌有长久生命力的原动力。商品的质量与商标二者之间是内容与形式的关系，质量决定商标的影响力，商标的影响力通过市场销售作用于商品质量：市场需求量大，商标影响力大，销量也就随之上升，必然要求生产扩大，带来高市场回报，这也会刺激商标权人提高质量，保持并扩大市场份额与商标影响；反之则形成恶性循环，商标与质量共同降低。纵观目前市场上的名牌产品，其科技含量都在不断地增加，生产工艺都在不断改进，都在瞄准市场潜在需求的产品，大多数企业已经设立了 R&D（Research and Development，研究与发展）机构作为企业科技创新的专门机构。企业要适应快速发展变化的市场，没有科技创新、技术创新，就不能永远站在科技的制高点，也就不能保持绝对优势的市场份额。因此，高技术含量带来高附加值，技术创新就是创建品牌的根本，这在入世后面临国际竞争时表现得更为突出。企业要抓住“十五”时期我国进行经济结构调整的机遇，利用自有技术人员和其他各种科研力量实施技术创新，实现产品的升级换代，走产、研、发结合的道路。

企业还应认真调查，了解市场需求，及时开发满足潜在用户需求，有商标卖点的新产品。只有通过分析市场找出该品牌的卖点，并不断制造差别以提高商标的市场份额，才能建立起自己的商标优势，并获取利润。在严格的质量管理、认真的市场调查之外，还有一个非常重要的环节，即建立品牌优质的售后服务，这是商标成为名牌的重要保障。售后服务跟不上，商品质量再好也不会被消费者认同，品牌信誉度就降低，很难想象一个失去信誉的商标权人在信用经济与竞争经济时代的生存质量，其入世后失去的将是国际市场，这值得让人注意和重视。

(2) 慎重对待合资后的商标战略。据统计，在我国现有的二十多万个“三资”企业中，竟有90%以上的企业使用外方商标。外资对合资企业控股会对中方原有商标产生影响：要求产品使用外方商标，使中方品牌消失；或对中方商标仅保留而不使用，不追加投资，待2至3年后中方商标评估价值低，使产品销售依赖外方，外方则通过中国《公司法》关于20%无形资产的规定达到影响整个企业发展前途的目的。小小商标，意义重大，是一只可吞象的“蛇”。中方应运用控股权保护原有商标的使用，防止因合资而失去品牌与市场。

(3) 对照相关国际条约调整经营行为。根据“条约必须遵守”的国际法准则，中国政府应承担条约规定的国际义务，修改相关国内法，与国际条约相一致。这需要一个过程，企业的经营却不会因此而停止。企业应以市场的不同调整经营行为，仅以商标保护期限为例，中国《商标法》规定为10年，续展无限次，而《知识产权协议》规定为不得超过7年。如果某中国企业的商标已在国外申请注册，则应在第七年向该外国提出续展申请，而在国内则可据现行法律在第九年半提出续展申请。

(4) 探索新的宣传商标及商品、服务的形式。现有的宣传形式多为新闻舆论、广告宣传、名优评选等社会活动手段，加入世贸组织之后，则可利用国外有影响的媒体进行商业化运作，扩大商标的海外影响。

企业向国家工商局提出确认本企业商标为驰名商标是一项非常好的举措，《知识产权协议》规定，未注册的商标也可确认为驰名商标，只要达到“为本国的有关公众所熟知”程度。《巴黎公约》规定，成员国有义务对任何一个成员国认定的驰名商标加以特别保护。这些都为驰名商标的保护提供了有利的法律环境。

企业还可利用现代传媒，在国际互联网上开展网上商标的宣传活动。此外，正确地利用司法诉讼，也可扩大企业商标的影响。这两项措施分别适应了商务电子化形势和大众好奇心理的特点，运用得当，可收到较好的宣传效果。例如，海尔集团拥有的“Haier”商标在欧洲遭一公司恶意抢注，海尔集团通过与该公司长达一年零三个月的诉讼最终夺回“Haier”商标，同时利用自身品牌和这一诉讼在欧洲的影响进行海外扩张，输出商标给另一家欧洲公司使用，迈出了企业国际化经营的第一步。这是民族工业成功运用商标战略的一个范例。

（5）设置专门机构处理涉商标业务。商标的注册申请、续展、诉讼业务、价值评估业务，配合执法机关打击侵犯商标权行为，这都需要企业熟悉有关商标知识的人员参与，常设专门机构处理此类事务可达到提高效率、简化配置的效果。

图书在版编目（CIP）数据

知识产权前沿问题研究 / 吴汉东著 .—北京：中国人民大学出版社，2019.12
（中国当代法学家文库. 吴汉东知识产权研究系列）
ISBN 978-7-300-27808-7

Ⅰ.①知… Ⅱ.①吴… Ⅲ.①知识产权-中国-文集 Ⅳ.①D923.404-53

中国版本图书馆 CIP 数据核字（2019）第 290827 号

"十三五"国家重点出版物出版规划项目
中国当代法学家文库·吴汉东知识产权研究系列
知识产权前沿问题研究
吴汉东 著
Zhishi Chanquan Qianyan Wenti Yanjiu

出版发行	中国人民大学出版社		
社　　址	北京中关村大街 31 号	**邮政编码**	100080
电　　话	010－62511242（总编室）		010－62511770（质管部）
	010－82501766（邮购部）		010－62514148（门市部）
	010－62515195（发行公司）		010－62515275（盗版举报）
网　　址	http://www.crup.com.cn		
经　　销	新华书店		
印　　刷	北京联兴盛业印刷股份有限公司		
规　　格	170 mm×228 mm　16 开本	**版　　次**	2019 年 12 月第 1 版
印　　张	39.25 插页 4	**印　　次**	2021 年 4 月第 2 次印刷
字　　数	609 000	**定　　价**	260.00 元